Die Rolle des Staates bei der Umgestaltung
des polnischen Bankensektors
zu einem marktwirtschaftlichen Bankensystem

AF811428

Europäische Hochschulschriften
Publications Universitaires Européennes
European University Studies

**Reihe V**
**Volks- und Betriebswirtschaft**

Série V Series V
Sciences économiques, gestion d'entreprise
Economics and Management

**Bd./Vol. 2468**

PETER LANG
Frankfurt am Main · Berlin · Bern · New York · Paris · Wien

Grischa R. Wenzeler

# Die Rolle des Staates bei der Umgestaltung des polnischen Bankensektors zu einem marktwirtschaftlichen Bankensystem

## Eine Analyse im Kontext der politischen Ökonomie der Transformation

PETER LANG
Europäischer Verlag der Wissenschaften

Die Deutsche Bibliothek - CIP-Einheitsaufnahme

Wenzeler, Grischa R.:

Die Rolle des Staates bei der Umgestaltung des polnischen Bankensektors zu einem marktwirtschaftlichen Bankensystem : eine Analyse im Kontext der politischen Ökonomie der Transformation / Grischa R. Wenzeler. - Frankfurt am Main ; Berlin ; Bern ; New York ; Paris ; Wien : Lang, 1999
(Europäische Hochschulschriften : Reihe 5, Volks- und Betriebswirtschaft ; Bd. 2468)
Zugl.: Frankfurt (Oder), Univ., Diss., 1999
ISBN 3-631-34766-9

ISSN 0531-7339
ISBN 3-631-34766-9

© Peter Lang GmbH
Europäischer Verlag der Wissenschaften
Frankfurt am Main 1999
Alle Rechte vorbehalten.

Das Werk einschließlich aller seiner Teile ist urheberrechtlich geschützt. Jede Verwertung außerhalb der engen Grenzen des Urheberrechtsgesetzes ist ohne Zustimmung des Verlages unzulässig und strafbar. Das gilt insbesondere für Vervielfältigungen, Übersetzungen, Mikroverfilmungen und die Einspeicherung und Verarbeitung in elektronischen Systemen.

# Vorwort

An dieser Stelle möchte ich all meinen Gesprächspartnern in Warschau und in Posen danken, die mir mit ihren Informationen bei der Stoffrecherche wesentlich geholfen haben.

Mein besonderer Dank gilt Herrn Professor Dr. Hans-Jürgen Wagener für seine Bereitschaft, mich als externen Doktoranden zu betreuen, sowie für seine motivierende und kenntnisreiche Unterstützung. Mein herzlicher Dank gilt auch Herrn Diplom-Volkswirt, Diplom-Politologe Frank Bönker für seine wertvolle Kritik und Anregungen.

Allen Mitarbeitern des Frankfurter Instituts für Transformationsstudien danke ich dafür, daß sie mich als externen Doktoranden kontinuierlich in die Forschungsarbeit des Instituts miteinbezogen haben.

Herrn Professor Dr. Manfred Hein danke ich herzlich für seine spontane Bereitschaft, als Zweitgutachter meiner Dissertation zu fungieren.

Grischa R. Wenzeler — Berlin, im Februar 1999

*„Damit das Mögliche entsteht, muß immer wieder das Unmögliche versucht werden."*

*Hermann Hesse*

# Inhaltsverzeichnis

# Abkürzungsverzeichnis

| | |
|---|---|
| $A_x$ | Protokoll des Expertengesprächs Nr. x des Anhangs |
| a.a.O. | am angegebenen Ort |
| Abb. | Abbildung |
| Abs. | Absatz |
| ARR | Agencja Rynku Rolnego (Landwirtschaftsagentur) |
| Art. | Artikel |
| AWRSP | Agencja Własności Rolnej Skarbu Państwa (Agentur zur Privatisierung der Landwirtschaft) |
| AWS | Akcja Wybory Solidarności (Wahlaktion Solidarität) |
| BFG | Bankowy Fundusz Gwarancyjny (Einlagensicherungsfonds) |
| BG | Bankengesetz |
| BGK | Bank Gospodarstwa Krajowego (Bank der inländischen Wirtschaft) |
| BGŻ | Bank Gospodarki Żywnościowej (Landwirtschaftliche Genossenschaftsbank) |
| BIG | Bank Inicjatyw Gospodarczych (Bank für Wirtschaftsinitiativen) |
| BIP | Bruttoinlandsprodukt |
| BPH | Bank Przemysłowo-Handlowy (Industriehandelsbank) |
| BRE | Bank Rozwoju Eksportu (Exportentwicklungsbank) |
| Bsp. | Beispiel |
| bspw. | beispielsweise |
| BŚK | Bank Śląski (Schlesische Bank) |
| bzgl. | bezüglich |
| bzw. | beziehungsweise |
| DEM | Deutsche Mark |
| d.h. | das heißt |
| Diss. | Dissertation |
| DIW | Deutsches Institut für Wirtschaftsforschung |
| EBRD | European Bank for Reconstruction and Development |
| ECU | European Currency Unit |
| EDV | Elektronische Datenverarbeitung |
| EEC | European Economic Community |
| EG | Europäische Gemeinschaft |
| ehem. | ehemals |

| | |
|---|---|
| EIU | Economist Intelligence Unit |
| ELIXIR | voll elektronischer Teil des Zahlungsverkehrssystems |
| ESG | Einlagensicherungsgesetz |
| et al. | et alii (und andere) |
| etc. | et cetera (und andere) |
| EU | Europäische Union (ehem. EG - Europäische Gemeinschaft) |
| F.A.Z | Frankfurter Allgemeine Zeitung |
| FDEs | finanzielle Defiziteinheiten |
| FED | Federal Reserve System |
| ff. | folgende (Seiten, Paragraphen etc.) |
| FÜEs | finanzielle Überschußeinheiten |
| ggfs. | gegebenenfalls |
| GSBU | Gesetz zur Sanierung von Banken und Unternehmen |
| GSG | Gesetz zur Sanierung des Genossenschaftsbankensektors |
| GüNBP | Gesetz über die NBP (Zentralbankgesetz) |
| GUS | Główny Urząd Statystyczny<br>(Polnisches Zentralamt für Statistik) |
| GuV | Gewinn- und Verlustrechnung |
| Habil. | Habilitationsschrift |
| Hrsg./hrsg. | Herausgeber/herausgegeben |
| i.d.R. | in der Regel |
| IFF | Internationaler Weltwährungsfonds |
| inkl. | inklusive |
| insb. | insbesondere |
| i.S.v. | im Sinne von |
| IT | Informationstechnologie |
| IWF | Internationaler Währungsfonds |
| Jg. | Jahrgang |
| k.A. | keine Angabe |
| KIR | Krajowa Izba Rozliczeniowa S.A.<br>(Landesverrechnungskammer) |
| KLD | Kongres Liberalno-Demokratyczny<br>(Liberal-Demokratischer Kongreß) |
| KWG | Kreditwesengesetz |
| ŁBR | Łódzki Bank Rozwoju (Entwicklungsbank Łódź) |
| LFB | liquiditätsmäßig-finanzieller Bereich |
| LIBID | London Interbank Bid Rate |

| | |
|---|---|
| LIBOR | London Interbank Offered Rate |
| Mio. | Million(en) |
| Mrd. | Milliarde(n) |
| NATO | North Atlantic Treaty Organization |
| NBP | Narodowy Bank Polski (Polnische Nationalbank) |
| Nr. | Nummer |
| OECD | Organisation for Economic Co-Operation and Development |
| o.g. | oben genannt |
| o.V. | ohne Verfasser |
| p.a. | per annum |
| PBI | Polski Bank Inwestycyjny (Polnische Investitionsbank) |
| PBK | Powszechny Bank Kredytowy (Allgemeine Kreditbank) |
| PBKS | Pomorski Bank Kredytowy Szczecin (Pommern'sche Kreditbank in Szczecin) |
| PBR | Polski Bank Rozwoju (Polnische Entwicklungsbank) |
| PC | Porozumienie Centrum (Zentrumspartei) |
| PeKaO S.A. | Polska Kasa Opieki S.A. (Polnische Schutzkasse AG) |
| PHARE | Poland and Hungary Aid for Restructuring the Economies |
| PKO BP | Polska Kasa Oszczędności - Bank Państwowy (Polnische Staatssparkasse) |
| PLN | Neuer Polnischer Złoty (seit 1. Januar 1995) [PLN 1,00 ~ 0,53 DEM; Stand: Mitte 1998] |
| PSL | Polskie Stronnictwo Ludowe (Bauernpartei) |
| Qtl. | Quartal |
| RGW | Rat für gegenseitige Wirtschaftshilfe |
| S. | Seite |
| S.A. | Spółka Akcyjna (Aktiengesellschaft) |
| SdRP | Socjaldemokracja Rzeczpospolitej Polskiej (Sozialdemokratie der Republik Polen) |
| SLD | Sojusz Lewicy Demokratycznej (Demokratisches Linksbündnis) |
| staatl. | staatlich |
| SYBIR | teilelektronischer Teil des Zahlungsverkehrssystems |
| Tab. | Tabelle |
| TOB | technisch-organisatorischer Bereich |
| u.a. | unter anderem / und andere |
| u.ä. | und ähnliches |
| UD | Unia Demokratyczna (Demokratische Union) |

| | |
|---|---|
| Unt. | Unternehmen |
| USD | US-Dollar |
| usw. | und so weiter |
| UW | Unia Wolności (Freiheitsunion) |
| v.a. | vor allem |
| vgl. | vergleiche |
| WBK | Wielkopolski Bank Kredytowy (Großpolnische Kreditbank) |
| WIBID | Warsaw Interbank Bid Rate |
| WIBOR | Warsaw Interbank Offered Rate |
| WIG | Warszawski Indeks Giełdy (Warschauer Börsenindex) |
| WiSt | Wirtschaftswissenschaftliches Studium |
| WTO | World Trade Organization |
| ZBP | Związek Banków Polskich (Polnischer Bankenverband) |
| z.B. | zum Beispiel |
| z.T. | zum Teil |
| z. Zt. | zur Zeit |

# Abbildungsverzeichnis

# Tabellenverzeichnis

# 1. Einführung in den Untersuchungsgegenstand

Zum Ende der ersten Dekade der politischen und ökonomischen Umgestaltung in den sozialistischen Planwirtschaften Ost- und Zentraleuropas, die ihren Anfang 1989 nahm, bieten die dortigen Umwälzungen eine breite empirische Grundlage, um eine vorläufige Bilanz der bisherigen Transformationsprozesse zu ziehen. Dabei liefert die hierzu erschienene Literatur nicht nur theoretische Überlegungen, empirisches Anschauungsmaterial und vergleichende Länderstudien zur Transformation der planwirtschaftlichen Ordnung in den Staaten Ostmitteleuropas als ganzer, sondern greift auch einzelne ökonomische Subsysteme und Teilbereiche, wie den öffentlichen Sektor, die makroökonomische Steuerung der Transformation, die Öffnung und Veränderung der Außenhandelsstrukturen etc. heraus und unterzieht sie einer eingehenden Analyse. Ein entscheidendes Subsystem der Volkswirtschaft ist der Bankensektor. Die Bedeutung, die die Funktionen von Banken im marktwirtschaftlichen Kontext besitzen, macht die Transformation des planwirtschaftlichen Bankensektors in ein marktwirtschaftliches Bankensystem zu einem der Kernpunkte der Umgestaltung einer Zentralverwaltungs- in eine Wettbewerbswirtschaft:

> „The financial sector cannot be regarded as just another sector in need of reform, but as one whose restructuring is critical to the success of reforms in many other areas.“[1]

Ein Großteil der Literatur zum Thema *Transformation des Bankensektors von der Plan- zur Marktwirtschaft* betrachtet die Funktions- und Systemunterschiede zwischen Banken und Bankensystemen in der Zentralverwaltungswirtschaft einerseits und in der Wettbewerbswirtschaft andererseits. Aus den hierbei zu konstatierenden Unterschieden sowie den Anforderungen an Banken im marktwirtschaftlichen Kontext ergeben sich spezifische Aufgaben für die Transformation des Bankensektors, deren Bewältigung in der Literatur thematisiert wird. Will man darüberhinaus die *Dynamik* der Bankentransformation untersuchen, stellt sich jedoch die Frage, wie sich die Transformation genau vollzieht bzw. wer die Akteure sind, die die Umgestaltung des Bankensektors vorantreiben.

Grob zu unterscheiden sind dabei zunächst einmal der Akteur Staat auf der einen und nichtstaatliche Akteure auf der anderen Seite. Greift man bei der Frage, ob eher der Staat oder aber eher die nichtstaatlichen Wirtschaftssubjekte eine führende Rolle bei der Umgestaltung einnehmen, auf die Gedanken von Walter EUCKEN als führenden Vertreter des *Ordoliberalismus* zurück, so ist folgendes festzuhalten: Legt man die Merkmale einer ausgebildeten marktwirtschaftlichen Ordnung zugrunde, so ergibt sich für den Akteur Staat eine ordnungspolitische Gestaltungsaufgabe, das Festlegen von Regeln für den Ablauf des Wirtschaftsprozesses.[2] Für das Bankensystem einer Wettbewerbswirtschaft postuliert EUCKEN insb. eine stabile monetäre Ordnung sowie die Unterstützung der realwirtschaftlichen Prozesse und der Aktivitäten von Entrepreneurs.[3] Eine Ordnung zu *setzen* fällt ebenfalls in den Bereich staatlicher Aktivität, denn hier geht es nicht nur darum, ein ökonomisches Subsystem der Wettbewerbsordnung

---

1 Vgl. LANE, Timothy D. (1994), S. 247.
2 Vgl. EUCKEN, Walter (1990), S. 336.
3 Vgl. WAGENER, Hans-Jürgen (1993), S. 5.

langfristig funktionsfähig zu halten, sondern ein solches überhaupt erst einmal zu implementieren.[4] Bei der Transformation von der Plan- zur Marktwirtschaft ist es notwendig, Märkte zu schaffen, anders als bspw. im Falle von Strukturanpassungsmaßnahmen in Entwicklungsökonomien, bei denen es in erster Linie darum geht, Marktkräfte freizusetzen. Folgt man diesem Gedankengang, so würde sich eine führende Rolle des Staates dann ergeben, wenn Marktmechanismen entweder noch zu schaffen sind oder aber noch nicht ausreichend funktionieren, wenn also z.B. die Transformation in eine Krise geraten ist.[5]

Bei den Transformationsprozessen in den Ländern Ost- und Mitteleuropas geht es aber auch darum, die in der Planwirtschaft dominierende Rolle des Staates als Teil des Wirtschaftssystems durch den Wandel der Allokationsmethoden zurückzuschrauben, nämlich mit dem Ersatz des Allokationsmechanismus Plan, der ja letztlich vom Staat entworfen und den übrigen Wirtschaftssubjekten vorgegeben wurde, durch den Markt-Preis-Mechanismus: „Destatization means creating room for the laws of the market."[6] Der damit verbundene Rückzug des Staates aus dem unmittelbaren Wirtschaftsprozeß und die mit der Schaffung einer neuen Wirtschaftsordnung verbundenen staatlichen Interventionen stehen also im Widerspruch zueinander und erzeugen so eine paradoxe Situation:

> „[...] policymakers face a conflicting set of objectives: although the transformation toward a market economy implies that the government should withdraw from its dominant role in the economy, a multitude of new tasks exists for which government action is needed. The development of a market-based financial system is such a task."[7]

Die Um- oder besser Neugestaltung des Bankensektors im Rahmen der Transformation einer Zentralverwaltungswirtschaft in eine marktwirtschaftliche Ordnung ist angesichts der essentiellen mikro- und makroökonomischen Bedeutung von Banken für das Funktionieren einer Marktwirtschaft nicht nur eine der Kernaufgaben im Transformationsprozeß, in ihr spiegelt sich auch exemplarisch der mögliche Konflikt zwischen der Aufgabe staatlicher Systemgestaltung und dem Rückzug des Staates von seiner dominierenden Rolle in der planwirtschaftlichen Ordnung wider. Vor diesem Hintergrund erscheint die Beantwortung der Frage nach der Rolle des Staates bei der Umgestaltung des planwirtschaftlichen Bankensektors in ein marktwirtschaftliches Bankensystem in den zurückliegenden Jahren der Bankentransformation eine lohnenswerte Aufgabe.

Um die gestellte Aufgabe bewältigen zu können, bedarf es jedoch zwei weiterer Schritte, einem theoretischer und einem empirischer Natur. Zunächst zur Theorie: Bisher wurde vom *dem* Akteur Staat gesprochen, ohne zu berücksichtigen, daß der Staat ja durchaus kein monolithischer Block ist, sondern wiederum aus einer Reihe von Akteuren besteht, die mehr oder weniger unabhängig voneinander handeln. Definiert man den Begriff des Staates in einem engeren Sinne, so meint er die Gesamtheit aller staatlich-hoheitlicher Behörden.[8] Als Gegenbegriff zum *Staat* wird in der Literatur diesem

---

[4] Vgl. EUCKEN, Walter (1990), S. 253.
[5] Vgl. ALTER, Rolf (1994), S. 115.
[6] Vgl. WAGENER, Hans-Jürgen (1990), S. 371.
[7] Vgl. BLOMMESTEIN, Hans J. und Michael G. SPENCER (1994), S. 139.
[8] Vgl. BAUMANN, Bernd (1993), S. 84.

oftmals der Begriff der *Gesellschaft* gegenübergestellt als Gesamtheit der Beziehungen von Menschen in einer Gemeinschaft.[9] Um diese Dualität aufzuheben, wird der Staat auch als Teilsystem der Gesellschaft oder auch als politische Organisation einer Gesellschaft bezeichnet.[10] Die Politik des Staates wird beeinflußt von wirtschaftlichen und sozialen Interessengruppen, die sich entweder selbst artikulieren oder aber vertreten sind in politischen Parteien, die notwendig zum staatlichen Handeln gehören.[11] Auf der Grundlage dieser Überlegungen wird der Akteur Staat im Laufe dieser Arbeit in mehrere, für die Bankentransformation relevante Akteure differenziert. Dabei werden auch deren Interessen bzw. die politischer Parteien und der hinter diesen stehenden gesellschaftlichen Gruppen berücksichtigt, die das Verhalten der staatlichen Akteure im Hinblick auf die Transformation des Bankensystems lenken.

Der Zusammenhang von Staat und Politik macht deutlich, worauf der Fokus der Arbeit liegen wird, nämlich auf dem Zusammenspiel von *politischen* und *ökonomischen* Faktoren und Interessen, die den Transformationspfad des zu betrachtenden Bankensektors determinieren:

> „Transformation ist ein konkreter Entstehungsprozeß eines neuen Wirtschaftssystems. Auch sie kann nur als politisch-ökonomischer Prozeß verstanden und rekonstruiert werden."[12]

Um die Dynamik des Transformationspfads erfassen zu können, sind neben den staatlichen auch die nichtstaatlichen Akteure sowie deren Beziehungen zu- und untereinander zu berücksichtigen. Nur so läßt sich klären, wo, wie und warum die verschiedenen Akteure die Bankentransformation im Sinne der nachfolgenden und bis zur Beantwortung der relevanten Fragen vorerst noch als Black Box zu verstehenden Abbildung 1.1 beeinflussen:

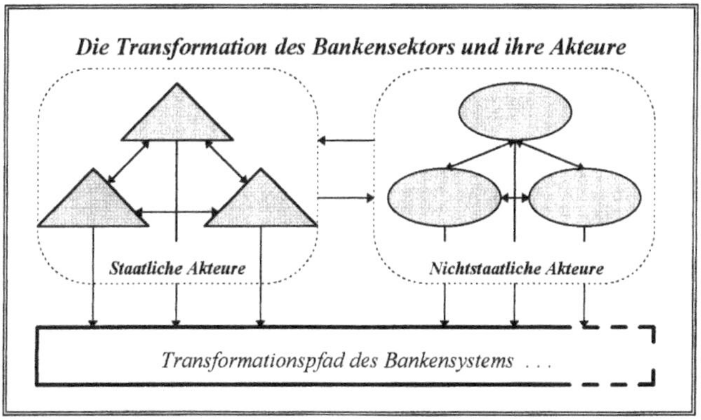


**Abb. 1.1: Staatliche und nichtstaatliche Akteure der Bankentransformation**

---

[9] Ebenda, S. 85.
[10] Vgl. ESCHENBURG, Theodor (1971), S. 114/115.
[11] Vgl. LEIBHOLZ, Gerhard (1985), S. 103-106.
[12] Vgl. WAGENER, Hans-Jürgen (1994b), S. 643.

Die Differenzierung der relevanten Akteure und die Betrachtung der Transformation als politisch-ökonomischen Prozeß legt den theoretischen Untersuchungsrahmen der vorliegenden Arbeit fest: Die Analyse der Rolle des Staates bei der Transformation des Bankensektors von einem plan- zu einem marktwirtschaftlichen Subsystem erfolgt im Kontext der politischen Ökonomie der Transformation. Sie bedarf jedoch eines konkreten empirischen Analyseobjekts. Eine Gleichsetzung der Transformationsprozesse in Ost- und Zentraleuropa verbietet sich, denn die betroffenen Länder weisen unterschiedliche politische und ökonomische Voraussetzungen und Transformationsstrategien auf. Allein das Ausmaß des ökonomischen Ungleichgewichts zu Beginn der Transformation und der Dezentralisierungsgrad der vormaligen Planwirtschaften machen Vergleiche zwar interessant, aber zugleich auch schwierig.[13] Zugunsten einer tiefgehenden und detaillierten Analyse der Bankentransformation über einen mehrjährigen Zeitraum hinweg, wird auf einen solchen Vergleich zwischen mehreren osteuropäischen Volkswirtschaften verzichtet und stattdessen *ein* empirisches Beispiel herausgegriffen. Mit der Analyse der Bankentransformation in Polen im Untersuchungszeitraum von 1989 bis 1997 ist der zweite der beiden vorgenannten Schritte getan und zugleich der empirische Rahmen der Arbeit abgesteckt.

## 1.1 Aufgabenstellung und Themenabgrenzung

Resümiert man das bisher Gesagte, so wird deutlich, daß die vorliegende Arbeit an einer Schnittstelle zwischen Ordnungspolitik, der politischen Ökonomie und dem Fach Bankbetriebslehre angesiedelt ist. Aus diesen drei wirtschaftswissenschaftlichen Forschungsgebieten ergibt sich die Aufgabenstellung dieser Arbeit: Aus den Erkenntnissen der Bankwissenschaft und den praktischen Funktionen von Banken in der Marktwirtschaft lassen sich Anforderungen an die Transformation des Bankensektors ableiten, die es zu erfüllen gilt, soll die Bankentransformation erfolgreich verlaufen. Den ordnungspolitischen Aspekt bildet die Fragestellung, inwieweit der Staat den Transformationspfad der Umgestaltung des polnischen Bankensektors beeinflußt und inwieweit die nichtstaatlichen Akteure bzw. Marktakteure den Transformationspfad selbst lenken. Die politische Ökonomie ermöglicht schließlich die Differenzierung der verschiedenen Akteure sowie die Beantwortung der Frage, welche politischen und ökonomischen Interessen das Verhalten der Akteure motivieren.

Diese Aufgabenstellung und die Beschränkung auf das Beispiel des polnischen Bankensystems machen jedoch zugleich die Grenzen der Arbeit deutlich. Zunächst einmal ist sie empirisch angelegt. In ihrem theoretischen Teil legt sie mit einem Vergleich von plan- und marktwirtschaftlichen Bankensystemen und den in der Literatur diskutierten Schritten der Bankentransformation ein Grundgerüst für die empirische Analyse. Es ist nicht das Ziel der Arbeit, eine umfassende Darstellung der verschiedenen Ansätze einer Theorie der Transformation und ihre Überprüfung anhand eines empirischen Beispiels zu leisten. Das empirische Analyseobjekt Polen liefert ein Beispiel für die mögliche Rolle staatlicher und nicht-staatlicher Akteure bei der Transformation von einem plan- zu einem marktwirtschaftlichen Bankensystem, ohne dadurch den Anspruch auf

[13] Vgl. FISCHER, Stanley und Alan GELB (1991), S. 92.

Allgemeingültigkeit zu erheben. Zwar ist es ein Ziel der vorliegenden Untersuchung, einen empirischen Beitrag zur Analyse konkreter ordnungspolitischer Umgestaltungen zu leisten, doch wie eingangs skizziert, verlaufen diese Umgestaltungsprozesse in jedem Land auf einem spezifischen Transformationspfad. Diese unterschiedlichen Verlaufsmuster können Gemeinsamkeiten aufweisen, und die Arbeit liefert hier auch eine Art Referenzmodell, indes wäre es problematisch, hieraus pauschal Gesetzmäßigkeiten abzuleiten. Ebenso problematisch wird damit auch die Ableitung eventueller Handlungsempfehlungen für andere Volkswirtschaften. Die vorliegende Arbeit konzentriert sich auf positive Analyse und ist nicht normativ angelegt. Sie dient daher auch nicht als Instrument für Politikberatung.

Im Hinblick auf das Beispiel Polen erhebt die Arbeit auch nicht den Anspruch darauf, eine umfassende Analyse aller Aspekte der politischen und ökonomischen Transformationsprozesse seit 1989 zu leisten. Sie greift vielmehr *die* Aspekte der politischen und ökonomischen Rahmenbedingungen heraus, die für die Umgestaltung des Bankwesens wichtig erscheinen, wie z.B. die parteipolitischen Machtkonstellationen und die wirtschaftliche Entwicklung des Landes. Auch ist es nicht Untersuchungsziel, aus der Analyse heraus eine optimale Transformationsstrategie herauszufiltern, sei es für die gesamte Volkswirtschaft, sei es für die Transformation des Bankensektors.

An dieser Stelle sollen noch kurz zwei Begrifflichkeiten erläutert werden. Neben dem bereits definierten Staatsbegriff sind die beiden weiteren für die folgende Untersuchung zentralen Begriffe die des Bankensystems und der Transformation. Unter *Bankensektor* oder dem synonym gebrauchten Begriff *Bankensystem* wird in erster Linie die zweite Stufe eines marktwirtschaftlichen Bankensystems verstanden, also das *Geschäftsbankensystem*. Im zweiten Kapitel der Arbeit bezieht sich der Begriff des Bankensektors zwangsläufig auf das gesamte Bankensystem unter Einschluß der Zentralbank, da im planwirtschaftlichen Kontext normalerweise keine Zweistufigkeit des Bankwesens vorherrscht und die Zentralbank auch die Funktion einer Geschäftsbank übernimmt. Im marktwirtschaftlichen Kontext bzw. im Rahmen der Transformation von der Plan- zur Marktwirtschaft wird das Zentralbanksystem nur insoweit mit in die Betrachtung einbezogen, wie es für die Entwicklung des Geschäftsbankensystems von Bedeutung ist. Der Begriff Finanzsektor wird im Verlauf der Arbeit bewußt vermieden, da Assekuranzunternehmen, die ja zum Finanzsektor zählen, von der Betrachtung weitgehend ausgeschlossen bleiben.

Zum Transformationsbegriff: Die Definition von *Transformation* ist in der Literatur uneinheitlich. Auf der einen Seite wird unter Transformation das Phänomen eines *evolutorischen* Institutionenwandels verstanden.[14] Auf der anderen Seite werden evolutorische Prozesse in bezug auf den Transformationsbegriff kategorisch ausgeschlossen, zugleich aber, wie beim evolutorischen Ansatz auch, verschiedene Dimensionen der Transformation, eine soziale, eine politische und eine ökonomische, zugelassen.[15] Betrachtet man die möglichen Ansätze institutionellen Wandels, so lassen sich drei verschiedene differenzieren, das pragmatische Setzen neuer essentieller Ordnungsmerkmale, Institutionenwandel als Ergebnis von Verhandlungsprozessen verschiedener Akteure und eben auch evolutorische Prozesse.[16] An dieser Stelle soll nicht diskutiert

---

[14] Vgl. KOVÁCS, János Mátyás (1994), S. 89.
[15] Vgl. KLOTEN, Norbert (1993), S. 121.
[16] Vgl. WAGENER, Hans-Jürgen (1993), S. 2.

werden, wie wahrscheinlich die genannten drei Möglichkeiten für die konkrete Transformation in Ost- und Zentraleuropa jeweils sind. Im Rahmen der vorliegenden Untersuchung zum polnischen Bankensystem soll der hier verwendete Transformationsbegriff zunächst einmal alle drei Optionen zulassen. Damit wird der Raum dafür geschaffen, daß Institutionen von einem dominanten Akteur - wie dem Staat - pragmatisch gestaltet werden und sich evolutorisch weiterentwickeln können, und umgekehrt evolutorisch über einen längeren Zeitraum hinweg entstandene Institutionen pragmatisch weiter gestaltet werden können.[17]

Die Zulassung der drei genannten Optionen und die Einbeziehung der verschiedenen Dimensionen von Transformation erscheint für die folgende Analyse adäquat, denn sie ermöglicht zum einen die Einbeziehung verschiedener Akteure der Bankentransformation, schafft zum anderen ein breites Spektrum bei der Beantwortung der Frage, ob die Transformation des polnischen Bankensystems von einem dominanten Akteur bewußt gestaltet oder aber von verschiedenen Akteuren in kleinen Schritten beeinflußt wurde und ermöglicht schließlich die Untersuchung der Verhaltensmotive der verschiedenen Akteure. Damit wird am Ende der Analyse auch der Raum für die Beantwortung der Frage geschaffen, inwiefern die Bankentransformation in Polen das Resultat ökonomischer Effizienz- und Transaktionskostenabwägungen oder aber das von politischen Opportunitätsüberlegungen ist.[18] Dieser Ansatz weist also zwei wichtige Vorteile auf: Zum einen erfaßt er das Problem der *Gleichzeitigkeit von politischen und ökonomischen Transformationsprozessen* und ermöglicht damit die Untersuchung eventueller Zielkonflikte zwischen dem, was ökonomisch effizient und dem, was politisch opportun erscheint.[19] Zum anderen steht dieser Ansatz auch im Kontext mit den Erfahrungen aus Strukturanpassungsprogrammen in Entwicklungsökonomien, daß nämlich politische und bürokratische Interessengruppen im Laufe von ökonomischen Umgestaltungsprozessen einen bedeutenden Machtfaktor bilden können.[20]

Der für die vorliegende Arbeit verwendete Transformationsbegriff schließlich meint im Kern den Übergang von einer Wirtschaftsordnung zu einer anderen. Da die Arbeit jedoch ein ökonomisches Subsystem herausgreift und dessen Entwicklung über einen Zeitraum von acht Jahren hinweg untersucht, läßt Transformation im Sinne dieser Untersuchung aber auch Veränderungen *einzelner Merkmale* einer Wirtschaftsordnung zu. Damit wird der Begriff weit gefaßt.[21]

## 1.2 Aufbau der Arbeit und Methodik

Nachdem die Aufgabenstellung der Untersuchung skizziert, das Thema abgegrenzt und die zentralen Begriffe des Arbeitstitels geklärt worden sind, folgen zum Abschluß dieser Einführung einige Erläuterungen zum Gang der Untersuchung und zur Arbeitsmethodik.

---

[17] Vgl. WAGENER, Hans-Jürgen (1992), S. 20.
[18] Vgl. KLOTEN, Norbert (1991), S. 25.
[19] Vgl. WELFENS, Paul J.J. (1993), S. 177.
[20] Vgl. RAUSSER, Gordon C. (1992), S. 323.
[21] Vgl. BOHNET, Armin und Claudia OHLY (1992), S. 28.

Die Arbeit läßt sich in zwei Teile differenzieren, einen theoretischen und einen empirischen Teil, mit insgesamt sechs Untersuchungsschritten. Die Kapitel 2 und 3 bilden das theoretische Fundament für die nachfolgende empirische Untersuchung. Das zweite Kapitel mit dem Titel *Die Bankensysteme der Plan- und der Marktwirtschaft* grenzt zunächst Bankensysteme der beiden genannten Wirtschaftsordnungen voneinander ab, und zwar im Hinblick auf die Funktionen und die institutionelle Ausgestaltung der jeweiligen Bankensysteme. Von seiner Funktion für die Untersuchung her dient es dazu, die Unterschiede zwischen Banken in der Plan- und in der Marktwirtschaft zu verdeutlichen, damit Anhaltspunkte zu liefern für die Formulierung einer Agenda der Bankentransformation und schließlich auch eine Bezugsbasis zu schaffen für die Beantwortung der Frage, inwiefern das Bankensystem Polens gegen Ende des Jahres 1997 bereits als marktwirtschaftlich zu bezeichnen ist.

Das dritte Kapitel mit dem Arbeitstitel *Die Transformation vom plan- zum marktwirtschaftlichen Bankensystem* formuliert im Anschluß hieran die als Zwischenfazit zum theoretischen Teil der Arbeit festgehaltene Agenda der Bankentransformation unter der Fragestellung, welche Transformationsziele für die Umgestaltung des Bankwesens aus den Funktionen und der institutionellen Ausgestaltung von marktwirtschaftlichen Bankensektoren heraus umzusetzen sind. Dabei wird sowohl zwischen verschiedenen Ebenen der Bankentransformation als auch zwischen lang- und kurzfristigen Transformationszielen differenziert. Das so entstehende Schema bildet eine adäquate Grundlage für das Fallbeispiel Polen und durchzieht den gesamten empirischen Teil der Arbeit.

Der Theorieteil stützt sich auf das Studium der in der Literatur diskutierten Funktionen von Banken im plan- und im marktwirtschaftlichen Kontext sowie auf die in zahlreichen Veröffentlichungen der 90er Jahre erläuterten Ziele und Probleme der Bankentransformation in Ost- und Mitteleuropa. Die empirische Untersuchung basiert auf der entsprechenden wirtschaftswissenschaftlichen Literatur zum Fallbeispiel Polen, greift aber auch die Diskussion in der polnischen und der angelsächsisch geprägten Tages- und Fachpresse auf. Die Basis der empirischen Untersuchung bilden jedoch im Anhang wiedergegebene Expertengespräche in Form offener Interviews, die in der Zeit von 1994 bis 1997 in Warschau und in Posen zum Thema durchgeführt wurden. Sie lassen Akteure zu Wort kommen, die die relevanten Institutionen der Bankentransformation in Polen repräsentieren, darunter v.a. solche der Zentralbank bzw. der Bankenaufsicht, des Finanzministeriums und der Banken selbst. Diese Art der Vorgehensweise erschien dem Charakter des in der Arbeit behandelten Themas, das sich ja auf Akteure und deren Handeln konzentriert, angemessen und insofern besonders aussagekräftig.

Der empirische Teil besteht aus den Kapiteln 4, 5 und 6. Das vierte Kapitel unter der Überschrift *Die Transformation des Bankensektors in Polen und ihre Akteurskonstellation* dient zwei Zielen: Zum einen werden die politischen und ökonomischen Rahmenbedingungen skizziert, die es ermöglichen, ökonomische und politische Faktoren mit in die Analyse einzubeziehen, die zwar außerhalb des Bankensektors liegen, aber von entscheidendem Einfluß für den Verlauf des Transformationspfads im Bankensystem sind. Zum anderen wird in Kapitel 4 aber auch die Akteurskonstellation umrissen, vor deren Hintergrund sich die Umgestaltung des Bankwesens vollzieht. Die politischen Rahmenbedingungen skizzieren die politische Akteurskonstellation, die sich auch im gesamtwirtschaftlichen Transformationsprozeß widerspiegelt. Eingehend geschildert wird die Akteurskonstellation *innerhalb* des Bankwesens, um die dortigen und in der Empirie maßgeblichen staatlichen und nichtstaatlichen Akteure mit ihren jeweiligen Kompetenzen und Machtpositionen zu identifizieren. Dies erlaubt zum Abschluß des Kapitels eine Gegenüberstellung der Akteure und der zum Ende des Theorieteils festgehaltenen Agenda der Bankentransformation.

Es folgen zwei Kapitel, die die Ereignisse im Zuge der Transformation des polnischen Bankwesens auf der Grundlage der zuvor erläuterten Akteurskonstellation chronologisch aufgreifen. Der erste der beiden Abschnitte analysiert *Die Phase der Liberalisierung von 1990 bis 1993* und thematisiert die auf die Verwirklichung langfristiger Zielsetzungen gerichteten Maßnahmen zur Umgestaltung des Bankensektors. Diese Vorgehensweise orientiert sich damit genau an dem in Kapitel 3 geschaffenen Gliederungsschema. Das Kapitel endet mit einer Analyse der Problematik der schlechten Kredite, die Polens Bankensystem 1992/93 in eine tiefe Krise stürzten und einen deutlichen Einschnitt in der Transformation des Bankensektors bedeuteten.

Die Schritte zur Überwindung dieser Krise bilden zugleich den ersten Teil des folgenden Kapitels 6 unter der Überschrift *Die Phase der Konsolidierung von 1993 bis 1997*. Dem schließt sich eine Untersuchung der Konzentrationsprozesse und des weiteren Verlaufs der Bankenprivatisierung an, womit zugleich der rote Faden des Gliederungsschemas in Kapitel 3 fortgeführt wird, denn die Konzentration im polnischen Bankensystem bietet nach der Lösung der Kreditproblematik die Chance zur Erreichung eines weiteren, im dritten Kapitel erläuterten Zwischenziels, während die Bankenprivatisierung eine langfristige Zielsetzung umsetzt, die bereits zu Beginn des Transformationsprozesses in Polens Bankwesen 1989/90 anvisiert wurde.

Die wesentlichen Ergebnisse der empirischen Analyse werden auf der Basis des zuvor gelegten theoretischen Fundamentes im sechsten und letzten Schritt der vorliegenden Arbeit, dem Fazit unter dem Thema *Starker Staat versus ökonomische Selbstorganisation* zusammengefaßt. Hier werden systematisch anhand des Begriffes *starker Staat* Antworten gegeben hinsichtlich der in diesem einführenden Abschnitt umrissenen Aufgabenstellung.

## 2. Die Bankensysteme der Plan- und der Marktwirtschaft

Nachdem die Aufgabenstellung sowie die drei für die vorliegende Arbeit zentralen Begriffe *Bankensektor*, *Staat* und *Transformation* definiert worden sind, geht es in diesem Kapitel darum zu klären, wie sich die Bankensysteme der Zentralverwaltungswirtschaft von denen einer Wettbewerbsordnung funktionell und institutionell unterscheiden, um hierdurch Ansatzpunkte für die Transformation von einem plan- zu einem marktwirtschaftlichen Bankensystem zu gewinnen. Ein besonderer Schwerpunkt gilt dabei der Frage nach der Rolle, die der Staat in beiden Typen von Bankensystemen einnimmt.

Das Kapitel gliedert sich in zwei Hauptabschnitte:

Im ersten Abschnitt sollen die Funktionen von Banken im planwirtschaftlichen Kontext analysiert und die sich daraus ergebende institutionelle Ausgestaltung des planwirtschaftlichen Bankensektors skizziert werden, um ein genaueres, wenn auch zu einem gewissen Grad schematisiertes Bild von der Ausgangsposition zu Beginn der Umgestaltung der Bankensysteme in den ehemals planwirtschaftlich geprägten osteuropäischen Transformationsökonomien zu gewinnen.

Der zweite Abschnitt beleuchtet die Funktionen und die institutionelle Ausgestaltung marktwirtschaftlicher Bankensysteme als Endpunkt der Transformationsbemühungen in Osteuropa. Hierbei gilt drei Fragen besondere Aufmerksamkeit: Mit welchen Risiken sind Banken im marktwirtschaftlichen Kontext konfrontiert ? Welche Konsequenzen ergeben sich daraus für die einzelne Geschäftsbank, aber insbesondere auch für die staatliche Regulierung des Bankensektors ? Und schließlich: Inwiefern sind marktwirtschaftliche Bankensysteme in ihrer Struktur heterogen und bieten damit verschiedene Optionen für die Umgestaltung des planwirtschaftlichen Bankensektors ?

Beide Abschnitte enden jeweils mit einer kurzen Zusammenfassung, die das Verhältnis von Staat und Bankensystem in den Mittelpunkt der Betrachtung stellen.

### 2.1 Der Bankensektor in der Planwirtschaft

Es erscheint einleuchtend, daß sich in ökonomischen Subsystemen, also auch im Bankensystem, die konstituierenden Merkmale der jeweils herrschenden Wirtschaftsordnung widerspiegeln:

> „Jedes Bankensystem steht im Zusammenhang mit der Wirtschaftsordnung, in der es seine Funktionen zu erfüllen hat. Die den Wirtschaftsordnungen zugrunde liegenden Konzeptionen wirken sich deutlich auf die Banken- und Finanzstruktur aus.“[1]

Vor diesem Hintergrund werden im folgenden, ausgehend vom System der Planung, die Funktionen von Banken im planwirtschaftlichen Kontext umrissen und als Konsequenz dieser Funktionen die institutionelle Ausgestaltung des Bankensektors auf Systemebene sowie auf der Ebene der einzelnen Bank skizziert. Den Bezugspunkt für die

---

[1] Vgl. SCHUBERT, Bernhard von (1982), S. 87.

weiteren Ausführungen bietet Abbildung 2.1 mit einem schematisierten Bild der Aufgaben und Struktur des für die planwirtschaftliche Ordnung typischen Bankensystems:

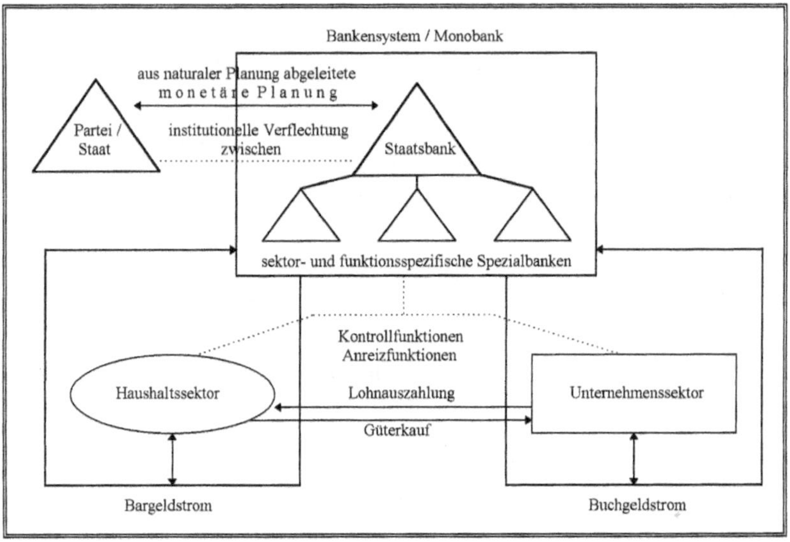


**Abb. 2.1: Der Bankensektor in der Planwirtschaft**

### 2.1.1 Die Funktionen von Banken im System der Planung

Der Begriff der *Planung* hat einen zukunftsgerichteten Charakter: Richtung und Muster der Entwicklung einer Volkswirtschaft sind im planwirtschaftlichen Kontext nicht das Ergebnis vieler einzelwirtschaftlicher Entscheidungsprozesse, „sondern bewußte Gestaltung des Wirtschaftsprozesses „von oben".“[2] Zukunftsgerichtetes und planvolles Handeln ist zwar nicht allein Kennzeichen einer planwirtschaftlichen Ordnung, denn auch im marktwirtschaftlichen Kontext werden, z.B. auf der Unternehmensebene, Abläufe gestaltet und Zwischenziele definiert, um Oberziele zu erreichen. Beispiel hierfür ist die quantitative Planung der Inputfaktoren für den Produktionsprozeß, darunter Personalplanung und Rohstoffeinkäufe. Kennzeichnend für die Plan- bzw. Zentralverwaltungswirtschaft ist aber nicht die dezentrale Planung durch einzelne Wirtschaftssubjekte, sondern Planung auf zentraler Ebene durch den Staat. *Zentrale Planung* findet ihre ideologische Rechtfertigung darin, daß in der sozialistischen Ordnung eine Identität von individuellen und gesamtgesellschaftlichen Interessen unterstellt wird.[3] Die

[2] Vgl. WAGENER, Hans-Jürgen (1985), S. 111.

[3] Ebenda. Es wird an dieser Stelle vermieden, den Marxismus als rechtfertigende Ideologie anzuführen, da bereits vor Marx theoretische Ansätze zur Ausgestaltung einer sozialistischen Wirtschaftsordnung formuliert wurden, z.B. von BABEUF und SAINT-SIMON. Vgl. zur sozialistischen bzw. marxistischen (Wirtschafts) Theorie DOBIAS, Peter (1983), S. 242-248 sowie S. 297-303.

einzelnen Wirtschaftssubjekte müssen demnach anders als in der marktwirtschaftlichen Ordnung nicht versuchen, nutzenmaximal ihre individuellen Pläne über den Marktmechanismus zu koordinieren; im planwirtschaftlichen System erfolgt der gesellschaftlich und damit auch individuell nutzenmaximale Allokationsprozeß über den Staat, der wiederum politisch dominiert wird von der kommunistischen Partei.

Planwirtschaftliche Systeme unterscheiden sich hinsichtlich ihres Zentralisationsgrads, also darin, inwieweit die Planungsaufgaben von einer zentralen staatlichen Instanz allein bewältigt werden. Zu unterscheiden sind dabei das *zentralistische* und das *dezentralisierte Modell*.[4] Im erstgenannten Modell werden alle ökonomischen Entscheidungen innerhalb der staatlichen Sphäre auf zentraler Ebene gefällt, autonome Entscheidungen von Instanzen unterer Ebenen, z.B. des einzelnen Betriebes, sind nicht vorgesehen. Angesichts des Komplexitätsgrads moderner Volkswirtschaften mit ihren vielfältigen Allokations-, Produktions- und Distributionsentscheidungen stößt zentrale Planung jedoch schnell auf Grenzen, die durch Informationsdefizite gesetzt werden. Deshalb erscheint es effizienter, bestimmte Entscheidungskompetenzen zu delegieren. Dezentrale autonome Entscheidungen auf der Ebene staatlicher Betriebe innerhalb zentraler Planvorgaben kennzeichnen daher das dezentralisierte Modell, wobei der zentrale Plan dezentralisierte Entscheidungen dominiert, zum einen durch Vorgaben, z.B. hinsichtlich der für das Ende einer Planungsperiode vorgegebenen Produktionsmenge, zum anderen durch indirekte Einwirkungsmöglichkeiten des zentralen Planers, die als Datum bei den am ebenfalls zentral vorgegebenen Wirtschaftlichkeitsziel orientierten Entscheidungen auf dezentraler Ebene mitberücksichtigt werden müssen. Beispiel für ein solches Datum ist die zentrale Gestaltung der Preise für Produktionsmittel.[5]

Staatliche Planung erfolgt primär in naturalen Größen, sie ist insofern mengen- und nicht wertmäßige Planung. Geplant wird in Form periodisierter Planbilanzen, in denen jeweils Güterproduktion und -bedarf einander gegenübergestellt werden.[6] Im zentralistischen Modell ohne autonome Entscheidungsbefugnisse spielt Geld nur eine *passive Rolle*, es dient lediglich als Verrechnungseinheit.[7] Gibt man staatlichen Unternehmen jedoch autonome Entscheidungskompetenzen, so erlangen monetäre Größen Bedeutung, denn die Unternehmen brauchen Maßstäbe, um die Wirtschaftlichkeit ihrer Entscheidungen zu überprüfen. Geld erlangt damit eine *aktive Rolle*, d.h. realwirtschaftliche Güterströme verlaufen nicht mehr unabhängig von monetären Strömen. Nichtsdestotrotz wird monetäre Planung weiterhin von mengenmäßiger Planung abgeleitet.[8] Monetäre Planung macht aber Mengenpläne vergleichbar, und dies gibt dem staatlichen zentralen Planer Kontrollinstrumente gegenüber der dezentralen Ebene an die Hand. Geld besitzt damit eine Planungs- und Kontrollfunktion.[9] Genau hier setzen die

[4] Im Rahmen dieses Kapitels werden beide Modelle lediglich im Hinblick auf die Differenzierung von und Kompetenzverteilung zwischen staatlichen Instanzen kurz skizziert. Für eine eingehendere Analyse und Diskussion beider Modelle vgl. u.a. BRUS, Włodzimierz (1971), insb. S. 104-139 und S. 200-304.

[5] Ebenda, S. 221-223.

[6] Vgl. THIEME, H. Jörg (1991), S. 31/32.

[7] Vgl. BRUS, Włodzimierz (1971), S. 122. MARX sieht Geld in engem Zusammenhang zum Gold und betont zugleich den Warencharakter des Geldes. Als Ware verkörpert es nach der MARX'schen Arbeitswertlehre den Wert der Arbeit, die in die Produktion der Ware Geld eingeflossen ist, vgl. VARGA, Stefan (1957), S. 225/226. Insofern ist Geld nicht nur Verrechnungseinheit, sondern auch Wertmaßstab.

[8] Vgl. EHLERT, Willi (1980), S. 1072.

[9] Vgl. VARGA, Stefan (1957), S. 243.

Aufgaben des Bankensektors im System der Planung an: Seine Hauptaufgabe besteht darin, die Einhaltung des monetären Plans zu kontrollieren und darüberhinaus, im dezentralisierten Planungssystem, in der Vermittlung von Anreizen zur Planerfüllung unter Beachtung des Wirtschaftlichkeitsprinzips.

#### 2.1.1.1 Kontrollfunktionen

Der Bankensektor kontrolliert die Erfüllung der vom zentralen Planer vorgegebenen Planauflagen sowohl gegenüber dem Unternehmens-, als auch gegenüber dem Haushaltssektor. Beide Sektoren sind durch zwei verschiedene Geldströme voneinander getrennt, den *Bar-* (Haushalte) und den *Buchgeldstrom* (Unternehmenssektor)[10]. Der Bargeldstrom umfaßt dabei alle sich im Umlauf befindlichen Banknoten und Münzen, während Buchgeld die sich auf den Bankkonten befindenden Zahlungsmittel erfaßt. Die beiden Geldströme sind nicht durchgängig voneinander separiert: Die Zusammenführung und Umwandlung von Bar- und Buchgeld in die jeweils andere Geldform erfolgt über das Bankensystem. So wird z.B. der Teil des Bargelds der Haushalte, der nicht zu Konsumzwecken ausgegeben wird, zumindest teilweise als Spareinlage auf einem Sparkonto gehalten, damit in Buchgeld umgewandelt und kann dann bspw. dem Unternehmenssektor in Form von Investitionskrediten zur Verfügung gestellt werden. Außerdem tätigt der Haushaltssektor beim Unternehmenssektor Güterkäufe. Dieses zu Konsumzwecken ausgegebene Bargeld wird zu Buchgeld, indem die Betriebe die Erlöse aus Güterverkäufen entweder auf die Habenseite ihres jeweiligen Bankkontos buchen oder als Gewinn bzw. Steuer an das Staatsbudget weitergeben. Umgekehrt wird Buch- zu Bargeld dann, wenn die zuständige Bank die für die betrieblichen Lohnfonds in der Planung vorgesehenen Mittel als Bargeld an die Betriebe leitet, damit diese hieraus wiederum Lohnzahlungen an die Haushalte tätigen können.

Doch zunächst zur Kontrolle des Buchgeldumlaufs: Jeder Betrieb ist dazu verpflichtet, ein Konto bei einer Filiale seiner zuständigen Bank zu unterhalten.[11] Dieses 1:1-Verhältnis von Bank und Betrieb soll gewährleisten, daß die Geldbewegungen des Betriebs und der Zweck jeder Geldbewegung von der kontoführenden Bank erfaßt und dokumentiert werden kann. Auf dieser Grundlage kontrolliert der Bankensektor nach den Vorgaben der zentralen monetären Planung sowohl Höhe und Verwendung der vergebenen Bankkredite als auch den Zahlungsverkehr zwischen den Betrieben.

Kredite werden an den Unternehmenssektor mit jeweils einem bestimmten Verwendungszweck vergeben, z.B. zum Kauf von Betriebsmitteln oder zur Finanzierung von Investitionen. Allerdings ist der Gebrauch des Begriffs *Kredit* in diesem Zusammenhang umstritten, denn die mit dem Kredit verbundenen Finanzmittel wechseln im Grunde den Besitzer gar nicht, da sowohl Banken als auch sozialistische Betriebe Staatseigentum sind. Schuldner wie Gläubiger der Kreditbeziehung ist also der Staat.[12]

---

[10] Der Buchgeldstrom fließt außerdem auch zwischen dem Unternehmenssektor und Organen der Regierung sowie zwischen den einzelnen Regierungsinstitutionen selbst. Vgl. hierzu GARVY, George (1966), S. 48. Dieser Teil des Buchgeldstroms wird im folgenden aus Vereinfachungsgründen jedoch ausgeklammert.

[11] Vgl. SATO, Setsuya und David B. HUMPHREY (1995), S. 4.

[12] Vgl. FOX, Ursula (1967), S. 39.

Der Bankensektor besitzt das Monopol der Kreditvergabe. Hierdurch soll garantiert werden, daß der zentrale Planer ein genaues Bild vom aggregierten Kreditvolumen und der Kreditverwendung erhält, um zu kontrollieren, ob sich die Ergebnisse im Planungsrahmen befinden. Da sich die Vergabe von Bankkrediten nach den Vorgaben der zentralen Planung richtet, erfolgt sie unabhängig von der Zahlungsfähigkeit des betroffenen Betriebs. Der Bankensektor gewährt Kredite also passiv als Vertreter des Staates und nimmt keine selbständige Prüfung der Liquiditätsposition der Betriebe im Vorfeld der Kreditgewährung vor.[13] Maßgebend für die Kreditvergabe sind allein - zumindest im zentralisierten Planungsmodell - physische Planvorgaben. Besteht die Gefahr, daß die Planziele verfehlt werden, so werden den Betrieben automatisch weitere Kredite eingeräumt. So entsteht eine Inkonsistenz zwischen der Kontrollfunktion der Banken auf der einen und dem *Kreditautomatismus* auf der anderen Seite: Zwar dokumentiert der Bankensektor Höhe und Verwendung der gewährten Kredite, *weiche Budgetrestriktionen* (*soft-budget constraints*) für die Betriebe sorgen indes dafür, daß der Kreditrahmen immer dann gesprengt wird, wenn die Betriebe signalisieren, daß ihre Produktionsziele die Finanzierung von Erweiterungsinvestitionen etc. verlangen.[14]

Für die Kontrollfunktion des Bankensektors im zentralistischen Planungssystem bedeutet dies: Die Bank kontrolliert die Kreditgewährung zwar buchhalterisch, die Wirtschaftlichkeit des Mitteleinsatzes und damit eine eventuelle Ressourcenverschwendung werden aber nicht kontrolliert. Bankkredite sind zudem nicht die einzige Finanzierungsquelle der Unternehmen. Die Finanzierung von Investitionen, die nationale Bedeutung haben, wird direkt aus dem Staatshaushalt bestritten. Außerdem haben die Betriebe in geringem Umfang die Möglichkeit, Investitionen aus eigenen zurückbehaltenen Erlösen zu tätigen. Lieferantenkredite zwischen den einzelnen Betrieben sind zwar verboten, in planwirtschaftlichen Systemen de facto jedoch immer wieder aufgetreten.[15] Vor dem Hintergrund der bisherigen Ausführungen ist demnach die Bezeichnung der sozialistischen Banken als „enterprises' banks“[16] zwar gerechtfertigt, das Prinzip des „control by money“[17] mit Hilfe des Bankkredits ist angesichts des Kreditautomatismus und weiterer - legaler wie illegaler - Finanzierungsmöglichkeiten der Betriebe jedoch brüchig.

Den zweiten Ansatz der Kontrolle des Buchgeldumlaufs und damit der Unternehmen bildet die Kontrolle des Zahlungsverkehrs. Zahlungen zwischen den Betrieben folgen der diesen zugrunde liegenden Warenlieferungen und laufen über die Konten des Bankensystems. Liefert ein Betrieb A Güter an Betrieb B, so wird dem Konto von A gegen Vorlage einer Zahlungsaufforderung gegenüber B bei der Bank der geforderte Betrag gutgeschrieben, während das Konto von B belastet wird. Das mit dieser Vorgehensweise verbundene *clearing* wie auch das *settlement* erfolgen über die Zentralbank.[18]

---

[13] Vgl. THORNE, Alfredo (1993), S. 961.

[14] Vgl. zur Problematik weicher Budgetrestriktionen insgesamt die Ausführungen von KORNAI, János (1980).

[15] Vgl. zu den einzelnen Finanzierungsmöglichkeiten des sozialistischen Betriebs PODOLSKI, Tadeusz M. (1972), S. 340.

[16] Ebenda.

[17] Ebenda, S. 342.

[18] Der Begriff *clearing* bezeichnet die Belastung eines Bankkontos bzw. die entsprechende Gutschrift, während *settlement* den Ausgleich der Konten der am Zahlungsverkehr beteiligten Banken betrifft, vgl. SATO, Setsuya und David B. HUMPHREY (1995), S. 6. Zum *clearing* und *settlement* in der Marktwirtschaft vgl. Gliederungspunkt 2.2.1.1.3.

Grundlage der Kontrolle durch den Bankensektor ist wiederum das Verhältnis von 1:1 bei der Bank-Betrieb-Beziehung. Die unmittelbar durch die Bank erfolgende Gutschrift auf das Konto von A gegen die Vorlage der Zahlungsaufforderung an B im angeführten Beispiel entspricht einem Handelskredit, mit dessen Hilfe Kredite zwischen den Betrieben und damit eine mögliche Ringverschuldung sowie der hiermit verbundene Kontrollverlust des Bankensystems verhindert werden soll. Der Zahlungsverkehr innerhalb des Unternehmenssektors steht damit nicht nur unter der Kontrolle des Bankensystems, er vollzieht sich auch innerhalb des staatlichen Sektors selbst. Solche „intra-state payments"[19] sind - ähnlich wie die oben beschriebene Kreditvergabe - risikolos, solange die Liquiditätsposition der Betriebe und damit deren Zahlungsfähigkeit keine Rolle spielt, der Staat mit Hilfe des Bankensystems also per Handelskredit für einen reibungslosen Zahlungsverkehr haftet und zugleich die Bank auf Mittel des Staates zurückgreifen kann, so daß ihre eigene Liquiditätsposition ebenfalls ohne Bedeutung ist. Damit spielt indes die Geschwindigkeit der tatsächlichen Überweisung von Buchgeld von dem einen auf das andere Betriebskonto keine Rolle. Eine Überweisung innerhalb des Buchgeldstroms kann daher auch mehrere Tage in Anspruch nehmen.

Zur Kontrolle des Bargeldstroms und damit des Haushaltssektors: Zwar wird die Höhe der durch die Betriebe ausgezahlten Löhne vom Volumen der vom Bankensystem finanzierten innerbetrieblichen Lohnfonds determiniert, die zugleich sozusagen die 'Quelle' des Bargeldumlaufs darstellen. Mithin kontrolliert der Bankensektor indirekt auch das Volumen des Bargeldstroms. Die Verwendung der Mittel durch die Haushalte ist jedoch der direkten Kontrolle des Bankensektors entzogen, denn die Konsum-Spar-Entscheidung der privaten Haushalte erfolgt außerhalb der staatlichen Sphäre. Die Höhe des Sparaufkommens und des Konsums sind damit recht unsichere Plangrößen, mithin „lediglich prognostizierbare Größen".[20] Die Konsumausgaben des Haushaltssektors werden in Buchgeld umgewandelt und fließen, wie bereits skizziert, auf die Bankkonten der Betriebe oder an das Staatsbudget im Zuge der Gewinnabführung des Unternehmenssektors. Ein Teil der Ersparnisse wird vom Bankensystem abgeschöpft. Nicht zu unterschätzen ist das Volumen zwangsweiser Ersparnisse, die zurückzuführen sind auf den Teil der Konsumnachfrage, der mangels Güterangebot nicht befriedigt werden kann.[21] Der Rest verbleibt als inoffizielle Ersparnis, z.B. für spätere Güterkäufe auf dem schwarzen Markt in den Haushalten selbst. Gerade dieser Teil bildet den Unsicherheitsfaktor der staatlichen Bargeldplanung.

Die autonome Spar-Konsum-Entscheidung bildet neben dem Kreditautomatismus bzgl. des Unternehmenssektors eine Gefahrenquelle für eine potentielle monetäre Überschußnachfrage und damit für inflationäre Tendenzen, die jedoch durch die staatliche Preisfestsetzung verdeckt bleiben.[22] Insgesamt bleibt festzuhalten: Ist die Kontrolle des Buchgeldstroms durch das Bankensystem schon unvollständig, so ist sie in bezug auf den Bargeldumlauf noch unvollkommener.

---

[19] Ebenda, S. 7.
[20] Vgl. HAFFNER, Friedrich (1977), S. 499.
[21] Vgl. BLASS, Bronisław (1968), S. 178.
[22] Vgl. THIEME, H. Jörg (1991), S. 16/17.

### 2.1.1.2 Anreizfunktionen

Geht es im zentralistischen Planungsmodell darum, die auf zentraler Ebene getroffenen Planvorgaben administrativ auf den unteren Ebenen des staatlichen Banken- und Unternehmenssektors umzusetzen, so wird im dezentralisierten Modell, das seit den späten 60er Jahren nach und nach in den Ländern des ehemaligen Ostblocks eingeführt wurde, unteren staatlichen Ebenen eine gewisse Entscheidungsautonomie eingeräumt: Orientiert am Wirtschaftlichkeitsprinzip sollen die Details der Planung auf den unteren Planungsebenen, also der Bank und des einzelnen Betriebs, ausgearbeitet werden. Für die Entscheidungskompetenz des Bankensektors bedeutet dies eine Aufwertung: Die Erfüllung der Pläne soll nicht mehr allein buchhalterisch kontrolliert, sondern mit Hilfe von *Anreizen* stimuliert werden. Die damit anvisierte indirekte Beeinflussung in Richtung auf Planerfüllung zielt vor allem auf den Unternehmenssektor, doch auch das Verhalten der privaten Haushalte soll mit Hilfe „ökonomischer Hebel“[23] beeinflußt werden. Dem Bankensektor stehen als ökonomische Hebel dabei die beiden monetären Größen *Kredit* und *Zins* zur Verfügung.

Ein Betrieb, der den gleichen Output produziert wie ein zweiter, dabei aber weniger Ressourcen verbraucht, hat im dezentralisierten Modell einen potentiell leichteren Zugang zu Bankkrediten als der weniger wirtschaftlich arbeitende Betrieb.[24] Letztlich liegt dies jedoch im diskretionären Entscheidungsbereich der zuständigen Bank, die ihre Kreditvergabe nach 'gut' und 'schlecht' arbeitenden Betrieben differenziert gestalten kann. Der Bankensektor übt damit also nicht nur eine Plankontrolle, sondern auch eine Kontrolle des Betriebsmanagements aus und ist dabei dazu angehalten, Fälle grober Ressourcenverschwendung an die oberen Planinstanzen zu melden. Nicht nur der Zugang zu Bankkrediten, auch die Kredite selbst sind differenziert gestaltet. So kann bei der Rückzahlung eines in Anspruch genommenen Kredits vor dem ursprünglich vereinbarten Fälligkeitstermin ein Teil der Zinsen erlassen werden. Umgekehrt können Strafzinsen dann auferlegt werden, wenn der Fälligkeitstermin überschritten wird.[25] Zur besseren Überwachung der Kreditverwendung durch den Betrieb greift die Bank dabei häufig auf kurzfristige Kredite zurück.[26]

Der Bankensektor ist damit nicht mehr allein passiver Repräsentant des Staates, sondern versucht, aktiv die Wirtschaftlichkeit der Betriebe zu beeinflussen. Umgekehrt wird die Produktion des Unternehmenssektors nicht mehr allein wie im zentralistischen System am Output, sondern auch an den Produktionskosten orientiert. Mit der potentiellen Verteuerung von Bankkrediten wird für die Betriebe zugleich ein Anreiz geschaffen, auf Eigenfinanzierung zurückzugreifen. Konsequenterweise kann der Unternehmenssektor auch einen Teil seiner erwirtschafteten Erlöse zurückbehalten und muß nicht sein gesamtes Einkommen an das Staatsbudget abführen. Letzteres tritt in seiner Bedeutung als Finanzierungsinstrument für die Betriebe gegenüber Bankkrediten und Eigenfinanzierung zurück.[27]

Doch ähnlich wie die Kontrollfunktionen des Bankensektors im zentralistischen Modell, sind auch die Anreizfunktionen des dezentralisierten Systems nicht konsequent

---

[23] Vgl. FOX, Ursula (1967), S. 23.
[24] Vgl. GARVY, George (1966), S. 121.
[25] Vgl. PODOLSKI, Tadeusz M. (1972), S. 341.
[26] Vgl. ZWASS, Adam (1972), S. 46ff.
[27] Vgl. PODOLSKI, Tadeusz M. (1972), S. 341.

realisiert, denn nach wie vor werden Kredite automatisch vergeben, besonders dann, wenn die Produktion bestimmter Betriebe vom Staat als strategisch wichtig eingeschätzt wird, wie im Fall von Investitionsgütern. Der Einsatz ökonomischer Hebel und der nach wie vor real existierende Kreditautomatismus sind inkonsistent.[28]

Kredit und Zins werden als ökonomische Hebel auch gegenüber dem Haushaltssektor eingesetzt: Zum einen werden Konsumenten- und besonders Wohnungsbaukredite vergeben, um den Kauf bestimmter Konsumgüter bzw. den Wohnungsbau zu fördern. Variabel gestaffelte Zinsen sollen auch hier, ähnlich wie beim Unternehmenssektor, die Rückzahlung der Kredite beschleunigen. Auch werden die Spareinlagen der Haushalte verzinst, um hier einen Anreiz zu schaffen, inoffizielle Ersparnisse in offizielle umzuwandeln und damit einen Unsicherheitsfaktor der monetären Planung zu minimieren. Zugleich soll die gesamtwirtschaftliche Ersparnis angeregt werden, um hieraus Investitionen zu finanzieren.

Die Anreizfunktionen des Bankensektors erstrecken sich also wie seine Kontrollfunktionen sowohl auf den Buch- als auch auf den Bargeldumlauf. Wie die Kontrollfunktionen sind die Anreize in bezug auf die Betriebe jedoch potentiell wirksamer als gegenüber dem Haushaltssektor, da sie durch entsprechend negative Sanktionsmechanismen von seiten des Staates unterlegt sind, z.B. als Folge der Weiterleitung von Informationen über unwirtschaftlich arbeitende Betriebe an die oberen Planungsinstanzen. Der Unternehmenssektor gehört - jedenfalls zum überwiegenden Teil - zur staatlichen Sphäre, d.h. der zentrale Planer kann bei Bedarf weiterhin administrativ in die Entscheidungen der Betriebe eingreifen.[29] Dagegen können die meisten Maßnahmen gegenüber dem Haushaltssektor, wie die Verzinsung von privaten Spareinlagen oder die Verhängung von Fälligkeitszinsen bei der Vergabe von Konsumentenkrediten, nur begrenzt sanktionierend wirken, denn der Staat kann - anders als beim Unternehmenssektor - nicht unmittelbar in die Entscheidungen der Haushalte intervenieren.

Letztlich dienen auch die Anreizfunktionen des Bankensektors dazu, die Kontrolle gegenüber den beiden Sektoren Unternehmen und Haushalte zu verbessern: Zum einen soll die Ressourcenverschwendung der Betriebe abgebaut, zum anderen die aus dem Bargeldstrom entspringenden Ersparnisse der Haushalte erhöht und besser kontrolliert werden. Anreize sind jedoch nicht direktiv, sondern wirken indirekt und setzen am Eigeninteresse von Unternehmen und Haushalten an, wie das Interesse an möglichst hoch verzinsten Ersparnissen oder das Interesse an günstigen Kreditkonditionen. Damit werden Marktmechanismen in die planwirtschaftliche Ordnung eingeführt, die die Aufgaben des Bankensektors von der mehr administrativen auf eine ökonomische Ebene verlagern, auch wenn letztere angesichts des verbreiteten Kreditautomatismus nicht konsequent verwirklicht wird. Die Erfüllung der Planvorgaben bleibt trotz der Orientierung am Wirtschaftlichkeitsprinzip im dezentralisierten System wie im zentralistischen Modell oberste Leitlinie der Bankpolitik. Damit ist der Bankensektor mehr gesamt- als einzelwirtschaftlich ausgerichtet.[30] Die Risiken einer marktwirtschaftlichen Ordnung, z.B. der mögliche Marktaustritt ineffizienter Betriebe, wird so lange nicht in

---

[28] Vgl. HAFFNER, Friedrich (1977), S. 507.

[29] Vgl. THIEME, H. Jörg (1992), S. 28. Daneben, wenn auch weit weniger bedeutsam, gibt es auch im planwirtschaftlichen Unternehmenssektor genossenschaftliches (v.a. in der Landwirtschaft) und privates Eigentum (kleinere organisatorische Einheiten), vgl. WAGENER, Hans-Jürgen (1985), S. 112.

[30] Vgl. FOX, Ursula (1967), S. 76.

Kauf genommen, solange der Staat als Garant für den Bestand solcher Betriebe und der sie finanzierenden Bank haftet.[31] Die Bank muß daher letztlich Risiken ihrer Geschäftstätigkeit für das eigene Bestehen nicht berücksichtigen, zumindest nicht in bezug auf den im planwirtschaftlichen System dominierenden staatlichen Sektor.

### 2.1.2 Die institutionelle Ausgestaltung des planwirtschaftlichen Bankensektors

Die Funktionen des Bankensektors im planwirtschaftlichen Kontext haben ihre Auswirkungen auf die institutionelle Ausgestaltung planwirtschaftlicher Bankensysteme. Dies gilt sowohl für die Struktur dieses Sektors auf aggregierter Ebene, als auch für die Organisation der einzelnen Bank. Abbildung 2.1 zeigt den 'Prototyp' eines planwirtschaftlichen Bankensystems. Dabei ist der Grad der Abweichung in der Systemstruktur zwischen verschiedenen planwirtschaftlich organisierten Volkswirtschaften gering.

#### 2.1.2.1 Die Struktur des Bankensystems

Die Gleichartigkeit der Bankensysteme der verschiedenen sozialistischen Ökonomien erlaubt es, an dieser Stelle von *der* Systemstruktur zu sprechen. Diese läßt sich anhand von drei konstitutiven Ordnungskriterien darstellen: erstens dem Zentralisationsgrad des Systems als Maß für den Einfluß des Staates auf die Geschäftspolitik des Bankensektors, zweitens der Form des Eigenkapitals und drittens dem Geschäftsradius der einzelnen Banken, also ihren Aufgaben.[32]

Zunächst zum Zentralisationsgrad: Das typische Bankensystem der planwirtschaftlichen Ordnung ist streng hierarisch aufgebaut mit einer einfachen und für die Durchsetzung der Vorgaben des zentralen Planers gut überschaubaren Struktur. An der Spitze des Systems steht die Staatsbank. Sie macht als Zentral- und Geschäftsbank in einem den Kern des planwirtschaftlichen Bankensystems aus. Das planwirtschaftliche Bankensystem wird oftmals in der Literatur als *Monobanksystem* bezeichnet,[33] zum einen, weil Zentral- und Geschäftsbankensystem vereint sind, zum anderen, weil die übrigen Banken - sofern es neben der Staatsbank überhaupt solche gibt - keine eigenständigen Kreditinstitute sind, die untereinander in Wettbewerb stehen und die Möglichkeit zu autonomer Geschäftspolitik unabhängig von den Direktiven der Staatsbank haben, sondern reine Ableger der Staatsbank bilden, die an deren Weisungen gebunden sind.

Die Staatsbank selbst ist eng mit dem Staat und der kommunistischen Partei verbunden. Sie ist entweder organisatorisch direkt in das Finanzministerium integriert, oder untersteht ihm zumindest. Diese Verflechtung ist gesetzlich und personell abgesichert. Die Mitglieder des Bankenvorstandes werden von der Regierung ernannt und bekleiden häufig zugleich Posten innerhalb des Finanzministeriums oder anderer mit Aufgaben der Wirtschaftspolitik betrauter Ministerien. Die Zentralbank erarbeitet mit der Regierung den monetären Plan und überwacht seine Umsetzung mittels Geld- und

[31] KORNAI bezeichnet die Beziehung des Staates zum staatlichen Unternehmenssektor in der planwirtschaftlichen Ordnung auch als Versicherungsvertrag, vgl. KORNAI, János (1993), S. 316.
[32] Vgl. zu diesen Ordnungskriterien die Erläuterungen bei SCHUBERT, Bernhard von (1982), S. 176-183.
[33] Vgl. DEMBINSKI, Paweł H. (1991), S. 132.

Kreditpolitik. Ihr Grundkapital ist Teil des Staatshaushalts, dessen Kontenführung sie zugleich überwacht. Sie ist damit neben ihrer Eigenschaft als Bank der Betriebe auch *Bank des Staates*.[34]

Die Staatsbank besitzt das Monopol der Ausgabe von Banknoten und Münzen, überwacht den Geldumlauf und die Kreditvergabe des Bankensektors. Durch die Einstufigkeit des Bankensystems und die Trennung der beiden Geldströme in Bar- und Buchgeld kann es zu keiner unkontrollierten Geldmengenausweitung kommen.[35] Dadurch, daß die Staatsbank zumeist auch ein Devisenmonopol besitzt oder zumindest dafür sorgt, daß die Fremdwährungskonten im Bankensektor von denen in inländischer Währung streng getrennt bleiben, wird auch eine Geldmengenausweitung in inländischer Währung über fremde Währungen verhindert. Wegen der direkten Kontrolle der abhängigen Banken wird die Staatsbank auch als *Bank der Banken* bezeichnet.[36] Sie übernimmt die Kreditvergabe an den Unternehmenssektor entweder direkt oder steuert sie über die von ihr kontrollierten Spezialbanken. Schließlich laufen auch der Zahlungsverkehr und die hiermit verbundenen Kontrollaufgaben über die Staatsbank. Der Zahlungsverkehr des Unternehmenssektors entpuppt sich damit nicht nur, wie bereits erläutert, überwiegend als 'innerstaatlicher Zahlungsverkehr', er hat auch den Charakter von *Intra*bank-Transaktionen, die somit gut kontrollierbar und risikolos sind.[37]

Ihre enge Verflechtung mit Staat und Partei einerseits und ihre zentralen Kontrollfunktionen innerhalb des Bankensystems sowie gegenüber dem Unternehmens- und mit Einschränkungen auch gegenüber dem Haushaltssektor andererseits machen die Staatsbank zu einem Instrument staatlicher Planung:

> „[...] indeed, it makes the monobank a key part of the policy and administrative apparatus of the communist state."[38]

Der Staat dominiert das planwirtschaftliche Bankensystem jedoch nicht nur über die Staatsbank, sondern auch bzgl. des Ordnungskriteriums Eigentumsform: Im Normalfall befinden sich neben der Staatsbank selbst auch all ihre Ableger in staatlichem Eigentum. Es gibt nur wenige Ausnahmen in Ländern, in denen der Landwirtschaftssektor einen hohen Anteil bäuerlicher Genossenschaften aufweist, wie z.B. in Polen, wo die zuständige Landwirtschaftsbank ebenfalls genossenschaftlich organisiert ist und die Sammlung von Spareinlagen und die Kreditvergabe gegenüber dem Landwirtschaftssektor übernimmt.[39]

Zum Geschäftsradius der einzelnen Banken: Innerhalb des planwirtschaftlichen Bankensektors herrscht kein Wettbewerb, vielmehr ist das System sektorspezifisch segmentiert.[40] Die Ablegerbanken der Staatsbank sind Spezialbanken, deren Aufgaben auf einzelne Funktionen bzw. Wirtschaftssektoren ausgerichtet sind. Sie besitzen damit innerhalb des Bankensektors bestimmte sektor- und funktionsspezifische Monopole. Neben der bereits erwähnten Landwirtschaftsbank umfaßt der Kreis der Spezialbanken zumeist noch eine Sparkasse, eine Investitionsbank und eine Außenhandelsbank. Die

---

[34] Vgl. FOX, Ursula (1967), S. 51.
[35] Vgl. RIESE, Hajo (1990), S. 108-110.
[36] Vgl. FOX, Ursula (1967), S. 51.
[37] Vgl. FOLKERTS-LANDAU, David, Peter GARBER und Timothy D. LANE (1994), S. 98/99.
[38] Vgl. GARVY, George (1966), S. 20.
[39] Vgl. FOX, Ursula (1967), S. 56 sowie zur polnischen Agrarbank allgemein Gliederungspunkt 4.4.2.1.3.
[40] Vgl. SCHWARZ, Bernard (1971), S. 163.

Sparkasse ist der Teil des Bankensystems, der ausschließlich für den Haushaltssektor zuständig ist. Hier dient die Sparkasse als Sammelstelle für die Spareinlagen und vergibt Konsumenten- und insb. Wohnungsbaukredite. Die Investitionsbank ist zuständig für die Vergabe von Investitionskrediten an den Unternehmenssektor, sofern diese Tätigkeit nicht von vornherein von der Staatsbank selbst ausgeführt wird. Die Außenhandelsbeziehungen und anderen finanziellen Transaktionen des Staates mit dem Ausland übernimmt zumeist eine Außenhandelsbank. Als verlängerter Arm der Staatsbank darf sie allein die Fremdwährungskonten des Staates führen. Bei einem gewissen Volumen privater Transferzahlungen an den Haushaltssektor von Verwandten, die im Ausland leben, ist die Führung von Fremdwährungskonten außerdem noch einer zweiten Spezialbank, einer Art Sparkasse für Guthaben in Auslandswährung erlaubt. Für den Staat bieten solche Transferzahlungen und die Existenz einer Devisensparkasse eine Möglichkeit, den für viele planwirtschaftliche Systeme typischen Devisenmangel zu lindern. Die Devisensparkasse übernimmt außerdem in manchen Fällen den Zahlungsverkehr von Außenhandelsbetrieben mit ausländischen Partnerfirmen.

Die Funktions- und Sektorspezialisierung hat einseitig verzerrte Bankbilanzstrukturen zur Folge: Die Sparkasse z.B. vergibt zwar auch begrenzt Kredite, trotzdem ist ihre Bilanz stark depositenlastig, während die Investitionsbank gar keine Einlagen des Haushalts- oder Unternehmenssektors aufweist. Ihre Bilanzpassivseite setzt sich vielmehr aus Investitionsfonds des Staatshaushalts zusammen, aus denen Mittel zweckgerichtet an einzelne Wirtschaftssektoren vergeben werden. Es zeigt sich hieran wiederum, daß die Spezialbanken keine unabhängigen Institutionen sind, die ihre Bilanzen untereinander über Märkte ausgleichen können. In der Regel sorgt der Staat über die Staatsbank dafür, daß genügend Mittel für die Vergabe von Konsumenten- oder Investitionskrediten zur Verfügung stehen, ohne daß etwaige Deckungsverhältnisse mit den Einlagen erreicht werden müßten. Auch eine kreditlastige Bankbilanz impliziert damit - von Spezialfällen, wie der genossenschaftlich organisierten Landwirtschaftsbank in Polen, die zur Einhaltung bestimmter Aktiv-Passiv-Deckungsverhältnisse verpflichtet ist, abgesehen - keine Risiken für die Existenz der Bank.

### 2.1.2.2 Die Organisation der einzelnen Bank

Die spezifischen Aufgaben der verschiedenen Banken und die Risikolosigkeit des Bankgeschäfts haben ihre Auswirkungen auf die Organisationsstruktur der einzelnen Bank. „Die Bank ist eine Verwaltungsstelle des Staates [...].“[41] So gleicht die Staatsbank einer hierarchisch aufgebauten Behörde, die makro- und mikroökonomische Ziele des Staates bei der monetären Planung umsetzen soll. Zur Formulierung und Kontrolle der gesamtwirtschaftlichen Planziele arbeitet der Vorstand der Staatsbank mit den Regierungsvertretern eng zusammen. Je nach dem Grad der (De)Zentralisierung der planwirtschaftlichen Ordnung, überläßt man den unteren Ebenen der Staatsbank die Überpüfung der Planziele für jeden einzelnen Betrieb. Die Organisationsstruktur der Staatsbank ist mehrstufig, wobei die Zentrale die regionalen Einheiten ebenso beaufsichtigt wie die regionalen Strukturen ihrerseits die lokalen. Letztere stehen schließlich in Kontakt mit den einzelnen Betrieben. Da das Bankgeschäft letztlich risikolos ist, die

[41] Vgl. ZWASS, Adam (1972), S. 16.

Geschäftsfilialen lokal aufgeteilt und die Unternehmen den einzelnen Filialen separat zugeteilt sind, gibt es keine ausgeprägte horizontale Kommunikationsstruktur zwischen den Einheiten der regionalen bzw. lokalen Ebene, d.h. keine Computervernetzung u.ä.[42] Die Kommunikationsstruktur verläuft vertikal, wobei die Kontrolle der regionalen und lokalen Ebenen in erster Linie der Kontrolle der Kreditnehmer dient und größere Planabweichungen schnell an die zentrale Ebene weitergeleitet werden können. Die Kontrolle des Unternehmenssektors und das 1:1-Verhältnis von Bank und Unternehmen erfordern eine landesweite Präsenz der Staatsbank und damit ein umfangreiches Filialnetz. Die Grundzüge der Bankpolitik, wie die Höhe der Zinssätze und der Gebühren, werden zentral vom Bankvorstand formuliert und an die Bezirks- und Geschäftsfilialen kommuniziert. Hierzu sind zentrale Abteilungen, wie Planungsabteilung und Branchenkreditabteilung, am Hauptsitz der Bank eingerichtet. Entsprechende Abteilungen in den unteren Ebenen der Bank fehlen ebenso wie Abteilungen, die ein Kosten- oder Risikocontrolling vornehmen, denn sie sind für die Funktionen des Bankensektors im planwirtschaftlichen Kontext nicht notwendig.

Einen ähnlichen Aufbau wie die Staatsbank weisen die Investitionsbank und die Landwirtschaftsbank auf, wobei die Staatsbank i.d.R. für beide als Aufsichtsorgan fungiert. Eine institutionelle Verflechtung ergibt sich oftmals zwischen Staats- und Investitionsbank, indem letztere die Räume der Geschäftsfilialen der Staatsbank nutzt, wobei die Investitionsbank aufgrund ihrer spezifischen Funktion meist nur in größeren Industriezentren präsent ist.[43] Die Landwirtschaftsbank beaufsichtigt ihrerseits kleine lokale Genossenschaftsbanken, die wiederum nur in ländlichen Gegenden aktiv und hier nicht nur für private Landwirtschaftsbetriebe - die staatlichen werden z.T. von der Staatsbank kontrolliert - sondern für die gesamte ländliche Bevölkerung zuständig sind und so Sparkassenfunktionen übernehmen.

Das weitverzweigteste Filialnetz besitzt normalerweise die eigentliche Sparkasse, die dadurch die Möglichkeit besitzt, mit der gesamten Bevölkerung der Städte in Kontakt zu treten. Die untersten Organisationseinheiten sind dabei zumeist nur für den Sparverkehr verantwortlich, Entscheidungen über die Kreditvergabe fallen auf höheren Ebenen der Sparkassenorganisation, um hierdurch bessere Kontrollmöglichkeiten zu haben. Die Sparkassen planwirtschaftlicher Volkswirtschaften sind von der Staatsbank im Vergleich zu den übrigen Spezialbanken insofern relativ losgelöst, als daß sie oftmals direkt dem Finanzministerium unterstehen.[44] Ebenfalls landesweite Präsenz besitzt die Devisensparkasse, um die Devisenersparnisse der Bevölkerung möglichst vollständig abschöpfen zu können.

Die Außenhandelsbank hingegen verfügt über kein Filialnetz, da sie allein den Staat in finanziellen Transaktionen mit dem Ausland vertritt. Sie untersteht nicht nur der Staatsbank, sondern zumeist auch unmittelbar den einzelnen Ministerien. Die Außenhandelsbank in der planwirtschaftlichen Ordnung ist i.d.R. in der Rechtsform einer Aktiengesellschaft organisiert, wobei einzelne Ministerien und die Staatsbank die Aktionäre sind.[45] Hierdurch ergeben sich enge personelle Verflechtungen zwischen den Ministerien und dem Vorstand und Aufsichtsrat der Außenhandelsbank und ermögli-

[42] Vgl. SATO, Setsuya und David B. HUMPHREY (1995), S. 10.
[43] Vgl. FOX, Ursula (1967), S. 55/56.
[44] Ebenda, S. 61.
[45] Ebenda, S. 62.

chen damit eine direkte Kontrolle des für den Staat sensiblen Außenhandelsbereichs, der, wie die Transaktionen der Betriebe mit ausländischen Partnern aus nichtsozialistischen Ländern, Marktgesetzen unterliegt.

### 2.1.3 Schlußfolgerungen: Der Bankensektor als Instrument staatlicher Planung

Der Bankensektor hat innerhalb der planwirtschaftlichen Ordnung die Aufgabe, die Wirtschaft mit Geld und Krediten zu versorgen und dabei die Einhaltung der monetären Planung nach den Vorgaben der Naturalplanung zu kontrollieren. Im refomierten planwirtschaftlichen System, dem sogenannten dezentralisierten Modell, treten Anreizfunktionen hinzu, die an der Wirtschaftlichkeit des Unternehmenssektors orientiert zur Erfüllung der Planvorgaben beitragen sollen. Die zentrale Planung erfolgt durch den Staat in Gestalt von Ministerien und Behörden. Auch die Staatsbank fungiert dabei als eine der beteiligten Behörden, zuständig für die Ausarbeitung des monetären Plans, während die ihr angeschlossenen Spezialbanken den Charakter ausführender Organe haben. Ideologisch legitimiert wird staatliche Planung mit der Beherrschung des Staatsapparates durch die kommunistische Partei. Der Bankensektor dient als Teil des Staatsapparates der Durchsetzung staatlicher Ziele, und zwar ökonomischer wie politisch-ideologischer Art.

Infolge seiner Funktionen und seiner Instrumentalisierung durch den Staat wurde das planwirtschaftliche Bankensystem pragmatisch vom Staat gestaltet und den Bedürfnissen der Planwirtschaft angepaßt. Es zeichnet sich dabei sowohl auf aggregierter Ebene wie auf der Ebene der einzelnen Bank, durch einen hohen Grad an Zentralisierung, Standardisierung und Simplifizierung aus.[46] Das System, wie die einzelne Bank, also die Staatsbank sowie die von ihr mehr oder weniger abhängigen Spezialbanken, sind hierarchisch aufgebaut, um hierdurch die Durchsetzung staatlicher Planvorgaben zu garantieren.

Die Struktur des Bankensystems ist in allen planwirtschaftlichen Ökonomien sehr ähnlich und einfach gestaltet, denn komplizierte Strukturen erschweren die vertikale Kommunikationsstruktur, öffnen Freiräume auf den unteren Ebenen des Systems und bergen somit die Gefahr in sich, die Durchsetzung der Planvorgaben zu verwässern. Auch die Einführung eines gewissen Grades an Entscheidungsautonomie der unteren Ebenen der Bank gegenüber dem einzelnen Unternehmen im dezentralisierten Modell hat nicht wesentlich zu einer differenzierten Ausgestaltung des Bankensystems in der Planwirtschaft geführt. Die im System genau umrissenen Funktionen der einzelnen Systemelemente, bankinterne Plankontrolle und die Kontrolle durch den zentralen Planer, sowie das weitgehende Fehlen von Risiken aus dem Bankgeschäft durch die Bestandsgarantie des Staates für Banken und Betriebe haben schließlich zu einer sehr geringen Zahl an Rechtsvorschriften für die Geschäftspolitik des Bankensektors geführt. Sie werden im Einklang mit der Dominanz des Staates in der Planwirtschaft ersetzt durch diskretionäre Entscheidungskompetenzen der übergeordneten staatlichen Kontrollorgane.

---

[46] Vgl. PODOLSKI, Tadeusz M. (1972), S. 339.

## 2.2 Der Bankensektor in der Marktwirtschaft

Im Gegensatz zum Bankensektor in der Planwirtschaft kann man nicht von *dem* typischen marktwirtschaftlichen Bankensektor sprechen, denn marktwirtschaftliche Bankensysteme sind in ihrer institutionellen Ausgestaltung sehr heterogen. Abbildung 2.2 versucht dennoch, ein schematisiertes Bild marktwirtschaftlicher Bankensysteme zu vermitteln. Im folgenden werden unter Rückgriff hierauf die Funktionen von Banken, die Risiken des Bankgeschäfts und die institutionelle Ausgestaltung marktwirtschaftlicher Bankensysteme beleuchtet.

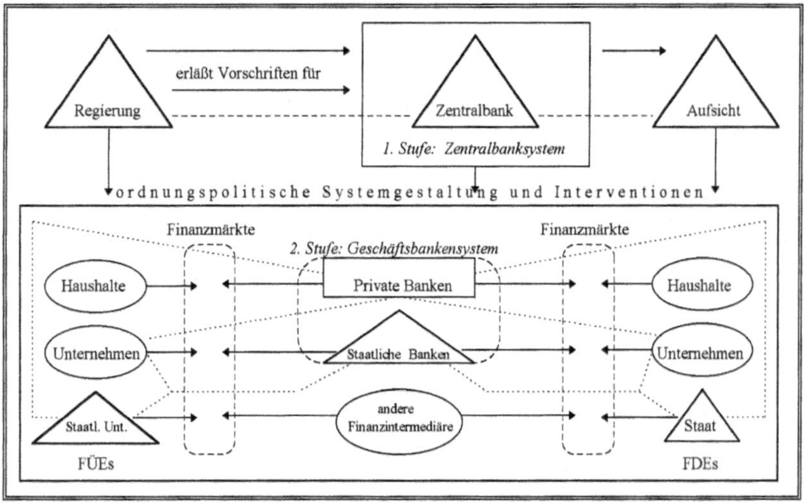


**Abb. 2.2: Struktur marktwirtschaftlicher Bankensysteme**

### 2.2.1 Die Funktionen von Banken im Marktsystem

Anders als im planwirtschaftlichen System erfolgt in der marktwirtschaftlichen Ordnung die Lenkung des Wirtschaftsprozesses nicht über einen nach sozialistischer Interpretation wohlfahrtsmaximierenden zentralen Planer, sondern über den Preismechanismus. Mit Hilfe des Preises koordinieren die Wirtschaftssubjekte ihre individuellen Pläne: Als Nutzenmaximierer fragen sie am Markt solange Güter nach bzw. bieten solche an, bis bei einer bestimmten Preisrelation auf dem höchsten erreichbaren Nutzenniveau Gütertausch stattfinden kann (*Tauschoptimum*). Zieht man die Produktion von Gütern mit in die Betrachtung ein, so ergänzen sich Tausch- und *Produktionsoptimum* zum *Gesamtoptimum*.[47] Die Wirtschaftssubjekte kennen die Nutzenfunktionen ihrer potentiellen Tauschpartner nicht. Mit der unvollständigen Information über die Tauschpartner und deren Präferenzen ist der Marktmechanismus aber automatisch mit

[47] Vgl. BRÜMMERHOFF, Dieter (1992), S. 42-46.

Unsicherheit und Risiken verbunden. Daher bedarf das marktwirtschaftliche System einer Reihe von Voraussetzungen: Die Wirtschaftssubjekte müssen in ihren Entscheidungen autonom sein, zugleich aber für einmal getroffene Entscheidungen verantwortlich, d.h. haftbar gemacht werden können, damit solche Entscheidungen und die damit verbundenen Tauschakte Bestand haben. Das Marktsystem muß zudem wettbewerbswirtschaftlich ausgerichtet sein, denn nur die unter Konkurrenzbedingungen zustandekommenden Preise geben die Präferenzen der Wirtschaftssubjekte korrekt wieder.

Schließlich bedarf es des Tauschmediums Geld sowie damit einhergehend Finanzmärkte, auf denen Geld in seinen verschiedenen Anlageformen, wie Bankeinlagen, und Geldsubstitute, wie Aktien und festverzinsliche Wertpapiere, angeboten und nachgefragt werden können. Wirtschaftssubjekte müssen, um in einer Welt mit Unsicherheit Gütertausch vornehmen zu können, Investitionen in die Suche nach adäquaten Tauschpartnern vornehmen, die die angebotene Menge und Qualität eines Gutes X gegen die nachgefragte Menge und Qualität des Gutes Y eintauschen wollen. Eine derartige Suche gestaltet sich wegen der notwendigen Übereinstimmung von Angebot und Nachfrage schwierig, der Aufwand an Informationskosten für das Auffinden des 'richtigen' Tauschpartners ist hoch. Die Einschaltung eines Gutes Geld mit tauschgünstigen technischen Eigenschaften wie Homogenität, Teilbarkeit, Haltbarkeit und Seltenheit kann die Informationskosten senken, seine Verwendung ist daher rational.[48]

Die Funktionen von Banken als Einlagen entgegennehmende und Kredite vergebende Institutionen und als Hauptakteure auf den Finanzmärkten sind eng mit denen von Geld verknüpft. Banken erfüllen in Anlehnung hieran *mikroökonomische* Funktionen. Die aggregierte Geldmenge beeinflußt aber auch die Höhe des Preis- und des Zinsniveaus und damit, zumindest nach Auffassung der keynesianischen Wirtschaftstheorie, auch das Niveau realwirtschaftlicher Größen.[49] Damit erlangt die Tätigkeit von Banken jedoch auch Relevanz auf der *makroökonomischen* Ebene.

#### 2.2.1.1 Mikroökonomische Ebene

Finanzmärkte sind Märkte, auf denen finanziellen Defiziteinheiten (Unternehmens-, Haushaltssektor und Staat als FDEs) Geld in Form verschiedener Finanztitel durch finanzielle Überschußeinheiten (o.g. Wirtschaftssubjekte als FÜEs) angeboten wird. Ähnlich wie auf den Gütermärkten herrscht auch auf den Finanzmärkten unvollständige Information und damit Unsicherheit. Das Zustandekommen nutzenoptimaler Tauschakte zwischen FDEs und FÜEs erfordert *Transaktionskosten*, die sich in mehrere Kostenarten aufspalten lassen: Zum einen entstehen Suchkosten bei dem Bemühen, Tauschpartner mit passenden Präferenzen zu finden, zum anderen Verhandlungskosten dabei, die Modalitäten des Tauschaktes festzulegen.[50] Die Überlassung von Geld in Form von Krediten und anderen Schuldtiteln ist zudem mit Risiken verbunden, die mit den Informationsdefiziten über die FDEs zusammenhängen. Kredite könnten zu spät oder gar nicht zurückgezahlt werden, oder die Liquiditätssituation der FDEs macht eine Änderung der Rückzahlungsmodalitäten notwendig. Zudem haftet, anders

[48] Vgl. zur Senkung von Informationskosten durch Geld BRUNNER, Karl und Allan H. MELTZER (1971).
[49] Vgl. zum Keynesianismus FELDERER, Bernhard und Stefan HOMBURG (1991), S. 97-155.
[50] Vgl. SABRY, M. Ashraf (1991), S. 12.

als in der Planwirtschaft, in einem privatwirtschaftlich organisierten Marktsystem normalerweise nicht der Staat für die anfallenden Risiken, sondern die unmittelbar betroffenen Wirtschaftssubjekte selbst. Transaktionen zwischen FDEs und FÜEs machen daher für die Dauer der Existenz eines Schuldtitels eine ständige Überwachung erforderlich, so daß entsprechende Kontrollkosten anfallen.[51] In einer Welt mit Unsicherheit senkt die Tätigkeit von Banken die anfallenden Transaktionskosten, eine Funktion, die sich bei den verschiedenen mikroökonomisch fundierten Aufgaben der Banken wie ein roter Faden durchzieht.

#### 2.2.1.1.1 Finanzintermediation und Transformationsfunktionen

FDEs und FÜEs können auf den Finanzmärkten direkt aufeinander treffen und tun dies in der Realität auch, z.B. im Falle von Aktienmärkten, wo der Haushaltssektor dem Unternehmenssektor Finanzmittel überläßt und dafür verbriefte Anteilsrechte (*Aktien*) am Unternehmen erwirbt. Bei direkten Transaktionen zwischen FDEs und FÜEs fallen jedoch hohe Transaktionskosten an, denn die Präferenzen zwischen den beiden Kategorien von Wirtschaftssubjekten unterscheiden sich deutlich voneinander: FDEs sind an einer möglichst langfristigen Bereitstellung von Finanzmitteln interessiert, um anvisierte Investitionen vornehmen zu können, und dies zu möglichst günstigen Überlassungskosten. So sind FDEs bspw. auf dem Kreditmarkt an Krediten interessiert, die günstig verzinst sind, eine möglichst lange Laufzeit haben und bei denen die FÜEs eine geringe Besicherung einfordern. Umgekehrt liegt es wegen der Unsicherheit über die Solvenz der FDEs und der hiermit verbundenen Risiken im Interesse von FÜEs, Kredite nur kurzfristig zu gewähren, und dies zu einem möglichst hohen Zinssatz und einer ausreichenden Sicherung gegen den Ausfall oder die Verzögerung bei der Rückzahlung der gewährten Kredite.[52]

Die Zwischenschaltung von Banken als *Finanzintermediäre*, also als Mittler zwischen FDEs und FÜEs, senkt die anfallenden Transaktionskosten. Dies geschieht dadurch, daß die Finanzintermediäre das von FDEs gewünschte Kreditportfolio in ein von FÜEs präferiertes Einlagenportfolio transformieren. Die Transformationsfunktionen von Finanzintermediären beziehen sich auf eine *Fristen-* und eine *Risikentransformation*.[53] Im Zuge der Fristentransformation werden tendenziell kurzfristige Einlagen in tendenziell längerfristige Kredite transformiert. Zugleich übernimmt der Finanzintermediär stellvertretend für die FÜE die mit der Kreditvergabe anfallenden Risiken.[54] Durch ihre Tätigkeit auf den Finanzmärkten bündeln Finanzintermediäre ihre Informationen über FÜEs und FDEs und haben daher gegenüber Nichtbanken Informationsvorteile. Sie sorgen damit auf den Finanzmärkten für eine höhere Transparenz. Dadurch, daß FÜEs ihre Gelder bei Banken anlegen statt unmittelbar in eine FDE zu investieren, Banken jedoch je nach Risikogewicht in mehrere FDEs investieren, nehmen Finanzintermediäre außerdem stellvertretend für FÜEs eine Risikodiversifikation vor, die den Präferenzen von FÜEs und ihrer risikoaversen Haltung entgegenkommt.

---

[51] Vgl. NEAVE, Edwin H. (1991), S. 27.

[52] Vgl. zu den jeweiligen Präferenzen von FDEs und FÜEs ZANK, Neal S. et al. (1991), S. 15.

[53] Vgl. zu den Transformationsfunktionen von Banken DEWATRIPONT, Mathias und Jean TIROLE (1994) nach dem Ansatz von GURLEY/SHAW, S. 104/105.

[54] Vgl. zu diesen Risiken im einzelnen Gliederungspunkt 2.2.2.1.

Mit ihrer Funktion als Finanzintermediäre sind zugleich zwei wichtige Marktleistungen von Banken identifiziert, nämlich die Bereitstellung von Geldanlage- und von Finanzierungsmöglichkeiten. An die Finanzintermediation, Geldanlage und Finanzierung knüpfen die Aufgaben der Finanzmärkte an, die die Banken als die dortigen Hauptakteure mit übernehmen, sofern sie zwischen FDEs und FÜEs als Mittler eingeschaltet sind. STIGLITZ subsumiert insgesamt sieben Funktionen von Finanzmärkten: Durchführung des Kapitaltransfers zwischen FDEs und FÜEs (1) und die Akkumulation von Kapital für bestimmte Projekte (2), die nach dem zu erwartenden Ertrag und den mit ihnen verbundenen Risiken allokativ effizient ausgewählt werden müssen (3). Gewährte Kredite müssen laufend überwacht werden (4), um sicherzustellen, daß die bei der Überlassung von Finanzmitteln geschlossenen Verträge eingehalten werden (5). Die mit der Überlassung von Finanzmitteln verbundenen Risiken werden über Finanzmärkte auf bestimmte Gläubiger (Banken wie Nichtbanken) transferiert, unter diesen aufgeteilt und konzentriert (6), während FÜEs Risiken über die Vergabe von Krediten an verschiedene FDEs unterschiedlicher Risikokategorien diversifizieren (7).[55]

Mit der Übernahme solcher Funktionen durch Finanzintermediäre unter Reduzierung von Transaktionskosten und der Schaffung größerer Markttransparenz tragen Banken zu einer Stabilisierung von Finanzmärkten bei, die unter Berücksichtigung der bestehenden Informationsdefizite und der hiermit verbundenen Risiken besonders vertrauensanfällig sind. Ein reibungsloses Funktionieren der Finanzmärkte ist für die marktwirtschaftliche Ordnung aber unabdingbar, denn Geld spielt im Marktsystem über den Koordinationsmechanismus Preis eine aktive Rolle. Monetäre Ströme werden, anders als im planwirtschaftlichen System, nicht nur aus realwirtschaftlichen Güterströmen abgeleitet, sondern lenken ihrerseits den realwirtschaftlichen Bereich. Eine Störung der monetären Größen Geld, Kredit und Zins durch instabile Finanzmärkte hätte damit auch unmittelbar negative Auswirkungen auf die realen Güterströme. Mit der mikroökonomisch fundierten Finanzintermediation und der Berücksichtigung der damit verbundenen Risiken tragen Banken auch eine gesamtwirtschaftliche Verantwortung.

#### 2.2.1.1.2 Unternehmenskontrolle

Eine mit der Senkung von Transaktionskosten eng in Verbindung stehende Funktion von Banken, die jedoch von der reinen Finanzintermediation losgelöst zu betrachten ist und in den verschiedenen Typen marktwirtschaftlicher Bankensysteme eine unterschiedlich große Bedeutung besitzt, ist die Unternehmenskontrolle. Grundgedanke dabei ist die Trennung von Eigentümer (*principal*) und Manager (*agent*) eines Unternehmens, wie es bei einer Aktiengesellschaft der Fall ist. Mit dieser Trennung geht ein Kontrollproblem einher, denn die *Principal-Agent-Theorie* geht davon aus, daß Eigentümer als Träger des finanziellen Risikos eines Unternehmens auf der einen Seite und Manager als Entscheidungsträger im Unternehmen auf der anderen Seite unterschiedliche Interessen verfolgen: Während das Hauptinteresse des Eigentümers ein möglichst hoher Unternehmenswert ist, ausgedrückt z.B. im Aktienkurs des Unternehmens, zielen die Bemühungen des Managers auf eine Maximierung der eigenen pekuniären Einkünfte aus seiner Tätigkeit, wie auch seines nichtpekuniären Nutzens, z.B. Macht und

[55] Vgl. STIGLITZ, Joseph E. (1993), S. 9/10.

Prestige. Beides muß nicht in jedem Fall positiv mit dem Unternehmenswert korrelieren, sondern vielmehr auch mit dem Wachstum des Unternehmens, gemessen an der Bilanzsumme, oder der Expansion in neue Geschäftsbereiche.[56] Hinzu kommt, daß der Manager als Unternehmensinsider und Träger der Geschäftspolitik über mehr Kenntnisse über das Unternehmen verfügt als der Eigentümer selbst: Es herrscht eine Informationsasymmetrie zugunsten des Managers, der Entscheidungen im Namen des Eigentümers fällt.[57]

Die Kontrolle der Manager durch die Eigentümer ist jedoch mit Kosten verbunden, die gerade bei der für eine Aktiengesellschaft typischen dispersen Anlegerstruktur den Nutzenzuwachs aus der Unternehmenskontrolle, gemessen am steigenden Aktienkurs, für den einzelnen Kleinaktionär übertreffen.[58] Allein größere Anteilseigner werden daher im steigenden Aktienkurs einen Anreiz für aktive Unternehmenskontrolle sehen. Die Zwischenschaltung eines Großaktionärs in Gestalt einer Universalbank, die sowohl Anteilseigner eines Unternehmens ist als auch aufgrund einer Kreditbeziehung dessen Gläubiger, erscheint für die disperse Anlegerschaft attraktiv und vermag darüberhinaus die Kontrollkosten insgesamt zu senken.[59] So verfügt eine Universalbank aufgrund von Anteilsrechten und einer womöglich langjährigen Kreditbeziehung mit dem Unternehmen über Insiderinformationen, die den herkömmlichen Anlegern an der Börse nicht zur Verfügung stehen. Damit besitzt sie diesen gegenüber Informationsvorteile.[60] Indem der Finanzintermediär zudem Anteile an mehreren Unternehmen hält und auf diese Weise sein Kreditportfolio diversifiziert, vermag er das mit seinem Engagement verbundene Risiko für sich selbst und so auch für die Einleger, die über den Finanzintermediär dem Unternehmen Geld zur Verfügung stellen, zu reduzieren. Für die Anleger entfallen damit unmittelbare Kontrollkosten gegenüber dem Unternehmen. Diese werden vielmehr vom Finanzintermediär getragen und allenfalls über sinkende Einlagen- bzw. steigende Kreditzinsen, also eine wachsende Zinsspanne, an die Bankkunden insgesamt weitergegeben. Durch die Insiderposition des Finanzintermediärs im Unternehmen aufgrund seiner Gläubigerposition als Kreditgeber und durch die Beeinflussung der Geschäftspolitik des Unternehmens aufgrund der Rolle des Finanzintermediärs als Anteilseigner mit Stimmrechten auf der Aktionärsversammlung bzw. im Aufsichtsrat des Unternehmens sind die relativen Kontrollkosten für den Finanzintermediär geringer bzw. seine Kontrollmöglichkeiten größer als sie für herkömmliche Anteilseigner ohne Zwischenschaltung einer Universalbank wären.

Die Funktion der Unternehmenskontrolle durch Banken im marktwirtschaftlichen System kann jedoch nicht gleichgesetzt werden mit den Kontrollfunktionen des Bankensektors gegenüber dem Unternehmenssektor im System der Planung. Im Marktsystem basiert die Unternehmenskontrolle durch Banken auf der Trennung von Eigentümer und Manager von Unternehmen, der damit einhergehenden asymmetrischen Informationsverteilung zugunsten des Unternehmensmanagers und den hiermit für den Eigentümer entstehenden Kontrollkosten. Die Problematik ist eine mikroökonomische und beruht auf unterschiedlichen Interessen der einzelnen Wirtschaftssubjekte. Im System der Planung hingegen basiert die Kontrolle des Unternehmenssektors durch den Ban-

---

[56] Vgl. SCHÜTTE, Clemens (1995), S. 474.
[57] Vgl. JENSEN, Michael C. und William H. MECKLING (1976), S. 308.
[58] Vgl. zu den einzelnen Komponenten dieser Kontrollkosten SCHÜTTE, Clemens (1995), S. 475/476.
[59] Vgl. den auf DIAMOND zurückgehenden Nachweis bei DIAMOND, Douglas W. (1984).
[60] Vgl. SAUNDERS, Anthony (1994), S. 238.

kensektor auf dem gesamtwirtschaftlich fundierten Ziel des staatlichen zentralen Planers, Planabweichungen einzelner Unternehmen und damit Abweichungen vom Gesamtplan frühzeitig festzustellen und zu korrigieren. Unternehmenskontrolle durch Banken in der Planwirtschaft ist eine staatlich konzipierte Kontrolle 'von oben', um die auf der zentralen Planungsebene getroffenen Entscheidungen hierarchisch mit Hilfe des Bankensystems durchzusetzen. Im Marktsystem hingegen ist die Unternehmenskontrolle durch Banken eine Kontrolle in Vertretung disperser Anleger, quasi 'von unten'. Die Kontrolle des Unternehmens- durch den Bankensektor ist für das System der Planung zudem charakteristisch, während die Funktion der Unternehmenskontrolle im Marktsystem grundsätzlich auch durch die Anleger selbst möglich ist. Die Bankfunktion 'Unternehmenskontrolle' hat in den verschiedenen marktwirtschaftlichen Bankensystemen durchaus unterschiedliches Gewicht.[61] Sie hat sich jeweils historisch entwickelt und stellt einen der Freiheitsgrade marktwirtschaftlicher Bankensysteme dar. Damit bietet sie zugleich unterschiedliche Optionen für die Transformation vom Plan zum Markt.

#### 2.2.1.1.3 Abwicklung des Zahlungsverkehrs

Eine dritte wichtige Funktion des Bankensystems in der marktwirtschaftlichen Ordnung knüpft an die Rolle von Geld als Zahlungsmittel an: Gütertausch über das Tauschmittel Geld ist - wie bereits ausgeführt - effizienter als Naturaltausch, denn mit dem Übergang von der Natural- zur Geldwirtschaft wird Arbeitsteilung und Spezialisierung der am Produktionsprozeß beteiligten Wirtschaftssubjekte erst möglich. Die Vielzahl der Transaktionen auf den verschiedenen Märkten einer Wettbewerbswirtschaft verursacht ein ebenso hohes Volumen an Zahlungsströmen, wobei in den modernen Industrieländern bargeldlose Zahlungen gegenüber Barzahlungen mehr und mehr an Bedeutung gewinnen.[62] Bargeldloser Zahlungsverkehr ermöglicht Markttransaktionen zwischen Wirtschaftssubjekten über große Entfernungen hinweg und senkt damit die bei Bargeldzahlungen anfallenden Transaktionskosten. Bargeldlose Markttransaktionen erfordern aber ein leistungsfähiges Zahlungssystem:

> „Payments systems are important because they permit specialization to occur in production and help determine how efficiently transactions are made and settled. This, in turn can effect the level and rate of economic growth and the efficiency of financial markets (to the degree they exist).“[63]

Ein leistungsfähiges Zahlungssystem ist jedoch nicht nur auf dem Gütermarkt zwischen Nichtbanken wichtig, sondern auch für die Transaktionen auf den Finanzmärkten. Auf dem Interbankenmarkt können sich Banken mit Hilfe des Zahlungssystems gegenseitig kurzfristige Kredite einräumen und damit Liquiditätsmanagement betreiben. Auf dem Geldmarkt werden ebenfalls kurzfristige geldnahe Finanztitel gehandelt, wobei hier Geschäftsbanken, die Zentralbank und Nichtbanken die Marktteilnehmer sind. Auch der Handel mit langfristigen Anlagen auf dem Kapitalmarkt erfordert bar-

---

[61] Vgl. Näheres hierzu in Gliederungspunkt 2.2.3.1.3.

[62] Vgl. zur Bedeutung der verschiedenen Zahlungsmöglichkeiten im bargeldlosen Zahlungsverkehr die Beispiele USA und Westeuropa in HUMPHREY, David B. (1995), S. 10-13.

[63] Ebenda, S. 3.

geldlose Überweisungen zwischen den beteiligten Wirtschaftssubjekten. 'Leistungsfähig' bedeutet in diesem Zusammenhang Schnelligkeit und Sicherheit des bargeldlosen Zahlungsverkehrs. Das Zahlungssystem muß schnell arbeiten, denn Geld besitzt einen Zeitwert: Für die Dauer der Überweisung steht es den Wirtschaftssubjekten nicht zur Verfügung und stiftet daher keinen Nutzen. Zudem verliert Geld über die Zeit hinweg an Wert, je nach Maßgabe der in einer Volkswirtschaft herrschenden Inflationsrate. Ein bestimmter Geldbetrag, dessen Überweisung Tage oder gar Wochen dauert, kann dabei zum Endpunkt der Überweisung weniger wert sein als zu Beginn der Überweisung. Außerdem muß das Zahlungssystem sicherstellen, daß Zahlungen eines Schuldners den Empfänger auch erreichen.

Der Zahlungsverkehr wird vom Bankensystem getragen, wobei zwischen den Geschäftsbanken und der Zentralbank eine Arbeitsteilung herrscht, die in den Bankensystemen der verschiedenen Volkswirtschaften unterschiedlich ausgestaltet ist und damit einen weiteren Freiheitsgrad marktwirtschaftlicher Bankensysteme darstellt. Eine wichtige Differenzierung der Funktionen von Banken im Zahlungssystem ist die des *clearing* und des *settlement*. Bei der Einreichung eines Geldsubstituts, z.B. eines Verrechnungsschecks, bei einer Geschäftsbank gibt diese die der Höhe des Schecks entsprechenden Mittel an den Scheckeinreicher aus und leitet den Scheck entweder an die Bank des Zahlenden direkt oder an eine zwischengeschaltete Bank - zumeist die Zentralbank - weiter. Die Auszahlung an den Kunden, die Weiterleitung des Schecks und die Prüfung, ob der Scheck gedeckt ist, die Mittel des Schuldners auf dessen Bankkonto also überhaupt ausreichen, um die fällige Zahlung vornehmen zu können, werden als *clearing* bezeichnet. Die endgültige Weiterleitung des der Zahlung entsprechenden Geldbetrages an die Bank, die die Auszahlung an den Gläubiger vorgenommen hat, und damit der Ausgleich der Konten zwischen den beteiligten Banken, erfolgt durch das *settlement*.[64]

Funktion und Organisation des Zahlungsverkehrs über die Banken zeigen deutliche Unterschiede zwischen dem markt- und dem planwirtschaftlichen System: Der Zahlungsverkehr in der Marktwirtschaft dient der Verbesserung der Effizienz des Marktsystems und ermöglicht erst die Vielzahl an Markttransaktionen, während in der Planwirtschaft die Kontrolle des monetären Plans im Vordergrund steht. Die Wirtschaftssubjekte sind in der marktwirtschaftlichen Ordnung in der Wahl ihres Kreditinstituts frei und können mehrere Konten bei mehreren Banken unterhalten. In der Planwirtschaft jedoch sind sie aus Kontrollgründen dazu gezwungen, nur *ein* Konto bei nur *einer* Bank zu führen. Der Bankensektor der Planwirtschaft soll dafür sorgen, daß Bar- und Buchgeldumlauf und damit Haushalts- und Unternehmenssektor voneinander separiert bleiben. Eine solche Zweiteilung gibt es im marktwirtschaftlichen System nicht. Auch wenn der bargeldlose Zahlungsverkehr im Unternehmenssektor eine viel größere Bedeutung hat als im Haushaltssektor, so hat dies Effizienzgründe und ist nicht - wie im planwirtschaftlichen Kontext - staatlich verordnet.

Der Zeitwert von Geld erfordert schnelle und sichere Überweisungen und mithin eine entsprechende technische Infrastruktur, d.h. eine elektronische Vernetzung der am Zahlungsverkehr beteiligten Banken, entweder direkt untereinander über ein Girosystem oder aber über Konten bei der Zentralbank. Die technische Effizienz des Zah-

---

[64] Vgl. zu diesen Funktionen ebenda, S. 4.

lungsverkehrs in der Marktwirtschaft determiniert dessen ökonomische Effizienz.[65] Eine Überweisung, die mehrere Wochen in Anspuch nimmt, mag für eine planwirtschaftliche Ordnung adäquat sein, wo Zahlungen zumeist Intrabank-Charakter haben und zudem zu einem Großteil innerhalb des staatlichen Sektors ablaufen. Zahlungen im marktwirtschaftlichen Kontext haben jedoch meistenteils *Inter*bank-Charakter, denn das Bankensystem besteht aus vielen, voneinander unabhängigen Kreditinstituten. Sie werden außerdem nur in geringem Maße innerhalb des staatlichen Sektors getätigt. Dies impliziert jedoch das Risiko, daß Zahlungen entweder gar nicht oder zu spät erfolgen, ein Risiko, das sowohl Banken wie Nichtbanken betrifft. Wie die übrigen mikroökonomischen Bankfunktionen ist also auch der Zahlungsverkehr mit Unsicherheit verbunden. Dies erfordert Vertrauen, zum einen zwischen den Marktteilnehmern, zum anderen aber auch in die Funktionstüchtigkeit des Zahlungssystems insgesamt. Außerdem ist Disziplin der beteiligten Wirtschaftssubjekte gefordert, ohne die das System nicht funktionieren kann.

#### 2.2.1.2 Makroökonomische Ebene: Der geldpolitische Zusammenhang

Bevor die Risiken der Bankentätigkeit im marktwirtschaftlichen Kontext und die Konsequenzen hieraus näher untersucht werden, wird zunächst die Fähigkeit der Geschäftsbanken skizziert, selbständig Geld zu schöpfen. Diese Fähigkeit ist makroökonomisch bedeutsam und hat geldpolitische Eingriffe der Zentralbank in die Geschäftstätigkeit der Banken zur Folge, die deren Radius einschränken: Der Geld*umlauf* ist in der Marktwirtschaft zwar nicht wie in der Planwirtschaft zweigeteilt, die Geld*menge* muß jedoch differenziert werden in *Zentralbankgeld* und *Giralgeld*. Dadurch, daß die Geldmenge in marktwirtschaftlichen Systemen aus diesen beiden Komponenten zusammengesetzt ist, stellt sie ein *Mischgeldsystem* dar.

Ausgangspunkt der Geldproduktion ist die Geldemission durch die Zentralbank. In marktwirtschaftlichen Bankensystemen ist die Zentralbank i.d.R. eine öffentliche Institution, die das Monopol der Geldausgabe besitzt. Die sogenannte *Giralgeldschöpfung* erfolgt dadurch, daß Geschäftsbanken in Höhe der ihnen frei verfügbaren Zentralbankmittel (*Überschußreserven*) Kredite an Nichtbanken vergeben. Letztere werden die ihnen damit überlassenen Mittel z.T. als Sichteinlagen bei anderen Geschäftsbanken halten. Damit erhöhen sich aber die jeweiligen Überschußreserven dieser Geschäftsbanken, die dann wiederum zur weiteren Kreditvergabe an andere Nichtbanken bereitstehen. Dieser Prozeß setzt sich expansiv fort und erhöht entsprechend die Geldmenge.[66] Stehen den Banken durch eine entsprechende administrative Maßnahme der Zentralbank weniger Überschußreserven zur Verfügung, muß die Kreditvergabe entsprechend zurückgefahren werden und der Prozeß verläuft in umgekehrter Richtung, d.h. es kommt zu einer Geldvernichtung.

Banken sind damit mehr als reine „liquidity traders".[67] Mit der Veränderung der gesamtwirtschaftlichen Geldmenge durch Giral- bzw. Kreditgeld erhalten Banken eine weitere entscheidende, nämlich *makroökonomische Bedeutung*: „Financial intermedia-

[65] Vgl. SUMMERS, Bruce J. (1994), S. 4.
[66] Vgl. zum Prozeß der Giralgeldschöpfung KATH, Dietmar (1988), S. 195-197.
[67] Vgl. TIROLE, Jean (1994), S. 471.

tion is also of interest to macroeconomists."[68] Allerdings gehört die Frage realer Auswirkungen von Veränderungen der Geldmenge zu den meistdiskutierten Themen der dogmenhistorischen Entwicklung, insb. in der Auseinandersetzung zwischen Keynesianern und Monetaristen.[69] Während die Vertreter des Keynesianismus bei starren Nominallöhnen einer Ausweitung der Geldmenge reale expansive Effekte auf Produktion und Beschäftigung zuschreiben, haben nach der klassisch-neoklassischen Quantitätstheorie Änderungen der Geldmenge allein Preisänderungen zur Folge. Ihre Weiterentwicklung durch Milton FRIEDMAN gesteht diskretionärer Geldpolitik langfristig ebenfalls lediglich inflationäre, kurzfristig jedoch auch reale Wirkungen zu.[70]

Die Geldschöpfungsfähigkeit der Banken schafft eine normative Grundlage für staatliches Eingreifen in die Geschäftspolitik der Banken über die Zentralbank. Geldpolitische Interventionen der Zentralbank fallen in den Bereich der Prozeßpolitik:

> „Während die Ordnungs- und Strukturpolitik den Rahmen schaffen, in dem der Wirtschaftsprozeß abläuft, greift der Staat mit der Prozeßpolitik in den Wirtschaftsablauf selbst ein."[71]

Die geldpolitischen Interventionen der Zentralbank in die Geschäftspolitik der Banken geht über die ordnungspolitische Gestaltungsaufgabe des Staates innerhalb einer Wettbewerbswirtschaft, wie sie von EUCKEN postuliert wird, hinaus. Dennoch erscheint die Rolle des Staates als Interventionsstaat in bezug auf die Geldpolitik auch ordnungspolitisch insoweit gerechtfertigt, als daß EUCKEN als eine Aufgabe des Finanzsektors innerhalb des Marktsystems die Aufrechterhaltung einer stabilen monetären Ordnung definiert. Eine stabile Geldordnung, in der die staatlichen Institutionen sich darauf konzentrieren, die Geldwertstabilität zu sichern, schafft die notwendige Sicherheit für die verschiedenen finanziellen Transaktionen der Wirtschaftssubjekte und insb. für deren Investitionstätigkeit. Geldwertstabilität sorgt dafür, daß der Preismechanismus als Lenkungsmechanismus einer marktwirtschaftlichen Ordnung nicht durch inflationäre Prozesse in seiner Wirksamkeit gefährdet wird. Die Wahrung einer stabilen Geldordnung durch geldpolitische Eingriffe des Staates geht insofern konform mit der von EUCKEN postulierten Konstanz und Glaubwürdigkeit der staatlichen Wirtschaftspolitik.[72]

Die auf dem Geldschöpfungsargument beruhende Regulierung der Bankentätigkeit umfaßt *administrative* und *marktkonforme* Instrumente. Administrativen geldpolitischen Instrumenten können sich die Geschäftsbanken nicht entziehen: Sie verändern die den Geschäftsbanken zur Verfügung stehende Zentralbankgeldmenge mittels der *Mindestreservepolitik*, die zugleich die Höhe der Überschußreserven bestimmt, mit denen Kredite vergeben werden können, bzw. begrenzen unmittelbar das Volumen der Kredite, die durch die Geschäftsbanken vergeben werden dürfen (*Kreditplafondierung*). Marktkonforme geldpolitische Instrumente sind im Gegensatz dazu keine direktiven Eingriffe der Zentralbank, vielmehr werden hier die Bedingungen verändert, unter denen sich die Geschäftsbanken Zentralbankgeld beschaffen bzw. dieses anlegen kön-

---

[68] Ebenda.

[69] Vgl. zu diesen beiden wirtschaftswissenschaftlichen Schulen bzgl. der Thematik der Geldpolitik FELDERER, Bernhard und Stefan HOMBURG (1991), v.a. S. 51-256.

[70] Vgl. zur Neoquantitätstheorie FRIEDMAN, Milton (1970), S. 77-100.

[71] Vgl. DÜRR, Ernst (1975), S. 95.

[72] Vgl. ZEPPERNICK, Ralf (1987), S. 14.

nen.[73] Zu den marktkonformen Instrumenten zählen die Veränderung der *Leitzinsen* und die *Offenmarktpolitik*.[74]

Geldpolitische Eingriffe der Zentralbank sind Eingriffe in das Rentabilitätsstreben der Geschäftsbanken. Dies gilt insb. für die administrativen geldpolitischen Instrumente. Es ergibt sich somit eine Zielkonkurrenz zwischen der ordnungspolitischen Zielsetzung einer stabilen Geldordnung und dem einzelwirtschaftlichen Gewinnziel. Die Banken befinden sich in einem Spannungsfeld zwischen den Anforderungen des Marktes auf der einen Seite, nämlich Gewinne zu erzielen, um nicht aus dem Markt auszuscheiden, und den Anforderungen des Staates auf der anderen Seite, d.h. die von der Geldpolitik gesetzten Restriktionen zu beachten. Dieser *trade-off* wird jedoch in der Marktwirtschaft nicht eindeutig zugunsten der Anforderungen des Staates entschieden. Es bedarf um der Funktion des Systems willen vielmehr sowohl der Beachtung ordnungspolitischer Ziele des Staates als auch der Gesetze des Marktes.

In der Planwirtschaft dagegen wird das Bankensystem durch die zentrale Planung des Staates instrumentalisiert und unterliegt einzig den damit verbundenen Anforderungen. Geldpolitik, wie sie im marktwirtschaftlichen System betrieben wird, gibt es in der Planwirtschaft nicht. Die Geldmenge ist dort nicht in Zentralbank- und Giralgeld unterteilt. Zwar dehnen auch Kredite im planwirtschaftlichen Kontext die Geldmenge aus, doch kommt es wegen der administrativen Preisfestsetzung durch den zentralen Planer nicht zu einer offenen Inflation. Zudem haben Preise hier auch gar keinen Signalcharakter, wirtschaftlicher Lenkungsmechanismus ist der naturale Plan. Das Volumen der Geldmenge ist nur von sekundärer Bedeutung, denn die monetäre Planung ist lediglich Derivat der Naturalplanung. Der geldpolitische Zusammenhang unterstreicht: Banken im planwirtschaftlichen Kontext sind ein Kontrollinstrument des Staates. In der Marktwirtschaft hat Bankverhalten gesamtwirtschaftliche Relevanz, die bei grundsätzlicher Autonomie der Banken staatliche Interventionen rechtfertigt.

### 2.2.2 Die Risiken der Geschäftstätigkeit von Banken

Zurück zu den mit den mikroökonomischen Funktionen von Banken verbundenen Risiken. Ihre Ursachen liegen in den Informationsdefiziten, von denen Transaktionen auf den Finanzmärkten begleitet werden, und der Tatsache, daß in einer marktwirtschaftlichen Ordnung die handelnden Wirtschaftssubjekte für ihre Transaktionen haftbar gemacht werden können und ggfs. aus dem Markt ausscheiden müssen. Es entstehen so *einzelwirtschaftliche Risiken*. Über die Transaktionen auf den Finanzmärkten haben diese jedoch auch Auswirkungen auf andere Wirtschaftssubjekte, und zwar sowohl auf Banken als auch deren Kunden, die Nichtbanken. Einzelwirtschaftliche Risiken können sich auf das gesamte Bankensystem und darüberhinaus auch auf den realwirtschaftlichen Bereich auswirken. Man spricht in diesem Zusammenhang von einem *Systemrisiko*. Angesichts dieser Risiken bedarf es für das Funktionieren des Bankensystems und der Finanzmärkte des Vertrauens der beteiligten Wirtschaftssubjekte. Die Vermeidung akuter Risiken verlangt nach Disziplin der Akteure. Deren Durchsetzung

---

[73] Vgl. HEIN, Manfred (1993), S. 88.

[74] Zur Wirkungsweise der geldpolitischen Instrumente, darunter auch der Devisenpolitik, die hier nicht weiter betrachtet wird, vgl. JARCHOW, Hans-Joachim (1988), S. 71-164.

wiederum bildet die Grundlage für die Regulierung der Tätigkeit von Banken durch den Staat.

### 2.2.2.1 Einzelwirtschaftliche Risiken

Als einzelwirtschaftliche Risiken werden im folgenden solche verstanden, die für die einzelne Geschäftsbank relevant sind und damit auch Auswirkungen auf den einzelnen Bankkunden haben. Zunächst ist dabei das *Liquiditätsproblem* zu nennen, vor dem zwar grundsätzlich alle Unternehmungen in einer Marktwirtschaft stehen, das aber für Banken eine besondere Bedeutung besitzt. Banken müssen ihre jederzeitige Zahlungsfähigkeit sicherstellen, d.h. sie müssen den Forderungen ihrer Einleger jederzeit Folge leisten können. Für Banken gibt es dabei keine Stundungsmöglichkeit, wie sie für Industriebetriebe gilt, denn Banken sind aufgrund ihrer Informationsvorteile auf den Finanzmärkten besonders vertrauensempfindlich.[75] Temporäre Liquiditätsschwierigkeiten führen daher bei Banken sofort zu der Gefahr, daß die Einleger ihre Gelder abziehen. Das Liquiditätsrisiko zieht somit unmittelbar das Risiko der Insolvenz der betroffenen Bank nach sich. Das Problem wird noch dadurch vergrößert, daß Banken die Ein- und Auszahlungen ihrer Kunden nicht genau vorhersehen können. Zwar gibt es erfahrungsgemäß Zeiträume im Laufe eines Monats, in denen Liquiditätsabflüsse stärker oder schwächer sind als im Durchschnitt, grundsätzlich hat die Bank hierauf aber keinen Einfluß.

Vor allem die Finanzintermediation, aber zumeist auch der Zahlungsverkehr und die Unternehmenskontrolle sind mit einer Kreditvergabe durch die Bank verbunden. Die Kreditvergabe impliziert jedoch ein Risiko, das aus der Unsicherheit über das künftige Geschehen herrührt: Der Schuldner könnte aufgrund eigener Liquiditäts- oder gar Insolvenzprobleme den Kredit zu spät (*Terminrisiko*) oder gar nicht zurückzahlen (*Ausfallrisiko*), Faktoren also, auf die die Bank ebenso wie im Fall des oben beschriebenen Liquiditätsproblems keinen direkten Einfluß hat.[76]

Schließlich unterliegen Banken einer Reihe von *Preisänderungsrisiken*. Das wohl bedeutendste Risiko dieser Kategorie ist das *Zinsänderungsrisiko*. Es hängt ursächlich mit der Fristentransformation durch die Bank zusammen: Aus der unterschiedlichen Reagibilität von lang- und kurzfristigen Zinsen auf die Zinspolitik des Staates ergibt sich die Gefahr einer negativen Abweichung der Zinsspanne.[77] Als weiterer Faktor des Zinsänderungsrisikos ist die unterschiedliche Zinsbindungsdauer von Aktiv- und Passivseite der Bankbilanz auszumachen, also die Frage, ob bei der Transformation von Einlagen in Kredite variabel verzinsliche Posten in festverzinsliche umgewandelt werden und umgekehrt. Die variabel verzinslichen Posten können dabei der jeweils aktuellen Zinssituation angepaßt werden, die festverzinslichen Posten hingegen nicht. Wie das Liquiditätsproblem und das Kreditrisiko entsteht auch das Zinsänderungsrisiko aus Gründen, die sich der Einflußnahme der Banken entziehen. Weitere Beispiele für

---

[75] Vgl. HEIN, Manfred (1993), S. 134.
[76] Ebenda, S. 172.
[77] Vgl. ROLFES, Bernd (1985), S. 530-532.

Preisänderungsrisiken sind solche für Währungen (*Währungsrisiko*) und für Edelmetalle sowie Risiken, die sich aus Termin- und Optionsgeschäften der Bank ergeben.[78]

Illiquidität bzw. Insolvenzgefahr für eine Bank betrifft auch die Bankkunden, die hier ihre Einlagen deponiert haben und bei einem Bankkonkurs direkt gefährdet wären. Das Interesse der Bank, die eigene Existenz nicht zu gefährden, und die besondere Vertrauensempfindlichkeit von Banken, die zu einem sofortigen Einlagenabzug führen kann, sobald die Liquidität der Bank zur Disposition steht, ist für sie Anreiz, Vorsorge gegen die angeführten Risiken zu treffen. In bezug auf das Liquiditätsproblem geschieht dies zum einen durch eine langfristige Liquiditätsvorsorge mit entsprechender Strukturierung der Bilanzaktiv- und passivseite und zum anderen durch ein tägliches Liquiditätsmanagement (*Gelddisposition*). Die Risiken der Kreditvergabe verlangen nach einer Kreditprüfung im Vorfeld der Kreditgewährung, also einer Prüfung der aktuellen und der Prognose der zukünftigen Liquidität des potentiellen Kreditnehmers, sowie nach einer laufenden Kreditüberwachung. Auch das Zinsänderungsrisiko bedarf der Vorsorge, z.B. mit Hilfe der am Zinsänderungsrisiko orientierten *Zinsbindungsbilanz*.[79]

Die Maßnahmen zur Vorsorge gegen die Risiken des Bankgeschäfts erfordern eigene Abteilungen innerhalb der Bankorganisation sowie entsprechendes Wissen der Bankmitarbeiter. Damit sind an die Banken im marktwirtschaftlichen Kontext völlig andere Anforderungen gestellt als an den Bankensektor der Planwirtschaft. Hier ist die Bank nicht mit Risiken für die eigene Existenz konfrontiert. Die Haftungsgarantie des Staates und die Tatsache, daß staatliche Bankkunden nicht in Konkurs gehen können, sorgen dafür, daß der Bankensektor in der Planwirtschaft kein Bereich mit besonderer Vertrauensempfndlichkeit in der Beziehung zu den Einlegern ist. Eine risikoadäquate Organisationsstruktur und entsprechendes Wissen der Bank ist in der planwirtschaftlichen Ordnung daher nicht notwendig.

Die Informationsdefizite auf den Finanzmärkten, die damit einhergehenden Risiken des Bankgeschäfts und die hiermit verbundene Vertrauensempfindlichkeit der Banken erfordern von diesen Marktdisziplin und damit eine Begrenzung eigener Risiken sowie gleichsam auch der Risiken der Einleger. Dabei stellt sich die Frage, wer die Durchsetzung von Marktdisziplin kontrollieren soll, um Banksicherheit zu gewährleisten. Der einzelne Einleger dürfte aufgrund der skizzierten Informationsmängel und eigener Wissensdefizite über adäquate Risikovorsorge kaum zu einer wirksamen Bankkontrolle in der Lage sein. Diese Nachteile sprechen für einen besonderen *Einlegerschutz*.[80] Auf der Basis der *Repräsentationsthese* vertritt i.d.R. der Staat in marktwirtschaftlichen Systemen aus Gründen des Konsumentenschutzes und einer hiermit erwachsenden besonderen Fürsorgepflicht die disperse Einlegerschaft.[81] Die Kontrolle der Banktätigkeit, also die *Bankenregulierung*, erfolgt mit Hilfe präventiver gesetzlicher Maßnahmen, die von vornherein die Risiken, die die einzelne Bank in ihrer Geschäftstätigkeit eingeht, möglichst gering halten soll, v.a. Vorschriften über haftendes Eigenkapital und Liquiditätsvorschriften. Außerdem interveniert der Staat und reagiert im Falle drohender Illiquidität bzw. Insolvenz einer Bank in Gestalt staatlicher Bankenaufsichtsbehör-

[78] Vgl. ADRIAN, Reinhold und Thomas HEIDORN (1996), S. 618/619.
[79] Vgl. zu den verschiedenen Ansätzen der Vorsorge gegen das Zinsänderungsrisiko ebenda, S. 535-544.
[80] Vgl. BALTENSPERGER, Ernst (1988), S. 54.
[81] Vgl. zur Repräsentationsthese und deren Diskussion DEWATRIPONT, Mathias und Jean TIROLE (1994), S. 29-45

den. Die Maßnahmen des Staates zur Kontrolle der Marktdisziplin der Banken stehen in einer Konkurrenzbeziehung zu deren Gewinnziel, denn hohe Risiken versprechen im allgemeinen hohe Renditen. Ähnlich wie bei den geldpolitischen Eingriffen auch, stehen die Banken hier wieder in einem Spannungsfeld von Markt und Staat: Der Markt erfordert eine Orientierung am einzelwirtschaftlichen Gewinnziel, der Staat Banksicherheit zugunsten des Einlegers.

#### 2.2.2.2 Systemrisiko

Da die Banken durch die Transaktionen auf den Finanzmärkten und über den Zahlungsverkehr finanziell miteinander in Verbindung stehen, kann sich die Gefahr von Illiquidität oder Insolvenz einer einzelnen Bank schnell über andere Banken und schließlich auf das gesamte Bankensystem ausweiten. So könnte die Zahlungsunfähigkeit einer Bank gegenüber einer zweiten zu deren Zahlungsunfähigkeit führen und diese Kette sich fortsetzen. Die verunsicherten Einleger könnten panikartig ihre Einlagen aus dem Bankensystem abziehen. Einzelwirtschaftliche Risiken können so durch negative Externalitäten und dem hiermit verbundenen 'Sturm auf die Schalterkassen', einem sogenannten *Banken-Run*, zu einem Systemrisiko ausarten. Dieses Systemrisiko mit seinen negativen Auswirkungen auch auf den realwirtschaftlichen Bereich bietet die zweite argumentative Grundlage für staatliche Bankenregulierung.[82]

Auch wenn rechtliche präventive Maßnahmen der akuten Insolvenzgefahr einer einzelnen Bank und damit dem Risiko für das gesamte System vorbeugen sollen, könnte sich der Staat doch gezwungen sehen, bei Schwierigkeiten einer Bank helfend einzugreifen. Dies kann z.B. dadurch geschehen, daß die Zentralbank als *lender of last resort* der Problembank Liquiditätshilfe leistet. Dies gilt v.a. dann, wenn die betroffene Bank besonders groß ist und daher mit vielen anderen Banken in Geschäftskontakt steht, die Möglichkeit einer Systemgefährdung also in starkem Maße gegeben ist. Die Insolvenz einer großen und damit volkswirtschaftlich bedeutsamen Bank dürfte auch viele Großunternehmen, die zu den Kunden der Bank gehören, betreffen. Ein solcher Bankenkonkurs hätte damit womöglich schwere negative Auswirkungen auf die gesamte Volkswirtschaft. Er wird vielfach durch den Staat dadurch verhindert, daß die Bank mit staatlichen Geldern gerettet wird, einem sogenannten *bailout*.

Erfordert das ordnungspolitische Ziel der Banksicherheit entsprechende Maßnahmen des Staates, so erscheint dies auch dann gerechtfertigt, wenn sich dadurch die Kosten der Finanzintermediation, z.B. durch genaue Kreditüberwachung, auf seiten der Geschäftsbanken erhöhen und sie Abstriche von ihrem Gewinnziel machen müssen.[83] Diese Einschätzung ändert sich, wenn staatliche Eingriffe das Ziel der Banksicherheit eher gefährden statt es zu unterstützen: Münden staatliche Liquiditätshilfen oder Rettungsmaßnahmen bei Insolvenzkrisen in eine staatliche Bestandsgarantie, insb. für volkswirtschaftlich sehr bedeutsame Banken (*too-big-to-fail*), die, wenn auch nicht von der ökonomischen Rechtfertigung, aber zumindest vom Ergebnis her mit der Bestandsgarantie des Staates für die Banken in der planwirtschaftlichen Ordnung vergleichbar wäre, dann besteht die Gefahr, daß die so begünstigten Kreditinstitute verhältnismäßig

---

[82] Vgl. BALTENSPERGER, Ernst (1988), S. 56.
[83] Vgl. REVELL, Jack R. S. (1981), S. 28.

hohe Risiken auf sich nehmen, ohne bei negativen Folgen, wie Kreditausfällen, die Konsequenzen tragen zu müssen. Die hiermit umschriebene Gefahr des *moral hazard* kann dazu führen, daß gerade diejenigen Banken geschont werden, die unter Inkaufnahme hoher Risiken hohe Profite erzielen, während weniger aggressiv agierende Banken aus dem Wettbewerb nach und nach ausscheiden (*adverse Selektion*).[84]

Angesichts des sich aus den einzelwirtschaftlichen Risiken summierenden Systemrisikos haben die Banken auch ein Interesse daran, womöglich selbst im Falle einer akuten Insolvenzgefahr eines Kreditinstituts ihrerseits Sicherungsmaßnahmen zu ergreifen. Dies geschieht in manchen marktwirtschaftlichen Bankensystemen durch die Installierung einer Einlagensicherung. Sie kann durch die Banken selbst organisiert und finanziert werden und gewährt Problembanken finanzielle Hilfen bzw. zahlt im Falle eines Bankkonkurses Gelder an die betroffenen Einleger aus. Die argumentative Basis der Einlagensicherung ist also der Einlegerschutz und damit die Stärkung des Vertrauens in die Sicherheit der Einlagen. Die Einlagensicherung kann auch staatlich organisiert und zumindest mit einem gewissen Startkapital staatlich finanziert werden. Die Mitgliedschaft der Banken im Einlagensicherungssystem ist dann oftmals obligatorisch und mit einem Finanzierungsbeitrag verbunden. An diesen beiden grundsätzlichen Möglichkeiten wird deutlich, daß marktwirtschaftliche Bankensysteme keineswegs ebenso homogen gestaltet sind wie planwirtschaftliche. Sie sind in ihrer Struktur vielmehr heterogen. Daher kann man auch nicht von einem Prototyp für ein marktwirtschaftliches Bankensystem sprechen. Dies macht sich in der unterschiedlichen institutionellen Ausgestaltung marktwirtschaftlicher Bankensysteme bemerkbar.

### 2.2.3 Die institutionelle Ausgestaltung marktwirtschaftlicher Bankensysteme

Vergleicht man die Struktur marktwirtschaftlicher Bankensysteme, wie sie Abbildung 2.2 zum Ausdruck bringt, mit der des planwirtschaftlichen Bankensektors, so fällt zunächst auf, daß marktwirtschaftliche Bankensysteme sehr viel komplexer sind als das Pendant in der Planwirtschaft. Diese Komplexität rührt daher, daß marktwirtschaftliche Bankensysteme historisch gewachsen sind, sich also evolutorisch entwickelt haben, während in der Planwirtschaft der Staat den Bankensektor zu seinen Zwecken instrumentalisiert und dementsprechend gestaltet hat.[85] Zwar setzt die Ordnungspolitik des Staates auch Strukturelemente in marktwirtschaftlichen Bankensystemen, dennoch ist der dadurch vorbestimmte Rahmen nicht so eng, als daß sich nicht neue Leistungen der Banken und als Folge davon auch neue Strukturen auf der Ebene der einzelnen Bank und auf der Systemebene entwickeln könnten, denen die Ordnungspolitik erst ex-post Rechnung tragen kann.

Kennzeichnend für marktwirtschaftliche Bankensysteme ist deren Zweistufigkeit: Zentralbank- und Geschäftsbankenfunktionen sind - anders als in der Planwirtschaft - voneinander getrennt. Die Zentralbank übernimmt i.d.R. Aufgaben wie die Geldemission und die Sicherung der Geldwertstabilität, während die Geschäftsbanken die bereits skizzierten mikro- und makroökonomischen Aufgaben erfüllen. Die Funktionen

---

[84] Vgl. zur Definition von *moral hazard* BISIGNANO, Joseph (1992), S. 217ff. Zur Problematik adverser Selektion vgl. AKERLOF, George A. (1970).

[85] Vgl. STIGLITZ, Joseph E. (1993), S. 7/8.

der Geschäftsbanken bilden ebenso einen Freiheitsgrad marktwirtschaftlicher Bankensysteme wie die Struktur des Geschäftsbankensystems. Charakteristisch sind jedoch zwei Faktoren: Banken stehen zum einen im Gegensatz zur Planwirtschaft untereinander und mit anderen Finanzinstituten, die ebenfalls Leistungen monetärer Art anbieten, wie Versicherungen, Leasing- und Investmentfondsgesellschaften, im Wettbewerb und sind zum anderen mit den Risiken des Bankgeschäfts konfrontiert. Sie müssen damit sowohl den Anforderungen des Marktes als auch dem eigenen Sicherheitsinteresse und den Sicherheitsanforderungen, die der Staat durch die Bankenregulierung an sie stellt, gerecht werden.

Der Staat ist in der Marktwirtschaft Teil des Bankensystems, wenn auch nicht der dominierende wie im planwirtschaftlichen Gegenstück. Aus Risiko- und Wettbewerbsaspekten heraus gestaltet er das System ordnungspolitisch und greift als Interventionsstaat in das System ein. Gemäß dem für die Wettbewerbsordnung geltenden *Subsidiaritätsprinzip* wird der Staat erst dann im Sinne der Bankenregulierung als Interventionsstaat aktiv, wenn die Banken den an sie gestellten Sicherheitsanforderungen nicht gerecht werden können.[86] Diese Eingriffe sind somit an Regeln gebunden, ein weiterer wesentlicher Unterschied zur Planwirtschaft, wo der Staat ohne schriftlich fixierte rechtliche Bindung zur Sicherung der Planerfüllung in die Abläufe des Bankensektors eingreifen kann. Grundsätzlich aber sind die Banken im marktwirtschaftlichen Kontext autonome Marktteilnehmer, unabhängig von Weisungen staatlicher Institutionen, d.h. der Staat greift i.d.R. nicht unmittelbar in die tägliche Geschäftspolitik der Kreditinstitute ein. Anders als in der Planwirtschaft werden die Banken in der marktwirtschaftlichen Ordnung bis auf spezielle Kreditinstitute mit öffentlichem Auftrag nicht vom Staat instrumentalisiert.

#### 2.2.3.1 Die Strukturen marktwirtschaftlicher Bankensysteme

Um die Struktur marktwirtschaftlicher Bankensysteme zu erfassen, bietet sich eine dreistufige Vorgehensweise an. Ordnungspolitische Grundlage der Bankentätigkeit bilden die *rechtlichen Rahmenbedingungen* und deren Überwachung durch staatliche Institutionen. Teil dieser, das Geschäftsbankensystem überwachenden Institutionen ist auch die *Zentralbank*. Ihre Aufgaben decken den makroökonomischen Teil der Geschäftsbankentätigkeit ab, ggfs. aber auch mikroökonomische Bankfunktionen, wenn die Zentralbank z.B. das Zahlungssystem überwacht bzw. institutionell mit der Bankenaufsicht verflochten ist. Den dritten und wichtigsten Ansatzpunkt zur Beschreibung der Struktur marktwirtschaftlicher Bankensysteme bildet das *Geschäftsbankensystem*. Seine Struktur wird von den Funktionen der Geschäftsbanken determiniert, wie sie in den rechtlichen Rahmenbedingungen definiert sind.

##### 2.2.3.1.1 Rechtliche Rahmenbedingungen

Die rechtlichen Rahmenbedingungen für die Bankentätigkeit werden in den meisten marktwirtschaftlichen Systemen gesetzlich oder über verbindliche Richtlinien bzw.

[86] Vgl. EUCKEN, Walter (1990), S. 348.

Ausführungsbestimmungen festgeschrieben. Dies bildet zugleich die Grundlage für die Kontrolle des Geschäftsbankensystems durch Aufsichtsstrukturen, für die wiederum von seiten der Regierung Vorschriften erlassen werden. Diese Aufsichtsstrukturen umfassen zumeist eine Bankenaufsicht, die entweder als eigenständige Behörde arbeitet oder aber mit der Zentralbank institutionell verflochten bzw. organisatorisch in sie eingelagert ist. In wenigen Bankensystemen sind die Bankenaufsichtskompetenzen eng mit dem Regierungsapparat verknüpft, im Fall Japans z.B. mit dem Finanzministerium.[87] Dies impliziert einen hohen Zentralisationsgrad und damit eine sehr starke Position des Staates gegenüber dem Bankensektor. Prototyp einer regionalen und institutionellen Dezentralisierung hingegen sind die Aufsichtsstrukturen in den USA, wo sich die Kompetenzen regionaler und bundesweiter Aufsichtsorgane z.T. überlappen. Die Heterogenität von Aufsichtsstrukturen muß jedoch kein Indiz für die Strenge der Bankenregulierung sein, denn das US-Bankwesen ist mit Geschäftsfeld- und geographischen Beschränkungen von einer recht strikten Regulierung gekennzeichnet.[88] Zu den wichtigsten Aufgaben der Bankenaufsicht gehört die Überwachung der Sicherheit des Geschäftsbankensystems und des Wettbewerbs zwischen den Banken. Da beide Faktoren die Rentabilität der Geschäftsbanken ebenso beeinflussen wie die Geldpolitik der Zentralbank dies tut, sind Bankenaufsicht und Zentralbank auf einen gewissen Grad an Zusammenarbeit angewiesen, selbst wenn sie nicht unter einem Dach vereint sind.

Um die Sicherstellung eines fairen Wettbewerbs zwischen den Kreditinstituten und die Gewährleistung der Sicherheit des Bankensystems zu erreichen, kann man, auch wenn sich die rechtlichen Vorschriften für die Geschäftsbanken in ihrer Strenge unterscheiden, dennoch drei Kategorien rechtlicher Grundlagen ausmachen: Erstens müssen Banken bestimmte Zulassungsanforderungen erfüllen, um Bankgeschäfte betreiben zu dürfen, zweitens muß die laufende Geschäftstätigkeit durch die Bankenaufsicht mit bestimmten rechtlichen Mitteln überwacht, und der Aufsicht muß schließlich drittens die Möglichkeit eingeräumt werden, in Fällen des Verstoßes gegen die rechtlichen Vorschriften bzw. bei der akuten Insolvenzgefahr eines Kreditinstituts einzugreifen.

Um überhaupt zugelassen zu werden, muß das Gesetz die Tätigkeiten von Banken definieren. Ein wesentliches Merkmal bei der Festlegung des Geschäftsradius von Banken ist die Frage, ob sie sowohl das Einlagen- und Kredit- als auch das Wertpapiergeschäft (*investment banking*) durchführen dürfen. Letzteres hängt über die potentielle Beteiligung von Banken an Nichtbanken (in Abb. 2.2 sind die möglichen Beteiligungen zwischen Banken und Nichtbanken durch gepunktete Linien angedeutet) eng zusammen mit der Funktion der Unternehmenskontrolle. Wenn das Einlagen- und Kreditgeschäft auf der einen und das *investment banking* auf der anderen Seite voneinander separiert sind, handelt es sich um ein *Trennbankensystem* (Beispiele: USA und Großbritannien). Die Unternehmenskontrolle wird dann nicht über Banken, sondern unmittelbar vom Markt ausgeübt (*Marktmodell*). Umgekehrt spricht man von einem *Universalbankensystem* (z.B. in Deutschland) mit einer *bankzentrierten Unternehmenskontrolle*. Neben der Definition von Bankfunktionen gehören zu den Zulassungsvorschriften auch die Mindestanforderungen, an die ein Markteintritt gebunden ist. Dazu zählen von System zu System unterschiedlich strenge Vorschriften über die Mindestausstattung an finanziellen Mitteln des neuen Instituts, Anforderungen an die

---

[87] Vgl. CARGILL, Thomas F. und Shoichi ROYAMA (1992), S. 345.
[88] Vgl. BAER, Herbert L. und Larry R. MOTE (1992), S. 507-524.

Zuverlässigkeit und die fachliche Eignung der Geschäftsleiter sowie das Vorliegen eines Geschäftsplans.

Wesentliche Kriterien für die Überwachung des laufenden Geschäftsbetriebs sind Vorschriften über das Eigenkapital und die Liquidität von Banken. In der Konzeption gerade der Bankensysteme in den Mitgliedsländern der EU werden risikobehaftete Bankgeschäfte in Bezug gesetzt zum Eigenkapital. Bei Verlusten, z.B. Kreditausfällen, besitzt 'haftendes Eigenkaptial' Verlustausgleichs-, bzw. allgemeiner formuliert Haftungsfunktion. Damit soll ein Durchschlagen der Ausfälle auf die Einlagen der Bankgläubiger verhindert werden.[89] Die Summe der mit einem Ausfallrisiko behafteten Bankgeschäfte muß je Institut mit einem bestimmten Prozentsatz an Eigenkapital unterlegt sein, die mit einer Kennziffer, innerhalb der EU dem sogenannten *Solvabilitätskoeffizienten*, gemessen wird. In der EU gilt ein Solvabilitätskoeffizient von 8%.[90] Dazu werden die Geschäfte in Risikoklassen eingeteilt, die je nach Risiko unterschiedlich stark auf das Eigenkapital angerechnet werden. Kreditgeschäfte werden zusätzlich in unterschiedliche Kategorien differenziert, z.B. Großkreditgeschäfte, und auf bestimmte Prozentsätze des Eigenkapitals begrenzt (*Kreditkonzentrationsnormen*). Eine wichtige Rolle bei der Risikobegrenzung spielt Eigenkapital auch bei Beteiligungen an Nichtbanken, sofern ein Universalbankensystem vorliegt, denn auch sogenannte *bank-industry linkages* tragen Risiken, die die Bank unmittelbar treffen, z.B. wenn das Beteiligungsunternehmen Konkurs anmelden und die Bank hieraus Verluste tragen muß.

Die Eigenkapitalkonzeptionen setzen an Kredit- und Preisänderungsrisiken an, während das Liquiditätsrisiko durch *Liquiditätsnormen* eingedämmt werden soll. Dies geschieht mittels der Begrenzung von Anlagen der Bank durch die Finanzierungsmittel nach dem Kriterium der Fristigkeit. Wie die Eigenkapitalvorschriften sind auch die Liquiditätsnormen zum großen Teil bilanziell orientiert. Sie sind Richtgrößen, die die Banken zu Risikoorientierung zwingen sollen. Die Banken müssen auf einzelwirtschaftlicher Ebene das Ihrige tun, um Risiken richtig einzuschätzen und überhöhte Risiken zu vermeiden. Auch zwingen sie die rechtlichen Rahmenbedingungen, die Bankenaufsicht mit Informationen in Form von Geschäftsberichten bzw. monatlichen Ausweisungen von Kennziffern zu versorgen. Bankprüfungen der Aufsicht vor Ort, sogenannte *on-site investigations*, sollen ebenfalls dazu beitragen, vorhandene Risiken aufzudecken. Die präventiven Maßnahmen können jedoch nicht einzelne Bankenkonkurse gänzlich verhindern. Dies ist auch nicht ihr Zweck.

Sollten Fälle von Illiquidität oder Insolvenz eingetreten sein, so kommt die dritte Kategorie von Maßnahmen zum Zuge, und die zuständige aufsichtsrechtliche Institution greift in die Geschäftspolitik der betroffenen Bank direkt ein. Die Bank könnte Liquiditätshilfen erhalten, die Geschäftsführung für einen begrenzten Zeitraum durch staatliche Institutionen übernommen, oder die Bank könnte gar geschlossen werden. Im letzteren Fall wird in den Bankensystemen, in denen es sie gibt, die Einlagensicherung aktiv, um für die Verluste der Bankgläubiger aufzukommen. Die Einlagensicherung ist das einzige Element der rechtlichen Rahmenbedingungen, das auch von den Geschäftsbanken selbst organisiert werden kann. Alle übrigen Elemente der rechtlichen Rahmenbedingungen sind das Feld staatlicher Aktivität.

---

[89] Vgl. ADRIAN, Reinhold und Thomas HEIDORN (1996), S. 599/600.
[90] Vgl. BISIGNANO, Joseph (1992), S. 205.

### 2.2.3.1.2 Das Zentralbanksystem

Die Sicherung einer stabilen monetären Ordnung gehört zu den Hauptaufgaben der Zentralbank, die das Geschäftsbankensystem ordnungspolitisch mitgestaltet und prozeßpolitisch über die Geldpolitik in das System eingreift. Die institutionelle Verflechtung mit Regierung und Bankenaufsicht sowie die genauen Aufgaben der Zentralbank bilden weitere Freiheitsgrade marktwirtschaftlicher Bankensysteme.

Die Zentralbanken marktwirtschaftlicher Systeme sind meist staatliche Institutionen. Dies war selbst in den führenden Industrieländern nicht immer so: In England und Frankreich bspw. wurden die dortigen Zentralbanken erst 1945 verstaatlicht.[91] Ein Indikator für den Handlungsspielraum der Zentralbank und damit für ihre Bedeutung als unabhängiger Faktor für die Geschäftsbanken ist neben der Eigentumsfrage die institutionelle Verflechtung mit der Regierung. Die Beispiele reichen von einer engen personellen und institutionellen Verbindung mit dem Finanzministerium bis hin zur völligen, gesetzlich fixierten Unabhängigkeit der Zentralbank in der Geldpolitik. In einigen Ländern besitzt die Zentralbank geldpolitisch lediglich eine beratende Funktion, geldpolitische Interventionen der Zentralbank bei den Geschäftsbanken sind damit quasi solche der Regierung. In manchen Systemen ist die Zentralbank gegenüber der Regierung gar weisungsbunden (z.B. in Frankreich), während in anderen Systemen die Zentralbank nicht nur die Geldpolitik selbständig steuert (z.B. in Deutschland), sondern die Regierung auch bei der Erreichung realwirtschaftlicher Zielgrößen berät (z.B. in den USA). In den meisten marktwirtschaftlichen Zentralbanksystemen werden die führenden Personen der Zentralbank von der Regierung ernannt, wobei die Auswahl oftmals politisch motiviert ist, um so einen grundsätzlichen Gleichklang der geldpolitischen Maßnahmen gegenüber dem Geschäftsbankensystem mit der Wirtschaftspolitik der Regierung zu erreichen.[92] Die personellen Verbindungen von Regierung und Zentralbank öffnen zudem Raum für schwer zu durchschauende, weil nichtformalisierte Kontakte. Es ist dann jeweils von Fall zu Fall zu entscheiden, inwiefern die Zentralbank in ihren Interventionen gegenüber dem Geschäftsbankensystem eine eigenständige Größe darstellt.

Trotz der Freiheitsgrade in der institutionellen Ausgestaltung marktwirtschaftlicher Zentralbanksysteme ist die Monopolstellung der Zentralbank in der Geldemission für die Marktwirtschaft charakteristisch. Die Vorschriften für die Zentralbank sind dagegen ebenso verschieden wie die Form der Vorschriften. Sie sind in den meisten Industrieländern rechtlich fixiert, in manchen Systemen aber beruhen sie eher auf Absprachen als auf Gesetzen (Beispiel: England). Die Zentralbank muß als Institution nicht unbedingt ein monolithischer Block sein; in den USA bspw. gehören zum System der Zentralbank (*FED*) u.a. zwölf regionale Notenbankgouverneure und das Büro des *comptroller of the currency*.

Ebenfalls unterschiedlich ausgestaltet ist die institutionelle Verbindung der Zentralbank mit der Bankenaufsicht: Entweder existieren beide Institutionen unabhängig voneinander, oder sie sind unter einem Dach vereint. Die makroökonomisch fundierte Geldpolitik und die mikroökonomisch motivierte Bankenregulierung gehen nicht unbedingt konform miteinander, denn restriktive geldpolitische Interventionen untermi-

---

[91] Vgl. BONIN, Konrad von (1978), S. 84.
[92] Ebenda, S. 212.

nieren die Rentabilität der Geschäftsbanken, indem sie die Kosten der Banken erhöhen, z.B. durch die Haltung hoher Mindestreserven oder die Verteuerung von Lombardkrediten. Damit werden aber die einzelwirtschaftlichen Risiken erhöht und somit auch das Systemrisiko. Interessenkonflikte zwischen Bankenaufsicht und Zentralbank sind damit möglich. Bei der Existenz zweier unabhängiger Institutionen stehen sich zwei Verhandlungspartner gegenüber, die auf die Zusammenarbeit miteinander angewiesen sind. Die Frage, auf welche Weise Konflikte zwischen Geldpolitik und Systemsicherheit bei einer integrierten Zentralbank und Bankenaufsicht gelöst werden, bleibt dagegen offen.[93]

Wichtige, wenn auch unterschiedlich ausgestaltete Funktionen übt die Zentralbank im Zahlungsverkehr aus. Dies sind zum einen Aufsichtsfunktionen, denn der Zahlungsverkehr ist, wie bereits ausgeführt, mit Risiken behaftet. Die auf die Regulierung des Zahlungssystems zielenden Maßnahmen der Zentralbank sollen die Disziplin der Geschäftsbanken und das Vertrauen in die Sicherheit des Zahlungsverkehrs stärken. So regelt in vielen Bankensystemen die Zentralbank die Zulassung von Geschäftsbanken zum Zahlungsverkehr. Auch gewährt sie in manchen Systemen Liquiditätshilfen für die am Zahlungsverkehr teilnehmenden Geschäftsbanken, wenn dies zur Sicherung des Systems notwendig sein sollte.[94] Zudem kann sie Geschäftsbanken, deren Liquidität nicht gesichert ist, aus der Zahlungskette ausschließen.

Durch das *settlement* nimmt die Zentralbank vielfach auch direkt am Zahlungsverkehr teil. Im Bereich des *clearing* bieten die verschiedenen Zahlungssysteme ein unterschiedliches Bild: Gerade in regional stark fragmentierten Zahlungssystemen, wie dem der USA, wo Geschäftsbanken im Regelfall nur in einem einzigen Bundesstaat vertreten und damit *in-house* Überweisungen kaum möglich sind, konkurriert die Zentralbank mit den Geschäftsbanken beim Zahlungsverkehr. In weniger stark disaggregierten Systemen hingegen, wie in Westeuropa, sind die Geschäftsbanken die Träger des Zahlungsverkehrs. Sie haben häufig untereinander selbständig ein Girosystem aufgebaut, welches das *clearing* übernimmt. Regionale Zentren des Zahlungsverkehrs, sogenannte *clearing houses*, können grundsätzlich privat von den Banken oder aber staatlich von der Zentralbank unterhalten werden.[95] Über den Zahlungsverkehr können also trotz der Zweistufigkeit des Bankensystems ggfs. Überlappungen in den mikroökonomischen Funktionen zwischen Zentralbank- und Geschäftsbankensystem auftreten.

#### 2.2.3.1.3 Strukturen des Geschäftsbankensystems

Noch größere Freiheitsgrade als beim Zentralbank- sind beim Geschäftsbankensystem auszumachen. Einen Hauptfaktor für die unterschiedlichen Geschäftsbankstrukturen bildet die Unternehmenskontrollfunktion von Banken. In den Marktmodellen der USA und Großbritanniens, wo die Unternehmenskontrolle über die Kapitalmärkte ausgeübt wird (*outsider system*), ist das Einlagen- und Kreditgeschäft vom Wertpapiergeschäft separiert. In den USA, wo diese Trennung Resultat gesetzlicher Regulierung ist, die sich infolge der Wirtschaftsdepression nach 1929 und der damit einhergehenden Ban-

[93] Vgl. STEINHERR, Alfred (1993), S. 1037.
[94] Vgl. BERGH, Paul van den und John M. VEALE (1994), S. 96/97.
[95] Vgl. MARQUARDT, Jeffrey C. (1994), S. 124.

kenkrise entwickelt hat, haben sich daraufhin auf der einen Seite *commercial banks* (Einlagen- und Kreditgeschäft) und auf der anderen Seite *investment banks* gebildet, die entweder völlig getrennt voneinander unterschiedliche Marktsegmente des Bankgeschäfts bearbeiten oder bilanziell separiert allenfalls in Form von Bankholdingstrukturen unter einem Dach agieren.[96] In England, wo die Trennung von *commercial* und *investment banking* eher das Ergebnis von Selbstbeschränkung der Banken denn staatlichen Drucks ist, haben sich demgegenüber Universalbanken herausgebildet, deren verschiedene Tochterbanken sich auf die einzelnen Marktsegmente spezialisiert haben und so das Trennbankensystem verwirklichen.[97]

Bei den Universalbanksystemen, in denen die Unternehmenskontrolle eine maßgebliche Aufgabe von Banken ist (*insider system*), kann man zwei Typen unterscheiden: Zum einen ist dies das deutsche *Hausbanksystem*, bei dem Banken zu jeweils einem Unternehmen enge Finanzbeziehungen unterhalten, zudem über Beteiligungen verfügen und über die Präsenz in den Aufsichtsratsgremien von Aktiengesellschaften Einfluß auf die Geschäftspolitik nehmen. Zum anderen hat sich als zweiter Typ das japanische System herausgebildet (*keiretsu*), bei dem Industrieunternehmen und Banken miteinander durch Beteiligungen und Finanzbeziehungen zu Konglomeraten verbunden sind.[98] Entsprechend den aufgrund der Unternehmenskontrolle herausgebildeten Bankstrukturen haben Kapitalmärkte in Universalbanksystemen eine weniger große Bedeutung als in Trennbankensystemen.

Dennoch gibt es sie, und dies ist ein wesentlicher Unterschied zur Struktur eines planwirtschaftlichen Bankensystems. Banken sind Marktakteure und als solche neben Nichtbanken an den Finanzmärkten aktiv. Neben dem Kapitalmarkt für längerfristige Geldanlage und Finanzierung sind der Geldmarkt für kurzfristige Engagemens, der Interbankenmarkt als kurzfristig orientierter Markt für die Refinanzierung der Banken untereinander und der Devisenmarkt für den Handel mit ausländischen Währungen zu unterscheiden. Im Zuge der Kreditvergabe und der Einlagensammlung spricht man von einem Kredit- und einem Einlagenmarkt, ohne daß diese - wie die zuher genannten Märkte - rechtlich fest institutionalisiert wären. Die Organisation der Finanzmärkte ist in den verschiedenen Systemen unterschiedlich geregelt: Entweder werden sie von den Banken selbst aufgebaut und beaufsichtigt, oder aber staatliche Aufsichtsstrukturen spielen bei der Institutionalisierung der Finanzmärkte die entscheidende Rolle.

Der Staat tritt in marktwirtschaftlichen Systemen auch als Bankeigentümer in Erscheinung. Insofern handelt es sich bei marktwirtschaftlichen Geschäftsbankensystemen um *mixed systems*. Bei Banken in Staatsbesitz muß man jedoch differenzieren: Es gibt Kreditinstitute mit besonderem öffentlichen Auftrag und begrenztem Geschäftsradius. Die Eigentumsform beeinflußt damit also die Geschäftspolitik und den Handlungsspielraum der Bank in relativ hohem Maße. Andererseits muß die Eigentumsfrage jedoch keinen entscheidenen Einfluß besitzen: Die deutschen Sparkassen bspw. wurden ursprünglich mit einem besonderen Förderauftrag gegründet.[99] Sie unterliegen zwar als öffentlich-rechtliche Institute auch immer noch rechtlichen Besonderheiten, dennoch haben sie sich in einem langen Prozeß inzwischen zu Universalbanken entwickelt, die

---

[96] Vgl. WALTER, Ingo (1993), S. 63.
[97] Ebenda.
[98] Ebenda, S. 60.
[99] Vgl. MEYER-KÖSTER, Jürgen (1979), S. 7.

fast alle Sparten des Bankgeschäfts ausfüllen. Inwieweit tägliche geschäftspolitische Entscheidungen, und insb. die Kreditvergabe an öffentliche Unternehmen, aus wettbewerblichen Gründen oder primär auf Druck des bzw. aus Rücksicht auf den Eigentümer Staat erfolgt, ist meistenteils nur von Fall zu Fall zu ergründen. Allerdings gibt es Beispiele für Bankensysteme, in denen gerade die Kreditvergabe gesetzlich zu einem Akt von öffentlichem Interesse erklärt und dem Staat somit die Basis für die Lenkung der Kreditentscheidung durch staatliche Banken eingeräumt wird. Prototyp eines solchen Systems ist Italien mit einem entsprechend hohen Anteil staatlicher Banken. Es wird auch als System *politischer Kontrolle* der Banken durch den Staat bezeichnet.[100]

Doch die Eigentumsformen marktwirtschaftlicher Bankensysteme sind noch vielfältiger: Neben staatlichen und privaten Banken existieren noch weiter differenzierte Rechts- und Eigentumsformen, wie Aktiengesellschaften oder Genossenschaftsbanken. All diese Marktakteure stehen im Wettbewerb miteinander und auch mit Nichtbanken als weiteren Finanzintermediären (z.B. Versicherungen). Die Konkurrenz ist dabei abhängig vom Geschäftsradius der einzelnen Bank, die, wie schon erwähnt, wiederum mit der Eigentumsform, jedoch auch mit der Rechtsform korrelieren kann. Einen weiteren Wettbewerbsfaktor bildet die Bankenregulierung. Neben den allgemeinen Vorschriften gibt es von Land zu Land Besonderheiten, die die Wettbewerbsstruktur unter den Banken entscheidend mitprägen, wie z.B. das Prinzip des *regional banking* in den USA. Hier sind die Banken dazu gezwungen, sich in ihrer Geschäftsaktivität auf einzelne Bundesstaaten zu konzentrieren. Die Folge hiervon ist ein regional stark fragmentiertes Bankwesen mit wenigen großen nationalen und einer Vielzahl kleiner und kleinster regionaler Kreditinstitute.[101] Es unterscheidet sich darin klar von den Bankensystemen Japans und Westeuropas mit großen, landesweit operierenden Banken.

Mit Innovationen bei den Finanzinstrumenten, Verbesserungen der internationalen Kommunikationstechnologie und der Herausbildung internationaler Finanzzentren, wie London und New York, operieren Banken zunehmend international. Der weltweite Wettbewerbsdruck innerhalb der Bankenindustrie hat an Schärfe zugenommen. Mit dazu beigetragen haben weltweite Bemühungen um die Deregulierung des Angebots an Finanzdienstleistungen und die Angleichung nationaler Rahmenbedingungen für die Bankentätigkeit innerhalb regionaler Wirtschaftsräume, wie der EU. Nationale Grenzen werden hierdurch verwischt, denn die Internationalisierung des Bankgeschäfts im Rahmen der *Globalisierung* und die Harmonisierung rechtlicher Rahmenbedingungen erzeugen einen Marktdruck hin zur Konvergenz marktwirtschaftlicher Bankensysteme, deren Endpunkt noch nicht absehbar ist. Um dem damit einhergehenden marktinduzierten Wettbewerbsdruck zu begegnen, ist seit Anfang der 90er Jahre eine zunehmende Konzentrationstendenz im Bankwesen festzustellen, weltweit und gerade in Westeuropa im Zuge des Zusammenwachsens der nationalen Volkswirtschaften innerhalb der EU. Durch Aufkäufe und Fusionen entstehen große, international operierende Bankkonzerne. Ziel solcher Bankenzusammenschlüsse ist eine Kostensenkung, zum einen durch quantitativ steigendes Geschäft (*economies of scale*) sowie zum anderen durch das Angebot verschiedener Dienstleistungen aus einer Hand (*economies of scope*).[102] Das Ende dieser Konzentrationsprozesse ist noch nicht absehbar.

---

[100] Vgl. WAGENER, Hans-Jürgen (1994a), S. 13-16.
[101] Vgl. zum US-Trennbankensystem und zum *regional banking* KAUFMAN, George G. (1989), S. 302-490.
[102] Vgl. SAUNDERS, Anthony und Ingo WALTER (1992), S. 110-112.

### 2.2.3.2 Anforderungen an die einzelne Bank

Die institutionelle Struktur der einzelnen Bank schließlich bildet einen weiteren Freiheitsgrad marktwirtschaftlicher Bankensysteme. Während in der Planwirtschaft die Ziele der Bank mehr oder weniger staatlich vorgegeben sind, formulieren Banken im marktwirtschaftlichen Kontext ihre Ziele im Rahmen ihrer Eigentums- und Rechtsform gemäß dem Prinzip autonomer Marktakteure i.d.R. selbst. Die Zielvorgabe beeinflußt auch die Organisationsstruktur der Bank. Die beiden entscheidenden Faktoren, die die Bank jedoch beachten muß, sind die Risiken der Banktätigkeit und der Wettbewerb auf der Ebene des Geschäftsbankensystems.

Jede Bank im marktwirtschaftlichen Kontext formuliert ein Leitbild, das den Sinn ihrer Tätigkeit definiert, bzw. entwirft - abstrakt gesprochen - eine Unternehmensphilosophie.[103] Innerhalb der hieraus abgeleiteten Unternehmensplanung muß jede Bank eine Strategie formulieren, die es ihr erlaubt, im Wettbewerb mit anderen Banken zu bestehen. Dazu gehört u.a. eine Definition des Geschäftsradius und eine Eingrenzung der Kundengruppe der Bank. Dies hat entscheidende Auswirkungen auf die institutionelle Gestaltung: Eine kleine Privatbank z.B., die sich auf ein spezielles Segment von Firmenkunden konzentriert und hier sowohl Angebote im Einlagen-, Kredit- als auch im Wertpapiergeschäft macht, braucht nicht unbedingt landesweit, wohl aber an nationalen und eventuell auch großen internationalen Finanzzentren präsent zu sein. Eine Universalbank hingegen, deren Stärke im Einlagen- und Kreditgeschäft mit der breiten Privatkundschaft liegt, muß über ein landesweites Filialnetz verfügen. Banken, die mit ihrer Geschäftstätigkeit einem speziellen Förder- oder Gemeinnützigkeitsprinzip verpflichtet sind, sind darüberhinaus oftmals in regionalen bzw. nationalen Verbundsystemen eingegliedert, wie die deutschen Sparkassen oder Kreditgenossenschaften.

Neben Unternehmensphilosophie und -strategie, die verschiedene Geschäftsschwerpunkte und damit verschiedene Organisationsstrukturen zur Folge haben, sehen sich die Banken einem intensiven Wettbewerb ausgesetzt, der zur Realisierung des Gewinnziels die Orientierung am Kunden erfordert. Anders als in der planwirtschaftlichen Ordnung können es sich die Banken in einer Marktwirtschaft nicht leisten, wie Behörden zu agieren, nach deren Leistungsangebot sich die Kunden zu richten haben. Vielmehr haben sich die Absatzmärkte in den westlichen Industrieländern nicht nur im realwirtschaftlichen Bereich, sondern auch im Finanzsektor zu Käufermärkten entwickelt, auf denen die Nachfrage das Leistungsangebot bestimmt.[104] Diese Entwicklung erfordert von den Banken Marketing als „an den Kundenbedürfnissen orientierten, zielgerichteten Einsatz der absatzpolitischen Instrumente zur Überwindung der zwischen Angebot und Nachfrage bestehenden Marktwiderstände."[105]

Marktwiderstände erschweren den Absatz bankbetrieblicher Leistungen und entstehen dadurch, daß die Angebote von Kreditinstituten zum einen aufgrund der impliziten Risiken vertrauensempfindlich sind, und zum anderen erklärungsbedürftig, denn das Handelsobjekt der Banken, Geld, ist eine abstrakte und keine stoffliche Größe. Die Marketingbemühungen erfordern Organisationsstrukturen, also eigene Marketingabteilungen, die entsprechende Konzeptionen ausarbeiten sowie Abteilungen, die die ab-

---

[103] Vgl. PRIEWASSER, Erich (1996), S. 161.
[104] Vgl. LIEBAU, Gerhard (1981), S. 25/26.
[105] Vgl. SÜCHTING, Joachim (1992), S. 420.

satzpolitischen Instrumente anwenden. Zum absatzpolitischen Instrumentarium zählen im einzelnen die qualitative Leistungsgestaltung, die Preisgestaltung, die zeitliche Gestaltung des Angebots - z.B. schneller Zahlungsverkehr - sowie die räumliche Nähe zum und Kommunikation mit dem Kunden. Die Notwendigkeit der Marktorientierung hat zu einer Angleichung von Organisationsstrukturen der Banken geführt. Die mit dem Wandel zum Käufermarkt einhergehende Wettbewerbsintensivierung hat in Systemen des Universalbanktyps außerdem zu einer Überwindung historisch gewachsener Strukturen von Arbeitsteilung zwischen den Banken beigetragen: Die Geschäftstätigkeit der einzelnen Banken gleicht sich immer mehr an und erfordert ebenfalls entsprechend ähnliche Organisationsstrukturen.

Die Ausformung dieser Strukturen beruht auf der Initiative der einzelnen Bankunternehmung. Die Bank ist nicht wie im planwirtschaftlichen System staatliches Kontrollorgan, sondern wird vom *Markt* gefordert. Entscheidend für ihren Markterfolg ist ihre *statische* und *dynamische Effizienz.* Wo nicht anders definiert, ist das Oberziel einer Geschäftsbank die Gewinnerzielung. Hierzu muß sie die Kosten möglichst gering halten. Eine Bank ist im statischen Sinne umso effizienter, je kostengünstiger sie arbeitet. Gemessen wird die statische Effizienz an der Zinsspanne, also der Differenz zwischen Einlagen- und Kreditzinsen. Um am Markt zu bestehen, muß die Bank aber auch neue Produkte entwickeln und neue Kundenbeziehungen knüpfen. Diese Innovationsfähigkeit ist Ausdruck ihrer dynamischen Effizienz. Ein dynamisch effizientes Bankensystem wird gerade die Investitionsprojekte finanzieren, die unter Beachtung der Risiken den höchsten Ertrag abwerfen.[106]

Die Besonderheiten des Leistungsangebots der Bankunternehmung, wie Abstraktheit, Vertrauensempfindlichkeit und Erklärungsbedürftigkeit, legen eine von Industriebetrieben verschiedene Differenzierung des Bankbetriebs nahe, in einen technisch-organisatorischen (TOB) und einen besonderen liquiditätsmäßig-finanziellen Bereich (LFB).[107] Für den LFB werden neben dem Gewinnziel weitere monetäre Ziele formuliert, wie Wachstum und Gewinnung von Marktanteilen. Diemonetären Ziele können jedoch nur unter Berücksichtigung der Nebenbedingungen Sicherheit und Liquidität verfolgt werden. In der Organisation der einzelnen Bank erfordert dies die Einrichtung spezieller Abteilungen zur Kontrolle der Risiken. Sicherheit verlangt z.B. nach einer ausreichenden Überprüfung der Kreditwürdigkeit potentieller Kreditnehmer, die nicht nur von entsprechenden Abteilungen und Mitarbeitern mit Fachkenntnissen im Vorfeld der Kreditvergabe vorgenommen, sondern auch während der Laufzeit des Kredits ständig überwacht werden muß. Die Liquiditätsbedingung erfordert die Beobachtung der täglichen Ein- und Auszahlungsströme der Bank durch die Gelddisposition, die bei immer wieder auftretenden Liquiditätsüberhängen bzw. Liquiditätsbedarf adäquat reagieren muß. Für die Kontrolle und das Management der Bankrisiken muß jede Bank über ein Informationssystem verfügen, das den jederzeitigen Einblick in die Risikoposition der Bankunternehmung erlaubt. Zudem besitzen das externe und das interne Rechnungswesen für die Überwachung der Risiken eine wichtige Bedeutung.

Die Anforderungen, die der Wettbewerb und die Risiken des Bankgeschäfts an die einzelne Bank richten, verlangen von der Bankunternehmung also zum einen eine flexible Organisationsstruktur, die sich an den Kundenbedürfnissen ausrichtet und sich unter

---

[106] Vgl. zu den Kriterien statische und dynamische Effizienz BUCH, Claudia M. (1996), S. 43.
[107] Vgl. LIEBAU, Gerhard (1981), S. 33.

Beobachtung der Konkurrenz an den Erfordernissen des Marktes orientiert und zum anderen Strukturen, die dem Eintritt von Risiken vorbeugen bzw. die Bank gegen unvermeidliche Risiken so weit wie möglich abschirmen. Da diese Anforderungen des Marktes für alle Banken zumindest ähnlich sind, hat dies trotz institutsspezifischer Besonderheiten in gewissem Maße auch zu ähnlichen institutionellen Lösungen geführt (z.B. Gelddisposition, Risikocontrolling, Marketingabteilungen etc.). Banken in der marktwirtschaftlichen Ordnung sind im Vergleich zu Banken in der Planwirtschaft komplexe Institutionen, die die eigene Geschäftspolitik auf der Basis staatlich gesetzter Rahmenbedingungen selbständig gestalten müssen. Dies erfordert im Vergleich zur Planwirtschaft schließlich Organisationseinheiten und Mitarbeiter mit Eigeninitative und Verantwortung, die aktiv die aus dem Zielsystem der gesamten Bankunternehmung abgeleiteten Subziele verfolgen.

### 2.2.4 Schlußfolgerungen: Banken im Spannungsfeld von Markt und Staat

Vergleicht man markt- mit planwirtschaftlichen Bankensystemen anhand der drei Ordnungskriterien Geschäftsradius, Eigentumsform und Zentralisationsgrad, so läßt sich folgendes konstatieren: Die mikroökonomischen Bankfunktionen und die Anforderungen, die Käufermarkt und Wettbewerb an die Bankunternehmung stellen, haben zu einem weitaus größeren Geschäftsradius geführt als er von Banken in der Planwirtschaft ausgefüllt wird. Die Bankleistungen lassen sich zwar auf die Grundfunktionen Finanzintermediation, Unternehmenskontrolle und Zahlungsverkehr zurückführen, doch hat sich hieraus eine Vielzahl an Leistungsangeboten und Finanzinstrumenten entwickelt, die laufend erweitert wird. Die Bankleistungen werden nicht staatlich determiniert, sondern von den Banken selbst entwickelt.

Geschäftsbankensysteme sind *mixed systems*. Der Staat fungiert vielfach als Bankeigentümer. Dabei übt er v.a. Kontrollfunktionen aus. Die Frage, inwiefern er in die tägliche Geschäftspolitik eingreift, ist nicht generell zu beantworten. In manchen Systemen ist bspw. die Kreditvergabe eine Angelegenheit öffentlichen Interesses (z.B. in Italien) und unterliegt daher einem relativ großen staatlichen Einfluß. In anderen Systemen werden wenige Banken eigens zur Förderung bestimmter Regionen oder Wirtschaftszweige gegründet. Ein Großteil der Beziehung des staatlichen Eigentümers zum Bankmanagement ist zudem nichtformalisierter Art und daher eingehender Analyse kaum zugänglich.

Beim Punkt Zentralisationsgrad ist festzustellen, daß marktwirtschaftliche Bankensysteme weit weniger zentralisiert sind als planwirtschaftliche. So sind Zentralbank und Geschäftsbankensystem separiert, und damit haben die Geschäftsbanken gegenüber der Zentralbank ein gänzlich anderes Verhältnis als in der Planwirtschaft. Die Zentralbank beschränkt sich weitgehend auf geldpolitische Eingriffe, ohne generell in die Geschäftspolitik der Banken einzugreifen. Auch die Bankenaufsicht beschränkt ihre Funktionen weitgehend auf Ordnungspolitik und regelgebundene Interventionen. Der Staat wird i.d.R. im Rahmen des Subsidiaritätsprinzips aktiv. Nach Maßgabe der staatlich gesetzten Rahmenbedingungen entwickelt sich das Geschäftsbankensystem daher evolutorisch und weist gegenüber dem planwirtschaftlichen System ein hohes Maß an Heterogenität auf.

Die unternehmerische Handlungsfähigkeit und die Realisierung der Unternehmensziele werden durch die Sicherheitsanforderungen des Staates an das Bankensystem konterkariert und müssen bei der Orientierung der Banken an einzelwirtschaftlichen Zielsetzungen als Nebenbedingungen Berücksichtigung finden. Die Banken befinden sich von daher in einem Spannungsfeld zwischen Markt und Staat. Trotzdem haben auch sie aus Existenzsicherungsgründen ein Interesse an einer Vorbeugung gegenüber den Risiken des Bankgeschäfts. Wettbewerb und Risiken erfordern ein aktives Ertrags- und Risikomanagement der Banken. Der Staat wird über die Formulierung präventiver Regelungen hinaus erst dann zum Interventionsstaat, wenn das Risikomanagement der Bank(en) bereits versagt hat oder zu versagen droht. Für private Marktteilnehmer gibt es üblicherweise keine automatische Haftungsgarantie des Staates, d.h. die Banken müssen selbständig Marktdisziplin üben, wollen sie nicht aus dem Markt ausscheiden. Anders bei staatlichen Banken: Hier haftet der Staat als Eigentümer der Bank. Ähnlich wie bei Banken, die aufgrund ihrer volkswirtschaftlichen Bedeutung als *too-big-to-fail* gelten, ist das nicht unproblematisch, impliziert dieser Vorteil doch eine Wettbewerbsverzerrung und die Gefahr von *moral hazard* seitens der begünstigten Banken.

## 3. Die Transformation vom plan- zum marktwirtschaftlichen Bankensystem

Hinsichtlich der zu Beginn des vorigen Kapitels gestellten Fragen nach Funktionen und Risiken von Banken in der Marktwirtschaft, den daraus erwachsenden Konsequenzen für die staatliche Bankenregulierung und für die Kreditinstitute selbst sowie nach den Strukturen marktwirtschaftlicher Bankensysteme läßt sich für die Bankentransformation folgendes konstatieren:

- Die Funktionen und Risiken der Banktätigkeit in der marktwirtschaftlichen Ordnung sind zu Beginn des Transformationsprozesses sowohl für die Banken selbst als auch für den Staat neu und bilden für die beteiligten Akteure eine schwer zu bewältigende Herausforderung, da zum einen in den Banken zunächst nicht das Wissen vorhanden sein dürfte, um die Bankfunktionen adäquat ausfüllen und die Risiken des Bankgeschäfts richtig einschätzen zu können, und weil zum anderen die Aufmerksamkeit der staatlichen Akteure durch die Umgestaltung der gesamten Wirtschaftsordnung gebunden ist.
- Die unterschiedlichen Strukturen marktwirtschaftlicher Bankensysteme bieten für die Akteure mehrere Optionen bei der Umgestaltung des planwirtschaftlichen Bankensektors, wobei sich die Frage stellt, welche Struktur für eine im Werden befindliche Marktwirtschaft am geeignetsten erscheint.

Die Funktions- und Strukturunterschiede zwischen Banken in der Plan- und in der Marktwirtschaft bilden einen umfangreichen Katalog an Transformationsaufgaben, die immer auch im Zusammenhang mit der gesamtwirtschaftlichen und der politischen Transformation gesehen werden müssen, denn Teilordnungen sind interdependent, so daß die Umgestaltungsmaßnahmen der verschiedenen Wirtschaftsbereiche immer auch die anderer beeinflussen. Die Ziele der Bankentransformation sind differenziert zu sehen: Zum einen sollen die einzelnen Umgestaltungsmaßnahmen die Banken in die Lage versetzen, ihre Funktionen unter Beachtung der bereits analysierten Risiken des Bankgeschäfts voll ausüben zu können. Im folgenden werden solche Ziele als *langfristige Zielsetzungen* der Transformation bezeichnet. Sie sind am anvisierten Endzustand der Transformation des Bankensystems orientiert, sind also von Dauer und bilden gleichsam Kriterien für den langfristigen Transformationserfolg. Ihre Langfristigkeit bedeutet aber nicht, daß sie nicht auch einen kurzfristigen Handlungsbedarf erzeugen, z.B. wenn sie eine notwendige Voraussetzung für bestimmte weitere Transformationsschritte darstellen.

Von den Langfristzielen und den mit den unterschiedlichen Strukturen von Bankensystemen in der Marktwirtschaft verbundenen Optionen zu unterscheiden sind *transformationsspezifische Zwischenziele*. Sie ergeben sich zum einen aus den Hinterlassenschaften des alten Systems und zum anderen aus der Interdependenz der Umgestaltungsprozesse auf den Ebenen der verschiedenen ökonomischen Teilordnungen, sind also unmittelbar mit dem gesamtwirtschaftlichen Transformationsprozeß verbunden. Sie haben eher kurzfristigen Charakter und erzeugen von daher einen kurzfristigen Handlungsbedarf.

Im Zusammenhang mit den Langfrist- und den Zwischenzielen der Transformation schließen sich zwei Fragen an: Erstens ist es für die Analyse und die Evaluierung konkreter Transformationsbeispiele wichtig zu ergründen, in welcher Beziehung die verschiedenen Ziele zueinander stehen. Denkbar sind drei Arten von Beziehungen, nämlich *Zielkomplementarität*, *Zielkonkurrenz* und *Zielneutralität*. Von Zielkomplementarität wird dann gesprochen, wenn die Erreichung von bestimmten Zielen eine notwendige Bedingung für die erfolgreiche Umsetzung anderer Zielsetzungen darstellt oder sie zumindest fördert. Zielkonkurrenz beschreibt in diesem Zusammenhang eine Zielbeziehung, in der bestimmte Ziele die Umsetzung anderer eher behindern denn fördern. Zielneutralität schließlich erfaßt eine Zielbeziehung, bei der sich die Einzelziele gegenseitig weder fördern noch behindern.

Die zweite Frage betrifft die, welche Akteure die einzelnen Transformationsaufgaben übernehmen bzw. konkreter, welche Aufgaben der Staat übernimmt und welchen Beitrag die Banken selbst zur Transformation des Bankensystems leisten können. Bei der Beantwortung dieser Frage ist zu berücksichtigen, daß es sich bei der Transformation von Wirtschaftsordnungen und damit auch von Teilordnungen bzw. Subsystemen wie dem Bankensektor um Phänomene handelt, bei denen zunächst eine Ordnung gesetzt werden muß, soll sich der Transformationsprozeß in einem überschaubaren Zeitintervall vollziehen. Der Transformationsbedarf ist in den ehemaligen Zentralverwaltungswirtschaften zu groß, als daß eine gewachsene Ordnung wie in westlichen Marktwirtschaften über Jahrzehnte hinweg langsam entstehen könnte. Dies soll allerdings, wie eingangs dieser Arbeit bereits klargestellt, nicht ausschließen, daß im Rahmen der Transformation auch evolutorische Prozesse in Gang kommen, so daß bestimmte Ordnungselemente auch über einen längeren Zeitraum hinweg wachsen können.[1] Auch soll damit keine Entscheidung vorweggenommen werden, in welchem konkreten Tempo (*timing*) und in welcher Abfolge (*sequencing*) die einzelnen Transformationsschritte zu vollziehen sind. Das Setzen einer Ordnung läßt sich durchaus mit den beiden hauptsächlich diskutierten Transformationsstrategien vereinbaren, nämlich einerseits der *Schocktherapie* bzw. *big bang*, bei der möglichst viele Einzelmaßnahmen innerhalb eines möglichst kurzen Zeitraums getroffen werden und andererseits einem *gradualistischen Ansatz*, wonach die Transformationsschritte in einem größeren zeitlichen Abstand nacheinander vorgenommen werden.[2]

Wenn das Setzen einer neuen Wirtschaftsordnung nach den Vorstellungen des Ordoliberalismus zunächst eine starke Aktivität des Staates erfordert, so ergibt sich daraus zugleich die Gefahr, daß hierdurch staatlich dominierte Strukturen gesetzt werden, die gewisse Beharrungstendenzen aufweisen. Die Wirtschaftspolitik ist damit vor ein Glaubwürdigkeitsproblem gestellt, nämlich deutlich zu machen, daß staatliche Interventionen nur vorübergehender Art und auf die Transformationsphase beschränkt sind, denn letztlich bedeutet die Transformation vom Plan zum Markt ja den Rückzug des Staates aus seiner Position als dominierendem Wirtschaftssubjekt.[3] Die Konstituierung einer marktwirtschaftlichen Ordnung soll den Marktakteuren, sowohl staatlichen Banken als auch neu hinzukommenden privaten *market players* überhaupt erst die Möglichkeit verschaffen, wirtschaftlich aktiv zu werden. Auch wenn dies zunächst eine starke staatliche Aktivität erfordert, so müssen die Marktakteure doch als Träger des Wirtschaftsgeschehens in der Marktwirtschaft ebenfalls Transformationsaufgaben

---

[1] Vgl Gliederungspunkt 1.1.
[2] Vgl. BIRD, Graham und Heather BIRD (1992), S. 9.
[3] Vgl. WEINGAST, Barry R. (1993), S. 286 sowie die Bemerkungen in Gliederungspunkt 1.

übernehmen, die sie in die Lage versetzen, ihre Funktionen zu erfüllen. Um zu klären, welches diese Aufgaben sind, ist eine genaue Differenzierung der einzelnen Langfrist- und Zwischenziele notwendig, die in diesem Kapitel erarbeitet wird.

## 3.1 Langfristige Zielsetzungen und Optionen

Die langfristigen Ziele der Transformation orientieren sich an den Bankensystemen der marktwirtschaftlichen Ordnung. Die Banken sind hier mit rechtlichen und ökonomischen Rahmenbedingungen für ihre Geschäftstätigkeit konfrontiert, die sie nicht unmittelbar beeinflussen können, denn sie sind Teil der ordnungs- bzw. prozeßpolitischen Aktivitäten des Staates. Definiert man also die *Rahmenbedingungen für die Bankentätigkeit* als einen Bereich staatlicher Wirtschaftsaktivität sowie als eine der Kategorien langfristiger Transformationsziele, so liegt es nahe zu schlußfolgern, daß diese einige der ordnungs- und prozeßpolitischen Transformationsaufgaben des Staates beinhalten. Im Mittelpunkt der folgenden Betrachtungen steht unter Berücksichtigung der Zweistufigkeit marktwirtschaftlicher Bankensysteme das Geschäftsbankensystem. Dieses ist in der marktwirtschaftlichen Ordnung zum Großteil privatwirtschaftlich organisiert, doch ist der Staat in vielen Systemen als Bankeigentümer weiterhin Teil des Systems. In dieser Hinsicht ist die Formulierung einer Hypothese, in welchen Aufgabenbereich die *Transformation auf der Ebene des Geschäftsbankensystems* als zweite Kategorie langfristiger Transformationsziele fällt, in den des Staates oder den der Marktakteure, schon schwieriger. Schließlich stellt der Markt Anforderungen an die Marktakteure selbst. Von daher fällt die *Transformation auf der Ebene der einzelnen Bank* als dritter Aufgabenbereich v.a. in die Sphäre der Marktakteure. Die Anwendung des Subsidiaritätsprinzips geht mit dieser Hypothese konform. Um die hier angedeuteten Hypothesen genauer betrachten zu können, werden die Langfristziele im folgenden näher untersucht.

### 3.1.1 Rahmenbedingungen für die Bankentätigkeit

Die Rahmenbedingungen für die Tätigkeit der Geschäftsbanken sind rechtlicher und wirtschaftlicher Natur, wobei die rechtlichen Rahmenbedingungen im wesentlichen das Bankengesetz und die Vorschriften der Bankenaufsicht umfassen. Zu den Kernpunkten der *rechtlichen* Rahmenbedingungen gehören die Risikoaspekte des Bankgeschäfts. Ergänzt werden sie in vielen marktwirtschaftlichen Systemen durch eine Einlagensicherung. Neben den allgemeinen Konjunkturschwankungen ist die Geldpolitik der Zentralbank als Instrument zur Beeinflussung der Konjunktur der wesentliche Bestandteil der *wirtschaftlichen* Rahmenbedingungen.

#### 3.1.1.1 Rechtliche Rahmenbedingungen

Im planwirtschaftlichen Bankensystem herrscht im Vergleich zu marktwirtschaftlichen Verhältnissen ein Defizit an rechtlichen Vorschriften, die die Rechte und Pflichten des

Staates und der Banken fixieren. Sie sind auch gar nicht nötig in einem System, wo die Banken Kontrollinstrumente des Staates darstellen und damit offen sind für jegliche diskretionären staatlichen Interventionen. Beim Übergang zum marktwirtschaftlichen Bankensystem jedoch gehört die Schaffung adäquater rechtlicher Rahmenbedingungen zu den wichtigsten Transformationsaufgaben, denn sie bilden die Grundlage für das Aktivwerden marktlicher Akteure. Die Formulierung von Gesetzen und rechtlichen Vorschriften ist Teil staatlicher Ordnungspolitik. Daher erfordert das Setzen rechtlicher Rahmenbedingungen auch einen *aktiven Staat*. Eine der hiermit verbundenen Aufgaben ist aber zugleich die Begrenzung staatlicher Wirtschaftsaktivität auf regelgebundene Interventionen anstelle der diskretionären und nicht qua lege abgesicherten staatlichen Eingriffe des planwirtschaftlichen Systems.

Wettbewerbs- und Risikogesichtspunkte gehören zu den Kernaspekten der rechtlichen Rahmenbedingungen. Ist es das Ziel der Transformation, die alte Monopolstruktur der staatlichen Bank(en) und die sektorspezifische Arbeitsteilung des planwirtschaftlichen Bankensystems zugunsten einer wettbewerblichen Struktur aufzulösen, so müssen für die neu nachwachsenden Marktakteure die gleichen Wettbewerbsbedingungen gelten wie für die bisherigen bzw. aus der Monobank neu zu formenden staatlichen Banken. Wettbewerb und seine Risiken erfordern zugleich langfristig die Abschaffung der bisherigen Haftungsgarantie des Staates für Banken und Unternehmen, denn nur bei Geltung einer Haftungsverpflichtung der Marktakteure selbst, der Verpflichtung, geschlossene Verträge einzuhalten und ihre Konsequenzen zu tragen, werden diese die Risiken ihrer Tätigkeit adäquat in ihre Geschäftspolitik miteinbeziehen.[4] Die Einschränkung von Risiken gewinnt für eine Transformationsökonomie besondere Bedeutung, bedenkt man, daß die Informationsdefizite auf den Finanzmärkten hier noch größer sind als in einer reifen Marktwirtschaft, denn es treten neue Akteure in den Markt ein, wobei für die Beurteilung ihrer Liquidität nicht auf Erfahrungswerte aus der Vergangenheit zurückgegriffen werden kann. Zugleich herrschen bei den Bankmitarbeitern *Wissensdefizite* bei der Risikoabwägung, da letztere in der Planwirtschaft gar nicht notwendig war. Berücksichtigt man den Kreditautomatismus, der in der planwirtschaftlichen Ära alltäglich war, obwohl er der eigentlichen Kontrollfunktion von Banken zuwiderlief, so könnte man im Zusammenhang mit den Anforderungen des Marktes gar von *kontraproduktivem Wissen* des Bankpersonals sprechen. Das Aufgeben der bisherigen Haftungsgarantie des Staates und die Risikobeurteilung durch die Banken macht zugleich flankierende gesetzliche Maßnahmen notwendig, die über den Rahmen des Bankensektors hinausgehen, wie die Formulierung eines Konkursrechts und die Schaffung einheitlicher Bilanzierungsrichtlinien, um überhaupt eine Beurteilungsgrundlage für Risikoabschätzungen zu erhalten.

Um die Einhaltung der rechtlichen Vorschriften zu kontrollieren, müssen außerdem Institutionen geschaffen werden, die solche Kontrollfunktionen übernehmen. Wichtigste Institution dabei ist die Bankenaufsicht. Sie muß mit den notwendigen Kompetenzen, einer ausreichenden Mitarbeiterzahl und genügend qualifizierten Inspektoren augestattet sein, um ihre Kontrollfunktionen überhaupt ausreichend erfüllen zu können. Gerade in bezug auf den Wissensstand der Mitarbeiter könnte es in der Anfangsphase ihrer Arbeit zu Schwierigkeiten kommen, denn die meisten potentiellen Mitarbeiter müssen erst mit ihren neuen Aufgaben vertraut gemacht werden, wenn sie nicht bereits eine

---

[4] Vgl. WAGENER, Hans-Jürgen (1990), S. 369.

entsprechende Ausbildung in marktwirtschaftlichen Systemen genossen haben. Wichtig ist ebenfalls die Entscheidungsfällung anhand *ökonomischer* Kriterien und nicht *politischer*, soll es im Rahmen der Transformation tatsächlich zu einer Separierung der ökonomischen von der politischen Sphäre kommen. Dies würde auch dafür sprechen, die Bankenaufsicht als eine eigenständige Institution zu formen, weitgehend unabhängig von Vorgaben der Regierung bzw. dem im planwirtschaftlichen System für den Bankensektor zumeist zuständigen Finanzministerium.

Die Ziele der Bankenaufsicht liegen darin, daß die Geschäftsbanken ihre Funktionen unter angemessener Berücksichtigung der einzelwirtschaftlichen Risiken ausüben, um dadurch die Sicherheit des Bankensystems zu gewährleisten. Dies sind in ihrer Natur mikroökonomische Ziele. Der Aufgabenbereich der Zentralbank als weitere, für die Überwachung des Geschäftsbankensystems zuständige Institution hingegen fällt mit der Steuerung der Geldmenge in den makroökonomischen Bereich. Geldpolitische Eingriffe erhöhen jedoch die Kosten der Finanzintermediation und damit auch die einzelwirtschaftlichen Risiken der Banken. Somit stehen *mikroökonomische* Sicherheitsziele der Bankenaufsicht und die *makroökonomischen* geldpolitischen Ziele der Zentralbank in einer Konkurrenzbeziehung zueinander. Auch wenn mit der Bildung einer Bankenaufsicht / Zentralbank unter einem Dach eine starke staatliche Institution geschaffen würde, die ihre Ziele aufeinander abgestimmt gegenüber dem Geschäftsbankensystem durchzusetzen vermag, so sprechen doch die damit verbundenen Interessengegensätze innerhalb einer solchen Konstruktion eher für zwei unabhängige Institutionen.[5] Damit würde zugleich eine Machtverteilung erreicht werden, die angesichts des hohen Grades an Zentralisierung und Hierarchisierung der planwirtschaftlichen Ära angemessen scheint.

Schließlich entscheiden die rechtlichen Vorschriften für die Banken mit der Definition ihres Geschäftsradius auch darüber, ob das künftige Geschäftsbankensystem ein Trenn- oder ein Universalbankensystem sein soll. Die Frage, welches dieser beiden Modelle für eine Transformationsökonomie adäquater erscheint, ist in Theorie und Praxis umstritten. Betrachtet man die Voraussetzungen eines Marktmodells angloamerikanischen Musters, so scheint seine Implementierung in einer Transformationsökonomie wenig sinnvoll: Es verlangt stabile politische und ökonomische Rahmenbedingungen, um Anreize für Portfolioinvestitionen zu schaffen.[6] Dies gilt gerade auch für Anleger aus dem Ausland, denn das Kapital einheimischer privater Haushalte und der zumindest für den Beginn der Transformationsphase zu erwartende Mangel an institutionellen Investoren aus dem Inland machen die Attrahierung von Auslandsinvestoren notwendig. Außerdem ist ein hohes Informationsniveau auf den Finanzmärkten unabdingbar, um eine Risikoabschätzung von Portfolioinvestitionen vornehmen zu können. Instabilitäten anstelle stabiler politischer und ökonomischer Verhältnisse sind aber gerade Kennzeichen von Übergangszuständen wie dem in Transformationsökonomien. Auch sind die Informationsdefizite auf den Finanzmärkten von Volkswirtschaften im Übergang vom Plan zum Markt, wie bereits ausgeführt, höher als in reifen Marktwirtschaften. Finanzmärkte müssen ohnehin erst implementiert werden und ein gewisses Niveau an Marktkapitalisierung erreichen, um Geldanlagen in Aktien unter Risiko-Er-

[5] Vgl. STEINHERR, Alfred (1993), S. 1037.
[6] Vgl. SMITH, Roy C. und Ingo WALTER (1993), S. 53/54.

trags-Gesichtspunkten interessant zu machen. Diese Argumente sprechen bei der Entscheidung für ein Bankensystemmodell gegen ein Trennbankensystem.[7]

Gerade der Aspekt der Informationsdefizite spricht für die Implementierung eines Universalbankensystems, wo die staatlichen Banken ihre langjährigen Geschäftsbeziehungen zum Unternehmenssektor und ihre ihnen damit erwachsenden Informationsvorteile im Sinne einer Senkung solcher Informationsdefizite einsetzen können.[8] Anleger auf dem Kapitalmarkt haben meist einen kurzfristigen Anlagehorizont und neigen daher zu kurzfristigen Entscheidungen. Eine auf eine langfristige Entwicklung hin angelegte Unternehmenspolitik verlangt hingegen von den Anlegern Geduld, auch wenn die Entscheidungen des Unternehmens auf kurze Sicht hin nur wenig Dividendenerträge versprechen. Auch aus dieser Perspektive heraus ist im Hinblick auf eine Transformationsökonomie ein Universalbankensystem zu favorisieren.[9] Ein weiteres Argument zugunsten des Universalbankensystems liegt im Rückzug des Staates aus seiner Eigentümerfunktion von Unternehmen begründet, denn sein Rückzug im Rahmen der Unternehmensprivatisierung, einem der Kernpunkte der ökonomischen Transformationsagenda, hinterläßt eine Akteurslücke, die die Banken aufgrund ihrer Informationsvorteile besetzen könnten.[10] All diese Argumente haben in der Literatur tendenziell zu der Forderung des 'Banks first !' und damit zu einer Bevorzugung des Systems bankinterner Unternehmenskontrolle geführt.[11]

Unumstritten ist diese Forderung jedoch auch nicht. Zum einen wird moniert, daß die Ausübung der gesamten Palette des Universalbankgeschäfts das Bankpersonal in Transformationsökonomien überfordern und somit die Qualität der jeweiligen Geschäftsentscheidungen negativ beeinflussen könnte.[12] Zum anderen wird auf die Gefahr hingewiesen, daß zumindest die aus dem Monobanksystem zu formenden staatlichen Universalbanken als Unternehmenseigentümer in Anlehnung an den Kreditautomatismus der planwirtschaftlichen Zeit Unternehmenskredite an ihre Nichtbankbeteiligungen vergeben könnten, ohne in ausreichendem Maße die damit verbundenen Risiken zu berücksichtigen. Diese Gefahr läßt die Frage nach dem „Who guards the guardians ?" laut werden.[13] Sie muß sowohl durch die Strenge der Bankenregulierung beantwortet werden, die z.B. enge Grenzen für die Beteiligungen an Nichtbanken und Auflagen für die Vergabe von Organkrediten - also Krediten an die Beteiligungen - definieren könnte, als auch durch die Kontrolle seitens der Bankeigentümer. Dies ist im Falle staatlicher Banken der Staat selbst. Hier ist jedoch die Gefahr einer politisch motivierten Kreditvergabe gegeben, z.B. an Unternehmen, die als Arbeitgeber für bestimmte Regionen eine große Bedeutung haben. Eine von politischen Erwägungen mehr oder weniger unabhängige Eigentümerkontrolle legt daher die baldige Privatisierung staatlicher Banken nahe.[14]

In Anbetracht dieser Diskussion ist also festzustellen, daß mit der Entscheidung über das Modell des künftigen Bankensystems Optionen für die staatliche Ordnungspolitik

[7] Vgl. CORBETT, Jenny und Colin P. MAYER (1991), S. 22.
[8] Vgl. CAPRIO Jr., Gérard (1994), S. 27.
[9] Vgl. CORBETT, Jenny und Colin P. MAYER (1991), S. 18.
[10] Vgl. STEINHERR, Alfred (1993), S. 1044.
[11] Vgl. u.a. BLOMMESTEIN, Hans J. und Michael G. SPENCER (1994), S. 141.
[12] Vgl. CAPRIO Jr., Gérard (1994), S. 28.
[13] Vgl. SCHÜTTE, Clemens (1995), S. 487.
[14] Vgl. ZANK, Neal S. et al. (1991), S. 72.

verbunden sind, deren Konsequenzen weit über den eigentlichen Bereich der rechtlichen Rahmenbedingungen hinausgehen.

### 3.1.1.2 Geldpolitik der Zentralbank

Mit der Transformation vom plan- zum marktwirtschaftlichen Bankensystem ist die Trennung in ein Zentralbank- und ein Geschäftsbankensystem verbunden. Mit ihren geldpolitischen Instrumenten beeinflußt die Zentralbank die Geschäftspolitik der Banken direkt, indem sie den Bestand an verfügbarem Zentralbankgeld verändert, oder indirekt, indem sie die Bedingungen verändert, unter denen die Geschäftsbanken sich Zentralbankgeld beschaffen bzw. dieses anlegen können. In marktwirtschaftlichen Bankensystemen haben die indirekten bzw. marktkonformen geldpolitischen Instrumente zumeist die entscheidendere Bedeutung, wenn sie auch in ihrer Durchschlagskraft hinter den administrativen Instrumenten zurückstehen. Die Anwendung der marktkonformen Instrumente, allen voran der Offenmarktpolitik, ist jedoch an die Voraussetzung geknüpft, daß ein genügend liquider Geld- bzw. Interbankenmarkt existiert.[15] Beide müssen in einer Transformationsökonomie aber erst implementiert werden, so daß zwar auf lange Sicht die Geldmengenfeinsteuerung mit Hilfe der marktkonformen Instrumente an Bedeutung gewinnen dürfte, kurzfristig jedoch die administrativen Instrumente dominieren werden.[16]

Damit sind die Geschäftsbanken zunächst den Eingriffen der Zentralbank ausgeliefert. Deren geldpolitische Kompetenzen werden bestimmt vom Grad ihrer Unabhängigkeit gegenüber der Regierung. Eine enge Verflechtung mit der Regierung dürfte eine Verzahnung der Geldpolitik und deren Harmonisierung mit der übrigen Wirtschaftspolitik bedeuten. Die Unabhängigkeit der Zentralbank hätte dagegen den Vorteil, daß die Geldpolitik weitgehend losgelöst von politischen Unwägbarkeiten eines Regierungswechsels oder allgemein instabiler politischer Verhältnisse durchgeführt werden könnte, und damit auch für die Geschäftsbanken die geldpolitischen Rahmenbedingungen voraussehbarer wären. Eine unabhängige Zentralbank käme zudem dem mit der Transformation einhergehenden Ziel einer Dezentralisierung des Wirtschaftssystems näher und würde das planwirtschaftliche Prinzip der Wirtschaftspolitik 'aus einer Hand' durchbrechen.[17] Auch die Position der Geschäftsbanken wäre gestärkt, wenn ihnen *mehrere* anstatt *einer* staatlichen Institution gegenüberstünden. In jedem Fall erfordert die Geldmengensteuerung hohe fachliche Kompetenzen der Zentralbanker, in einer Transformationsökonomie angesichts der langen planwirtschaftlichen Ära, in der keine Notwendigkeit einer Geldpolitik im marktwirtschaftlichen Sinne bestand, sicherlich ein Engpaßfaktor. Dennoch ist die Zentralbank auch bei relativer Unabhängigkeit und hoher fachlicher Kompetenz ihrer führenden Mitarbeiter den Forderungen verschiedener Interessengruppen ausgesetzt, wobei die Geschäftsbanken an einer geldpolitischen Linie interessiert sein dürften, die zwar die Inflationsgefahr gering hält, dabei aber nicht allzu restriktiv ist und damit die Kosten auf seiten der Geschäftsbanken niedrig hält.

---

[15] Vgl. LANE, Timothy D. (1994), S. 158.
[16] Vgl. SAUNDERS, Anthony und Ingo WALTER (1992), S. 118.
[17] Vgl. GROS, Daniel und Alfred STEINHERR (1995), S. 200.

Die geldpolitischen Instrumente der Diskont- und Lombardpolitik, auch zusammengefaßt unter dem Begriff Leitzinspolitik, haben auch eine mikroökonomische Bedeutung, nämlich kurzfristige Liquiditätsengpässe der Banken durch Kurzfristkredite der Zentralbank zu überbrücken. Dies ist grundsätzlich auch in marktwirtschaftlichen Systemen so, dürfte jedoch für Transformationsökonomien zunächst solange von größerer Bedeutung sein, wie ein funktionierender Geld- und Interbankenmarkt, wo sich die Banken kurzfristig alternativ refinanzieren könnten, noch nicht existieren.[18] Diese Form der Refinanzierung über die Zentralbank ist kaum umstritten. Hiervon zu unterscheiden ist jedoch ihre Funktion als *lender of last resort* bei längerfristigen Liquiditäts- oder gar Solvenzproblemen von Geschäftsbanken. Die *lender-of-last-resort*-Funktion wird aufgrund ihrer bereits im Abschnitt über marktwirtschaftliche Bankensysteme thematisierten Probleme eines *moral hazard* kontrovers diskutiert. Eine Alternative zu ihr bietet eine institutionalisierte Einlagensicherung, die den gefährdeten Banken regelgebunden Liquiditätshilfen gewährt und im Verlustfalle für die Einlagen bei der betroffenen Bank haftet.

### 3.1.1.3 Einlagensicherung

Grundsätzlich ist angesichts der Risiken des Bankgeschäfts die möglichst frühzeitige Installierung einer Einlagensicherung geboten. Sie kann entweder vom Staat oder den Geschäftsbanken selbst eingerichtet werden, freiwillig oder obligatorisch sein. Unter dem Aspekt des Systemrisikos und vom Standpunkt der Wettbewerbsgleichheit her gesehen wäre eine obligatorische Mitgliedschaft aller Banken in einer Einlagensicherung zu fordern. Die Frage, wer die Einlagensicherung organisiert, hängt letztlich mit Wissens- sowie Finanzierungsaspekten zusammen. Es ist zweifelhaft, ob Banken, die in der planwirtschaftlichen Ära keinerlei Risikovorsorge vornehmen mußten, die Initiative bzw. das Wissen besitzen, um selbständig ein Einlagensicherungssystem aufzubauen. Diese Aufgabe würde insofern in die ordnungspolitische Sphäre des Staates fallen. Doch auch innerhalb staatlicher Institutionen dürften Wissensdefizite über den Umgang mit Risiken herrschen, so daß analog zu den rechtlichen Rahmenbedingungen, von denen zu erwarten ist, daß sie den Vorschriften in reifen Marktwirtschaften eng angelehnt sind, auch die zu installierende Einlagensicherung nach einem bereits existierenden marktwirtschaftlichen Vorbild gestaltet sein dürfte, eventuell unter der Mithilfe externer Berater.

Eine Einlagensicherung sollte wettbewerbsneutral arbeiten. Für eine Transformationsökonomie heißt das insb., daß Banken in Staatseigentum gegenüber neuen privaten Banken nicht bevorteilt werden. Ex-ante festgelegte Regeln für ein Aktivwerden der Einlagensicherung hätten in diesem Zusammenhang den Vorteil, daß diskretionäre Eingriffe und damit auch solche, die weniger auf ökonomischen als politischen Motiven beruhen, zurückgeschraubt werden könnten. Auf der anderen Seite allerdings verstärkt ein Automatismus der Einlagensicherung die Gefahr von *moral-hazard*-Verhalten der Banken, die darin eine Abschwächung eigener Haftungsverpflichtungen sehen und daher erhöhte Geschäftsrisiken eingehen könnten. Dies würde auf dem Kredit-

---

[18] Vgl. LANE, Timothy D. (1994), S. 258.

markt zu einer adversen Selektion besonders riskanter Kreditnehmer führen. Ökonomische Argumente lassen sich demnach für beide Lösungsmodelle anführen.

Scheitern könnte die zeitige Einrichtung der Einlagensicherung an mangelnden Finanzierungsmöglichkeiten des Staates wie auch der Banken. Eine Anschubfinanzierung durch den Staat würde den Staatshaushalt belasten. Eine Abwägung mit alternativen Ausgabezwecken könnte daher die Implementierung der Einlagensicherung verzögern. Auch die Banken selbst, die ihre Anstrengungen zunächst auf den Aufbau gewinnorientierten Geschäfts konzentrieren dürften, wären finanziell kaum in der Lage, eigenständig eine Einlagensicherung zu Beginn des Transformationsprozesses zu errichten. Schließlich darf die Bedeutung der Einlagensicherung nicht überbewertet werden, denn ihre Mittel reichen auch in etablierten marktwirtschaftlichen Bankensystemen nicht aus, um alle Forderungen aus einem Bankenkonkurs zu decken, schon gar nicht, wenn ein einzelner Bankenzusammenbruch einen Dominoeffekt erzeugt. Die Zentralbank hätte dann auch hier die Funktion eines *lender of last resort.*

Dennoch: Die frühzeitige Einrichtung einer Einlagensicherung wäre eine Art vertrauensbildende Maßnahme, denn gerade ein im Werden befindliches marktwirtschaftliches Bankwesen bedarf des Vertrauens der Bankkunden.

### 3.1.2 Transformation auf der Ebene des Geschäftsbankensystems

Die angeführten Rahmenbedingungen bilden die Grundlage dafür, daß die Banken des bisherigen planwirtschaftlichen Systems sich marktwirtschaftlich orientieren und neue Marktakteure aktiv werden können. Damit das Bankensystem als ganzes jedoch seine Funktionen erfüllen kann, bedarf es weiterer Schritte, die nicht direkt zu den Rahmenbedingungen zählen. Zum einen sind dies *institutionelle Maßnahmen*, die Trennung des Bankensystems in ein Zentralbank- und ein Geschäftsbankensystem und der Aufbau von Finanzmärkten, ohne die die Banken wichtige Geschäfte gar nicht durchführen könnten. Auch wenn in marktwirtschaftlichen Systemen der Staat häufig als Bankeigentümer Teil des Geschäftsbankensystems ist, so spricht eine Reihe von Gründen doch dafür, daß er sich zu einem erheblichen Teil aus seiner Eigentümerrolle im Zuge der *Bankenprivatisierung* zurückzieht. Für eine wettbewerbliche Struktur reicht dies allein aber nicht aus: Der staatliche Rückzug aus dem Geschäftsbankensystem muß begleitet sein vom *Markteintritt neuer Banken*, die in Wettbewerb mit den alten treten.

#### 3.1.2.1 Institutionelle Maßnahmen

Die Separierung von Zentralbank- und Geschäftsbankensystem bedeutet zugleich den ersten Schritt im Sinne eines Rückzugs des Staates aus dem Bankensystem überhaupt: In den meisten marktwirtschaftlichen Systemen liegt die Geldemission im Bereich des Staates, in der Kompetenz der Zentralbank, während die mikroökonomischen Funktionen des Bankensystems in den Bereich der Geschäftsbanken fallen. Trotz dieses Teilrückzugs spricht jedoch eine Reihe von Argumenten dafür, daß staatliche Aktivität auch auf der Ebene des Geschäftsbankensystems zur Bildung von Institutionen notwendig ist, damit die Geschäftsbanken überhaupt in die Lage versetzt werden können, ihre Funktionen voll auszuüben.[19]

Marktakteure müssen mit der notwendigen Marktinfrastruktur ausgestattet werden, um aktiv werden zu können. Für den Bankensektor heißt dies, daß Finanzmärkte aufgebaut werden müssen. Ein Kapitalmarkt für langfristige Geldanlage und Finanzierung ist in jedem Falle notwendig, selbst dann, wenn die Aufgabe der Unternehmenskontrolle durch die Implementierung eines Universalbankensystems in den Bereich der Banken fällt, um Unternehmen neben Krediten weitere Möglichkeiten zur langfristigen Finanzierung einzuräumen, z.B. in Form von Aktien oder Unternehmensanleihen, und um FÜEs langfristige Geldanlagemöglichkeiten außerhalb des Bankensystems zu ermöglichen. Außerdem erwächst den Banken durch das mit dem Kapitalmarkt verbundene *investment banking* eine breite Palette von Geschäftsmöglichkeiten. In marktwirtschaftlichen Bankensystemen schließlich finanziert der Staat sein Budget zu einem Großteil über den Kapitalmarkt durch die Emission von Staatsanleihen (*treasury bonds*).[20] Der Geld- und der Interbankenmarkt ermöglichen der Zentralbank die Feinsteuerung der Geldmenge und den Banken, sich gegenseitig kurzfristig Kredite einzuräumen und damit Liquiditätsmanagement zu betreiben. Für eine Transformationsökonomie ist gerade letzteres von großer Bedeutung, um die durch die Arbeitsteilung der planwirtschaftlichen Ära einseitig zur Einlagen- oder der Kreditseite hin verzerrten Bankbilanzen auszugleichen, damit bspw. die alte Sparkasse oder die frühere Investitionsbank jeweils Bankgeschäfte tätigen können, die zu Zeiten der Planwirtschaft für sie artfremd waren.[21]

Neuen Marktakteuren fehlt es i.d.R. an Wissen, wie die Bankgeschäfte auf den Finanzmärkten durchgeführt werden, wenn es sich nicht um Auslandsbanken handelt, oder um inländische Banken mit ausländischer Beteiligung und einem dadurch induzierten Wissenstransfer. Erst recht fehlt es den Banken jedoch an Wissen, wie die Finanzmärkte aufgebaut, d.h. rechtlich gestaltet, technisch ausgestattet und mit welchen Sicherungsanforderungen sie versehen werden müssen. Die hierzu notwendigen Maßnahmen sind einmalige ordnungspolitische Akte des Staates. Auch für die Aufrechterhaltung einmal implementierter Märkte dürfte zumindest für die erste Zeit ebenfalls der Staat verantwortlich zeichnen, indem er entsprechende Aufsichtsstrukturen schafft, z.B. eine Börsenaufsicht für den Kapitalmarkt bzw. die Überwachung des Geld- und des Interbankenmarktes durch die Zentralbank. Erst Lernprozesse und Erfahrung können dafür sorgen, daß die Geschäftsbanken neben ihren eigentlichen Geschäften auf den Finanzmärkten auch bei deren Überwachung eine wachsende Rolle spielen.

Bilden Finanzmärkte die Voraussetzung für die Durchführung von Bankgeschäften, den Liquiditätsausgleich zwischen den Banken und für die Feinsteuerung der Geldmenge, so bildet der Aufbau eines schnellen und sicher arbeitenden Zahlungsverkehrssystems seinerseits die Voraussetzung für ein wachsendes Volumen der Transaktionen auf den Finanzmärkten.[22] Wird der Aufbau eines leistungsfähigen Zahlungsverkehrssystems nicht gleich zu Beginn des Transformationsprozesses in Angriff genommen, so drohen Ausweichhandlungen der Marktakteure, z.B. eine Rückkehr vom Geld- zum

---

[19] Vgl. SZÉKELY, István (1993), S. 22.
[20] Vgl. SAUNDERS, Anthony und Ingo WALTER (1992), S. 123.
[21] Vgl. FOLKERTS-LANDAU, David, Peter GARBER und Timothy D. LANE (1994), S. 96.
[22] Vgl. CAPRIO Jr., Gérard und Ross LEVINE (1994), S. 3/4.

weniger effizienten Naturaltausch oder die Flucht in eine Fremdwährung (*Dollarisierung*) und damit Verzögerungen bei der Entwicklung des Bankensystems und beim Wachstum der Wirtschaft.[23] Ein leistungsfähiges Zahlungssystem verlangt eine hohe technische Effizienz. Langfristig müssen daher Überweisungen elektronisch erfolgen, da das Zahlungssystem anders nicht mit der hohen Zahl an Finanztransaktionen in einer reifen Marktwirtschaft und dem Volumen auch internationaler Zahlungsströme mithalten kann. Kurzfristig können Behelfslösungen, wie Kurierdienste, den Zahlungsverkehr tragen. Gerade eine solche Vorgehensweise erfordert jedoch regionale Zahlungsstellen (*clearing houses*), die für die am Zahlungsverkehr teilnehmenden Banken eine Art Sammel- und Verrechnungsfunktion übernehmen.[24]

Ähnlich wie beim Aufbau von Finanzmärkten, verlangt die Implementierung eines Zahlungssystems einen aktiven Staat, der v.a. in Gestalt der Zentralbank gefordert ist. Dabei bieten die Zahlungssysteme in westlichen Marktwirtschaften mehrere Optionen. Da es sich bei den Transformationsökonomien Ost- und Mitteleuropas mit Ausnahme Rußlands um relativ kleine Länder handelt, scheint ein stark fragmentiertes System wie in den USA, wo die Zentralbank z.T. in Konkurrenz zu den Geschäftsbanken im Überweisungsgeschäft steht, ungeeignet. Von daher fällt den Geschäftsbanken die Rolle als Träger des Zahlungsverkehrs zu. Dennoch muß man bedenken, daß die Banken über keine Erfahrungen aus der planwirtschaftlichen Zeit mit schnellen Überweisungen und den Risiken des Zahlungsverkehrs verfügen, und alle Buchgeldüberweisungen quasi *in-house* über die Monobank erfolgten. In bezug auf die Transformation erwächst daraus für die Zentralbank die Notwendigkeit, nicht nur Aufsichtsfunktionen über den Zahlungsverkehr auszuüben, sondern auch über das *settlement*, die Führung von Geschäftsbankenkonten für den Interbankenzahlungsverkehr oder durch Mithilfe beim Aufbau von *clearing houses* direkt am Zahlungsverkehr teilzunehmen, um dadurch die Sicherheit und die Effizienz des Zahlungsverkehrs zu gewährleisten bzw. zu verbessern.[25]

Im Hinblick auf ihre Aufsichtsfunktionen für das Zahlungssystem befindet sich die Zentralbank in einem schwierigen Spannungsfeld. Sie muß einerseits der Tatsache Rechnung tragen, daß die Geschäftsbanken bisher keine Risiken beachten mußten und von daher das Systemrisiko des Zahlungsverkehrs, hervorgerufen durch Liquiditäts- oder Solvenzprobleme einzelner Banken, besonders hoch ist. Damit erscheint eine restriktive Zulassung neuer Banken zum Zahlungsverkehr angemessen. Im Sinne der Wettbewerbsgleichheit darf dies jedoch nicht zu einer Diskriminierung neuer Banken führen.[26] Andererseits sieht sich die Zentralbank in ihrer *lender-of-last-resort*-Funktion gefordert und gerät damit in die Rolle eines Garanten für die Sicherheit des Zahlungsverkehrs.[27] Wenn dies jedoch von den Banken im Sinne einer Haftungsgarantie des Staates interpretiert wird, wie sie im planwirtschaftlichen System üblich war, so induziert dies ein *moral-hazard*-Verhalten der Banken, und das Entstehen eines Risikobewußtseins seitens der Teilnehmer des Zahlungsverkehrs würde sich verzögern. Dieses Spannungsfeld, nämlich die möglichst schnelle und gleichzeitige Verwirklichung der Ziele Effizienz und Systemsicherheit durch Marktdisziplin und Vertrauen sowie des

---

23 Vgl. SUMMERS, Bruce J. (1994), S. 1.
24 Vgl. SATO, Setsuya und David B. HUMPHREY (1995), S. 26.
25 Vgl. BERGH, Paul van den (1994), S. 33.
26 Vgl. MARQUARDT, Jeffrey C. (1994), S. 143.
27 Vgl. SPINDLER, J. Andrew und Bruce J. SUMMERS (1994), S. 171.

Ziels der Wettbewerbsgleichheit der Marktteilnehmer, bildet für den Staat eine zentrale Herausforderung beim Aufbau des Zahlungsverkehrssystems.

### 3.1.2.2 Bankenprivatisierung

Erfordern die institutionellen Maßnahmen auf der Ebene des Geschäftsbankensystems verstärkte Staatsaktivitäten, so bildet die Privatisierung der staatlichen Banken den Kern des staatlichen Rückzugs aus dem Bankensystem. Mit diesem Rückzug sollen im wesentlichen zwei Ziele verfolgt werden:

> „Privatization is viewed as an essential step in increasing banks' efficiency: private owners care about banks' profitability, and could exert pressure for market-oriented lending decisions."[28]

In der Planwirtschaft handelten Banken nach Anweisungen des zentralen Planers als eine Art Behörde ohne wirksame Anreize, denn sie arbeiteten ohne die Orientierung am Gewinnziel bzw. den Risiken des Bankgeschäfts. Die Privatisierung der Banken soll dagegen für ein wirksames Anreizsystem sorgen, denn private Eigentümer sind an der Erzielung von Gewinnen unter Berücksichtigung von Risiken als Nebenbedingung interessiert. Um sich im Wettbewerb mit anderen Banken zu behaupten, sind eine hohe statische und dynamische Effizienz von großer Bedeutung. Aus dem Interesse der privaten Bankeigentümer an hoher Effizienz und damit guten Gewinnperspektiven heraus ist mit der Bankenprivatisierung zugleich eine strenge Kontrolle der Geschäftsführung durch die privaten Eigentümer verbunden.

Neben einer strengen Kontrolle der Banken und der Orientierung am Gewinnziel ist die Vergabe von Krediten nach marktwirtschaftlichen Kriterien, also nach Rentabilitäts- und Risikogesichtspunkten, das zweite Hauptziel der Bankenprivatisierung.[29] Der Rückzug des Staates aus seiner Eigentümerrolle soll zum einen den Druck staatlicher Institutionen auf die Banken zur Kreditvergabe nach politischen statt ökonomischen Gesichtspunkten reduzieren. Zum anderen soll das aus der planwirtschaftlichen Zeit tradierte Verhalten des Bankmanagements, automatisch Kredite an den Unternehmenssektor zu vergeben, durchbrochen werden. Es ist allerdings zweifelhaft, inwieweit die bisherigen staatlichen Manager zu einer Änderung ihres Verhalten willens oder fähig sind, so daß mit der Bankenprivatisierung zugleich ein Austausch auf der Managementebene der Banken adäquat erscheint, wenn ein solcher Austausch nicht bereits im Vorfeld der Privatisierung durch den staatlichen Eigentümer vollzogen wurde.[30] Allerdings stößt ein solcher Managementaustausch auf Rekrutierungsprobleme: Zum einen herrschen im Inland Managementdefizite auch bei den potentiellen Nachwuchskräften, zum anderen sind der Einstellung von heimischen Experten aus dem Ausland angesichts der großen Einkommensgefälle zwischen der betroffenen Transformationsökonomie und westlichen Industrieländern Grenzen gesetzt.

Die Haltung des Bankmanagements zur Privatisierung ist nicht generell vorherzusagen: Die Privatisierung bringt den staatlichen Banken im allgemeinen einen Zuwachs an

[28] Vgl. LANE, Timothy D. (1994), S. 258.
[29] Vgl. CAPRIO Jr., Gérard und Ross LEVINE (1994), S. 9.
[30] Vgl. KORNAI, János (1993), S. 331.

Eigenkapital bzw. im Falle der Übernahme durch eine ausländische Bank einen Transfer von personellen bzw. technischen Ressourcen. Ein gewinnorientiertes Management dürfte daran durchaus interessiert sein. Eine strengere Kontrolle durch einen privaten Eigentümer engt andererseits die Eigenständigkeit und die Entscheidungsbefugnisse des Managements ein, so daß der Geschäftsführung staatlicher Banken von daher, sofern der Staat nicht direkt in die Geschäftspolitik des Managements eingreift, jedoch durchaus auch ein Interesse an der Fortsetzung des status quo unterstellt werden kann.[31] Dies gilt umso mehr, wenn mit dem staatlichen Eigentum der Schutz staatlicher Banken vor den Gesetzen des Marktes einhergeht, z.B. in Form von fortgesetzter Subventionierung der staatlichen Banken. Ein Weiterbestehen des status quo wäre für die staatlichen Kreditinstitute dann weitaus bequemer als ihre Privatisierung.[32]

Sollen die o.g. Effizienz- und Risikoziele mit der Bankenprivatisierung wirklich erreicht werden und die privatisierten Banken tatsächlich nach marktwirtschaftlichen Kriterien arbeiten, so bedeutet dies die Einführung *harter Budgetrestriktionen*, und zwar in dreierlei Hinsicht. Erstens geht es im Sinne des ersten der beiden o.g. Hauptziele darum, daß Kredite an den Unternehmenssektor ausschließlich nach Effizienz- und Risikogesichtspunkten vergeben werden. Damit die Banken jedoch die Risiken ihrer Tätigkeit ausreichend berücksichtigen, und somit ihre eigene Haftungsverpflichtung anerkennen, muß zweitens auch der Bankensektor selbst harten Budgetrestriktionen unterliegen.[33]

Während in der Planwirtschaft die Banken über die Monobank eng mit dem Staatsbudget verbunden waren und somit problemlos zusätzliche staatliche Mittel zur Kreditvergabe erhalten konnten, muß beim Übergang zur Marktwirtschaft von seiten des Staates deutlich gemacht werden, daß eine Finanzierung der Banken durch staatliche Mittel bzw. ihre Rettung bei Solvenzschwierigkeiten nicht mehr automatisch erfolgt. Der Anreiz zum *bailout* ist bei Banken in staatlicher Hand recht groß, kann doch dem Staat beim Konkurs einer Bank weitaus größerer Schaden entstehen, als bei deren fortgesetzter Subventionierung, wenn nicht ohnehin eine staatliche Haftungsgarantie besteht, die einen Konkurs faktisch unmöglich macht. Wenn es auch in reifen marktwirtschaftlichen Bankensystemen immer wieder Beispiele gibt für Banken, die aufgrund ihrer volkswirtschaftlichen Bedeutung als *too-big-to-fail* eingestuft werden, und zwar sowohl solche in staatlicher, wie auch in privater Hand, so verlangen doch die Gesetze des Marktes, daß eine Bank grundsätzlich untergehen kann. Die Bankenprivatisierung soll ja gerade die enge Verbindung von Staat und Banken lösen und Marktgesetzen Geltung verschaffen. Ohne die Möglichkeit des Marktaustritts bei einer allzu riskanten Geschäftspolitik würde die Bankenprivatisierung einen Teil ihrer ökonomischen Sinnhaftigkeit verlieren.

Eine dritte Dimension erhält die Durchsetzung harter Budgetrestriktionen in bezug auf den Staat selbst: Spätestens mit der Bankenprivatisierung muß die bequeme Finanzierung des Staatsbudgets über das Bankensystem enden, d.h. politischer Druck zur Vergabe von Bankkrediten an den Staat bzw. zum Kauf von *treasury bonds* muß entfal-

---

[31] Vgl. VOSZKA, Éva (1993), S. 234.
[32] Ebenda, S. 227.
[33] Vgl. FRIES, Steven M. und Timothy D. LANE (1994), S. 31.

len.[34] Erst dann ist die aus der planwirtschaftlichen Zeit tradierte Einflußnahme des Staates auf die Geschäftsbanken wirklich durchbrochen.

Fragt man in diesem Zusammenhang danach, ob der Staat mit Berücksichtigung dieser Hintergründe wirklich an der Bankenprivatisierung interessiert ist, so läßt sich folgendes konstatieren: Strebt der Staat als Gestalter eines marktwirtschaftlichen Bankensystems die Vorteile privaten Bankeigentums und damit erhoffter Effizienzgewinne an, um hierdurch eine optimale Kreditallokation und wirtschaftliches Wachstum zu erreichen, so bildet dies einen starken Anreiz zum eigenen Rückzug aus dem Geschäftsbankensystem. Ist der Staat aber nicht bereit, den Schutz der Banken vor den Gesetzen des Marktes aufzugeben und eigene Interventionen, insb. in die Kreditvergabe der Banken zugunsten bestimmter Wirtschaftssektoren oder zur Finanzierung des eigenen Budgets zu unterlassen, so dürfte er das Privatisierungsziel nur halbherzig und inkonsequent verfolgen. Dies gilt selbst dann, wenn er durch den Verkauf von Banken aus dem eigenen Besitz einmalige Privatisierungserlöse erzielt, denn staatliches Eigentum an Banken bedeutet ohnehin zugleich regelmäßige Dividendenzahlungen aus den erzielten Bankgewinnen, die die finanziellen Bedürfnisse des Staates Jahr für Jahr befriedigen können.[35] So muß an dieser Stelle die Frage nach der Haltung des Staates gegenüber der Bankenprivatierung, nicht zuletzt auch angesichts der *mixed systems* in Marktwirtschaften, mit den damit verbundenen Einflußmöglichkeiten des Staates auf die Politik der staatlichen Banken, allein schon über die Ernennung der jeweiligen Bankenvorstände, zunächst offen bleiben.

### 3.1.2.3 Liberalisierung des Markteintritts

Um zu wirklichen Wettbewerbsstrukturen zu gelangen und möglichst schnell den Übergang zu einem effizient arbeitenden Bankensystem zu vollziehen, ist es neben der Privatisierung der alten staatlichen Banken auch notwendig, neuen Marktakteuren, also neu gegründeten privaten Banken und insb. auch ausländischen Kreditinstituten Zugang zum Bankenmarkt zu verschaffen. Dies gilt umso mehr, als daß Verhaltensänderungen bei den Mitarbeitern der alten Banken und damit eine risikoadäquate Geschäftspolitik sowie Innovationen im Bankangebot an die Kunden auch bei gegebener Privatisierung einige Zeit in Anspruch nehmen wird.

Mit der Liberalisierung des Markteintritts können gleichzeitig mehrere Ziele verfolgt werden: Zum einen tragen die Aktivitäten neuer privater Banken dazu bei, die alte sektorspezifische Arbeitsteilung innerhalb des Bankensystems zu überwinden und damit sektorspezifische Monopole bzw. Oligopole aufzulösen. Zum anderen sorgen insb. Auslandsbanken für einen personellen und technischen Wissenstransfer. Auslandsbanken sind das Arbeiten unter Wettbewerbsbedingungen gewohnt, und gerade sie können dafür sorgen, daß moderne Bankprodukte und Bankdienstleistungsangebote am Markt eingeführt werden, die es im planwirtschaftlichen System gar nicht gab und die daher auch den alten staatlichen Banken in ihrer Handhabung größtenteils unbekannt sind, wie z.B. das Kreditkartengeschäft mit dem Privatkunden oder die Begebung von Aktien bzw. Unternehmensanleihen. Die Zulassung ausländischer Banken kann damit für

[34] Vgl. TANZI, Vito (1993), S. 11.
[35] Vgl. ALTER, Rolf (1994), S. 119.

eine Verbesserung der dynamischen Effizienz des Bankensystems insgesamt sorgen und Lerneffekte bei den bisherigen Marktakteuren induzieren. Schließlich können neue Banken gezielt den im Zuge der Transformation wachsenden privaten Sektor fördern, da sie zum eng mit den staatlichen Banken verbundenen staatlichen Unternehmenssektor zumindest anfänglich keine Geschäftsbeziehungen unterhalten dürften.

Von Effizienzgesichtspunkten her gesehen sollte der Staat ein Interesse an der Zulassung neuer Banken haben. Neue Banken bedeuten aber zugleich den Verlust an Einfluß des Staates auf das Geschäftsbankensystem insgesamt, denn auf die Geschäftspolitik privater und insb. auf die von Auslandsbanken dürfte der Staat kaum einwirken können. Wichtiger noch als der Aspekt staatlichen Einflusses ist jedoch der der Konkurrenz: Neue Banken können für die alten und weniger effizienten Kreditinstitute eine ernsthafte Gefahr darstellen, indem sie diesen Marktanteile wegnehmen, gerade im Segment der Kunden mit guter Bonität. Vor allem Auslandsbanken stellen diesbezüglich eine Gefahr dar, denn sie verfügen nicht nur über ein modernes Produkt- und Dienstleistungsangebot, sondern besitzen durch ihre Verbindung zu ihren Mutterinstituten im Ausland finanzielle Reserven, die ihnen hohe Investitionen ermöglichen und v.a. die Vergabe von Großkrediten und damit die Akquisition von Großkunden aus dem In- und Ausland erlauben. Mit der Zulassung von Auslandsbanken wird von daher i.d.R. eine Verschlechterung des Kredit- und Einlagenportfolios der inländischen Banken, und zwar sowohl der alten als auch neu zugelassener, verbunden sein.[36]

Im Wettbewerb von staatlichen und neuen privaten Banken impliziert das ordnungspolitische Postulat staatlicher Wettbewerbsneutralität das langfristige Ziel gleicher Wettbewerbsbedingungen für alle Banken, unabhängig von ihrer Eigentumsform.[37] Wettbewerb und Systemsicherheit sind jedoch gegenläufige Ziele, denn hoher Wettbewerbsdruck für die inländischen Banken bedeutet zugleich eine Erhöhung ihrer einzelwirtschaftlichen Risiken und damit eine Verringerung der Systemsicherheit, zumindest für die Anfangsphase der Transformation, in der die alten Banken den neuen gerade in punkto Effizienz und Professionalität unterlegen sind. Die Zulassung neuer Banken und die Formulierung der Bedingungen ihrer Zulassung gehören damit zu den umstrittenen Feldern der staatlichen Ordnungspolitik: Der Staat muß abwägen zwischen Effizienz- und Wettbewerbsaspekten einerseits und Risikogesichtspunkten sowie dem eigenen Einflußinteresse andererseits. Ein *trade-off* zwischen diesen beiden Zielbereichen scheint unvermeidbar. Ein Kompromiß wäre dahingehend möglich, daß einheimische Banken zunächst vor Auslandskonkurrenz geschützt werden, um diesen Schutz mit wachsender Wettbewerbs- und Risikoorientierung der Inlandsbanken nach und nach abzubauen. Effizienzverluste für das Bankensystem insgesamt wären damit allerdings unausweichlich.

### 3.1.3 Transformation auf der Ebene der einzelnen Bank

Im Laufe der bisherigen Ausführungen über marktwirtschaftliche Bankensysteme und die Transformation von der Plan- zur Marktwirtschaft wurden *Wettbewerb* und *Risiken* als die entscheidenden Parameter für die Geschäftstätigkeit der Banken identifiziert.

---

[36] Vgl. CAPRIO Jr., Gérard und Ross LEVINE (1994), S. 10.
[37] Vgl. MEYER-KÖSTER, Jürgen (1979), S. 27.

Beide stellen damit die Orientierungsgrößen für die Transformation auf der Ebene der einzelnen Bank dar, die es beim Umbau planwirtschaftlicher Behörden hin zu gewinnorientierten Bankunternehmungen zu beachten gilt. Bei einem tatsächlichen Rückzug des Staates aus seiner Eigentümerfunktion fällt dieser wettbewerbs- und risikoorientierte einzelwirtschaftliche Umbau v.a. in den Bereich der Marktakteure selbst.

### 3.1.3.1 Wettbewerbsorientierung

Die Transformation auf einzelwirtschaftlicher Ebene konfrontiert die Marktakteure mit einer Fülle von Aufgaben. Der Aufbau wettbewerbsorientierter Organisationsstrukturen innerhalb der einzelnen Bank setzt zunächst die Formulierung einer Geschäftsstrategie voraus, die festlegt, wie die Bank im Markt zu positionieren ist und damit auch, welche Kundensegmente mit welchen Produkten angesprochen werden sollen. Danach entscheidet sich letztlich der organisatorische Aufbau der Bank, z.B. die Frage, ob sie ein umfangreiches Filialsystem errichten, an welchen Standorten sie präsent sein sollte und mit wieviel Personal sie arbeiten muß. Um im künftigen Wettbewerb zu bestehen und schnell und kompetent entscheiden zu können, müssen das Bankpersonal adäquat ausgebildet und Informationssysteme implementiert werden.[38] Es müssen neue Abteilungen aufgebaut werden, die es bisher nicht gab, darunter Marketingeinheiten und Abteilungen, die mit Hilfe des internen Rechnungswesens die Wirtschaftlichkeit der eigenen Bank kontrollieren und durch das externe Rechnungswesen der Bankenaufsicht und anderen externen Institutionen die Prüfung der Geschäftstätigkeit ermöglichen. Neue Finanzinstrumente erfordern ebenfalls neue organisatorische Einheiten, wie z.B. Abteilungen des *investment banking*.

Für unerfahrene und gerade neu zugelassene einheimische Banken ist diese Aufbauarbeit eine schwierige Aufgabe. Sie ist für staatliche Banken aufgrund der für sie völlig ungewohnten Denkweise der Orientierung am Markt und am Wettbewerb sowie hierauf abgestimmter Marketingkonzeptionen noch schwieriger. Dabei ist gerade in Transformationsökonomien mit großen Marktwiderständen zu rechnen, die überwunden werden müssen, denn bisher unbekannte Finanzinstrumente sind gegenüber den Bankkunden besonders erklärungsbedürftig und machen das Bankensystem vertrauensanfällig. Damit sind von seiten der Banken große markt- und wettbewerbsorientierte Anstrengungen erforderlich. Von den alten Vorständen aus der planwirtschaftlichen Ära sind solche konzeptionell-strategischen Leistungen kaum zu erwarten, und es ist daher anzunehmen, daß die von ihnen geleiteten Kreditinstitute sich zumindest in der ersten Zeit nach Beginn der Transformation in bezug auf die Wettbewerbsorientierung ihrer Tätigkeit passiv verhalten werden, denn dies entspricht der Haltung, wie sie in der planwirtschaftlichen Zeit opportun war. Auch der Staat selbst eignet sich nicht für die Durchführung der mit der Transformation notwendig verbundenen mikroökonomischen Veränderungen auf Bankenebene, denn Staatsbeamte sind keine Entrepreneure, die die Banken auf den künftigen Wettbewerb einzustellen vermögen. Dies wiederum bildet ein Argument für einen schnellen Austausch der bisherigen 'Bankennomen-klatura' durch marktwirtschaftlich erfahrene Manager. Die schnelle Durchsetzung von Wettbewerbsorientierung legt zudem die möglichst frühzeitige Privatisierung der

---

[38] Vgl. MIKDASHI, Zuhayr (1990), S. 243.

staatlichen Banken nahe, um ein entsprechendes Anreizsystem zu schaffen. Dies kann auch die Beteiligung ausländischer Banken implizieren, um hierdurch Wissenstransfers und eine schnellere Umgestaltung der staatlichen Kreditinstitute zu erreichen.

Ein weiteres Argument für die Beteiligung von Auslandsbanken an inländischen Kreditinstituten bildet der Kostenaspekt der einzelwirtschaftlichen Transformation, denn der Aufbau wettbewerbsorientierter Strukturen und die erforderlichen Schulungsmaßnahmen für das Bankpersonal sind kostenintensiv, und die damit notwendigen Finanzmittel können noch am ehesten von den Auslandsbanken erwartet werden. Die Wettbewerbserfahrung der Auslandsbanken und ihr Vorteil, Kapitalspritzen ihrer Mutterinstitute erhalten zu können, macht sie, wenn sie frühzeitig vom Staat als unabhängige Institute Marktzugang erhalten, zu ernstzunehmenden Konkurrenten für die einheimischen Banken. Die staatlichen Banken allerdings können zunächst auf ihre alten Geschäftsbeziehungen mit dem staatlichen Unternehmenssektor zurückgreifen. Der hohe Bekanntheitsgrad in der Bevölkerung angesichts ihrer bisherigen Monopolstellung - dabei ist in erster Linie an die Staatssparkasse(n) zu denken - verschafft ihnen auch Wettbewerbsvorsprünge im Privatkundengeschäft. Neu gegründete einheimische Banken hingegen können weder auf alte Geschäftsbeziehungen noch auf einem hohen Bekanntheitsgrad aufbauen. Gerade sie müssen bei wettbewerbsorientierten Maßnahmen eine besondere Aktivität entfalten, wollen sie gegen Auslandsbanken und die traditionellen Staatsbanken bestehen. Zudem dürften ihren Geschäftsaktivitäten enge Grenzen dadurch gesetzt sein, daß sie über ein geringeres Eigenkapitalpolster verfügen als ihre Konkurrenten. Konkret beinhaltet Wettbewerbsorientierung bei geringem Eigenkapitalpolster jedoch die Gefahr, daß die betroffenen Banken bereit sind, hohe Risiken einzugehen, um neue Kunden und damit Marktanteile zu gewinnen, ohne daß ihr Haftungskapital für ausreichende Sicherheit sorgt. Eine adverse Selektion auf dem Kreditmarkt und Eigenkapitalmangel risikofreudiger neuer Banken aber birgt Risiken für die Systemsicherheit und unterminiert das Vertrauen in das Bankensystem insgesamt.

Die Bildung zusätzlichen Eigenkapitals ist damit eine der vordringlichsten Aufgaben neuer privater Banken. Dies gilt prinzipiell auch für die staatlichen Kreditinstitute, wenn der Staat nicht über genügend Finanzmittel verfügt, um die staatlichen Banken ausreichend mit Kapital auszustatten. Um die Eigenkapitalbasis zu vergrößern und damit mehr Geschäftsvolumen zu attrahieren, böte sich ein Zusammenschluß zwischen einzelnen Banken oder eine lockere Form der Zusammenarbeit an, z.B. durch die Bildung von Allianzen. Ökonomisch würde dies im Kontext aktueller Konzentrationstendenzen im internationalen Bankwesen v.a. dann Sinn machen, wenn damit Synergieeffekte und *economies of scale and scope* realisiert werden können.

### 3.1.3.2 Risikoorientierung

Mindestens ebenso wichtig wie die Orientierung an den Wettbewerbsstrukturen des Marktes ist die Orientierung an den Risiken des Bankgeschäfts. Auch hier sind von seiten der Marktakteure Lernprozesse und institutionelle Maßnahmen erforderlich, die Zeit in Anspruch nehmen. Hat der Staat aber die notwendigen rechtlichen Maßnahmen durchgeführt, wie die Formulierung von Risikovorschriften, und glaubhaft gemacht, daß die Marktakteure von nun an für ihre Tätigkeit selbst haftbar gemacht werden können, so sind letztere jedoch bereits zu Beginn der Transformation gefordert. Die Banken müssen damit von vornherein risikoadäquat reagieren und eine aktive Risikopolitik betreiben. Dazu gehört, wie bei den wettbewerbsorientierten Maßnahmen auch, die Schulung des Personals und der Aufbau neuer Abteilungen, die die von der Bank eingegangenen Risiken ständig kontrollieren.

Dieser Aufbau betrifft in erster Linie den liquiditätsmäßig-finanziellen Bereich: Hier müssen organisatorische Einheiten geschaffen werden, die eine aktive Bilanzstrukturpolitik betreiben. Dabei müssen die rechtlich vorgegebenen Eigenkapital- und Liquiditätsrestriktionen beachtet werden. Die kurzfristige Liquiditätssicherung bedarf zusätzlich der Einrichtung einer Gelddisposition, die die Refinanzierung über den Geld- bzw. Interbankenmarkt sicherstellt. Die Implementierung der für die Risikoorientierung notwendigen organisatorischen Einheiten trifft auf technische sowie personelle Wissensdefizite und ist zugleich sehr kostenintensiv, so daß sie - ähnlich wie die wettbewerbsorientierten Maßnahmen - ohne ausländische Hilfe weder von den inländischen Marktakteuren noch vom Staat erfolgreich umgesetzt werden dürften.

Von entscheidender Bedeutung bei der Beachtung der Risiken ist die künftige Kreditvergabepolitik der Banken. Die Banken befinden sich dabei in einem für sie bisher ungewohnten Spannungsfeld zwischen Wettbewerbs- bzw. Gewinnanforderungen einerseits und notwendigem Sicherheitsstreben andererseits. Während die bereits skizzierten schwierigen Wettbewerbsbedingungen für die inländischen neuen privaten Banken diese zur Inkaufnahme hoher Risiken veranlassen könnte, besteht die Gefahr bei den bisherigen staatlichen Banken eher darin, daß sie vermutlich nicht aktiv versuchen werden, ihre Wettbewerbsposition durch die Gewinnung neuer Firmenkunden zu stärken, zugleich aber ihre Geschäftsbeziehungen zum staatlichen Unternehmenssektor durch fortgesetzte Kreditvergabe aufrechterhalten dürften. Ein solches Verhalten ist insofern rational, als daß die staatlichen Banken weit mehr Informationen über die staatlichen Unternehmen, die sie in der Planwirtschaft kontrollieren sollten, besitzen als über neue Marktteilnehmer. Ein fortgesetzter Kreditautomatismus zugunsten staatlicher Unternehmen würde aber die Existenz der staatlichen Banken auf Dauer gefährden, wenn der Staat tatsächlich seine bisherige Haftungsgarantie für diese Banken zurücknimmt.

Während die Gefahr bei den neu nachwachsenden Marktakteuren also in einer bewußt aggressiven Wettbewerbs- und Risikopolitik liegt, besteht die Gefahr bei den staatlichen Banken eher in einer passiven Haltung gegenüber den Risiken des Bankgeschäfts in Fortsetzung ihres für planwirtschaftliche Verhältnisse opportunen Verhaltens. Am ehesten läßt sich dagegen eine risikoadäquate Politik von den Auslandsbanken erwarten, deren Zulassung Lernprozesse bei den inländischen Banken in bezug auf Risiken auslösen kann. Die Zulassung von Auslandsbanken erscheint damit für die Sicherheit des Bankensystems langfristig sinnvoll, auch dann, wenn Auslandsbanken viele gute Kunden an sich binden und damit zunächst eine Portfolioverschlechterung bei den inländischen Kreditinstituten verbunden ist.

### 3.1.4 Schlußfolgerungen: Staat und langfristige Zielsetzungen

Bei der Betrachtung der langfristigen Zielsetzungen der Transformation von einem plan- zu einem marktwirtschaftlichen Bankensystem lassen sich zusammenfassend also drei Ebenen unterscheiden, wobei die Transformationsaufgaben auf die verschiedenen Akteure unterschiedlich verteilt sind und die Beziehungen zwischen den einzelnen Zielsetzungen differieren.

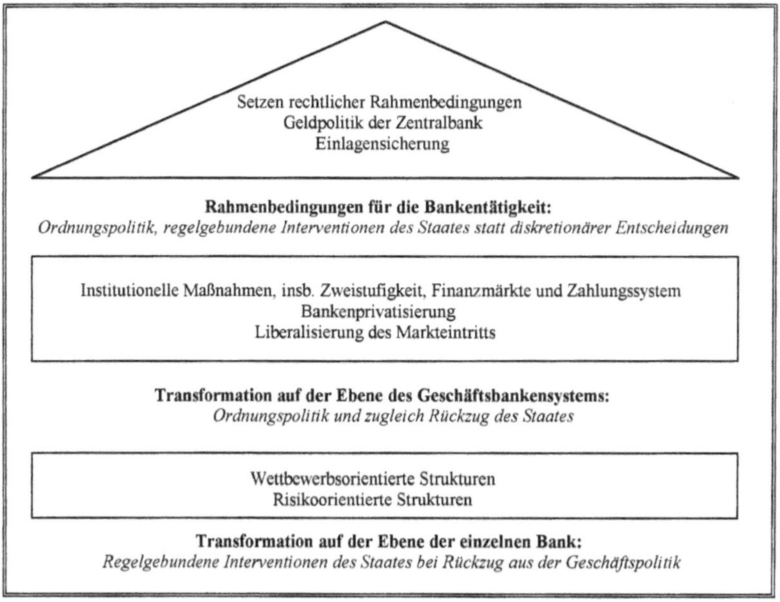


**Abb. 3.1: Staat und langfristige Zielsetzungen der Transformation**

Die neu zu setzenden *Rahmenbedingungen für die Bankentätigkeit* erfordern in erster Linie einen ordnungspolitisch aktiven Staat. Er muß rechtliche Rahmenbedingungen erlassen, die es den Marktakteuren überhaupt erst ermöglichen, Geschäfte zu tätigen. Staatliche Ordnungspolitik bildet damit eine notwendige, wenn auch keine hinreichende Bedingung dafür, daß Marktakteure ihrerseits Transformationsaufgaben in Angriff nehmen können. Es lassen sich drei Oberziele beim Erlaß der rechtlichen Rahmenbedingungen differenzieren: Erstens müssen Wettbewerbsstrukturen zwischen den Geschäftsbanken ermöglicht werden. Dies bedeutet zugleich, daß neuen Marktakteuren die gleichen Wettbewerbschancen eingeräumt werden wie den bereits vorhandenen staatlichen Banken, der Staat sich mithin wettbewerbsneutral verhält und letztlich der Markt, und damit ökonomische Kriterien, über den Wettbewerbserfolg der einzelnen Marktteilnehmer entscheiden - und nicht politische. Zweitens müssen präventive Risikovorschriften erlassen werden, die für Marktdisziplin und Vertrauen im Bankensystem sorgen. Drittens ist es das Ziel der Rahmenbedingungen, die diskretionären bzw. willkürlichen Eingriffe des zentralen Planers aus der Zeit der Zentralverwaltungswirtschaft zugunsten regelgebundener Interventionen des Staates zur Bewahrung der Sicherheit des Bankensystems als ganzem bzw. zu geldpolitischen Zwecken aufzugeben. Staatliche ordnungspolitische Aktivität bedeutet hier demnach zugleich staatliche Selbstbeschränkung. Ergänzt werden können rechtliche Risikovorschriften durch eine Einlagensicherung, um das Vertrauen in die Stabilität des Bankensystems zu stärken. Die Einlagensicherung kann zwar grundsätzlich sowohl obligatorisch und staatlich implementiert als auch freiwillig durch die Banken selbst eingerichtet werden. Aufgrund der zu erwartenden Wissensdefizite der Banken und ihrer Konzentration auf interne Umstrukturierungen ist aber eher mit einem starken staatlichen Engagement in diesem Bereich zu rechnen.

Wissensdefizite auf seiten der Marktakteure und zugleich die Notwendigkeit, letztere überhaupt erst mit der für sie notwendigen Marktinfrastruktur auszustatten, dürfte auch auf der *Ebene des Geschäftsbankensystems* für eine führende Rolle des Staates bei der Institutionenbildung sorgen. Neben der grundsätzlichen Zweistufigkeit des Bankensystems, unterschieden in ein Zentralbank- und ein Geschäftsbankensystem, haben insb. die Schaffung von Finanzmärkten und die Implementierung eines effizienten Zahlungsverkehrssystems große Bedeutung: Finanzmärkte sind die Voraussetzung für die Anwendung marktkonformer geldpolitischer Instrumente, für die Refinanzierung der Banken, die Unternehmensfinanzierung außerhalb des Bankensystems und die Budgetfinanzierung des Staates. Die Transaktionen auf den Finanzmärkten erfordern wiederum ein leistungsfähiges Zahlungsverkehrssystem. Mit der Bildung solcher Institutionen übernimmt der Staat eine besondere ordnungspolitische Verantwortung für die Funktionsfähigkeit des Bankensystems. Diese Verantwortung umfaßt über die einmalige Implementierung hinaus ständige Aufsichtsfunktionen, v.a. für die Sicherheit des Zahlungsverkehrs. Angesichts der mit dem Zahlungsverkehr verbundenen Risiken dürfte der Staat wegen der hohen Informationsdefizite in Transformationsökonomien und den Wissensdefiziten der Marktteilnehmer bei der Risikobeurteilung als *lender of last resort* in Gestalt der Zentralbank besonders gefordert sein. Dies impliziert grundsätzlich jedoch die Gefahr von *moral-hazard*-Verhalten der Marktakteure, v.a. dann, wenn der Staat nicht deutlich macht, daß die Marktakteure selbst für die Risiken ihrer Tätigkeit haften. Problematisch wird die Frage der Haftungsverpflichtung besonders in dem Fall, wenn der Staat noch als Eigentümer von Banken im Geschäftsbankensystem aktiv ist.

Die Privatisierung staatlicher Banken ist einer von zwei Aspekten, die den staatlichen Rückzug aus dem Geschäftsbankensystem markieren. Sie ist wegen der Gefahr von Interessenkonflikten zwischen der Eigentümerfunktion, der Systemsicherheit und *moral-hazard*-Verhalten staatlicher Banken von großer Bedeutung. Der zweite Aspekt staatlichen Rückzugs betrifft die Liberalisierung des Markteintritts, also die Öffnung des Bankenmarktes für neue Marktakteure. Sowohl die Bankenprivatisierung als auch die Zulassung neuer privater Banken ist ökonomisch notwendig, um zu Wettbewerbsstrukturen und einem Anreizsystem für Marktakteure zu gelangen, die ein effizient arbeitendes Bankensystem erfordert.

Trotz der ökonomischen Sinnhaftigkeit des staatlichen Rückzugs sind mit ihm verschiedene Interessen verknüpft, die ihn zu einem umstrittenen Ziel der Transformation des Geschäftsbankensystems machen. So gibt der Staat seinen Einfluß auf die zu privatisierenden Banken auf, abgesehen von den regelgebundenen Eingriffen der Geldpolitik und Interventionen auf der Grundlage risikoorientierter Vorschriften, und kann etwaige politische Interessen, wie die Unterstützung bestimmter Wirtschaftssektoren mit Bankkrediten, nicht mehr direkt durch eine Instrumentalisierung der Banken durchsetzen. Das bisherige Bankmanagement muß bei einer Privatisierung und der strengen Kontrolle durch private Eigentümer befürchten, daß sein Entscheidungsspielraum eingeschränkt wird, oder es gar zu einem Austausch des Managements kommt. Die Zielkonkurrenz zwischen den verschiedenen Akteursvorstellungen könnte so zu Verzögerungen in der Durchsetzung des Langfristziels *Bankenprivatisierung* führen.

Ähnliches gilt auch für die *Liberalisierung des Markteintritts*. Die Konkurrenz durch neue inländische Banken und durch Auslandsbanken kann zu Portfolioverschlechterungen der alten Banken führen, die wiederum für einen Wettbewerbsschutz gegenüber den neuen Banken von seiten des Staates eintreten dürften. Dies verstößt aber gegen die staatliche Wettbewerbsneutralität. Die Nachteile der alten Banken durch den Wettbewerb neuer Marktakteure werden andererseits aufgewogen durch mögliche Wissenstransfers, induzierte Lernprozesse und Effizienzgewinne für das Geschäftsbankensystem insgesamt.

Wettbewerb und Risiken verlangen nach neuen Strukturen auf *einzelwirtschaftlicher Ebene*, der dritten Ebene der Transformation. Hier sind die Marktakteure selbst gefragt, denn in einer marktwirtschaftlichen Ordnung agieren Marktteilnehmer autonom, und staatliche Eingriffe beschränken sich idealerweise auf regelgebundene Interventionen. Der Rückzug des Staates aus der täglichen Geschäftspolitik hinterläßt angesichts der mit der Transformation verbundenen internen Umgestaltungsaufgaben der Banken eine Akteurslücke, denn die Anforderungen des Marktes sind gerade für die alten Banken ungewohnt, so daß sie zumindest am Anfang der Transformation überfordert sein dürften. Daraus folgt ein passives Verhalten gegenüber Risiken und Wettbewerb, das die Systemsicherheit unterminiert. Umgekehrt ist es indes fraglich, ob der Staat seinerseits in der Lage wäre, auf einzelwirtschaftlicher Ebene Wettbewerbs- und Risikostrukturen zu implementieren. Neue inländische Banken müssen ihrerseits zunächst aussichtsreiche Wettbewerbspositionen aufbauen, so daß von ihnen eine aggressive Wettbewerbspolitik unter Inkaufnahme hoher Risiken zu erwarten ist. Auch dies kann systemgefährdend wirken und staatliche Interventionen provozieren, um die Disziplin der Marktteilnehmer und das Vertrauen in die Stabilität des Bankensystems wiederherzustellen. Unter Berücksichtigung dieser Zusammenhänge erscheint der Rückzug des Staates aus der Geschäftspolitik der Banken damit wieder fraglich.

Wenn also auf den ersten Blick die Rolle des Staates in Abb. 3.1 im Zuge der Transformation von oben nach unten abnimmt, so sind die Zielbeziehungen zwischen den drei Ebenen doch derart miteinander verwoben, daß staatliche Aktivität auch auf System- und auf einzelwirtschaftlicher Ebene längerfristig notwendig werden könnte.

## 3.2 Transformationsspezifische Zwischenziele

Noch komplizierter wird die Frage nach den Transformationszielen, den Zielbeziehungen und den Anforderungen an die verschiedenen Akteure des Transformationsprozesses dann, wenn man von den Langfristzielen abstrahiert und den Kontext der Umgestaltung des Bankwesens mitberücksichtigt. Zum einen sind dabei die sogenannten *Altlasten des planwirtschaftlichen Bankensektors* zu beachten, die *'legacies of the past'*, die die Ausübung der Bankfunktionen und die Bildung eines effizienten Bankwesens behindern. Zum anderen darf nicht übersehen werden, daß während der Umgestaltung des Bankensystems besondere *transformationsspezifische Bedingungen* herrschen, die aus der Transformation des gesamten Wirtschaftssystems herrühren. Der gesamtwirtschaftliche Transformationsprozeß besteht aus einer Fülle interdependenter Einzelmaßnahmen, in die die Umgestaltung des Bankensystems eingebunden ist.[39] Die Transformation in den übrigen Wirtschaftssektoren beeinflußt von daher die Umgestaltung des Bankensektors und umgekehrt. Aus den Altlasten und den transformationsspezifischen Bedingungen entstehen *Zwischenziele für die Umgestaltung des Bankensektors*.

### 3.2.1 Beseitigung planwirtschaftlicher Altlasten

Planwirtschaftliche Altlasten des Bankwesens sind diejenigen Probleme der Transformation des Bankensektors, die aus den Funktionen von Banken in der Zentralverwaltungswirtschaft und der Struktur des planwirtschaftlichen Bankensystems heraus entstehen. Die Tatsache, daß die Vergabe von Unternehmenskrediten durch die Banken in der Planwirtschaft nach den Erfordernissen der Naturalplanung erfolgte und die in Marktwirtschaften existenten Risiken der Kreditvergabe in der Zentralverwaltungswirtschaft unbekannt waren, hatte, wie bereits ausgeführt, zu einer von der - im marktwirtschaftlichen Sinne - *Kreditwürdigkeit* der Unternehmen losgelösten, quasi automatischen Kreditvergabe geführt.[40] Damit ist in den Kreditportfolios der alten Staatsbanken ein hohes Volumen an *schlechten Krediten* vorhanden, also Kredite, die aufgrund der mangelnden Rückzahlungsfähigkeit der Kreditnehmer für die Banken ganz oder teilweise verloren sind und abgeschrieben werden müssen. Um die mit schlechten Krediten verbundene allokativ ineffiziente Kreditvergabe zu überwinden und die Kreditinstitute von der finanziellen Belastung durch schlechte Kredite zu befreien, wird eine *Sanierung und Rekapitalisierung der Banken* notwendig. Neben dem Problem der schlechten Kredite wirkt sich ebenso die sektor- und funktionsspezifische Arbeitsteilung zwischen den Banken in der Planwirtschaft negativ auf die Effizienz des im Werden befindlichen marktwirtschaftlichen Bankensystems aus, denn es weist eine mono- bzw. oligopolistische Struktur auf, die sich nachteilig auf die Kunden der Banken auswirkt und es neuen Banken erschwert, ihrerseits am Markt aktiv zu werden. Die zweite wichtige Aufgabe im Zuge der *Beseitigung planwirtschaftlicher Altlasten* ist somit die *Entmonopolisierung des Bankwesens*.

#### 3.2.1.1 Sanierung und Rekapitalisierung der Banken

Doch zunächst zurück zum Problem schlechter Kredite. Um hier zu Lösungen zu gelangen, ist es notwendig, den Begriff der schlechten Kredite genauer zu differenzieren. Er umfaßt ein *Bestands*- und ein *Stromproblem*: Der hohe Bestand schlechter Kredite

---

[39] Vgl. GROS, Daniel und Alfred STEINHERR (1995), S. 92.
[40] Vgl. Gliederungspunkt 2.1.1.1.

ist in erster Linie eine Hinterlassenschaft der planwirtschaftlichen Zeit. Was das Verhalten der Banken im planwirtschaftlichen Kontext und damit den Bestand in den Bankenportfolios angeht, so liegt das Problem im Kreditautomatismus begründet. Darüberhinaus ist die finanzielle Notlage der Unternehmen, die am Indikator schlechter Kredite offenbar wird, insgesamt auch mit einer gewissen Beliebigkeit der Unternehmensfinanzierung in der Planwirtschaft zu begründen, denn angesichts der staatlichen Haftungs- oder besser Bestandsgarantie wurden die Unternehmen auch nach Belieben offen vom Staat subventioniert, oder es wurden ihnen Steuernachlässe gewährt. Hinzu kommen Handelskredite zwischen den Unternehmen, die trotz Verbots gerade in der Endphase der Planwirtschaft stark verbreitet waren. Sie haben zu einer Ringverschuldung geführt, bei deren Auflösung im Übergang zur Marktwirtschaft leicht eine Kette von Insolvenzen ausgelöst werden kann.[41] Die auf diese Ursachen zurückzuführenden Problemkredite werden auch als *alte* schlechte Kredite bezeichnet.

Hiervon zu unterscheiden sind *neue* schlechte Kredite: Sie entstehen im Laufe des Transformationsprozesses selbst durch unvorsichtige Kreditvergabe der Banken und sind daher eine Stromgröße.[42] Die mangelhafte Kreditprüfung wird verständlich, wenn man sie mit Wissensdefiziten über risikoorientierte Kreditvergabe und verzögerten Verhaltensanpassungen an die veränderten Umweltverhältnisse erklärt. Allerdings ist den Banken, die *bewußt* weiterhin Kredite vergeben, deren Rückzahlung mehr als ungewiß ist, auch ein Eigeninteresse zu unterstellen: Zum einen kann bei harten Budgetrestriktionen gegenüber den Banken das Offenlegen des Ausmaßes der Verschuldung eines Unternehmens zu einer Solvenzgefährdung der Bank und zu personellen Konsequenzen im Bankmanagement führen. Zum anderen liegen die Ursachen der finanziellen Probleme staatlicher Unternehmen auch in den wirtschaftlichen Verwerfungen der gesamtwirtschaftlichen Transformation begründet, so daß sich für die Banken die Hoffnung eröffnet, daß die Unternehmen nach Überwindung der Transformationskrise aus ihren Schulden herauswachsen, und daß sich von daher die Verschleierung des Schuldenausmaßes bis zum Zeitpunkt der Rückzahlung infolge einer wirtschaftlichen Erholung des Landes für die Bank lohnt.

Zu den Auswirkungen alter und neuer schlechter Kredite ist folgendes festzustellen: Alte schlechte Kredite spiegeln die Verhältnisse in der Planwirtschaft wider und präjudizieren nicht unbedingt die künftige Überlebensfähigkeit, die Wettbewerbsstärke und das künftige Gewinnpotential der betroffenen Unternehmen.[43] Dennoch führen sie zusammen mit neuen schlechten Krediten zu einer ineffizienten Kreditallokation, die die Finanzintermediation insgesamt verteuert. Sie erhöhen die Kreditzinsen für die übrigen Kreditnehmer, v.a. für private Firmenkunden, und dies aus zwei Gründen: Einerseits erhöht die fortlaufende Kreditvergabe an staatliche Unternehmen die Inflationsneigung und führt über eine restriktive Geldpolitik der Zentralbank zu hohen Leitzinsen, die wiederum das Niveau der Kreditzinsen erhöhen.[44] Andererseits sehen sich die Banken dazu veranlaßt, die Kredite für potentielle neue Kreditnehmer außerhalb des Kreises der bisherigen Schuldner zu verteuern, um nicht weitere mögliche schlechte Kreditnehmer zu attrahieren. Hohe Kreditzinsen aber benachteiligen gerade die Kreditnehmer, die nicht mit alten schlechten Krediten belastet sind, v.a. neue, zukunftsträch-

[41] Vgl. zu diesem Problem am Beispiel Ungarns KORNAI, János (1993), S. 327-329.
[42] Vgl. CAPRIO Jr., Gérard und Ross LEVINE (1994), S. 13/14.
[43] Vgl. LONG, Millard F. (1993), S. 133.
[44] Vgl. FRIES, Steven M. und Timothy D. LANE (1994), S. 23.

tige private Unternehmen. Es kommt so zu einem *crowding out* dieser Kundengruppe, zu einer Benachteiligung der privaten Wirtschaft, und damit einhergehend zu einer Verzögerung des Strukturwandels und des wirtschaftlichen Wachstums.[45] Hohe Kreditzinsen wirken so wie eine Art zusätzliche Unternehmenssteuer.[46] Reagieren die Banken auf ein hohes Volumen schlechter Kredite in ihren Portfolios nicht nur mit einer Erhöhung der Kreditzinsen, sondern auch mit einer Erhöhung der Zinsmarge, um ihre Profite zu steigern und mögliche Verluste aus schlechten Krediten zu kompensieren, und bleiben die Einlagenzinsen damit auf einem niedrigen Niveau, so wirkt dies wie eine zusätzliche Besteuerung der Sparer.[47] So erklärt sich die negative Auswirkung schlechter Kredite sowohl auf die aggregierte Ersparnis, als auch auf die aggregierten Investitionen.

Ein aus der planwirtschaftlichen Ära tradiertes bürokratisches Verhalten der staatlichen Banken sowie ihr Selbsterhaltungsinteresse erklären ihr vermutlich passives Risikoverhalten zu Beginn des Transformationsprozesses.[48] Doch auch der Staat könnte ein Interesse daran haben, alte schlechte Kredite möglichst spät oder gar nicht aufzudecken, sowie eine fortgesetzte Kreditvergabe an verschuldete staatliche Unternehmen zu tolerieren: Die Schulden betreffen den staatlichen Unternehmenssektor und fallen damit in die Verantwortlichkeit des Staates. Von daher müßte der Staat auch finanziell für die Bereinigung der Schulden aufkommen, will er sie nicht auf die Einleger abwälzen (*socialization of debt*).[49] Eine Übernahme der Unternehmensschulden durch den Staat würde aber den Staatshaushalt stark belasten, so daß der Staat zumindest auf absehbare Zeit eine verdeckte Subventionierung maroder Staatsunternehmen einer Offenlegung und Begleichung der Schulden vorziehen könnte. Durch die sektor- und funktionsspezifische Arbeitsteilung zwischen den Banken in der Planwirtschaft ist zudem mit einer geographischen und branchenmäßigen Konzentration der Unternehmensschulden zu rechnen.[50] Die Schuldenbereinigung ist mit hohen sozialen Kosten verbunden, wie z.B. einer aus der Schließung überschuldeter Unternehmen resultierenden steigenden Arbeitslosigkeit, die in bestimmten Regionen und Wirtschaftssektoren gehäuft entstehen und somit zu sozialen Unruhen in der betroffenen Bevölkerung führen kann. Transferleistungen des Staates müßten diese Kosten nach Möglichkeit lindern. Auch dies könnte den Staat dazu veranlassen, das Problem schlechter Kredite zu verschleppen bzw. Druck auf die Banken auszuüben, Staatsunternehmen mit Krediten zu versorgen, ohne daß deren Rückzahlung gesichert ist.[51]

Doch nicht allein staatliche Unternehmen und die alten Staatsbanken können von schlechten Krediten betroffen sein. Neue schlechte Kredite sind auch in den Portfolios der neu entstandenen Banken und neuen privaten Unternehmen zu erwarten. Zu begründen ist dies mit der bereits thematisierten mangelnden Risikoorientierung der neuen privaten Banken, die durch die in einer Transformationsökonomie vorhandenen Informationsdefizite noch in negativer Weise verstärkt werden: Die neu gegründeten Banken müssen versuchen, ihre Wettbewerbsposition gegenüber den alten staatlichen

---

[45] Vgl. BEGG, David und Richard PORTES (1992), S. 396.
[46] Vgl. SZÉKELY, István (1993), S. 10.
[47] Ebenda, S. 15.
[48] Vgl. HARTWIG, Karl-Hans (1995), S. 24/25.
[49] Vgl. CAPRIO Jr., Gérard (1995), S. 284-286.
[50] Vgl. FRIES, Steven M. und Timothy D. LANE (1994), S. 22.
[51] Vgl. KOOP, Michael J. (1994). S. 316.

und den neu zugelassenen Auslandsbanken zu verbessern. Ein Weg hierzu wäre das Kreditengagement mit Entrepreneurs. Über deren Kreditwürdigkeit ist den Banken aber nur wenig bekannt. Die Kreditvergabe an solche Kunden ist somit automatisch mit einem relativ hohen Risiko verbunden. Dies gilt umso mehr für die Phase des Übergangs zur Marktwirtschaft, die mit mehr oder weniger großen wirtschaftlichen Verwerfungen verbunden sein kann.[52] Neuen Unternehmen erwachsen hieraus besondere Risiken.

Der Staat ist von neuen schlechten Krediten der privaten Banken nicht unmittelbar als Eigentümer betroffen, somit sind finanzielle Hilfen aus dem Staatsbudget an solche Banken unwahrscheinlich. Allerdings bedeuten Solvenzprobleme privater Banken, wenn diese einen nennenswerten Anteil am aggregierten Einlagen- und Kreditportefeuille erreicht haben, nichtsdestotrotz ein erhöhtes Systemrisiko und dürften so ein Einschreiten der Bankenaufsicht zur Folge haben, die die betroffenen Banken mit Finanzmitteln unterstützen kann, wenn eine Schließung derselben mit zu hohen Risiken für das Bankensystem insgesamt verbunden wäre. Diese Frage entscheidet sich daran, wie groß die Bedeutung des privaten Teils des Bankensystems bis dahin ist: Ist sie groß, so sind eine Reihe von *bailouts* zu erwarten, ist sie gering, so wären Bankenschließungen weniger kostenintensiv als eine Subventionierung der Banken. Das Problem von *bailouts* ist bei den staatlichen Banken dagegen größer, geht man davon aus, daß sie ihre aus der Planwirtschaft tradierte starke Stellung verteidigen konnten und als *too-big-to-fail* gelten.

In bezug auf die Frage, ob der Staat aktiv bei der Lösung des Problems der notleidenden Kredite intervenieren soll oder nicht, kann man zwei Ansätze unterscheiden, den *zentralen / externen* und den *dezentralen / internen Ansatz*: Im ersten Fall werden die fraglichen Kredite aus den Bankbilanzen ausgesondert und einer Regierungsbehörde übertragen, die Lösungsstrategien für das Problem erarbeitet, im zweiten verbleiben die Kredite bei den Banken, die die Problemlösung selbständig bewerkstelligen müssen. In der Literatur werden auf dieser Unterscheidung aufbauend eine Reihe von Lösungsansätzen beschrieben, wobei maßgeblich die folgenden vier Ideen zu identifizieren sind, die in erster Linie das Problem fauler Kredite in den Portefeuilles der staatlichen Banken betreffen:

• BEGG/PORTES:
Herauslösung aller Kredite aus den Bankbilanzen und Kompensation mit staatlichen Wertpapieren (*treasury bonds*) als Bilanzaktiva: Aus dem Staatsbudget müßten feste Zinszahlungen, die Ablösung der Bonds zum Ende ihrer Laufzeit und eventuelle Subventionen an die verschuldeten Staatsunternehmen gezahlt werden, die Banken wären mit der Unternehmenssanierung nicht mehr direkt belastet.[53]

• van WIJNBERGEN:
Austausch von schlechten Krediten gegen Unternehmensbeteiligungen der Banken (*debt-equity swaps*): Hier wären die Banken aktiv in die Unternmehmensprivatisierung eingeschaltet und hätten *corporate-governance*-Funktion.[54]

---

[52] Vgl. zu den transformationsspezifischen Bedingungen Gliederungspunkt 3.2.2.
[53] Vgl. BEGG, David und Richard PORTES (1992).
[54] Vgl. WIJNBERGEN, Sweder van (1993).

• FRYDMAN et al.:
Banken übertragen ihre schlechten Kredite an neu zu gründende private Investmentfonds, die wiederum mit Einlagen in derselben Höhe ausgestattet werden. Die staatlichen Banken wären damit aus der aktiven Unternehmenssanierung entlassen und müßten auch nicht rekapitalisiert werden, zugleich würden die neuen Investmentfonds das Herzstück eines privaten Bankwesens bilden.[55]

• McKINNON:
Geschäftsbanken sollten für einige Jahre vom Kreditgeschäft sowohl mit staatlichen wie mit privaten bzw. privatisierten Unternehmen wegen der Gefahr von *moral hazard* ausgeschlossen werden. Kurzfristige Kredite dürften erst nach Ende der Transformationskrise und der Implementierung eines effizienten Steuersystems vergeben werden. Das Staatsbudget würde hierdurch entlastet, Banken wäre aber ihr eigentliches Kerngeschäft verwehrt. Sollte der Staat im Gegenzug Unternehmen aus dem Budget subventionieren, wäre seine dominante Stellung im Finanzsystem auf längere Sicht zementiert.[56]

Der Vorschlag von BEGG / PORTES bietet den Vorteil, daß der Staat die Verantwortung für die Bereinigung schlechter Kredite übernimmt und die Schulden ablöst. Mit der Rekapitalisierung der Banken minimiert er zugleich das Risiko für die Sicherheit des Bankensystems insgesamt. Die Tatsache, daß die Banken nicht aktiv an der Unternehmenssanierung beteiligt sind, beinhaltet jedoch den Nachteil, daß sie auch nicht an Lernprozessen partizipieren können, die die Unternehmenssanierung mit sich bringt. Dem Staat verbliebe damit - mit Hilfe externer Berater - die führende Rolle bei der Unternehmenssanierung, wodurch die Privatisierung der Unternehmen verzögert werden könnte.

Gerade hier setzt der Vorschlag von van WIJNBERGEN an: In seinem Ansatz haben die Banken die führende Rolle bei der Unternehmenssanierung inne. Mit der kapitalmäßigen Beteiligung an Nichtbanken wird allerdings zugleich ein Universalbankensystem präjudiziert, so daß der Staat hierüber im Vorfeld eine Entscheidung treffen muß. Bei den Banken werden Lernprozesse im Bereich *corporate governance* induziert, wobei allerdings fraglich ist, ob diese überhaupt ohne Beteiligung extener Berater bzw. die Beteiligung von Auslandsbanken realisiert werden können. Mit der Umsetzung von van WIJNBERGENs Vorschlag würde gleichzeitig mit der Unternehmenssanierung ein wichtiger Schritt hin zu deren Privatisierung getan.

FRYDMAN et al. beschränken die Aufgabe der aktiven Unternehmenssanierung auf den Bereich der privaten Banken und erreichen dadurch die Zerschlagung der bisherigen Kreditbeziehung staatlicher Banken zu ihren staatlichen Firmenkunden. Allerdings bleibt die Frage nach der Zukunft der staatlichen Banken insgesamt unbeantwortet. Ebenso unbeantwortet bleibt die Frage, von wem die neuen Investmentfonds überhaupt gegründet werden bzw. ob sie unter Beteiligung ausländischer Banken entstehen sollen. Letzteres würde zwar für einen Wissenstransfer zugunsten des gesamten Bankensystems sorgen, dürfte aber politisch umstritten sein, da auf diese Weise ein großer Teil des Staatsvermögens in ausländische Hände gelangen würde.

---

[55] Vgl. GROS, Daniel und Alfred STEINHERR (1995), S. 211.
[56] Vgl. McKINNON, Ronald I. (1993).

Einen noch radikaleren Bruch mit den alten Kreditbeziehungen zwischen staatlichen Banken und Unternehmen vollzieht McKINNON, indem er das gesamte Bankensystem für die Dauer einer durch die Transformation verursachten Krise der Volkswirtschaft von der Kreditvergabe ausschließt, um eine verdeckte Subventionierung der Unternehmen durch Bankkredite und dadurch induziertes *moral-hazard*-Verhalten zu unterbinden. Die Transformation hin zu einem marktwirtschaftlichen Bankensystem und die Entstehung von Risikobewußtsein auf seiten der Banken würde durch diesen Vorschlag auf Jahre hinaus verzögert, denn den Banken würde ihr eigentliches Kerngeschäft verwehrt bleiben.

Wirkt McKINNONS Vorschlag unter diesem Aspekt unrealistisch bzw. gar schädlich, so zielt er doch auf einen Kernpunkt der Kreditproblematik: Um das Problem dauerhaft zu lösen, reicht es nicht aus, den Bestand schlechter Kredite aus der planwirtschaftlichen Ära abzubauen, vielmehr müssen neue schlechte Kredite durch die risikoreiche Kreditvergabe sowohl staatlicher als auch privater Banken für die Zukunft verhindert werden. Räumt man bei einem Rückzug des Staates den Banken den aktiven Part bei der Unternehmenssanierung und somit der *corporate governance* ein, so müssen folglich auch die Banken selbst für harte Budgetrestriktionen gegenüber dem Unternehmenssektor sorgen. Sie spielen so eine aktive Rolle im Transformationsprozeß:

> „Once government ceases its extensive regulation of resource allocation, an alternative regulator must be found and appropriate institutions created. At least initially this is the role of banks as intermediaries between savers and investors, as monitors of corporate performance and consequently as guardians of a hard budget constraint.“[57]

Harte Budgetrestriktionen dürfen aber nicht allein für die Unternehmen gelten, sondern müssen auch auf die Banken angewendet werden, will man ein adäquates Anreizsystem für eine risikoorientierte Kreditvergabe schaffen. Harte Budgetrestriktionen können aber am ehesten dann verwirklicht werden, wenn sich der Staat aus seiner Eigentümerfunktion zurückzieht, und zwar sowohl als Eigentümer von Banken als auch von Unternehmen. Dies legt sowohl eine enge Verbindung zwischen der Sanierung bzw. Rekapitalisierung der Banken und deren Privatisierung nahe, als auch eine zeitlich in etwa parallele Privatisierung des Banken- und des Unternehmenssektors.[58]

### 3.2.1.2 Entmonopolisierung des Bankwesens

Da es im planwirtschaftlichen Bankensektor nur wenige, funktions- und sektorspezifische Banken gab, ist zu Beginn der Transformation auch mit wenigen großen staatlichen Banken und einer den Strukturen im planwirtschaftlichen Bankwesen entsprechenden Monopol- bzw. Oligopolbildung zu rechnen. Dabei handelt es sich einmal um *Funktionsmonopole*: Die Arbeitsteilung zwischen den Banken in der Planwirtschaft präjudiziert bspw. eine im Bereich der Unternehmenskredite dominante Investitionsbank, eine Außenhandelsbank, die ihr Marktsegment weiterhin dominiert, und eine Sparkasse, die über fast die gesamten Spareinlagen der privaten Haushalte verfügt.

[57] Vgl. STEINHERR, Alfred (1993), S. 1044.
[58] Vgl. FUNKE, Norbert (1993), S. 358.

Dies hat zum einen verzerrte Bilanzstrukturen zur Folge und erhöht so die Notwendigkeit, recht schnell einen Interbankenmarkt zu implementieren, der es den Banken erlaubt, Gelder untereinander zu verleihen. Zum anderen machen es Funktionsmonopole neuen Banken schwer, ihrerseits Kunden und Marktanteile zu gewinnen. Die Monopolbildung wird so die Entstehung von Wettbewerbsstrukturen behindern.

Eine Möglichkeit, Wettbewerbsstrukturen zu fördern, wäre bspw. eine Verkleinerung bzw. Aufspaltung der staatlichen Banken in mehrere, voneinander unabhängige Institute. Es stellt sich dabei allerdings die Frage, wie eine solche Aufgliederung in der Praxis aussehen könnte. Eine realistische Möglichkeit bietet sich in Form einer regionalen Aufteilung an, die die landesweite Versorgung mit Bankprodukten sicherstellen würde. Damit verbunden ist aber die Gefahr, daß funktionsspezifische Monopole durch *regionale Monopole* ersetzt werden, die zumindest in einigen Landesteilen zu mangelndem Wettbewerb und zu Monopolrenten für die jeweils dominierende staatliche Bank zu Lasten der Bankkunden führen.

Geht man realistischerweise davon aus, daß in den verschiedenen Regionen einer Volkswirtschaft zudem bestimmte Wirtschaftssektoren eine besonders starke Stellung innehaben, so entsteht bei einer regionalen Aufspaltung staatlicher Banken zusätzlich das Problem regionaler *Sektormonopole*, also die Konzentration des Einlagen- und v.a. des Kreditportefeuilles auf wenige Wirtschaftssektoren. Verfolgt man diesen Gedanken weiter, so liegt dabei die Schlußfolgerung nahe, daß sich schlechte Kredite gerade bei *den* Banken häufen werden, deren Firmenkunden aus Wirtschaftssektoren stammen, die in besonderem Maße von der ökonomischen Transformation negativ betroffen sind. Eine regionale Aufspaltung staatlicher Banken könnte also auch von der Kreditseite her für zusätzliche Probleme sorgen, zumal davon auszugehen ist, daß die Interessenvernetzung zwischen regionalen Banken und regionaler Industrie sehr eng ist, denn Konkurse wichtiger regionaler Unternehmen induzieren entsprechende Gefahren auch für die Gläubigerbank.

Wenn also auf seiten der staatlichen Banken die Entmonopolisierung des Bankwesens schwierig ist, so spricht dies gerade für die Förderung der Entstehung neuer privater Banken, z.B. durch eine liberale Zulassungsgesetzgebung und die Zulasung von Auslandsbanken bzw. deren Beteiligung an den neuen privaten Banken, um diese effizienter zu gestalten und mit genügend Kapital auszustatten, damit sie mit den großen Staatsbanken konkurrieren können.

### 3.2.2 Transformationsspezifische Bedingungen

> „For example, as long as prices are controlled, production will stagnate. But price liberalisation alone, without macroeconomic stabilisation, can lead to hyperinflation; macroeconomic stabilisation, in turn, needs the support of fiscal and financial reform. In the end, everything is linked to everything else: a market economy is an indivisible mechanism that grinds to a halt if any one of the essential elements [...] is missing."[59]

---

[59] Vgl. GROS, Daniel und Alfred STEINHERR (1995), S. 92.

Der an langfristigen Zielen orientierte Umbau des Bankwesens und die Beseitigung planwirtschaftlicher Altlasten können nicht isoliert von der Transformation der Volkswirtschaft insgesamt betrachtet werden. Der Transformationsprozeß stellt sich vielmehr als Abfolge ökonomisch interdependenter Einzelmaßnahmen dar, in die die Bankentransformation eingebunden ist. So beeinflußt die gesamtwirtschaftliche Transformation auch den Zeitpunkt und die Geschwindigkeit der Bankentransformation.

Die Transformation planwirtschaftlicher Ordnungen ist abhängig von den Ausgangsbedingungen, die in der jeweiligen Volkswirtschaft zu Beginn des Transformationsprozesses herrschen. Diese werden wiederum maßgeblich davon beeinflußt, wie weit die im Rahmen dieser Arbeit bereits diskutierte Dezentralisierung der Planwirtschaft bis zum Beginn des Transformationsprozesses vorangeschritten ist, inwieweit also bereits ökonomische Hebel und damit indirekte wirtschaftspolitische Instrumente anstelle direkter Eingriffe des staatlichen Planers eingesetzt werden.[60] Auch wenn sich die Transformation damit nur schwerlich schematisieren läßt, lassen sich doch gewisse Kernpunkte identifizieren, die für die Volkswirtschaften im Übergang vom Plan zum Markt insgesamt gelten. APOLTE / CASSEL nennen insgesamt vier solcher Kernfelder der Transformation: 1) *Liberalisierung* im Sinne des Rückzugs des Staates aus seiner Allokationsfunktion und sein Ersatz durch den Markt-Preis-Mechanismus; 2) *Privatisierung*, d.h. Rückzug des Staates aus seiner Eigentümerfunktion und damit eine erhoffte höhere Effizienz der bisher staatlichen Unternehmen; 3) *makroökonomische Stabilisierung*, insb. die Bekämpfung von Inflation und Rezession, also die Überwindung der Transformationskrise; 4) *Umbau* und damit höhere Effizienz *der öffentlichen Verwaltung*.[61] Im folgenden werden die Einflüsse und Zusammenhänge der für die Banken besonders relevanten Punkte (1) und (3) mit der Transformation des Bankwesens untersucht.

Die Maßnahmen zur Erreichung der Liberalisierung und Stabilisierung der Wirtschaft werden sich je nach den Ausgangsbedingungen im jeweiligen Land und nach Maßgabe der gewählten Transformationsstrategie unterscheiden. Über die adäquaten Mittel, die Geschwindigkeit des Transformationsprozesses und den richtigen Zeitpunkt für die Transformation einzelner Wirtschaftssektoren sowie für die Inangriffnahme der o.g. Transformationsfelder wird in der wirtschaftswissenschaftlichen Literatur in der Debatte um Gradualismus vs. Schocktherapie bzw. *timing* und *sequencing* gestritten.[62]

Die Beziehung zwischen Liberalisierung und Stabilisierung läßt sich besser erfassen, wenn man Liberalisierung als primär mikroökonomische, an wirtschaftlicher Effizienz und Wirtschaftswachstum orientierte Zielsetzung auffaßt, die Stabilisierung der Wirtschaft hingegen als makroökonomische Zielsetzung, die eine durch planwirtschaftliche Altlasten und mögliche Versäumnisse der Wirtschaftspolitik verursachte Rezession bzw. Transformationskrise überwinden will.

In bezug auf den Wirkungszusammenhang zwischen Liberalisierung und Stabilisierung ist folgendes festzuhalten: Eine Liberalisierung der in der Planwirtschaft staatlich festgelegten Preise führt i.d.R. von einer verdeckten zu einer offenen Inflation im Übergang zur Marktwirtschaft, die sich gerade im Zuge einer Schocktherapie, bei der die

[60] Vgl die Ausführungen in Gliederungspunkt 2.1.1.

[61] Vgl. APOLTE, Thomas und Dieter CASSEL (1994), S. 13.

[62] Vgl. hierzu u.a. APOLTE, Thomas und Dieter CASSEL (1994), FISCHER, Stanley und Alan GELB (1991) sowie FUNKE, Norbert (1993).

Preisbindung für viele Güter und Dienstleistungen ad hoc aufgehoben wird, zu einer Hyperinflation ausweiten kann.[63] Diese wiederum verzerrt den preislichen Allokationsmechanismus und behindert damit dessen Wirksamkeit. Um die Inflation zu bekämpfen, werden stabilisierende Maßnahmen eingeleitet, i.d.R. eine restriktive Geld- und Fiskalpolitik.[64] Werden gleichzeitig Schritte hin zu einer Umstrukturierung der Wirtschaft unternommen, wie die Öffnung des Marktes für neue Marktteilnehmer aus dem In- und Ausland, so werden durch die mangelnde Wettbewerbsfähigkeit der bis dato dominanten staatlichen Unternehmen für die heimischen Produzenten Absatzmärkte wegbrechen. Die Folge sind Unternehmensschließungen und hieraus entstehende Arbeitslosigkeit, die eine Rezession der Transformationsökonomie kennzeichnen.

Inflation und Rezession lassen die ökonomische Umgestaltung in eine *Transformationskrise* geraten. Die wachsende Arbeitslosigkeit wiederum trägt mit zu einer sinkenden gesamtwirtschaftlichen Nachfrage bei, die die Rezession verschärft und es auch neuen privaten Unternehmen trotz anzunehmender Effizienzvorteile gegenüber den alten Staatsunternehmen schwierig macht, sich am Markt zu halten. Die steigende Arbeitslosigkeit erfordert soziale Transferleistungen des Staates, die jedoch der restriktiven Fiskalpolitik zur Inflationsbekämpfung entgegenstehen. Die Rezession wird zudem die Steuereinnahmen des Staates sinken lassen, abgesehen davon, daß zunächst überhaupt ein adäquates Steuersystem aufgebaut werden muß, so daß ein Budgetdefizit einzukalkulieren ist und soziale Transfers somit kaum finanzierbar erscheinen. Die verschiedenen Problempunkte der Transformationskrise erfordern also unterschiedliche Maßnahmen, die sich z.T. gegenseitig beeinträchtigen oder gar ausschließen und damit zu einem *Transformationsdilemma* führen.

In dieses Szenario eingebettet ist die Transformation des Bankensektors. Die hier nur kurz angedeuteten Probleme des Transformationsprozesses haben in der Literatur vielfach zu der Forderung geführt, die Transformation des Bankensystems und insb. die Liberalisierung der Kreditvergabe erst nach der makroökonomischen Stabilisierung einzuleiten.[65] Verwiesen wird dabei auf die negativen Erfahrungen in Lateinamerika, wo die frühzeitige Liberalisierung des Bankensektors im Zuge der Strukturanpassung der dortigen Volkswirtschaften zu negativen Wohlfahrtseffekten geführt hat.[66] Eine Verschiebung der Transformation des Bankwesens auf die Zeit nach Erreichen des Stabilisierungsziels dürfte jedoch eine effiziente Finanzintermediation auf längere Sicht hin verzögern. Im besonderen gilt dieser Verzögerungseffekt für die Beseitigung der planwirtschaftlichen Altlasten, die zeitlich mit der Transformationskrise zusammenfällt.

Im folgenden werden die Einflüsse der gesamtwirtschaftlichen Transformation auf die des Bankensektors an drei entscheidenden Punkten skizziert, in denen sich ein direkter Zusammenhang zum Bankensystem ergibt, der *Eindämmung der* mit der Transformation verbundenen *Risiken*, der *Geldpolitik des Staates* und der *Konsolidierung des Staatshaushalts*.

---

[63] Vgl. CAMPBELL, Robert W. (1994), S. 116.

[64] Vgl. WINIECKI, Jan (1993), S. 129.

[65] Vgl. u.a. FISCHER, Stanley und Alan GELB (1991), S. 102, FUNKE, Norbert (1993), S. 341 und McKINNON, Ronald I. (1993), S. 121.

[66] Vgl. McKINNON, Ronald I. (1993), S. 121 sowie TODARO, Michael P. (1989), S. 548-550.

### 3.2.2.1 Eindämmung spezifischer Transformationsrisiken

Bei der Diskussion der langfristigen Rahmenbedingungen für die Bankentätigkeit und den institutionellen Maßnahmen auf der Ebene des Geschäftsbankensystems wurde bereits skizziert, daß auf den Finanzmärkten im Übergang zur Marktwirtschaft mit relativ hohen Informationsdefiziten zu rechnen ist, die die einzelwirtschaftlichen Risiken und damit auch das Systemrisiko für den Bankensektor erhöhen. Ein erhöhtes Systemrisiko droht jedoch insb. auch durch die Krisenbedingungen des Übergangs.[67] Dies hängt zum einen mit den wirtschaftlichen Schwierigkeiten der Unternehmen, zum anderen mit der mangelnden Rentabilität der Banken selbst zusammen.

Wirtschaftliche Schwierigkeiten betreffen sowohl die staatlichen als auch die privaten Unternehmen: Die staatlichen Betriebe leiden v.a. unter dem Wegbrechen der bisherigen Absatz- und Beschaffungsmärkte im ehemals sozialistischen Ausland sowie unter der Überalterung ihres Kapitalstocks. Doch auch die neu entstehenden privaten Unternehmen sind durch Eigenkapitalmangel, ein hohes Zinsniveau und damit durch die Abhängigkeit von Fremdfinanzierung über teure, weil hochverzinste Bankkredite in ihrer Existenz gefährdet. Hinzu kommt eine oftmals mangelnde Wettbewerbsfähigkeit im Vergleich zur Konkurrenz aus dem Ausland. Während es ungewiß ist, inwieweit der Staat marode Staatsbetriebe offen subventioniert und auf diese Weise versucht, sie über die Transformationskrise hinweg zu retten, oder aber indirekt durch Kredite staatlicher Banken unterstützt, so sind staatliche Transfers zugunsten privater Unternehmen angesichts staatlicher Budgetengpässe wohl auszuschließen. Private Banken, die in privaten Unternehmen am ehesten Firmenkunden gewinnen können, sind daher von der Gefahr neuer schlechter Kredite akut betroffen, während hingegen staatliche Banken und Unternehmen auf die Hilfe des Staates hoffen können.

Auf der anderen Seite wird die Rentabilität der Banken zu Beginn ihrer Tätigkeit im Transformationsumfeld eingeschränkt sein. Dies gilt nicht nur wegen hoher Kosten im Zuge der notwendigen internen Umstrukturierungsprozesse (Personalschulung, Implementierung von Informationssystemen, Entwicklung und Einführung neuer Produkte etc.), sondern gerade auch wegen der Folgen der Transformationskrise. Zum einen ist in diesem Zusammenhang der Ausfall von Firmenkunden und daher das Entstehen neuer schlechter Kredite in Betracht zu ziehen, zum anderen führt die hohe Inflationsrate zu negativen Realzinsen und damit zu einer niedrigeren oder gar negativen Zinsspanne.[68] Dies wird auch dadurch nicht überkompensiert, daß die hohe Inflation den Bestand schlechter Kredite und die daraus entstehende Belastung für die Banken real verringert, denn das Hauptbetätigungsfeld der Banken, die laufende Finanzintermediation, bleibt in Zeiten negativer Realzinsen unrentabel.

Die damit skizzierten transformationsspezifischen Risiken erfordern besondere Maßnahmen zu deren Eindämmung. Diese implizieren einerseits eine besondere Aktivität des Staates und andererseits eine risikobewußte Geschäftspolitik der Banken selbst. Für den Staat ergibt sich aus den transformationsspezifischen Risiken die Folgerung, von den Optionen der Gestaltung eines marktwirtschaftlichen Bankensystems die jeweils restriktiveren zu wählen, die den Risikoaspekt des Bankgeschäfts in den Vordergrund stellen. Im Bereich der präventiven Maßnahmen bedeutet das strenge Anforde-

---

[67] Vgl. SAUNDERS, Anthony und Ingo WALTER (1992), S. 116.

[68] Vgl. CAPRIO Jr., Gérard (1994), S. 6.

rungen an die Zulassung neuer Banken, ein hohes Eigenkapitalvolumen als Haftungskapital sowie rigide Liquiditäts- und Risikovorschriften. Darüberhinaus liegt die Forderung nach einem starken Interventionsstaat nahe. Für die Bankenaufsicht impliziert dies ein sofortiges Eingreifen bei Solvenzschwierigkeiten von Banken, für die Zentralbank die Funktion als *lender of last resort* bei Liquiditätsproblemen, um die Risiken für die neu entstehenden Finanzmärkte möglichst klein zu halten. Die Zentralbank könnte in dieser Eigenschaft quasi als „temporärer Krisenkoordinator" fungieren.[69] Die transformationsspezifischen Risiken legen schließlich die möglichst baldige Implementierung einer Einlagensicherung nahe, um Risiken aufzufangen und das Vertrauen in das Bankensystem zu stärken.

Bei der Eindämmung der Risiken durch strenge rechtliche Vorschriften sind allerdings negative Wohlfahrtseffekte in Kauf zu nehmen, denn die Vorschriften verteuern die Kosten der Finanzintermediation. Zwar ist von strengen Risikovorschriften zu erwarten, daß sie das Risikobewußtsein der Banken erhöhen, doch andererseits kann es als Folge hiervon zu einer Kreditkontraktion kommen, die zu Lasten des wirtschaftlichen Wachstums geht, denn den Unternehmen fehlt es an Kapital, um notwendige Investitionen vorzunehmen, die ihre Wettbewerbsfähigkeit stärken sollen. Dies gilt v.a. dann, wenn eine Finanzierung über die Börse nicht möglich ist, von der anzunehmen ist, daß sie noch zu eng und zu wenig liquide ist, und die Unternehmen damit auf Bankkredite angewiesen sind. Gerade im Bereich langfristiger Kredite ist von seiten der Banken mit einer großen Zurückhaltung zu rechnen, sollten die scharfen Rechtsvorschriften tatsächlich greifen.[70] Investitionen erfordern aber gerade langfristige Kredite, so daß hier der *trade-off* zwischen Risikobewußtsein und dem Finanzierungsbedarf zugunsten von wirtschaftlichem Wachstum und Strukturwandel offenkundig wird. Ebenfalls problematisch ist die Rolle des Staates als Interventionsstaat, denn hiermit sind gerade die *moral-hazard*-Probleme verbunden, die bereits bei der Diskussion um die langfristigen Ziele der Transformation thematisiert worden sind. Im Einzelfall muß daher geprüft werden, inwiefern staatliche Hilfen die Banken gerade zu einer Inkaufnahme hoher Risiken verleiten bzw. inwieweit staatliche Finanzspritzen bestimmte Banken gegenüber anderen bevorzugen und somit zu Wettbewerbsverzerrungen führen.

Eine Zielarbitrage zwischen Risiko und Wettbewerb zugunsten der Risikoeindämmung wird v.a. in zwei Punkten deutlich, die die erfolgreiche Transformation des Bankwesens längerfristig verzögern können: Da mit einer Verschlechterung der Wettbewerbsposition der inländischen Banken durch die Zulassung von Auslandsbanken zu rechnen ist, könnten es die transformationsspezifischen Risiken erfordern, Auslandsbanken den Marktzutritt zu verwehren, um die inländischen Kreditinstitute zu schützen. Aus dem Blickwinkel des Systemrisikos betrachtet wäre eine solche Vorgehensweise zu rechtfertigen, denn zusätzlicher Wettbewerb erzeugt angesichts der Risiken für die heimischen Banken zusammen mit dem Kostendruck, der mit ihrer Modernisierung einhergeht, ein verstärktes Systemrisiko. Die vorübergehende Ausgrenzung von Auslandsbanken mindert andererseits aber die dynamische Effizienz des Bankensystems. Beide Seiten müssen daher gegeneinander abgewogen werden. Ein ähnlicher *trade-off* ergibt sich in bezug auf die Entmonopolisierung des Bankwesens: Die Entmonopolisierung bedeutet bessere Chancen für neue Banken und damit mehr Wettbewerb. Zugleich

---

[69] Vgl. GROS, Daniel und Alfred STEINHERR (1995), S. 204.
[70] Vgl. SZÉKELY, István (1993), S. 31.

steigen aber die Risiken für die staatlichen Banken, so daß eine Zielarbitrage zugunsten der Protektion staatlicher Banken die Entmonopolisierung hinausschieben würde.

### 3.2.2.2 Monetäre Stabilisierung

Kernpunkt der makroökonomischen Stabilisierungsmaßnahmen ist eine restriktive Geldpolitik zur Bekämpfung der Inflation. Dies hat unmittelbare Auswirkungen auf die Geschäftsbanken. Für den Bereich der indirekten geldpolitischen Instrumente bedeutet eine restriktive geldpolitische Linie der Zentralbank folgendes: In bezug auf die Offenmarktpolitik, sofern sie angesichts eines sich erst im Aufbau befindlichen Geldmarktes überhaupt bereits durchgeführt werden kann, sollen die Banken durch hohe Zinssätze für Wertpapiere der Zentralbank zum Kauf derselben angeregt werden, um hierdurch Zentralbankgeldabflüsse bei den Banken zu induzieren. Negative Konsequenzen für die Liquiditätsposition der Banken sind nicht zu erwarten, im Gegenteil, denn die Banken werden ja dazu ermuntert, hohe Liquiditätsreserven in Form kurzfristiger Zentralbankpapiere zu halten. Anders sehen die Konsequenzen bei der Zinspolitik der Zentralbank aus: Hohe Leitzinsen verteuern nicht nur die Refinanzierung der Banken über Diskont- und Lombardkredite, sondern sie verteuern auch die Kreditvergabe von seiten der Banken selbst. Die damit verbundene Kreditkontraktion ist zwar durchaus das Ziel restriktiver Geldpolitik, denn mit einer Verringerung der Vergabe von Bankkrediten soll ja gerade die Geldmengenexpansion gebremst werden. Hohe Kreditzinsen aber beeinträchtigen das in einer Transformationsökonomie dringend notwendige wirtschaftliche Wachstum, denn Bankkredite zur Investitionsfinanzierung werden für die Unternehmen mehr und mehr unerschwinglich. Werden jedoch trotzdem weitere Kredite vergeben, so wird die Gefahr größer, daß die Kreditnehmer durch die hohe Zinsbelastung nicht in der Lage sind, die Kredite zurückzuzahlen. Damit steigt das Volumen schlechter Kredite in den Bankenportefeuilles aber weiter an und vergrößert das Systemrisiko für den Bankensektor.[71]

Durchgreifender als die indirekten Instrumente der Geldpolitik sind aber die administrativen Instrumente, so daß bei einer galoppierenden oder gar Hyperinflation die Zentralbank wohl v.a. auf diese zurückgreifen wird. Hohe Mindestreserven als eine der beiden Möglichkeiten einer restriktiven Geldpolitik mittels administrativer Instrumente untergraben die Rentabilität der Geschäftsbanken, denn sie werden gezwungen, einen relativ großen Teil ihrer liquiden Mittel anstelle einer profitablen Investition in die Kreditvergabe als Liquiditätsreserve - womöglich gar unverzinst - zurückzulegen. In einer Phase hohen Kostendrucks durch die Umstellung der Bankstrukturen auf eine Wettbewerbswirtschaft und angesichts der Kreditrisiken im Rahmen der Transformationskrise stellt dies eine zusätzliche Belastung für die Systemstabilität dar. Das noch schärfere administrative Mittel der Kreditplafondierung läuft seinerseits dem Langfristziel einer allokativ effizienten Kreditvergabe zuwider, zumindest für den Fall, daß vielversprechende neue Unternehmen, deren Geschäftserfolg wichtig ist für die Überwindung der Rezession, von der Kreditplafondierung betroffen sind.[72] Die doppelt ne-

[71] Vgl. HARTWIG, Karl-Hans (1995), S. 19.
[72] Vgl. KOPITS, George (1994), S. 237.

gativen Effekte der Kreditplafondierung legen es daher nahe, dieses Instrument nach der erfolgreichen Bekämpfung einer Hyperinflation wieder auszusetzen.

Monetäre Stabilisierung steht sowohl in komplementärer als auch in Konkurrenzbeziehung zu den übrigen Zwischenzielen der Transformation des Bankensektors. Sie erhöht zwar die transformationsspezifischen Risiken, indem sie die Rentabilität der Banken untergräbt, steht aber grundsätzlich durchaus in Einklang mit dem Ziel, neue schlechte Kredite zu verhindern. Dies gilt zwar nicht für den Fall, daß Banken neue Kredite vergeben, die aufgrund der hohen Zinsbelastung der Kreditnehmer nicht zurückgezahlt werden können. Wird die Kreditvergabe von seiten der Banken aber tatsächlich drastisch eingeschränkt, und betrifft dies v.a. auch die staatlichen Unternehmen, die mit Hilfe der Vergabe neuer schlechter Kredite vor einem Konkurs bewahrt werden sollen, so stehen monetäre Stabilisierung und harte Budgetrestriktionen für den Unternehmenssektor in einem komplementären Verhältnis zueinander.

Für eine erfolgreiche monetäre Stabilisierung reichen harte Budgetrestriktionen gegenüber dem Unternehmenssektor allein aber nicht aus, denn die Banken selbst und auch der Staat müssen ebenfalls harten Budgetbeschränkungen unterliegen. Eine laufende finanzielle Stützung insb. staatlicher Banken durch die Zentralbank bzw. die Bankenaufsicht, die eine fortgesetzte verdeckte Subventionierung maroder Staatsbetriebe mit Hilfe von Bankkrediten ermöglichen soll, steht dem Ziel einer monetären Stabilisierung der Volkswirtschaft entgegen. Daher entspricht auch eine einmalige Sanierung und Rekapitalisierung der Banken, die die Subventionierung derselben durch den Staat beendet, und die einhergeht mit einer Härtung der Budgetrestriktionen gegenüber dem Unternehmenssektor, einer restriktiven geldpolitischen Linie. Doch nicht nur neue schlechte Kredite bergen Inflationsgefahren, sondern auch die Finanzierung des Staatshaushalts über Bankkredite steht dem Ziel der Inflationsbekämpfung entgegen. Daher erfordert eine restriktive Geldpolitik auch die Beendigung der Budgetfinanzierung über das Bankensystem.[73] Vor dem Hintergrund eines Budgetdefizits im Laufe einer Transformationskrise ist ein Unterbinden dieses Finanzierungsmechanismus allerdings nicht leicht durchzusetzen.

#### 3.2.2.3 Konsolidierung des Staatshaushalts

Wie bereits bei der Skizzierung der Transformationskrise angerissen, ist im Zuge einer transformationsbedingten Rezession mit steigenden Defiziten des Staatshaushalts zu rechnen. Dies hängt einerseits mit einem aufgrund wachsender Arbeitslosigkeit und geringeren Unternehmensgewinnen sinkenden Steueraufkommen zusammen und andererseits damit, daß ein effizientes Steuersystem erst aufgebaut werden muß, und bis zu seiner Realisierung Steuervermeidung bzw. Steuerhinterziehung häufiger zu beobachten sein werden als bei Steuersystemen reifer Marktwirtschaften. Dem gegenüber steht aber ein steigender Ausgabenbedarf des Staates, v.a. aufgrund von sozialen Transferleistungen, um die negativen sozialen Folgen der Transformation abzufedern.

Vom Auseinanderklaffen zwischen Einnahmen- und Ausgabenseite des Staatshaushalts ist das Geschäftsbankensystem in mehrfacher Hinsicht betroffen. Zunächst zur Ein-

---

[73] Vgl. HARTWIG, Karl-Hans (1995), S. 20.

nahmenseite: Der Staat kann auf drei verschiedenen Wegen versuchen, sein Budgetdefizit über das Bankensystem zu verringern. Der direkte Weg ist der der Besteuerung. Eine hohe Besteuerung des Bankwesens steht dem Ziel der Inflationsbekämpfung nicht unmittelbar entgegen, sieht man von der Art der Steuerverwendung durch den Staat einmal ab, untergräbt aber die Rentabilität der Banken. Unter Berücksichtigung der transformationsspezifischen Risiken, die die Liquiditätsposition der Banken schwächen können, vergrößert eine hohe Besteuerung des Bankensektors jedoch die Gefahren für die Sicherheit des Systems.

Der zweite Weg der Budgetfinanzierung durch die Geschäftsbanken ist der über Bankkredite. Diese Möglichkeit hat zwei Auswirkungen: Sie wirkt erstens inflationär und insofern konträr zur monetären Stabilisierung, und sie verdrängt zweitens potentielle private Kreditnehmer, indem den Banken für jene Kunden keine ausreichenden Kreditressourcen mehr zur Verfügung stehen. Für das Wirtschaftswachstum hat dies negative Auswirkungen. Jedoch steht die Kreditvergabe an den Staat statt an private Firmenkunden nicht grundsätzlich dem Interesse der Banken entgegen, denn Kredite an den Staat bergen kein Risiko in sich, geht man davon aus, daß der Staat nicht in Konkurs gehen kann. Die geschilderten wirtschaftlichen Probleme, denen sich die Unternehmen im Rahmen einer Transformationskrise gegenübersehen, implizieren aber sehr wohl ein hohes Kreditrisiko für die Banken, wenn sie Mittel an eben jene Kundengruppe gewähren. Insofern besteht hier für die Banken ein recht hoher Anreiz, Kredite zur Budgetfinanzierung solchen an Firmenkunden vorzuziehen. Neben schlechten Krediten drohen also auch durch Bankkredite an den Staat potentiellen Kreditnehmern mit guter Bonität *crowding-out*-Gefahren.[74]

Der dritte Weg der Budgetfinanzierung durch die Banken hat einen ähnlichen *crowding-out*-Effekt zur Folge wie die Kreditfinanzierung, ohne jedoch die inflationären Gefahren der Kreditvergabe zu beinhalten: der Kauf staatlicher Wertpapiere durch die Banken. Solche *treasury bonds* bilden für die Banken eine sichere Investition. Der Erwerb staatlicher Wertpapiere ist also durchaus ein Beitrag zur Eindämmung von Transformationsrisiken, den die Banken selbst leisten können. Ihnen ist von daher auch ein Interesse am Kauf von *treasury bonds* zu unterstellen. Der Staat selbst dürfte durch eine hohe Verzinsung ebenfalls den Absatz der Papiere fördern, zumal die Budgetfinanzierung durch staatliche Wertpapiere auch ein in reifen Martkwirtschaften beschrittener Weg der Budgetfinanzierung durch die Banken bzw. Nichtbanken, und dabei institutionelle Investoren wie Kleinanlegern ist, ohne direkte inflationäre Effekte zu beinhalten. Allerdings bieten die *treasury bonds* den Banken nicht allein Vorteile, denn ihre Verzinsung und damit die Rentabilität für die Kreditinstitute liegt normalerweise unterhalb der von Krediten, so daß mittelfristig hohe Investitionen in T-Bonds die Gewinnentwicklung der Banken schmälern dürfte.[75] Von daher stellt sich in bezug auf die staatlichen Banken die Frage, inwiefern hohe Investitionen in T-Bonds aus risikoaversem Verhalten herrühren oder aber auf staatlichen Druck zurückzuführen sind. Unabhängig davon bleibt das Problem des *crowding out* von Kreditnehmern und damit ein verzögertes Wirtschaftswachstum bestehen.

Wägt man die drei Möglichkeiten der Budgetfinanzierung durch das Bankensystem in bezug auf die Stabilität des Bankensektors, die Konsequenzen für potentielle nicht-

---

[74] Vgl. GORDON, Roger H. (1994), S. 61.
[75] Vgl. BORISH, Michael S., Millard F. LONG und Michel NOËL (1995), S. 6.

staatliche Kreditnehmer und inflationäre Effekte gegeneinander ab, so erscheint der Weg über T-Bonds als der ökonomisch günstigste. Als gefährlichste Option schneidet die Kreditfinanzierung ab, denn sie impliziert letztlich weiche Budgetrestriktionen für den Staat mit entsprechender Inflationsgefahr. Eine Budgetfinanzierung über Bankkredite kombiniert mit neuen schlechten Krediten für den Unternehmenssektor stellen im Zusammenhang mit der Inflation dabei eine Art *worst-case*-Szenario dar.[76]

Zur Ausgabenseite: Der Ausgabenüberschuß des Staates führt dazu, daß staatliche Mittel für den Bankensektor nur begrenzt vorhanden sind. Dies hat Konsequenzen für die Sanierung und Rekapitalisierung der Banken: Auch wenn der Bestand alter schlechter Kredite in die Verantwortung des Staates fällt, ist für denselben der Anreiz groß, seine Verantwortung abzuwälzen. Dies kann entweder dadurch geschehen, daß die Feststellung des Volumens schlechter Altkredite möglichst lange hinausgezögert wird und dabei neue schlechte Kredite zur Rettung staatlicher Unternehmen bewußt in Kauf genommen werden, oder dadurch, daß die Kosten aus schlechten Krediten von Dritten getragen werden. Direkt könnten dies Auslandsbanken übernehmen, die sich an den betroffenen Banken beteiligen und sie sanieren. Auch ist es denkbar, daß multinationale Finanzinstitutionen, wie die *Weltbank* oder die *EBRD*, Finanzhilfen zur Bankensanierung bereitstellen. Wenn die schlechten Kredite ohne Rekapitalisierung durch den Staat von den Banken abgeschrieben werden, tragen letztlich sowohl neue Kreditnehmer als auch Depositenkunden durch eine entsprechende und für sie ungünstige Zinsgestaltung indirekt die Last aus schlechten Krediten.

Gesetzt den Fall, der Staat übernimmt die Rekapitalisierung der staatlichen Banken, so läge es in seinem Interesse, aber auch im Sinne gleicher Wettbewerbschancen, daß die Banken nach Maßgabe ihrer Belastung mit schlechten Krediten differenziert mit Finanzmitteln ausgestattet werden, daß die Rekapitalisierung aber zugleich *einmalig* erfolgt und nicht in eine laufende Subventionierung mündet. Dies untermauert noch einmal die Notwendigkeit, daß die Rekapitalisierung mit harten Budgetrestriktionen für Banken und Unternehmen verbunden sein muß, wenn sie überhaupt Sinn machen soll. Die Finanzmittelknappheit des Staates dürfte auch dazu führen, daß in Not geratene private Banken kaum in den Genuß staatlicher Rekapitalisierung kommen werden. Dies ist zwar verständlich, denn der Staat trägt für private Banken keine Eigentümerverantwortung, verursacht aber zugleich ungleiche Wettbewerbsbedingungen zwischen staatlichen und nichtstaatlichen Marktakteuren.

### 3.2.3 Schlußfolgerungen: Staat und Zwischenziele der Transformation

Wie schon das Erreichen der langfristigen Zielsetzungen der Bankentransformation zu einem Großteil von der Aktivität des Staates als Systemgestalter abhängt, so ist davon auszugehen, daß dies für die Umsetzung der Zwischenziele der Transformation ebenso gilt, denn die Probleme der Altlastenbeseitigung und die spezifischen Bedingungen der gesamtwirtschaftlichen Umwälzung, unter denen sich die Umgestaltung des Bankwesens vollzieht, dürften sowohl die alten staatlichen als auch die neuen privaten Banken als Marktakteure überfordern. Dies erfordert unterstützende Interventionen des Staates. Die Umsetzung der Transformationszwischenziele wird durch die Gleichzeitigkeit von

---

[76] Vgl. McKINNON, Ronald I. (1993), S. 115.

Altlastenbeseitigung und Transformationskrise und die teilweise komplementäre, teilweise aber auch Konkurrenzbeziehung zwischen den beiden Zielbereichen zusätzlich erschwert.

**Beseitigung planwirtschaftlicher Altlasten im Bankwesen**

Sanierung und Rekapitalisierung der Banken

Entmonopolisierung des Bankwesens

unter

**transformationsspezifischen Bedingungen**

Eindämmung spezifischer Transformationsrisiken
(neue schlechte Kredite)

Monetäre Stabilisierung

Konsolidierung des Staatshaushalts

⇒ *Interventionen des Staates*

⇒ *Entstehung dauerhafter unbeabsichtigter Strukturen ?*

**Abb. 3.2: Staat und transformationsspezifische Zwischenziele**

Die Transformation des Bankensektors kann nur gelingen, wenn die durch die Problematik notleidender Kredite allokativ verzerrte Kreditvergabe korrigiert wird. Die Interessen der Banken in diesem Zusammenhang sind zweigeteilt: Einerseits behindert der Bestand alter schlechter Kredite die Attrahierung neuer Kunden und die Umorientierung hin auf die Wettbewerbswirtschaft, andererseits führen bürokratisches Verhalten und Existenzsicherungsinteresse der alten Banken bzw. aggressiv wettbewerbsorientiertes Verhalten der neuen Banken zu weiteren schlechten Krediten bzw. zur Prolongation der alten. An dieser Stelle ist der Staat als *Interventionsstaat* gefordert, denn Eigenkapitalmangel und Wissensdefizite der Banken dürften eine selbständige Lösung des Problems durch die Kreditinstitute verhindern. Dennoch kann der Staat die Kreditbereinigung *dezentral* organisieren, d.h. er übernimmt zwar die Rekapitalisierung der Banken, damit diese im Notfall nicht rückzahlbare Kredite abschreiben können, überläßt ihnen aber im Einzelfall die Kreditbereinigung. Den Banken wird auf diese Weise die Möglichkeit gegeben, Lernprozesse für eine künftig risikoadäquate Kreditvergabe zu durchlaufen und Kompetenzen im Bereich der *corporate governance* zu erwerben.

Der Staat befindet sich seinerseits in einem Spannungsfeld widerstreitender Interessen: Auf der einen Seite muß er aus ordnungspolitischen Gründen daran interessiert sein, die Voraussetzungen für eine künftig effiziente Finanzintermediation durch die Bereinigung schlechter Kredite zu schaffen, auf der anderen Seite aber sieht er sich mit den spezifischen Bedingungen der Transformationskrise konfrontiert. Diese machen eine makroökonomische Stabilisierung mit Hilfe restriktiver Geldpolitik sowie eine Konsolidierung des Staatshaushalts erforderlich, der als Folge der Transformationskrise steigende Defizite aufweisen dürfte. Das Ziel der Begrenzung der Geldmengenexpansion verhält sich dabei durchaus komplementär zur Sanierung und Rekapitalisierung der Banken, aber nur dann, wenn Banken, Unternehmen und Staat fortan harten Budgetbeschränkungen unterliegen. Die Finanzknappheit des Staates jedoch ruft die Gefahr hervor, daß die Bankensanierung verschleppt wird, um die Offenlegung der Unternehmensschulden hinauszuzögern und die für die Sanierung erforderlichen Mittel einzusparen, auch um den Preis indirekter Unternehmenssubventionen über neue schlechte Bankkredite. Selbst wenn der Staat trotzdem relativ frühzeitig die Sanierung und Rekapitalisierung der Banken in Angriff nehmen sollte, so sind seine Mittel für eine ausreichende Kapitalausstattung der Banken begrenzt. Damit aber könnten mehrmalige Rekapitalisierungen der Kreditinstitute notwendig werden.

Der zweite Problemkomplex der Altlastenbeseitigung betrifft die Entmonopolisierung des Bankwesens, um für neue Marktteilnehmer gleiche Wettbewerbsbedingungen zu schaffen. Resultiert aus der Rekapitalisierung der staatlichen Banken bereits eine Bevorteilung derselben gegenüber den privaten Konkurrenzinstituten, die aufgrund der Finanznot des Staates wohl kaum in den Genuß staatlicher Kapitalspritzen gelangen dürften, so würde die Konservierung monopolistischer Strukturen aus der planwirtschaftlichen Zeit für eine zusätzliche Benachteiligung der neuen Marktakteure sorgen. Die Entmonopolisierung müßte vom Staat als Eigentümer der alten Banken vorgenommen werden. Mit der Entmonopolisierung würde er die Position der staatlichen Banken aber schwächen und mögliche einzelwirtschaftliche Risiken verstärken. Daher ist der Anreiz groß, die Marktposition der staatlichen Banken vorerst unangetastet zu lassen. Dieser Anreiz erfährt eine weitere Verstärkung, wenn man die transformationsspezifischen Risiken mit in Betracht zieht, die durch die Tranformationskrise hervorgerufen werden.

Diese Risiken liegen einmal in der schwierigen finanziellen Lage vieler Firmenkunden begründet, zum anderen in den negativen Realzinsen infolge der hohen Inflation, die die Finanzintermediation zunehmend unrentabel machen. Die Transformationskrise erfordert daher in bezug auf die rechtlichen Rahmenbedingungen der Bankentätigkeit strenge präventive Risikovorschriften zur Sicherung der Systemstabilität, auch wenn die Priorität zugunsten der Risiken zu Lasten des Wettbewerbs geht. Der Staat ist im Kontext mit diskretionären Maßnahmen als Interventionsstaat gefordert, um das Vertrauen in die neu entstehenden Strukturen des Bankensystems zu festigen, wenn die Banken nicht die nötige Marktdisziplin zeigen. Daß die Kreditinstitute zu Beginn der Transformation nicht risikoorientiert genug arbeiten werden, wurde bereits bei den Langfristzielen der Transformation thematisiert. Im Rahmen der Transformationskrise wiegt die mangelnde Berücksichtigung der Risiken jedoch umso schwerer.

Die Eindämmung transformationsspezifischer Risiken steht in Einklang mit der Sanierung und Rekapitalisierung der Banken und ist deren logische Konsequenz, denn die Bereinigung alter schlechter Kredite macht nur dann Sinn, wenn zugleich Vorkehrungen gegen neue schlechte Kredite getroffen werden. Komplizierter ist die Zielbeziehung zu den makroökonomischen Maßnahmen des Staates: Eine restriktive Geldpolitik stellt einen Eingriff des Staates in das Rentabilitätsstreben der Banken dar und untergräbt im allgemeinen deren Liquiditätsposition. Damit verstärkt sie aber die einzelwirtschaftlichen Risiken und letztlich auch das Systemrisiko. Der Anreiz für den Staat, mit Hilfe des Geschäftsbankensystems sein Budget zu finanzieren, ist angesichts steigender Defizite sehr hoch. Eine womöglich hieraus resultierende hohe Bankenbesteuerung trägt aber ebenfalls zu einem wachsenden Systemrisiko bei. Auch die beiden übrigen Instrumente zur Verbesserung der Staatseinnahmen über das Bankensystem haben negative Folgen, weniger für die Banken als vielmehr für eine effiziente Finanzintermediation und den wirtschaftlichen Strukturwandel: Ähnlich wie schlechte Kredite haben Bankkredite an den Staat *crowding-out*-Effekte gegenüber den übrigen Kreditnehmern. Die Substitution von Krediten durch staatliche Wertpapiere stellt zwar für die Banken eine recht sichere Investition dar, verdrängt aber ebenfalls potentiell gute Kreditkunden. Der Staat ist demnach gezwungen, eine Zielarbitrage zwischen Systemsicherheit, mikroökonomischer Effizienz und makroökonomischen Notwendigkeiten vorzunehmen.

Eine solche Zielarbitrage gilt für den Problemkomplex mikroökonomischer Effizienz und makroökonomischer Stabilität während des Transformationsprozesses generell: Eine Liberalisierung des Bankensektors, d.h. die Förderung von Wettbewerb durch die Zulassung neuer Marktakteure und insb. von Auslandsbanken, die Förderung des gesamtwirtschaftlichen Strukturwandels mittels freier Kreditvergabe bei niedriger Verzinsung an neue private Unternehmen und gleichzeitiger Anwendung harter Budgetrestriktionen auf staatliche Banken, staatliche Unternehmen und den Staat selbst ist zwar notwendig, um die Transformation zum marktwirtschaftlichen Bankensystem zu einem Erfolg zu führen, widerspricht aber in Teilen den Zielen der Makrostabilisierung.[77] Ohne die Senkung der Inflationsrate und die Überwindung der übrigen Negativerscheinungen einer Transformationskrise ist aber auch die Liberalisierung des Bankensektors sinnlos. Deshalb wird sich der Staat gezwungen sehen, im Laufe des Transformationsprozesses zugunsten von Stabilisierung oder Liberalisierung Prioritäten zu setzen.

## 3.3 Zwischenfazit: Die Agenda der Bankentransformation

Die im zweiten Kapitel der vorliegenden Arbeit aufgezeigten Funktionsunterschiede zwischen den Banken der plan- und der marktwirtschaftlichen Ordnung und die völlig verschiedene institutionelle Ausgestaltung der jeweiligen Bankensysteme erfordern eine umfangreiche Agenda der Transformation vom plan- zum marktwirtschaftlichen Bankensystem. Angesichts der Anforderungen an Banken in der Marktwirtschaft einerseits und den spezifischen Bedingungen der gesamtwirtschaftlichen Transformation andererseits läßt sich die Agenda der Bankentransformation differenzieren in langfristige Zielsetzungen und Zwischenziele. Die langfristigen Ziele umfassen die Rahmenbedingungen für die Bankentätigkeit, die Transformation auf der Ebene des Geschäftsbankensystems und die Umgestaltung auf der Ebene der einzelnen Bank. Die Zwischenziele betreffen zum einen die Beseitigung der Altlasten aus der Ära der Planwirtschaft und zum anderen die Erfordernisse, die sich aus den spezifischen ökonomischen

[77] Vgl. RYBCZYNSKI, Tad M. (1992), S. 258.

Bedingungen der Transformation der gesamten Volkswirtschaft ergeben, unter denen sich die Umgestaltung des Bankwesens vollzieht.

Eingangs des dritten Kapitels stellten sich zwei Fragen: erstens, in welcher Zielbeziehung die Ziele der Bankentransformation zueinander stehen und zweitens, welche Akteure welche Aufgaben innerhalb Transformationsagenda übernehmen. Zunächst zur zweiten Frage: Geht man von ordnungspolitischen Vorstellungen und dem Gebot der Subsidiarität aus, so stellen sich die Formulierung der rechtlichen Rahmenbedingungen und die Durchführung der Geldpolitik primär als Aufgaben des Staates dar. Etwas komplizierter wird die Sachlage auf der Ebene des Geschäftsbankensystems. Hier herrscht die paradoxe Situation, daß v.a. der Staat in Form institutioneller Maßnahmen aktiv wird, zugleich aber mit der Bankenprivatisierung und der Liberalisierung des Markteintritts für seinen eigenen Rückzug von der Geschäftsbankensystemebene zu sorgen hat. Die Transformation auf der Ebene der einzelnen Bank schließlich betrifft zunächst das Aufgabenfeld der Marktakteure. Bei genauerer Analyse zeigt sich jedoch, daß aufgrund von Wissensdefiziten in bezug auf die Risiken und die Wettbewerbsanforderungen einer Marktwirtschaft sowie Mentalitätsproblemen die Marktakteure überfordert sein könnten, weil ihnen die Gesetzmäßigkeiten des Marktes bisher fremd waren. So könnte auch hier der Ruf nach staatlichen Eingriffen laut werden, wobei es zunächst eine offene Frage bleibt, inwiefern Regierungsbeamte die Banken besser auf die Erfordernisse des Marktes einstellen können als Bankmanager.

Während bei der Umsetzung der langfristigen Transformationsziele die Aktivität des Staates von 'oben' (Rahmenbedingungen) nach 'unten' (Ebene der einzelnen Bank) aus ordnungspolitischer Sicht eher abnimmt, scheint der Handlungszwang für den Staat auf dem Gebiet der Zwischenziele stärker zu sein. Mit der Sanierung und Rekapitalisierung der Banken und der Entmonopolisierung des Bankwesens müssen zunächst die Voraussetzungen dafür geschaffen werden, daß die alten staatlichen Banken ihre Funktionen effizient wahrnehmen, und daß die neuen privaten Banken überhaupt erst am Markt aktiv werden können. Die transformationsspezifischen Bedingungen, also die Eindämmung transformationsspezifischer Risiken sowie die Einflüsse der monetären Stabilisierung und der Konsolidierung des Staatshaushalts, erschweren den Banken den Start in die Marktwirtschaft und bieten dem Staat zugleich ein breites Aufgabenfeld. Die Zielrichtung dabei liegt fest, nämlich die Marktakteure auf eine gleichberechtigte Wettbewerbsgrundlage zu stellen und sie zu risikoadäquatem Verhalten anzuhalten.

Die Umsetzung der lang- und der kurzfristigen Transformationsaufgaben ist konfliktreich. Damit wird zugleich die erste zu Beginn des dritten Kapitels gestellte Frage nach den Zielbeziehungen angerissen. Die langfristigen Transformationsaufgaben bieten den Akteuren verschiedene Optionen für die konkrete Ausgestaltung des Bankwesens. Diese Optionen stehen größtenteils direkt mit dem Spannungsfeld von Risiko und Wettbewerb in Verbindung und betreffen die Frage, wieviel Wettbewerb zwischen den Marktakteuren möglich ist, ohne Gefahr zu laufen, die Risiken der Bankentätigkeit zu unterschätzen. Bei den rechtlichen Rahmenbedingungen läßt sich dabei die Frage ins Feld führen, wie streng die Zulassungsanforderungen an die neuen Marktakteure formuliert und die Eingriffsrechte der laufenden Aufsicht ausgestaltet sein sollen. Auf der Ebene des Geschäftsbankensystems ist entscheidend, inwieweit sich der Staat bei Schaffung der notwendigen Marktinfrastruktur, wie der Implementierung von Finanzmärkten, aus dem Geschäftsbankensystem unter Aufgabe seiner Eigentümerrechte zurückzieht und damit einen Beitrag zu gleichen Wettbewerbschancen leistet. Der Marktzutritt neuer privater Banken ist ein wichtiger Schritt für die Einführung von Wettbewerb im Bankensystem und kann die Effizienz des Systems stärken, doch birgt die neue Konkurrenz durch private Banken auch Gefahren für die Stabilität der alten Staatsbanken und damit für das System insgesamt. Schließlich sind Wettbewerbs- und Risikoorientierung auch auf der einzelwirtschaftlichen Ebene die entscheidenden Handlungsparameter.

Normativ gesehen sollte die Gewichtung von Risiko- und Wettbewerbsaspekten für eine Maximierung des Vertrauens unter den Bankakteuren und den Bankkunden sorgen. Vertrauen hat dabei zwei Komponenten, nämlich Vertrauen in die Effizienz und die Leistungsfähigkeit des Bankensystems einerseits sowie in die Sicherheit des Systems andererseits. Die konkrete Ausgestaltung aller drei Ebenen der langfristigen Transformationsziele wird jedoch nicht allein von normativen Gesichtspunkten und den praktischen Erfordernissen der Transformation, sondern auch von den Interessen der jeweiligen Akteure und ihrer Kräftekonstellation abhängen. Wird die Regierung von reformwilligen Kräften getragen, so dürfte dies zu einer liberalen und wettbewerbsfreundlichen Ausgestaltung der Rahmenbedingungen für die Bankentätigkeit führen. Ist die Lobby der alten Staatsbanken und ihre Verflechtung mit den Staatsunternehmen aber besonders stark, so könnte dies ein Hindernis darstellen für den Marktzutritt neuer privater Banken und damit für die Einführung des Wettbewerbsprinzips.

Die Beziehung der transformationsspezifischen Zwischenziele untereinander ist noch konfliktreicher als die Optionen für die langfristige Ausgestaltung des Bankensystems, denn hier prallen innerhalb eines kurzen Zeitraums unterschiedliche ökonomische und politische Interessen sowie die Erfordernisse und Schwierigkeiten der gesamtwirtschaftlichen Umgestaltung aufeinander. Die Beseitigung der planwirtschaftlichen Altlasten ist eine notwendige Bedingung dafür, daß das Bankensystem seine Funktionen langfristig effizient ausüben kann, denn ein großer Ballast schlechter Kredite verteuert die Kreditvergabe und gefährdet die Solvenz der betroffenen Banken, während die funktions- und sektorspezifischen Bankmonopole der planwirtschaftlichen Ära allokativ verzerrend wirken. Die Sanierung und Rekapitalisierung der Banken und die Entmonopolisierung des Bankwesens werden aber erschwert durch die potentielle Finanzknappheit des Staates in der Übergangsphase zur Marktwirtschaft, wenn das Steuersystem noch nicht wie gewünscht funktioniert, zugleich aber die sozialen Transferforderungen an den Staat wachsen. Eine restriktive Geldpolitik im Zuge der monetären Stabilisierung verzögert durch die damit verbundenen hohen Zinsen die Kreditrückzahlung, verschärft so das Problem der schlechten Kredite und unterminiert die finanzielle Situation der Banken. Die Eindämmung der transformationsspezifischen Risiken bspw. durch scharfe Zulassungsanforderungen an neue Banken schließlich steht der Forderung nach einer Entmonopolisierung des Bankwesens entgegen. Für die Beantwortung der Frage, welche der genannten Ziele im Zuge der Transformation verwirklicht werden, wird entscheidend sein, welche Prioritäten der Staat kurzfristig setzt und wie stark er dem Einfluß der verschiedenen Interessengruppen ausgesetzt ist. So dürfte die Höhe der Rekapitalisierung der einzelnen Banken auch davon abhängen, wie stark deren gesamtwirtschaftliche Bedeutung und ihre Lobby innerhalb der Regierung und der für die Bankentransformation zuständigen Behörden ist.

Eine ähnlich komplizierte Zielbeziehung wie bei den langfristigen Zielsetzungen und den Zwischenzielen untereinander ergibt sich schließlich auch *zwischen* den beiden Zielkategorien: Auf der einen Seite bilden die Beseitigung der planwirtschaftlichen Altlasten sowie die Überwindung der Transformationskrise und ihrer Auswirkungen auf den Bankensektor die Voraussetzung dafür, daß die am Endzustand des Bankensystems orientierten Langfristziele überhaupt erreicht werden können. Auf der anderen Seite aber besteht die Gefahr, wie in Abb. 3.2 angedeutet, daß mit den für das Erreichen der Zwischenziele erforderlichen Maßnahmen dauerhafte Strukturen im Bankensektor gesetzt werden, die zu Beginn des Transformationsprozesses gar nicht beabsichtigt waren. Daneben könnten bestimmte langfristig orientierte Maßnahmen, wie die Bankenprivatisierung und die Öffnung des Marktes für Auslandsbanken, verzögert werden, so daß sich Strukturen verfestigen, die typisch für die Zeit der Planwirtschaft waren. Das Ergebnis wäre eine Art Mischsystem aus plan- und marktwirtschaftlichen Elementen:

> „The various mixtures of the features of a centrally planned economy and a free market system give rise to incoherencies and inconsistencies which automatically favour the renewed encrustation of specific features as well as undesirable developments.“[78]

Neben der Forderung, die Transformation des Bankensektors erst dann anzugehen, wenn eine Stabilisierung der Wirtschaft erreicht sei, wird daher in der Literatur auch vorgeschlagen, den Bankensektor trotz makroökonomischer Ungleichgewichte möglichst früh zu liberalisieren, also die Kreditvergabe freizugeben, die staatlichen Banken zu privatisieren und neue private Banken am Markt zuzulassen, um Verzögerungen zu vermeiden.[79] Solche Verzögerungen betreffen *alle drei Ebenen* der Bankentransformation: die Rahmenbedingungen für die Bankentätigkeit, die Systemebene und die Ebene der einzelnen Bank.

Die besonderen Risiken einer Transformationskrise legen eine Arbitrage von wettbewerbsorientierten Zielsetzungen zugunsten risikoorientierter nahe. Dies gilt gerade auch für die *rechtlichen Rahmenbedingungen* der Bankentätigkeit. Neben strengen präventiven Maßnahmen dürfte der Staat hier für längere Zeit als Interventionsstaat gefordert sein. Dies ist sinnvoll, um fehlendes Vertrauen in das neu entstehende marktwirtschaftliche Bankensystem zu schaffen. Zugleich erwächst daraus jedoch die Gefahr, daß Eingriffe der Bankenaufsicht in Form eines *bailout* bzw. der Zentralbank als *lender of last resort* längerfristig die großen und für die Systemstabilität besonders wichtigen staatlichen Banken gegenüber der privaten Konkurrenz bevorteilen. Auch wenn mit der Erhaltung der Systemstabilität ökonomische Gründe für die Rettung der staatlichen Banken sprechen, sind politische Interessen nicht auszuschließen, v.a. dann nicht, wenn die Banken aus der sektorspezifischen Arbeitsteilung der Planwirtschaft heraus einer bestimmten, politisch bedeutsamen Klientel nahestehen. Die Bevorteilung staatlicher Banken bringt aber Wohlfahrtsverluste mit sich, wenn z.B. staatliche Hilfen in eine Art Bestandsgarantie münden, da hierdurch *moral-hazard*-Verhalten hervorgerufen und ökonomisch ineffiziente Strukturen konserviert werden. Das Langfristziel, daß die rechtlichen Rahmenbedingungen gleiche Wettbewerbsgrundlagen für *alle*

[78] Vgl. KLOTEN, Norbert (1993), S. 127.
[79] Vgl. RYBCZYNSKI, Tad M. (1992), S. 257.

Marktteilnehmer schaffen sollen, würde verfehlt. Wenn eine Protektion bestimmter Marktteilnehmer jedoch aus Gründen der Systemstabilität unabdingbar scheint, so müßte dieser Schutz eine zeitliche Begrenzung erfahren, nach der die Marktmechanismen voll durchgreifen.

Die *wirtschaftlichen Rahmenbedingungen* verlangen nach staatlicher Prozeßpolitik, die wiederum die Handlungsfreiheit der Banken einschänkt. Dies zeigt sich zum einen in einer restriktiven Geldpolitik mit Hilfe administrativer Instrumente: Hohe Mindestreserven binden liquide Mittel der Banken, entziehen diese damit einer gewinnbringenden Verwendung und untergraben die Rentabilität der Banken; die Kreditplafondierung steht der effizienten Kreditallokation entgegen und behindert die unabhängige Finanzintermediation. Die Finanzierung des staatlichen Budgets bedeutet einen weiteren Eingriff in die Geschäftspolitik der Banken, zumindest dann, wenn staatlicher Druck zum Kauf von T-Bonds ausgeübt wird, und führt zudem zu einem *crowding out* privater Kreditnehmer.

Die Zielarbitrage von Risiken zu Lasten von Wettbewerb mittels staatlicher Eingriffe in die Geschäftspolitik der Kreditinstitute führt zu Effizienzverlusten, die die Frage aufwerfen, was letztlich die größeren Wohlfahrtsverluste zur Folge hat, 'zu strenge' Regulierung oder 'zu frühe' Deregulierung.[80]

Die mit einer Transformationskrise verbundenen Risiken dürften auch bei den institutionellen Maßnahmen auf der *Ebene des Geschäftsbankensystems* für eine besondere Aktivität des Staates sorgen, einmal bei der Implementierung von Finanzmärkten und eines effizienten Zahlungsverkehrssystems, zum anderen als Interventionsstaat, um die Risiken, die mit eventuellen Solvenzproblemen der Banken verbunden sind, zu minimieren. Die Risiken des Übergangs vom Plan zum Markt legen die Frage nahe, inwiefern der Zugang zu den Finanzmärkten und zum Zahlungsverkehr auf bestimmte 'sichere' Banken beschränkt sein sollte. Eine solche Selektion würde die staatlichen Banken aus zwei Gründen begünstigen: Erstens haftet der Staat als Eigentümer automatisch für eventuelle Zahlungsschwierigkeiten der staatlichen Banken und würde diesen somit auch den Zugang zu den Finanzmärkten und zum Zahlungsverkehr sichern; zweitens sind zu wenig Informationen über neu am Markt agierende private Banken verfügbar, als daß die Bankenaufsicht deren Liquidität und Risikoverhalten zu Beginn ihrer Geschäftstätigkeit in ausreichendem Maße beurteilen könnte, so daß der Anreiz groß ist, neue Banken von den Finanzmärkten und dem Zahlungsverkehr zunächst auszuschließen. Ohne eine zeitliche Begrenzung dieser Maßnahmen käme die Beschränkung des Marktzugangs auf einen begrenzten Kreis von Banken jedoch einer Diskriminierung neuer Banken gleich und würde zudem verkrustete Marktstrukturen konservieren.[81]

Trotz der herausgehobenen Rolle des Staates ist sein langfristiger Rückzug aus dem Geschäftsbankensystem mittels der Liberalisierung des Marktzutritts für neue private Banken und der Privatisierung der staatlichen Kreditinstitute ein Kernziel der Bankentransformation. Durch den unterschiedlichen Grad an Reformorientierung der jeweiligen Regierung ist das Interesse des Staates an der Bankenprivatisierung jedoch nicht ex-ante zu determinieren. Die Transformationskrise steht einer frühzeitigen Banken-

---

[80] Vgl. SZÉKELY, István (1993), S. 18.

[81] Vgl. MARQUARDT, Jeffrey C. (1994), S. 143.

privatisierung entgegen, denn die Privatisierung der Banken würde die Gefahr heraufbeschwören, daß verschuldete Unternehmen in Konkurs gehen müßten und sich so die Wirtschaftskrise noch verschärft. Dies spricht dafür, die Bankensanierung und die Sanierung der Unternehmen zunächst einmal abzuschließen, bevor die Banken entstaatlicht werden. Eine solche parallele Vorgehensweise für den Banken- und den Unternehmenssektor legt eine aktive Rolle der Kreditinstitute bei der Unternehmenssanierung nahe. Werden sie vom Staat ausreichend rekapitalisiert, sollten die staatlichen Banken an einer aktiven Rolle, also einer dezentralisierten Lösung, interessiert sein, nicht allein wegen der mit Unternehmensbeteiligungen verbundenen Wettbewerbsvorteile, sondern auch, weil die aktive Unternehmenssanierung ihnen gegenüber dem Staat neue Entscheidungsspielräume eröffnet und Lernprozesse induziert. Verfolgt der Staat langfristig eine Trennung von Politik und Ökonomie, so liegt die dezentrale Lösung auch in seinem Interesse, zumal bei einer zentralen Vorgehensweise viele Kräfte durch die Kreditbereinigung auf Kosten anderer Reformvorhaben gebunden wären. Jedoch setzt dies den Willen zu einem wirklichen Rückzug aus dem Geschäftsbankensystem voraus.

Die *dritte Ebene*, auf der durch die Zwischenziele der Transformation das Erreichen der langfristigen Zielsetzungen verzögert werden könnte, ist die *einzelwirtschaftliche*. Marktwirtschaft setzt autonome Marktteilnehmer voraus, doch die Transformationskrise erzeugt hohe Anreize, die Bankenprivatisierung hinauszuzögern und damit staatliche Eingriffe auf die Geschäftsentscheidungen der einzelnen Bank auch auf längere Sicht hin zu ermöglichen. Die Eingriffe betreffen v.a. die Kreditvergabe an bestimmte staatliche Unternehmen, um deren Konkurs zu vermeiden. Doch auch für die Konsolidierung des Staatshaushalts läßt sich auf staatliche Banken womöglich leichter Druck ausüben als auf private Banken.

Die Transformationskrise führt zu einem hohen Kostendruck durch Kreditausfälle und negative Realzinsen, die die Finanzintermediation unrentabel machen. Maßnahmen zur Eindämmung der Risiken, wie hohe Haftungskapitalvorschriften, erhöhen diesen Druck noch. Hinzu kommen die wirtschaftspolitischen Schritte zur Überwindung der Transformationskrise, wie restriktive Geldpolitik und eine hohe Bankenbesteuerung, um Budgetdefizite decken zu helfen. Der Aufbau risikoorientierter Strukturen bei den Kreditinstituten dürfte sich hierdurch in die Länge ziehen. Sind die Kräfte der Banken aber durch den Aufbau risikoorientierter Strukturen gebunden, so besteht die Gefahr, daß darüber wettbewerbsorientierte Strukturen vernachlässigt werden, denn Marktorientierung und die Entwicklung neuer Produkte sowie der Ausbau der Marktpräsenz bringen ebenfalls hohe Kosten mit sich. Entsprechende Ideen und Finanzmittel sind am ehesten von Auslandsbanken im Rahmen von Beteiligungen zu erwarten. Auslandsbanken werden sich aber nur an solchen inländischen Banken beteiligen, die aufgrund ihrer starken Marktstellung für die Zukunft hohe Gewinne versprechen. Die staatlichen Banken dürften daher bei der Auswahl erfolgversprechender Beteiligungsprojekte aus der Perspektive potentieller Investoren auf deren besonderes Interesse stoßen, während neue inländische private Banken wegen ihrer fehlenden Marktpräsenz für Direktinvestitionen eher unattraktiv sein dürften. Sollte der Staat der Beteiligung ausländischer Banken zögernd gegenüberstehen und den Einfluß der Auslandsbanken auf das nationale Bankensystem begrenzen wollen, so liegt es an ihm, die notwendigen Anstöße zur Verbesserung der Wettbewerbsposition der staatlichen Banken zu geben. Die Anpassung an den Wettbewerb erfordert aber Zeit. Damit würde der Staat auf einzelwirtschaftlicher Ebene längerfristig weitaus stärker in den Wettbewerb eingreifen, als es das Postulat autonomer Marktteilnehmer zuläßt.

Die Umsetzung der Transformationsagenda mit ihren potentiellen Konfliktherden, die Gewichtung von Risiko- und Wettbewerbsgesichtspunkten und die Aktionen der verschiedenen Akteure der Bankentransformation hängen also insgesamt von der Interessenlage, dem Wissen und dem Kräfteverhältnis der Akteure sowie den ökonomischen Gegebenheiten der Transformationsökonomie ab. Dieses Spannungsfeld dürfte letztlich auch die Rolle des Staates in bezug auf die Frage determinieren, ob sein Wirken die Bankentransformation eher begünstigt oder verzögert.

Am Ende des theoretischen Teils dieser Arbeit kann für die Agenda der Bankentransformation also folgendes festgehalten werden:

- Auf den drei genannten Ebenen der Bankentransformation sind kurz- und langfristige Transformationsziele und somit Anforderungen zu unterscheiden, die es erlauben, den Transformationserfolg an einem konkreten Beispiel zu beurteilen.
- Zugleich wurden die Optionen umrissen, im Rahmen derer die einzelnen Ziele realisiert werden können. Dabei wurden auch die Beziehungen zwischen den Zielen und Optionen beleuchtet.
- Schließlich wurden Hypothesen formuliert, welche Transformationsaufgaben eher vom Staat und welche eher von den Banken übernommen werden dürften.

Gemäß der Aufgabenstellung dieser Arbeit folgen im Anschluß an die Agenda der Bankentransformation im folgenden empirischen Teil zwei Schritte: Die theoretischen Erkenntnisse werden auf das Beispiel des polnischen Bankwesens und dessen Transformation im Zeitraum von 1989 bis 1997 angewandt. Im nächsten Kapitel gilt es zunächst, die bisher theoretisch-abstrakten Akteure und ihre Konstellation zu differenzieren und dabei v.a. den Staat in seine relevanten Handlungsträger zu zerlegen.

# 4. Die Transformation des Bankensektors in Polen und ihre Akteurskonstellation

Kurz nach der politischen und ökonomischen Wende in Polen im Jahre 1989 wurde auch die Umgestaltung des Bankensektors in Angriff genommen. Um die unterschiedlichen Schwerpunkte der Umgestaltungsmaßnahmen im Bankwesen in den einzelnen Transformationsphasen richtig einordnen zu können, bedarf es einer Erläuterung der politischen und ökonomischen Rahmenbedingungen der Bankentransformation sowie eines Überblicks über die Vorgeschichte des Bankensektors vor 1989. Eine Analyse der Akteurskonstellation des Jahres 1990, einem Zeitpunkt also, an dem sich die maßgeblichen Akteure konstituiert hatten und entscheidende Weichenstellungen für die weitere Entwicklung des Bankwesens gesetzt wurden, soll erste Antworten liefern auf die im vorigen Kapitel aufgeworfenen Fragen nach der Interessenlage und den Kräfteverhältnissen der beteiligten Akteure.

Die folgenden Darlegungen gliedern sich in fünf Schritte: Zunächst erfolgt eine kurze Darstellung der politischen Rahmenbedingungen, die die wesentlichen politischen Transformationsschritte seit der Wahl der ersten nichtkommunistisch geführten Nachkriegsregierung Polens unter Ministerpräsident Tadeusz Mazowiecki im August 1989 festhält. Entspechend dem für die Arbeit festgelegten Zeitrahmen endet die Darstellung mit der Regierungsbildung der aus den Parlamentswahlen vom September 1997 als Sieger hervorgegangenen Parteien *Wahlbündnis Solidarność (AWS)* und *Freiheitsunion (UW)* und der Bestätigung der neuen Regierung unter Ministerpräsident Jerzy Buzek (AWS) durch den Sejm, dem Unterhaus, im Oktober 1997. Ziel der Darstellung ist es, aus dem Überblick über die politischen Ereignisse der ersten acht Transformationsjahre Erkenntnisse über die wichtigsten politischen Akteure, deren Kräfteverhältnisse und die Stabilität der Regierungen seit 1989 zu gewinnen, die Rückschlüsse für die Reformkraft des Staates in bezug auf die Bankentransformation zulassen.

Im zweiten Schritt folgt eine Übersicht über die ökonomischen Rahmenbedingungen. Dieser Abschnitt verfolgt zwei Ziele: Zunächst soll ein Bild der wirtschaftlichen Entwicklung Polens zwischen 1989 und 1997 skizziert werden, das insb. die Bedeutung der Transformationskrise von 1990 bis 1992 herausfiltern soll, um hieraus an späterer Stelle Erkenntnisse über den Verlauf des Transformationsprozesses im Bankensystem gewinnen zu können. Neben der Vermittlung wirtschaftlicher Kerndaten geht es im zweiten Teil dieses Unterpunktes aber auch darum, anhand der konkreten Wirtschaftspolitik die Kräfteverhältnisse der Akteure der ökonomischen Umgestaltung zu beleuchten, insb. die Rolle der jeweiligen Regierungsparteien, ausländischer Politikberater und die Stellung der für die Bankentransformation wichtigen Firmenkunden, den staatlichen Unternehmen.

Der dritte Abschnitt dieses Kapitels bietet einen historischen Abriß der Bankenreformen von 1980 bis 1990. Im wesentlichen wird hier also die Vorgeschichte der eigentlichen Transformation des Bankensystems wiedergegeben, die 1989 mit dem Erlaß eines neuen Bankengesetzes (BG) und eines neuen Gesetzes über die *Narodowy Bank Polski*, die *Polnische Nationalbank* (Zentralbank, GüNBP), begann.

Zum Verständnis der Bankentransformation ist die Kenntnis der Vorgeschichte wichtig.[1] Außerdem gibt die Vorgeschichte einen Einblick darüber, inwieweit es sich beim polnischen Bankensystem vor der Transformation um ein zentralisiertes bzw. dezentralisiertes System gehandelt hat. Der Überblick endet mit dem Aktivwerden der *sekundären Akteure*. Hiermit werden die Banken bezeichnet, die erst mit Beginn der Transformation in Aktion treten konnten, da ihre Aktivitäten erst ab diesem Zeitpunkt rechtlich durch das BG legitimiert sind. Als *primäre Akteure* werden in Abgrenzung hierzu die staatlichen Banken bezeichnet, die bereits in der planwirtschaftlichen Ära tätig waren.

Im nächsten Schritt wird die Akteurskonstellation innerhalb des Bankensektors als Ausgangspunkt seiner Transformation im Jahre 1990 näher beleuchtet. Im Zentrum der Analyse stehen die Geschäftsbanken. Die verantwortlichen Aufsichtsbehörden für das Bankwesen werden insoweit betrachtet, wie es zum Verständnis der Ereignisse im polnischen Geschäftsbankensystem zwischen 1989 und 1997 erforderlich ist. Der Schwerpunkt der Betrachtung liegt auf den Funktionen der verschiedenen Kategorien von Banken, ihren Geschäftsbeziehungen und ihrem jeweiligen Geschäftsvolumen bzw. ihrer Größe, um hieraus Erkenntnisse über die Kräfteverhältnisse im polnischen Bankwesen zu erhalten. Dabei geht es v.a. um die Kräfteverhältnisse zwischen alten staatlichen und den neuen Banken, also den primären und sekundären Akteuren.

Das Kapitel schließt mit einer Zusammenfassung der gewonnenen Erkenntnisse über die Intreressenlage, das Wissen und die Kräfteverhältnisse der verschiedenen Akteure, insb. der Banken, und dem potentiellen bzw. tatsächlichen Einfluß des Staates auf das polnische Geschäftsbankensystem des Jahres 1990.

## 4.1 Politische Rahmenbedingungen und Akteure

Die politische Entwicklung Polens in der Transformationsära läßt sich grob in drei Phasen gliedern, die sich an den Terminen der jeweiligen Parlamentswahlen orientieren: Die erste Phase beginnt im August 1989 mit der Ernennung von Tadeusz Mazowiecki von der *Gewerkschaft Solidarność* zum ersten nicht-kommunistischen Ministerpräsidenten Polens seit dem Ende des 2. Weltkriegs, nachdem im Juni desselben Jahres erstmals in der Geschichte der Volksrepublik Polen die Abgeordneten des Sejm teilweise frei gewählt wurden und dabei der politische Arm der Solidarność einen überwältigenden Sieg erringen konnte. Diese erste Phase endet mit den ersten freien Parlamentswahlen im Oktober 1991 und der daraus resultierenden parteipolitischen Zersplitterung des Parlaments. Die damit einsetzende zweite Phase der politischen Entwicklung endet mit dem Sieg der Linksparteien, den ehemaligen Kommunisten des *Demokratischen Linksbündnisses (SLD)* und der ehemaligen Blockpartei *Bauernpartei (PSL)* bei den zweiten freien Wahlen im September 1993. Der Sieg der bürgerlichen Opposition von AWS und UW bei den Wahlen vier Jahre später beendet seinerseits die Periode der Linksregierung. Um einen ersten Überblick über die wichtigsten politi-

[1] Vgl. $A_{13}$ (17. August 1994), S. 314.

schen Entwicklungsschritte zu geben, folgt zunächst eine Synopse der politischen Entwicklung Polens von 1989 bis 1997:

| | |
|---|---|
| ***Juni 1989*** | Sieg der Gewerkschaft Solidarność bei den teilfreien Wahlen zum Sejm |
| ***August 1989*** | Erste nichtkommunistisch geführte Nachkriegsregierung unter Tadeusz Mazowiecki; Leszek Balcerowicz wird stellvertretender Ministerpräsident und Finanzminister |
| ***Dezember 1989*** | Verfassungsänderung: Polen wird zum „demokratischen Rechtsstaat" |
| ***Januar 1990*** | Selbstauflösung der Polnischen Vereinigten Arbeiterpartei und Umgründung zur *Sozialdemokratie der Republik Polen (SdRP)* |
| ***Dezember 1990*** | Gewerkschaftsführer Lech Wałęsa geht als Sieger aus den Präsidentschaftswahlen hervor; Rücktritt von T. Mazowiecki als Ministerpräsident |
| ***Januar 1991*** | Jan Krzysztof Bielecki vom *Liberal-Demokratischen Kongreß (KLD)* wird neuer Ministerpräsident |
| ***Oktober 1991*** | Erste freie Wahlen zum Sejm und zum Oberhaus (Senat); parteipolitische Zersplitterung beider Kammern des Parlaments |
| ***Dezember 1991*** | Jan Olszewski von der *Zentrumspartei (PC)* wird neuer Ministerpräsident; L. Balcerowicz nicht mehr im Kabinett |
| ***Juni 1992*** | Abwahl von J. Olszewski durch den Sejm; Wahl von Waldemar Pawlak von der Bauernpartei (PSL) zum neuen Ministerpräsidenten |
| ***Juli 1992*** | Scheitern der Regierungsbildung unter W. Pawlak; Hanna Suchocka von der *Demokratischen Union (UD)* wird neue Ministerpräsidentin |
| ***November 1992*** | Unterzeichnung der sogenannten 'Kleinen Verfassung' durch L. Wałęsa |
| ***Mai 1993*** | Mißtrauensvotum gegen Regierung Suchocka im Sejm erfolgreich |
| ***September 1993*** | Wahlsieg von SLD und PSL bei den zweiten freien Parlamentswahlen |
| ***Oktober 1993*** | Koalitionsregierung von SLD und PSL unter Ministerpräsident W. Pawlak |
| ***Februar 1994*** | Unterzeichnung der 'Partnerschaft für den Frieden' mit der NATO |
| ***April 1994*** | Antrag Polens auf EU-Mitgliedschaft; Fusion von KLD und UD zur UW |
| ***März 1995*** | Rücktritt von W. Pawlak; Józef Oleksy (SLD) wird neuer Ministerpräsident |
| ***November 1995*** | Aleksander Kwaśniewski (SLD) gewinnt Präsidentenwahl gegen L. Wałęsa |
| ***März 1996*** | Rücktritt von J. Oleksy; Włodzimierz Cimoszewicz (SLD) wird neuer Ministerpräsident |
| ***November 1996*** | Aufnahme Polens in die OECD |
| ***September 1997*** | Wahlsieg von AWS und UW bei den dritten freien Parlamentswahlen |
| ***Oktober 1997*** | Polens neue Verfassung tritt in Kraft; Jerzy Buzek (AWS) wird Ministerpräsident einer Koalition von AWS und UW; L. Balcerowicz (UW) wird erneut stellvertretender Ministerpräsident und Finanzminister |

**Abb. 4.1: Zeitleiste der politischen Entwicklung Polens von 1989 bis 1997**

Die beiden Hauptziele der Regierung Mazowiecki waren zum einen die Umwandlung Polens von einer sozialistischen Volksrepublik in einen demokratischen Rechtsstaat und zum anderen die Einführung einer marktwirtschaftlichen Ordnung, orientiert an westlichen Modellen. Der Begriff *Kapitalismus* wurde mit Rücksicht auf die kommunistischen Mitglieder der Allparteienregierung und die Gewerkschaftsbasis der Solidarność allerdings gemieden und das Ziel Marktwirtschaft stattdessen mit Begriffen wie *Effizienz* und *Rentabilität* umschrieben.[2] Die politische Situation seit der Amtseinführung der neuen Regierung bis ins Frühjahr 1990 hinein läßt sich als ex-ante ausgehandelte Machtbalance zwischen den Reformkräften der Solidarność-Bewegung und den alten Eliten der sozialistischen Zeit beschreiben. So wurde die Regierung mit Mazowiecki von einem Vertreter der Solidarność geführt und die entscheidenden ökonomischen Ministerposten von Wirtschaftsliberalen, wie dem neuen Finanzminister Leszek Balcerowicz, besetzt. Auf der anderen Seite waren die ehemals dominierende Polnische Vereinigte Arbeiterpartei und die alten Blockparteien, allen voran die Bauernpartei, an der Regierung beteiligt. Im Sejm besaßen die alten Kräfte als Ergebnis der Verhandlungen am Runden Tisch zwischen der ehemaligen kommunistischen Regierung auf der einen und der Gewerkschaft Solidarność sowie der Kirche auf der anderen Seite mit 65% der Sitze eine bereits vor den Wahlen vom Juni festgelegte Mehrheit. Zum Staatspräsidenten mit weitreichenden Machtbefugnissen wurde der Vertreter der Arbeiterpartei, General Wojciech Jaruzelski, vom Parlament mit knapper Mehrheit gewählt. Die Allparteienregierung arbeitete entscheidende Änderungen in die bestehende Verfassung ein. So wurde die parlamentarische Mehrparteiendemokratie als Staatsform festgeschrieben und die geänderte Verfassung des neuen demokratischen Rechtsstaats 'Republik Polen' im Dezember 1989 vom Sejm verabschiedet.

Die Politik der machtpolitisch austarierten Regierung Mazowiecki genoß breite gesellschaftliche Zustimmung. Dies galt auch für das im September 1989 vorgestellte und im Dezember vom Sejm ebenfalls verabschiedete Wirtschaftsprogramm des Finanzministers Balcerowicz (*Balcerowicz-Programm*). Die infolge des auf Stabilisierung und Wirtschaftsliberalisierung abzielenden Programms wachsende Arbeitslosigkeit, rasant steigende Preise und der allgemein sinkende Lebensstandard der Bevölkerung löste den bisherigen gesellschaftlichen Konsens ab 1990 jedoch nach und nach auf. Die Opposition gegen die Wirtschaftspolitik der Regierung formierte sich allerdings weniger in den Reihen der Kommunisten; diese zeigten sich durch ihr desaströses Wahlergebnis vom Juni 1989 und die verfassungsrechtlich legitimierte Auflösung ihres früheren Machtmonopols politisch stark geschwächt und beschäftigten sich mehr mit ihrer eigenen Existenz als mit der Wirtschaftspolitik der von ihnen mitgetragenen Regierung. So wurde im Januar 1990 die Vereinigte Polnische Arbeiterpartei aufgelöst und in die Sozialdemokratie der Republik Polen (SdRP) umgegründet.[3] Wachsender Widerstand gegen das Balcerowicz-Programm entstand vielmehr auf seiten der Gewerkschaft Solidarność. Diese befand sich in einem Dilemma, nämlich mit ihrer politischen Vertretung im Parlament die Regierung zu unterstützen, andererseits aber wirtschaftliche Härten des Balcerowicz-Programms für ihre politische Klientel, v.a. die Arbeitnehmer in den Staatsbetrieben, abzuwenden.[4] Der Unmut in der Arbeiterschaft über die Wirt-

[2] Vgl. PRZEWORSKI, Adam (1993), S. 142.
[3] Vgl. BURMEISTER, Holger (1994), S. 209.
[4] Vgl. PRZEWORSKI, Adam (1993), S. 178.

schaftspolitik der Regierung Mazowiecki entlud sich im Frühjahr 1990 in einer großen Streikwelle.

Im Zuge dieser Entwicklung kritisierte auch der seit ihrer Gründung 1980 der Gewerkschaft Solidarność vorstehende Verhandlungsführer der damaligen Opposition am Runden Tisch, Lech Wałęsa, zunehmend die offizielle Wirtschaftspolitik. Im Laufe der politischen Auseinandersetzung zwischen Wałęsa und Mazowiecki zerfiel die Einheit der Solidarność und mehrere neue Parteien wurden gegründet. Der Konflikt zwischen den beiden politischen Hauptflügeln der Gewerkschaftsbewegung gipfelte in der Auseinandersetzung im Präsidentschaftswahlkampf. Die Spaltung der Gewerkschaft wurde mit der Niederlage Mazowieckis gegen Wałęsa im Dezember 1990 und seinem darauffolgenden Rücktritt als Regierungschef besiegelt.

Mit sozialen Zugeständnissen wurde die Wirtschaftspolitik jedoch von Mazowieckis Nachfolger Jan Krzysztof Bielecki als Ministerpräsident dank Balcerowicz's Verbleib im Amt des Finanzministers fortgesetzt. Fortan bildete Wałęsa ein politisches Gegengewicht zur Regierung. Grundlage hierfür waren die Machtbefugnisse des Präsidentenamts.[5] So konnte Wałęsa bspw. eigene Gefolgsleute in die sogenannten Präsidialministerien entsenden, dem Innen-, Außen- und Verteidigungsressort, und so direkten Einfluß auf die Regierungspolitik ausüben. Der politische Erosionsprozeß der Solidarność-Bewegung hielt im Vorfeld der ersten Parlamentswahlen im Oktober 1991 an. Mit den Wahlen zum Sejm endete die erste Phase der politischen Entwicklung nach Beginn des Transformationsprozesses, ohne daß die politische Institutionenbildung damit abgeschlossen gewesen wäre. Eine endgültige neue Verfassung war noch nicht verabschiedet worden und die Institutionalisierung von Interessengruppen und politischen Parteien hatte gerade erst begonnen bzw. war noch voll im Gange.

Die Parlamentswahlen endeten ohne klaren Sieger. Mit dem Einzug von insgesamt 29 Parteien und Gruppierungen war das Parlament stark zersplittert. Grob lassen sich die politischen Richtungen einteilen in Christdemokratie, Liberale und Nationaldemokratie als wirtschaftspolitisch eher rechts einzuordnende Strömungen und die Bauernbewegung, die aus den Kommunisten hervorgegangene Sozialdemokratie und die schwache Ökologiebewegung als wirtschaftspolitisch eher links orientiert.[6] Neue gesellschaftliche Interessengruppen, wie z.B. das freie Unternehmertum, waren parlamentarisch im Verhältnis zu ihrer wirtschaftlichen Bedeutung nur unzureichend vertreten. Als besonders starke Interessengruppe bildete sich dagegen die Bauernbewegung in Form der Bauernpartei PSL heraus. Sie verstand sich als politische Vertretung der Landbevölkerung, die immerhin 40% der Gesamtbevölkerung ausmacht.[7]

Die Zerplitterung der Parteienlandschaft legte den Grundstein für die wachsende Instabilität während der zweiten Phase der politischen Entwicklung in Polen. Ohne klare Mehrheitsverhältnisse lag de facto noch mehr Macht in der Hand von Präsident Wałęsa. Der Gegensatz zwischen ihm und den häufig wechselnden Regierungen kennzeichnete die politische Situation innerhalb der Exekutive: Regierung, Parlament und Präsident lagen zumeist im Streit miteinander anstatt zusammenzuarbeiten.[8]

---

[5] Vgl. ZIÓŁKOWSKI, Andrzej (1996), S. 49.
[6] Die Gruppenbildung erfolgt in Anlehnung an STROBEL, Georg W. (1990), S. 15/16.
[7] Vgl. ZIÓŁKOWSKI, Andrzej (1996), S. 62.
[8] Vgl. BRAHM, Heinz (1993), S. 26.

Nach langwierigen Verhandlungen gelang Jan Olszewski (Zentrumspartei, PC) die Bildung einer bürgerlichen Koalition. Hatte der neue Regierungschef in der Wirtschaftspolitik im stark von sozialen Themen geprägten Wahlkampf noch einen Bruch mit der Vorgängerregierung proklamiert, so blieben die wirtschaftspolitischen Grundzüge doch unverändert. Die aus Gewerkschaftssicht mangelnde soziale Komponente setzte die Regierung Olszewski dem Druck mehrerer Streiks aus. Im Juni 1992 mußte der Regierungschef auf Betreiben des Sejm aus Protest gegen eine von der Regierung begonnene Säuberungswelle gegen Vertreter des alten Regimes in politischen und wirtschaftlichen Schlüsselpositionen zurücktreten.[9] Der starken Stellung der Bauernpartei PSL trug Staatspräsident Wałęsa mit der Vergabe des Auftrags zur Regierungsbildung an deren Vorsitzenden Waldemar Pawlak Rechnung. Nachdem der vom Sejm zunächst bestätigte neue Ministerpräsident jedoch bei der Regierungsbildung gescheitert war, wurde im Juli Hanna Suchocka von der bürgerlich-neoliberalen Demokratischen Union (UD) zur Ministerpräsidentin einer Fünf-Parteien-Koalition unter Ausschluß der PSL gewählt.

Die wachsenden wirtschaftlichen und sozialen Probleme des Landes führten zu weiteren Streiks und zu anhaltenden Streitigkeiten zwischen der Regierung Suchocka und Wałęsa.[10] Ein Schritt in Richtung einer Stabilisierung der Situation wurde mit der Verabschiedung der sogenannten 'Kleinen Verfassung' getan, einer Interimslösung bis zur Verabschiedung einer endgültigen Konstitution, in der die Kompetenzen der Regierung gegenüber dem Parlament und dem Staatspräsidenten gestärkt wurden. Außerdem wurde zugleich ein neues Wahlgesetz mit einer Sperrklausel für Wahlen verabschiedet, die der politischen Zersplitterung des Parlaments mit der nächsten regulären Wahl ein Ende setzen sollte. Über ihre restriktive Geld- und Fiskalpolitik kam es aber mit Hilfe der abtrünnigen parlamentarischen Fraktion der Gewerkschaft Solidarność im Mai 1993 zum Sturz der Regierung Suchocka und damit zur Ausschreibung vorzeitiger Neuwahlen für September 1993.[11] War der wirtschaftliche Umgestaltungsprozeß bereits durch die politische Schwäche der Vorgängerregierungen seit der Parlamentswahl vom Oktober 1991 verlangsamt worden, so führte der Sturz Suchockas und der darauffolgende lange Wahlkampf zu einer weiteren Verzögerung wichtiger anstehender wirtschaftlicher Reformvorhaben.

Der Wahlkampf wurde noch stärker als der zwei Jahre zuvor von sozialen und wirtschaftspolitischen Themen beherrscht. Es standen sich zwei politische Lager gegenüber: Auf der einen Seite befanden sich bürgerlich-liberale Reformkräfte und politische Vertreter der Gewerkschaft, die sich gesellschaftspolitisch als neue antikommunistische Elite in ihrer konservativen Programmatik ähnelten, in wirtschaftspolitischen Fragen, wie z.B. der Rolle des Staates als Ordnungshüter oder Interventionsstaat, aber völlig zerstritten waren. Demgegenüber stellten sich die politisch relativ geeinten Kräfte der PSL und des SLD zur Wahl. Die PSL machte Forderungen nach staatlichen Finanzhilfen für die Landwirtschaft zum Mittelpunkt ihres wirtschaftspolitischen Programms und plädierte im Gegensatz zur Politik der führenden Koalitionspartei UD, der ja auch H. Suchocka angehörte, für einen deutlich gebremsten Abbau des Staatsanteils an der Wirtschaft.[12] Der SLD stellt ein Wahlbündnis linker Kräfte dar, an deren Spitze

---

[9] Vgl. GEBETHNER, Stanisław und Krzysztof JASIEWICZ (1994), S. 527.
[10] Vgl. ZIÓŁKOWSKI, Andrzej (1996), S. 63.
[11] Vgl. JASIEWICZ, Krzysztof (1994), S. 404.
[12] Vgl. BINGEN, Dieter (1994), S. 3.

die SdRP mit Aleksander Kwaśniewski steht. Der SLD tritt trotz einer nicht ganz eindeutigen Haltung zur Privatisierungsfrage grundsätzlich für marktwirtschaftliche Reformen und freies Unternehmertum ein und steht hierin im Gegensatz zur PSL.[13] Die hohen sozialen Kosten der Transformation, die Zerstrittenheit der bisherigen Regierungsparteien und das fehlende Konzept in der Agrarpolitik führte zum Wahlsieg von SLD und PSL und zur Bildung einer Koalition zwischen beiden Parteien im Oktober 1993 unter Waldemar Pawlak. Damit begann die dritte Phase der politischen Entwicklung Polens.

Die wirtschaftspolitischen Gegensätze zwischen den beiden Regierungspartnern sowie die spannungsgeladene Kohabitation mit Präsident Wałęsa führten zu einer weiter nachlassenden Reformdynamik.[14] Zwar war mit dem Einzug von nur noch sechs statt der bisher 29 Parteien im Sejm die Grundlage geschaffen für eine größere Kontinuität der Regierungspolitik, doch die gegenseitige Blockade zwischen Regierung und Präsident sorgte weiterhin für politische Instabilität. Beide Seiten der Exekutive strebten mit Hilfe der Personalpolitik nach Einfluß, Wałęsa in bezug auf die Präsidialministerien, die Regierung durch die Besetzung wichtiger Schlüsselpositionen in Wirtschaft und Verwaltung mit Mitgliedern aus den eigenen Reihen. Die Regierung von SLD und PSL schwankte in ihrer wirtschaftspolitischen Linie zwischen der Fortsetzung der Reformen ihrer bürgerlichen Vorgänger und ihren sozialpolitischen Versprechen des Wahlkampfes sowie den interventionistischen Vorstellungen der PSL, die eine Protektion ihrer Bauernklientel durch billige Agrarkredite durchzusetzen suchte.[15] Trotz dieser inneren Gegensätze verfolgte die neue Regierung mit der Unterzeichnung des Vertrages über eine 'Partnerschaft für den Frieden' mit der NATO im Februar und dem Antrag auf Mitgliedschaft in der EU im April 1994 eine Politik der Integration Polens in den Westen. Finanzminister Grzegorz Kołodko versuchte parallel dazu einen klaren wirtschaftspolitischen Reformkurs durchzusetzen. Während sich die bürgerliche Opposition mit dem Zusammenschluß der beiden Reformparteien Liberal-Demokratischer Kongreß des früheren Ministerpräsidenten Bielecki und der UD Hanna Suchockas zur Freiheitsunion (UW) zu konsolidieren suchte, mußte Ministerpräsident Pawlak im März 1995 auf Druck des Koalitionspartners zugunsten des SLD-Vertreters Jósef Oleksy zurücktreten.

Die zweiten freien Präsidentschaftswahlen im November 1995 brachten drei Ergebnisse: Die Auseinandersetzung zwischen dem Kandidaten der post-kommunistischen Reformelite, Amtsinhaber Wałęsa, und dem Vertreter der Linken, dem SdRP-Vorsitzenden Kwaśniewski, brachte eine Verhärtung der Fronten zwischen den beiden politischen Lagern. Der knappe Wahlerfolg Kwaśniewskis führte zu einer Stärkung der inzwischen in Richtung Marktwirtschaft gewendeten alten kommunistischen Elite. Letztendlich beendete der Sieg des Vertreters der stärksten Regierungspartei die Blockade innerhalb der Exekutive und machte so den Weg frei für eine zügigere Umsetzung wirtschaftspolitischer Reformvorhaben.

Trotz der mit der Präsidentschaft Kwaśniewskis ermöglichten Stabilisierung der politischen Rahmenbedingungen blieben die inneren Spannungen zwischen dem eher reformfreudigen SLD und der eher reformfeindlichen PSL jedoch erhalten. Hinzu kam

[13] Ebenda, S. 15.
[14] Ebenda, S. 5.
[15] Vgl. JASIEWICZ, Krzysztof (1994), S. 408.

ein weiterer personeller Wechsel im Amt des Ministerpräsidenten: J. Oleksy mußte im März 1996 aufgrund von gegen ihn erhobener Spionagevorwürfe zurücktreten. Sein Nachfolger wurde der um Ausgleich zwischen den beiden Koalitionsparteien bemühte Włodzimierz Cimoszewicz (SLD). Die faktische Regierungspolitik, insb. unter Cimoszewicz, vermittelt trotz der inneren Spannungen den Eindruck einer grundsätzlichen Orientierung am ordnungspolitischen Konzept einer liberalen Marktwirtschaft, die auch international durch die Aufnahme Polens in die OECD im November 1996 anerkannt wurde.[16] Die Gegensätze zwischen den Regierungspartnern traten jedoch im Wahlkampf zur Sejm-Wahl im September 1997 erneut offen zutage. Wirtschaftspolitisch stand der SLD dabei der bürgerlichen Opposition, vertreten durch das Wahlbündnis der Gewerkschaft Solidarność, dem AWS, und der liberalen Freiheitsunion (UW) von L. Balcerowicz, deutlich näher als der PSL. Der für Beobachter überraschend deutliche Wahlsieg der Opposition führte kurz nach Inkrafttreten der neuen Verfassung Polens im Oktober 1997 zur Bildung einer Regierung aus AWS und UW unter Jerzy Buzek (AWS), wobei Balcerowicz, wie zu Beginn des Transformationsprozesses, wieder das Amt des stellvertretenden Ministerpräsidenten und Finanzministers erhielt.

Betrachtet man die politische Entwicklung Polens in den ersten acht Jahren seit Beginn der Transformation, so läßt sich die Regierung des Landes zumindest seit der Endphase der Regierung Mazowiecki überwiegend als politisch schwach einstufen.[17] Bei vier Parlamentswahlen hat es zwischen 1989 und 1997 nicht weniger als acht Ministerpräsidenten mit wechselnder politischer Zusammensetzung des jeweiligen Kabinetts gegeben. Nach der Auflösung des gesellschaftlichen Konsensus in der Regierungszeit Mazowieckis war der innere Zusammenhalt der nachfolgenden Koalitionen nur schwach ausgeprägt, wobei allerdings die Position reformfreudiger Politiker innerhalb der Regierung jeweils für eine Fortsetzung des wirtschaftspolitischen Reformkurses, wenn auch in unterschiedlichem Tempo, sorgte. Auffallend ist ferner die zumeist relativ starke Stellung der Interessengruppen der Bauern und die der Gewerkschaftsbewegung, letztere auch als außerparlamentarische Opposition. Inwiefern sich diese Zusammenhänge auf die konkrete Wirtschaftspolitik ausgewirkt haben, wird im folgenden skizziert.

## 4.2 Ökonomische Rahmenbedingungen und Akteure

Eine umfassende Analyse der wirtschaftlichen Entwicklung Polens in den ersten acht Jahren nach Beginn der Transformation würde den Rahmen der vorliegenden Arbeit sprengen. Daher beschränken sich die folgenden Darlegungen auf eine grobe Skizzierung der wichtigsten Entwicklungsschritte der ökonomischen Umgestaltung mit einem Schwerpunkt auf den für die Bankentransformation *besonders* relevanten wirtschaftlichen Rahmenbedingungen. Zunächst wird die Wirtschaftsentwicklung anhand von Indikatoren nachgezeichnet, um anschließend die wichtigsten wirtschaftspolitischen Maßnahmen der verschiedenen Regierungen seit 1989 und die dabei maßgeblichen Akteure vorzustellen.

---

[16] Vgl. SACH, Volker (1997), S. 154/156.

[17] Vgl. zu den im folgenden angeführten Kriterien BÖNKER, Frank (1997), S. 12/13.

Versucht man die wirtschaftliche Entwicklung Polens mit Hilfe des Bruttoinlandsprodukts (BIP) und des Wachstums der Industrieproduktion zu differenzieren, so kann man anhand von Tabelle 4.1 zwei Phasen unterscheiden: Einer Phase der Rezession in den Jahren 1989 bis 1991 mit einem deutlichen Rückgang der Industrieproduktion folgt eine bis zum Ende des Betrachtungszeitraums 1997 anhaltende Periode wirtschaftlichen Wachstums, wobei die Steigerung des BIP real seit 1994 stabil über 5% p.a. liegt und die der Industrieproduktion z.T. zweistellig ausfällt (vgl. die Jahre 1994 und 1997). Begleitet wurde die Wirtschaftskrise in den Jahren 1989 und 1990 von einer galoppierenden Inflation in 1989, die sich im Jahr darauf zu einer Hyperinflation von 585,8% ausweitete. Die Inflationsrate ist seitdem, gemessen am westeuropäischen Standard, mit zweistelligen Steigerungsraten des Konsumentenpreisindex zwar immer noch recht hoch, nimmt aber bis heute stetig ab.

| Indikator | 1989 | 1990 | 1991 | 1992 | 1993 | 1994 | 1995 | 1996 | 1997 |
|---|---|---|---|---|---|---|---|---|---|
| BIP-Wachstum (real, in %) | 0,2 | -11,6 | -7,6 | 1,5 | 4,0 | 5,2 | 7,0 | 6,1 | 6,9 |
| Wachstum der Industrieproduktion (real, in %) | -26,1 | -22,0 | -9,2 | 3,8 | 6,2 | 13,2 | 8,9 | 8,7 | 10,3 |
| Budgetsaldo (in % des BIP) | -6,1 | 0,7 | -3,8 | -6,0 | -2,8 | -2,8 | -2,6 | -2,5 | -1,3 |
| Arbeitslosenquote (in %) | --- | 6,3 | 11,8 | 13,6 | 15,7 | 16,0 | 14,9 | 13,6 | 10,5 |
| Konsumentenpreisindex (Veränderung in %) | 251,1 | 585,8 | 70,3 | 44,0 | 36,9 | 32,4 | 27,6 | 19,9 | 15,0 |
| Bruttomonatslohn pro Kopf (in PLN) | --- | 96 | 175 | 253 | 334 | 571 | 754 | 957 | 1.175 |
| Wechselkurs PLN:USD im Jahresdurchschnitt | 0,14 | 0,95 | 1,07 | 1,36 | 1,81 | 2,27 | 2,43 | 2,70 | 3,32 |
| Leistungsbilanzsaldo (in Mio. USD) | 6.570 | 670 | -1.360 | -269 | -2.329 | -944 | -2.157 | -1.352 | -4.268 |
| Auslandsverschuldung (brutto, in Mio. USD) | 41.400 | 48.500 | 48.400 | 47.000 | 46.800 | 42.600 | 42.300 | 42.000 | 40.000 |
| Auslandsverschuldung (in % des BIP) | --- | 78,0 | 62,0 | 56,0 | 54,0 | 46,0 | 35,9 | 31,4 | 29,6 |

*Quellen:* *Bankgesellschaft Berlin AG; EIU; ERTL, Angelika (1996), S. 87; F.A.Z. GmbH Informationsdienste; GUS*

**Tab. 4.1: Indikatoren der Wirtschaftsentwicklung Polens von 1989 bis 1997**

Mußten die privaten Haushalte in der Phase der Rezession noch inflationsbedingt reale Einkommensverluste hinnehmen, so stieg der Bruttomonatslohn pro Kopf im jährlichen Durchschnitt zwischen 1991 und 1993 in etwa nach Maßgabe der Inflationsrate an. Seither überkompensieren die jährlichen nominalen Lohnsteigerungen die jeweilige Steigerungsrate des Konsumentenpreisindex, so daß die privaten Haushalte auch reale Einkommenszuwächse verzeichnen können.

Doch stimmen nicht alle in Tabelle 4.1 aufgeführten Wirtschaftsindikatoren mit der seit 1992 angezeigten wirtschaftlichen Erholung überein. So vergrößerte sich im ersten Jahr realwirtschaftlichen Wachstums das Defizit des Staatshaushalts von -3,8% auf -6%, verringerte sich zwar im Jahre 1993 deutlich, stagniert danach aber um ein Niveau von im Durchschnitt -2,6%, um erst 1997 auf -1,3% zu fallen. Die Zahl der Arbeitslosen zeigte bis Ende 1994 eine steigende Tendenz und fällt seitdem langsam, bleibt jedoch bis Ende 1997 im zweistelligen Bereich. Belastungen des Staatshaushalts durch Rückgänge in den Steuereinnahmen und steigende Ausgaben, wie z.B. durch soziale Transferleistungen, sowie eine anhaltend hohe Arbeitslosigkeit können damit als dauerhafte Folgen der ökonomischen Transformation Polens identifiziert werden. Beide Phänomene werden erklärbar, wenn man die Ergebnisse des wirtschaftlichen Strukturwandels in Polen im Zeitintervall von 1990 bis 1995 betrachtet. Anhand von Abbildung 4.2. wird deutlich, daß der von den großen und personalintensiv arbeitenden staatlichen Unternehmen getragene Industriesektor zu den Transformationsverlierern gehört. Hatte der Industriesektor 1990 noch einen Anteil am BIP von 47%, so sank dieser bis Ende 1995 auf 29% (-38%). Demgegenüber konnte der Dienstleistungsbereich seinen Anteil am BIP mehr als verdoppeln, von 18% in 1990 auf 40% in 1995. Zu den Problembereichen der Transformation gehören auch die Bau- und die Landwirtschaft, wenn auch ihr jeweiliger BIP-Anteil von vornherein weit hinter dem des Industriesektors zurücklag. Der Anteil der Bauwirtschaft nahm im betrachteten Zeitraum um rund 45% auf 5% Ende 1995 ab, der Anteil der Agrarwirtschaft um gut 30% auf 6%.

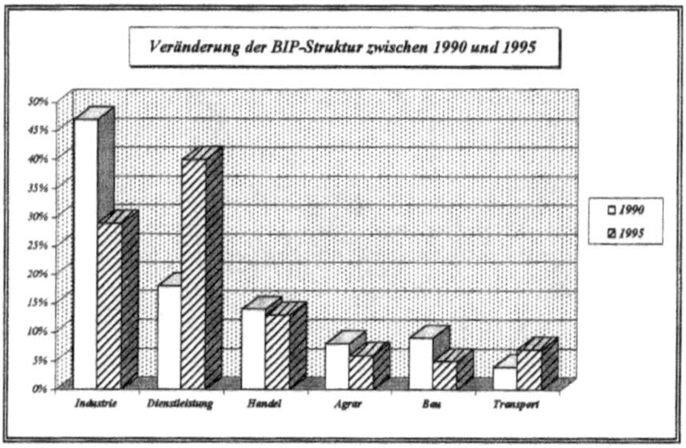


*Quelle: GUS*

**Abb. 4.2: Veränderung der Wirtschaftsstruktur in Polen zwischen 1990 und 1995**

Die Problemstellung von Bau- und Landwirtschaft schlägt sich auch in den Beschäftigtenzahlen in beiden Sektoren nieder: Waren zu Beginn der Transformationskrise 1990 noch 1,24 Mio. Menschen im Baugewerbe tätig, so waren es in der Anfangsphase des Aufschwungs nur noch 903.000 (-27%). Der Anteil der in der Bauwirtschaft beschäftigten Arbeitnehmer an der Erwerbsbevölkerung sank damit von 7,6% auf 6%. Somit lag der rezessionsbedingte Beschäftigungsrückgang am Bau über dem in der gesamten Wirtschaft.[18] Hinsichtlich der Bautätigkeit besonders bemerkenswert ist der extreme Rückgang des Baus privater Wohnungen zwischen der Endphase der planwirtschaftlichen Ära 1986 und dem ersten Jahr des Aufschwungs auf dem Weg zur Marktwirt-

[18] Vgl. zu den Zahlen GŁÓWNY URZĄD STATYSTYCZNY - GUS (Hrsg.): Mały Rocznik Statystyczny 1994, Tabelle 5, (151), S. 186.

schaft 1992 um 60%.[19] Im landwirtschaftlichen Bereich sank die Beschäftigung von 4,19 Mio. Menschen in 1990 auf 3,67 Mio. in 1993 (-12,4%). Ihr Anteil an der gesamten Erwerbsbevölkerung Polens schrumpfte damit allerdings nur leicht von 25,7% in 1990 auf 25,2% in 1993.[20] Der Beschäftigungsrückgang auf dem Lande schlug in absoluten Zahlen wegen der hohen Bedeutung der Agrarwirtschaft in der Erwerbstätigkeit der polnischen Bevölkerung also stark zu Buche, bewegte sich aber im Durchschnitt des gesamten Beschäftigungsrückgangs. Vergleicht man den relativ geringen Anteil der landwirtschaftlichen Produktion am BIP mit dem relativ hohen Anteil der landwirtschaftlich beschäftigten Bevölkerung, so läßt sich unschwer auf den recht geringen Produktivitätsgrad in Polens Agrarsektor schließen.[21]

Das Bild des wirtschaftlichen Strukturwandels wird ergänzt, wenn man den Rückzug des Staates aus seiner Eigentumsfunktion in der Wirtschaft betrachtet. Während 1990 der staatliche Sektor noch einen Anteil von knapp 70% am BIP innehatte, kehrte sich dieses Bild bis Ende 1995 zugunsten des privaten Sektors um, dessen Gewicht zu diesem Zeitpunkt rund 60% des BIP ausmacht.

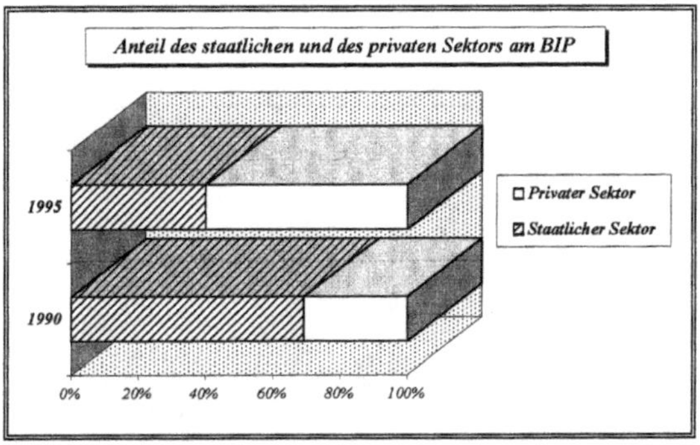


*Quelle:* GUS

**Abb. 4.3: Veränderung der Eigentumsstruktur in Polen zwischen 1990 und 1995**

Beim Anstieg des Privatisierungsgrades im betrachteten Zeitraum ist allerdings zu bedenken, daß dieser in erster Linie zurückgeht auf die Gründung neuer Unternehmen durch Entrepreneurs. Ihr Markteintritt vollzog sich dabei v.a. in den bereits identifizierten Wachstumssektoren Dienstleistungen und Transportwesen. So betrug der Anteil privater Unternehmen, die nach 1990 gegründet wurden, in diesen beiden Bereichen zusammen knapp 50%.[22] Demgegenüber war die Privatisierungsquote bei den großen staatlichen Unternehmen des Industriesektors in den ersten Transformationsjahren sehr niedrig. Bei Privatisierungsquoten von z.T. nur 2% im Jahr (1994) bildet für den oben betrachteten Zeitraum demnach die sogenannte *Privatisierung von*

---

[19] Eigene Berechnungen auf Grundlage des Zahlenmaterials ebenda, Tabelle 13 (187), S. 226.
[20] Vgl. ebenda, Tabelle 5 (151), S. 186.
[21] Vgl. KWIECIŃSKI, Andrzej (1994), S. 3.
[22] Vgl. JOHNSON, Simon und Gary LOVEMAN (1995), Tabelle 6-1, S. 139.

*unten* oder *grass-roots privatization* die eigentliche Triebfeder im Entstaatlichungsprozeß.[23] Eine Sonderstellung nimmt im Zusammenhang mit der Privatisierung der Agrarsektor ein, denn er war bereits in der planwirtschaftlichen Ära - im Gegensatz zur Situation in den osteuropäischen sozialistischen Nachbarstaaten - in Polen traditionell privat organisiert. So machten private Bauernhöfe 1989 insgesamt 78% der landwirtschaftlich nutzbaren Fläche aus, 18% entfielen auf staatliche Landwirtschaftsbetriebe und die restlichen 4% auf landwirtschaftliche Genossenschaften.[24]

Bei den außenwirtschaftlichen bzw. währungspolitischen Indikatoren fällt dreierlei auf: Polens Złoty (die Währungsreform vom 1.1.1995, die technisch einer Division des alten Złoty-Betrages durch 10.000 entspricht, wurde in Tabelle 4.1. bereits mit verrechnet) unterliegt einer kontinuierlichen Abwertung gegenüber dem US-Dollar und unterstützt damit polnische Exporte. Demgegenüber ist der Saldo der Leistungsbilanz jedoch seit 1991 defizitär. Für die ökonomische Transformation Polens von wichtiger Bedeutung ist die hohe, in den 70er und 80er Jahren akkumulierte Auslandsverschuldung, die absolut gesehen nach einem Höchststand von USD 48,5 Mrd. im Krisenjahr 1990 nur langsam zurückging auf ca. USD 40 Mrd. Ende 1997. In Relation zum BIP ist der Abbau der externen Verschuldung des Landes aufgrund großzügiger Teilentschuldungen durch Polens Gläubiger (vgl. die Ausführungen auf S. 109) recht erfolgreich: Von einer Quote in Höhe von 78% des BIP in 1990 gelang Polens Regierung eine Senkung der Schuldenlast gegenüber dem Ausland auf 29,6% in 1997.

Hintergrund für die oben skizzierte wirtschaftliche Entwicklung, die Wirtschaftskrise unmittelbar nach Beginn der Transformation, ihre relativ schnelle Überwindung und Polens nachfolgender stabiler Wachstumspfad bildet die sogenannte *Schocktherapie*, die Finanzminister Balcerowicz nach Antritt der Regierung Mazowiecki dem Land verordnete. Das Balcerowicz-Programm zielte auf eine *Stabilisierung* der sich bereits Ende der 80er Jahre krisenhaft zuspitzenden makroökonomischen Situation im Lande sowie auf einen *Rückzug des Staates* aus dem Wirtschaftsprozeß durch die Einführung des Markt-Preis-Mechanismus und durch die *Privatisierung* der Unternehmenslandschaft. Bevor diese bereits im theoretischen Teil unter Punkt 3.2.2 thematisierten Aspekte im folgenden erläutert werden, gibt Abbildung 4.4 zunächst einen Überblick über wichtige wirtschaftliche Reformschritte der Jahre 1989 bis 1997.

---

[23] Vgl. MICKIEWICZ, Tomasz (1996), S. 395.
[24] Vgl. DICKE, Hugo und Jósef MISALA (1993), S. 5.

| | |
|---|---|
| ***Dezember 1989*** | Beistandsabkommen Polens mit dem IWF und Verpflichtung zu drastischen Wirtschaftsreformen; Verabschiedung des Balcerowicz-Programms durch den Sejm |
| ***Januar 1990*** | Start des Balcerowicz-Programms (*big bang*); Beginn des PHARE-Programms der G 24-Länder; Gesetz zur Dezentralisierung des Genossenschaftswesens vom Sejm verabschiedet |
| ***Juli 1990*** | Umstrittenes Privatisierungsgesetz vom Sejm verabschiedet |
| ***Mai 1990*** | Gründung der Agentur zur Privatisierung der Landwirtschaft (AWRSP) |
| ***Juli 1990*** | Verabschiedung eines Konkursrechts durch den Sejm |
| ***September 1990*** | Gründung des Privatisierungsministeriums |
| ***April 1991*** | Grundsatzvereinbarung Polens mit dem Pariser Club zur Schuldenreduzierung in Höhe von insgesamt 50% |
| ***Oktober 1991*** | Entlassung von Finanzminister L. Balcerowicz; Gründung der Agentur zur Sanierung der Landwirtschaft (ARR) |
| ***Dezember 1991*** | Assoziierungsabkommen mit der EG; Ende der Rezession |
| ***März 1992*** | Beschluß zur Verwirklichung einer Freihandelszone zwischen Polen und der EG innerhalb von zehn Jahren; Beginn des Wirtschaftsaufschwungs |
| ***November 1992*** | Strukturanpassungsprogramm für die Landwirtschaft in Zusammenarbeit mit der Weltbank und der EG |
| ***Februar 1993*** | Unterzeichnung des Unternehmenspakts zwischen Regierung und Gewerkschaften |
| ***April 1993*** | Umstrittenes Gesetz zur Massenprivatisierung von Staatsunternehmen vom Sejm verabschiedet; 'Kommerzialisierung' von Staatsunternehmen beginnt |
| ***Juli 1993*** | Abschluß der Reform des Steuerwesens mit Einführung einer Mehrwert- und einer Körperschaftsteuer |
| ***April 1994*** | Nach mehrfachem Wechsel an der Spitze des Finanzministeriums wird Grzegorz Kołodko Finanzminister (bis Februar 1997) |
| ***Juni 1994*** | G. Kołodko legt seine 'Strategie für Polen' vor, Verabschiedung des Programms durch den Sejm im Juni |
| ***September 1994*** | Grundsatzvereinbarung Polens mit dem Londoner Club zur Schuldenreduzierung in Höhe von 49% |
| ***Juni 1995*** | Rückkehr Polens an die internationalen Finanzmärkte mit Begebung einer Eurobondanleihe im Wert von USD 250 Mio. |
| ***Juli 1995*** | Polen wird Mitglied in der Welthandelsorganisation WTO |
| ***August 1995*** | Zweites Gesetz zur Massenprivatisierung konkretisiert deren technische Durchführung |
| ***Januar 1996*** | Regierung beschließt für 1996/97 eine Privatisierungsoffensive zur Entstaatlichung von Großunternehmen; Mirosław Pietrewicz (PSL) Schatzminister |
| ***1996/97*** | Intensive Diskussion um die Reform des Sozialversicherungssystems |

**Abb. 4.4: Zeitleiste der wirtschaftlichen Entwicklung Polens von 1989 bis 1997**

Im Beistandsabkommen Polens mit dem Internationalen Währungsfonds (IWF) vom Dezember 1989 verpflichtete sich das Land zu drastischen Reformmaßnahmen, insb. zur Bekämpfung der Inflation und zum Umbau hin zu einem marktwirtschaftlichen System. Das hierauf ausgerichtete Balcerowicz-Programm wurde in Zusammenarbeit mit internationalen Politikberatern ausgearbeitet. Den Hintergrund für die enge Abstimmung der Wirtschaftsreformen mit internationalen Organisationen, wie dem IWF, der Weltbank, aber auch den G 24-Ländern, der EBRD und der damaligen EG, bildete Polens hohe externe Verschuldung. Ein Arrangement mit den internationalen öffentlichen und privaten Gläubigern im sogenannten *Pariser* bzw. *Londoner Club* zur Reduzierung der Schuldenlast und zeitlichen Streckung der Rückzahlung der Restschulden wurde von seiten der Gläubiger an die Bedingung einer schnellstmöglichen Überwindung des makroökonomischen Ungleichgewichts und der Abschaffung planwirtschaftlicher Strukturen geknüpft. Polen gewann mit der Umsetzung der international gesetzten Bedingungen Zugang zu Kreditfazilitäten des IWF und zum sogenannten Stabilisierungsfonds sechs westlicher Industrieländer in Höhe von USD 1 Mio.[25] Der von 1994 bis 1997 amtierende Finanzminister Grzegorz Kołodko charakterisiert den internationalen Zusammenhang der polnischen Wirtschaftsreformen sowie die Handschrift des IWF bei der Transformation Polens mit deutlichen Worten:

> „Ein Programm ohne IWF-Siegel läßt sich nicht umsetzen. Ohne IWF-Zustimmung können wir nicht auf eine teilweise Reduzierung der staatlichen Auslandsverschuldung bei ausländischen Regierungen hoffen, da die Schuldenreduzierung an bestimmte Bedingungen geknüpft ist. Gleichzeitig besteht ohne Zustimmung des IWF zum Wirtschaftsprogramm keine Möglichkeit einer Reduzierung der Schulden gegenüber ausländischen Geschäftsbanken [...]."[26]

Die Umsetzung der vom IWF gesetzten Bedingungen an die Transformation machte den Weg frei für Vereinbarungen mit den öffentlichen Gläubigern im Pariser Club über eine Reduzierung der polnischen Auslandsschulden in Höhe von 50% im April 1991 und einem entsprechenden Abkommen mit den privaten Gläubigerbanken des Londoner Clubs über eine Schuldenreduzierung um 49% im September 1994. Damit war Polens internationale Kreditwürdigkeit wiederhergestellt und das Land konnte fortan Geld auf den internationalen Finanzmärkten aufnehmen. Ein erster Schritt in diese Richtung war die Emission einer Eurobondanleihe mit einem Volumen von USD 250 Mio. im Juni 1995. Außerdem wurde Polen durch die internationale Unterstützung der Transformation eine Reintegration in die Weltwirtschaft ermöglicht, wie z.B. mit Hilfe eines Assoziierungsabkommens mit der EG im Dezember 1991 und der Übereinkunft über die Einrichtung einer Freihandelszone mit den EG-Staaten innerhalb von zehn Jahren im März 1992 sowie durch den Beitritt des Landes zur Welthandelsorganisation WTO im Juli 1995. Polen erhielt für den ökonomischen Umbau neben finanzieller auch direkte technische Hilfe, indem z.B. Schulungen für die Mitarbeiter staatlicher Unternehmen durchgeführt und *joint ventures* zwischen polnischen und internationalen Unternehmen gefördert wurden (PHARE-Programm der G 24-Länder).

---

[25] Vgl. ZIÓŁKOWSKI, Andrzej (1996), S. 70.
[26] Vgl. KOŁODKO, Grzegorz W. (1993), S. 231.

Dem internationalen Kontext der polnischen Schocktherapie entsprachen auch die *Liberalisierungsmaßnahmen* des Programms, die auf eine weltwirtschaftliche Reintegration Polens abzielten. Dazu gehörte binnenwirtschaftlich die Freigabe der zuvor administrativ festgelegten Preise in fast allen Wirtschaftsbereichen, so daß der Anteil der ex-ante fixierten Preise 1990 auf 10% sank.[27] Die parallel hierzu durchgeführte Liberalisierung des Außenhandels sollte auf dem Gütermarkt Wettbewerbsstrukturen schaffen, um im Zuge der Preisfreigabe Güterhandel zu Weltmarktpreisen zu ermöglichen. Die Gründung privater Unternehmen als Konkurrenz zu den Staatsbetrieben wurde durch geringe Zulassungsanforderungen ebenso ermöglicht wie ausländische Direktinvestitionen. Preis- und Außenhandelsliberalisierung sowie die Zulassung privater in- und ausländischer Anbieter kennzeichnen den langfristig angelegten Liberalisierungsteil des Balcerowicz-Programms.[28]

Kurzfristig angelegt waren die *Stabilisierungsmaßnahmen* der Regierung. Sie hatten wegen der u.a. durch hohe Inflation und Budgetdefizite gekennzeichneten makroökonomischen Krise Ende 1989 / Anfang 1990 Priorität. Das Stabilisierungspaket umfaßte die Bekämpfung der Inflation mit Hilfe restriktiver Geldpolitik, realer Einkommenskürzungen und einer strikten Kürzung der Staatsausgaben, der Begrenzung der Auslandsverschuldung sowie einer drastischen Abwertung des Złoty um 40%.[29] Die Währungsabwertung ließ zunächst die Exporte steigen. Infolgedessen und wegen der Krise verhängter Importrestriktionen zeigte die konsolidierte Leistungsbilanz Polens im Jahre 1990 einen positiven Saldo (Tab. 4.1). Die Preisfreigabe führte zunächst zu wachsenden Unternehmensgewinnen, denn die weiterhin monopolistisch agierenden Staatsbetriebe erhöhten ihre Outputpreise, während sie Roh-, Hilfs- und Betriebsstoffe zuvor noch zu relativ günstigen Inputpreisen eingekauft hatten.[30] Doch schon im Laufe des Jahres 1990 sank die Rentabilität des staatlichen Unternehmenssektors drastisch, denn die z.T. explosionsartig steigenden Preise reduzierten die Binnennachfrage, während der zeitgleich einsetzende Zusammenbruch des Außenhandels mit den ehemaligen sozialistischen Bruderländern des *Rates für gegenseitige Wirtschaftshilfe (RGW)* die Exporte nahezu zum Erliegen brachte.[31]

Die Staatsbetriebe reagierten auf die plötzliche Wettbewerbssituation nicht mit einer nachfragegerechten Verbesserung ihrer Produkte, sondern versuchten, ihre durch die restriktive Geldpolitik der Regierung angespannte Liquiditätssituation mit einer Drosselung der Produktion und der Senkung der Löhne zu lindern, so daß sowohl angebots- als auch nachfrageseitig die Rezession zusätzlich zum exogenen Schock des Wegfalls des RGW-Handels noch verschärft wurde.[32] Ein Abbremsen der Lohnentwicklung war auch das Ziel einer Strafsteuer für Lohnsteigerungen (*Popiwek-Steuer)*, die die Regierung verhing und die dann einsetzte, wenn bestimmte quantitative Vorgaben übertroffen wurden. Die dadurch induzierten Mehreinnahmen für den Staatshaushalt wurden jedoch durch die mit dem schnellen Anstieg der Arbeitslosigkeit auf 11,8% in 1991 einhergehenden sozialen Transferleistungen des Staates überkompensiert. Es kam so zu einem negativen Budgetsaldo von -3,8% in 1991 (vgl. Tab. 4.1). Trotz der steigen-

[27] Vgl. WILCZYŃSKI, Ryszard (1994), S. 38.
[28] Vgl. SCHAFFER, Mark E. (1992), S. 23.
[29] Vgl. ERTL, Angelika (1996), S. 38.
[30] Vgl. WINIECKI, Jan (1992), S. 198.
[31] Vgl. ZIÓŁKOWSKI, Andrzej (1996), S. 79.
[32] Vgl. SCHAFFER, Mark E. (1992), S. 34.

den Sozialtransfers gelang es der Regierung, die Staatsausgaben von 36,7% des BIP in 1990 auf 33% im zweiten Rezessionsjahr zu drücken. Einen großen Beitrag hierzu leistete die Kürzung der Subventionen für den staatlichen Unternehmenssektor von 22,3% auf 14,5% der gesamten Staatsausgaben. Diese Politik harter Budgetrestriktionen gegenüber den Staatsbetrieben wurde jedoch nicht gänzlich durchgehalten, denn die Regierung ließ aufgrund des sozialen Drucks der steigenden Arbeitslosigkeit ein wachsendes Volumen an Steuerrückständen der Staatsbetriebe zu. So betrugen allein die Rückstände bei der Popiwek-Steuer 1991 rund 40% der in dieser Sparte insgesamt fälligen Steuerzahlungen.[33] Aus solchen Schlupflöchern resultierte eine Verringerung der Steuerbasis, die wiederum neben den rezessionsbedingten Steuermindereinnahmen und dem notwendigen Aufbau eines modernen Steuersystems das Budgetdefizit erklärt.

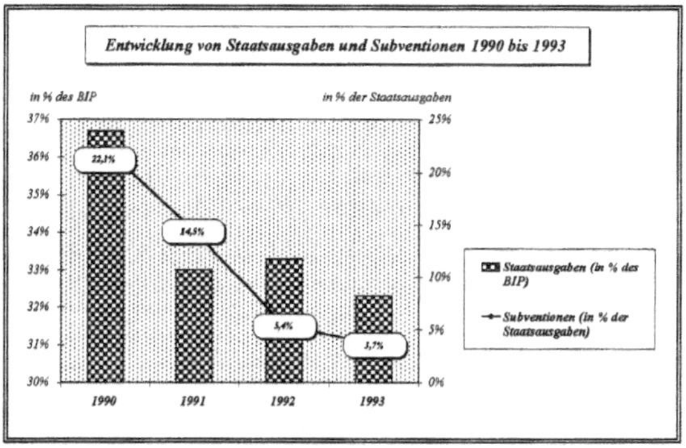


*Quelle:* *EBRD*

**Abb. 4.5: Anteil der Subventionen an den Staatsausgaben zwischen 1990 und 1993**

Die Zahl der überschuldeten Unternehmen wuchs 1991 auf 20%.[34] Trotz dieses Anstiegs und der bereits im Juli 1990 vom Sejm verabschiedeten Konkursgesetzgebung setzte der Staat Konkursverfahren für marode Staatsunternehmen jedoch nur ganz vereinzelt in Gang.[35] Drei Punkte lassen sich hierfür als Erklärung anführen. Erstens hätten Konkurse von Staatsbetrieben zu einem weiteren Anstieg der Arbeitslosigkeit und somit zu wachsendem sozialen Druck geführt. Dabei konnte man ohnehin mit dem Anstieg der sozialen Kosten der Transformation, v.a. mit dem Indikator steigender Erwerbslosigkeit, ein Abnehmen der gesellschaftlichen Zustimmung zum Balcerowicz-Programm und ein abnehmendes Vertrauen in die jungen demokratischen Institutionen feststellen.[36] Hinzu kommen zweitens die engen Bindungen zwischen den die Regierungen Mazowiecki, Bielecki und Olszewski tragenden politischen Parteien mit der Gewerkschaft Solidarność. Drittens ist der Begriff *Staatsbetrieb* nicht gleichbedeutend mit einer strengen Unternehmenskontrolle von seiten des Staates. Vielmehr hatten die Staatsbetriebe bereits im Zuge der Wirtschaftsreformen von 1982 weitgehende Auto-

[33] Vgl. SCHAFFER, Mark E. (1995), S. 12.
[34] Vgl. DĄBROWSKI, Janusz M. (1995), S. 57.
[35] Vgl. RAISER, Martin (1993), S. 269.
[36] Vgl. PRZEWORSKI, Adam (1993), S. 174.

nomie erhalten. Die eigentliche Macht im staatlichen Unternehmenssektor lag dabei zunächst beim Management, mit der Machtübernahme der Reformkräfte 1989 mehr noch bei den 1982 eingeführten Arbeiterräten und der hinter ihnen stehenden Gewerkschaft.[37] Aus dem Zusammenspiel dieser drei Punkte erklärt sich die Passivität des Staates hinsichtlich der Schließung von Staatsbetrieben.

Obwohl nicht immer konsequent angewendet, konnten die restriktive Lohn-, Fiskal- und Geldpolitik doch, zusammen mit den zuvor genannten außenwirtschaftlichen Stabilisierungskomponenten, das Land schließlich aus der Krise herausführen. Bereits im Krisenjahr 1991 konnte mit Hilfe der von der Zentralbank *NBP* über die Geschäftsbanken verhängten Kreditplafondierung und einer strikten Hochzinspolitik die Inflationsrate von 585% im Jahre zuvor auf 70% gedrosselt werden. Jedoch gelang es erst Ende 1993, mitten in der Phase des wirtschaftlichen Aufschwungs, die realen Leitzinsen in den positiven Bereich zu heben.

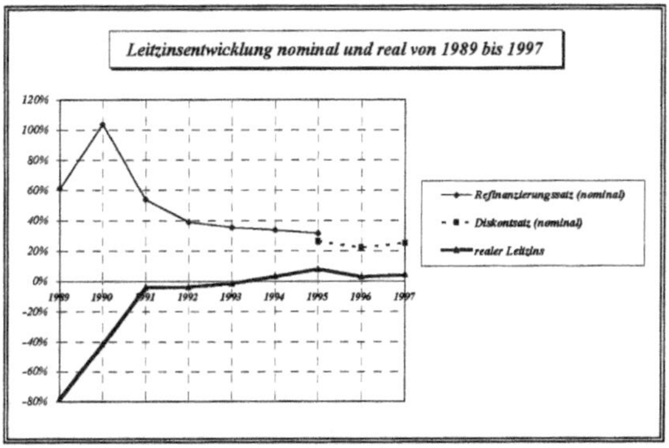


*Quelle: NBP*

**Abb. 4.6: Entwicklung der Leitzinsen in Polen von 1989 bis 1997** [38]

Weniger erfolgreich als die Stabilisierungs- und die Liberalisierungsmaßnahmen des Programms verliefen die *institutionellen Reformen.* Hatten bereits die Preissteigerungen seitens der staatlichen Betriebe 1990 das Problem des hohen Monopolisierungsgrades im Unternehmenssektor offengelegt, so leiteten die Staatsunternehmen erst spät Anpassungsprozesse an marktwirtschaftliche Strukturen ein. So waren auch nicht sie, sondern aufstrebende neugegründete private Firmen der Wachstumsmotor für Polens wirtschaftliche Erholung ab 1992. Die privaten Betriebe waren im Vergleich zu den Staatsbetrieben recht klein und konnten deswegen und auch wegen ihrer tendenziell höheren Arbeitsproduktivität nicht die durch den krisengeschüttelten Staatssektor freigesetzten Arbeitskräfte gänzlich absorbieren. In der ersten Phase des Wirtschaftsaufschwungs wiesen nur wenige Staatsbetriebe eine Verbesserung ihrer Rentabilität und

[37] Vgl. BALCEROWICZ, Leszek (1995), S. 292.

[38] Der Refinanzierungssatz wurde offiziell 1995 in seiner Funktion als wichtigster Leitzins durch den Diskontsatz abgelöst. Vgl. hierzu auch die geldpolitischen Instrumente der NBP unter Gliederungspunkt 5.1.1.3.

ihrer Geschäftsergebnisse auf.[39] Erst der Erfolg des privaten Sektors und die zunehmende Importkonkurrenz zwang die staatlichen Unternehmen zu internen Umstrukturierungsmaßnahmen zur Verbesserung ihrer Wettbewerbsfähigkeit.[40] In den mangelnden institutionellen Anreizen für die Umstrukturierung der Staatsbetriebe, wie z.B. der Tolerierung von Steuerrückständen und der mangelnden Unternehmenskontrolle durch den Staat, sind neben Mentalitätsproblemen der staatlichen Manager und der wachsenden Opposition der Gewerkschaften gegen die mit hohen sozialen Kosten verbundene Schocktherapie die Gründe für die verspätete Anpassung der staatlichen Unternehmen an die neuen Umweltbedingungen zu suchen. Hinzu kam die wachsende Unentschlossenheit der Nachfolger von Mazowiecki und Balcerowicz bzw. die politische Instabilität der jeweiligen Regierungen bis zu den Sejm-Wahlen vom September 1993, die Vorgaben des Balcerowicz-Programms zu realisieren und gegen wachsenden politischen Widerstand durchzusetzen. So trat Ministerpräsident Olszewski bspw. bei seinem Amtsantritt im Dezember 1991 noch für eine Lockerung der Geldpolitik und eine aktive Industriepolitik zur Unterstützung der Staatsbetriebe ein. Allein der Widerstand des IWF und die Abhängigkeit vom Wohlwollen der ausländischen Geldgeber führten zu einer Fortsetzung der makroökonomischen Leitlinien des Balcerowicz-Programms.[41]

Auch die zunächst mangelnden Erfolge der Privatisierungspolitik als ein weiteres wichtiges Element institutioneller Reformen macht den Zerfall des gesellschaftlichen Konsens seit dem Start des *big bang* im Jahre 1990 deutlich. Begann die Dezentralisierung des halbstaatlichen Genossenschaftssektors als erster Schritt zur Zurückdrängung des Staates aus dem direkten Wirtschaftsleben bereits Anfang 1990, so wurde die Privatisierung der Staatsbetriebe jahrelang verschleppt.[42] Im Juli 1990 war das Privatisierungsgesetz vom Sejm verabschiedet worden mit dem Ziel, bis 1995 rund 50% des staatlichen Unternehmenssektors zu privatisieren. Tatsächlich kam die Privatisierung der großen Staatsbetriebe mit dem Amtsantritt von J. Olszewski zum Erliegen.[43] Eine Ausnahme bildeten allein kleine mittelständische Firmen im Rahmen der sogenannten *kleinen Privatisierung*.[44] Die häufigen Regierungswechsel verzögerten die Verabschiedung des Gesetzes zur *Massenprivatisierung* der großen staatlichen Unternehmen ebenso wie die Opposition der PSL gegen eine schnelle Entstaatlichung der Wirtschaft.

Hinzu kam das für die *große Privatisierung* gewählte recht komplizierte Verfahren, bei dem der Belegschaft in den Betrieben bei der Entscheidung über die Entstaatlichung erhebliche Mitspracherechte eingeräumt wurden. Dreieinhalb Jahre nach Gründung des Privatisierungsministeriums führte schließlich nach der Verabschiedung des Massenprivatisierungsgesetzes im April 1993 die Umwandlung der betroffenen Unternehmen in Aktiengesellschaften (*Kommerzialisierung*) als Vorstufe für die Entstaatlichung zu einer Vereinfachung des Privatisierungsverfahrens, indem die Entscheidungsbefugnisse des Staates und des Managements gegenüber den Arbeiterräten hinsichtlich der

---

39 Vgl. BELKA, Marek et al. (1992/93), S. 5.
40 Vgl. SPAK, Henryk J. (1997), S. 97.
41 Vgl. ERTL, Angelika (1996), S. 72.
42 Das Genossenschaftswesen spielte in Polens Volkswirtschaft in der planwirtschaftlichen Ära eine große Rolle, läßt sich jedoch wegen des starken staatlichen Einflusses in diesem Bereich kaum mit der in einer marktwirtschaftlichen Ordnung mit dem Genossenschaftsbegriff verbundenen Konnotation vergleichen. In Polen umfaßten Genossenschaften 1991 als Eigentumsform 13% aller Betriebe einschließlich der Landwirtschaft, vgl. MULLINEUX, Andy (1995), S. 175/176.
43 Vgl. BALCEROWICZ, Leszek (1994), S. 166.
44 Vgl. derselbe (1995), S. 299.

eigentumsrechtlichen Umwandlung gestärkt wurden.[45] Zuvor war zwischen der Regierung Suchocka, den Managern der Staatsbetriebe und v.a. den Gewerkschaftern eine vorbereitende Übereinkunft über die Privatisierungsverfahren, der *Unternehmenspakt*, unterzeichnet worden. 15% der bei der Privatisierung auszugebenden Aktien werden danach für die jeweilige Belegschaft reserviert. Hierdurch konnte die grundsätzliche Zustimmung der Gewerkschaftsseite zur Privatisierung und zur Beteiligung ausländischer Unternehmen an den zu entstaatlichenden Betrieben, einem stark umstrittenen Punkt innerhalb der Privatisierungsdiskussion, erreicht werden. Die Massenprivatisierung konnte jedoch erst nach der Verabschiedung eines zweiten Gesetzes im August 1995, das die technische Durchführung des Programms regelt, beginnen.

Die Verzögerung der Massenprivatisierung ist nicht zuletzt auch dem Regierungswechsel bei den Sejm-Wahlen von 1993 zuzuschreiben, da die Privatisierungsgegner der Bauernpartei durch die Regierungsbeteiligung der PSL und der Übernahme des Ministerpräsidentenamtes durch den PSL-Vorsitzenden Pawlak gestärkt wurden. Der SLD verhielt sich demgegenüber privatisierungsfreundlicher. Ein wichtiger Baustein der Wirtschaftspolitik der SLD/PSL-Koalition bildete das Wirtschaftsprogramm des vom SLD gestellten Finanzministers und Wirtschaftsprofessors Kołodko, die *Strategie für Polen (Strategia dla Polski)*, die eine Art Fünfjahresplan für Wirtschaftswachstum, der Bekämpfung der weiterhin zweistelligen Inflationsrate und der Privatisierung von Banken und Unternehmen darstellte. Es war das erste mittelfristig angelegte und umfassende Wirtschaftsprogramm seit Balcerowicz's Schocktherapie.[46]

Kołodkos Strategie bildete das Fundament für die Anfang 1996 angekündigte und in erster Linie von Vertretern des SLD getragene neue Privatisierungsoffensive der Regierung, um auch die großen Betriebe der sogenannten *strategischen Wirtschaftssektoren*, wie dem Energiesektor und der Luftfahrt, zu entstaatlichen. Den Hintergrund für die Privatisierungsbestrebungen bildeten jedoch weniger Effizienzüberlegungen als das weiterhin negative Budgetsaldo des Staates sowie die anstehende Reformierung des Sozialversicherungssystems. Die angestrebten Privatisierungserlöse sollen den finanziellen Anschub für Pensionsfonds liefern, die das bisher grundsätzlich staatliche Rentensystem, das auf Dauer allein durch Beiträge nicht finanzierbar erscheint, zu ergänzen.[47] Die Jahre 1996 und 1997 waren von der Diskussion um ein Gesetz zur Reform der Sozialversicherung beherrscht, ohne daß es dabei zu einem Ergebnis kam. Nicht zuletzt der Wahlkampf für die Sejmwahlen im September 1997 führte zu einer weiteren Verzögerung bei den institutionellen Reformen des Transformationsprozesses.

Eine Sonderrolle bei den Wirtschaftsreformen seit Balcerowicz spielte der polnische Landwirtschaftssektor. Dies hängt mit dreierlei zusammen: Erstens ist die Bedeutung der Landwirtschaft als Wirtschaftsfaktor mit ihrer besonderen, vorwiegend privaten Eigentumsstruktur größer als in anderen ehemaligen sozialistischen Ländern Ost- und Mitteleuropas. Zweitens verschlechterte sich die ökonomische Situation der Landbevölkerung schneller und stärker als die der in anderen Wirtschaftssektoren tätigen Bevölkerungsteile. So lag Ende 1993 das reale Einkommensniveau der in der Landwirtschaft tätigen Haushalte im Durchschnitt 43% unterhalb des Niveaus von 1985 bzw.

[45] Vgl. BELKA, Marek et al. (1992/93), S. 28/29.
[46] Vgl. BLAZYCA, George (1995), S. 33.
[47] Vgl. LUDWIG, Michael (1997), S. 13.

20% unterhalb des Landesdurchschnitts.[48] Drittens verfügte die Landbevölkerung mit der PSL über eine starke Lobby in Parlament und Regierung. All dies wirkte sich in Sondermaßnahmen zur Unterstützung der Landwirtschaft aus. Dazu gehörte die Gründung der *Agentur zur Privatisierung der Landwirtschaft (AWRSP)* im Mai 1990 und der *Agentur zur Sanierung der Landwirtschaft (ARR)* im Oktober 1991. Beide Behörden sollen mit der Suche nach privaten Investoren zur Privatisierung der staatlichen Agrarkombinate und der Vermittlung von Präferenzkrediten für die privaten Bauern in Zusammenarbeit mit dem ländlichen Genossenschaftsbankwesen den Landwirtschaftssektor restrukturieren.[49] Trotz dieser Bemühungen kam die Restprivatisierung des Agrarwesens nur schleppend voran, denn den meisten Landwirten fehlen aufgrund der oben skizzierten Einkommensrückgänge die finanziellen Mittel, um sich an den staatlichen Agrobetrieben zu beteiligen.[50]

In der wirtschaftlichen Entwicklung läuft der Landwirtschaftssektor der gesamtwirtschaftlichen Entwicklung weiter hinterher. Immerhin konnte der Produktionsrückgang 1995 gestoppt werden. Seitdem weist die agrarwirtschaftliche Produktion bescheidene Wachstumsraten von zuletzt 0,3% in 1996 bzw. rund 4% in 1997 auf.[51] Ein Problem hierbei bleibt die weiterhin existierende Protektion für Agrarprodukte gegenüber ausländischer Konkurrenz. Bis zum Ausscheiden aus der Regierung im Herbst 1997 konnte sich die PSL einer externen Liberalisierung der Landwirtschaft mit Erfolg widersetzen.[52]

Die Rolle der Banken bei der ökonomischen Transformation wurde bisher weitgehend ausgespart und wird intensiv in den folgenden Kapiteln 5 und 6 thematisiert. Faßt man die Erkenntnisse über die ökonomischen Rahmenbedingungen und die Akteure der wirtschaftlichen Umgestaltung Polens zusammen, so stellt man fest, daß v.a. die *Stabilisierung* der Wirtschaft, wenn auch mit hohen sozialen Kosten, als gelungen bezeichnet werden kann. Auch herrschen in den meisten Wirtschaftssektoren, bis auf die strategischen Bereiche, am Ende des achten Transformationsjahres Wettbewerbsstrukturen zwischen privaten und staatlichen Unternehmen. Die Anpassung der Staatsbetriebe an die neuen Wettbewerbsbedingungen erfolgte jedoch relativ spät, so daß in erster Linie neue private Unternehmen und kleine privatisierte Firmen des Dienstleistungssektors als Träger des Wirtschaftsaufsschwungs anzusehen sind. Die erfolgreiche Durchsetzung von Wettbewerbsstrukturen wurde dabei durch die interne und externe *Liberalisierung* des Marktzutritts neuer Wettbewerber und die Freigabe der Preise gefördert. *Institutionelle Maßnahmen*, wie rechtliche Voraussetzungen für die Privatisierung, die Entstaatlichung selbst und die Reformierung des Agrarsystems hingegen wurden insb. durch den Widerstand von Interessengruppen, wie der Bauern- und Teilen der Gewerkschaftsbewegung, verzögert. Die politische Instabilität mit häufigen Regierungswechseln und der bereits angerissenen schwierigen Kohabitation zwischen der jeweiligen Regierung und Staatspräsident Wałęsa trugen ebenfalls zur Verzögerung institutioneller Reformen bei, die ohnehin zeitintensiver sind als die Kurzfriststabilisierung der Wirtschaft.

---

[48] Vgl. OECD (Hrsg., 1995), S. 10.
[49] Vgl. $A_{21}$, S. 330 sowie DICKE, Hugo und Jósef MISALA (1993), S. 28.
[50] Vgl. OECD (Hrsg., 1995), S. 85.
[51] Vgl. SACH, Volker (1997), S. 157.
[52] Vgl. DICKE, Hugo und Jósef MISALA (1993), S. 52.

## 4.3 Historischer Abriß der Bankenreformen der 80er Jahre

Um die Struktur des polnischen Bankensystems zu Beginn der Transformation zu verstehen, werden im folgenden kurz die Bankenreformen der 80er Jahre vorgestellt. Es handelt sich dabei um die Maßnahmen, die im Zuge der Wirtschaftsreformen hin zu einem dezentralisierten System nach Entstehung der Gewerkschaftsbewegung Solidarność im Jahre 1980 in Gang gesetzt wurden. Zunächst bietet Abbildung 4.7 einen Überblick über wichtige Reformschritte bis zur Entstehung neuer privater Banken, die durch das Bankengesetz von 1989 ermöglicht wurde. Das neue *Bankengesetz (BG)* setzte zusammen mit dem *Zentralbankgesetz (GüNBP)* das Startsignal zur Transformation des polnischen Bankwesens.

| | |
|---|---|
| *1980* | Beginn der ersten Reformetappe im polnischen Bankwesen |
| *Februar 1982* | Erlaß eines neuen Bankengesetzes mit dem Ziel stärkerer wirtschaftlicher Entscheidungskompetenzen der Banken; NBP nicht mehr direkt dem Finanzministerium unterstellt |
| *Ende 1986* | Zweite Reformetappe; Gründung der *Bank Rozwoju Eksportu (BRE)* |
| *1987* | Ausgründung der Staatssparkasse *PKO BP* aus der NBP |
| *Januar 1989* | Erlaß eines neuen Bankengesetzes (BG) und Zentralbankgesetzes (GüNBP); Übergang zu einem zweistufigen Bankensystem; Herauslösung von neun Regionalbanken aus der NBP |
| *Januar 1990* | Beginn der Transformation des Bankwesens; Erlaß eines novellierten GüNBP; Dezentralisierung des Genossenschaftsbankensektors beginnt |
| *Juli 1990* | Bankenaufsichtsabteilung der NBP nimmt ihre Arbeit auf |
| *Ende 1990* | Insgesamt arbeiten 53, inkl. Genossenschaftsbanken 1.716 Banken in Polen |

**Abb. 4.7: Zeitleiste der Bankenreformen von 1980 bis 1990**

Die Streiks des Jahres 1980 und die sich daran anschließenden Verhandlungen zwischen der neuen unabhängigen Gewerkschaft Solidarność und der Regierung führten zu Wirtschaftsreformen hin zu einem dezentralisierten planwirtschaftlichen System, in dem zwar die Grundzüge einer planwirtschaftlichen Ordnung, wie Priorität für Staatseigentum und die Orientierung an Planvorgaben, beibehalten, zugleich aber marktwirtschaftliche Komponenten, wie ein begrenzter Wettbewerb zwischen verschiedenen Anbietern, Orientierung an Rentabilitätsgesichtspunkten sowie die Lockerung administrierter Preisvorgaben eingeführt wurden.[53] Die hiermit für das Bankwesen verbundenen Maßnahmen leiteten eine erste Reformetappe des sozialistischen Bankensystems ein. Die Reformen wurden im Bankengesetz vom Februar 1982 festgeschrieben.

Die neuen rechtlichen Rahmenbedingungen zielten auf eine Dezentralisierung des Bankwesens und auf stärkere ökonomische Entscheidungskompetenzen für die Banken durch die Einführung ökonomischer Hebel für die Kreditinstitute gegenüber dem Un-

[53] Vgl. BALCEROWICZ, Leszek (1995), S. 273/274.

ternehmenssektor ab. Die Zentralbank NBP unterstand fortan nicht mehr direkt dem Finanzministerium.[54] Dies sollte ihr in ihrer Funktion als zentrale Kreditstelle für sämtliche Unternehmen ermöglichen, Kreditausleihungen nach ökonomischen Maßstäben und weitgehend unabhängig von direkten Eingriffen des Finanzministeriums vorzunehmen. Sie behielt auch im neuen Bankengesetz ihre bisherigen Funktionen der Kontoführung für das Staatsbudget, das Monopol auf die Ausgabe von Banknoten und Münzen sowie das Devisenmonopol.[55] Bereits vor 1982 waren neben der NBP drei weitere Banken mit speziellen Funktionen tätig gewesen. Die *Bank Handlowy* war die Außenhandelsbank des polnischen Staates. Sie kontrollierte den Auslandszahlungsverkehr, Kredit- und Devisengeschäfte und hatte wegen der bereits in den 70er Jahren akkumulierten Auslandsverschuldung Polens eine strategisch bedeutsame Position auch bei internationalen Kredit- und Zahlungsabkommen.[56] Die *PeKaO S.A. (Polska Kasa Opieki)* hatte die Funktion einer Devisensparkasse, bei der Unternehmen, v.a. aber private Haushalte Devisenkonten unterhalten konnten. Aufgrund der zahlreichen familiären Beziehungen zu Auslandspolen hatte die PeKaO S.A. eine wichtige Bedeutung als Deviseneinnahmenquelle des Staates und bei der Trennung des inländischen Bargeldstroms vom Devisenkreislauf.[57] Als dritte staatliche Geschäftsbank war die *BGŻ (Bank Gospodarki Żywnościowej)* das Spezialinstitut für den wirtschaftlich bedeutenden Landwirtschaftssektor. Sie war zuständig für das Einlagen- und Kreditgeschäft mit der Landbevölkerung insgesamt, darunter sowohl mit den privaten Gehöften als auch den staatlichen Landwirtschaftsbetrieben.[58] Ihr angeschlossen waren mehr als 1.500 ländliche, lokal begrenzte Genossenschaftsbanken. Sie waren die Genossen des Spitzeninstituts BGŻ und ihrerseits auf der Basis privater Bauern genossenschaftlich organisiert. Die Genossenschaftsbanken hatten im wesentlichen die Funktion von Sparkassen für die Landbevölkerung.

Die drei Geschäftsbanken unterstanden der direkten Aufsicht der NBP, insb. bei der Gewährung von Krediten, deren Gesamtvolumen den Vorgaben des von der NBP ausgearbeiteten monetären Plans folgen sollte. Mit der beherrschenden Stellung der NBP entprach Polens Bankwesen de facto einem Monobanksystem. Die einfache Struktur des polnischen Bankensystems zu Beginn der Reformen der 80er Jahre folgt damit im wesentlichen den in Kapitel 2 dieser Arbeit skizzierten Kennzeichen eines typischen, standardisierten und zentralisierten planwirtschaftlichen Bankwesens.

Die mit dem Bankengesetz von 1982 angestrebte Dezentralisierung zielte auf eine größere Unabhängigkeit nicht nur der NBP gegenüber der Regierung, sondern auch der drei Geschäftsbanken gegenüber der Zentralbank. Die Anreizfunktionen der Banken blieben in ihrer Bedeutung jedoch weiterhin hinter den Kontrollfunktionen zurück, denn die Kreditvergabe folgte letztlich doch weitgehend den Vorgaben des monetären Plans der NBP, und das Bankwesen behielt von daher im wesentlichen seine Monobankstruktur bei.[59] Die Banken blieben weiterhin Akteure des Staates und die Kreditvergabe erfolgte eher als Ergebnis von Verhandlungsprozessen denn nach Rentabilitätsgesichtspunkten:

---

[54] Vgl. UGOLINI, Piero (1996), S. 6.
[55] Vgl. BLASS, Bronisław (1968), S. 175.
[56] Vgl. zu den Aufgaben der Bank Handlowy allgemein FOX, Ursula (1967), S. 61.
[57] Vgl. $A_{12}$, S. 313.
[58] Vgl. FOX, Ursula (1967), S. 56-58.
[59] Vgl. HUSEMANN, Frank (1995), S. 86.

„In reality the decision to grant credit to enterprises had little to do with their economic conditions. Instead it was subject to bargaining between different institutions and branches of government, with banks playing only a minor role."[60]

Marktwirtschaftliche Prinzipien konnten sich auch nicht zuletzt deshalb nicht im Bankwesen durchsetzen, weil es mit dem Erlaß des Bankengesetzes von 1982 versäumt wurde, wichtige institutionelle Reformen, wie die Implementierung von Finanzmärkten, auf denen Marktakteure agieren können, vorzunehmen.[61] Auch das Ziel, Wettbewerbsstrukturen auf der Ebene der Geschäftsbanken einzuführen, scheiterte, denn bis 1986 wurde trotz der vom Bankengesetz gewährten Möglichkeit, neue Kreditinstitute zuzulassen, keine einzige neue Bank gegründet, so daß die Funktions- und Sektormonopole der bisherigen Banken weiter bestehen blieben. Erst Ende 1986 wurde mit der *Exportentwicklungsbank BRE (Bank Rozwoju Eksportu)* der Kreis der Banken erweitert und damit eine zweite Reformetappe eingeleitet. Die neue Bank hatte jedoch mit der finanziellen Förderung der polnischen Exportwirtschaft eine staatlich definierte Sonderfunktion. Statt dem Wettbewerbsprinzip zu folgen, erfuhr somit wiederum das Prinzip der Funktions- und Sektormonopole seine Bestätigung. Ähnlich ist die Ausgründung einer zweiten Sparkasse, der *PKO BP (Polska Kasa Oszczędności - Bank Państwowy)*, zu beurteilen. Hatte bis dahin die NBP auch die Aufgabe, die Złoty-Ersparnisse der Bevölkerung in Form von Spareinlagen zu sammeln und diese in Form von Krediten wiederum dem staatlichen Unternehmenssektor zukommen zu lassen, so wurde dieses Tätigkeitsgebiet lediglich ausgelagert. Ein besonderes Aufgabengebiet der PKO BP stellte neben der Spareinlagensammlung noch die Vergabe staatlich subventionierter Wohnungsbaukredite an Wohnungsbaugenossenschaften dar.[62]

Zusammenfassend läßt sich festhalten, daß die ursprünglichen Reformziele von 1982, das Bankensystem zu dezentralisieren, Wettbewerbsstrukturen einzuführen und die Entscheidung über die Kreditvergabe an ökonomische Grundsätze zu knüpfen, im wesentlichen gescheitert waren. Tatsächlich wies Polens Bankwesen bis 1989 weiterhin eine Monobankstruktur auf. Die NBP unterstand trotz der formalen Herauslösung aus dem Finanzministerium weiterhin den Weisungen der Regierung und hatte als direkter Kreditgeber für die Staatsunternehmen nach wie vor Geschäftsbankfunktionen.[63]

Die zweite Reformetappe endete jedoch mit entscheidenden Weichenstellungen für die spätere Transformation des Bankensystems. Im Januar 1989 wurden ein neues Bankengesetz sowie ein Zentralbankgesetz erlassen, die in bezug auf die drei, in Kapitel 2 dieser Arbeit umrissenen Ordnungskriterien *Zentralisationsgrad, Eigentumsstruktur* und *Geschäftsradius* der Banken wichtige Neuerungen einführten. Das Bankensystem wurde dezentralisiert, indem die Zentralbank ihre Geschäftsbankaktivitäten ablegte. Zu diesem Zweck wurden aus den regionalen Niederlassungen der NBP insgesamt neun Regionalbanken gebildet, die die Geschäftsaktivitäten mit den staatlichen Unternehmen, die bisher von der NBP wahrgenommen worden waren, fortführen sollten. Den Unternehmen wurde die freie Wahl ihrer jeweiligen Hausbank eingeräumt, wobei zugleich das bis dahin übliche 1:1-Prinzip im Verhältnis von Bank und Unternehmen durchbrochen und Konkurrenz zwischen den verschiedenen Banken um Firmenkunden

[60] Vgl. BELKA, Marek et al. (1995), S. 236.
[61] Vgl. KOKOSZCZYŃSKI, Ryszard (1994), S. 257.
[62] Vgl. $A_6$ (3. August 1994), S. 301.
[63] Vgl. CHUDZIK, Robert (1995), S. 204.

ermöglicht wurde. Die Kreditkontrolle durch die NBP wurde formal ebenso aufgehoben wie die funktionsspezifische Festlegung des Geschäftsradius der neuen Regionalbanken.[64] Mit der Ausgründung der regionalen Geschäftsbanken wurde die für eine marktwirtschaftliche Ordnung charakteristische Trennung in ein Zentral- und ein Geschäftsbanksystem und damit das Prinzip eines *zweistufigen* Bankwesens vollzogen. Zugleich ließ das neue Bankengesetz die Gründung neuer Geschäftsbanken zu. Dabei wurden die Zulassungsanforderungen recht niedrig gehalten, um, anders als nach der Einführung des Bankengesetzes von 1982, tatsächlich die Möglichkeit für den Markteintritt neuer Akteure zu schaffen. Dabei erhielten qua lege auch Auslandsbanken die Chance, auf dem polnischen Bankenmarkt mit eigenen Tochterfirmen bzw. Filialen aktiv zu werden.

Die Zentralbank blieb trotz dieser Neuerungen jedoch eng mit dem zu jener Zeit noch kommunistisch beherrschten Staatsapparat verbunden. So mußte der Präsident der NBP Mitglied der Polnischen Vereinigten Arbeiterpartei sein und wurde vom Staatspräsidenten ernannt. Die NBP mußte den wirtschaftspolitischen Vorgaben des Politbüros folgen und war in der Anwendung ihres geldpolitischen Instrumentariums von der Zustimmung dieses Gemiums abhängig. Auch blieb der Einfluß der NBP auf die Geschäftsbanken erhalten, wenn auch dieser nun eher informeller Art war, indem die Präsidenten der jeweiligen Geschäftsbanken vom Präsidenten der NBP ernannt wurden. Schließlich konnte die NBP auch direkt in die Kreditallokation eingreifen, indem sie Präferenzkredite vergeben durfte.[65]

Der entscheidende Schritt im Übergang von der zweiten Reformetappe hin zur Transformation des Bankwesens wurde mit dem Regierungsantritt von Ministerpräsident Mazowiecki und Finanzminister Balcerowicz vollzogen, indem die NBP in der im Januar 1990 in Kraft getretenen novellierten Fassung des GüNBP unabhängig von der Regierung wurde. Ein wichtiger Punkt hierbei war die gesetzliche Begrenzung der Finanzierung des Staatshaushalts auf 2% des BIP. Diese Regelung sollte eine Instrumentalisierung der NBP durch die Regierung verhindern.[66] Die NBP mußte zugleich die Vergabe von Präferenzkrediten an ausgewählte Staatsbetriebe einstellen und sich auf die geldpolitischen Aktivitäten einer Zentralbank zurückziehen.[67] Ein halbes Jahr später nahm die Bankenaufsicht als Aufsichtsbehörde für die Geschäftsbanken ihre Arbeit als Abteilung der NBP auf. Letztere vereinigte damit Zentralbank- und Aufsichtskompetenzen unter einem Dach. Mit der Dezentralisierung des Genossenschaftsbankensektors - die ländlichen Genossenschaftsbanken konnten fortan wählen, ob sie weiterhin unter dem Dach der BGŻ arbeiten oder unabhängig werden wollten - wurde das Prinzip der Dezentralisierung vollendet. Mit der Zulassung neuer Marktakteure erhöhte sich die Zahl der in Polen tätigen Banken bis Ende 1990 auf 53 Institute, zählt man die Genossenschaftsbanken mit, auf 1.716. Zudem hatten zu jenem Zeitpunkt sechs Auslandsbanken eine Lizenz beantragt und nahmen 1991 ihre Tätigkeit in Polen auf.

---

[64] Vgl. BAUC, Jarosław et al. (1995), S. 164.
[65] Ebenda, S. 164/165.
[66] Vgl. RUDKA, Andrzej (1992), S. 74.
[67] Vgl. BAUC, Jarosław et al. (1995), S. 165.

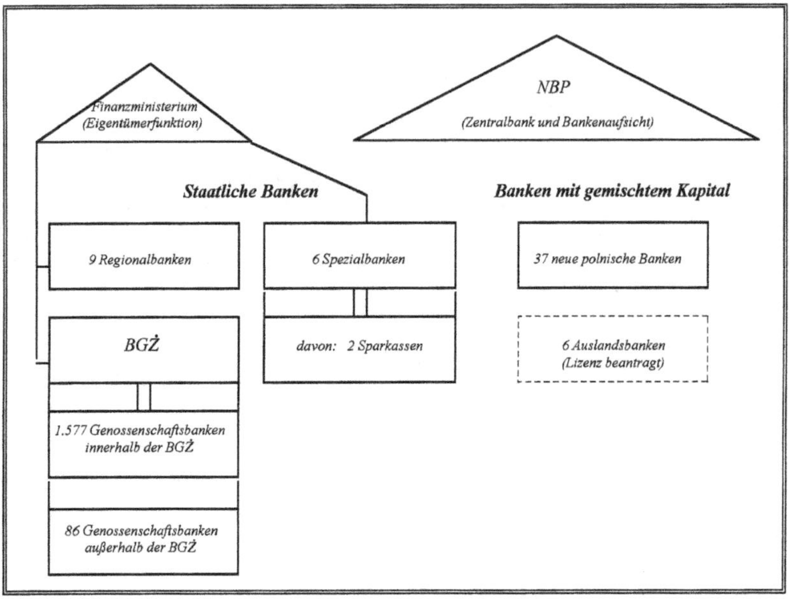


*Quelle: NBP (Zahlenangaben)*

**Abb. 4.8: Die Struktur des polnischen Bankwesens im Jahre 1990**

## 4.4 Die Akteurskonstellation innerhalb des Bankensektors 1990

Mit Beginn der Bankentransformation läßt sich Polens Bankensystem differenzieren in die alten staatlichen Banken aus der planwirtschaftlichen Zeit (*primäre Akteure*) und neugegründete private Banken (*sekundäre Akteure*). Eine treffendere Bezeichnung für die neuen Banken ist der Begriff der *Banken mit gemischtem Kapital*, denn es ist keineswegs so, daß die neuen Banken allein von privater Hand gegründet wurden. Vielmehr wurden neue Kreditinstitute z.T. auch aus Mitteln staatlicher Unternehmen oder auf Initiative von Gebietskörperschaften gebildet, hatten also durchaus auch einen öffentlichen Kapitalanteil.[68]

Private Banken sollten nach den Vorstellungen von Balcerowicz den künftigen Kern eines marktwirtschaftlichen polnischen Bankwesens bilden. Besonderer Wert wurde zu Beginn der Transformation des Bankensektors auf die Errichtung von Wettbewerbsstrukturen durch den Eintritt neuer Marktakteure gelegt.[69] Das Fundament für ein privatwirtschaftlich dominiertes Bankwesen sollten aber nicht allein neugegründete Banken bilden. Vielmehr erschien auch eine Privatisierung der alten Marktakteure auf

[68] Vgl. CHUDZIK, Robert (1995), S. 206.
[69] Vgl. RUDKA, Andrzej (1992), S. 82/83 sowie $A_I$ (20. Juli 1994), S. 283.

dem Bankenmarkt notwendig.[70] Bereits im Juli 1990 plädierte die Regierung, verteten durch Balcerowicz's Finanzministerium, zudem für die Zulassung von Auslandsbanken.[71] Wie die übrigen Teile des Balcerowicz-Programms, waren auch die Vorstellungen hinsichtlich der künftigen Entwicklung des Bankensystems vom Einfluß internationaler Finanzinstitutionen, allen voran des IWF, geprägt. Ohne bereits ein fertiges Exposé für das künftige polnische Bankwesen zu präsentieren, das über die Implementierung eines Zwei-Stufen-Systems, die Institutionalisierung von Geld- und Kapitalmärkten sowie die Installierung einer Bankenaufsicht hinausging, drängte der IWF die Regierung Mazowiecki und ihre Nachfolger in den ersten beiden Transformationsjahren zu möglichst raschen Maßnahmen zur Umgestaltung des Bankwesens, um bremsende Effekte für die Makrostabilisierung und den gesamtwirtschaftlichen Strukturwandel zu vermeiden.[72]

### 4.4.1 Die staatlichen Aufsichtsbehörden

Als Aufsichtsorgan für das Geschäftsbankensystem fungierte fortan die Bankenaufsichtsabteilung der NBP. Bis auf den Genossenschaftsbankensektor, für den sie erst ab September 1992 zuständig wurde, ist sie Aufsichtsorgan für alle Geschäftsbanken. Die Aufsicht arbeitet personell und organisatorisch getrennt vom Finanzministerium, das aber die Eigentümerfunktion des Staates für die staatlichen Banken übernahm. In dieser Funktion hat das Finanzministerium auch Aufsichtskompetenzen für jene Kreditinstitute, so daß ein kontinuierlicher Abstimmungsbedarf zwischen der NBP und dem Ministerium entstand.

#### 4.4.1.1 Das Finanzministerium

Als Vertreter des Eigentümers Staat hat das Finanzministerium Eingriffsrechte in die Politik der staatlichen Geschäftsbanken, die von der Ernennung von Aufsichtsräten und Vorstandsmitgliedern bis hin zur Kontrolle der langfristigen Geschäftsstrategie reichen. § 58 Abs. 1 BG räumt dem Finanzministerium ein Mitspracherecht bei der Zulassung neuer Banken ein, egal ob es sich dabei um staatliche, private oder genossenschaftliche Kreditinstitute handelt.[73] Der Aufsichtsrats- und Vorstandsvorsitzende einer staatlichen Bank wird vom Ministerpräsidenten auf Antrag des Finanzministeriums in Abstimmung mit der NBP ernannt und entlassen (§ 59 Abs. 2 BG). Jeweils ein Drittel der Mitglieder in den beiden Führungsgremien eines Kreditinstituts werden ernannt bzw. entlassen vom Finanzministerium, dem Präsidenten der NBP sowie der Arbeitnehmervertretung der betroffenen Bank. Damit wird die Grundlage für staatliche Einflußnahme auf die personelle Führung und die Strategie einer staatlichen Bank geschaffen. Inwieweit der hiermit angelegte diskretionäre Handlungsspielraum durch das Finanzministerium ausgeschöpft wird, hängt nicht zuletzt von der Reformorientierung

---

[70] Vgl. BELKA, Marek et al. (1995), S. 237-242.

[71] Vgl. RUDKA, Andrzej (1992), S. 92 sowie $A_{16}$, S. 322.

[72] Vgl. ERTL, Angelika (1996), S. 46.

[73] Vgl. bei diesem und allen nachfolgenden Paragraphen des Bankengesetzes das Bankengesetz vom 31. Januar 1989 in der Fassung vom 19. Dezember 1992, vgl. o.V. (1994d).

der jeweiligen Regierung bzw. der Spitze des Ministeriums ab. Für das Jahr 1990 kann man angesichts der starken Reformorientierung des damaligen Finanzministers Balcerowicz grundsätzlich von Eingriffen in die Politik der betroffenen staatlichen Banken zugunsten der makroökonomischen Stabilisierung und des wirtschaftlichen Strukturwandels ausgehen. Dies impliziert z.B. die Unterbindung bisheriger enger wirtschaftlicher Verflechtungen zwischen Staatsunternehmen und staatlichen Banken sowie die Vergabe von Krediten nur insoweit, wie die Solvenz eines Kreditnehmers und die geldpolitischen Ziele der Zentralbank es zulassen.

Nach übereinstimmenden Expertenaussagen beschränkt sich die Einflußnahme des Finanzministeriums auf die Geschäftspolitik der staatlichen Banken auf langfristige strategische Entscheidungen; Eingriffe des Ministeriums in die tägliche Geschäftspolitik, wie z.B. Einzelfallentscheidungen bei der Kreditvergabe, werden dagegen verneint.[74] Die recht großen personellen Einflußmöglichkeiten des Ministeriums zeigen hingegen zweierlei: Zum einen ist es der jeweiligen Regierung möglich - wenn auch nur in Abstimmung mit der NBP - durch die Ernennung bestimmter regierungsnaher Persönlichkeiten die Entwicklungsstrategie einer staatlichen Bank im Grundsatz zu beeinflussen. Zum anderen sind durch die Rechte des Staates in Gestalt des Finanzministers die Einflußrechte der Gewerkschaftsseite bzw. Arbeiterräte bei Kreditinstituten im Vergleich zum staatlichen Unternehmenssektor begrenzt. Auch aus dieser Perspektive heraus ist daher einer Fortsetzung enger personeller und wirtschaftlicher Verflechtungen zwischen Staatsunternehmen und -banken ein Riegel vorgeschoben.

Schließlich ist in der Funktion des Finanzministeriums ein latenter Interessenkonflikt zu konstatieren. Auf der einen Seite steht das Ministerium unter dem Druck, das Defizit des Staatshaushalts abzubauen und zu diesem Zweck die Einnahmen des Staates zu erhöhen. In bezug auf die staatlichen Banken hat der Finanzminister in diesem Zusammenhang die Möglichkeit, die Höhe der dem Staat zufließenden Dividendenzahlungen jählich neu festzulegen.[75] Hohe Abtretungen an den Fiskus unterminieren jedoch die Möglichkeit der Banken, die Eigenmittel und damit die Stabilität gegenüber möglichen Liquiditäts- bzw. Insolvenzrisiken zu erhöhen. Die Einnahmeninteressen des Staates und die Stabilität des Finanzsystems stehen damit als potentielle Zielkonflikte einander entgegen. Die konkrete Gratwanderung des Finanzministeriums zwischen makroökonomischer Verantwortung und der Verantwortung als Eigentümer und Kontrollorgan der Banken hängt somit von der jeweiligen Regierungskonstellation ab.

#### 4.4.1.2 Die NBP - Zentralbank und Bankenaufsicht in einem

Potentielle Interessenkonflikte birgt auch die Doppelfunktion der NBP, denn sie vereinigt Zentralbank- und Aufsichtsfunktionen über das Geschäftsbankensystem unter einem Dach. Zu den makrökonomischen Aufgaben der NBP gehört die Emission der polnischen Währung, die Festsetzung des offiziellen Währungskurses sowie die Devisenreservehaltung.[76] Die Wahrung der Geldwertstabilität ist jedoch gemäß § 5 Abs. 1

[74] Vgl. $A_3$ (27. Juli 1994), S. 290, $A_8$, S. 306 sowie $A_{19}$, S. 327.
[75] Vgl. $A_{10}$, S. 309.
[76] Vgl. CHUDZIK, Robert (1995), S. 205.

GüNBP das oberste Ziel der Zentralbanktätigkeit.[77] Die NBP ist hinsichtlich der konkreten Ausgestaltung der Geldpolitik nur bedingt unabhängig, denn sie formuliert ihre geldpolitischen Ziele in Abstimmung mit der Regierung (§ 16 Abs. 1 GüNBP). Zudem ist die Festlegung der Ziele der Geldpolitik abhängig von den jeweiligen Mehrheitsverhältnissen im Parlament, denn sie müssen vom Sejm jährlich neu genehmigt werden (§ 17 Abs. 1 GüNBP). Gerade im ersten Jahr der Transformationskrise 1990 erhielt die Geldpolitik der NBP für die Stabilisierung der Wirtschaft eine besondere Bedeutung. Sie gestaltete sich wegen ihrer besonderen Relevanz für den Erfolg des Stabilisierungsteils des Balcerowicz-Programms weniger als Ergebnis autonomer Entscheidungen der NBP-Spitze, sondern vielmehr als Verhandlungsergebnis entsprechender Konsultationen zwischen der NBP, dem Finanzministerium und den externen Politikberatern des IWF.[78]

Analysiert man die interne Organisationsstruktur der NBP, so fällt die zentrale Stellung des NBP-Präsidenten auf. Zwar stimmt er sich mit seinen Stellvertretern im Vorstand der Zentralbank bei der Formulierung der geldpolitischen Ziele ab, doch liegt die letzte Entscheidung bei ihm, so daß in bezug auf die Kompetenzen der NBP hinsichtlich der Geldpolitik, aber auch hinsichtlich der Formulierung von Richtlinien im Rahmen der Bankenaufsicht, im GüNBP nicht die Institution NBP, sondern die Person des NBP-Präsidenten genannt wird. Eine gewisse Unabhängigkeit von der Regierung erlangt sein Amt mittels der Ernennung durch den Staatspräsidenten. Zudem beträgt die Amtsdauer des NBP-Präsidenten sechs Jahre, so daß seine Tätigkeit nominell unbeeinflußt ist von den vierjährigen Wahlzyklen des Sejm.

Die NBP gewinnt an Unabhängigkeit im Vergleich zu ihrer früheren Bedeutung als eine der Hauptfinanzierungsquellen für das Staatsbudget durch die Begrenzung dieser Finanzierungsfunktion auf 2% des BIP (§ 34 GüNBP). Einen weitaus größeren Spielraum besitzt die NBP jedoch insgesamt in ihrer Funktion als Bankenaufsichtsbehörde. Das Bankengesetz bildet nur ein rechtliches Gerüst für die Tätigkeit von Kreditinstituten, das durch die Richtlinien der Bankenaufsicht ausgefüllt werden muß. Hier erfährt die Position des NBP-Präsidenten als Präsident der Bankenaufsicht eine Stärkung, denn er kann diskretionär, ohne Abstimmung mit der Regierung, für alle Banken bindende Richtlinien erlassen und bei Verletzung solcher Vorschriften Maßnahmen gegen die betreffenden Kreditinstitute einleiten. (§ 101 BG bzw. § 54 GüNBP). Die Bankenaufsichtsrichtlinien wurden erst nach und nach erlassen, nachdem die Bankenaufsichtsabteilung der NBP ihre Arbeit im Sommer 1990 aufnahm. Sie besaß damit zunächst unvollständige rechtliche Vollmachten.

Die Arbeit der Aufsicht sollte von Beginn an sowohl auf der Beurteilung der finanziellen Situation der Banken anhand der Analyse von Bilanzen sowie Gewinn- und Verlustrechnungen basieren, als auch auf Besuchen vor Ort. Tatsächlich verzögerte sich der Aufbau der Abteilung durch Schwierigkeiten, ausreichend geschultes Personal zu akquirieren. Daher waren *off-site investigations* zunächst die bevorzugte Form der Bankenüberwachung.[79] Doch auch hier stieß die Aufsicht auf Probleme, denn neben fehlenden bankenaufsichtsrechtlichen Richtlinien mangelte es auch an einheitlichen

[77] Vgl. bei diesem und allen nachfolgenden Paragraphen des Zentralbankgesetzes das Gesetz über die NBP vom Januar 1990 in der Fassung vom 24. Juni 1994, vgl. o.V. (1994b).

[78] Vgl. GOMUŁKA, Stanisław (1991), S. 11.

[79] Vgl. $A_2$, S. 288.

Bilanzierungsregeln, so daß den Bankinspektoren auch für *off-site investigations* zunächst die Grundlagen fehlten und somit die Aufsicht erst nach und nach im Verlaufe der Jahre 1990 bzw. 91 ihre volle Arbeitsfähigkeit erlangte.[80]

Zu Beginn der Transformation sah sich die NBP neben ihren dauerhaft angelegten geldpolitischen und aufsichtsrechtlichen Funktionen einer Reihe kurz- und mittelfristiger institutioneller Aufgaben gegenüber, deren Erfüllung ihr eine bedeutende Position gegenüber den Geschäftsbanken verlieh. Zunächst ist in diesem Zusammenhang das Zahlungsverkehrssystem zu nennen, das in der planwirtschaftlichen Zeit sowohl hinsichtlich des *settlement* als auch des *clearing* über die NBP lief. Dabei unterhielten nicht allein die Zentralen der wenigen, von der NBP kontrollierten Spezialbanken entsprechende Abrechnungskonten bei der NBP, sondern jede einzelne Filiale dieser Banken verfügte über ein Verrechnungskonto mit der jeweils für sie zuständigen regionalen Niederlassung der Zentralbank. Das Zahlungsverkehrssystem war also zentralisiert und dezentralisiert in einem: zentralisiert insofern, als daß der Zahlungsverkehr innerhalb des Bankensystems über die NBP lief, dezentralisiert insofern, weil die Verrechnungskonten über Filialen und Regionen verteilt waren und erst über diesen Umweg in Warschau zusammenliefen. Die Zahlungen nahmen auf diese Weise einen Zeitraum von bis zu 14 Tagen in Anspruch.[81] Für ein marktwirtschaftliches System war dies untragbar, so daß die NBP mit einer Reform des Systems beauftragt wurde.

Ein weiteres wichtiges Feld für institutionelle Maßnahmen seitens der Zentralbank war die Bildung von Finanzmärkten, v.a. eines Interbanken- und Geld- sowie eines Devisenmarktes. Die Interbanken- und Geldmarktentwicklung begann bereits im Herbst 1989 mit der Rediskontierung von Handelswechseln, die bei der Abwicklung von Geschäften zwischen Unternehmen verwendet wurden, durch die NBP und wurde im Sommer 1990 mit der Ausgabe von NBP-Wechseln als künftige Hauptinstrumente des Geldmarktes fortgesetzt.[82]

Die institutionellen Reformvorhaben, die Rolle der Zentralbank bei der Geldpolitik sowie ihre bankenaufsichtsrechtliche Funktion stellen die NBP in eine zentrale Position bei der Transformation des Bankwesens. Die Aufgaben waren zum größten Teil neu und ungewohnt für die Mitarbeiter, zugleich war jedoch angesichts des von Balcerowicz und externen Politikberatern vorgegebenen hohen Reformtempos in anderen Wirtschaftsbereichen eine schnelle Umsetzung angeraten. Indes befand sich dabei die NBP aber auch selbst in einem Transformationsprozeß von einer Behörde als Anhang oder allenfalls als Teil der ehemaligen Planungsbürokratie von Partei und Regierung hin zu einer mehr oder weniger unabhängigen Institution, deren makro- und mikroökonomische Aufgaben hohe Ansprüche an die NBP-Mitarbeiter stellte. Die zeitgleiche interne Reorganisation der NBP - alte Planungsabteilungen wurden aufgelöst und neue Abteilungen kamen hinzu, wie z.B. die Teams für die Durchführung der Geldpolitik und den Aufbau des Devisenmarktes - drohte die NBP zu überfordern und Transformationsmaßnahmen im Bankwesen zu verzögern. Hinzu kam ein Wechsel im NBP-Präsidentenamt von Władysław Baka (1989/90) hin zum reformorientierten Grzegorz Wojtowicz (1991), nach dessen Rücktritt der Präsidentensessel an der NBP-Spitze zunächst verwaist blieb, bis Staatspräsident Wałęsa im Februar 1992 die kon-

---

[80] Vgl. $A_{14}$, S. 318.
[81] Vgl. $A_{18}$, S. 324.
[82] Vgl. WENZELER, Grischa (1995), S. 71.

servative Rechtsprofessorin Hanna Gronkiewicz-Waltz zur neuen NBP-Präsidentin ernannte. Die 1990 einsetzende interne Umstrukturierung und Neuausrichtung der NBP wurde maßgeblich von externen Beratern, darunter Vertretern der Bank von England, unterstützt.[83]

### 4.4.2 Die Geschäftsbanken

Unmittelbar nach der Regierungsübernahme durch die Reformkräfte im August 1989 und der Verabschiedung des Balcerowicz-Programms begannen auch im Geschäftsbankensystem die alten Strukturen auf der Grundlage des neuen Bankengesetzes aufzubrechen. Die Schaffung von Wettbewerb und ein im Kern privatwirtschaftlich organisiertes Bankwesen gehörten zu den Hauptzielen der Bankenreformer. Die neue Bankenaufsichtsbehörde verfolgte im Sinne dieser Reformziele eine liberale Zulassungspolitik. Damit verzeichnete die Aufsicht einen sprunghaften Anstieg neuer Banken im Lande, eine Tendenz, die der raschen Entwicklung des privaten Sektors in anderen Wirtschaftsbereichen zu ähneln schien. Doch die genauere Analyse der neuen Banken relativiert den scheinbaren Wandel in der Bankenlandschaft Polens. Wie Tabelle 4.2 belegt, bildeten 1990 die alten staatlichen Spezialbanken, zusammen mit den im Jahr zuvor aus der NBP ausgegliederten Regionalbanken, weiterhin die größten Kreditinstitute des Landes. So zählten 14 der 15 größten Kreditinstitute zur Gruppe der staatlichen Banken. Allein die neu gegründete *BIG Bank* konnte sich in dieser Spitzengruppe auf Platz 15 etablieren.

| *Name der Bank* | *Kategorie* | *Bilanzsumme (in Mio. PLN)* | *Eigenkapital (in Mio. PLN)* |
|---|---|---|---|
| *Bank Handlowy* | *Spezialbank* | *11.909,3* | *536,2* |
| *BGŻ* | *Genossenschaftsbank* | *9.171,7* | *52,7* |
| *PKO BP* | *Sparkasse* | *5.849,9* | *k.A.* |
| *PeKaO S.A.* | *Sparkasse* | *5.612,0* | *k.A.* |
| *Pomorski Bank Kredytowy* | *Regionalbank* | *3.451,8* | *70,0* |
| *Bank Przemysłowo-Handlowy (BPH)* | *Regionalbank* | *2.863,8* | *136,6* |
| *Bank Zachodni* | *Regionalbank* | *2.707,2* | *110,0* |
| *Powszechny Bank Kredytowy* | *Regionalbank* | *2.564,1* | *131,1* |
| *Bank Śląski* | *Regionalbank* | *2.230,2* | *193,8* |
| *Bank Gdański* | *Regionalbank* | *2.200,3* | *197,1* |
| *Wielkopolski Bank Kredytowy (WBK)* | *Regionalbank* | *1.404,1* | *139,9* |
| *Bank Depozytowo-Kredytowy* | *Regionalbank* | *1.211,7* | *73,1* |
| *Powszechny Bank Gospodarczy* | *Regionalbank* | *1.131,5* | *68,5* |
| *Bank Rozwoju Eksportu (BRE)* | *Spezialbank* | *697,8* | *86,4* |
| *Bank Inicjatyw Gospodarczych (BIG)* | *private Bank* | *331,9* | *5,5* |

*Quelle: Gazeta Bankowa Nr. 14/1991, abgedruckt in: BELKA, Marek et al. (1995), S. 241*

**Tab. 4.2: Die 15 größten Banken in Polen im Jahre 1990**

[83] Vgl. UGOLINI, Piero (1996), S. 38.

Läßt man die Genossenschaftsbanken außer acht, waren 1990 die neuen Banken mit 37 Instituten gegenüber 16 alten staatlichen Banken in der Überzahl. Wie der Vergleich der Bilanzsummen anhand von Tabelle 4.2. zeigt, besagt dies jedoch wenig über die tatsächliche Marktposition der neuen Banken gegenüber den etablierten Instituten der planwirtschaftlichen Ära. Die größte neue Bank, *Bank Inicjatyw Gospodarczych (BIG)*, verfügt nur über ein Drittel der Bilanzsumme der kleinsten Regionalbank, *Powszechny Bank Gospodarczy* (PLN 331,9 Mio. gegenüber PLN 1,1 Mrd.). Die Bilanzsumme der BIG umfaßt gar nur 2,8% der Bilanzsumme der größten staatlichen Geschäftsbank, der Bank Handlowy (PLN 11,9 Mrd.). Noch deutlicher wird die Diskrepanz beim Vergleich der Eigenmittel: Das Eigenkapital der BIG macht nur 6,4% des Eigenkapitals der BRE (PLN 5,5 Mio. gegenüber PLN 86,4 Mio.) bzw. 1% des Eigenkapitals der Bank Handlowy (PLN 536,2 Mio.) aus. Unabhängig von der Größe der einzelnen Banken stellt man bei der Analyse der Eigenkapitalquoten - also dem Anteil der Eigenmittel an der Bilanzsumme - der 15 größten Institute fest, daß diese mit 4,5% (Bsp. Bank Handlowy) bzw. 1,7% (Bsp. BIG) im internationalen Vergleich recht niedrig liegen. Vergleicht man die Bilanzsummen der großen polnischen Banken mit denen der westeuropäischen Konkurrenten, so ist zu konstatieren, daß die polnischen Kreditinstitute verschwindend klein sind. Die *Deutsche Bank* als größtes Kreditinstitut Europas bspw. wies im Jahre 1990 eine Bilanzsumme von umgerechnet mehr als PLN 900 Mrd. auf, die Bank Handlowy gerade PLN 11,9 Mrd.

Die Eigenmittel der Banken begrenzen deren Kreditvergabekapazität. Daher verwundert es nicht, daß die Anteile am Kreditmarkt am Ende des Jahres 1990 so stark zugunsten der staatlichen Banken (95% aller vergebenen Kredite) verzerrt sind, daß man von Wettbewerb durch neue Marktakteure nicht ernsthaft sprechen kann. Unter den staatlichen Banken halten sich Regional- und Spezialbanken mit ihrem jeweiligen Gewicht am Kreditmarkt in etwa die Waage, während die ländlichen Genossenschaftsbanken ohne BGŻ mit 8% nur über einen geringen Marktanteil verfügen. Hierin zeigt sich der Schwerpunkt der Kreditvergabetätigkeit der lokalen Genossenschaftsbanken, nämlich die Gewährung von Kleinkrediten, die aggregiert weniger stark ins Gewicht fallen als die von Regional- und Spezialbanken vergebenen Unternehmenskredite.

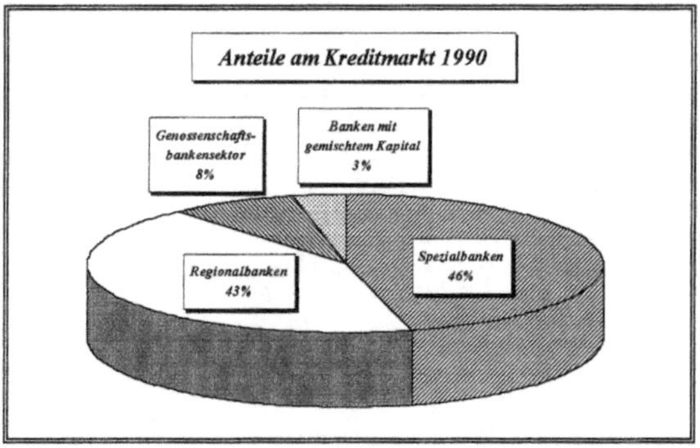


*Quelle:* NBP

**Abb. 4.9: Anteile der verschiedenen Bankkategorien am Kreditmarkt im Jahre 1990**

Kaum stärker repräsentiert sind die neuen Banken am Einlagenmarkt (11%). Auch hier haben die alten staatlichen Kreditinstitute ein deutliches Übergewicht. Dabei erreicht allein die Sparkasse PKO BP einen Marktanteil von über 50%, eine Wettbewerbsverzerrung, die noch aus der Funktion dieser Bank in der sozialistischen Zeit herrührt. Die einzelnen Bankengruppen werden im folgenden näher beleuchtet. Ein im Vergleich zu ihrem Anteil am Kreditmarkt etwas höheres Gewicht besitzen die lokalen Genossenschaftsbanken, während die Regionalbanken weit weniger stark am Einlagenmarkt vertreten sind als am Kreditmarkt. Gerade für sie ergibt sich damit ein Refinanzierungsproblem. Insgesamt erscheint die Implementierung eines Interbankenmarktes angesichts der Verzerrungen am Einlagenmarkt für die Refinanzierung der kreditlastigen Banken als eine der vordringlichsten Aufgaben, die sich für die Bankentransformation im Jahre 1990 stellt.

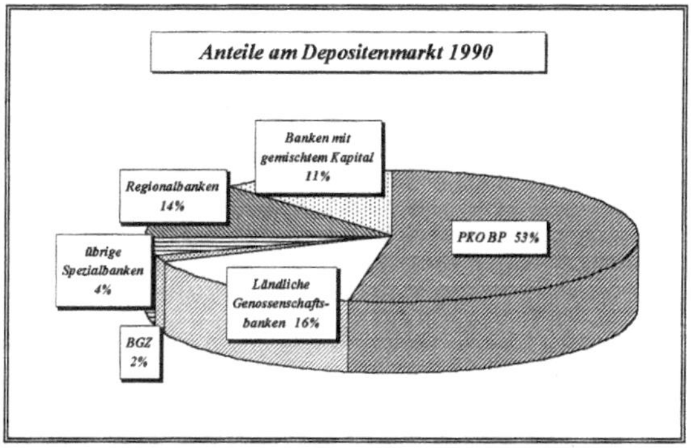


*Quelle: Bank i Kredyt Nr. 7-8/1991, abgedruckt in : BELKA, Marek et al. (1995), S. 240*

**Abb. 4.10: Anteile der verschiedenen Bankkategorien am Einlagenmarkt im Jahre 1990**

Aus ihrer jeweiligen Marktposition heraus ergeben sich bestimmte Geschäftsschwerpunkte sowohl für die primären als auch die sekundären Akteure unter Polens Banken. Die darauf basierende Konstellation ist Gegenstand der folgenden kurzen Übersicht über Polens Geschäftsbankensystem.

### 4.4.2.1 Die staatlichen Banken

Wie Abbildung 4.8 zeigt, läßt sich die Gruppe der staatlichen Banken in Regional-, Spezial- und Genossenschaftsbanken differenzieren. Diese primären Akteure sind untereinander entsprechend den alten Funktions- und Sektormonopolen aus der planwirtschaftlichen Zeit hinsichtlich ihrer Größe und ihrer Geschäftsaktivitäten sehr heterogen. Ähnlich sind sie sich jedoch in ihrer Struktur bzw. Arbeitsweise insofern, als daß sie in der planwirtschaftlichen Ära als staatliche Behörden mit jeweils eng begrenztem Geschäftsfeld agierten. Die Risiken und Wettbewerbsstrukturen marktwirtschaftlicher Bankensysteme stellten für sie zu Beginn der Transformation 1990 eine ungewohnte Herausforderung dar. Die rasche Durchsetzung der Reformen durch das in- und ausländische Beraterteam um Finanzminister Balcerowicz konfrontierte die staatlichen Banken mit neuen Strukturen, denen sie weitgehend unvorbereitet gegenüberstanden. Gerade die Mitarbeiter der Banken waren zu Beginn der Transformationsphase wenig geschult. Es herrschte insofern ein systembedingter Mangel an Humankapital.[84] Das Management der Banken wurde vom Finanzministerium teilweise ausgetauscht, denn die alten Staatsbanker schienen mehrheitlich von ihren neuen strategischen Aufgaben ebenfalls überfordert.[85]

#### 4.4.2.1.1 Regionalbanken

Die neun Regionalbanken gehörten 1990 allesamt zu den 15 größten Geschäftsbanken Polens. Ihre Ausgründung aus der NBP Anfang 1989 bedeutete für das Geschäftsbankensystem bereits einen Teilrückzug des Staates.[86] Ein *Teil*rückzug war die Ausgliederung deshalb, weil so leichter der Bruch mit der direkten Kontrolle der Kreditvergabe der neuen Geschäftsbanken durch die NBP nach dem Regierungswechsel zu Mazowiecki und den Reformkräften im August 1989 vollzogen werden konnte. Dennoch blieben die Regionalbanken zunächst weiterhin in staatlicher Hand, wobei Expertenbefragungen jedoch zumeist keine unmittelbare Einmischung des Finanzministeriums in die tägliche Geschäftspolitik der Banken ergaben. Die Geschäftsschwerpunkte der Regionalbanken lagen im Jahre 1990 in der Vergabe von Krediten an Unternehmen. Dies entsprach auch im wesentlichen ihrer Funktion während der planwirtschaftlichen Zeit. Die Regionalbanken übernahmen dabei die Kreditportefeuilles der jeweiligen regionalen Niederlassungen der NBP.[87]

Die Gründung von ausgerechnet neun Regionalbanken war weniger das Ergebnis betriebswirtschaftlicher Effizienzüberlegungen als vielmehr eine Entscheidung nach Regionenproporz, denn jede polnische Großstadt sollte eine eigene Bank erhalten mit dem entsprechenden Anhang kleinerer Filialen in der jeweiligen Region.[88] Mit der regionenorientierten Aufteilung der ehemaligen NBP-Niederlassungen zu neun eigenständigen Banken wurden jedoch kaum neue Wettbewerbsstrukturen implementiert, denn die Regionalbanken dominierten eindeutig die ihnen jeweils zugeteilten Gebiete. Zu den herkömmlichen Funktionsmonopolen - die Regionalbanken waren ja, wie ihre Marktanteile am Einlagen- und am Kreditmarkt belegen, weiterhin spezialisiert auf die Vergabe von Krediten - kamen also neue regionale Monopole hinzu, die auch kaum durch neue Banken gefährdet schienen, denn diese mußten ja erst neue Geschäftsbeziehungen knüpfen. Auch die bisherigen Sektormonopole blieben hinsichtlich der Struktur der Firmenkunden der Regionalbanken zunächst weitgehend erhalten: Die polnische Industrielandschaft weist starke regionale Unterschiede auf, im Norden dominieren bspw. Schiffswerften und die mit der Seeschiffahrt verbundenen Industrien, während z.B. die Region Schlesien vom Kohlebergbau dominiert wird. Daher wiesen die Portfolios der Regionalbanken auch hohe Konzentrationen in bestimmten Wirtschaftszweigen auf, ein Charakteristikum, das den Vorstellungen von Risikodiversifi-

[84] Vgl. SPAK, Henryk J. (1997), S. 36.
[85] Vgl. $A_1$ (23. September 1996), S. 286.
[86] Vgl. HUSEMANN, Frank (1995), S. 110.
[87] Vgl. $A_6$ (3. August 1994), S. 299.
[88] Vgl. $A_{21}$, S. 330.

kation widerspricht.[89] Mit der Abhängigkeit von der jeweiligen regionalen Industrie besaßen die Regionalbanken gegenüber den aufgrund der alten Kreditbeziehungen der NBP unter den Firmenkunden dominierenden Staatsunternehmen eine relativ schwache Verhandlungsposition.[90]

Die Regionalbanken präsentieren sich im Jahre 1990 als relativ homogene Gruppe in bezug auf ihre Größe, der Art ihrer Geschäftstätigkeit, der jeweils regionalen Schwerpunkte und der mangelnden Risikodiversifikation ihrer Kreditportefeuilles. Die strategische Zielrichtung der meisten Regionalbanken ergab sich aus ihrer spezifischen Situation heraus: Um eine bessere Refinanzierungsbasis aufzubauen, sahen sie sich dazu gezwungen, das Einlagengeschäft mit privaten Haushalten aufzunehmen. Die breiten regionalen Filialnetze bildeten hierfür eine gute Basis. Um ihre Kreditportefeuilles zu diversifizieren, bot sich zum einen die Gewährung von Konsumentenkrediten an private Haushalte an, zum anderen die Expansion in andere Regionen des Landes, um dort neue Firmenkunden aus anderen Wirtschaftsbereichen zu gewinnen.[91] Um solche Expansionspläne zu realisieren, erschien eine Modernisierung der behördenähnlichen Strukturen der Banken notwendig. Die Regionalbanken sahen sich somit zu Beginn der Bankentransformation einer Fülle von Herausforderungen gegenübergestellt, die für alle neun Institute ganz ähnlich waren.

#### 4.4.2.1.2 Spezialbanken

Aufgrund ihrer spezifischen Funktionen in der planwirtschaftlichen Ära bilden dagegen die Spezialbanken eine weit weniger homogene Gruppe als die regionalen Kreditinstitute. Neben den beiden Sparkassen PKO BP und PeKaO S.A. sind hier vier weitere Institute zu unterscheiden, die Bank Handlowy, die BRE, die Anfang 1990 gegründete *Polski Bank Rozwoju (PBR)* und die *Bank Gospodarstwa Krajowego (BGK)*. Die Spezialbanken unterscheiden sich nicht nur in ihren spezifischen Geschäftsaktivitäten, sondern auch in ihrer Größe. Während die Bank Handlowy und die beiden Sparkassen zur Gruppe der vier größten Kreditinstitute gehören (vgl. Tab. 4.2), sind die übrigen drei Banken eher im Mittelfeld anzusiedeln.

Zunächst zu den beiden Sparkassen: Das größere der beiden Institute ist die PKO BP. Als Einlagensammelstelle während der Planwirtschaft bilden Spareinlagen der privaten Haushalte den Großteil der Bilanzpassivseite der Bank; entsprechend groß ist ihr Anteil am Depositenmarkt (vgl. Abb. 4.10). Aufgrund ihrer speziellen Aufgabe in der Zeit vor der Transformation war es für die Bank wichtig, mit der Bevölkerung schnell in Kontakt treten zu können. Deshalb ist ihr Filialnetz das mit Abstand am besten ausgebaute unter den polnischen Banken. Die PKO BP war im Gegensatz zu den Regionalbanken bereits zu Beginn der Transformation landesweit vertreten.[92] Die nationale Präsenz bedeutete für die PKO bei der Transformation einen wichtigen Wettbewerbsvorteil für den Erhalt der bisherigen und die Anknüpfung neuer Kundenbeziehungen. Die Ausweitung ihrer Geschäftstätigkeit wurde jedoch behindert durch die Finanzie-

[89] Vgl. FINK, Gerhard und Peter HAISS (1996/I), S. 432.
[90] Vgl. WYCZAŃSKI, Paweł und Marta GOŁAJEWSKA (1996), S. 17.
[91] Vgl. $A_9$, S. 308.
[92] Vgl. $A_6$ (3. August 1994), S. 301.

rungsfunktion der PKO in der Planwirtschaft. Im Auftrag der staatlichen Planung vergab sie an die für den Wohnungsbau zuständigen Genossenschaften staatlich subventionierte Langfristkredite mit einer Laufzeit von bis zu 50 Jahren, deren Konditionen ebenfalls staatlich festgelegt wurden. Auf diese Weise zahlten die Mitglieder der Wohnungsbaugenossenschaften im ganzen nur 15 bis 22% der anfallenden Baukosten.[93] Mit dem Ende der Planwirtschaft wurde die Förderung des Wohnungsbaus im Zuge der Reformen von Balcerowicz drastisch gekürzt und die Zinsen für Wohnungsbaukredite den Marktverhältnissen angepaßt. Damit kam diese Art der Tätigkeit der PKO BP jedoch praktisch zum Erliegen. Zugleich waren aber durch die Langfristigkeit der in der Vergangenheit vergebenen Kredite ein großer Teil der Mittel der Sparkasse für den Ausbau neuer Geschäftsbeziehungen blockiert.[94] Das bisherige Funktionsmonopol der PKO wurde damit zu einem Wettbewerbsnachteil für den Übergang in die Marktwirtschaft.

Mit der schrittweisen Liberalisierung des Wechselkursregimes hin zur Konvertibilität des Złoty verlor auch die Devisensparkasse PeKaO S.A. nach und nach ihre bisherige Funktion. Wie die PKO BP ist auch sie landesweit präsent und verfügt zudem über bestehende Geschäftsbeziehungen mit Staatsunternehmen, die im Exportbereich tätig sind. Ihre breite Einlagenbasis ermöglichte ihr den Ausbau ihrer Kreditvergabetätigkeit mit Firmenkunden, einem der strategischen Ziele der Bank seit Beginn der Transformation.[95] Wie die PKO BP ist jedoch auch die Devisensparkasse wenig erfahren im Bereich der Kreditvergabe an Firmenkunden, so daß bei beiden Sparkassen die Ausweitung der Geschäftstätigkeit zunächst auf Wissensdefizite stieß.

Über eine relativ gute Ausgangsposition im Transformationsprozeß verfügte die Bank Handlowy, denn ihre bisherige Funktion in der Außenhandelsfinanzierung verschaffte ihr eine breite Firmenkundenbasis, und zwar auf polnischer wie auf ausländischer Seite. Dies ließ ihr Ziel, die Hausbank großer und mittlerer Unternehmen sowie Ansprechpartner für die auf den polnischen Markt drängenden ausländischen Firmen zu werden, 1990 durchaus realistisch erscheinen.[96] Für die Vergabe von Krediten an Großkunden war ihre Ausgangsposition im Vergleich zu den Regionalbanken wegen ihrer relativ guten Eigenkapitalbasis (vgl. Tab. 4.2) ebenfalls günstig. Für den Staat hatte die Bank zu Beginn der Transformation strategische Bedeutung, denn sie war auf polnischer Seite maßgeblich an den Verhandlungen mit den Gläubigern des Pariser und des Londoner Clubs zur Reduktion der Auslandsschulden Polens beteiligt.[97] Ähnlich wie für die Regionalbanken war jedoch auch für die Bank Handlowy die Refinanzierung auf der Einlagenseite ein Problem, denn sie hatte in der Zeit der Planwirtschaft keine Geschäftsbeziehungen mit dem Haushaltssektor. So verfügte sie 1990 in Polen nur über vier Filialen. Damit machte sich auch für die Bank Handlowy ihr ehemaliges Funktionsmonopol negativ bemerkbar.

Die im Vergleich zu den bisher genannten Spezialbanken wesentlich kleineren übrigen drei Spezialinstitute BRE, PBR und BGK hatten während des Transformationsprozesses wichtige Entwicklungsaufgaben zu erfüllen. Die BRE war Ende der 80er Jahre mit

---

[93] Vgl. EHM, Michaela (1983), S. 71.
[94] Vgl. $A_7$, S. 305.
[95] Vgl. $A_{12}$, S. 313.
[96] Vgl. HUSEMANN, Frank (1995), S. 112.
[97] Vgl. $A_3$, S. 290.

finanzieller Unterstützung der Weltbank gegründet worden mit dem Ziel, den Ausbau des Exportsektors mitzufinanzieren. Die damit verfolgte Zielsetzung lag in der Steigerung der Exportquote Polens, um mit den dadurch gewonnenen Deviseneinnahmen die Auslandsverschuldung des Landes verringern zu helfen.[98] Die Unterstützung des Exportsektors gewann im Laufe der Transformation noch an Bedeutung, denn sie diente dem Abbau des steigenden Außenhandelsdefizits Polens. Die Bank sollte gerade im Bereich der Exportwirtschaft auch den wachsenden privaten Sektor sowie die Privatisierung der staatlichen Außenhandelsunternehmen unterstützen. Die Wissensdefizite der BRE-Mitarbeiter waren durch entsprechende, von der Weltbank finanzierte Schulungsmaßnahmen weit weniger gravierend als in anderen polnischen Banken.

Ähnliches gilt auch für die PBR, deren Finanzierungstätigkeit sich jedoch nicht allein auf den Exportsektor beschränkte, sondern auch in anderen Wirtschaftsbereichen die *Privatisierung von unten* finanziell unterstützen sollte. Diese Aufgabenstellung erlangte im Rahmen der Leitlinien des Balcerowicz-Programms, die Privatisierung und den wirtschaftlichen Strukturwandel zu fördern, große Relevanz. Daneben richtete sich die Tätigkeit der PBR von Beginn an auch auf den Aufbau von Finanzmärkten, z.B. durch die Entwicklung von Referenzzinssätzen nach dem Modell des Londoner LIBOR und die Einführung von Finanzinstrumenten, wie Unternehmensanleihen.[99] Die PBR beschäftigte von Beginn an polnische Mitarbeiter mit einer entsprechenden Ausbildung im Ausland, so daß die Bank bereits 1990 das Potential besaß, um Polens erste Investmentbank zu werden.

Die BGK als letzte der sechs Spezialbanken schließlich, 1924 gegründet und nach 1945 verstaatlicht, war in der Planwirtschaft zuständig für die Vergabe von Krediten an ausgewählte Staatsunternehmen, v.a. zum Zwecke von Investitionen, und war, wie die Bank Handlowy und die BRE, auch im Auslandsgeschäft tätig.[100] Sie behielt auch während der Transformation ihre Funktion als Staatsbank mit spezieller Kreditvergabefunktion bei.

Faßt man die Erkenntnisse über die Spezialbanken zusammen, so stellt man vor dem Hintergrund der alten Funktionsmonopole der einzelnen Banken und den spezifischen Aufgaben im Transformationsprozeß fest, daß v.a. die beiden Sparkassen und die Bank Handlowy 1990 einen erheblichen Umstrukturierungsbedarf hinsichtlich ihrer Organisations- und Mitarbeiterstruktur hatten, um sich auf die neuen Wettbewerbs- und Risikostrukturen umzustellen. Die BRE und die PBR hingegen waren zum Betrachtungszeitpunkt relativ gut gerüstet für die Veränderungen durch die Transformation und förderten diese mittels ihrer jeweiligen speziellen Aufgabenstellung sogar. Alle Spezialbanken haben eine mehr oder weniger wichtige strategische Bedeutung für den Staat und das Gelingen der Reformmaßnahmen von Balcerowicz. Aufgrund dieser strategischen Bedeutung und der Ernennung der Bankenvorstände durch das Finanzministerium ist von informellen personellen Verflechtungen von Spezialbanken und Regierung auszugehen, die dem Staat einen gewissen Einfluß auf das Geschäftsbankensystem über die Startphase der Bankentransformation hinaus sicherten.

---

98 Vgl.GOMUŁKA, Stanisław (1991), S. 61.
99 Vgl. $A_{15}$, S. 320.
100 Vgl. HUSEMANN, Frank (1995), S. 111.

### 4.4.2.1.3 Der Genossenschaftsbankensektor

Ebenfalls strategische Bedeutung besitzen die Genossenschaftsbanken, denn sie tätigen das Einlagen- und Kreditgeschäft mit dem volkswirtschaftlich sehr bedeutsamen Landwirtschaftssektor. Die BGŻ als Spitzeninstitut des Genossenschaftsbankensektors war 1975 gegründet worden. Die gemischte staatlich-genossenschaftliche Eigentumsstruktur der BGŻ sicherte den staatlichen Einfluß auch auf diesen Teil des planwirtschaftlichen Bankensystems.[101] Der Staat besitzt dabei einen Anteil an der BGŻ in Höhe von 56%, auf die lokalen Genossenschaftsbanken entfallen 44%.[102] Durch die Verbundstruktur des Genossenschaftsbankensektors und die zum Großteil privatwirtschaftliche Organisation der Landwirtschaft in Polen spielte der Genossenschaftsbankensektor seit jeher eine Sonderrolle in Polens Bankwesen. Auch mit der Transformation blieb diese Sonderrolle erhalten. Dies gilt in erster Linie für die monopolistische Stellung des BGŻ-Verbunds im Agrarbereich. Die Genossenschaftsbanken besaßen auch weiterhin de facto das Monopol der Vergabe von Agrarkrediten, denn ihre Wettbewerbsposition konnte zunächst durch keine der anderen Banken gefährdet werden. Dabei wurde auch die angestammte Arbeitsteilung zwischen der BGŻ und den lokalen Genossenschaftsbanken beibehalten: Die BGŻ war für die großen staatlichen Landwirtschaftsbetriebe zuständig, die Genossenschaftsbanken für private Gehöfte und landwirtschaftliche Genossenschaften sowie die Landbevölkerung im ganzen.

Trotz des Ziels des Balcerowicz-Teams, Wettbewerbsstrukturen im Geschäftsbankensystem einzuführen, wurde deren Implementierung im landwirtschaftlichen Finanzwesen 1990 versäumt. Daran ändert auch die Tatsache nichts, daß im Zuge der bereits erwähnten Dezentralisierung des Genossenschaftssektors auch der Verbund der Genossenschafts*banken* dezentralisiert wurde. Die Genossenschaftsbanken konnten fortan wählen, ob sie weiterhin im BGŻ-Verbund verbleiben oder aber austreten wollten, um unabhängig zu arbeiten bzw. eigene Verbundsysteme zu bilden. Bis Ende 1990 waren 86 lokale Genossenschaftsbanken aus dem Verbund ausgetreten, 1.577 Institute blieben vorerst bei der BGŻ (vgl. Abb. 4.8). Die geringe Zahl der ausgetretenen Genossenschaftsbanken und deren regionale Verteilung konnte die Vormachtstellung des BGŻ-Verbundes nicht gefährden, das Funktions- und Sektormonopol im landwirtschaftlichen Finanzwesen bestand damit weiter fort.[103]

Der Genossenschaftsbankensektor besaß mit der starken Bauernbewegung eine einflußreiche Lobby in Parlament und Regierung. Diese Lobby hatte 1990 erfolgreich Lockerungen bei der Streichung von Mittelzuwendungen an die Landwirtschaft erreicht und Strukturanpassungen im landwirtschaftlichen Bereich verzögert. Aufgrund des wachsenden öffentlichen Drucks, der durch die sozialen Kosten der Transformation entstand, erlaubte die Regierung Mazowiecki Mitte 1990 die begrenzte Vergabe von Präferenzkrediten an die Landwirtschaft, also besonders zinsgünstige Darlehen, durch die Genossenschaftsbanken.[104] Der Genossenschaftsbankensektor blieb damit in der Anfangsphase der Transformation auch offiziell ein Instrument der Regierung, um indirekte Subventionen zu gewähren; auch in dieser Hinsicht bildete der Genossen-

---

[101] Vgl. EHM, Michaela (1983), S. 70.
[102] Vgl. PARFINIEWICZ, Adam et al. (1993), S. 30.
[103] Vgl. $A_3$, S. 293.
[104] Vgl. PRZEWORSKI, Adam (1993), S. 169.

schaftsbankensektor weiterhin einen Ausnahmebereich in Polens Bankensystem.[105] Die Zugeständnisse an die Landwirtschaft, die auf eine Instrumentalisierung des BGŻ-Verbunds durch den Staat hinausliefen, standen dabei jedoch den Intentionen der internationalen Politikberater von Weltbank und IWF entgegen, die Anfang 1990 die Auflösung der BGŻ vorgeschlagen hatten, da eine indirekte Subventionierung des hart von der Transformation betroffenen Landwirtschaftssektors bereits absehbar war. Eine Auflösung des Genossenschaftsbankensektors hätte zum damaligen Zeitpunkt jedoch zu einer krassen Unterversorgung der Landbevölkerung mit Bankdienstleistungen geführt, denn die BGŻ-Genossenschaftsbanken waren überall dort auf dem Lande präsent, wo es keine PKO-Filialen gab.[106] Daher lehnte Polens Regierung den Vorschlag der ausländischen Berater ab.

Die genaue Höhe und Verwendung der an die Landwirtschaft vergebenen Kredite war nicht immer nachprüfbar, denn mit der Dezentralisierung des Genossenschaftsbankensektors ging eine Aufsichtslücke über diesen Teil des Bankensystems einher. Die Bankenaufsicht war nicht für die Genossenschaftsbanken zuständig, die Dezentralisierung hatte aber auch innerhalb des BGŻ-Verbunds zu einer Lockerung geführt, so daß auch das Spitzeninstitut selbst nur einen unzureichenden Überblick über die Tätigkeit seiner lokalen Verbundmitglieder hatte.[107] Auch in dieser Hinsicht bildete das Genossenschaftsbankenwesen somit einen Ausnahmebereich unter Polens Banken.

#### 4.4.2.2 Banken mit gemischtem Kapital

Die Zulassung neuer Marktakteure sollte im Geschäftsbankensystem für eine ähnliche Dynamik sorgen wie neue private Unternehmen sie in den übrigen Wirtschaftssektoren erzeugten, nämlich eine *Privatisierung von unten*. Die sekundären Akteure wiesen 1990 eine ähnlich heterogene Struktur auf wie die primären. Grob differenzieren lassen sich zunächst polnische Kreditinstitute einerseits und Auslandsbanken andererseits. Bis Ende 1990 wurden 37 polnische Banken zugelassen, sechs Auslandsbanken hatten ihre Lizenz beantragt (vgl. Abb. 4.8).

Die neuen polnischen Institute trafen genau wie die meisten staatlichen Banken auf Risiko- und Wettbewerbsstrukturen, die für sie ungewohnt waren. Sie standen, anders als die staatliche Konkurrenz, zudem vor dem Problem, daß sie nicht auf etablierte Kundenbeziehungen zurückgreifen konnten, sondern diese erst neu aufbauen mußten. Die neuen Banken waren im Vergleich zu den staatlichen Instituten sehr klein. Dies erschwerte den Aufbau einer starken Marktposition zusätzlich.

##### 4.4.2.2.1 Polnische Banken

Zum Ende des Jahres 1990 waren die Marktanteile der Banken mit gemischtem Kapital sowohl am Einlagen- als auch am Kreditmarkt noch recht gering. Während diese Gruppe von Banken nur ein Volumen von 3% aller gewährten Kredite vergab, lag ihr

---

[105] Vgl. $A_1$ (11. August 1994), S. 285 sowie $A_{21}$, S. 330.
[106] Vgl. $A_{23}$, S. 333.
[107] Vgl. $A_1$, (11. August 1994), S. 285 sowie $A_6$ (3. August 1994), S. 302.

Marktanteil an Depositen jedoch immerhin bei 11% (vgl. Abbildungen 4.9 und 4.10). Wie bereits angedeutet, handelt es sich bei den polnischen neuen Banken keineswegs nur um reine Privatbanken. Die Eigentümerstruktur war 1990 recht unterschiedlich: Ein Teil der neuen Institute wurde gebildet aus speziellen, z.T. sektorspezifischen Fonds, wie dem Fonds zur Förderung des Tourismus.[108] Diese Fonds waren ehemals Teil des Staatshaushalts, der mit Beginn der Transformation entflochten wurde, und bildeten die Eigenmittel der so entstandenen neuen Banken. Zugleich legten sie die Geschäftstätigkeit der betroffenen Institute fest.

Andere Banken wurden eigens von Staatsunternehmen gegründet, um sich eine Finanzierungsbasis für notwendige Umstrukturierungen, z.B. die Modernisierung des Maschinenparks oder den Zukauf weiterer Unternehmen, zu finanzieren. Hier entstand zugleich die Wurzel für einen Interessenkonflikt zwischen der Funktion als Eigentümer einer Bank und dem Interesse als Bankkunde.[109] Auch diese Banken waren zu Beginn ihrer Tätigkeit auf ein bestimmtes Arbeitsgebiet festgelegt. Daneben gab es aber eine Reihe von neuen Kreditinstituten, die eine breite Palette an Bankgeschäften anvisierten. Dazu gehört auch die größte private Geschäftsbank, die BIG.

Obwohl die *Privatisierung von unten* ein Ziel der Bankentransformation darstellte, besaßen die neuen polnischen Banken keine Lobby in Parlament und Regierung wie die strategisch bedeutsamen Spezialbanken und der Genossenschaftsbankensektor. Das Finanzministerium trat auch bei den Banken, die aus den Fonds des Staatshaushalts entstanden oder von staatlichen Unternehmen gegründet worden waren, nicht als Eigentümer in Erscheinung. Dies erschwerte die Marktposition der neuen Banken. Die sekundären Akteure, die nicht aus einem Fonds oder auf Initiative eines Unternehmens entstanden waren, mußten gänzlich neue Kundenbeziehungen knüpfen. Da die großen Staatsunternehmen durch die Geschäftsbeziehungen in der planwirtschaftlichen Vergangenheit eng mit den staatlichen Banken verbunden waren, blieb den neuen Banken nur die Alternative, neue private Unternehmen zu finanzieren, ein riskantes Unterfangen, da die neuen Firmen keine Zahlen aus der Vergangenheit für die Abschätzung eventueller Kreditrisiken vorlegen konnten.[110] Die neuen Banken befanden sich damit in einer Situation, in der sie nur über eine aggressive Wettbewerbspolitik, unter Vernachlässigung von Risikoaspekten, Marktanteile gewinnen konnten.

Ein weiteres Problem lag in der geringen Größe der neuen Banken begründet. Die niedrige Eigenkapitalbasis ließ keine großen Kreditausleihungen zu und engte damit den Geschäftsradius der Banken ein, z.B. an große Unternehmen aus dem Ausland herantreten zu können. Die Gründung einer Bank ist zudem mit hohen Kosten verbunden, neben der notwendigen Mindestausstattung mit Kapital z.B. durch die Anmietung von Räumen und die Beschäftigung neuer Mitarbeiter. Um an die im ganzen Land verstreuten privaten Firmenkunden herantreten zu können, ist zudem ein Filialnetz nötig, dessen Errichtung ebenfalls kostspielig ist. Damit war zu Beginn der Geschäftstätigkeit der neuen Banken eine sehr ungünstige Kosten-Ertrags-Relation gegeben.[111]

---

[108] Vgl. $A_1$ (20. Juli 1994), S. 284.
[109] Vgl. $A_{10}$, S. 309.
[110] Vgl. $A_4$, S. 294.
[111] Vgl. GOŁAJEWSKA, Marta und Paweł WYCZAŃSKI (1994), S. 26.

#### 4.4.2.2.2 Auslandsbanken

Mit der Öffnung des polnischen Bankwesens für ausländische Kreditinstitute wurde von polnischer Seite bewußt eine verschärfte Wettbewerbssituation für die polnischen Banken in Kauf genommen. Mit der Zielrichtung hin zu einem modernen marktwirtschaftlichen Bankwesen ging es aber in erster Linie darum, die dynamische Effizienz des unterentwickelten Bankwesens zu steigern. So begannen die Auslandsbanken unmittelbar nach Aufnahme ihrer Tätigkeit damit, neue Finanzinstrumente in Polen einzuführen, die daraufhin mit gewissem zeitlichen Abstand auch von den polnischen Banken übernommen wurden, z.B. das *electronic banking*.[112]

Auslandsbanken stehen drei Wege offen, um ihre Geschäftstätigkeit in Polen aufzunehmen, erstens durch eine Beteiligung an einer polnischen Bank (§ 77 BG), zweitens als Filiale oder drittens als Tochterunternehmen eines ausländischen Kreditinstituts (jeweils § 86 BG). Von Beginn an wurden die beiden letztgenannten Möglichkeiten des § 86 BG von den Instituten präferiert. Da Auslandsbanken das Agieren unter Wettbewerbsbedingungen, im Gegensatz zu ihren polnischen Konkurrenten, gewohnt waren, besaßen sie aus polnischer Sicht ein enorm hohes Konkurrenzpotential. Da die Markterfahrung in einer Transformationsökonomie wie Polen aber fehlte, verhielten sich die Auslandsbanken zu Beginn der Umgestaltung äußerst risikoavers und konzentrierten sich auf bestimmte Nischen, so daß sie zumindest für die polnischen Staatsbanken und deren Geschäftsbeziehungen zu polnischen Staatsunternehmen keine tatsächliche Konkurrenz darstellten. Auch das Geschäft mit privaten Haushalten zählte nicht zu den Prioritäten der Auslandsbanken. Ihr natürliches Kundenpotential sahen sie vielmehr in ausländischen Unternehmen, die im Zuge der wirtschaftlichen Öffnung des Landes nach Polen kamen.[113] So gehörte die Außenhandelsfinanzierung zu den Geschäftsschwerpunkten der Auslandsbanken, während sie das herkömmliche Kreditgeschäft mit polnischen Adressen zunächst mieden.[114] Einige Auslandsbanken verhielten sich besonders vorsichtig und eröffneten zunächst Repräsentanzen, bevor sie ihr aktives Geschäft begannen, um die weitere Entwicklung der polnischen Volkswirtschaft zunächst abzuwarten. Die Auslandsbanken bildeten schließlich die einzige Gruppe im polnischen Bankensystem des Jahres 1990, die weder direkte noch indirekte Verflechtungen mit dem Staatsapparat aufwies.

## 4.5 Schlußfolgerungen: Akteure und Transformationsagenda

Zu Beginn der Bankentransformation 1990 standen die Zeichen eindeutig auf Liberalisierung. Unterstützt wurde diese Linie von den internationalen Politikberatern des IWF und der Weltbank, die zu jener Zeit wegen der hohen Auslandsverschuldung Polens einen starken Einfluß auf die Wirtschaftspolitik der Regierung Mazowiecki ausübten. Mit Finanzminister Balcerowicz verfügte die Regierung zudem über einen starken Befürworter eines schnellen Übergangs von der Plan- zur Marktwirtschaft. Ziel der Transformation des Bankwesens war ein zweistufiges System, dessen Geschäftsbankenebene im Kern privatwirtschaftlich organisiert sein sollte. Es wurden, ähnlich wie

---

[112] Vgl. $A_4$, S. 293.
[113] Ebenda, S. 294.
[114] Vgl. $A_{10}$, S. 308.

in anderen Wirtschaftssektoren, die Voraussetzungen geschaffen für eine *Privatisierung von unten*, die ergänzt werden sollte durch die Privatisierung der großen Staatsbanken. Trotz solcher Zielsetzungen fehlte jedoch ein konsistentes Konzept für die Umsetzung dieser Ziele, anders als bei der Umgestaltung der übrigen Wirtschaftssektoren, denn angesichts des Bergs an Aufgaben im realwirtschaftlichen Bereich stand die Transformation des Bankwesens weder bei den Reformern noch ihren internationalen Beratern im Fokus der Bemühungen.

Die zentralen staatlichen Institutionen, die die Umgestaltung des Bankwesens trugen, waren das Finanzministerium und die Zentralbank NBP. Das Finanzministerium zeichnete sich in der Amtszeit von Balcerowicz durch eine besondere Entschlossenheit zur Transformation aus. Es repräsentierte den Staat als Eigentümer der staatlichen Banken und verfügte mit weitreichenden Kompetenzen bei der Ernennung und Entlassung der Manager staatlicher Kreditinstitute über einen starken Einfluß auf der einzelwirtschaftlichen Ebene. Mit seiner Personalpolitik lag es somit in den Händen des Finanzministers, durch die Ernennung geeigneter Persönlichkeiten die Transformation innerhalb der Banken selbst zu beschleunigen. In den weitreichenden Aufgaben des Finanzministeriums liegt jedoch auch das Potential für mögliche Interessenkonflikte begründet, wie sie bereits in Kapitel 3 angerissen wurden. Dazu gehören v.a. das Interesse an der Begrenzung von Ausgaben des Fiskus einerseits und hohe Aufwendungen für die Schulung von Bankpersonal und die Modernisierung der technischen Infrastruktur der Kreditinstitute andererseits, sowie das Interesse an hohen Steuer- und Dividendenzahlungen der Banken an den Staat versus der Thesaurierung von Gewinnen, um hierdurch die notwendige Anpassung an die neuen Wettbewerbsverhältnisse aus den Banken selbst heraus zu finanzieren.

Auch das Aufgabenfeld der NBP ist durch potentielle Interessenkonflikte geprägt. Oberstes Ziel der Zentralbank ist qua lege die Wahrung der Stabilität des Złoty. Gerade durch die anfängliche Priorität der Makrostabilisierung erlangte dieses Ziel besondere Bedeutung im gesamtwirtschaftlichen Transformationsprozeß Polens. Andererseits erhielt die NBP jedoch auch die Kompetenz der Bankenaufsicht mit den entsprechenden mikroökonomisch orientierten Zielsetzungen. Sie wurde somit für die Überwachung der Stabilität des Bankensystems verantwortlich. Gerade die Rezession zu Beginn der gesamtwirtschaftlichen Transformation machte diese Aufgabe besonders brisant. Die Arbeit der Bankenaufsicht wurde zunächst durch institutionelle Lücken belastet. So verfügte die Aufsicht nicht über genügend Personal, um *on-site investigations* durchführen zu können. *Off-site investigations* wiederum wurden durch mangelnde Bilanzierungsvorschriften und zunächst kaum vorhandene bankenaufsichtsrechtliche Richtlinien erschwert. Es fehlte den Bankprüfern also zu Beginn ihrer Tätigkeit im Jahre 1990 an Grundlagen, um die finanzielle Lage der Banken richtig einschätzen zu können. Dieser Umstand beinhaltete ein hohes Risiko für die Stabilität des Bankensystems.

Die NBP, deren Organisation in hohem Maße auf die Person ihres Präsidenten ausgerichtet ist, verfügt mit der Formulierung von Rechtsvorschriften für die Geschäftsbanken über einen großen diskretionären Handlungsspielraum. Diese Vorschriften müssen, anders als potentielle Änderungen des Bankengesetzes, nicht von der Regierung bzw. dem Parlament abgesegnet werden. Das Bankengesetz wiederum bildet lediglich das Gerüst für die Tätigkeit der Geschäftsbanken, die an der Praxis orientierten Richtlinien sind Inhalt der aufsichtsrechtlichen Vorschriften. Zu den Aufgaben der NBP gehört neben der Formulierung von Rechtsvorschriften auch der Aufbau von Finanzmärkten und des Zahlungsverkehrs. Die Aufgabenfülle, die Gleichzeitigkeit ihrer Erfüllung und das von Balcerowicz und den internationalen Politikberatern vorgelegte Reformtempo birgt in sich die Gefahr, daß die Zentralbank / Bankenaufsicht überfordert werden und somit bestimmte Kompetenzen vernachlässigen könnte. Hinzu kam, daß die NBP zu Beginn ihrer Tätigkeit im Transformationsumfeld ihre interne Organisation entsprechend den neuen Anforderungen ebenfalls umgestalten und neue, kompetente Mitarbeiter anstellen mußte.

Betrachtet man die Struktur des polnischen Geschäftsbankensystems des Jahres 1990, so erscheint die Priorität der Regierungsmaßnahmen in Richtung auf eine Liberalisierung des Bankensektors verständlich. Trotz der bereits 1989 vollzogenen Trennung von Zentral- und Geschäftsbankensystem ähnelte Polens Bankwesen Ende 1990 doch noch mehr einem dezentralisierten planwirtschaftlichen Bankensystem als dem marktwirtschaftlichen Pendant. Das Geschäftsbankensystem zeichnete sich durch einen immer noch hohen Grad an staatlichem Eigentum und einen faktisch geringen Geschäftsradius der Banken aus. Der Anteil staatlicher Banken lag am Kreditmarkt deutlich über, am Depositenmarkt um 90%. Weitgehend erhalten geblieben waren die ehemaligen Funktions- und Sektormonopole der Spezialbanken, ergänzt durch regionale Monopole der aus der NBP ausgegliederten Regionalbanken. Die für die Planwirtschaft typische Arbeitsteilung zwischen Sparkassen und Kreditbanken kennzeichnete Polens Bankensektor auch am Ende des ersten Jahres seiner Umgestaltung. Einzig der Zentralisierungsgrad hatte mit dem Antritt der Regierung Mazowiecki deutlich abgenommen, denn die nichtkommunistisch geführte Regierung verzichtete auf der Basis des neuen Bankengesetzes auf eine direkte Beeinflussung der täglichen Geschäftspolitik der Banken, wenn auch ihr Einflußradius durch die personalpolitischen Möglichkeiten des Finanzministeriums immer noch recht groß war. In strategischen Fragen hatte der Staat als Bankeigentümer somit weiterhin maßgebliche Mitspracherechte bei der Politik der Geschäftsbanken. In dieser Hinsicht war auch die Möglichkeit gegeben, daß ein Regierungswechsel bzw. eine Änderung der reformpolitischen Prioritäten unmittelbare Auswirkungen auf den Bankensektor hätte.

Um in den Kategorien des dritten Kapitels der vorliegenden Arbeit zu sprechen, legte die Konstellation inner- wie außerhalb des Bankensektors eine gleichgewichtete Orientierung an den kurz- und den langfristigen Zielen der Bankentransformation nahe. Zum einen galt es, die Monopole innerhalb des Geschäftsbankensektors aufzulösen und mögliche Probleme, die sich aus der Übernahme der regionalen Teilbilanzen der NBP durch die Regionalbanken ergaben, anzugehen. Zum anderen drängten im Kontext der Liberalisierungspolitik von Balcerowicz ebenso die langfristigen Transformationsaufgaben, wie die Implementierung von Finanzmärkten und die Liberalisierung des Markteintritts neuer Banken. Entstanden auch im Laufe des Jahres 1990 eine Reihe neuer Banken, so war doch deren Marktgewicht zunächst vernachlässigbar gering. Auch wäre es falsch zu behaupten, bei den neugegründeten polnischen Banken handele es sich allein um private Kreditinstitute. Mit der Gründung durch staatliche Unternehmen oder der Entstehung aus staatlichen Fonds heraus wiesen sie eine grundsätzlich heterogene und im Vergleich zu reifen marktwirtschaftlichen Bankensystemen westeuropäischer Industrieländer völlig andere Struktur auf. Die zahlreichen Zulassungen neuer Banken und die grundsätzliche Möglichkeit der Lizenzvergabe an ausländische

Banken unterstreichen jedoch die Entschlossenheit der Regierung und in deren Zuge auch der NBP, Wettbewerbsstrukturen im Geschäftsbankensystem zu implementieren.

Auch wenn die staatlichen Maßnahmen 1990 darauf schließen lassen, daß es die Absicht der Regierung war, Polens Bankensektor möglichst bald Wettbewerbsbedingungen anzupassen, so mußte der damit erzeugte Druck die Geschäftsbanken dazu zwingen, auch aus eigener Kraft heraus auf der organisationsinternen Ebene entsprechende Umgestaltungsprozesse einzuleiten. Würde dies nicht geschehen, so lag darin nicht nur eine Gefahr für ein Scheitern der ehrgeizigen Regierungspläne, sondern auch für die Systemstabilität insgesamt, denn sowohl die staatlichen als auch die neuen polnischen Banken waren eine Tätigkeit unter Wettbewerbsbedingungen mit den entsprechenden *Bankrisiken* nicht gewohnt. Auf der Ebene der Banken selbst waren daher Maßnahmen zur Schulung des Personals und die Implementierung einer modernen technischen Infrastruktur notwendig. Die geringen Eigenmittel der staatlichen Kreditinstitute (vgl. Tab. 4.2), aber auch der meisten neuen polnischen Institute boten hierfür jedoch denkbar schlechte Voraussetzungen. Während die staatlichen Banken zunächst auf die Finanzhilfe des Finanzministeriums hoffen konnten, waren die neuen Banken bei der Finanzierung ihres Neuaufbaus weitgehend auf sich selbst angewiesen. Anders als die staatlichen Institute verfügten sie über keine Lobby in Parlament und Regierung.

Wie die Darstellung der politischen und der ökonomischen Rahmenbedingungen gezeigt hat, spielten insb. die Gewerkschafts- und die Bauernbewegung bei der gesamtwirtschaftlichen Transformation eine wichtige Rolle. Ähnliches gilt auch für ihren Einfluß bei der Transformation des Bankensektors. So spielte der Genossenschaftsbankensektor bereits vor dem Beginn der Transformation eine Sonderrolle in Polens Bankensystem. Er war ausschließlich zuständig für die Bankgeschäfte mit dem überwiegend privatwirtschaftlich bzw. genossenschaftlich organisierten Landwirtschaftsbereich. Dies blieb die Aufgabe der Genossenschaftsbanken auch in der Phase der Transformation. Der Genossenschaftsbankensektor wurde jedoch dezentralisiert, indem den lokalen Instituten die Entscheidung freigestellt wurde, ob sie weiterhin dem Spitzeninstitut BGŻ angehören oder unabhängig arbeiten bzw. sich außerhalb der BGŻ zusammenschließen wollten. Die Dezentralisierung des Genossenschaftssektors entzog diesen Bereich dem direkten Einfluß des Staates, doch verfügten die Landwirtschaftsbanken mit der Bauernpartei PSL weiterhin über eine starke politische Lobby. Die Gewerkschaftsbewegung verhielt sich gegenüber der Privatisierung von Banken und Unternehmen eher skeptisch. Im Zweifelsfalle trat sie eher für die finanzielle Unterstützung maroder Staatsbetriebe als für deren Schließung ein, um einen weiteren Anstieg der ohnehin bereits bedrohlich hohen Arbeitslosigkeit zu verhindern. In der Gewerkschaft Solidarność wie auch der ehemaligen staatlichen Gewerkschaft fanden die staatlichen Banken somit potentiell Unterstützung, wenn es darum gehen würde, ihren durch Insolvenz erzwungenen Marktaustritt zu verhindern. Auch aus dieser Sicht ergaben sich für die neuen privaten Banken wenig erfolgversprechende Aussichten bei dem Unterfangen, die neue Basis des marktwirtschaftlichen Bankensystems zu bilden.

Betrachtet man die weitere Entwicklung der Rahmenbedingungen der Bankentransformation, so ergeben sich auch hieraus schlechte Ausgangsbedingungen für die Umgestaltung des Bankensektors. Die politischen Rahmenbedingungen waren gekennzeichnet durch einen hohen Grad an Instabilität, parteipolitischer Zersplitterung und einer Dichotomie der Reformkräfte auf der einen und den Repräsentanten des Systems vor 1989 auf der anderen Seite. Die Zustimmung der Bevölkerung zur Politik der Umgestaltung nahm in den Jahren 1990 und 91 wegen der hohen sozialen Kosten des Übergangs zur Marktwirtschaft stetig ab. Die ökonomischen Rahmendaten verschlechterten sich nach 1990 zunehmend, die Wirtschaft geriet in eine schwere Rezession, von der sie sich Ende 1992 langsam erholte. Gerade die Rezession und der wirtschaftliche Strukturwandel mit den Problemen der Landwirtschaft, der staatlichen Schwerindustrie und ehemals staatlich subventionierter Bereiche, wie dem Wohnungsbau, bergen Gefahrenpotentiale für den Bankensektor in sich. Dies gilt insb. für die staatlichen Banken mit ihrer Firmenkundenstruktur und ihren speziellen regionalen, funktionalen und sektoralen Schwerpunkten. Angesichts des nach wie vor vorhandenen großen strategischen Einflusses des Staates auf den Bankensektor stellt sich die Frage, wie die verschiedenen Interessengruppen außerhalb des Bankensystems nach 1990 auf die sich verschlechternden Rahmenbedingungen reagieren würden. Auch ist fraglich, ob sich die Banken selbst den Wettbewerbs- und Risikostrukturen bereits so weit angepaßt haben, daß sie sich angesichts der sich verschlechternden Rahmenbedingungen adäquat verhalten würden.

Die starke Stellung des Staates im Bankensektor macht ihn zum wichtigsten Akteur der Bankentransformation, so daß die nach 1990 nachlassende Reformkraft der Regierung auch entsprechende Fragezeichen für die Umgestaltung des Bankwesens setzt. Wie sich die einzelnen Maßnahmen in Richtung auf eine Liberalisierung des Bankensystems im Kontext mit der politischen Schwäche der Regierung(en) auf den Fortgang der Bankentransformation auswirkte, ist Thema des folgenden fünften Kapitels.

# 5. Die Phase der Liberalisierung von 1990 bis 1993

Mit den 1989 und 1990 in Form eines neuen Zentralbank- und Bankengesetzes gelegten Grundlagen für die Bankenliberalisierung in Polen wurde eine Phase eingeleitet, in der für die Marktakteure neben den rechtlichen Rahmenbedingungen für ihre Tätigkeit auch die notwendige Marktinfrastruktur, zumindest in ihren Grundzügen, geschaffen wurde, die ein modernes marktwirtschaftliches Bankwesen kennzeichnet. Die *Periode der Bankenliberalisierung* endete 1992/93, nachdem sich das Problem notleidender Kredite zu einer Krise des Bankensektors mit zahlreichen drohenden oder bereits eingetretenen Insolvenzen von Kreditinstituten der verschiedenen Kategorien ausgeweitet hatte und zu einer Revision der bisherigen Politik gegenüber dem Bankensektor zwang.

Ziel dieses Kapitels ist es, auf der Basis der im vorhergegangenen Kapitel skizzierten Akteurskonstellation sowie ihrer politischen und ökonomischen Rahmenbedingungen das Verhalten der staatlichen und nichtstaatlichen Akteure und seine Auswirkungen auf das Bankwesen in der Liberalisierungsphase von 1990 bis 1993 zu analysieren. Das Kapitel gliedert sich dabei in zwei Hauptabschnitte:

Zunächst werden die *Reformmaßnahmen im einzelnen* erläutert. Die Darstellung orientiert sich dabei an der Systematisierung im dritten Kapitel dieser Arbeit, den langfristigen Zielen der Bankentransformation. Im ersten Hauptabschnitt soll die Frage beantwortet werden, welche Transformationsaufgaben vom Staat bzw. von den Banken selbst übernommen und welche Optionen für die Umgestaltung realisiert wurden. Der Abschnitt dient zugleich zum Verständnis für die Entstehung der *Kreditkrise*, die in der zweiten Hälfte der Liberalisierungsperiode offenkundig wurde. Die Krise um schlechte Kredite ist Inhalt des zweiten Hauptabschnitts, wobei zunächst das *Ausmaß der Krise* dargestellt und anschließend deren *Ursachen* unter Rückgriff auf die zuvor erläuterten Reformen analysiert werden. Im Zentrum der Analyse steht dabei die Frage, inwieweit das Verhalten der relevanten Akteure zur Eskalation der Kreditkrise beigetragen hat. Gliederungspunkt 5.3 zieht ein *Fazit der Bankenliberalisierung* und faßt das Vorhergegangene zusammen, wobei der Schwerpunkt auf die Versäumnisse der relevanten Akteure in den ersten drei Jahren der Umgestaltung des Bankwesens gelegt wird.

## 5.1 Die Reformmaßnahmen im einzelnen

Die 1990 eingeleiteten Reformen betreffen die drei im dritten Kapitel dieser Arbeit differenzierten Ebenen, nämlich die *rechtlichen und geldpolitischen Rahmenbedingungen für die Bankentätigkeit*, die *Maßnahmen auf der Ebene des Geschäftsbankensystems* und die *Maßnahmen auf der Ebene der einzelnen Bank*. Während die gesetzlichen Rahmenbedingungen in ihren Grundzügen bereits Anfang 1990 gegeben waren, beanspruchten die institutionellen Reformen, dazu zählt der personelle Aufbau der Bankenaufsicht ebenso wie die Schaffung von Finanzmärkten und die Umgestaltung der Banken zu gewinnorientierten Unternehmungen, wesentlich mehr Zeit und zogen sich einige Jahre hin. Auch wenn die einzelnen Aufgaben der drei Ebenen bei der Umgestaltung des Bankensystems auf die Akteure Staat einerseits und Banken andererseits unterschiedlich verteilt waren, so ist doch, wie die folgenden Ausführungen zeigen, auf allen drei Transformationsebenen der Einfluß ausländischer Berater spürbar. Unterschiedliche Ausprägungen marktwirtschaftlicher Bankensysteme dienten den Reformern als Modelle.

### 5.1.1 Die Rahmenbedingungen für die Bankentätigkeit

Die hier betrachteten Rahmenbedingungen für die Bankentätigkeit umfassen die Bankengesetzgebung, die Bankenaufsicht durch die zuständige Abteilung der NBP sowie die Geldpolitik der Zentralbank und deren Instrumente in der Zeit während und kurz nach der Transformationskrise. Nachdem die grundsätzlichen ökonomischen Rahmenbedingungen und die Kräftekonstellation der Banken im Jahre 1990 bereits skizziert wurden, werden im folgenden die Kompetenzen, Möglichkeiten und Beschränkungen der Banken durch die konkreten rechtlichen und geldpolitischen Rahmenbedingungen analysiert und ihre Entwicklung bis Anfang 1993 verfolgt. Dabei werden nicht alle Details der Rahmenbedingungen beleuchtet, sondern nur die Elemente, die für die weiteren Entwicklungsschritte im Bankwesen besonders relevant sind und das Verhalten der primären und sekundären Akteure, deren jeweilige wirtschaftliche Situation sowie die Reaktion des Staates darauf wesentlich beeinflußt haben.

#### 5.1.1.1 Bankengesetzgebung

Das in den Jahren 1990 bis 93 mehrmals ergänzte Bankengesetz umfaßt inhaltlich drei Teile: erstens allgemeine Bestimmungen, die zugelassenen Bankgeschäfte und die Verantwortlichkeit und Kompetenzen der Banken (§§ 1 bis 53 BG), zweitens die Bedingungen für die Zulassung von Banken und deren organisatorischer Aufbau (§§ 54 bis 99 BG) und drittens die Aufsichtskompetenzen der NBP und ihre Sanktionsmöglichkeiten gegenüber den Banken bei Verletzung der Vorschriften des Bankengesetzes bzw. der bankenaufsichtsrechtlichen Richtlinien (§§ 100 bis 115 BG). Die folgenden Darlegungen umfassen die Definition einer Bank und die Zulassungsvorschriften als allgemeine Basis der Banktätigkeit. Speziell werden die Möglichkeit der Rechtsformumwandlung, die Bestimmungen zur Begrenzung von Krediten und Unternehmensanteilen der Banken und die Problematik der Einlagensicherung behandelt. Die grundsätzlich möglichen Maßnahmen der Bankenaufsicht bei drohenden oder eingetretenen Verlusten sind Gegenstand des nächsten Gliederungspunktes zur *Bankenaufsicht durch die NBP.*

Zunächst zur Definition einer Bank: Banken - der Begriff der Sparkasse wird im BG mit dem Bankbegriff gleichgesetzt - werden im BG als unabhängige, sich selbst finanzierende Institute mit eigener Rechtspersönlichkeit bezeichnet (§ 2 Abs. 1 BG), deren Geschäftsbereiche die Entgegennahme von Einlagen, die Gewährung von Krediten und die Durchführung von Geldgeschäften sind (§ 4 BG). Damit wird ein deutlicher Bruch mit der Funktion von Banken im planwirtschaftlichen System markiert, in dem die Kreditinstitute lediglich als verlängerter Arm der Staatsbank NBP, abhängig von den Direktiven der staatlichen Planung, allenfalls ausgestattet mit einer gewissen Autonomie hinsichtlich der Anreizstiftung gegenüber dem privaten Haushalts- und dem Unternehmenssektor agierten. Nominell wird die für die Planwirtschaft spezifische Arbeitsteilung zwischen den einzelnen Banken aufgehoben, indem es den Banken grundsätzlich erlaubt wird, die gesamte Palette des Bankgeschäfts auszuüben. In Anlehnung an das deutsche Bankensystem, das die polnischen Reformer in Abstimmung mit ausländischen Beratern als Modell für die Gestaltung des polnischen Bankwesens auswählten, wird damit die Grundlage für die Entwicklung eines *Universalbankensystems* in Polen gelegt. § 11 Abs. 1 BG zählt insgesamt zwölf Arten von Bankgeschäften auf, darunter als wichtigste das Einlagen- und Kreditgeschäft, die Abwicklung des Zahlungsverkehrs sowie das Wertpapiergeschäft. Alle in § 11 Abs. 1 BG genannten Banktätigkeiten dürfen unter einem Dach ausgeführt werden.

Der breite Geschäftsradius der Banken steht in Einklang mit der Absicht der Reformer, Wettbewerbsstrukturen im Bankensystem zu implementieren. Dasselbe Ziel wurde auch mit den Zulassungsanforderungen für neue Banken verfolgt, deren liberale Formulierung für den Marktzutritt zahlreicher neuer Kreditinstitute sorgen sollte. Wie bereits angerissen, lassen die Zulassungsanforderungen des BG dem für die Lizenzerteilung verantwortlichen NBP-Präsidenten einen großen Ermessensspielraum. Sie sind unabhängig von der Rechtsform der Bank. Nach § 80 Abs. 1 BG muß das Eigenkapital den beabsichtigten Bankgeschäften angemessen sein, eine quantitativ nach unten begrenzte Mindestsumme wird dabei im BG nicht angegeben. Die Eigenkapitalmindestanforderungen liegen vielmehr im Ermessen des NBP-Präsidenten: Er definiert die *Angemessenheit* der Eigenmittel bei der jeweiligen Zulassung. Anfang 1990 lag der Mindestumfang der Eigenmittel bei PLN 400.000 und wurde bis Ende 1992 sukzessive auf zunächst PLN 1 Mio. und schließlich auf PLN 2 Mio. erhöht.[1] Infolge der niedrigen Eigenkapitalanforderungen stieg die Zahl der neuen Banken nach 1990 deutlich an: Bis Anfang 1993 nahmen insgesamt 72 neue polnische Banken ihre Tätigkeit auf, daneben gab es auf polnischem Boden sieben Auslandsbanken sowie drei Filialen ausländischer Kreditinstitute.[2]

Neben der Bedingung einer angemessenen Eigenkapitalausstattung muß die Bank für die Sicherheit der Einlagen in ihrem Gebäude sorgen (§ 80 Abs. 1 Satz 1 BG). Die Absätze 2 und 3 des § 80 BG verlangen zudem ein der Durchführung von Bankgeschäften entsprechendes Fachwissen des jeweiligen Bankvorstands. Beim Antrag auf Zulassung muß schließlich ein Geschäftsplan für die nächsten drei Jahre vorgelegt werden, der den wirtschaftlichen Erfolg des Kreditinstituts und damit die Sicherheit der Einlagen bei der Bank gewährleisten soll (§ 80 Abs. 4 BG). Wie die Anforderungen an die Eigenkapitalausstattung sind auch die übrigen Zulassungskriterien des BG also recht weich formuliert. Dies verdeutlicht zweierlei: Zum einen erhält die NBP-Bankenaufsicht mit den entsprechend weichen Formulierungen im BG einen zusätzlichen diskretionären Handlungsspielraum. Zum anderen machen die Zulassungsanforderungen wiederum die anfängliche Priorität für die Einführung von Wettbewerb auf der Ebene des Geschäftsbankensystems deutlich.

In Zusammenhang mit der von der Regierung Balcerowicz seit 1991 anvisierten Privatisierung staatlicher Banken steht die im BG gegebene Möglichkeit der Rechtsformumwandlung: Der im Herbst 1991 ergänzend formulierte § 85 BG erlaubt die Umwandlung einer bereits zugelassenen staatlichen Bank in eine Aktienbank (*Kommer-*

---

[1] Vgl. BURY, Andrzej et al. (1995), S. 18.
[2] Vgl. POLAŃSKI, Zbigniew (1996b), Tabelle 1, S. 4.

*zialisierung*). Damit unterscheidet das BG für Kreditinstitute drei Rechtsformen: Staatsbanken, Aktienbanken und Genossenschaftsbanken. Die Umwandlung erfolgt durch einen entsprechenden Beschluß der Regierung auf Antrag des Finanzministeriums und in Abstimmung mit dem NBP-Präsidenten (§ 86 BG). Der Staat bleibt an einer solchermaßen umgewandelten Bank durch 100%-igen Aktienbesitz des Finanzministeriums weiterhin alleiniger Eigentümer. Die §§ 85 und 86 BG waren von vornherein als erster Schritt in Richtung Privatisierung gedacht, die einfach dadurch erfolgen konnte, daß das Finanzministerium die staatlichen Anteile an der Börse oder über ein *private placement* an strategische Investoren veräußert.

Die Kommerzialisierung verfolgte jedoch noch ein zweites Ziel, nämlich die Bankkontrolle durch den Staat zu verschärfen. Während bei den Staatsbanken das Finanzministerium als Vertreter des staatlichen Eigentümers, die NBP und die Arbeitnehmervertretung der jeweiligen Bank bei der Bestellung der Vorstands- und Aufsichtsratsmitglieder gleiche Rechte besitzen (vgl. Gliederungspunkt 4.4.1.1), werden die Mitglieder des Aufsichtsrats einer Aktienbank und insb. dessen Vorsitzender allein von der Aktionärsversammlung bestimmt (§ 69 Abs. 1 BG). Der Aufsichtsrat wiederum ernennt und entläßt die Mitglieder des Bankvorstands. Da auf der Aktionärsversammlung der Staat bei einer kommerzialisierten Bank jedoch 100%-ige Stimmrechte besitzt, kann er allein seine personalpolitischen Wünsche durchsetzen und hierdurch eine strenge Unternehmenskontrolle ausüben, ohne dabei die Arbeitnehmervertretung konsultieren zu müssen. Die Möglichkeit der Kommerzialisierung stellte somit auch eine Teilentmachtung der Gewerkschaften dar, die im Zuge der Kreditkrise des Bankensektors noch genutzt werden sollte.[3]

Das Bankengesetz enthält relativ strenge Bestimmungen hinsichtlich der Begrenzung der Kreditkonzentration. Nach § 35 Abs. 1 Satz 1 BG darf die Summe der Kredite an einen einzelnen Bankkunden 15% des Eigenkapitals nicht übersteigen. Ein Großkredit an einen einzelnen Kreditnehmer darf die Grenze von 10% der Eigenmittel nicht überschreiten (§ 35 Abs. 1 Satz 2 BG). Zusammen mit der Kreditvergabe beschränkt § 35 BG auch die Anteile von Banken an Unternehmen. Normalerweise sind die Anteile einer Bank an einer Firma auf höchstens 25% des Eigenkapitals begrenzt (§ 35 Abs. 2 BG). Der Präsident der NBP kann jedoch gemäß § 35 Abs. 3 BG eine Ausnahmeregelung erteilen, nach der die Unternehmensanteile bis zu 50% der Eigenmittel betragen dürfen.

Mit der Begrenzung von Krediten und Anteilen an Nichtbanken verfolgt der Gesetzgeber sowohl risiko- als auch wettbewerbspolitische Ziele. § 35 BG findet eine Parallele in den entsprechenden Bestimmungen des deutschen Kreditwesengesetzes sowie den Empfehlungen des Baseler Bankenausschusses.[4] Die Banken sollen dazu gezwungen werden, ihre Kreditvergabe zu diversifizieren und mögliche Risiken durch hohe Kreditkonzentrationen bei einem oder wenigen Unternehmen zu vermeiden. Nicht von den Regelungen des § 35 BG erfaßt wurden zunächst die Altbestände an Krediten, die vor Erlaß des neuen Bankengesetzes entstanden waren. Daher erfüllten die meisten Banken in staatlichem Besitz die Kreditbegrenzungsnormen nicht, und es wurde bald deutlich, daß ohne eine Lösung der Frage der Altkredite die Kreditkonzentrationsnormen in wei-

---

[3] Vgl. hierzu die Ausführungen in Gliederungspunkt 5.2.2.2 bzw. 6.1.2.1.

[4] Vgl. die entsprechenden Regelungen der §§ 12 und 13 KWG.

ten Bereichen des Bankensektors nur Makulatur bleiben würden.[5] Die bisherigen Funktions- und Sektormonopole sowie die neuen regionalen Monopole erwiesen sich somit als Altlasten, ohne deren Beseitigung kein wirklicher Wettbewerb auf dem Kreditmarkt würde entstehen können. Berücksichtigt man zudem die geringe Eigenkapitalausstattung der neuen polnischen Banken, so ergeben sich aus den strengen Kreditkonzentrationsnormen zusätzliche Wettbewerbsnachteile für die neuen Banken: Wurde die Vergabe von Großkrediten an Unternehmen durch die *staatlichen* Banken qua lege erschwert, so besaßen die *neuen* polnischen und ausländischen Banken de facto erst recht keine Chancen, in die Domäne der Firmenkunden der Regional- und Spezialbanken einzubrechen. Auch die Chancen der Sparkassen, Marktanteile im Firmenkundengeschäft zu erringen, waren unter diesen Umständen gering.[6]

Eine allgemeine Einlagensicherung fehlte in Polen zunächst. Ein Hauptgrund hierfür ist neben der Fülle anderer Reformaufgaben für die Regierung und der Zeit, die die Schaffung eines Einlagensicherungssystems in Anspruch nimmt, im wachsenden Staatsdefizit zu suchen, das eine Anschubfinanzierung des Staates für die Bildung der Einlagensicherung erschwerte. Die Banken selbst wiederum litten ohnehin unter einem Mangel an haftendem Eigenkapital gegen eventuelle Verluste aus Bankgeschäften und waren darüberhinaus mit dem Umbau der eigenen Organisationsstruktur vollends okkupiert. Das Bankengesetz enthielt jedoch eine eingeschränkte staatliche Haftung: Nach § 49 BG werden die Spareinlagen natürlicher Personen bei denjenigen Banken vom Staat garantiert, die vor dem Inkrafttreten des neuen Bankengesetzes Anfang 1989 bereits existierten. Diese Spareinlagengarantie betraf somit nur die neun Regionalbanken, die beiden staatlichen Sparkassen, die BGŻ und die seit 1989 gegründeten lokalen Genossenschaftsbanken. Die staatliche Haftung für Spareinlagen behielt auch bei einer Kommerzialisierung der Banken ihre Gültigkeit (§ 86 Abs. 1 BG). Die Staatshaftung bildete einen wichtigen Wettbewerbsvorteil für die staatlichen Banken aus Sicht der um ihre Einlagen besorgten privaten Haushalte. Um dem Nachteil ungesicherter Depositen zu begegnen, sahen sich die neuen Banken gezwungen, ihren Kunden als eine Art *Risikoprämie* hohe Einlagenzinsen zu zahlen.[7]

#### 5.1.1.2 Bankenaufsicht durch die NBP

§ 100 Abs. 1 BG definiert die NBP als Bankenaufsichtsinstitution mit dem NBP-Präsidenten an ihrer Spitze. Die gesetzlichen Grundlagen für die für die Geschäftsbanken verbindlichen Richtlinien der NBP-Bankenaufsicht bilden § 101 BG bzw. § 54 GüNBP. Die Richtlinien der Bankenaufsicht blieben zunächst rudimentär mit insgesamt fünf im Laufe des Jahres 1990 verabschiedeten Verordnungen.[8] Sie betreffen die Begrenzung des Ausfallrisikos und knüpfen an die entsprechenden Regelungen im Bankengesetz an. Die Kreditvergabe ist danach abhängig von der Kreditwürdigkeit des potentiellen Kreditnehmers (§ 28 Abs. 1 BG). Die Banken sind verpflichtet, zu deren Prüfung entsprechende Informationen von diesem einzuholen (§ 31 Abs. 1 BG). Damit wurde die Kreditvergabe auf eine marktwirtschaftliche, risikogebundene Grundlage

---

[5] Vgl. $A_2$, S. 290.
[6] Vgl. $A_4$, S. 294/295, $A_{12}$, S. 314, und $A_{15}$, S. 321.
[7] Vgl. $A_3$, (27. Juli 1994), S. 291, $A_5$ (3. August 1994), S. 296 und $A_{11}$ (10. August 1994), S. 310.
[8] Vgl. WENZELER, Grischa (1995), S. 55.

gestellt. Eine Fortsetzung der Ende der 80er Jahre in Polen weit verbreiteten automatischen Kreditgewährung durch die Banken sollte dadurch verhindert werden.

Die ersten bankenaufsichtsrechtlichen Richtlinien betrafen die Prinzipien der Kreditvergabe (Richtlinie Nr. 1/90), die Kreditbeurteilung (Nr. 2/90) und die Informationsanforderungen bezüglich großer Kreditnehmer (Nr. 4/90). Die beiden wichtigsten Richtlinien umfassen die Eigenkapital- und Liquiditätsanforderungen hinsichtlich risikotragender Aktivgeschäfte. Dies sind die Richtlinien Nr. 3/90 und Nr. 5/90.[9] Ziel der Eigenkapitalrichtlinie Nr. 3/90 ist es, ein Verhältnis von Eigenkapital zu risikotragenden Anlagen der Bank von 8% zu erreichen. Dieses Verhältnis entspricht dem vom Baseler Ausschuß empfohlenen *Solvabilitätskoeffizienten*. In Anlehnung an die EU-Standards besteht die Berechnung des Solvabilitätskoeffizienten auch in Polen aus zwei Teilen, der Definition und Gewichtung der relevanten Elemente des Eigenkapitals sowie einem Gewichtungsschema für Aktivgeschäfte mit Bankkunden.

Wie in der EU wird dabei in Polen eine Unterscheidung vorgenommen in Kern- und Ergänzungskapital. Auf der Grundlage von § 35 Abs. 4 Satz 4 BG wurde diese Einteilung durch weitere Eigenkapitalanteile ergänzt, die in der EU-Definition nicht berücksichtigt werden, und für polnische Banken eine breitere Eigenkapitalbasis ermöglichen, um die bereits diskutierten Eigenkapitaldefizite zu kompensieren.[10] Dieser dritte Bestandteil des Eigenkapitals besteht aus langfristigen Einlagen, die einige Anforderungen erfüllen müssen, z.B. eine Laufzeit von mehr als drei Jahren sowie Nachrangigkeit im Fall der Bankinsolvenz bzw. -liquidation. Die Eigenkapitalrichtlinie formuliert ein Risikogewichtungssystem, das für Aktivgeschäfte mit der Zentralbank und dem Staat ein Risikogewicht von 0% ansetzt, für solche mit Kommunen und Geschäftsbanken in OECD-Ländern von 20%, mit polnischen Banken von 30% und mit anderen Unternehmen von 50%. Kredite, deren Rückzahlung von den Banken als zweifelhaft eingeschätzt wird, erhalten ein Risikogewicht von 140% bzw. 300%.[11] Der 8%-ige Solvabilitätskoeffizient sollte bis zum 1.1.93 erreicht werden. Den Banken wurde somit eine großzügiger Zeitrahmen gewährt.

Neben der Forderung nach angemessenem Eigenkapital bildet die Sicherung der jederzeitigen Zahlungsfähigkeit (*Liquidität*) der Bank einen weiteren Ansatz, das Ausfallrisiko aus Bankgeschäften und insb. der Kreditvergabe zu begrenzen. Die gesetzliche Grundlage liefert § 9 BG, der die Banken verpflichtet, fälligen Verbindlichkeiten jederzeit nachkommen zu können. Die *Stromgröße* Liquidität mit Hilfe von Vorschriften zu messen, die sich an *Bestandsgrößen* orientieren, ist grundsätzlich problematisch. Ähnlich wie in Deutschland stützt sich die polnische Bankenaufsicht dabei auf ein Konzept, nach dem die verschiedenen Anlagen einer Bank auf bestimmte Teile der Finanzierungsmittel begrenzt werden. Kriterium hierbei ist die Fristigkeit. Aufgrund der den Banken in den ersten Transformationsjahren zur Verfügung stehenden unzureichenden technischen Mittel zur Liquiditätsmessung und entsprechenden Wissensdefiziten der Mitarbeiter sowie unter dem Einfluß der 1990 besonders hohen Inflationsrate wurde ein recht einfaches und an kurzen Laufzeiten orientiertes Zeitschema für die Erfassung der Anlagen und Finanzierungsmittel entworfen. Die verschiedenen Zeiträume umfassen Bilanzpositionen von bis zu einem Monat, von einem Monat bis

---

[9] Vgl. WYCZAŃSKI, Paweł (1993), S. 31.
[10] Vgl. KULCZYCKI, Władysław (1994a), S. 11/12.
[11] Vgl. WYCZAŃSKI, Paweł (1993), S. 31.

zu drei Monaten, drei Monate bis zu einem Jahr und schließlich solche mit einer Laufzeit von über einem Jahr.

Neben diesem Schema müssen die Banken zwei weitere Anforderungen erfüllen, die auf eine bessere Versorgung der Bankenaufsicht mit Informationen zielen. Danach müssen die Kreditinstitute die NBP-Bankenaufsicht über einen außergewöhnlichen Rückgang von Bilanzpositionen in einer bestimmten Währung, sei es in Złoty oder einer anderen, informieren und neben einer zeitlichen Einteilung eine weitere Unterscheidung der Bilanzpositionen - in Anlehnung an die Risikogewichtung der Eigenkapitalrichtlinie - nach der Art der getätigten Geschäfte vornehmen.[12] Strafmaßnahmen bei Nichteinhaltung der Liquiditätsregeln sieht die Richtlinie jedoch nicht vor.[13] Es ist außerdem zu konstatieren, daß die Richtlinie nur einen Liquiditäts*rahmen*, nicht jedoch die *tägliche Zahlungsfähigkeit* zu gewährleisten versucht. Letzteres bleibt Aufgabe der Banken selbst.

Hinsichtlich drohender oder bereits eingetretener Verluste bietet das Bankengesetz der Bankenaufsicht einige Möglichkeiten, im Falle der finanziellen Krise einer Bank einzugreifen. Die Maßnahmen reichen von der Forderung nach einem Sanierungsprogramm bis hin zur Einleitung eines Konkursverfahrens. § 104 Abs. 1 BG verpflichtet die Banken, die Bankenaufsichtsabteilung im Falle von drohenden oder bereits eingetretenen Verlusten umgehend zu informieren. Der Präsident der NBP kann danach vom Bankvorstand die Durchführung eines Sanierungsprogramms verlangen. Sollte ein solches Programm seitens der betroffenen Bank nicht vorgelegt werden oder aber die Sanierungsmaßnahmen keinen Erfolg zeigen, so kann der Präsident der NBP eine Kommission einsetzen, die die Aufgaben des Bankvorstands kommissarisch übernimmt (§ 105 Abs. 1 und 2 BG) und ihrerseits Maßnahmen im Rahmen eines Sanierungsprogramms einleitet. In diesem Stadium einer Bankenkrise können finanzielle Mittel der NBP in ihrer Eigenschaft als *lender of last resort* in Form eines speziellen Refinanzierungskredits in Anspruch genommen werden (§ 105 Abs. 2 Satz 2 BG). Sollten sich im Laufe der Krise die Eigenmittel des Kreditinstituts um 50% verringern und das Sanierungsprogramm keine Erfolge zeigen, stehen dem NBP-Präsidenten zwei Möglichkeiten offen: Er kann die Übernahme der gefährdeten Bank durch eine andere anregen (§ 107 Abs. 1 Satz 1 BG) oder aber die Liquidation der Bank veranlassen (§ 107. Abs. 1 Satz 2 BG). Unabhängig vom Stand des bis hierhin beschriebenen Maßnahmenkatalogs kann der NBP-Präsident jederzeit ein Konkursverfahren einleiten, sollten die Verbindlichkeiten des Kreditinstituts nicht mehr durch dessen Aktiva gedeckt werden (§ 108 Abs. 1 BG).

Betrachtet man die der Bankenaufsicht qua lege zur Verfügung stehenden Mittel bei einer finanziellen Schieflage einer Geschäftsbank, so lassen sich diese in ihrer Schärfe durchaus mit westeuropäischem Standard vergleichen. Dies lag auch in der Intention der Reformer um Balcerowicz und der ihnen politisch nahestehenden NBP-Spitze des Jahres 1990, nämlich die rechtlichen Rahmenbedingungen den Standards der EU-Länder anzugleichen, um beim angestrebten späteren EU-Beitritt Polens möglichst wenig Anpassungsbedarf im Bereich des Bankrechts zu haben und zugleich die polnischen Kreditinstitute an marktwirtschaftliche Risikonormen zu gewöhnen. Trotz gewisser Zugeständnisse an die finanzielle Situation der polnischen Banken, die sich z.B. an der

[12] Vgl. HERMAN-IZYCKA, Ewa (1994a), S. 15.
[13] Ebenda, S. 16. Gleiches gilt auch für die Eigenkapitalrichtlinie.

relativ breiten Eigenkapitaldefinition zeigen, legen die Richtlinien dabei die Umstände einer entwickelten Marktwirtschaft zugrunde. Die im Vergleich zu einer ausgereiften Marktwirtschaft recht hohen Informationsdefizite in einer Transformationsökonomie verlangen aber besonders scharfe Anforderungen an die Sicherheit des Bankensystems, wie im dritten Kapitel bereits erläutert wurde. Es stellt sich daher die Frage, ob die Eigenkapital- und v.a. die Liquiditätsrichtlinie den gesteigerten Sicherheitsanforderungen gerecht werden. Den Banken wurde bei der Erfüllung der Richtlinien ein relativ großer Spielraum zugestanden und der Anreiz, sie zu befolgen, war wegen der fehlenden Sanktionsandrohung recht gering. Schwer wiegt dabei auch, daß der Bankenaufsicht zunächst das Personal fehlte, um die Erfüllung der Richtlinien durch die Banken genau zu überwachen. So konnte der Maßnahmenkatalog, der die NBP befähigen sollte, Bankenkonkurse zu verhindern, erst nach und nach Relevanz erhalten, nämlich in dem Maße, in dem die Bankenaufsicht die dazu notwendige personelle Ausstattung erhielt.

### 5.1.1.3 Geldpolitik der NBP

Direkt in der ersten Phase der Bankentransformation erhielt die Geldpolitik im Rahmen der Makrostabilisierung eine besondere Relevanz. Ziel der Regierung wie der NBP war es, zunächst die Hyperinflation zu bekämpfen, indem die Kreditvergabe durch die Geschäftsbanken stark beschnitten werden sollte. Die Förderung der privaten Wirtschaft und damit die Beschleunigung des Strukturwandels war dagegen von eher sekundärer Bedeutung. Zur Erfüllung ihrer Aufgabe standen der Zentralbank sowohl marktkonforme als auch administrative geldpolitische Instrumente zur Verfügung.

Zunächst zu den administrativen Instrumenten: Hier verfügt die NBP über das auch in den Bankensystemen westlicher Industrieländer übliche Instrument der Mindestreserven sowie über das in marktwirtschaftlichen Systemen eher seltene Instrument der Kreditplafondierung. Die gesetzliche Grundlage für die Mindestreservepolitik bildet Kapitel 6 GüNBP. Die Banken halten demnach auf Sicht-, Termin- und Spareinlagen Mindestreserven in Höhe von bis zu maximal 30% der jeweiligen Einlagen (§ 31 Abs. 1 GüNBP). Übersteigt die Mindestreserve pro Bank 10% ihrer reservepflichtigen Einlagen - was i.d.R. der Fall ist - , so zahlt die Zentralbank hierauf Zinsen. Hier weist Polens Bankwesen jedoch eine Eigentümlichkeit auf, die nur dadurch erklärbar ist, wenn man sich den durch die Transformation eher noch gestärkten Einfluß der Bauernbewegung sowie die Probleme der Landwirtschaft im Zuge der gesamtwirtschaftlichen Umgestaltung verdeutlicht: Die auf die Mindestreserven gezahlten Zinsen fließen nicht wieder zurück an die Banken, sondern kommen der Landwirtschaftsagentur ARR zugute und tragen somit zur Sanierung der Landwirtschaft bei (§ 31 Abs. 3 GüNBP). Damit erhöhen sich die Kosten für die Banken aus der Mindestreservehaltung, die ja ohnehin von den *earning assets* abgezogen werden muß.[14] Die Mindestreservepolitik der NBP weist noch eine weitere Besonderheit auf, die die finanzielle Belastung der Banken erhöht. Die Mindestreserven werden für jedes Kreditinstitut auf der Basis der Einlagenbestände vom Vormonatsende errechnet. Anders als z.B. in Deutschland, müssen Polens Banken ihre Mindestreserven jedoch über den jeweiligen Kalendermonat hindurch *täglich* auf dem erforderlichen Niveau halten. Die

[14] Vgl. $A_{11}$ (10. August 1994), S. 310 und $A_{20}$, S. 328.

Banken haben hierin also keinerlei Liquiditätsspielräume.[15] Sollte eine Bank das geforderte Niveau unterschreiten, so muß auf den Fehlbetrag ein Strafzins gezahlt werden (§ 32 Abs. 1 GüNBP). Dieser beträgt das Doppelte des NBP-Leitzinses, bis 1995 dargestellt durch den Zinssatz für den sogenannten Refinanzierungskredit und seitdem durch den Diskontsatz.

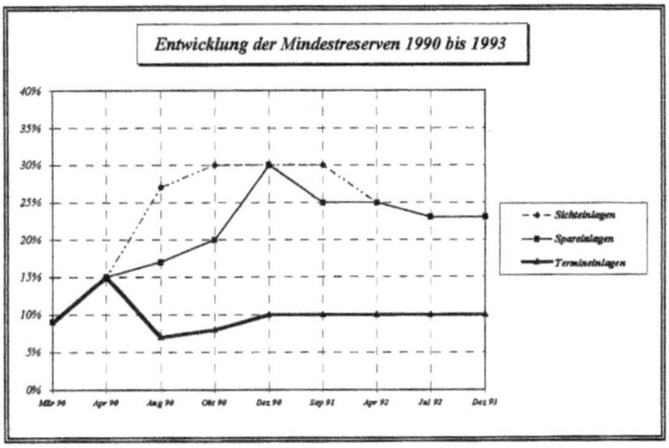


*Quelle:* *NBP*

**Abb. 5.1: Entwicklung der Mindestreserven in Polen von 1990 bis 1993**

Die Mindestreservepolitik spiegelt die Bemühungen der NBP im Kampf gegen die Inflation wider. In der Phase der Hyperinflation wurden die Mindestreservesätze auf bis zu 30%, also den maximalen Höchstsatz für Sicht- und Spareinlagen, angehoben und mit Abschwächung des inflationären Drucks wieder gesenkt, bis Ende 1993 bei Sicht- und Spareinlagen auf 23% sowie bei Termineinlagen auf 10%.

Um die Hyperinflation erfolgreich zu bekämpfen, sah sich die NBP in der Zeit der akuten Transformationskrise jedoch dazu gezwungen, noch stärker in die Geschäftspolitik der Banken zu intervenieren, indem sie das Instrument der Kreditplafondierung anwendete und damit die Kreditvergabe der Geschäftsbanken unmittelbar einschränkte. Die gesetzliche Grundlage für die Kreditplafondierung bildet § 20 Abs. 3 GüNBP, der dieses Mittel erlaubt, sollten die gesetzten geldpolitischen Ziele der NBP anders nicht erreicht werden können. Die Anwendung dieses Instruments impliziert jedoch zugleich eine Wettbewerbsverzerrung, denn es bezieht sich ausschließlich auf die staatlichen Banken. Den Hintergrund hierfür bildete die folgende Überlegung: Erstens beherrschten die staatlichen Banken, wie bereits ausgeführt, den Kreditmarkt und standen damit im Fokus der geldpolitischen Maßnahmen der NBP. Zweitens verfolgte Finanzminister Balcerowicz in Zusammenarbeit mit der Zentralbank das Ziel, eine fortgesetzte Kreditvergabe an staatliche Unternehmen im Sinne des Kreditautomatismus der planwirtschaftlichen Ära zu verhindern. Die neuen Banken hatten durch die Kreditplafondierung die Möglichkeit, einen Teil der Kreditnachfrage des Unternehmenssektors zu befriedigen, zumindest insoweit, wie es ihre geringe Eigenkapitalausstattung zuließ. Die

[15] Vgl. OSIŃSKI, Jacek und Andrzej SŁAWIŃSKI (1994), S. 20 sowie $A_5$ (3. August 1994), S. 296.

Kreditplafondierung wurde im letzten Quartal des Jahres 1990 zum ersten Mal angewendet.[16] Dabei wurden Kreditobergrenzen nicht pauschal, sondern für jede betroffene staatliche Bank einzeln festgelegt.[17] Nachdem die Inflationsrate 1993 auf 37% gesenkt werden konnte (vgl. Tab. 4.1), wurde die Kreditplafondierung wieder eingestellt.[18]

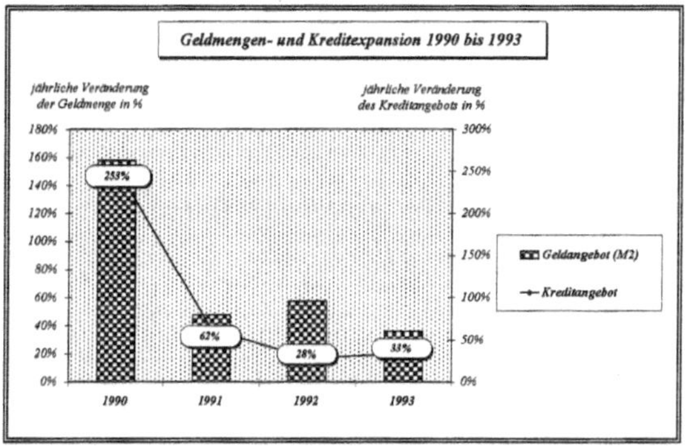


*Quelle: NBP*

**Abb. 5.2: Geldmengen- und Kreditexpansion von 1990 bis 1993**

Wie die Abbildung über die Expansion des Geld- und des Kreditangebots zeigt, konnten die administrativen geldpolitischen Maßnahmen der NBP, die sich dank der personalpolitischen Kompetenzen von Regierung und Staatspräsident hinsichtlich der NBP-Führung völlig mit den Intentionen des Finanzministeriums deckten, bereits im Laufe des Jahres 1991 eine deutliche Dämpfung der Geldmengen- und Kreditexpansion erreichen. Unter dem Druck der Rezession und des wachsenden Widerstands der Gewerkschaftsbewegung gegen die harte Stabilisierungspolitik wurde vor diesem Hintergrund die Kreditplafondierung bereits im Laufe des Jahres 1992 wieder gelockert, was zu einer leichten Beschleunigung der Geldmengen- und Kreditexpansion führte, die jedoch schon 1993 wieder abnahm.

Erst durch die Kreditplafondierung konnte die Inflation unter Kontrolle gebracht werden.[19] Die marktkonformen Instrumente der Geldpolitik wurden im wesentlichen in der Phase der Kreditplafondierung entwickelt.[20] Dabei erlangte v.a. die Offenmarktpolitik erst nach 1993 mehr und mehr Bedeutung. Die bereits bei der Darstellung der ökonomischen Rahmenbedingungen angerissene Leitzinspolitik der NBP setzte an insgesamt drei verschiedenen Refinanzierungskrediten an. Der eigentliche *Refinanzierungskredit* wurde im August 1990 als bis Ende 1995 befristeter langfristiger Kredit konzipiert. Seine Inanspruchname durch eine Bank verpflichtete diese, 50% ihrer Verbindlichkeiten bei der NBP, die in der planwirtschaftlichen Phase durch den in den 80er Jahren

---

[16] Vgl. POLAŃSKI, Zbigniew (1995), S. 22.
[17] Vgl. UGOLINI, Piero (1996), S. 13.
[18] Vgl. POLAŃSKI, Zbigniew (1995), S. 23.
[19] Vgl. POLAŃSKI, Zbigniew (1996b), S. 11.
[20] Vgl. UGOLINI, Piero (1996), S. 11.

gültigen und ohne Beachtung der jeweiligen Liquiditätssituation an eine Bank vergebenen Refinanzierungskredit entstanden waren, zurückzuzahlen. Der Restbetrag wurde den Banken erlassen. Der Refinanzierungskredit hatte auch insofern in den ersten Transformationsjahren eine besondere Bedeutung, als daß die ehemals auf die Kreditgewährung spezialisierten Regional- und andere kreditlastige Banken durch ihn fehlende Einlagen ersetzen konnten. Der Refinanzierungskredit kompensierte in dieser Hinsicht auch den erst im Aufbau befindlichen Interbankenmarkt. Diese Art der administrativen Refinanzierung durch die NBP verminderte jedoch zugleich den Anreiz für die Kreditbanken, eine Depositenbasis aufzubauen und verzögerte somit die Entwicklung des Interbankenmarktes.[21]

1995 übernahm der *Diskontsatz* die Funktion des Leitzinses für Polens Banken. Ihm zugrunde liegt der Rediskontkredit, der, wie in reifen marktwirtschaftlichen Bankensystemen auch, bei der Rediskontierung von Handelswechseln durch die Zentralbank an die Geschäftsbanken gewährt wird. Bis zur Übernahme der Leitzinsfunktion wurde er jedoch in erster Linie an die Genossenschaftsbanken vergeben. Damit sollte der Bereich des Bankensystems gestärkt werden, der für die Versorgung der Landwirtschaft mit Finanzdienstleistungen zuständig ist.[22] Auch dies ist ein weiteres Indiz dafür, welch hoher Stellenwert dem Landwirtschaftssektor bei der Bankentransformation aufgrund seiner ökonomischen Bedeutung und der Machtposition der Landwirtschaftslobby in Parlament und Regierung von seiten der Reformer beigemessen wurde.

*Lombardkredite* schließlich, deren Zins, wie auch in marktwirtschaftlichen Systemen üblich, als weiterer Referenzzinssatz für Bankkredite fungiert, werden von der NBP bei der Verpfändung von Schatzwechseln gewährt. Lombardkredite wurden jedoch erst 1991 eingeführt. Die NBP setzt bei der Vergabe von Lombardkrediten Obergrenzen in Abhängigkeit von der Höhe des Eigenkapitals der jeweiligen Bank fest.[23] Gerade die neuen Banken, die ja über eine geringere Eigenkapitalbasis verfügen, waren bei der Lombardrefinanzierung somit gegenüber den staatlichen Kreditinstituten benachteiligt.

Es existierten in den ersten Jahren der Bankentransformation einige weitere Refinanzierungskredite, die noch aus der Zeit der Planwirtschaft stammten und selektiv an die Banken vergeben wurden. Dazu gehört v.a. der *Kredit für zentrale Investitionen*, der an bestimmte Kreditbanken zur Förderung staatlich geplanter Infrastrukturprojekte vergeben wurde. Er wurde, ebenso wie *Präferenzkredite* an die Genossenschaftsbanken zur Förderung der Landwirtschaft, langsam abgebaut. Dabei mußte jedoch der Widerstand von Anhängern staatlicher Industriepolitik und Interventionen zugunsten ausgewählter Wirtschaftssektoren überwunden werden, so daß der Abbau nicht kontinuierlich vollzogen werden konnte.[24] Die Widerstände waren v.a. während der Transformationskrise groß. Trotz der Priorität für die Inflationsbekämpfung gab es immer wieder Beispiele für selektive Kredite. Die grundsätzliche Beschränkung der Leitzinspolitik auf die Instrumente des Diskont-, Lombard- und Refinanzierungskredits trug aber trotz der diskretionären Durchbrechung dieses Prinzips ebenso wie das hohe Zinsniveau entscheidend zum Abbau der Geldmengen- und Kreditexpansion und damit der Inflationsrate bei. Die teilweise weichen Budgetrestriktionen des Staates gegenüber der Landwirt-

---

[21] Ebenda, S. 12.
[22] Vgl. o.V. (1992): Information Bulletin der NBP 1991, S. 33.
[23] Vgl. OSIŃSKI, Jacek und Andrzej SŁAWIŃSKI (1994), S. 19, sowie $A_5$ (3. August 1994), S. 296.
[24] Vgl. WYCZAŃSKI, Paweł und Marta GOŁAJEWSKA (1996), S. 38.

schaft und staatlichen Industriebetrieben hatten aber, wie noch darzulegen ist, entsprechende Wirkung auf das Verhalten der staatlichen Banken.

Wurde die Devisenkurspolitik als geldpolitisches Instrument wegen der eingeschränkten Konvertibilität des polnischen Złoty zunächst vernachlässigt, so lag nach Beendigung der Kreditplafondierung 1993 der Schwerpunkt bei der Entwicklung marktkonformer geldpolitischer Instrumente auf der Offenmarktpolitik. Hauptinstrument hierbei sind staatliche Bonds. Bei der Entwicklung der Offenmarktpolitik war die NBP zunächst auf Fortschritte bei der Institutionalisierung eines Geld- und Interbankenmarktes angewiesen. Erst nach 1993 erlangte die Offenmarktpolitik daher die ihr von der Zentralbank zugewiesene Bedeutung: Im Zeitraum von Januar 1993 bis Dezember 1995 stieg das durchschnittliche tägliche Handelsvolumen von Offenmarkttransaktionen von PLN 114 Mio. auf PLN 13,68 Mrd.[25]

Für die Geldpolitik in der Liberalisierungsphase des polnischen Bankwesens läßt sich zusammenfassend feststellen, daß mit der Entwicklung marktkonformer geldpolitischer Instrumente zwar wesentliche Grundlagen für eine Geldpolitik nach Marktkriterien gelegt wurden, administrative Eingriffe aber wegen der schwierigen ökonomischen Situation zunächst dominierten. Mit der Kreditplafondierung, den hohen Mindestreserven und der Hochzinspolitik waren die Kosten der Geldpolitik für die Banken beträchtlich.

### 5.1.2 Maßnahmen auf der Ebene des Geschäftsbankensystems

Im Sinne des Reformprogramms von Balcerowicz lag der Schwerpunkt der Transformation des Geschäftsbankensystems auf der Einführung von Wettbewerb mit Priorität für private Eigentumstrukturen. Als Voraussetzung hierfür wurde eine *Dezentralisierung* des Geschäftsbankensystems durch die Zulassung neuer Banken sowie die *Privatisierung* der vorhandenen staatlichen Kreditinstitute gesehen. Um den Wettbewerb zwischen den Bankinstituten auf den Finanzmärkten zu fördern und die bisherige administrative Allokation von Kapital durch eine marktliche zu ersetzen, war die *Institutionalisierung von Finanzmärkten* ebenso notwendig wie der *Aufbau eines modernen Zahlungsverkehrssystems*, das schnelle und sichere Transaktionen auf den Märkten gestattet. Dabei stellt sich die Frage, inwieweit die Bankakteure beim Aufbau der notwendigen Strukturen neben dem Akteur Staat mitgewirkt haben und ob dabei für alle Banken gleiche Wettbewerbsbedingungen geschaffen wurden.

#### 5.1.2.1 Dezentralisierung und Bankenprivatisierung

Ein wesentlicher Schritt bei der Dezentralisierung des Bankwesens war bereits durch die Trennung von Zentralbank- und Geschäftsbankensystem getan worden. Die NBP nahm seither, zumindest bis zur Anwendung der Kreditplafondierung, keinen direkten Einfluß mehr auf die Kreditvergabe durch die Geschäftsbanken. Von seiten des Finanzministeriums ging nach übereinstimmenden Aussagen von Vertretern des Ministeriums wie der betroffenen Kreditinstitute ebenfalls kein Druck auf die staatlichen

[25] Vgl. UGOLINI, Piero (1996), S. 15.

Banken aus, ihre Geschäftspolitik in die eine oder andere Richtung zu lenken. Vielmehr vermittelt sich dem Betrachter ein Bild, wonach die Banken mehr und mehr ein Eigenleben entwickelten, unabhängig von Direktiven des Finanzministeriums. Insofern wurde das Ziel der Dezentralisierung des Bankwesens im Sinne eines Rückzugs des Staates aus dem Geschäftsbankensystems in der Phase der Liberalisierung umgesetzt, ohne daß dies einen formellen Rückzug des Staats als Bankeigentümer bedeutete.

Von den absoluten Zulassungszahlen her machte die *Privatisierung von unten*, also der Markteintritt neuer, überwiegend privater Banken, Fortschritte. So lag die Zahl neuer polnischer Banken Ende 1993 bei 72, dazu kamen noch sieben Auslandsbanken und drei Filialen ausländischer Institute. Doch besagen diese Zahlen wenig über die eigentliche Marktposition der neuen Banken. Bis zum Ende der Liberalisierungsphase konnten die privaten Kreditinstitute im Gegenteil kaum Marktanteile gewinnen: Ende 1993 hatten staatliche Banken inklusive des BGŻ-Verbunds am Kreditmarkt einen Anteil von immer noch knapp 79%, am Einlagenmarkt betrug ihr Gewicht knapp 82%.[26] Es wurde schnell klar, daß, anders als in anderen Wirtschaftsbereichen, allein der Marktzutritt neuer privater Akteure nicht zu einem überwiegend privatwirtschaftlichen Bankensystem führen würde, denn die neuen Banken waren zu klein, um mit den großen Staatsbanken erfolgreich um Kunden konkurrieren zu können.

Zu Beginn der Bankentransformation waren sich die politischen Akteure innerhalb des Reformlagers darüber einig, daß die *Privatisierung von unten* innerhalb des Bankwesens ergänzt werden sollte durch die Privatisierung der staatlichen Kreditinstitute. Die Bankenprivatisierung war ein klares Ziel des Finanzministeriums, aber auch des einflußreichen Gewerkschaftsführers Wałęsa, der sich im Rahmen seines Präsidentschaftswahlkampfes 1990 für die Bankenprivatisierung stark machte.[27] Die Entschlossenheit der Regierung, die Entstaatlichungspläne für Polens Banken in die Realität umzusetzen, führte zum Privatisierungsprogramm für die Regionalbanken vom März 1991.[28] Dabei wurde ein Beteiligungsschema entworfen, bei dem der Staat 30% der Anteile an der jeweiligen Bank behalten sollte, inländische private wie institutionelle Investoren 40%, die Belegschaft 10% und Auslandsinvestoren 20% erwerben sollten.[29] Mit der Beteiligung von Auslandsinvestoren, vornehmlich Auslandsbanken, verband die Regierung das Ziel von Wissenstransfers, um dadurch eine größere dynamische Effizienz der polnischen Institute zu erreichen. Die Beteiligung einer Auslandsbank an einem polnischen Kreditinstitut sollte nach dem Willen der Reformer und deren internationalen Beratern zum wichtigsten Mechanismus für den Marktzutritt ausländischer Bankinstitute in Polen werden. Die Beteiligung der jeweiligen Bankbelegschaft am Aktienkapital einer Bank war ein Zugeständnis an die Gewerkschaftsbewegung, die mit zunehmender Schärfe der Transformationskrise der Privatisierung gegenüber generell eine mehr und mehr kritische Position einzunehmen begann.

Die Regionalbanken standen im Mittelpunkt der Privatisierungspläne.[30] Mit ihrer Entstaatlichung wollte man eine Auflösung der regionalen Monopole im Bankwesen und der nach wie vor engen Kreditbeziehungen zwischen den regionalen Instituten und den

---

[26] Vgl. o.V. (1994c): Tabelle - Struktura polskiej bankowości w 1993r.
[27] Vgl. PRZEWORSKI, Adam (1993), S. 168.
[28] Vgl. PARFINIEWICZ, Adam et al. (1993), S. 28.
[29] Ebenda, S. 29.
[30] Vgl. $A_{16}$, S. 321.

jeweils ansässigen Staatsunternehmen erreichen. Die Spezial- und Genossenschaftsbanken standen hinsichtlich der Privatisierung zunächst nicht zur Disposition, da sie für die Entwicklung von wirtschaftlichen Problemsektoren, wie dem Wohnungsbau und der Landwirtschaft, eine strategisch wichtige Position besaßen. Auch die Bank Handlowy spielte aufgrund ihrer Bedeutung bei den Verhandlungen Polens mit seinen ausländischen Gläubigern eine zu wichtige Rolle, als daß man sie privaten Eigentümern verkaufen wollte.[31] Außerdem besaß Polens Kapitalmarkt in der Anfangsphase der Transformation noch nicht das Volumen, um genügend polnisches Kapital für die Privatisierung von Banken der Größenordnung der Bank Handlowy bereitzustellen. Betrachtet man die Marktposition der Regionalbanken am Kredit- und v.a. am Einlagenmarkt (vgl. Abbildungen 4.9 und 4.10), so erkennt man, daß selbst mit einer Privatisierung aller neun Institute noch nicht der Durchbruch zu einem privatwirtschaftlich dominierten Geschäftsbankensystem erreicht wäre.[32] Die von der Regierung Bielecki und Finanzminister Balcerowicz angestrebte Regionalbankenprivatisierung wäre vielmehr nur ein Teilrückzug des Staates aus seiner Eigentümerfunktion im Bankwesen.

Ein erster Schritt zur Privatisierung sollte die Kommerzialisierung der Regionalbanken, also ihre Umwandlung in Aktiengesellschaften darstellen. Die Umwandlung wurde im Oktober 1991 vollzogen, doch die erste Privatisierung einer Regionalbank erfolgte erst eineinhalb Jahre später. In der Zwischenzeit nahm der Privatisierungseifer der Reformkräfte deutlich ab, auch wenn die grundsätzliche Entscheidung der Regierung Mazowiecki / Balcerowicz für die Banken- und Unternehmensprivatisierung von ihren Nachfolgeregierungen geteilt wurde. Mit dem Rücktritt von Finanzminister Balcerowicz verloren jedoch die Kräfte, die für eine schnelle Bankenprivatisierung eintraten, einen ihrer stärksten Vertreter.[33] Für die Verzögerung der Bankenprivatisierung, die, abgesehen von der Entstaatlichung der BRE im Jahre 1992, bis zum Ende der Liberalisierungsphase keine entscheidenden Fortschritte machte, lassen sich politische wie ökonomische Faktoren anführen. Zunächst ist die Bankenprivatisierung im Kontext der gesamten Privatisierungsdiskussion zu sehen. Durch die politische Instabilität, ausgelöst durch häufige Regierungswechsel und die unklaren Mehrheitsverhältnisse im Sejm, gewannen die der Privatisierung gegenüber eher skeptisch eingestellten Gewerkschafts- und Bauernkräfte zunehmend an Einfluß. Im selben Maße wurde die Bankenprivatisierung verschleppt.[34] Dabei war man sich nicht nur uneinig, wie die Privatisierung technisch durchgeführt werden sollte, sondern auch darüber, inwieweit die Entstaatlichung der Banken und die daraus womöglich folgende Aufkündigung eines Teils der bisherigen Kreditbeziehungen zwischen den privatisierten Banken und den staatlichen Unternehmen zum Konkurs von Staatsunternehmen und damit auch zu einem weiteren Anstieg der Arbeitslosigkeit führen könnte.

Die Kritik an der geplanten Bankenprivatisierung wurde lauter, je mehr sich die Transformationskrise verschärfte. Die Privatisierungsskepsis wurde auch von weiten Teilen der Bevölkerung geteilt.[35] Dabei spielte die Tatsache eine Rolle, daß Polen bereits vor dem II. Weltkrieg kein überwiegend privatwirtschaftliches Bankwesen besaß; das Ban-

---

[31] Vgl. $A_3$ (27. Juli 1994), S. 290.
[32] Vgl. CHUDZIK, Robert (1995), S 209.
[33] Vgl. MULLINEUX, Andy (1995), S. 177.
[34] Vgl. HUSEMANN, Frank (1995), S. 316/317.
[35] Vgl. $A_3$ (26. September 1996), S. 293.

kensystem wurde seinerzeit vielmehr von wenigen großen Staatsbanken dominiert.[36] Staatsbanken genossen daher das besondere Vertrauen der Bürger. Die Regionalbanken selbst standen der Privatisierung hingegen überwiegend positiv gegenüber. Sie versprachen sich durch die Beteiligung eines ausländischen Investors eine Erweiterung ihrer Eigenkapitalbasis, geschäftspolitische Impulse und einen Transfer von Wissen mit der entsprechenden Mitarbeiterschulung und der Einführung neuer Produkte.[37] Einig waren sich die betroffenen Banken und die Reformer darin, daß Auslandsbanken zwar einen erheblichen geschäftspolitischen Einfluß besitzen, keinesfalls jedoch eine Mehrheitsbeteiligung erwerben dürften, denn dies hätte dem Vorwurf der Privatisierungsgegner Vorschub geleistet, die Privatisierung bedeute einen Ausverkauf Polens an das Ausland.

Die Verschiebung der politischen Kräftekonstellation zugunsten der Privatisierungsgegner und die sich verschärfende Rezession wirkten sich also negativ auf die Entstaatlichung des Bankensektors aus und trugen maßgeblich dazu bei, daß der Rückzug des Staates aus dem Geschäftsbankensystem bis 1993 keine entscheidenden Fortschritte machte. Der Staat konnte bei möglichen Krisensituationen also jederzeit diskretionär in die Entwicklung der Geschäftsbanken eingreifen. Der Krisenfall trat bereits 1992/93 ein, nachdem das Ausmaß schlechter Kredite in den Portefeuilles der Banken bereits zuvor sichtbar geworden war. Die damit notwendige Sanierung zögerte die ursprünglich angestrebte Privatisierung weiter hinaus, denn eine Minderheitsbeteiligung ausländischer Kreditinstitute an sanierungsbedürftigen polnischen Banken schien aus ökonomischer Sicht ausgeschlossen, da von den Auslandsbanken in diesem Fall ein maßgeblicher finanzieller Sanierungsbeitrag erwartet worden wäre, ohne daß sie die polnischen Institute rechtlich hätten übernehmen können.

#### 5.1.2.2 Institutionalisierung von Finanzmärkten

Entsprechend den Intentionen des Balcerowicz-Teams, der Führung der NBP und der ausländischen Politikberater, Wettbewerbsstrukturen und Marktmechanismen im Bankensystem zu implementieren, wurde die Schaffung von Finanzmärkten mit Priorität behandelt. Der Schwerpunkt lag dabei beim Geld- bzw. Interbankenmarkt sowie beim Kapitalmarkt.

Den Hintergrund für das schnelle Tempo, mit dem Geld- und Interbankenmarkt institutionalisiert werden sollten, bildeten drei Faktoren: Zum einen sollte die Geldpolitik der Zentralbank möglichst schnell umgestellt werden auf marktkonforme Instrumente. Zum anderen suchte das Finanzministerium nach Möglichkeiten, das steigende Budgetdefizit des Staates durch die Ausgabe kurzfristiger Schuldtitel zu finanzieren, nachdem das GüNBP der Finanzierung durch die NBP enge Grenzen gesetzt hatte. Schließlich sollten die durch die Arbeitsteilung der planwirtschaftlichen Zeit verzerrten Bilanzstrukturen zwischen einlagen- und kreditlastigen Banken ausgeglichen und die Refinanzierung der Kreditbanken durch Refinanzierungskredite der NBP abgebaut werden.[38] Die Gründe für die frühzeitige Implementierung des Geld- und Interban-

[36] Vgl. SPAK, Henryk J. (1997), S. 77.
[37] Vgl. $A_9$, S. 307/308.
[38] Vgl. LANE, Timothy D. (1994), S. 258.

kenmarktes spiegeln damit die Akteurskonstellation und die ökonomische Richtschnur der Reformkräfte in der Anfangsphase der gesamtwirtschaftlichen Transformation wider. Die Aufgabe wurde der NBP übertragen, die bei der Schaffung der Marktstrukturen von Experten mehrerer europäischer Zentralbanken unterstützt wurde. Die führende Rolle bei der Geldmarktentwicklung übernahm somit der Staat. Allerdings bediente er sich bei der Entwicklung der verschiedenen Finanzinstrumente eines Marktakteurs, der staatlichen Polski Bank Rozwoju (PBR). Sie beschäftigte eine Reihe auslandserfahrener Mitarbeiter, mit deren Hilfe Instrumente, wie z.B. Einlagenzertifikate, neu in den entstehenden Markt eingeführt und Referenzzinssätze nach dem Vorbild des Londoner Geldmarktes und des dortigen LIBOR bzw. LIBID geschaffen wurden (WIBOR und WIBID).[39]

Festverzinsliche Wertpapiere mit kurzer Laufzeit zur Durchführung von Offenmarktgeschäften durch die Zentralbank und Bankeinlagen zur Refinanzierung der Kreditbanken sowie zum Abbau der Überliquidität der beiden Sparkassen PKO BP und PeKaO S.A. entwickelten sich von Beginn an zu den weitaus wichtigsten Geldmarktinstrumenten.[40] Dies entsprach den Vorstellungen der Reformer. Trotz der Priorität, die die Geldmarktentwicklung für die NBP besaß, blieb der Markt mit durchschnittlichen täglichen Handelsvolumina in Höhe von wenigen 100 Mio. Złoty während der Liberalisierungsphase zunächst recht eng.[41] Dafür sind im wesentlichen vier Gründe zu nennen: Wegen der langen Auslaufzeit der Refinanzierungskredite der NBP war der Anreiz der Banken zur Refinanzierung über den Geldmarkt zunächst gering. Die Banken verhielten sich daher passiv. Zum zweiten war die PBR in den ersten Jahren der Bankentransformation die einzige polnische Bank, die für den Markt mit neuen Finanzinstrumenten innovativ wirkte. In den übrigen Banken herrschten diesbezüglich Wissensdefizite. Zudem waren die Kräfte des Managements und der Mitarbeiter bereits durch den Auf- bzw. Umbau der eigenen Organisationsstruktur gebunden.

Ein noch wichtigerer Grund für die langsame Entwicklung des Geld- und Interbankenmarktes war jedoch die Tatsache, daß der Markt in den Jahren bis 1993 stark oligopolisiert war.[42] Der Kreis der vertretenen Banken beschränkte sich im wesentlichen auf die primären staatlichen Akteure. Neue polnische Banken besitzen nur einen beschränkten Zugang zum Interbankenmarkt, denn während einlagenlastige Banken staatlichen Kreditinstituten unbegrenzt Finanzierungsmittel zur Verfügung stellen können, unterliegen private Banken besonderen Risikokategorien. Wenn z.B. die Sparkassen Mittel an die privaten Kreditbanken vergeben wollen, so zählen diese Gelder als risikogewichtete Aktiva und werden insofern behandelt wie Kredite an Nichtbanken bzw. Beteiligungen an solchen.[43] Die neuen polnischen Institute sind wegen der dadurch limitierten Refinanzierungsmöglichkeiten in ihrer Kreditvergabe behindert und insofern durch die entsprechenden rechtlichen Vorschriften diskriminiert.[44] Dies stellt einen Widerspruch dar zu den ursprünglichen Intentionen des Balcerowicz-Teams, die neuen Bankenakteure wettbewerbsmäßig gleichzustellen. Risikoüberlegungen überwogen jedoch in diesem Punkt wettbewerbspolitische Aspekte. Erst durch die Privatisie-

---

[39] Vgl. $A_{15}$, S. 320.
[40] Vgl. WENZELER, Grischa (1995), S. 71.
[41] Vgl. BURY, Andrzej et al. (1995), S. 31.
[42] Vgl. LEMNITZER, Karl-Heinz und Hans-Christian DONNERSTAG (1996), S. 416.
[43] Vgl. WYCZAŃSKI, Paweł und Marta GOŁAJEWSKA (1996), S. 101.
[44] Vgl. DICKINSON, David G. (1995), S. 219.

rung der staatlichen Banken fallen diese, wie die neuen Marktakteure auch, unter die entsprechenden Risikokategorien der Kreditvergabe. Auslandsbanken schließlich haben keinen Zutritt zum polnischen Geld- und Interbankenmarkt, so daß damit alle sekundären Akteure trotz der Liberalisierung des Bankensektors Wettbewerbsnachteile hinnehmen müssen.

Der vierte Faktor schließlich, der die Entwicklung des Geldmarktes behinderte, war das leistungsschwache Zahlungsverkehrssystem. Erst die Implementierung eines modernen Zahlungssystems konnte für schnelle Finanztransaktionen auf dem Geld- und Interbankenmarkt sorgen.

Ebenfalls in der Anfangsphase der Bankentransformation begann die Implementierung des Kapitalmarktes in Form der Warschauer Börse, die in ein Aktiensegment und einen Markt für festverzinsliche Wertpapiere unterteilt wurde. Die Börse wurde im Juli 1991 eröffnet.[45] Während der Bondmarkt für die Finanzierung des Staatshaushalts eine wichtige Funktion erfüllt, war der Aktienmarkt von vornherein gedacht als Instrument zur Privatisierung staatlicher Unternehmen. Die zentrale Rolle, die der Börse dabei von seiten der Reformer um Balcerowicz zugeschrieben wurde, steht im Widerspruch zum Universalbankensystem deutschen Musters, das zugleich das Bankengesetz festschrieb. Damit steuerte Polens Finanzsektor hinsichtlich der Unternehmenskontrolle auf eine Mischform zu zwischen dem angelsächsischen Outsider- und dem deutschen Insidersystem. Hieran wird der Einfluß ausländischer Berater aus den verschiedenen Ländern deutlich, die jeweils eines der beiden Systeme vertraten. In praxi machte die Unternehmensprivatisierung über die Börse jedoch kaum Fortschritte. Den Hauptgrund hierfür stellte der politische Konflikt um die Massenprivatisierung dar, deren rechtliche Grundlagen durch die politischen Vertretungen von Gewerkschaften und Bauern im Sejm verschleppt wurden. Damit konnte sich der Kapitalmarkt als Instrument zur Unternehmenskontrolle nicht durchsetzen. Im Zuge des nach und nach sichtbar werdenden Problems schlechter Kredite wuchs diese Aufgabe mehr und mehr den Banken zu. Mit einer Marktkapitalisierung von USD 1,5 Mrd. Mitte 1993 konnte die Börse hinsichtlich ihrer Funktionen bei der Unternehmensfinanzierung bei weitem nicht die Bedeutung erlangen wie die Kreditfinanzierung durch das Bankwesen, die zum selben Zeitpunkt 10 mal höher lag.[46]

Die Börse selbst wurde als Aktiengesellschaft in 100%-igem Staatsbesitz gegründet. Das Schatzamt als Vertreter des Staates veräußerte bis auf eine Minderheitsbeteiligung seine Anteile an der Warschauer Börse AG größtenteils an die Broker-Tochtergesellschaften der Geschäftsbanken. Die Börse zählt bis heute neben dem Schatzamt weitere 23 Anteilseigner, wobei die Broker-Tochtergesellschaften von Banken 20 und unabhängige Brokergesellschaften drei Anteilseigner stellen. Damit wird der Kapitalmarkt institutionell von den Banken beherrscht. Von den 20 Bankenanteilseignern stellen die alten staatlichen Banken 15, die neuen privaten Institute fünf. Ähnlich wie beim Geldmarkt dominieren also auch hier die primären Akteure. Dies gilt auch für die Handelsumsätze auf dem Kapitalmarkt selbst, wobei die Brokerfirmen, die als Tochterunternehmen von Banken agieren, 1993 allein 92% des gesamten Börsenumsatzes

---

[45] Vgl. BURY, Andrzej et al. (1995), S. 33.
[46] Vgl. KOKOSZCZYŃSKI, Ryszard (1994), S. 261.

auf sich vereinten.[47] Die Börse verfügt über ein eigenes Zahlungs- und Abrechnungssystem, *Telegazette*, das von der NBP implementiert wurde.[48]

Es bleibt festzuhalten: Die wesentlichen Initiativen zur Implementierung der Finanzmärkte ging von den staatlichen Akteuren unter dem Einfluß ausländischer Berater aus, wobei die NBP zumeist als ausführende Behörde agierte. Die beteiligten Banken wiesen eine Zwei-Klassen-Struktur auf, bei der die sekundären Akteure gegenüber den staatlichen Banken im Nachteil waren.

### 5.1.2.3 Schaffung eines modernen Zahlungsverkehrssystems

Trotz der großen Bedeutung, die ein funktionierendes Zahlungsverkehrssystem für eine Marktwirtschaft besitzt, wurde die Modernisierung des existierenden und noch aus der Planwirtschaft stammenden Zahlungssystems in Polen verschleppt, und zwar sowohl vom Akteur Staat als auch von den Bankakteuren. Angesichts des ihre Kräfte bindenden Umbaus der NBP und ihrer Organisationsstruktur stand die Modernisierung des Zahlungsverkehrs aus der Perspektive der Reformer auf der Prioritätenliste nicht an vorderer Stelle. Von seiten der Geschäftsbanken wiederum bestand kein großer Anreiz, das existierende System zu verändern, denn durch das langsame *clearing* und *settlement* über die einzelnen Bankfilialen und die regionalen Niederlassungen der NBP entstand ein Geldüberhang, der den Banken ein bequemes Liquiditätsmanagement erlaubte, zumal ihnen auf den Konten der NBP großzügige Überziehungskredite zur Verfügung standen.[49] Erst Druck durch die externen Berater des IWF und der Fall des Unternehmens *Art-B*, das die Ineffizienz des bestehenden Systems zum Aufbau von Kreditpyramiden ausnutzte und nach deren Aufdeckung damit eine Reihe kleinerer Banken an den Rand des Konkurses brachte, beschleunigte die Implementierung eines modernen Zahlungsverkehrssystems. Als ersten Schritt dorthin wurden im Oktober 1992 die Überziehungskredite der Geschäftsbanken bei der NBP gestrichen.[50] Dies deutete, ähnlich wie die Zulassungsbedingungen zum Geldmarkt, einen Wechsel in der Politik der NBP und der Regierung gegenüber dem Bankensystem an, nämlich risikopolitische Überlegungen künftig stärker zu gewichten als bisher, z.B. bei der Formulierung des Bankengesetzes, geschehen.

Die NBP verfolgte als mit der Schaffung eines modernen Zahlungsverkehrs beauftragte Behörde im wesentlichen drei Ziele: Erstens die Vornahme von Zahlungen zwischen Gläubiger und Schuldner in einem kürzestmöglichen Zeitraum unter Inanspruchnahme verschiedener Zahlungsmittel zu gewährleisten; zweitens das Zahlungsrisiko für Gläubiger und Bank zu minimieren; drittens durch die Reduzierung der Überliquidität im Zahlungsverkehr die Geldpolitik effizienter zu gestalten.[51] Das *clearing* sollte dabei in Zukunft von den Geschäftsbanken selbst vorgenommen, das *settlement* jedoch von der NBP durchgeführt werden. Zur Vereinfachung des *settlement* wurden zunächst die Konten der Geschäftsbanken zu jeweils einem Konto bei der NBP-Zentrale in Warschau zusammengefaßt und der Zahlungsausgleich zwischen den Banken damit zen-

---

[47] Vgl. CZERKAS, Krzysztof und Robert OPPENHEIM (1995), S. 23.
[48] Vgl. UGOLINI, Piero (1996), S. 38.
[49] Vgl. TOPIŃSKI, Andrzej und Artur STRUŻYŃSKI (1994), S. 3.
[50] Vgl. SENDEROWICZ, Krzysztof (1993), S. 116.
[51] Vgl. TOPIŃSKI, Andrzej und Artur STRUŻYŃSKI (1994), S. 2/3.

tralisiert.[52] Dadurch, daß die NBP den Banken auf ihren Konten keine Überziehungskredite mehr gewährte, realisierte sie das Prinzip, die Geschäftsbanken selbst die Verantwortung für die Kreditierung und Risikobeurteilung übernehmen zu lassen. Die NBP setzte durch den Entzug der zuvor von ihr gewährten Zahlungsgarantie allein auf die Marktdisziplin der Banken und zog sich aus der Rolle als *lender of last resort* hinsichtlich des Zahlungsverkehrs zurück. Liquiditätshilfen gewährte sie fortan nur noch in Form von Lombardkrediten, wobei diese durch ihre Bindung an die Höhe des Eigenkapitals in erster Linie den staatlichen Banken zugute kam.

Die NBP führt an die Funktion des *settlement* gekoppelt zugleich die Aufsicht über die am Zahlungsverkehr beteiligten Banken durch und ist berechtigt, diejenigen Banken, die über kein ausgeglichenes Konto bei der NBP verfügen, vom Zahlungsverkehr zur Vermeidung eines Systemrisikos auszuschließen. Mit dieser harten Maßnahme sollten eventuelle *moral-hazard*-Probleme dadurch, daß die Banken doch noch auf finanzielle Hilfen der Zentralbank zur Leistung der eigenen Zahlungsverpflichtungen spekulieren, ausgeschlossen werden. Die geringe Anzahl von Zahlungsausfällen, die zum Ausschluß von bisher fünf kleineren Banken vom Zahlungsverkehr geführt haben, spricht für den Erfolg der NBP-Politik.

Auch wenn das *clearing* von den Geschäftsbanken selbst übernommen werden sollte, ging der entscheidende Impuls zur Errichtung eines neuen Clearingsystems wiederum von der NBP und der sie beratenden ausländischen Experten aus. So wurde von ihr im April 1993 ein *Nationales Clearinghaus (Krajowa Izba Rozliczeniowa, KIR)* als Aktiengesellschaft gegründet, wobei sie, wie zuvor das Schatzamt als Vertreter des Staates bei der Warschauer Börse, einen Großteil ihrer Anteile an 17 bedeutende, also vornehmlich alte staatliche Geschäftsbanken veräußerte. Als Vertreter der kleineren Banken erhielt auch der 1991 ins Leben gerufene *Polnische Bankenverband (ZBP)* eine Beteiligung an der KIR. Der ZBP versteht sich als Interessenvertretung *aller* polnischen Banken und wollte künftig dem Finanzministerium und der NBP als gleichwertiger Verhandlungspartner in allen, die künftige Gestaltung des Bankwesens betreffenden Fragen fungieren. Die Gründung des ZBP fiel in die Zeit, in der sich neue Interessengruppen neben der Gewerkschafts- und der Bauernbewegung zu konstitutieren begannen, um Einfluß auf den weiteren Transformationspfad zu nehmen, der vormals in erster Linie von den Reformkräften des Runden Tisches von Anfang 1989 rund um die Gewerkschaft Solidarność und den daraus enstandenen politischen Vertretungen bestimmt worden war.

Die NBP verfolgte bei der Umsetzung des *clearing* eine Zwei-Phasen-Strategie: Zuerst sollte das *clearing* durch die Errichtung eines bankeigenen Transport- und Fernmeldewesens funktionsfähig gemacht werden, um so den Zahlungsverkehr zwischen den Banken zu beschleunigen. Diesem System, SYBIR genannt, sollten nach und nach alle Banken angeschlossen werden.[53] Zunächst gehörten ihm jedoch nur die großen staatlichen Banken an. Gemäß der Bankenaufsichtsrichtlinie Nr. 7/92 war es den Banken grundsätzlich freigestellt, ob sie den Zahlungsverkehr untereinander über KIR, über bilaterale Konten oder über den physischen Austausch von Zahlungsdokumenten gestalten wollten.[54] KIR erwies sich bald als die effizienteste Form des Zahlungsverkehrs.

[52] Vgl. $A_{18}$, S. 335.
[53] Vgl. UGOLINI, Piero (1996), S. 24.
[54] Vgl. BURY, Andrzej et al. (1995), S. 28.

Die nicht direkt an KIR beteiligten Banken erhielten die Möglichkeit, über Korrespondenzbanken indirekt am System zu partizipieren. Erst nach und nach erhielten auch die neuen Kreditinstitute sowie die Genossenschaftsbanken Zugang zu KIR. Inzwischen sind rund 90% aller Banken in Polen an dieser Form des Zahlungsverkehrs beteiligt.[55]

Weit weniger Banken, nämlich nur rund 20%, beteiligen sich hingegen am elektronischen Zahlungssystem, der zweiten von der NBP errichteten Stufe des Zahlungsverkehrs, ELIXIR genannt.[56] Dieses im April 1994 errichtete System verlangt die Implementierung der entsprechenden Informationstechnologie bei den Banken selbst, die vom beteiligten Kreditinstitut bezahlt werden muß und damit die Mittel vieler kleiner Banken übersteigt. Das elektronische Zahlungssystem arbeitet wesentlich schneller als SYBIR und bringt die beteiligten großen Banken gegenüber den kleinen Marktakteuren in eine privilegierte Stellung, die noch auf längere Sicht Bestand haben dürfte.

Die Aufsicht über das *clearing* übernimmt der Vorstand der KIR, in dem die NBP zwar vertreten ist, jedoch keine Majorität besitzt. Bei einem Verstoß gegen die Vorschriften des Zahlungsverkehrs, wenn z.B. die Konten einer an KIR beteiligten Bank im Zuge der verschiedenen Zahlungstransaktionen nicht gedeckt sind, erfolgt der Ausschluß des betreffenden Instituts. Das Beispiel von KIR zeigt erneut die Priorität, die der Systemsicherheit des Zahlungsverkehrs von seiten der NBP und ihrer ausländischen Berater beigemessen wurde. Schließlich bietet das System auch ein Beispiel dafür, wie zwar die Implementierung von staatlichen Akteuren initiiert wurde, die Führung der Clearingzentrale und die Aufsicht über diesen Teil des Zahlungsverkehrs jedoch nach und nach den Banken selbst übertragen und somit der Rückzug des Staates aus der Ebene des Geschäftsbankensystems nach Schaffung der institutionellen Voraussetzungen für eine wichtige Funktion der Banken erfolgreich vollzogen wurde.

### 5.1.3 Maßnahmen auf der Ebene der einzelnen Bank

Die für das Bankwesen von seiten der Reformkräfte angestrebten Wettbewerbsstrukturen und die bislang ungewohnten Risiken des Bankgeschäfts verlangten von den staatlichen Banken erhebliche Anpassungsanstrengungen, denn es herrschten enorme Defizite im Ausbildungsstand des Bankpersonals und in der technischen Infrastruktur der Kreditinstitute. So waren die Bankmitarbeiter weder geschult in der Prüfung möglicher Kreditrisiken noch kannten sie sich in modernen Finanzdienstleistungen aus. Zugleich fehlten die technischen Mittel, um Informationen über Kunden zwischen der Filiale einer Bank und ihrer regionalen Zentrale oder gar Informationen über potentielle Kreditnehmer zwischen den einzelnen Banken auszutauschen. Im Zuge dieser Mängel waren erhebliche Defizite in ganzen Geschäftsbereichen festzustellen: Der Bereich des *investment banking* war trotz der frühzeitig angestrebten Eröffnung der Warschauer Börse praktisch gar nicht vorhanden, zugleich gab es auf seiten der Kreditbanken kaum Erfahrung im *retail banking*. Schließlich existierte zunächst auch kein professionelles Kostenmanagement und Controlling, und ein Vertriebsnetz war entweder gar nicht existent (Bsp. Bank Handlowy) oder aber auf bestimmte Landesteile beschränkt (Bsp.

[55] Vgl. $A_{18}$, S. 335.
[56] Vgl. $A_{18}$, S. 336.

Regionalbanken). Allein die Sparkassen besaßen mit ihrem landesweiten Filialnetz eine breite Finanzierungsbasis.[57]

Es stellte sich vor diesem Hintergrund die Frage, wie möglichst schnell die angezeigten Hindernisse beim Übergang zu einem marktwirtschaftlichen Bankensystem zu beheben seien. Zwar kann man hinsichtlich der Management-Fähigkeiten der Vorstandsmitglieder nicht durchgehend von Wissensdefiziten sprechen, tendenziell jedoch waren die Bankmanager aus der planwirtschaftlichen Zeit, von Ausnahmen abgesehen, in der Aufgabe, ihr jeweiliges Institut auf die ad hoc eingeführten Wettbewerbsmechanismen einzustellen, überfordert.[58] Erst nach und nach wurden die Vorstandsmitglieder der staatlichen Banken vom staatlichen Eigentümer ausgetauscht. Den Intentionen der Reformkräfte um Balcerowicz entsprach es andererseits jedoch, staatliche Interventionen in die Geschäftspolitik der Banken möglichst gering zu halten. So entstand bei vielen staatlichen Banken eine Art Führungsvakuum, das erst durch die Berufung neuer, in Wettbewerbs- und Risikostrukturen erfahrener Manager gefüllt werden konnte.

Hinsichtlich spezifischer Maßnahmen des Staates bildete die Gruppe der Regionalbanken jedoch eine Ausnahme. Im Zuge ihrer bereits frühzeitig anvisierten Privatisierung wurden von seiten des Finanzministeriums unter starker Einflußnahme der Berater des IWF sogenannte *twinning arrangements* ausgearbeitet. Für sieben der neun regionalen Institute wurden diese Arrangements tatsächlich umgesetzt, indem einer Regionalbank jeweils ein Kreditinstitut aus einem EU-Land als strategischer Partner zugeteilt wurde. Verbunden war diese Partnerschaft mit dem Austausch von Mitarbeitern, Schulungen für das polnische Bankpersonal und dem Transfer von Wissen in bezug auf Bankprodukte, Risikoanalysen, Marketing etc. Eingebettet war das *twinning* in das Programm zur Kommerzialisierung und Privatisierung der Regionalbanken mit dem Ziel, daß der jeweilige westliche *twinning*-Partner schließlich auch als strategischer Investor Anteile an der polnischen Partnerbank erwerben sollte. Voraussetzung hierfür waren jedoch zuvor sogenannte *diagnostic studies*, also Prüfungen der Bankbilanzen durch unabhängige Wirtschaftsprüfer, durch die schließlich das Problem der schlechten Kredite evident wurde.[59]

Die enge Zusammenarbeit mit dem jeweiligen *twinning*-Partner führte bald zum Bestreben der Regionalbanken, möglichst schnell unter Beteiligung des strategischen Partners entstaatlicht zu werden. Neben einem verstärkten Wissenstransfer und dem einmaligen Effekt einer Erhöhung des Eigenkapitals durch die Privatisierung über die Warschauer Börse wurde damit auch längerfristig die Hoffnung auf Kapitaltransfers und die Einführung neuer Produkte am Markt verknüpft, um sich dadurch eine bessere Wettbewerbsposition zu verschaffen.[60] Die übrigen staatlichen Banken, also die Spezialbanken und der Genossenschaftsbankensektor, wurden hingegen nicht in die *twinning arrangements* miteinbezogen. Eine Ausnahme bildete dabei die BRE, die als erste staatliche Bank unter Beteiligung der *Commerzbank* im Jahre 1992 privatisiert wurde, sozusagen als Testfall für die Regionalbankenprivatisierung.[61] Da zugleich jedoch auch der Staat gemäß seiner Doktrin des Rückzugs aus dem Geschäftsbankensystem nicht

[57] Vgl. LEMNITZER, Karl-Heinz und Hans-Christian DONNERSTAG (1996), S. 417/418.
[58] Vgl. BAUC, Jarosław, Bogusław GRABOWSKI und Andrzej RACZKO (1995), S. 170/171.
[59] Vgl. HUSEMANN, Frank (1995), S. 116/117 sowie die Ausführungen in Gliederungspunkt 5.2.1.
[60] Vgl. $A_8$, S. 317/318.
[61] Vgl. PARFINIEWICZ, Adam et al. (1993), S. 42 sowie die Anmerkungen zur BRE und zum Fortgang der Bankenprivatisierung insgesamt in Gliederungspunkt 6.2.2.

die Initiative bei der Umgestaltung der übrigen Banken übernahm, mußten entsprechende Entwicklungsstrategien von den Banken selbst ausgearbeitet werden. Dabei stießen diese auf erhebliche Probleme. Die PKO BP bspw. besitzt zwar ein großes Filialnetz, es war aber Anfang der 90er Jahre nicht per EDV-System miteinander verbunden. Dadurch wurde die Arbeit der Sparkasse erschwert und Expansionspläne in das Kreditgeschäft der Regionalbanken verzögert.[62] Ähnliches galt auch für die PeKaO S.A. Die BGŻ auf der anderen Seite besaß wegen der Dezentralisierung des Genossenschaftswesens keine direkten Aufsichtskompetenzen mehr über die ihr angeschlossenen Genossenschaftsbanken und konnte daher auch keine geschlossene Strategie für diesen Teil des Bankwesens entwickeln.

Aus diesen Zusammenhängen erklärt sich, warum der überwiegende Teil der staatlichen Banken - denn von den jeweiligen Bilanzsummen und vom Geschäftsvolumen her handelt es sich bei den Spezialbanken ja um die mit Abstand größten Kreditinstitute Polens - sich hinsichtlich der Wettbewerbsanforderungen des Übergangs zur Marktwirtschaft zunächst passiv verhielt und auf die Einführung von neuen Finanzdienstleistungen durch Auslandsbanken, Regionalbanken oder neu gegründete polnische Institute nur reagierte, anstatt selbst aktiv zu werden. Dies entspricht auch dem Ergebnis von Rentabilitätsvergleichen zwischen den einzelnen Banken zum Ende der Liberalisierungsperiode: Hinsichtlich Kennzahlen wie Eigen- und Gesamtkapitalrentabilität führten die Auslandsbanken klar vor international erfahrenen Spezialbanken und den Regionalbanken mit ausländischem *twinning*-Partner, während die großen Spezialinstitute, wie die PKO BP, und die neu gegründeten kleinen polnischen Banken in der Gruppe der Banken mit der höchsten Rentabilität gar nicht vertreten waren.[63] Damit waren sowohl große Teile der staatlichen Banken als auch die neuen polnischen Institute von vornherein einem hohen Wettbewerbsdruck von seiten der Auslandsbanken, entweder direkt oder indirekt über *twinning*-Partnerschaften ausgesetzt. Zwar wurden ab 1991 auf Initiative des Polnischen Bankenverbands sogenannte Bankakademien gegründet, die die Ausbildung von Fachpersonal übernehmen sollten, doch konnte diese Maßnahme durch das langsame Nachwachsen neuer Mitarbeiter erst nach und nach positive Auswirkungen auf die Entwicklung der staatlichen Banken und der kleinen polnischen Kreditinstitute haben.[64]

Die Politik des Staates hinsichtlich der Umgestaltungsprozesse auf der Ebene der einzelnen Bank in der Periode der Bankenliberalisierung entsprach insgesamt den politischen Leitlinien der Ära Balcerowicz Anfang der 90er Jahre, nämlich durch staatlichen Rückzug frühzeitig Marktkräfte aktiv werden und die Marktakteure durch ausländische Kräfte unterstützen zu lassen. Zwar wurde nach dem Rücktritt von Balcerowicz als Finanzminister diese Linie angesichts des deutlicher werdenden Problems schlechter Kredite immer fragwürdiger, die politische Instabilität nach dem Ende der Regierung Mazowiecki und die zahlreichen Wechsel an der Spitze des Finanzministeriums erschwerten jedoch eine grundlegende Revision des bisherigen bankenpolitischen Kurses der Regierung(en).

---

[62] Vgl. $A_{19}$, S. 338.
[63] Vgl. WYCZAŃSKI, Paweł und Marta GOŁAJEWSKA (1996), S. 119.
[64] Vgl. WERNIK, Andrzej (1994), S. 9.

## 5.2 Die Kreditkrise und ihre Ursachen

Auch wenn die wesentlichen wirtschaftspolitischen Konsequenzen erst Anfang 1993 gezogen wurden, so markierte doch bereits das Jahr 1991 einen Wendepunkt in der Politik des Staates hinsichtlich der Transformation des Bankwesens. Den Anlaß hierzu gaben die Bilanzprüfungen internationaler Wirtschaftsprüfer im Zuge der *twinning arrangements* und der angestrebten Privatisierung der Regionalbanken. Es sollte eine Bewertung der regionalen Institute vorgenommen werden, damit im Anschluß daran die Entstaatlichung derselben in Gang gesetzt werden konnte. Die Bilanzprüfungen machten deutlich, daß die Portefeuilles aller Regionalbanken in erheblichem Maße mit schlechten Krediten belastet waren. Untersuchungen der Portefeuilles der anderen staatlichen sowie der neuen polnischen Banken durch die Bankenaufsicht ergaben ebenfalls eine erhebliche Belastung mit notleidenden Krediten. Die damit einhergehenden Verzerrungen auf dem Kreditmarkt machten eine Lösung des Problems ebenso notwendig wie die angestrebte Bankenprivatisierung, denn es war schwer vorstellbar, daß potentiell an der Übernahme der Regionalbanken interessierte Auslandsbanken für die Sanierung derselben vollends aufkommen würden.

Im folgenden wird zunächst das Ausmaß der schlechten Kredite in den Jahren der Bankenliberalisierung bis 1993, dem Höhepunkt der Kreditkrise, aufgezeigt. Im Anschluß daran werden die Ursachen für die notleidenden Kredite dargestellt und erklärt, wieso die Krise nicht frühzeitiger bekämpft wurde, sondern derart eskalieren konnte, daß sie sich zu einem ernstzunehmenden Risiko für das gesamte Bankwesen entwickelte.

### 5.2.1 Das Ausmaß der Krise in den einzelnen Bankkategorien

Zunächst zum Gesamtausmaß der Kreditkrise. Die Bilanzprüfungen des Jahres 1991 waren der Anfang jährlicher Untersuchungen der Bankbilanzen und insb. der Kreditportfolios der Kreditinstitute. Für das Jahr 1991 wurde für die untersuchten Banken ein absolutes Gesamtvolumen notleidender Kredite in Höhe von PLN 13,9 Mrd. festgestellt, dies entspricht einem Anteil am aggregierten Kreditvolumen von 8,5%. Allerdings beschränkte sich diese Zahl de facto nur auf die Regional- und wenige Spezialbanken, da aufgrund der personellen Defizite der Bankenaufsicht die übrigen Kreditinstitute erst 1992 näher analysiert werden konnten. Zum Teil erklärt sich hieraus auch die Tatsache, daß sich am Ende des folgenden Jahres das Volumen schlechter Ausleihungen auf PLN 48,9 Mrd. mehr als verdreifachte. Der Anteil der schlechten Kredite betrug damit insgesamt 22%. Eine weitere Erhöhung erfuhr dieser Anteil in 1993, mit rund PLN 72 Mrd. lag er bei etwa 35% aller von polnischen Banken vergebenen Kredite. Damit wird deutlich, daß auch nach der Analyse aller Bankbilanzen weiterhin schlechte Kredite vergeben wurden. Für den Staat entstand daher ein starker Handlungsdruck, mit gezielten Interventionen einer weiteren Gefährdung des Bankensystems durch schlechte Kredite entgegenzutreten.

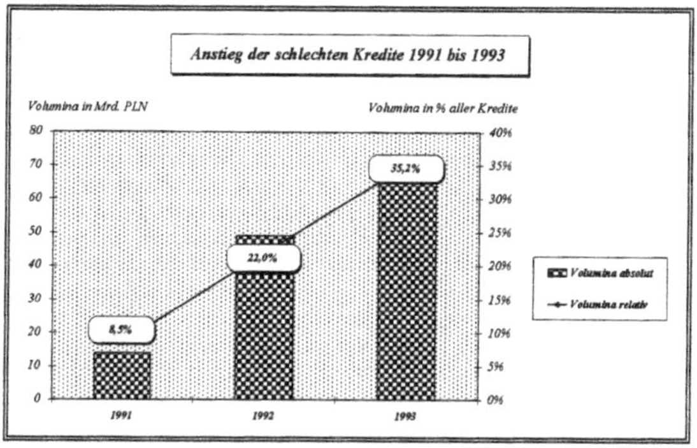


*Quelle: NBP*

**Abb. 5.3: Volumina schlechter Kredite 1991 bis 1993**

Die Dimension der Krise wird noch deutlicher, wenn man die parallel zum Anwachsen der *bad loans* sich verschlechternde finanzielle Situation des Bankensektors anhand der aggregierten Nettowinn- und Rentabilitätszahlen betrachtet. Bei von der Tendenz her in den Jahren 1990 bis 92 abnehmenden Nettogewinnen sank die Rentabilität der Banken, gemessen an der Eigen- und der Gesamtkapitalrendite, kontinuierlich. Zum einen beschränkte die Transformationskrise die Geschäftsaktivitäten der Banken mit Firmen- und Privatkunden, zum anderen waren viele bereits vergebene Finanzmittel einer gewinnbringenden Verwendung dadurch entzogen, daß sie in Form von notleidenden Krediten gebunden waren. Schlechte Kredite wirkten ihrerseits auf zweierlei Weise gewinnschmälernd, indem sie entweder verlängert wurden, ohne daß die Banken dafür Zinseinkünfte erhielten, oder aber indem sie von den Banken offengelegt und abgeschrieben werden mußten. Die in Kapitel 6 noch zu thematisierenden, als Reaktion auf die Kreditkrise eingeführten obligatorischen Risikoreserven für zweifelhafte bzw. schlechte Kredite zeigen, wie sehr das Problem nach der vom Staat forcierten Offenlegung der *bad loans* die finanzielle Situation der Banken bedrohte: Aggregiert realisierte der Bankensektor angesichts der im Zuge der schlechten Kredite notwendigen Reservenbildung und Abschreibungen für das Jahr 1993 einen Nettoverlust von PLN 1,9 Mrd., während die Renditekennziffern entsprechend negativ waren.

| *Kennzahl* | *1990* | *1991* | *1992* | *1993* |
|---|---|---|---|---|
| *Nettogewinn (in Mrd. PLN)* | *16,59* | *14,35* | *14,97* | *-1,90* |
| *Gesamtkapitalrentabilität* | *7,2%* | *3,6%* | *2,7%* | *-0,2%* |
| *Eigenkapitalrentabilität* | *207,3%* | *71,7%* | *54,0%* | *-4,6%* |

*Quelle: WYCZAŃSKI, Paweł und Marta GOŁAJEWSKA (1996), Tabelle 26, S. 113*

**Tab. 5.1: Aggregation von Nettogewinn und Rentabilitätskennziffern 1990 bis 1993**

Vom Problem schlechter Kredite waren sowohl der staatliche Teil des Bankensektors betroffen als auch die neuen polnischen Banken. Den höchsten Anteil notleidender Kredite in ihren Portefeuilles wiesen mit 36% bzw. 35% die Regional- und die Spezialbanken auf, darunter v.a. die beiden Sparkassen. Doch auch die BGŻ und die lokalen Genossenschaftsbanken, unabhängig davon, ob sie dem BGŻ-Verbund noch angehörten oder ihn inzwischen verlassen hatten, waren betroffen. Der Anteil notleidender Kredite lag bei ihnen bei rund 26%. Mit einem Anteil von 33% wiesen auch die neuen polnischen Banken schlechte Kredite aus. Da sie aber in der Zeit der Planwirtschaft noch gar nicht tätig gewesen waren, wird, wie zuvor bei der Zäsur durch die Bilanzprüfungen, deutlich, daß das Problem der schlechten Kredite in Polen in Anlehnung an die Ausführungen im dritten Kapitel der vorliegenden Arbeit sowohl ein *Bestands-* als auch ein *Stromproblem* umfaßte.[65] Während gesicherte Daten für den übrigen Teil des Bankensektors rar sind, haben empirische Untersuchungen der Weltbankexperten C. W. GRAY und A. HOLLE ergeben, daß es sich im Fall der neun Regionalbanken bei rund 80% der schlechten Kredite um *neue bad loans* handelte, die im Zeitraum 1990/91 gewährt worden waren.[66] Zugleich machten die schlechten Kredite der Regionalbanken per Ende 1992 rund 40% des Gesamtvolumens zweifelhafter Ausleihungen im Bankensektor aus, die des staatlichen Teils des Bankensystems zusammen knapp 78%.[67] Von den 22%, die die neuen Banken zum Gesamtvolumen der Problemkredite beitrugen, entfielen fast alle auf polnische Institute, während die Auslandsbanken so gut wie nicht betroffen waren.

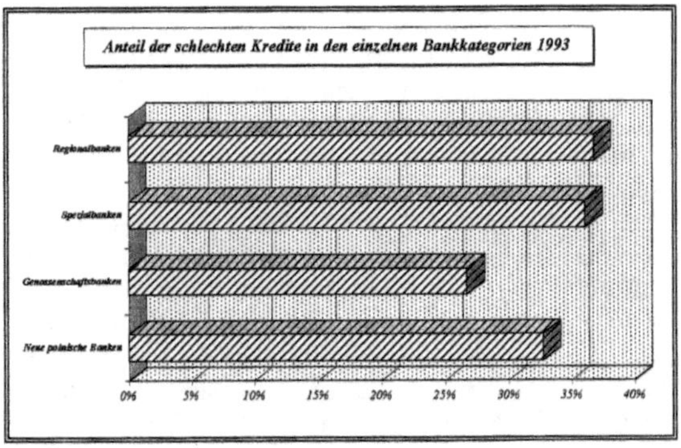


*Quelle: NBP*

**Abb. 5.4: Anteil schlechter Kredite in den einzelnen Bankkategorien per Ende 1993**

Wie Tabelle 5.2 zeigt, bildeten Industriebetriebe, die sich ja fast durchgängig nach wie vor in staatlichem Eigentum befanden, die größte Gruppe unter den überschuldeten Firmenkunden der Banken. Betriebe der Handels- und Dienstleistungsbranche, die nach dem bereits im vorhergegangenen Kapitel dieser Arbeit skizzierten Muster des

[65] Vgl. hierzu die Ausführungen in Gliederungspunkt 3.2.1.1.

[66] Vgl. CHUDZIK, Robert (1997), S. 3. Zur Studie von GRAY/HOLLE sowie deren Vorgehensweise und Ergebnisse insgesamt vgl. GRAY, Cheryl W. und Arnold HOLLE (1996).

[67] Vgl. POLAŃSKI, Zbigniew (1995), S. 36.

wirtschaftlichen Strukturwandels viel stärker von privaten Unternehmen durchsetzt war, zogen absolut gesehen im Zeitraum von 1991 bis 93 mit den betroffenen Betrieben der Landwirtschaft gleich. Somit gehörten alle Zielgruppen unter den Firmenkunden der Banken zu den Kreditschuldnern, wobei die Regionalbanken durch ihre spezielle Kundenstruktur besonders stark betroffen waren. Dies korrespondiert auch mit den Erkenntnissen aus Abbildung 5.4.

| *Anzahl überschuldeter Betriebe* | *1991* | *1992* | *1993* |
|---|---|---|---|
| *insgesamt, davon aus:* | 2.880 | 4.448 | 5.764 |
| *Industrie* | 1.077 | 1.671 | 2.203 |
| *Handel und Dienstleistungen* | 529 | 908 | 1.322 |
| *Landwirtschaft* | 965 | 1.236 | 1.393 |

*Quelle: WYCZAŃSKI, Paweł und Marta GOŁAJEWSKA (1996), Tabelle 18, S. 93*

**Tab. 5.2: Sektorstruktur überschuldeter Betriebe 1991 bis 1993**

### 5.2.2 Die Ursachen der schlechten Kredite

Entsprechend der Differenzierung zwischen alten und neuen schlechten Krediten sind auch verschiedene Ursachen für die Kreditkrise zu unterscheiden. Die bis 1989 gewährten Altkredite waren ein Bestandsproblem, das ausschließlich die staatlichen Kreditinstitute betraf, darunter v.a. die Regionalbanken, die Sparkasse PKO BP sowie die BGŻ. Die neuen schlechten Kredite hingegen waren dem Verhalten der Marktakteure ebenso zuzuschreiben wie dem der staatlichen Akteure: Die Reformkräfte waren in der ersten Periode der Bankentransformation 1990/91 nicht in der Lage, harte Budgetrestriktionen der Banken gegenüber den Firmenkunden durchzusetzen. Zum einen wurde das Ausmaß des Problems zunächst unterschätzt, zum anderen verzögerte die politische Instabilität der Nachfolgeregierungen Mazowieckis eine konsistente Lösung der Problematik. Der mit der ökonomischen Krise schärfer werdende soziale Druck und der wachsende Widerstand der Gewerkschafts- und Bauernbewegung gegen die restriktive Geld- und Fiskalpolitik der Regierung(en) sowie das größer werdende Defizit des Staatshaushalts erschwerten die Durchsetzung harter Budgetrestriktionen ebenso wie die notwendig erscheinende Sanierung von Banken und Unternehmen. Ohne finanzielle Unterstützung durch das Ausland schien die Bereinigung der Kreditportefeuilles kaum zu bewerkstelligen. Solange aber der Staat gegenüber den Marktakteuren nicht glaubhaft machen konnte, daß ab sofort eine Überschuldung von Unternehmen letztlich auch zu deren Konkurs und damit zu einer Gefährdung der Bankgläubiger führen könnte, war die Haltung der Bankmanager ökonomisch durchaus rational, weiterhin schlechte Kredite zu verlängern, um so die Bankbilanz verbessern sowie eigene Fehler bei der Kreditvergabe verschleiern zu können und damit mögliche Konsequenzen des staatlichen Eigentümers für die eigene Person zu verhindern.

#### 5.2.2.1 Die Ursachen alter schlechter Kredite

Die alten schlechten Kredite in den Portefeuilles der staatlichen Banken waren eine direkte Folge des Kreditautomatismus der planwirtschaftlichen Zeit. Trotz der Wirtschaftsreformen der 80er Jahre, die im Bankwesen für eine Dezentralisierung gesorgt hatten, wurden in den entsprechenden Portefeuilles der Banken weiterhin Kredite akkumuliert, die unter marktwirtschaftlichen Bedingungen, also der Anwendung des Kriteriums der Kreditwürdigkeit gegenüber den Staatsunternehmen, als nicht gedeckt gelten müssen. Zwar gab es Mitte der 80er Jahre Initiativen von seiten der Regierung, die Kreditvergabe der Banken an den Unternehmenssektor einzuschränken, doch hatte dies mit der Intention, die Inflation einzudämmen, eher makroökonomische Gründe.[68] Nachdem Polen gegen Ende der 80er Jahre immer stärker in eine Rezession geriet, wurde die nach wie vor von der NBP z.T. administrativ gelenkte Kreditpolitik der Banken jedoch wieder gelockert, mit dem Resultat, daß gerade die später aus der NBP hervorgegangenen Regionalbanken mit der Erbschaft notleidender Kredite belastet wurden:

> „Diese Banken wurden alle geschaffen, indem bestehende Kredite aus dem Portfolio der Zentralbank auf die neuen Institutionen übertragen wurden. Diese Banken starteten daher ihre Geschäftstätigkeit mit einem ererbten Überhang von zweifelhaften Forderungen, welche in vielen Fällen auch noch sehr stark auf einzelne Unternehmen bzw. Industriezweige konzentriert waren."[69]

Die Ausgründung der Regionalbanken vom Januar 1989 erwies sich im nachhinein als doppelter Fehlschlag: Zum einen endete die hiermit von der letzten kommunistisch geführten Regierung unter Mieczysław Rakowski verfolgte Absicht, Wettbewerbsstrukturen im Bankwesen einzuführen, mit regionalen Monopolen, zum anderen verhinderte die nach wie vor herrschende regionale und sektorspezifische Arbeitsteilung im Geschäftsbankensystem eine Risikodiversifikation bei den Kreditportefeuilles.[70] Dieser Fehlschlag ist jedoch nicht den erst im August 1989 an die Macht gelangten Reformkräften anzulasten. Balcerowicz und sein Beraterstab mußten vielmehr die vom alten Regime hinterlassenen neuen regionalen Strukturen zunächst einmal hinnehmen, denn angesichts der anstehenden Reformvorhaben im realwirtschaftlichen Bereich erschien es nicht opportun, ad hoc weitere grundlegende strukturelle Reformen im Bankwesen einzuleiten, denn immerhin war zum Zeitpunkt des Regierungsantritts des Gespanns Mazowiecki / Balcerowicz ja bereits die institutionelle Trennung von Zentralbank- und Geschäftsbankensystem vollzogen und damit die direkte Kreditkontrolle durch die NBP beendet worden. Allerdings kann man sowohl Balcerowicz als auch den Politikberatern des IWF vorwerfen, das Problem der Altkredite zunächst unterschätzt zu haben. Für die Berechtigung dieses Vorwurfs spricht auch die Tatsache, daß im Jahre 1990 den Marktakteuren so weit vertraut wurde, daß man zunächst auch die Gefahr neuer schlechter Kredite als gering einstufte, so daß auf eine direkte Aufsicht des staatlichen Eigentümers über die Kreditvergabe der Staatsbanken verzichtet wurde.

---

[68] Vgl. POLAŃSKI, Zbigniew (1992), S. 263.
[69] Vgl. Lawrence J. BRAINARD, abgedruckt in: FINK, Gerhard und Peter HAISS (1996/I), S. 432.
[70] Vgl. DICKINSON, David G. (1995), S. 214.

In den wirtschaftspolitischen Konzepten der IWF-Berater und dem die Schocktherapie einleitenden Wirtschaftsprogramm der Regierung Balcerowicz hatten die stabilisierungspolitischen Maßnahmen Priorität. In diesem Kontext wird verständlich, warum Balcerowicz zunächst keine Kreditbereinigung bei den Staatsbanken forcierte, zumal das Ausmaß des Volumens schlechter Kredite ja auch erst eineinhalb Jahre später offenbar werden sollte. Doch selbst wenn die Reformregierung zusammen mit der im Januar 1990 implementierten Schocktherapie von staatlicher Seite die Bereinigung der Kreditportefeuilles der Banken begonnen hätte, wäre es fraglich gewesen, ob in den folgenden Monaten mit der bald einsetzenden Transformationskrise der Staat über die finanziellen Mittel verfügt hätte, um die Bankensanierung und die Abschreibung schlechter Kredite finanzieren zu können. Zudem hätte die Sanierung der Banken auch eine umfassende Konzeption verlangt, die auch die betroffenen Staatsunternehmen mit in die Sanierung hätte mit einschließen müssen. Ein solches Konzept existierte in den ersten Monaten der Transformation aufgrund der oben skizzierten Prioritätensetzung jedoch nicht.

Mit dem Abbau der Subventionen für den Wohnungsbau wurde auch die Rückzahlung der von seiten der PKO BP an die Wohnungsbaugenossenschaften gewährten Kredite fragwürdig. Das Volumen dieser Altkredite betrug rund PLN 5 Mrd.[71] Auch für die hieraus für die Sparkasse erwachsende Belastung zeichnen die Reformer nicht verantwortlich, da sie ein Ergebnis der funktionalen Arbeitsteilung des dezentralisierten planwirtschaftlichen Bankwesens der 80er Jahre war. Allerdings stellt sich grundsätzlich die Frage, ob es sich bei den Wohnungsbaukrediten im Portfolio der PKO BP wirklich um schlechte Kredite handelte, die bei Anwendung marktwirtschaftlicher Kriterien zu einer existentiellen Gefährdung der Sparkasse geführt hätten, denn der Staat übernahm eine Garantie für die entsprechenden PKO-Kredite, die allerdings jedes Jahr erneuert werden mußte.[72] Einen Stopp der bereits vor der Wende 1989 in Gang gekommenen Bauprojekte und damit einen völligen Zusammenbruch des Wohnungsbaus, der durch die Streichung der bisherigen staatlichen Subventionen und das infolge der Hochzinspolitik der NBP 1990/91 rapide ansteigende Kreditzinsniveau ohnehin stark rückläufig war, hätte die Reformregierung Mazowieckis und ihre Nachfolger wegen des wachsenden sozialen Drucks und der Kritik verschiedener Flügel der Solidarność gegenüber dem wirtschaftlichen Regierungskurs politisch wohl kaum verkraften können. Solange jedoch ein schlüssiges Konzept und die notwendigen Finanzmittel fehlten, um die Bereinigung der Altkredite der PKO BP mit den notwendigen Abschreibungen und der entsprechenden Rekapitalisierung der Bank vornehmen zu können, sowie für die Zukunft den Wohnungsbau für private Haushalte bezahlbar zu machen, blieb die grundlegende Kreditproblematik der PKO BP ungelöst.[73] Dies wog umso schwerer, da die Zinsspanne der Sparkasse im Zuge des steigenden Zinsniveaus bei gleichzeitiger Zinsbindung für die Altkredite auf niedrigem Niveau negativ wurde und somit mittelfristig eine Subventionierung der Bank unausweichlich schien.[74]

Hinsichtlich des Genossenschaftsbankensektors kann man alte und neue schlechte Kredite relativ sauber voneinander unterscheiden: Während die lokalen Genossenschaftsbanken zweifelhafte Kredite gegenüber den privaten Gehöften und landwirt-

---

[71] Vgl. $A_7$, S. 305.
[72] Ebenda.
[73] Ebenda.
[74] Vgl. BUCH, Claudia M. (1996), S. 27.

schaftlichen Genossenschaften erst *nach* der Wende gewährten, handelte es sich bei einem Teil der schlechten Kredite der BGŻ um *Altkredite* als Ergebnis der in der planwirtschaftlichen Zeit den großen staatlichen Landwirtschaftskombinaten gewährten Investitionskredite.[75] Damit sollte der staatliche Teil der polnischen Landwirtschaftsbetriebe seinerzeit gegenüber der dominierenden privat bzw. genossenschaftlich betriebenen Landwirtschaft gefördert werden. Auch für diese Altkredite gewährte der Staat, ähnlich wie bei den Wohnungsbaudarlehen der PKO BP, nach 1989 eine Garantie, um die Existenz der betroffenen Landwirtschaftskombinate und der BGŻ nicht zu gefährden.[76] Die ökonomische Bedeutung der Landwirtschaft, v.a. für den Arbeitsmarkt, und die starke politische Position der Bauernschaft sorgten für den entsprechenden politischen Druck zugunsten einer solchen Vorgehensweise. Nichtsdestotrotz belasteten die fehlenden Zinseinnahmen aus dem schlechten Altkreditbestand die Geschäftsentwicklung der BGŻ.

Wie für die PKO BP und die Regionalbanken gilt auch im Falle der BGŻ der Einwand, daß eine Kreditbereinigung ohne eine Sanierung der Schuldner kaum durchführbar erschien, andererseits die Durchsetzung marktwirtschaftlicher Kriterien für das *gesamte* Geschäftsbankensystem, wie es Balcerowicz vorschwebte, eine Lösung der Altkreditproblematik aber dringend erforderte. Bevor jedoch schließlich unter der Regierung H. Suchockas die Sanierung zumindest der Regionalbanken in Angriff genommen wurde, sollte sich das Volumen schlechter Kredite in den Bankenportefeuilles mit Ausnahme der äußerst vorsichtig am Markt agierenden Auslandsbanken aber noch drastisch erhöhen.

#### 5.2.2.2 Die Ursachen neuer schlechter Kredite

Wie bereits skizziert, waren alle polnischen Banken, auch die seit 1989 gegründeten Kreditinstitute, von neuen schlechten Krediten betroffen. Grob kann man die Gründe hierfür unter den Schlagworten *unvorsichtige Kreditvergabe* und *Transformationskrise* subsumieren. Bei genauerer Untersuchung sind jedoch verschiedene Ursachenzusammenhänge zu differenzieren, die sich aus der spezifischen Situation der einzelnen Kategorien von Banken und der vom Staat gesetzten Rahmenbedingungen ergeben.

Zunächst zu den *Regionalbanken*: Durch die Belastung mit zweifelhaften Altkrediten befanden sie sich gegenüber den regionalen staatlichen Industriebetrieben in einer relativ schwachen Position. Die Manager der Regionalbanken sahen ihre Institute durch die sektorale Einseitigkeit ihrer Kreditportfolios und ihre Begrenzung auf bestimmte Landesteile sowie den fehlenden Privatkundenstamm in einer Art Abhängigkeitsbeziehung zu ihren bisherigen Firmenkunden. Die Anwendung harter Budgetrestriktionen hätte zu zahlreichen Konkursen von Staatsbetrieben und damit zur Existenzgefährdung der Regionalbanken selbst führen können:

> „Prior to the transformation, each bank was assigned to some specific branches and, thus, enterprises, so that today nearly every bank has kept its own set of branches as customers. This makes the banks actual hostages of illiquid enterpri-

---

[75] Vgl. $A_6$ (3. August 1994), S. 299.
[76] Vgl. $A_{21}$, S. 330.

> ses, as they often have few chances to run such enterprises into brankruptcy without becoming illiquid themselves and hence going bankrupt, too.“[77]

Aus dieser Sicht heraus erschien die Vergabe neuer Kredite durchaus rational. Allerdings stellte sich für die Bankmanager generell die Frage, ob der Staat den Konkurs von Staatsbetrieben und die damit resultierende Gefährdung der Regionalbanken sowie des gesamten Bankensektors überhaupt in Kauf nehmen würde. Die rechtlichen Grundlagen waren zwar mit der Verabschiedung einer Konkursgesetzgebung durch den Sejm bereits im ersten Halbjahr 1990 geebnet worden.[78] Doch die Politik der Regierung gegenüber den Staatsunternehmen und auch gegenüber den Staatsbanken gab den Managern der Regionalbanken, die erst nach und nach durch das Finanzministerium mit neuen Personen ersetzt wurden, Anlaß genug, an der Ernsthaftigkeit von Balcerowicz und der Fähigkeit der zuständigen Aufsichtsbehörden zu zweifeln, harte Budgetrestriktionen für den Unternehmenssektor und damit letztlich auch für den Bankensektor durchzusetzen.

Unmittelbar nach der Wende im Jahre 1989 setzten die Regionalbanken ihre Kreditvergabe ähnlich dem Muster des Kreditautomatismus aus der planwirtschaftlichen Zeit fort. Da die finanzielle Situation der Staatsunternehmen sich erst im Laufe des Jahres 1990 rapide verschlechterte, scheidet die Sorge der Banken um eventuelle Konkurse der Unternehmen als Hauptgrund für die fortgesetzte Kreditvergabe zunächst aus, zumal die Konkursgesetzgebung im Gange und die entsprechenden Bestimmungen vom Sejm noch nicht verabschiedet worden waren. Anzuführen sind an dieser Stelle zunächst vielmehr Wissensdefizite von Bankangestellten und Führungsebene der Regionalbanken hinsichtlich der Risikobeurteilung von Krediten.[79] Zu bedenken ist dabei zum einen, daß die *twinning arrangements* mit dem damit verbundenen Wissenstransfer erst Ende 1991 anliefen und zum anderen, daß den Banken in den ersten Monaten nach Beginn der Transformation auch die für eine adäquate Risikobeurteilung von Unternehmenskrediten notwendigen einheitlichen Bilanzierungsregeln fehlten.[80] Erst mit dem Beginn der Transformationskrise und der schnell einsetzenden Verschlechterung der Geschäftsentwicklung der Staatsunternehmen kann man die Fortsetzung der Vergabe von Krediten an die alten staatlichen Firmenkunden im Lichte einer bewußten Interessenkoalition zwischen den regionalen Bank- und den Unternehmensmanagern betrachten. Sie sicherte die Beteiligten in doppelter Hinsicht: Sollte der Staat tatsächlich den Konkurs von Staatsbetrieben in Kauf nehmen wollen, so wurde mit Kreditverlängerungen bzw. neuen Kreditarrangements Zeit gewonnen und die wirkliche Schuldensituation verschleiert. Würde die Regierung jedoch wegen der finanziellen Belastung, die für den Staatshaushalt aus dem Konkurs von Staatsbetrieben entstehen würde, und angesichts der durch die Schließung der beschäftigungsintensiven staatlichen Unternehmen steigenden Arbeitslosigkeit die betroffenen Werke zunächst weiterarbeiten lassen, so würde die Fortsetzung einer Art automatischer Kreditvergabe für Banken wie für Unternehmen gleichermaßen einen bequemen modus vivendi darstellen. Schließlich stellte aber die indirekte Subventionierung der Staatsbetriebe durch die Regionalbanken auch für die Regierung eine bequeme Möglichkeit dar, die offene

---

[77] Vgl. APOLTE, Thomas und Feliks GRADALSKI (1992), S. 16/17.
[78] Vgl. BALCEROWICZ, Leszek (1994), S. 298.
[79] Vgl. $A_6$ (3. August 1994), S. 299.
[80] Vgl. BAUC, Jarosław, Bogusław GRABOWSKI und Andrzej RACZKO (1995), S. 165.

Subventionierung der Unternehmen gemäß den Vorgaben des IWF einzustellen, ohne den unmittelbaren Zusammenbruch der betroffenen Betriebe zu riskieren. Zwar gehörten die schlechten Schulden damit immer noch zum Bereich des Staatssektors und belasteten letztlich den Steuerzahler, doch gewann die Regierung zunächst einmal Zeit und brauchte nicht unmittelbar Sanktionen des IWF infolge der Konditionalität seiner Unterstützung zu befürchten.

Wie Balcerowicz sah auch Mazowieckis Nachfolger als Ministerpräsident, Jan K. Bielecki, die finanziellen Gefahren einer unkontrollierten Kreditvergabe der Regionalbanken an die regionalen Industriebetriebe.[81] Doch es blieb trotzdem zunächst bei Aufrufen der Regierung an die zuständigen Regionalbankenmanager, künftig harte Budgetrestriktionen anzuwenden, ohne daß konkrete Sanktionen bei Nichtbeachtung dieser Vorgabe angedroht wurden.[82] Solche Aufrufe besaßen aus der Sicht der Banken wenig Glaubwürdigkeit, zumal die Regierung Bielecki zunehmend unter den Druck von Streiks und Protesten gegen die sozialen Härten der Transformation geriet, die von der ihr politisch eigentlich nahestehenden Gewerkschaft Solidarność organisiert wurden. Im Vorfeld der sich für den Herbst 1991 abzeichnenden Wahlen war es gerade die Regierung, die mit der Schließung unrentabler Staatsbetriebe zögerte und somit den eigenen Maßstäben hinsichtlich harter Budgetrestriktionen nicht gerecht werden konnte.[83]

Prekär war die Situation für die Regierung durch die immer weiter auseinanderlaufenden Flügel der Solidarność mit dem politischen Arm der die Regierung tragenden Parteien im Parlament einerseits und der Gewerkschaftsbewegung andererseits. Letztere besaß dank der noch aus den 80er Jahren stammenden Gesetzgebung zu den Arbeiterräten in den Staatsbetrieben hier die eigentliche Macht und nicht etwa der Staat oder Unternehmensvorstände, die mehr oder weniger unabhängig von den Interessen der Arbeitnehmerseite hätten agieren können. Der Staat zog sich innerhalb dieser Konstellation aus der direkten Kontrolle der Unternehmen zurück:

> „Trade unions, self-management bodies and employees are all steeped in the past and many still think that somebody owes workers an undemanding work pace and low but secure wages. There are no owners ready to intervene, shake up the management and try to save the firm. Nobody speaks in the name of capital. The ghost of bankruptcy is still for most enterprises exactly that - a ghost.“[84]

Ähnlich tat er dies auch bei den staatlichen Banken, so daß in diesem Zusammenhang die Schlagworte „nobody's bank“ und „nobody's enterprise“ ihre Berechtigung finden.[85] Gerade mit der laxen Ausübung der Eigentümerfunktion des Staates gegenüber den Regionalbanken ist das sich schnell entwickelnde Eigenleben der Regionalbankenmanager zu erklären, die zudem weit weniger als die Unternehmensmanager von den Angestellten innerhalb der Banken kontrolliert wurden. Das Bankengesetz schreibt vielmehr dem Finanzministerium, der NBP und der Arbeitnehmervertretung gleiche Rechte bei der Bestellung und Entlassung von Vorstands- und Aufsichtsratsgremien staatlicher Kreditinstitute zu, so daß die Bankmanager eine Entlassung allein durch die

[81] Vgl. BIELECKI, Jan Krzysztof (1992), S. 326.
[82] Vgl. $A_{13}$ (17. August 1994), S. 315.
[83] Vgl. MULLINEUX, Andy (1995), S. 176.
[84] Vgl. WINIECKI, Jan (1992), S. 200.
[85] Ebenda, S. 199/200.

Angestellten der Bank nicht zu fürchten brauchten.[86] Durch den faktischen Verzicht des Finanzministeriums auf seine Kontrollfunktion in den ersten eineinhalb Jahren der Bankentransformation im Vertrauen auf die Entfaltung der Marktkräfte genossen die Regionalbankenmanager daher zunächst eine gewisse Autonomie. Regionalbanken und Unternehmen spekulierten in diesem Umfeld auf die Passivität des Staates hinsichtlich der Vergabe schlechter Kredite und wurden darin, zumindest in den ersten eineinhalb Jahren nach der politisch-ökonomischen Wende, auch bestätigt. Es entwickelte sich damit schnell ein „double Moral Hazard behaviour“: Die Regionalbanken tolerierten schlechte Kredite gegenüber den Staatsunternehmen und der Staat tolerierte seinerseits dieses Verhalten.[87]

Die in diesem Umfeld herrschende Interessenkoalition von Regionalbanken und Staatsunternehmen sowie die damit einhergehende „creditor passivity“ von seiten der Regionalbanken hatten allokative Verzerrungen auf den regionalen Kreditmärkten zur Folge.[88] Von *regionalen* Kreditmärkten kann man deshalb sprechen, weil durch die nach wie vor herrschenden engen Kreditbeziehungen zwischen Regionalbanken und Staatsbetrieben infolge der faktisch existierenden regionalen Bankmonopole und der Abhängigkeiten durch schlechte Kredite die mit der Ausgründung der Regionalbanken verfolgte Absicht der Durchbrechung des 1 : 1-Prinzips in der Beziehung zwischen Bank und Unternehmen nicht realisiert wurde und die bisherigen, regional begrenzten Geschäftsbeziehungen weitgehend erhalten blieben. Der nationale Kreditmarkt war somit in regionale Teilmärkte segmentiert, die infolge der oben skizzierten Zusammenhänge mehr oder weniger dicht voneinander abgeschottet waren. Die Passivität der Bankgläubiger führte auf diesen Teilmärkten zu einer adversen Selektion der Kreditnehmer: Die großen und unrentabel arbeitenden Staatsbetriebe, die infolge der Rezession immer stärker in die roten Zahlen gerieten, erhielten nach wie vor Bankkredite, während die effizienter arbeitenden mittleren Betriebe und gerade auch die aufstrebenden kleinen privaten Unternehmen bei der Kreditvergabe benachteiligt wurden.[89] Damit wurde der wirtschaftliche Strukturwandel behindert. Es blieb mehr oder weniger den neuen Banken vorbehalten, die Finanzierung der neu entstehenden privaten Unternehmen zu übernehmen.

Das Phänomen adverser Selektion auf dem Kreditmarkt entstand noch auf eine andere Weise, die *indirekt* mit der expansiven Kreditvergabe der staatlichen Banken und v.a. der Regionalbanken an die staatlichen Unternehmen zusammenhing. Eine der Hauptursachen für die im Laufe des Jahres 1990 stark ansteigende Inflationsrate war eben jene Kreditexpansion (vgl. hierzu auch Abb. 5.2). Da die sich schnell entwickelnde Hyperinflation durch die damit verbundene drastische Senkung des Realwerts der Altschulden die Banken in der Fortsetzung ihrer bisherigen laxen Kreditvergabe noch bestärkte, sah sich die NBP zu einer verschärft restriktiven Geldpolitik gezwungen.[90] Zunächst hoffte die Zentralbank noch, die expansive Kreditvergabe des Bankensektors durch die Erhöhung der Mindestreserven (vgl. Abb. 5.1) und das marktkonforme Instrument der

---

[86] Vgl. hierzu die in Gliederungspunkt 4.4.1.1 angerissenen Bestimmungen des § 59 Abs. 2 BG.
[87] Vgl. CHUDZIK, Robert (1997), S. 3.
[88] Vgl. zum Begriff *creditor passivity* BAUC, Jarosław, Bogusław GRABOWSKI und Andrzej RACZKO (1995), S. 216.
[89] Vgl. LIPOWSKI, Adam und Jan KULIG (1995), S. 232/23.
[90] Vgl. KEMME, David M. (1994), S. 49.

Leitzinspolitik eindämmen zu können.[91] Letzteres führte zu einer drastischen Erhöhung des Nominalniveaus der Kreditzinsen:

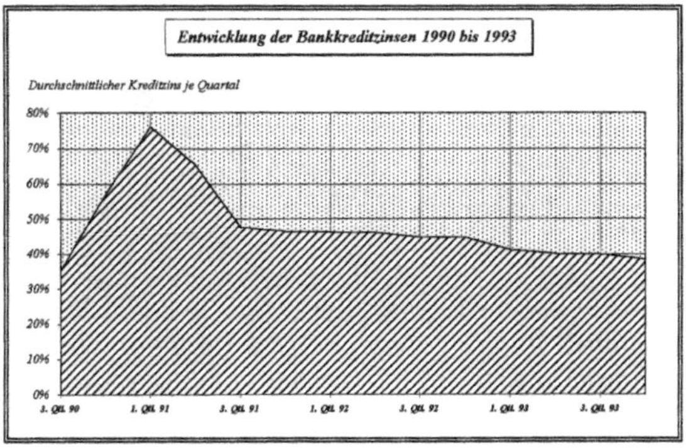


<u>Quelle</u>: *NBP*

**<u>Abb. 5.5</u>: Entwicklung der Kreditzinsen 1990 bis 1993 (nominal)**

Diejenigen Betriebe, die weiterhin neue Kredite erhielten, um Liquiditätsengpässe bzw. drohende Insolvenz zu kaschieren, sahen Probleme, auch künftig die hohen Zinszahlungen leisten zu können. Diejenigen Betriebe, die noch zahlungsfähig waren, schreckten angesichts steigender Nominal- und trotz weiterhin negativer Realzinsen vor Kreditanträgen zurück und verließen sich verstärkt auf eine Finanzierung mit Eigenmitteln.[92] Sie wurden nach und nach vom Kreditmarkt verdrängt.

Nachdem die NBP erkennen mußte, daß ihre bisherigen geldpolitischen Maßnahmen nicht ausreichten, griff sie zum Instrument der Kreditplafondierung. Dies erwies sich schnell als eine wirksame Maßnahme, die Kreditexpansion zu beschränken, denn sie traf auf eine sehr selektive Weise die staatlichen Banken. Auch wenn die Kreditplafondierung in erster Linie makroökonomisch motiviert war, zwang sie die staatlichen Banken doch zu Disziplin bei der Kreditvergabe und hat damit entscheidend zum Bewußtsein der staatlichen Kreditinstitute beigetragen, daß es der Regierung letztlich ernst sei mit der Anwendung harter Budgetrestriktionen durch den Bankensektor.[93]

Ein weiterer entscheidender Schritt zur Durchsetzung harter Budgetrestriktionen war, wie bereits angedeutet, die Kommerzialisierung der Regionalbanken. Sie erfolgte unmittelbar nach den Wahlen zum Sejm im Oktober 1991. Erst nachdem diese Wahl - wenn auch mit einem für die Reformkräfte um Balcerowicz ernüchternden Ergebnis - überstanden war und das Ausmaß der schlechten Kredite in den Portefeuilles der Regionalbanken durch die *diagnostic studies* der internationalen Wirtschaftsprüfer deutlich wurde, kam es zu einer aktiven Ausfüllung der staatlichen Eigentümerrolle durch das Finanzministerium und auch zu einem Verbot neuer Kredite an insgesamt 2.000,

---

[91] Vgl. POLAŃSKI, Zbigniew (1996a), S. 11.
[92] Vgl. PAWŁOWICZ, Leszek (1995), S. 148.
[93] Vgl. BUCH, Claudia M. (1996), S. 231.

von der Regierung namentlich genannte unrentable Staatsunternehmen.[94] Auf Initiative des Finanzministeriums errichteten die Regionalbanken zudem fortan eine Art informelles Netzwerk zur besseren Einschätzung von neuen potentiellen Kreditnehmern, indem sie untereinander entsprechende Informationen auszutauschen begannen.[95] Sie übernahmen zudem von ihren jeweiligen *twinning*-Partnern Kriterien für eine risikoadäquate Kreditvergabe. Die politische Instabilität nach der 91er Wahl und das wachsende Budgetdefizit (vgl. Tab. 4.1) verzögerte jedoch die Entwicklung und Umsetzung eines in sich geschlossenen Konzepts zur Rekapitalisierung und Sanierung von Banken und Unternehmen.

Anders als bei den Regionalbanken bildeten schlechte Altkredite in Form der Wohnungsbaudarlehen der PKO BP den größten Teil schlechter Schulden bei den *Spezialbanken*. Doch vergaben auch die zu dieser Gruppe gehörenden Kreditinstitute nach der Wende 1989 neue Kredite, die sich bald als nicht rückzahlbar erwiesen. Die ehemalige sektor- und funktionsspezifische Arbeitsteilung zwischen den Staatsbanken während der planwirtschaftlichen Ära bildete gleichsam einen Hemmschuh wie auch den Motor für schlechte Kredite. Diese Charakterisierung klingt zunächst paradox, erweist sich aber als zutreffend, wenn man das Unterscheidungsmerkmal *alter* und *neuer* schlechter Kredite anwendet. Die Spezialbanken hatten ihre jeweiligen Aufgabengebiete in der Planwirtschaft: Sie fungierten entweder als Einlagensammelstelle (Sparkassen) oder als Finanzierungsinstitutionen für den Außenhandel (Bank Handlowy und BRE) bzw. für begrenzte Infrastrukturprojekte (BGK). Damit blieb das Volumen schlechter Altkredite auf die Ausleihungen der PKO BP und der kleinen BGK beschränkt. Andererseits ermöglichte das liberale Bankengesetz den Spezialbanken, wie allen anderen in Polen arbeitenden Kreditinstituten, die Ausübung der gesamten Palette an Universalbankgeschäften. Den damit induzierten Wettbewerb auf dem Kreditmarkt nutzten diese Banken, allen voran die PeKaO S.A., zu aggressiven Kreditausleihungen, ohne dabei ausreichend die Risikokomponente zu beachten.[96] Angesichts der bei den Banken herrschenden Wissensdefizite erwies sich die Ausdehnung des Geschäftsradius im nachhinein als Fehler.

Die Wettbewerbsorientierung der PeKaO S.A. sowie der übrigen Spezialbanken war auch deshalb problematisch, weil ihnen, anders als später den Regionalbanken, kein strategischer Partner aus entwickelten marktwirtschaftlichen Bankensystemen im Rahmen eines *twinning*-Programms zur Seite stand. Ausnahmen bildeten die BRE und die PBR: Während die BRE relativ frühzeitig unter der Beteiligung der deutschen Commerzbank entstaatlicht wurde (vgl. Gliederungspunkt 5.1.3) besaß die PBR einen hohen Anteil fachlich geschulter Mitarbeiter mit Erfahrung in marktwirtschaftlichen Bankensystemen (vgl. Gliederungspunkt 4.4.2.1.2). Vergleichsweise gering war daher auch der Anteil an Problemkrediten in den Portefeuilles dieser zwei Spezialbanken. Marode Staatsunternehmen traten zudem mit Kreditanträgen unter den Spezialbanken in erster Linie an die beiden *Sparkassen* heran, weil diese aufgrund ihrer relativ guten Eigenkapitalbasis zur Vergabe von Großkrediten in der Lage waren.

Neben der Möglichkeit zur Durchführung aller Universalbankgeschäfte und den Wissensdefiziten der Bankmitarbeiter erwiesen sich auch die zuerst noch rudimentären

[94] Ebenda, S. 20 sowie PINTO, Brian und Sweder van WIJNBERGEN (1995), S. 21.
[95] Vgl. BAUC, Jarosław, Bogusław GRABOWSKI und Andrzej RACZKO (1995), S. 218.
[96] Vgl. $A_{12}$, S. 313.

bankenaufsichtsrechtlichen Bestimmungen, die mangelhaften Sanktionsmechanismen und die zunächst ineffiziente Arbeitsweise der Bankenaufsicht als problematisch, denn sie konnte die Vergabe neuer schlechter Kredite durch die Spezialbanken, aber auch durch die Genossenschaftsbanken und die neuen privaten polnischen Kreditinstitute nicht verhindern.

Zwar steht die Kreditvergabe der Banken im Mittelpunkt der ersten, im Jahre 1990 erlassenen Richtlinien der Bankenaufsicht. Dort werden die Kriterien für die Kreditbeurteilung und die dafür notwendigen Informationsanforderungen erläutert. Doch Mängel in der EDV-Infrastruktur bei den Banken und nicht einheitlich verfaßte und oftmals intransparente Geschäftsberichte der Firmenkunden ließen in den ersten Jahren der Transformation eine sachgerechte Bearbeitung von Kreditanträgen im Sinne der Bankenaufsicht kaum zu. Den Informationsdefiziten und mangelhaften Möglichkeiten der Ermittlung vorhandener Informationen trugen die rechtlichen Rahmenbedingungen nicht genügend Rechnung. Die Anreizmechanismen für eine vorsichtige Kreditvergabe waren v.a. für die beiden Sparkassen, ähnlich wie bei den Regionalbanken, nicht in ausreichendem Maße gegeben, denn den bankenaufsichtsrechtlichen Richtlinien fehlte die Androhung eventueller Strafmaßnahmen bei deren Nichtbeachtung.[97] Auch fehlten Bestimmungen zur Bildung von Risikoreserven gegen schlechte Kredite. Betrachtet man die rechtlichen Rahmenbedigungen für die Banktätigkeit, so wie sie sich Anfang der 90er Jahre gestalteten, überwogen wettbewerbsfördernde Bestimmungen deutlich, während die risikopolitischen Gesichtspunkte im Rahmen der besonderen wirtschaftlichen Unsicherheiten einer Transformationsökonomie, wie sie in der Rezession 1990/91 mit der enormen Verschlechterung der Geschäftsentwicklung v.a. der Staatsunternehmen deutlich wurden, nicht ausreichend Berücksichtigung fanden. Der Begriff der „ignorant forbearance" charakterisiert die Bankenregulierung der ersten beiden Transformationsjahre treffend.[98]

Selbst bei einem Verstoß gegen die vorhandenen Bestimmungen durch einzelne Kreditinstitute hätte die personell unterbesetzte Bankenaufsicht in den ersten zwei Jahren ihrer Tätigkeit kaum glaubhaft gegen die Banken vorgehen können.[99] Die Bankenliberalisierung und der institutionelle Aufbau aufsichtsrechtlicher Strukturen waren insofern unzureichend koordiniert.[100] Von seiten derjenigen Spezialbanken, die bereits ohnehin mit schlechten Altkrediten belastet waren, erscheint das Austesten der aufsichtsrechtlichen Toleranzgrenzen von daher rational. Die beiden Sparkassen hatten schließlich einen weiteren Anreiz für eine aggressive Kreditvergabe dadurch, daß sie aufgrund ihrer Größe, ihrer Bedeutung als Einlagensammelstellen für das Bankensystem insgesamt und aufgrund des Monopols der PKO BP im Wohnungsbaubereich durchaus als *too-big-to-fail* betrachtet werden können. Die beiden Institute hofften im Falle eines akuten Liquiditätsengpasses auf ein *bailout* durch die NBP bzw. durch das Finanzministerium. Die Stellung als *too-big-to-fail* sollte sich insb. bei der PKO BP noch im Laufe der Sanierung des Bankensektors ab 1993 beweisen.[101]

---

[97] Vgl. hierzu die Ausführungen in Gliederungspunkt 5.1.1.2.
[98] Vgl. KEMME, David M. (1994), S. 42.
[99] Vgl. $A_{11}$ (26. September 1994), S. 313.
[100] Vgl. $A_{14}$, S. 318.
[101] Vgl. hierzu die Ausführungen in Gliederungspunkt 6.1.2.2.

Wie die PKO BP kann auch die BGŻ als *too-big-to-fail* eingestuft werden.[102] Die Gründe hierfür sind ökonomischer wie politischer Natur: Zum einen hat der Landwirtschaftssektor in Polen eine zu große Bedeutung, als daß die Regierung einen Zusammenbruch der BGŻ und der ihr angeschlossenen lokalen Genossenschaftsbanken riskieren konnte. Zum anderen besitzt die Bauernbewegung in Gestalt der PSL einen starken politischen Arm, auf den die Koalitionsregierungen nach Mazowiecki mehr und mehr Rücksicht nehmen mußten. Gerade im Vorfeld der Sejmwahlen vom Oktober 1991 gewannen die Fragen der Agrarpolitik immer stärker an Brisanz, nachdem sich herausstellte, daß der Landwirtschaftssektor von der Rezession besonders hart betroffen war. In diesem Kontext wird die Entscheidung des Sejm und der die Regierung Bielecki tragenden Parteien vom Oktober 1991 verständlich, die Landwirtschaft weiterhin mit Präferenzkrediten der BGŻ zu subventionieren.[103] Die AWRSP erhielt dabei zinsgünstige Kredite der BGŻ, um die staatlichen Landwirtschaftsbetriebe zu sanieren, während die ARR zugleich staatliche Garantien für die Kreditrückzahlung gewährte.[104] Der Staat übte so gegenüber dem Landwirtschaftssektor weiche Budgetrestriktionen aus und dies, anders als bei den von den Regionalbanken gestützten Staatsunternehmen, sogar durch einen parlamentarischen Beschluß.

Mittels der Staatsgarantie für die neu gewährten Kredite bestand für die BGŻ, ähnlich wie für die PKO BP, durch die staatlich garantierten Wohnungsbaualtdarlehen keine unmittelbare Konkursgefahr. Solange aber die Sanierung der staatlichen Landwirtschaftsbetriebe im Rahmen einer allgemeinen wirtschaftlichen Erholung des Agrarsektors nicht bewerkstelligt werden konnte, so lange fand sich auch für die grundsätzliche Problematik der BGŻ keine Lösung. Diese Problematik bestand darin, daß die Bank zur Stützung der Agrarwirtschaft instrumentalisiert und somit nicht nur bei der Expansion in neue Geschäfts- und Kundensegmente behindert wurde, sondern auch die Gefahr einer langfristigen Subventionierung der BGŻ selbst drohte. Die Abschreibung der schlechten Altkredite aus der planwirtschaftlichen Zeit, die *direkte* finanzielle Unterstützung der Landwirtschaft durch den Staat und somit die Herauslösung der BGŻ aus dem System indirekter Subventionierung hätte für die Bank, genau wie für die PKO BP und auch für die Regionalbanken, in ihren jeweiligen Problemsektoren einen klaren Bruch mit ihrer planwirtschaftlichen Vergangenheit bedeutet und ihnen zugleich den Anreiz gegeben, neue Kredite nur noch unter marktwirtschaftlichen Kriterien zu gewähren. Ein solcher Schritt lag jedoch wegen der damit einhergehenden Belastung für das Staatsbudget angesichts des größer werdenden Haushaltsdefizits und der in Einklang mit den Auflagen des IWF zur Reduzierung der externen Verschuldung stehenden Politik von Balcerowicz, direkte Subventionen abzubauen, zunächst außerhalb des finanziell und politisch Möglichen.

Anders als bei der BGŻ bestand der Kundenstamm der *lokalen Genossenschaftsbanken* aus privaten Gehöften und der Landbevölkerung allgemein. Die kleinen Genossenschaftsbanken wurden daher auch kaum durch schlechte Altkredite als vielmehr durch neue notleidende Ausleihungen belastet. Wie bei ihrem Spitzeninstitut, der BGŻ, sind die Gründe wiederum ökonomischer und politischer Natur. Zunächst wirkte sich die liberale Bankengesetzgebung auf die Entwicklung der Genossenschaftsbanken ver-

[102] Vgl. $A_{11}$ (10. August 1994), S. 310.
[103] Vgl. JOHNSON, Simon und Marzena KOWALSKA (1994), S. 226.
[104] Vgl. DICKE, Hugo und Jósef MISALA (1993), S. 14.

hängnisvoll aus. Waren die kleinen Landwirtschaftsbanken bisher sowohl in ihrem Geschäftsradius auf das Einlagen- und Kreditgeschäft als auch in ihrem Einzugsgebiet auf geographisch eng begrenzte ländliche Gebiete beschränkt, so fielen diese Einschränkungen mit dem Bankengesetz von 1989 weg:

> „The new banking law gave banks considerable decision-making rights and also eliminated territorial and subjective restrictions relating to the activity of co-operative banks. However, this liberalisation was introduced at a time of unstable political and economic situation and high inflation which posed a threat to the functioning of the banking system."[105]

Die lokalen Genossenschaftsbanken waren aber in mehrerlei Weise gehandikapped. Der Wille der lokalen Einheiten, ihre Geschäftstätigkeiten auszuweiten, war stark, doch die Wissensdefizite der Bankmitarbeiter waren zu groß, um mit den erweiterten Geschäftsmöglichkeiten erfolgreich arbeiten zu können.[106] Eine verhängnisvolle Rolle spielte dabei die Dezentralisierung des Genossenschaftswesens vom Januar 1990, denn damit wurden die lokalen Genossenschaftsbanken in ihrer täglichen Geschäftspolitik von den bisherigen Vorgaben der BGŻ nahezu unabhängig, wenn sie nicht den BGŻ-Verbund sogar ganz verließen. Diese Unabhängigkeit wurde von den Genossenschaftsbanken extensiv genutzt. Im Zuge ihrer aggressiven Wettbewerbspolitik kam es dabei auch zu Kreditausleihungen, die nicht mehr durch die ohnehin geringen Eigenkapitalanforderungen des Bankengesetzes gedeckt waren.[107] Die Dezentralisierung des Genossenschaftsbankensektors führte zudem zu einer Aufsichtslücke, die die Überwachung der Einhaltung der gesetzlichen Bestimmungen nahezu unmöglich machte. Die BGŻ war von nun an nicht mehr unmittelbar mit der Aufsicht über die Geschäfte der Genossenschaftsbanken betraut, während die Bankenaufsicht der NBP erst im September 1992, als erste Reaktion auf das Anwachsen schlechter Kredite, die Aufsicht über die Genossenschaftsbanken übernahm. Angesichts der Personalnot der Bankenaufsicht war diese jedoch in der Erfüllung ihrer neuen Aufgabe überfordert.[108] Als ein weiteres *handikap* erwies sich die genossenschaftliche Eigentümerstruktur der lokalen Banken, infolge der es zu Interessenverflechtungen von Bankmitarbeitern und Genossen kam. Letztere erhielten von den Banken neue Kredite, deren Risiko nicht ausreichend geprüft wurde. In vielen Fällen spielte Korruption eine Rolle, die von der Bankenaufsicht ebenfalls nicht rechtzeitig aufgedeckt werden konnte.[109] Erst die Rezession und die dadurch entstehende hohe Arbeitslosigkeit auf dem Lande machte dies offenkundig.[110]

Die Dezentralisierung des Genossenschaftswesens paßte zur allgemeinen Liberalisierungspolitik von Balcerowicz und bezog sich nicht allein auf die Genossenschaften des Finanzsektors. Die Rolle des Staates sollte im Genossenschaftswesen dadurch zurückgeschraubt werden, daß die jeweiligen Spitzeninstitute der verschiedenen Genossenschaftsverbände gegenüber den lokalen Einheiten teilentmachtet wurden. Bis dahin waren die staatlich kontrollierten Spitzeninstitute mehr oder weniger ausführende Organe staatlicher Planvorgaben gewesen. Die Dezentralisierung entsprach den Wün-

---

105 Vgl. o.V. (1996): Situation of the Banking Sector Improves, S. 20.
106 Vgl. $A_5$ (3. August 1994), S. 297.
107 Vgl. $A_{11}$ (10. August 1994), S. 311.
108 Vgl. $A_{14}$, S. 318.
109 Vgl. $A_1$ (11. August 1994), S. 285 und $A_6$ (3. August 1994), S. 302.
110 Vgl. $A_1$ (11. August 1994), S. 285.

schen der lokalen genossenschaftlichen Einheiten. Daß selbst diese Dezentralisierung und der damit verbundene Abbau bürokratischer Vorgaben vielen solcher Einheiten nicht weit genug ging, wird nicht zuletzt sichtbar am Verlassen der Verbundorganisation der BGŻ durch viele Genossenschaftsbanken: Bis Ende 1993 stieg die Zahl der unabhängigen lokalen Genossenschaftsbanken von 86 Ende 1990 auf 397 an.[111] Durch die Abhängigkeit der Landbevölkerung im Bankenbereich von den Finanzdienstleistungen der Genossenschaftsbanken, die ihr jeweiliges Monopol aus der planwirtschaftlichen Ära in die Transformationsphase hinüberretten konnten, war auch dieser Teil des Bankwesens politisch hoch sensibel. Die Interessen der lokalen Genossenschaftsbanken wurden wiederum durch die PSL vertreten. Doch auch die anderen politischen Parteien konnten sich ein restriktives Vorgehen gegenüber den Genossenschaftsbanken angesichts des enormen Wählerpotentials, das die Landbevölkerung bildete, kaum leisten. Eine umfassende Lösung der Problematik abseits einzelner diskretionärer Maßnahmen, wie der Zuständigkeit der NBP als Aufsichtsorgan für die Genossenschaftsbanken ab Herbst 1992, bedurfte der politischen Unterstützung der PSL. Eine solche Lösung wurde erst realisiert, nachdem der PSL-Vorsitzende W. Pawlak im Oktober 1993 als Ministerpräsident der neuen SLD/PSL-Koalition die Regierungsgeschäfte übernahm.

Abschließend zu den sekundären Akteuren, den *neuen polnischen Banken*. Wie die lokalen Genossenschaftsbanken waren auch sie nicht mit Altkrediten vorbelastet, nahmen jedoch im Zuge ihrer aggressiven Wettbewerbspolitik neue schlechte Kredite in ihre Portefeuilles auf. Die ungenügende Berücksichtigung der Risikokomponenten bei der Kreditvergabe durch die neuen polnischen Kreditinstitute läßt sich im wesentlichen mit vier Faktoren erklären. Einen wichtigen Negativfaktor spielten, wie bei den übrigen Banken auch, Wissensdefizite der Bankmitarbeiter und des Managements. Zwar mußten neue Banken für ihre Zulassung durch die NBP gemäß § 80 Abs. 2 und 3 BG Nachweise liefern über die Professionalität des Bankmanagements und Geschäftspläne für die Entwicklungsstrategie des neuen Instituts vorlegen, doch beide Maßnahmen reichten, wie die Praxis zeigen sollte, nicht aus, um eine vernünftige Geschäfts- und Kreditpolitik der neuen Marktakteure sicherzustellen. Die von den neuen Banken vor ihrer Zulassung der Bankenaufsicht vorgelegten Unterlagen waren z.T. von westlichen Unternehmensberatungen ausgearbeitet worden und lieferten ein falsches Bild von den tatsächlichen Entwicklungsperspektiven der jeweiligen Bank und den Fähigkeiten der verantwortlichen Manager.[112]

Einen weiteren Grund für die Akkumulierung schlechter Kredite bei den neuen polnischen Banken bildete die Eigentümerstruktur vieler Institute. Viele neue Marktakteure waren von staatlichen Unternehmen gegründet worden, um die eigene Versorgung mit Krediten zu sichern. Die Eigentümer waren damit oftmals identisch mit den Kreditnehmern, so daß ein enormer Druck zugunsten einer extensiven Kreditvergabe entstand.[113] Bilanzfälschungen, die solche Zusammenhänge verschleiern sollten, deckte die zunächst auf *off-site investigations* angewiesene Bankenaufsicht oft erst dann auf, als es schon zu spät war.[114] Mit den skizzierten Interessenkonflikten und der Identität von Bankeigentümern und Kreditnehmern erklären sich auch die zahlreichen von den

---

[111] Vgl. POLAŃSKI, Zbigniew (1996b), Tabelle 1, S. 4.
[112] Vgl. $A_6$ (3. August 1994), S. 302.
[113] Vgl. $A_{10}$, S. 309.
[114] Vgl. $A_2$, S. 288/289.

neuen Banken vergebenen Großkredite, die die entsprechenden Vorschriften des Bankengesetzes sprengten:

> „An especially unsettling fact is that banks are considerably involved in what are called „big credits“ [...]. In all, 68 banks reported such activities. In 20 banks, big credits exceeded 70 percent of all credits granted.“[115]

Mit der Transformationskrise und den steigenden Kreditzinsen konnten viele Firmenkunden der neuen Banken ihre Kredite nicht mehr zurückzahlen und die Verflechtungen zwischen Banken und ihren Eigentümern nicht mehr verdeckt werden, so daß die Kreditkrise auch in diesem Bereich des Bankensystems offenkundig wurde.

Auch viele derjenigen Banken, die nicht in die Verflechtungen zwischen Banken und Eigentümern verstrickt waren, verfolgten eine aggressive Kreditpolitik. Sie sahen keine andere Möglichkeit, um am Kreditmarkt Marktanteile gegenüber den nach wie vor dominierenden staatlichen Banken zu gewinnen. So nutzten die privaten Banken die sich ihnen bietende Chance aus, angesichts der durch die Kreditplafondierung eingeschränkten Kreditvergabekapazitäten für staatliche Banken die hiermit eröffnete Lücke auszufüllen.[116] Dabei gingen sie hohe Risiken ein. Zu berücksichtigen ist ebenfalls, daß in einer Transformationsökonomie die Informationsdefizite bzgl. potentieller Kreditnehmer besonders groß sind, und dies gerade im Bereich der Hauptzielgruppen der privaten Banken, nämlich neu am Markt agierender privater Firmenkunden, über die noch keine Geschäftsergebnisse der Vergangenheit vorliegen.[117] Mit der Transformationskrise gerieten viele dieser Kunden in Liquiditätsschwierigkeiten, die im Zuge der steigenden Kreditzinsen noch zunahmen und die privaten Banken mehr und mehr in Bedrängnis brachten.

Die Unzulänglichkeiten des liberalen Bankengesetzes galten für die Genossenschaftsbanken wie für die neuen Kreditinstitute. Da die sekundären Akteure jedoch im Gegensatz zu den lokalen Genossenschaftsbanken auf der Grundlage des 89er Bankengesetzes gegründet wurden, wirkten sich die Defizite der Gesetzgebung - und dies bildet den vierten Faktor für die Kreditkrise der neuen Banken - bei diesen besonders negativ aus. Gemeint sind die liberalen Zulassungsbedingungen, die zu der bereits thematisierten Unterkapitalisierung der neuen Banken führte.[118] Der Solvabilitätskoeffizient lag Ende 1993 bei insgesamt 17 neuen Geschäftsbanken unterhalb der vorgeschriebenen 8%.[119] Das Eigenkapitalpolster war somit zu gering, um das infolge der Rezession stark anwachsende Volumen schlechter Kredite auffangen zu können. Da die neuen Banken zudem im Gegensatz zu den großen Staatsbanken auch nicht als *too-big-to-fail* einzustufen sind, war ihre Existenz durch die Kreditkrise akut gefährdet. Dies gilt umso mehr, wenn man bedenkt, daß die privaten Banken zudem durch eine Reihe von Umständen gegenüber den etablierten staatlichen bzw. genossenschaftlichen Banken benachteiligt waren, die die Kosten der neuen Institute relativ erhöhten. Dies betrifft in erster Linie die staatliche Garantie für die Spareinlagen bei den staatlichen Banken, die die privaten Banken dazu zwang, die Einlagenzinsen auf Kosten der Zinsmarge zu er-

---

[115] Vgl. PAZIO, Piotr und Paweł ROMAN (1994), S. F1.
[116] Vgl. $A_4$, S. 294.
[117] Vgl. hierzu auch die Ausführungen in Gliederungspunkt 3.1.1.1.
[118] Vgl. die Ausführungen in Gliederungspunkt 4.4.2.
[119] Vgl. $A_2$, S. 289.

höhen, um genügend Depositenkunden zu gewinnen.[120] Dem stehen auf der anderen Seite mangelhafte Refinanzierungsmöglichkeiten für die sekundären Akteure gegenüber, z.B. auf dem Wege der Lombardrefinanzierung, deren Volumen die NBP von der Höhe der Eigenkapitalbasis abhängig machte, oder über den Gang an den Geldmarkt, der den privaten Banken nur eingeschränkt offen stand.[121]

Es läßt sich damit ein folgenschwerer Gegensatz feststellen zwischen den Zulassungsbestimmungen der Bankengesetzgebung, die den Marktzutritt neuer Banken fördern sollten, und den übrigen rechtlichen Rahmenbedingungen, die die Tätigkeit der neuen Marktakteure entscheidend erschwerten. Um zu verstehen, wie es zu diesem, letztlich die aus der Kreditkrise resultierenden finanziellen Probleme der neuen Banken verschärfenden Gegensatz kommen konnte, muß man bedenken, daß das Bankengesetz noch vor dem Beginn der Transformation in Kraft getreten war. Nachdem jedoch sehr schnell klar wurde, daß die auf der Grundlage dieses Gesetzes entstandenen Banken aufgrund ihrer geringen Größe nicht das Fundament eines neuen marktwirtschaftlichen Bankwesens in Polen werden konnten, legten die Reformer um Balcerowicz in Zusammenarbeit mit den Beratern des IWF und westlicher Zentralbanken den Akzent stärker auf risiko- als auf wettbewerbspolitische Aspekte. Dies wird bei den Zulassungsbeschränkungen zum Geldmarkt und den Refinanzierungsmöglichkeiten über die NBP ebenso deutlich wie später auch am Übergewicht der staatlichen Banken bei der Implementierung des Zahlungsverkehrssystems und der Schaffung der Warschauer Börse. Die relativ strengen Kriterien, die der Staat, vertreten durch die Zentralbank, an die Banken stellte, um an den institutionellen Neuerungen des Bankwesens teilzuhaben, konnten die meisten neuen Kreditinstitute jedoch nicht erfüllen.

Die verschiedenen Ursachen für neue schlechte Kredite machten eine differenzierte Herangehensweise der staatlichen Akteure zur Krisenbewältigung erforderlich. Es galt, zunächst die Mittel bereitzustellen, um die Altkredite abschreiben zu können und damit bisher Versäumtes nachzuholen. Es galt aber ebenso, die Vergabe weiterer schlechter Kredite zu verhindern. Defizite der Bankengesetzgebung und der aufsichtsrechtlichen Richtlinien mußten beseitigt und die Bankenaufsicht in die Lage versetzt werden, ihre Aufgaben effizient zu erfüllen. Wichtig war auch, die Marktteilnehmer auf gleiche Wettbewerbsgrundlagen zu stellen und alte Monopole aufzulösen, damit die bisherigen Abhängigkeitsbeziehungen der Banken von ihrem jeweiligen Kundenstamm abgebaut werden konnten. Vor allem bedurfte es eines konsistenten Konzepts zur Lösung der Krise anstelle der bisherigen Einzelmaßnahmen.

Immerhin hatte jedoch das Verbot der Regierung vom Herbst 1991, neue Kredite an überschuldete Staatsbetriebe zu gewähren, eine Verhaltensänderung der Regionalbanken erwirkt, die ihre Kreditvergabe einzuschränken begannen. Dieses Signal erreichte auch die übrigen Banken. Als die Regierung Suchocka in Zusammenarbeit mit dem IWF damit begann, ein Sanierungskonzept für Banken und Unternehmen zu erarbeiten, wurde den Banken die Entschlossenheit der Regierung, die Kreditkrise zu beenden, endgültig deutlich. Parallel hierzu läßt sich bei allen Firmenkunden der unterschiedlichen Kategorien von Banken eine abnehmende Bedeutung von Bankkrediten gegenüber Handelskrediten zwischen den Betrieben und Steuerrückständen konstatieren. Diese Entwicklung hatte folgenden Hintergrund: Zum einen schränkten die Banken

---

[120] Vgl. $A_{14}$, S. 319.
[121] Vgl. hierzu die Ausführungen in Gliederungspunkt 5.1.2.2.

ihre Kreditvergabe mehr und mehr ein, zum anderen setzten steigende Kreditzinsen dem bisherigen bequemen modus vivendi zwischen Banken und Unternehmen ein Ende, denn Handelskredite und Steuerrückstände erschienen den Betrieben fortan als die günstigeren Optionen, wenn es darum ging, die bisherigen weichen Budgetrestriktionen weiterhin aufrecht zu erhalten.

| *Struktur der Verbindlichkeiten* | *private Betriebe* | *privatisierte Betriebe* | *Unternehmen nach Kommerzialisierung* | *Staatsbetriebe* |
|---|---|---|---|---|
| *Bankkredite* | *32%* | *16%* | *19%* | *23%* |
| *Handelskredite* | *46%* | *45%* | *49%* | *44%* |
| *Steuerrückstände* | *19%* | *27%* | *24%* | *28%* |

*Quelle: BELKA, Marek, S. ESTRIN, Mark E. SCHAFFER und I. J. SINGH (1995), S. 29.*

**Tab. 5.3: Unternehmensfinanzierung über Bank- und Handelskredite sowie Steuerrückstände**

## 5.3 Fazit der Liberalisierung: Langfristorientierung und Versäumnisse

Mißt man den Erfolg der Transformation des polnischen Bankensektors bis zum Ende der Liberalisierungsperiode anhand der Anforderungen an marktwirtschaftliche Bankensysteme, so stellt man folgendes fest: Wichtige grundsätzliche institutionelle Maßnahmen, wie die Trennung von Zentralbank- und Geschäftsbankensystem und die Schaffung von Finanzmärkten, wurden im Laufe der ersten drei Jahre der Bankentransformation durchgeführt. Dennoch nahmen die Banken wichtige, aus der marktwirtschaftlichen Ordnung her bekannte mikroökonomische Funktionen der Finanzintermediation, der Risiken- und Fristentransformation, der Unternehmenskontrolle sowie des Zahlungsverkehrs zunächst nicht adäquat wahr. Setzt man dieses Ergebnis in Bezug zu den im Theorieteil der vorliegenden Arbeit formulierten Aufgaben der Umgestaltung eines planwirtschaftlichen Bankensektors in ein marktwirtschaftliches System, so erklärt es sich aus der *Langfristorientierung* der Bankenreformer, gepaart mit *Versäumnissen* der verschiedenen Akteure.

Der Regierung Mazowiecki standen bei ihrem Regierungsantritt und der Formulierung des sogenannten Balcerowicz-Programms *verschiedene Optionen* für die Transformation des Bankensektors offen: Man konnte auf dem liberalen Bankengesetz der Vorgängerregierung Rakowski aufbauen und durch die Zulassung neuer Banken eine *Privatisierung von unten* anstreben, ähnlich der, wie sie sich im Laufe der nächsten Jahre im realwirtschaftlichen Bereich entwickeln sollte, um hierdurch möglichst schnell Wettbewerbsstrukturen zu schaffen. Eine andere Möglichkeit bestand darin, zusammen mit dem neuen Zentralbankgesetz auch ein neues Bankengesetz zu erlassen, das zwar auch die Geschäftsmöglichkeiten für die Banken ausweitet und hierdurch Wettbewerb schafft, aber zugleich die Zulassungsanforderungen an neue Banken aus Risikoüberlegungen heraus so hoch setzt, daß sich der Wettbewerb zwischen den Kreditinstituten zunächst in erster Linie zwischen den primären Akteuren entwickelt und nur vereinzelt neue Banken am Markt zugelassen werden, die aber mit der hierfür erforderlichen Größe zumindest reelle Chancen im Wettbewerb am Einlagen- und Kreditmarkt haben. Eine dritte Option bestand darin, die Liberalisierung des Bankensektors zunächst so lange hinauszuschieben, bis die im Zuge des Balcerowicz-Programms zu erwartenden makroökonomischen Verwerfungen überwunden wären.

Die Reformer entschieden sich für die erstgenannte Option, denn das Geschäftsbankensystem sollte langfristig von modernen, privaten und effizient arbeitenden Instituten getragen werden. Darin liegt auch die Tatsache begründet, warum frühzeitig Auslandsbanken zugelassen wurden, denn man erhoffte sich von ihnen wichtige Innovationsschübe für den Bankensektor. Die damit induzierte Liberalisierung des Bankensystems paßte zur langfristig angelegten Liberalisierungspolitik von Balcerowicz, wie sie sich auch in der Preisliberalisierung und der Öffnung des Außenhandels widerspiegelte.[122] Die Liberalisierung war neben der Stabilisierung der Wirtschaft Teil des Reformprogramms vom Januar 1990 und fand insofern die Zustimmung des IWF als Voraussetzung für die Einräumung von Kreditfazilitäten und die später auszuhandelnde Reduzierung der externen Verschuldung Polens bei den öffentlichen bzw. privaten Gläubigern des Londoner und des Pariser Clubs.

Die mit der Übernahme des Bankengesetzes aus der Vor-Wende-Zeit verbundene Vernachlässigung der risikopolitischen Aspekte im Bankensektor ist jedoch nicht unmittelbar dem Einfluß ausländischer Politikberater und etwaigem Druck derselben zuzuschreiben, denn dagegen sprechen mehrere Indizien: Zum einen entspricht eine radikale Liberalisierung des Bankensektors nicht den gängigen Erfahrungen bei der Politik des IWF gegenüber Schwellen- oder Entwicklungsländern. Zum anderen zeigen die Sicherheitsvorkehrungen bei den institutionellen Maßnahmen im polnischen Bankensektor, wie bei der Schaffung von Finanzmärkten und des neuen Zahlungsverkehrssystems, die maßgeblich von ausländischen Beratern mitgestaltet wurden, daß sehr wohl die einzelwirtschaftlichen Risiken und das damit verbundene Systemrisiko im Bankensektor ausreichend Berücksichtigung fanden. Schließlich wurden auch die an späterer Stelle noch darzulegenden Sanierungsmaßnahmen und Sicherheitsanforderungen für die Regionalbanken mit ausländischen Beratern ausgearbeitet. Die Gründe für die mangelnde Berücksichtigung der Bankrisiken bei den ersten rechtlichen Reformmaßnahmen sind wohl weniger auf eine *bewußte* Inkaufnahme von Risiken zurückzuführen als vielmehr auf deren *Unterschätzung*. Dabei ist zu bedenken, daß die Bankentransformation gar nicht im Zentrum des ohnehin unter großer Eile zustande gekommenen Reformprogramms von 1989/90 stand, sondern vielmehr die Maßnahmen im güterwirtschaftlichen Bereich. Die mangelhaften Anreiz- und Sanktionsmechanismen innerhalb der rechtlichen Rahmenbedingungen für die Bankentätigkeit bildeten nichtsdestotrotz ein *Versäumnis* der Bankentransformation in Polen, wie Balcerowicz später selbst einräumte.[123]

Das Vertrauen der Reformer in das Verhalten der Marktakteure erwies sich als zu optimistisch. Zum einen trugen Wissensdefizite dazu bei, daß die Risiken bei der Kreditvergabe nicht ausreichend Berücksichtigung fanden, zum anderen kann man jedoch auch von bewußten *Interessenkoalitionen* zwischen Banken und überschuldeten Fir-

[122] Vgl. $A_{23}$, S. 333.
[123] Vgl. BALCEROWICZ, Leszek (1995), S. 283.

menkunden sprechen, wenn man die im Laufe der Liberalisierungsphase eskalierende Kreditkrise erklären will. Spätestens hier wurde deutlich, daß die rechtlichen Rahmenbedingungen, insb. für eine Transformationsökonomie, unzureichend waren, denn die marktunerfahrenen Banken besaßen wenig Anreiz, sich auf Marktrisiken einzustellen, die zudem angesichts der Informationsdefizite einer sich erst in der Entwicklung befindenen Marktwirtschaft und mit der bald einsetzenden Rezession weitaus größer waren als in einer reifen marktwirtschaftlichen Ordnung. Sowohl das Bankengesetz als auch die von der Bankenaufsicht formulierten Richtlinien waren stark orientiert an den entsprechenden Vorschriften in westlichen Industrieländern. Diese Ausrichtung erwies sich zumindest für die Anfangsphase des Transformationsprozesses in Polen als Fehler, denn sie berücksichtigte nicht ausreichend die Gefahren der Rezession sowie die aus der planwirtschaftlichen Ära tradierten Verhaltensmuster der staatlichen Banken und ihrer Firmenkunden.

Die These, daß die Reform des Bankwesens zunächst nicht im Mittelpunkt der Transformationsmaßnahmen der Regierung unter T. Mazowiecki und ihrer Nachfolger stand, wird auch dadurch erhärtet, daß die Reformen der rechtlichen Rahmenbedingungen, die institutionellen Maßnahmen auf der Ebene des Geschäftsbankensystems und die auf der Ebene der einzelnen Bank erst nach und nach in Angriff genommen wurden, und dies auch nicht immer stringent und zueinander passend. Nimmt man als Beispiel die *Funktion der Unternehmenskontrolle*, so stellt man fest, daß die die Ausübung dieser Funktion betreffenden Reformen weder zeitlich noch inhaltlich ausreichend aufeinander abgestimmt waren. Das Bankengesetz gestattete den Geschäftsbanken die Ausübung der gesamten Palette des Universalbankgeschäfts. Die engen Kreditbeziehungen gerade zwischen den Regionalbanken und den regionalen Staatsbetrieben legten in diesem Kontext das Hausbankprinzip und damit die Unternehmenskontrolle durch die Banken nach deutschem Muster nahe. Zugleich begrenzte aber das Bankengesetz die Kreditvergabe an den einzelnen Firmenkunden auf 15% des haftenden Eigenkapitals (§ 35 Abs. 1 Satz 1 BG), das ja ohnehin zu Beginn des Transformationsprozesses in Polen vergleichsweise niedrig lag. Abgesehen davon, daß diese Vorschrift allein schon wegen der vorhandenen Altkredite aus der planwirtschaftlichen Zeit nicht den Realitäten im polnischen Bankwesen entsprach, war sie auch keine adäquate Voraussetzung für eine kreditgestützte Unternehmenskontrolle durch Banken. Zudem herrschten auf der Ebene der einzelnen Bank Wissensdefizite und, wie sich im Laufe der Kreditkrise auch herausstellte, Interessenverflechtungen zwischen Bank- und Unternehmensmanagement, die eine effiziente bankzentrierte Unternehmenskontrolle erschwerten. Schließlich strebte die Regierung die frühzeitige Gründung der Warschauer Börse und deren Instrumentalisierung für die Privatisierung der staatlichen Unternehmen an, was auf die Implementierung des angelsächsischen Outsidermodells hinausläuft. In diesen Widersprüchen spiegeln sich nicht nur Mängel im Reformkonzept für das Bankensystem wider, sondern auch der Einfluß ausländischer Berater verschiedener Provenienz, die jeweils unterschiedliche Modelle auf Polen zu übertragen suchten.

Trotz dieser inneren Widersprüche waren die Formulierung der rechtlichen Rahmenbedingungen, die institutionellen Maßnahmen und deren grundsätzliche Orientierung an den Modellen marktwirtschaftlicher Bankensysteme politisch innerhalb der Reformkräfte sowie zwischen der Regierung und der Opposition wenig umstritten. Die NBP hatte hinsichtlich der Schaffung der notwendigen Marktinfrastruktur und des Aufbaus eines effizienten Zahlungsverkehrssystems eine zentrale Funktion inne. Dies wurde v.a. ab 1992 deutlich, als nach dem Ende des Führungsvakuums an der Spitze der NBP mit der Ernennung der neuen Zentralbankpräsidentin Gronkiewicz-Waltz die entscheidenden Schritte beim Aufbau der Finanzmärkte und der Implementierung des Zahlungsverkehrs getan wurden. Die Zusammenarbeit zwischen der Zentralbank und dem Finanzministerium funktionierte von da ab bis zum Ende der Liberalisierungsphase nahezu reibungslos. Politisch kamen die Repräsentanten der beiden Institutionen aus demselben Lager und waren dem wirtschaftsliberalen Flügel der Solidarność zuzurechnen.

Ganz anders sah die politische Situation bei der von Balcerowicz angestrebten *Bankenprivatisierung* aus. Frühzeitig mußte der damalige Finanzminister erkennen, daß die Zulassung neuer Banken eine unerwünschte Eigendynamik entwickelte: Das Resultat der liberalen Zulassungspolitik der NBP und der mangelhaften Sanktionsmechanismen waren Problemkredite bei den sekundären Akteuren, die zudem unterkapitalisiert und somit in ihrer Existenz durch die aufkommende Kreditkrise akut gefährdet waren.[124] Nachdem schnell klar geworden war, daß die neuen Banken wohl kaum die Basis des neuen marktwirtschaftlichen Bankensystems bilden würden, konnte man zweierlei feststellen: Zum einen spielten die neuen Banken bei den folgenden institutionellen Reformen gegenüber den großen staatlichen Banken eine nur noch untergeordnete Rolle, zum anderen wurden die Vorbereitungen für die Bankenprivatisierung, also die Entstaatlichung der alten Staatsbanken, forciert. Mit der zunehmenden politischen Auseinandersetzung um die Unternehmensprivatisierung wurden jedoch der Zeitpunkt und die Art und Weise der Bankenprivatisierung mehr und mehr in Frage gestellt. Eine schnelle Privatisierung der Banken geriet außer Reichweite. Die Kreditkrise machte zudem deutlich, daß die Bankenprivatisierung nur nach einer *Sanierung der betroffenen Banken* und damit auch der überschuldeten Staatsbetriebe realisiert werden könnte.

In der öffentlichen Diskussion über die Transformation osteuropäischer Bankensysteme wurden den Regierungen der vier Visegrád-Staaten Polen, Tschechien, der Slowakei und Ungarn, insb. aber den polnischen Regierungen nach 1989 der Vorwurf gemacht, weiterhin allokativ verzerrend in die Ebene des Geschäftsbankensystems und in die Geschäftspolitik der einzelnen Banken zu intervenieren:

> „Government influence in a banking system is perhaps inevitable, but in the Visegrád countries it remains far too direct. There are three problems. First, that governments are artificially restricting competition, delaying bank restructuring. Second, that banks seem unwilling to bankrupt larger companies, delaying corporate restructuring. And third, that banks' lending decisions are too often dictated by political - or nationalist - criteria rather than commercial ones."[125]

Resümiert man die Liberalisierungsphase der Bankentransformation in Polen, so läßt sich in bezug auf diese drei Vorwürfe folgendes konstatieren: Ein Ziel der Bankenliberalisierung war gerade die Schaffung von Wettbewerb. Der Erreichung dieses Zieles wurde in den ersten Monaten nach der Wende in Polen weit mehr Aufmerksamkeit geschenkt als der Abwehr von Systemrisiken. Eine *bewußte* Verschleppung von Wettbewerb im Bankensektor insgesamt ist weder der Regierung Mazowiecki noch ihren

---

[124] Vgl. POLAŃSKI, Zbigniew (1996b), S. 6.
[125] Vgl. KAPOOR, Michael, Sean KEATING und Delia METH-COHN (1995), S. 46.

Nachfolgeregierungen bis zur Wahl des Sejm im Oktober 1993 vorzuwerfen. Allerdings wurde es versäumt, die *funktions- und sektorspezifischen* sowie die *regionalen Monopole* der staatlichen Banken aufzulösen. Die Auflösung solcher Monopole hätte jedoch eine völlig neue institutionelle Ausgestaltung des Geschäftsbankensystems impliziert sowie eine offensive Inangriffnahme des Problems der Altkredite. Angesichts der drängenden makroökonomischen Probleme ist es verständlich, daß Balcerowicz die Priorität der Wirtschaftspolitik auf die Stabilisierung der Volkswirtschaft und die Liberalisierung des realwirtschaftlichen Bereichs legte. Es erschien auch wegen der sich schnell verschlechternden ökonomischen Lage opportun, zunächst die vorhandenen wettbewerblichen Ansätze im Bankensektor zu nutzen, anstatt sie auszuweiten und dadurch weitere Unruhe in das Bankensystem zu tragen. Als das Ausmaß der Kreditkrise aufgedeckt worden war, befanden sich die öffentlichen Finanzen durch die steigenden sozialen Transferzahlungen und die zunächst noch rudimentären steuerrechtlichen Grundlagen bereits derart in Unordnung, daß an eine schnelle Rekapitalisierung und Sanierung der Banken ohne ausländische Finanzhilfe nicht zu denken war. Dies waren die eigentlichen Ursachen für die Verzögerung der Bankensanierung.

Der zweite Vorwurf, die Banken hätten bewußt den Konkurs von Firmenkunden verhindert, trifft jedoch auf die Situation in Polen in der Periode von 1990 bis 1993 zu. Eine bewußte Interessenkoalition läßt sich zumindest für den Bereich der Regionalbanken ausmachen und auch für die von Nichtbanken gegründeten neuen Kreditinstitute. Schwierig ist jedoch die Beantwortung der Frage, inwieweit die Regierung, vertreten durch das Finanzministerium, hier bewußt zugunsten der Staatsbetriebe in die Entscheidungen der Banken eingegriffen hat. Ein Leitmotiv der Politik von Balcerowicz war es, den Staat aus der täglichen Geschäftspolitik der staatlichen Banken herauszuhalten. Erst dieser faktische Rückzug aus der Eigentümerfunktion des Staates für seine Kreditinstitute hatte das Eigenleben der Bankmanager und ihr *moral-hazard*-Verhalten ermöglicht. Inwieweit informelle Absprachen zwischen den einzelnen Bankenvorständen und Vertretern des Finanzministeriums getroffen wurden, die auf eine Tolerierung oder gar Verlängerung schlechter Kredite für finanziell angeschlagene Staatsbetriebe hinausliefen, läßt sich für den externen Beobachter nur schwer feststellen. Wahrscheinlicher als eine solche *direkte* Intervention der Regierung zugunsten der überschuldeten Staatsbetriebe ist jedoch eine *indirekte* Ermutigung der Regionalbankenmanager durch die passive Haltung des Staates gegenüber den Steuerrückständen der Staatsbetriebe. Diese Form weicher Budgetrestriktionen war das Ergebnis der wachsenden politischen Instabilität und des sozialen Drucks infolge der Transformationskrise. Die Regierung(en) wollte(n) einen weiteren Anstieg der Arbeitslosigkeit vermeiden, so daß Konkurse von Staatsunternehmen, für die die rechtlichen Grundlagen inzwischen geschaffen worden waren, zumindest während der akuten Rezessionsphase möglichst vermieden werden sollten. Daß durch dieses passive Verhalten des Staates der wirtschaftliche Strukturwandel tatsächlich verzögert wurde, und letztlich die Kreditmärkte infolgedessen durch das Phänomen einer adversen Selektion geprägt waren, muß allerdings eingeräumt werden.

Der Vorwurf der Kreditgewährung durch die Banken auf der Grundlage politischer bzw. nationaler statt kommerzieller Interessen kann nicht durchgehend für das gesamte Bankwesen Polens im Laufe der Liberalisierungsphase aufrecht erhalten werden, denn dies würde voraussetzen, daß der Staat in die Kreditentscheidungen der Regionalbanken und auch der Spezialbanken aktiv eingegriffen hätte. Die Indizien sprechen jedoch, wie bereits ausgeführt, eher für indirekte Anreize der Kreditvergabe zugunsten der Staatsbetriebe. Anders sieht die Situation im Genossenschaftsbankensektor aus. Angesichts der großen nationalen Bedeutung des Agrarbereichs wurden auch hier nach wie vor staatlich subventionierte Kredite durch die BGŻ an die mit der Sanierung der staatlichen Landwirtschaftsbetriebe beauftragte AWRSP vergeben. Somit war die BGŻ auch ganz offiziell eine Bank, die nach wie vor vom Staat instrumentalisiert wurde. Diese offene Form der Instrumentalisierung war eine Ausnahme in Polens Bankensektor nach 1989. Doch nicht allein die *ökonomische* Bedeutung der Landwirtschaft und ihre Erschütterung durch die Rezession bildete den Hintergrund für diese offene Protektion, sondern auch die starke *politische* Stellung der Bauernbewegung, die eine frühzeitige Sanierung der Landwirtschaft verhinderte, und auf die die Regierung(en) wegen des enormen Wählerpotentials, das die Landbevölkerung stellte, politisch Rücksicht nehmen mußte, ist hierfür verantwortlich zu machen.

Will man beurteilen, welche Akteure die Transformation des Bankwesens eher befördert und welche sie eher behindert haben, so muß man die *Bauernbewegung* sicher zur letzteren Gruppe zählen. Infolge ihres großen Einflusses gilt der Begriff der Liberalisierung für den Genossenschaftsbankensektor nur eingeschränkt: Zwar wurde der BGŻ-Verbund bereits 1990 dezentralisiert, doch der politische Einfluß der PSL und der von ihr vertretenen Interessengruppen reichte bis auf die Ebene der lokalen Genossenschaftsbanken herunter, ohne daß diese von unabhängigen Institutionen, wie der Bankenaufsicht, ausreichend kontrolliert werden konnten. Die *Gewerkschaftsbewegung* ist als weitere Interessengruppe zu nennen, deren Einfluß auf die Bankentransformation eher hinderlich wirkte, denn ihr politischer Druck trug maßgeblich zu den weichen Budgetrestriktionen des Staates gegenüber den Staatsbetrieben bei. Damit wurden die Regional- und, sofern sie mit den Staatsbetrieben ebenfalls Kreditbeziehungen eingingen, auch die großen Spezialbanken in ihrer *creditor passivity* ermuntert. Das damit aufkommende Problem neuer schlechter Kredite sollte aber den weiteren Transformationspfad bei der Umgestaltung des Bankwesens erheblich beeinflussen - und zeitlich strecken. Ähnliches ist auch für die Bankenprivatisierung zu sagen, die nicht zuletzt von den Gewerkschaften kritisch betrachtet wurde, und die letztlich auch bis zum Ende des dieser Arbeit zugrundegelegten Untersuchungszeitraums im Herbst 1997 noch nicht erfolgreich abgeschlossen werden konnte.

Hinsichtlich des Verhaltens der Banken selbst muß man differenzieren bzgl. der einzelnen Kategorien von Banken und des Betrachtungszeitpunkts. Die *Regionalbanken* verhielten sich zunächst im Hinblick auf Wettbewerbs- und Risikoanforderungen bestenfalls passiv, eher destruktiv. Grundsätzlich waren sie aber der Zusammenarbeit mit *twinning*-Partnern gegenüber aufgeschlossen. Entscheidende Schritte zur Modernisierung und Professionalisierung wurden erst gemacht, nachdem die *twinning arrangements* abgeschlossen waren und die Regierung die Regionalbanken im Zuge der Kommerzialisierung wieder unter eine schärfere Kontrolle stellte. Die *Spezialbanken* bildeten eine recht heterogene Gruppe. Die kleineren Kreditinstitute unter ihnen trugen erheblich zur Steigerung der dynamischen Effizienz des Bankensystems insgesamt bei. Hier sind v.a. die PBR und die BRE zu nennen. Die großen Institute hatten hingegen erhebliche Probleme bei der Überwindung ihrer bisherigen Spezialisierung.

In der Ausweitung ihrer Geschäftstätigkeit durch die Last der Wohnungsbaudarlehen aus der Zeit vor 1989 blockiert war die *PKO BP*. Dennoch wurde sie nicht in dem

Maße instrumentalisiert wie die *BGŻ*, deren Belastung mit Altkrediten ja ebenfalls einen maßgeblichen Hinderungsgrund für die Expansion in neue Geschäftsbereiche und für die Modernisierung der Bank bildete. Die aggressive Wettbewerbspolitik der *lokalen Genossenschaftsbanken* wie der neuen *privaten Kreditinstitute*, die erst durch die für eine Transformationsökonomie inadäquaten rechtlichen Rahmenbedingungen möglich wurde, sollte sich letztlich ebenfalls für die weitere Bankentransformation als hinderlich erweisen, denn die Sanierung dieser beiden Kategorien von Banken gab der Umgestaltung des Bankensektors letztlich eine Richtung vor, wie sie von den Reformern um Balcerowicz im Jahre 1990 weder gewollt noch absehbar gewesen war. Die Transformation des Bankensektors hatte mit der Kreditkrise und der fälligen Bankensanierung insgesamt eine Eigendynamik entwickelt, die den Staat dazu zwang, seine zumindest auf der einzelwirtschaftlichen Ebene zu beobachtende bisherige Zurückhaltung bei der aktiven Umgestaltung des Bankensystems aufzugeben.

Die Verwirklichung der langfristigen Zielsetzungen der Bankentransformation in den ersten drei Jahren nach der Wende in Polen läßt sich zusammenfassend aus zwei Aspekten heraus kritisieren: Erstens wurden die einzelnen Maßnahmen teilweise zu eng an die Modelle reifer Marktwirtschaften angelehnt, ohne den besonderen Gegebenheiten in Polen genügend Rechnung zu tragen. Zweitens ging die Aktivität des Staates, v.a. vertreten durch die NBP, bei der Verwirklichung der Langfristziele auf Kosten der Umsetzung kurzfristiger Ziele, allen voran der Entmonopolisierung und der Bankensanierung unter Berücksichtigung der besonderen Gegebenheiten der Transformationsphase. Dennoch schuf die *institutionelle Tätigkeit der NBP* die Grundlage dafür, daß die Marktakteure nach Lösung der kurzfristigen Transformationsprobleme ungehindert die Aufgaben von Banken in marktwirtschaftlichen Systemen in voller Breite wahrnehmen konnten. Als Beispiele hierfür zu nennen sind das *investment banking* durch den Aufbau der Warschauer Börse, die Refinanzierung der Kreditinstitute durch die Schaffung des Interbankenmarktes und schnelle Zahlungstransaktionen durch den Aufbau eines leistungsfähigen Zahlungsverkehrssystems. Auffällig ist, daß die langfristig durchaus erfolgversprechenden Reformen im Bankensektor von der NBP, also einem staatlichen Akteur, in enger Abstimmung mit dem Finanzministerium und mit Hilfe ausländischer Berater initiiert und erst *nach* deren Einführung die hiermit verbundenen Aufgaben an die Marktakteure - und hier bezeichnenderweise in erster Linie an die primären Marktakteure - weitergegeben wurden. Die Zusammenarbeit zwischen der NBP und den Geschäftsbanken wurde in diesem Zusammenhang durch die Gründung des *Polnischen Bankenverbands* als Interessenvertreter der Geschäftsbanken im Jahre 1991 wesentlich erleichtert.[126] Ingesamt erwies sich die institutionelle Tätigkeit der NBP, die Abstimmung mit dem Finanzministerium und die Hilfestellung ausländischer Experten für die Transformation des Bankensektors als förderlich.

Im Gegensatz zu den übrigen Kurzfristzielen wurde die *monetäre Stabilisierung* von seiten der Reformer von Anfang an offensiv in Angriff genommen, denn sie war ein wesentlicher Bestandteil der Stabilisierungsmaßnahmen des Balcerowicz-Programms. So stand auch die Entwicklung der geldpolitischen Instrumente und die Begrenzung der Kreditexpansion der Geschäftsbanken im Vordergrund der Tätigkeit der NBP. Zwar muß man einräumen, daß hierdurch womöglich Kräfte gebunden wurden, die beim schnellen Aufbau der Bankenaufsicht fehlten, und daß sich hierin die Vereini-

[126] Vgl. UGOLINI, Piero (1996), S. 37.

gung von Zentralbank- und Aufsichtskompetenzen unter einem Dach sowie die Zuständigkeit des NBP-Präsidenten für beide Bereiche als Negativfaktor herausstellte. Auch erhöhte die restriktive Geldpolitik der NBP die Kosten für die Banken und trug mit hohen Kreditzinsen als Folge dieser Politik zum Problem der schlechten Kredite bei. Doch andererseits war die monetäre Stabilisierung und insb. die Kreditplafondierung eine wichtige Voraussetzung für eine langfristig effiziente Finanzintermediation. Nach dem Abflauen der Inflation konnten sich NBP und Finanzministerium den übrigen Zwischenzielen der Bankentransformation zuwenden.

Die Umsetzung der transformationsspezifischen Zwischenziele enthielt jedoch wesentlich mehr politischen Zündstoff als die institutionellen Reformen, wie sich bei der zögerlichen Bekämpfung neuer schlechter Kredite durch die Regierung in den Jahren 1990 und 91 bereits gezeigt hatte. Die nun anstehenden, politisch heiklen Transformationsaufgaben fielen zudem in eine Zeit, in der die Zustimmung der Bevölkerung zum wirtschaftspolitischen Kurs der Regierung bereits erheblich abgenommen hatte und somit neue Reformen weit schwieriger durchzusetzen waren als noch 1990. Dies bekam auch die Regierung Suchocka zu spüren, deren wirtschaftsliberaler Reformkurs auf wachsende Ablehnung der Gewerkschaften stieß und mit zahlreichen Streiks boykottiert wurde. Für den Bankensektor hatte zunächst die Lösung der Kreditkrise oberste Priorität, indem sowohl die betroffenen Banken als auch ihre überschuldeten Firmenkunden, v.a. also marode Staatsbetriebe, saniert werden mußten. Eine langfristig erfolgversprechende Sanierung implizierte jedoch auch die Auflösung der herrschenden Monopole im Bankwesen. Dies betraf allein die Staatsbanken und den politisch sensiblen Genossenschaftsbankensektor. Fraglich erschien bei beiden Aufgaben, ob auf die aktive Teilnahme ausländischer Marktakteure verzichtet werden könnte. Ökonomisch erschien dies angesichts der Unterkapitalisierung des Bankensektors unrealistisch, hinsichtlich der bisherigen engen Abstimmung mit ausländischen Experten zudem wenig ratsam. Innenpolitisch jedoch war potentielles Engagement ausländischer Banken und Unternehmen im Zuge der allgemeinen Privatisierungsdiskussion v.a. von seiten der PSL heftig in die Kritik geraten, da dies einem Ausverkauf Polens gleichkäme. Vor diesem Hintergrund erschienen nicht nur die *twinning arrangements* der Regionalbanken mit dem Ziel strategischer Beteiligungen der in diesem Programm involvierten Auslandsbanken problematisch, sondern es stellte sich außerdem mehr und mehr die Frage, wie auf die im Assoziierungsabkommen Polens mit der EU ab 1999 vereinbarte völlige Öffnung des Bankensektors für Auslandsbanken zu reagieren sei. Die mit diesen Problemen verbundenen staatlichen Interventionen standen im Zentrum der Bankenkonsolidierung ab 1993.

## 6. Die Phase der Konsolidierung von 1993 bis 1997

Die Bankenliberalisierung hatte zu einem Rückzug des Staates aus seiner Kontrollfunktion als Bankeigentümer in weiten Bereichen des staatlichen Teils des Geschäftsbankensystems geführt. Dieser Rückzug hatte mit beigetragen zur Eskalation der Kreditkrise, denn er hinterließ, insb. bei den Regionalbanken, eine Art Führungsvakuum, das erst durch die Kommerzialisierung der regionalen Kreditinstitute gefüllt werden konnte. Im Zuge der Kreditkrise des polnischen Bankensystems entstand für die staatlichen Akteure, v.a. für die NBP in ihrer Rolle als Bankenaufsicht sowie für das Finanzministerium als Vertreter des staatlichen Eigentümers, ein akuter Handlungsbedarf, der letztlich zu einem *retreat from the retreat* führte: Der Staat wurde in seiner Politik gegenüber den Banken zum *Interventionsstaat*, der sich nicht zuletzt auch massiv auf der einzelwirtschaftlichen Ebene in die Politik der Banken einmischte. Der Ernst der Lage erforderte dabei eine enge Zusammenarbeit von Finanzministerium und NBP.

Nachdem die rechtlichen und institutionellen Maßnahmen, wie der Erlaß aufsichtsrechtlicher Richtlinien und der Aufbau von Finanzmärkten, in ihren Grundzügen bereits durchgeführt worden waren, standen in der Phase der Bankenkonsolidierung drei große Aufgabenblöcke im Zentrum der weiteren Transformationsschritte: Priorität hatte zunächst die *Sanierung der Banken*. Die damit notwendige Rekapitalisierung und Abschreibung schlechter Kredite stellte einen Balanceakt dar zwischen der Überwindung von Systemrisiken einerseits und den fiskalischen Restriktionen des Staates andererseits. Neben kurzfristigen Maßnahmen zur Abwendung akuter Liquiditätsengpässe oder gar Insolvenzgefahren mußten langfristige Anreiz- und Sanktionsmechanismen geschaffen werden, die für die Zukunft eine risikoadäquate Kreditvergabe sicherstellen und bisherige negative Interessenkoalitionen zwischen einem Teil der Banken und einem Teil ihrer Firmenkunden auflösen. Im Rahmen der Bereinigung der schlechten Kredite war es mithin notwendig, auch die betroffenen Betriebe mit in die Sanierung einzubeziehen.

Zumindest zu Beginn der Konsolidierungsphase bildete die *Privatisierung der staatlichen Kreditinstitute* einen zweiten großen Aufgabenschwerpunkt. Sie gehörte zu den erklärten Zielen sowohl der Regierung Suchocka als auch der internationalen Politikberater, wie sich, was an gegebener Stelle noch auszuführen sein wird, am Konzept zur Sanierung der Regionalbanken und ihrer sich obligatorisch anschliessenden Privatisierung ablesen läßt. Dabei galt es, die Widerstände gegen die Privatisierung innerhalb des Regierungslagers und von seiten der Opposition, v.a. der PSL, zu überwinden.

Der Regierungswechsel von 1993 änderte jedoch die Prioritätensetzung. Im Vordergrund stand von da an die wettbewerbspolitische Herausforderung für die polnischen Banken durch die Konsequenzen des Assoziierungsabkommens Polens mit der EU, das eine Öffnung des polnischen Bankenmarktes ab Januar 1999 vorsieht. Danach dürfen Auslandsbanken unbeschränkt neue Filialen und Niederlassungen in Polen gründen, ohne langwierige Zulassungsprozeduren der Bankenaufsicht durchlaufen zu müssen. Angesichts der relativ geringen Größe der polnischen Kreditinstitute im Vergleich zu westeuropäischen Bankhäusern birgt die Aussicht eines unbeschränkten Zugangs von EU-Auslandsbanken große Gefahren für die Wettbewerbsfähigkeit der polnischen Institute. In diesem Kontext erlangte die seit 1993 andauernde Phase der Bankentransformation in Polen ihren Namen Banken*konsolidierung*.

Der Konsolidierungsbegriff wird demnach nicht allein verwendet i.S.v. *Sanierung von Staatsbanken*. In der seit 1995 geführten Diskussion um die Zukunft des polnischen Bankwesens umfaßt der Begriff vielmehr in erster Linie die Schaffung großer polnischer Banken durch die *Zusammenlegung bisher selbständiger Institute*, so daß die daraus entstehenden Bankenkonzerne im Wettbewerb mit den Auslandsbanken bestehen können. Indes erfaßt der für die damit induzierten Konzentrationsprozesse in Polens Bankwesen benutzte Konsolidierungsbegriff nicht *Konsolidierung* im betriebswirtschaftlichen Sinne, also die Erhöhung der Eigenkapitalbasis in Relation zur Bilanzsumme, denn eine Zusammenlegung verschiedener Kreditinstitute bringt i.d.R. zwar eine absolute Aufstockung des Eigenkapitals, ohne jedoch damit auch die Eigenkapitalquote zu erhöhen. Sinn und Zweck der polnischen Bankenkonsolidierung ist es neben dem Schutz vor der Konkurrenz der Auslandsbanken, das nach der Sanierung zweite kurzfristig zu lösende Problem, das die Reformer in der Periode der Bankenliberalisierung nicht hatten bewältigen können, nunmehr im Zusammenhang mit der Fusion von Einzelbanken zu Konzernen in Angriff zu nehmen, nämlich die Überwindung der weiterhin bestehenden regionalen, funktions- und sektorspezifischen Bankenmonopole durch die Schaffung großer und landesweit operierender Universalbanken. Inwiefern die Initiativen zur Bankenkonzentration vom Staat bzw. von den Marktakteuren ausgingen, und welche Motive ihr Handeln bestimmen, gilt es im folgenden zu analysieren.

Die durch die Konzernbildung weiter verzögerte Bankenprivatisierung und die Interventionen des Staates im Zusammenhang mit der Sanierung und der Zusammenlegung der weiterhin staatlichen Kreditinstitute hatten insb. seit dem Amtsantritt der Linkskoalition von SLD und PSL zu Kritik der wirtschaftsliberalen Reformer um Balcerowicz, die sich in den Jahren der Opposition in der Freiheitsunion UW sammelten, aber auch von seiten einzelner Wirtschaftspolitiker des der Gewerkschaft Solidarność nahestehenden Parteienbündnisses AWS sowie ausländischer Experten an der Politik der Regierung gegenüber dem Bankensektor geführt. Dabei werden v.a. eine Bevorteilung der staatlichen Banken im Rahmen der Bankensanierung und die Priorität politischer Interessen im Zuge der Bildung von Bankenkonzernen bemängelt, wie im folgenden zu untersuchen ist:

> „The state banks have inherited considerable competitive advantages, and there are signs that the State may move to reinforce them through state-engineered consolidations. Furthermore, credit subsidies and bailouts have become linked to political clout. These represent important distorsions which may undermine the flow of funds toward the investments which promise the highest overall returns."[1]

Entsprechend der Chronologie der Ereignisse zwischen 1993 und dem erneuten Regierungswechsel im Oktober 1997 gliedert sich das Kapitel in zwei Hauptabschnitte. Zunächst werden die *Maßnahmen des Staates zur Überwindung der Bankenkrise* mit ihren ökonomischen und politischen Hintergründen sowie die Ergebnisse dieser Maßnahmen beleuchtet (Gliederungspunkt 6.1). Es folgt eine Analyse des Verhaltens der staatlichen Akteure sowie der Marktakteure im Rahmen der *Konzentrationsprozesse*

[1] Vgl. ANDERSON, Ronald W. und Chantal KEGELS (1998), S. 174.

*und Bankenprivatisierung* seit 1995 (Gliederungspunkt 6.2). Die Untersuchungsergebnisse hinsichtlich der o.g. drei Aufgabenfelder der Konsolidierungsphase werden abschließend im Fazit, differenziert in *politische und ökonomische Entscheidungen* der Akteure, zusammengefaßt.

## 6.1 Maßnahmen des Staates zur Überwindung der Bankenkrise

Die Maßnahmen der staatlichen Akteure - im wesentlichen also des Finanzministeriums und der NBP -zur Krisenüberwindung gliederten sich in zwei Teile. Im Verhalten sowohl der alten als auch der neuen Banken hatte sich gezeigt, daß eine effiziente Bankenaufsicht auf der Grundlage einer wirkungsvollen Regulierung, die zugleich staatliche Interventionen an feste Regeln bindet, gerade dort notwendig ist, wo die Marktakteure nicht genügend Marktdisziplin zeigen und somit auch kein Vertrauen in neue marktwirtschaftliche Strukturen entstehen kann.[2] Damit erschien eine *Verschärfung der rechtlichen Rahmenbedingungen* dringend erforderlich. Sie betraf alle Banken gleichermaßen. Um langfristig ad-hoc Interventionen insb. der NBP als *lender of last resort* für die Zukunft weitgehend überflüssig zu machen, bot sich nach dem Modell vieler marktwirtschaftlicher Bankensysteme zudem die *Schaffung eines allgemeinen Einlagensicherungssystems* an. Gerade dies sollte das Vertrauen der Einleger gegenüber dem neuen marktwirtschaftlichen Bankwesen stärken, das im Zuge der Kreditkrise auf eine harte Bewährungsprobe gestellt worden war.

Diesen allgemeinen Maßnahmen beigeordnet waren *spezifische Interventionen des Staates* für die verschiedenen Kategorien von Banken. Hierbei ist zu differenzieren: Auf der einen Seite stand das Sanierungsprogramm für die Regionalbanken, das von der Regierung Suchocka, der NBP und den internationalen Beratern von IWF und Weltbank gemeinsam ausgearbeitet worden war.[3] Auf der anderen Seite erfolgten die Sanierung der Spezialbanken und die Maßnahmen gegenüber dem Genossenschaftsbankensektor sowie gegenüber den neuen Banken in wesentlichen Teilen erst nach dem Regierungswechsel vom Herbst 1993. Damit gewannen die Vorstellungen von Vertretern des SLD von einer stärkeren Rolle des Staates sowie die Interessen der Bauern, vertreten durch die PSL, unmittelbaren Eingang in die Politik der Regierung gegenüber den Banken.

Die verschiedenen Ansätze zur Bankensanierung sowie die abschließende Betrachtung der Sanierungsergebnisse, und dabei v.a. der Auswirkungen auf das Verhalten der Marktakteure, sind Gegenstand der folgenden Ausführungen.

### 6.1.1 Verschärfung der rechtlichen Rahmenbedingungen

Wesentlicher Akteur bei der Verschärfung der rechtlichen Rahmenbedingungen war die NBP, deren Politik jedoch in enger Absprache mit dem Finanzministerium erfolgte. Die Maßnahmen der NBP konzentrierten sich neben diskretionären Eingriffen in erster

[2] Vgl. LANE, Timothy D. (1994), S. 265.
[3] Vgl. $A_6$ (3. August 1994), S. 300.

Linie auf ihr aufsichtsrechtliches Instrumentarium. Eine Novelle des Bankengesetzes erschien zwar ebenso notwendig, wurde jedoch zunächst verschoben, da die gesetzlichen Grundlagen ohnehin erst durch die NBP-Richtlinien präzisiert wurden.

Die Verschärfung der NBP-Richtlinien erfolgte in Zusammenarbeit mit Bankrechtsexperten aus den EU-Staaten. Die Schaffung wirksamer Anreiz- und Sanktionsmechanismen für eine risikoadäquate Kreditvergabe von seiten der Banken sollte mit einer weiteren Rechtsangleichung an die Bankrechtsstandards der EU verbunden werden, um auf diesem Gebiet den zum damaligen Zeitpunkt von der polnischen Regierung für das Jahr 2000 anvisierten Beitritt Polens zur EU entsprechend vorzubereiten. Den Kern der Verschärfung bildete in Abstimmung mit der Regierung Suchocka im Vorgriff auf die 1993 eingeleitete Regionalbankensanierung die bereits im November 1992 erlassene Richtlinie Nr. 19/92 zur *Bildung spezieller Risikoreserven für Kredite und Beteiligungen* der Banken an Nichtbanken.[4] Ziel der Richtlinie ist es, die Banken dazu zu zwingen, Rückstellungen zur Sicherung gegenüber potentiell schlechten Krediten oder Beteiligungen an insolventen Unternehmen zu bilden, um die dadurch entstehenden Risiken für die Liquidität der jeweiligen Bank zu begrenzen und eine Abwälzung dieser Risiken auf die Einleger zu vermeiden.[5]

Die Rückstellungen werden gemäß einem vierstufigen Risikogewichtungsschema gebildet. Die Einstufung der Kredite erfolgt durch die Banken selbst anhand von zwei Kriterien, erstens der bisherigen Tilgung der Verbindlichkeiten durch den Kreditnehmer bei der jeweiligen Bank und zweitens seiner allgemeinen finanziellen Lage. Zur Beurteilung des zweiten Kriteriums werden sowohl objektive Entscheidungsgrundlagen herangezogen, wie z.B. die Ergebnisentwicklung und die Liquiditätssituation des Kreditnehmers, als auch subjektive, wie z.B. die Qualität des jeweiligen Managements und die Abhängigkeit von bestimmten Absatzmärkten. Damit wird den Banken ein relativ großer diskretionärer Entscheidungsspielraum eingeräumt. Als langfristig orientierte Regelung lag dies auf der Linie der Regierungspolitik, denn die Marktakteure sollten die Kreditrisiken *selbständig* einschätzen. Kurzfristig barg dieser Spielraum jedoch auch Gefahren, denn die Banken besaßen damit die Möglichkeit, Kredite in ihren Risiken günstiger einzustufen als es objektiv angemessen wäre.[6] Die Gründe für ein solches Verhalten können z.B. darin liegen, daß die Bankmitarbeiter fachlich nicht in der Lage sind, die Risiken richtig einzuschätzen, wie dies ja bereits in den Jahren von 1990 bis 1992 offenbar wurde, oder daß aufgrund mangelhafter historischer Daten die Informationen für eine adäquate Risikoeinschätzung nicht ausreichen. Ein weiterer, nicht zu unterschätzender Grund kann jedoch auch der sein, daß die Bank durch die Einstufung in untere Risikokategorien versucht, möglichst wenig Eigenkapital zu verbrauchen. Angesichts der bereits skizzierten tendenziellen Unterkapitalisierung des Bankensektors waren die Anreize für das letztgenannte Verhalten durchaus gegeben.

Die Einteilung von Krediten und Beteiligungen umfaßt die Klassen *Standard, Substandard, Zweifelhaft* und *Verlust*.[7] Während für die Kredite in der erstgenannten Klasse keine Rückstellungen gebildet werden müssen, sind die Banken verpflichtet, in den Klassen zwei bis vier solche in Höhe von 20%, 50% bzw. 100% der Summe aller

---

[4] Vgl. WENZELER, Grischa (1995), S. 56.
[5] Vgl. KULCZYCKI, Władysław (1994b), S. 8.
[6] Ebenda.
[7] Vgl. WENZELER, Grischa (1995), S. 56.

Kredite und Beteiligungen in der jeweiligen Risikokategorie zu bilden.[8] Die Einstufung in Risikoklassen ist flexibel. Kredite bspw., die in die Kategorie *Zweifelhaft* eingeordnet werden, können bei einer Verbesserung der finanziellen Situation des Kreditnehmers oder der Stellung zusätzlicher Kreditsicherheiten in die Kategorie *Substandard* neu eingestuft werden. Obwohl die Einstufung selbständig durch die Banken erfolgt, muß die Bankenaufsicht hierüber laufend unterrichtet werden, um so willkürliche Neueinstufungen zu verhindern.[9] Im Zuge der weiteren Bankensanierung (vgl. Gliederungspunkt 6.1.2.1) konnte es daraufhin insb. in Risikokategorie Nr. 4 zu Einzelwertberichtigungen kommen.

Den Banken wurde zum Erreichen der geforderten Höhe der Rückstellungen ursprünglich eine Anpassungsfrist bis Ende 1993 eingeräumt. Als jedoch erkennbar wurde, daß diese Frist von vielen Kreditinstituten aufgrund ihrer dünnen Eigenkapitaldecke nicht eingehalten werden konnte, wurde mit der Richtlinie Nr. 11/93 für die Banken, die bei einer fristgerechten Reservenbildung eine Minderung des verfügbaren Eigenkapitals von mindestens 10% erleiden würden, die zeitliche Grenze individuell ausgedehnt.[10]

Die Verpflichtung der Banken zur Bildung von Rückstellungen - im Polnischen ist dabei von *speziellen Risikoreserven* die Rede - wurde ergänzt durch eine *neue Eigenkapitalrichtlinie* (Richtlinie Nr. 7/93), die von der Risikogewichtung der einzelnen Kreditklassen her in der Substanz nur wenig verändert wurde.[11] Dennoch bedeutet sie im Vergleich zur alten Eigenkapitalrichtlinie in zweierlei Hinsicht eine Verschärfung: Der weiterhin gültige Solvabilitätskoeffizient von 8% wurde für neu zugelassene Banken im ersten Jahr ihrer Geschäftstätigkeit auf 15% erhöht und beträgt im zweiten Geschäftsjahr immer noch 12%. Gleichzeitig werden die Banken im Unterschied zu den fehlenden Sanktionsmechanismen in der alten Eigenkapitalrichtlinie verpflichtet, im Falle des Unterschreitens des Solvabilitätskoeffizienten die Bankenaufsicht über die Gründe hierfür zu informieren und Gegenmaßnahmen zur Erhöhung der Eigenkapitalbasis einzuleiten. Generell unterliegen zudem staatliche Banken seit der Krise um notleidende Kredite über die gesamte Dauer ihrer Geschäftstätigkeit hindurch einem erhöhten Solvabilitätskoeffizienten von 12%. Diese Regelung ist jedoch im Gegensatz zu den zuvor genannten nicht auf die Initiative der NBP zurückzuführen. Vielmehr verhängte das Finanzministerium die neue Vorschrift für die in seiner Obhut befindlichen staatlichen Banken selbst.

Neben der Verschärfung der Richtlinien für die laufende Bankentätigkeit änderte die Bankenaufsicht auch ihre Zulassungspolitik für neue Kreditinstitute drastisch. Zwischen Juni 1993 und Ende 1994, als die *WestLB* sowie ein *joint venture* der *Dresdner Bank* und der *Banque Nationale de Paris* die Zulassung erhielten, vergab die NBP keine neuen Banklizenzen mehr, so daß die Zahl der neuen Banken damit zunächst nicht weiter anstieg.[12] Die zwischen 1990 und Ende 1992 schrittweise angehobenen Eigenkapitalanforderungen wurden nochmals erhöht, und zwar auf PLN 7 Mio. bzw. ECU 5 Mio.[13] Zum einen wird hieran deutlich, daß der NBP daran gelegen war, den Fehler der Vergangenheit, um der Implementierung von Wettbewerbsstrukturen willen

---

8 Ebenda.
9 Vgl. HERMAN-IZYCKA, Ewa (1994b), S. 4.
10 Vgl. KULCZYCKI, Władysław (1994b), S. 8.
11 Vgl. derselbe (1994a), S. 11.
12 Vgl. WENZELER, Grischa (1997), S. 222.
13 Vgl. $A_{10}$, S. 308/309.

die Unterkapitalisierung neuer Banken in Kauf zu nehmen, zu vermeiden. Zum anderen bestätigt diese Maßnahme jedoch auch die bereits zuvor bei der Schaffung institutioneller Grundlagen von der NBP an den Tag gelegte Politik der Vernachlässigung der neuen polnischen Banken, denn diese waren aufgrund ihrer prekären Lage hinsichtlich ihrer geringen Eigenkapitalbasis und ihrer mangelhaften Rentabilität ja bereits vom direkten Zugang zu wichtigen Institutionen, wie dem Zahlungsverkehrssystem und den Finanzmärkten, nahezu ausgeschlossen.[14] Damit erhielt der Begriff der *sekundären* Akteure eine weitere, mehr pejorative Bedeutung.

Um die Kontrollen der Banken durch die Bankenaufsicht künftig verstärken und die Einhaltung der neuen Vorschriften besser überwachen zu können, wurde die Aufsichtsabteilung der NBP personell kontinuierlich aufgestockt.[15] Dies ermöglichte nach und nach mehr *on-site investigations*. Bei *off-site investigations* können sich die Bankeninspektoren inzwischen zudem auf vereinheitlichte Bankbilanzrichtlinien und Kontenpläne für die Kreditinstitute stützen, die die Prüfungen erleichtern.[16]

Die Verschärfung der NBP-Richtlinien für die Kreditvergabe der Banken dokumentiert die Kehrtwende der Bankenaufsicht von einer wettbewerbs- hin zu einer mehr risikoorientierten Politik und stellt somit einen Beitrag dar, die Schwächen der rechtlichen Rahmenbedingungen zu überwinden. Diese Linie war deckungsgleich mit der der Regierung Suchocka. Die NBP genoß im Vergleich zur Regierung jedoch den Vorteil einer gewissen Unabhängigkeit von aktuellen politischen Strömungen, die eine finanzielle Unterstützung für Staatsbetriebe und staatliche Banken favorisierten, denn die Präsidentin der NBP war erst im Februar 1992 in ihr Amt gewählt worden und besaß aufgrund ihrer sechsjährigen Amtsperiode einen relativ großen Handlungsspielraum auch für unpopuläre Maßnahmen. Darin ist ein weiterer Grund dafür zu sehen, daß im Zuge der aufsichtsrechtlichen Verschärfung auf eine gleichlautende Präzisierung des Bankengesetzes zum damaligen Zeitpunkt verzichtet wurde: Die Kreditkrise erforderte ein schnelles Handeln, während die Verabschiedung eines neuen Bankengesetzes ein langwieriges parlamentarisches Verfahren impliziert hätte, mit ungewissem Ausgang angesichts der Tatsache, daß die Suchocka-Regierung unter massivem Druck durch Streiks und Proteste der Gewerkschaften stand.

Die neue Eigenkapitalrichtlinie und die Bildung spezieller Risikoreserven setzte das finanziell ohnehin angeschlagene Bankensystem zusätzlich unter Druck. Im Zuge der Reservenbildung 1993 mußte der Geschäftsbankensektor eine weitere Reduzierung der verfügbaren Eigenkapitalbasis und eine Verschlechterung der Rentabilitätskennziffern hinnehmen.[17] Der vom Staat gesetzte restriktive wirtschaftliche Rahmen trug zur angespannten Finanzlage bei. Ungünstig wirkte sich die Tatsache aus, daß es beim Erlaß der Richtlinie zur Bildung von Rückstellungen versäumt wurde, diese steuerlich zu berücksichtigen, also von der Steuerbasis der betroffenen Banken abzuziehen und damit als Aufwandsposten zu behandeln.[18] Der Staat befand sich gerade in Gestalt des Finanzministeriums in einem Interessenkonflikt: Auf der einen Seite mußte man mit Rücksicht auf die angespannte Lage des Staatshaushalts an einer möglichst breiten

---

[14] Vgl. hierzu die Gliederungspunkte 5.1.2.2 sowie 5.1.2.3.
[15] Vgl. $A_2$, S. 288.
[16] Vgl. PARFINIEWICZ, Adam et al. (1993), S. 41.
[17] Vgl. Tabelle 5.1 unter Gliederungspunkt 5.2.1.
[18] Vgl. $A_5$, S. 296 und $A_{11}$ (10. August 1994), S. 310.

Einnahmenbasis interessiert sein, auf der anderen Seite hatte das Finanzministerium aber auch ein Interesse daran, daß die neuen Aufsichtsregeln nicht zu einer weiteren finanziellen Destabilisierung des staatlichen Bankensektors führen.[19] Erst eineinhalb Jahre später, ab Mai 1994, wurden Risikoreserven der Kategorie *Verlust*, also 100%-ige Einzelwertberichtigungen, vom Finanzamt als Aufwandskomponenten anerkannt und konnten damit von der Steuerbasis abgezogen werden.[20]

Des weiteren wirkten sich die aufgrund der weiterhin restriktiven Geldpolitik hohen Mindestreserven auf die Liquiditätslage der Banken belastend aus. Sie mußten, wie bereits ausgeführt, täglich auf dem geforderten Niveau gehalten werden und stellten damit eine Art Zusatzsteuer dar.[21] Die Zentralbank reagierte auf die wachsenden Proteste von seiten der Geschäftsbanken relativ spät und änderte die Mindestreservebestimmungen erst im August 1994 dahingehend, daß die Mindestreservekonten der Banken bei der NBP nur noch im Monatsdurchschnitt auf dem erforderlichen Niveau gehalten werden mußten.[22] Dies eröffnete den Banken die notwendigen Liquiditätsspielräume. Zusätzliche Erleichterung ging von der im Anschluß an die Transformationskrise von 1990/91 von Jahr zu Jahr abnehmenden Inflationsrate aus, in deren Zuge auch die Mindestreserven sukzessive gesenkt werden konnten.

Finanziell belastend wirkte sich für die betroffenen staatlichen Banken schließlich die Umwandlung in Aktiengesellschaften in 100%-igem Staatsbesitz, also die Kommerzialisierung aus, denn der Staat verlangte als Alleinaktionär hohe Dividendenzahlungen, die den durch die Abschreibung schlechter Kredite ohnehin geschmälerten Nettogewinn der Kreditinstitute für Zwecke der Gewinnthesaurierung zusätzlich reduzierte. In diesem Zusammenhang sah sich das Finanzministerium, das die Höhe der Dividendenforderungen in Abstimmung mit der gesamten Regierung und den Bankenvorständen festlegte, dem Vorwurf ausgesetzt, die Banken als „Milchkuh des Staates" zu mißbrauchen.[23] Eine Rekapitalisierung der Banken erschien vor dem Hintergrund der angeführten finanziellen Belastungen unvermeidbar.

### 6.1.2 Bankenspezifische Interventionen des Staates

Die bankenspezifischen Interventionen der staatlichen Akteure, die die allgemeinen Maßnahmen ergänzen sollten, folgten grundsätzlich der Idee, daß dort, wo der geeignete institutionelle Rahmen bisher fehlte, nur *direkte staatliche Eingriffe* das Verhalten von Banken und Unternehmen nachhaltig zu ändern vermögen.[24] Das im Frühjahr 1993 für die Regionalbanken verabschiedete *Gesetz zur Sanierung von Banken und Unternehmen*, im folgenden GSBU genannt, war als Gemeinschaftswerk der Regierung Suchocka, der NBP und der internationalen Berater von Weltbank und IWF jedoch zugleich das Ergebnis der Überlegung, daß die Banken selbständig Lösungen für die Kreditbereinigung nach bestimmten vorgegebenen Mustern erarbeiten und dabei die Unternehmen aktiv mit in ihre Überlegungen einbeziehen sollten. Die Kreditbereini-

---

[19] Vgl. $A_6$ (3. August 1994), S. 300.
[20] Vgl. CHUDZIK, Robert (1995), S. 206.
[21] Vgl. hierzu die Ausführungen unter Gliederungspunkt 5.1.1.3.
[22] Vgl. WYCZAŃSKI, Paweł und Marta GOŁAJEWSKA (1995), S. 9.
[23] Vgl. $A_5$ (24. September 1994), S. 298.
[24] Vgl. APOLTE, Thomas und Feliks GRADALSKI (1992), S. 17/18.

gung folgte damit einem *dezentralen Ansatz*, d.h. die Verantwortung übernahm nicht eine staatliche Institution, wie z.B. in Tschechien die *Konsolidační Banka*, sondern die Geschäftsbanken selbst.[25] Der Staat griff mit den Bestimmungen des GSBU zwar in die Geschäftspolitik der Banken ein und intervenierte mit organisatorischen Änderungen in die einzelwirtschaftliche Ebene, doch nur insoweit, wie das GSBU hierfür den Rahmen absteckte.

Zwar sollte gemäß der Intention der Suchocka-Regierung die Sanierung der Regionalbanken nach den Vorgaben des GSBU zu einem späteren Zeitpunkt auch ein Modell dafür bieten, wie die Sanierung der übrigen staatlichen Kreditinstitute ablaufen könnte, doch mit dem Regierungswechsel vom Oktober 1993 veränderte sich das Verhältnis der Regierung gegenüber direkten Eingriffen in die Geschäftstätigkeit der Banken grundlegend. Die Politik der Regierung bewegte sich fortan nicht mehr in einer Art Spannungsfeld zwischen den beiden o.g. Polen, staatliche Intervention auf der einen und zugleich gesetzliche Bindung dieser Intervention auf der anderen Seite. Die neue Koalition aus SLD und PSL favorisierte vielmehr diskretionäre Maßnahmen, die nicht zwangsläufig an bestimmte Gesetze gebunden sein mußten. Dazu gehört z.B. die dauerhafte Subventionierung einzelner Banken und informeller Druck zugunsten bestimmter strategischer Entscheidungen, z.B. im Hinblick auf Änderungen der Organisationsstruktur bei den Kreditinstituten. Diese Politik fand ihren Niederschlag in erster Linie bei den Spezial- und den Genossenschaftsbanken.

Die Bankenpolitik der neuen Regierung, die sich - wie noch auszuführen ist - auch auf die Konzentrationsprozesse in Polens Bankensektor ab 1995 auswirken sollte, deckt sich mit den wirtschaftspolitischen Grundauffassungen innerhalb von SLD und PSL. De facto wurde der Reformkurs der Vorgängerregierungen von der SLD/PSL-Koalition nicht in Frage gestellt, denn insb. die Kabinette Mazowiecki, Bielecki und Suchocka hatten den Transformationsprozeß unumkehrbar gemacht.[26] Die Wirtschaftspolitiker des SLD befürworteten, wie die Vorgängerregierungen auch, die Privatisierung des staatlichen Unternehmenssektors und die Fortsetzung der Westorientierung Polens mit der angestrebten Einbindung des Landes in supranationale Organisationen, wie die OECD, bzw. den Eintritt in die EU. Der im April 1994 ernannte und für den Bankensektor verantwortliche neue Finanzminister Kołodko betonte jedoch auch die Notwendigkeit eines „starken Staates" im Sinne einer Lenkung des Transformationspfades durch staatliche Interventionen in den Wirtschaftsprozeß, dort wo es notwendig erscheine.[27] Ebenso verlangte der SLD im Wahlkampf eine stärkere soziale Abfederung der Reformen.

Größere Unterschiede im Vergleich zur Wirtschaftspolitik der früheren Kabinette vor der 93er Parlamentswahl zeichnete die PSL aus. Sie befürwortete Subventionen insb. zugunsten ihrer landwirtschaftlichen Klientel und versuchte so, überkommene Strukturen zu bewahren.[28] Sie befürwortete außerdem weit stärker als der SLD eine politische Einflußnahme auf den Wirtschaftsprozeß mit Hilfe einer personellen Machtbasis im staatlichen Banken- und Unternehmenssektor. So sorgte die PSL bspw. für die Ernennung des stellvertretenden Ministerpräsidenten und PSL-Funktionärs Olesiak zum Vor-

---

[25] Vgl. zur Sanierung in Tschechien DIEDERICH, Susanne und Robert FRIES (1995), S. 166-170.
[26] Vgl. SLAY, Ben (1994), S. 120.
[27] Vgl. KOŁODKO, Grzegorz W. (1993), S. 232.
[28] Vgl. BINGEN, Dieter (1994), S. 3 bzw. S. 8.

standsvorsitzenden der BGŻ im Februar 1994.[29] Der Einfluß der PSL sollte sich im Laufe der Bankensanierung gerade im Genossenschaftsbankensektor auswirken und auch für eine weitere Verzögerung der Bankenprivatisierung sorgen. Doch trotz der sichtbaren wirtschaftspolitischen Unterschiede zwischen SLD und PSL besaß die neue Regierung dennoch aufgrund ihrer breiten parlamentarischen Mehrheit bessere Chancen als ihre Vorgänger, die notwendigen bankspezifischen Interventionen zügig umzusetzen.

#### 6.1.2.1 Sanierung und Privatisierung der Regionalbanken

Von vornherein waren die Regelungen des GSBU von seiten der Reformer nicht nur als Instrumente dafür gedacht, um mit der Kreditbereinigung ein wichtiges *Zwischenziel* hin zu einem effizienten marktwirtschaftlichen Bankensystem zu realisieren, sondern auch um zwei *langfristige Zielsetzungen* zu erreichen, zum einen die Privatisierung der Banken und zum anderen die Kontrolle der im Rahmen ihrer Sanierung ebenfalls zu privatisierenden staatlichen Betriebe durch den Bankensektor. Die Privatisierung der Regionalbanken wurde daher per Junktim an ihre Sanierung gekoppelt: Während für die Sanierung ein zeitlicher Rahmen von März 1993 bis März 1996 gesetzt wurde, sollte die Privatisierung der Regionalbanken bis Ende 1996 abgeschlossen sein.[30] Dabei wurde von seiten der internationalen Berater erheblicher finanzieller Druck ausgeübt: Die westlichen Geberländer, die für den gesamtwirtschaftlichen Transformationsprozeß im sogenannten Stabilisierungsfonds rund USD 1 Mrd. bereitgestellt hatten, waren bereit, hiervon USD 400 Mio. aus einem zu gründenden Bankenprivatisierungsfonds unter der Bedingung auszuzahlen, daß die Regionalbanken bis Ende 1996 privatisiert seien bzw. ihre Privatisierung zumindest eingeleitet worden sei.[31]

Der Schritt hin zur Bankkontrolle von Unternehmen war in Anbetracht der Tatsache, daß das Bankengesetz Polens Bankensektor als Universalbankensystem definierte, nur logisch. Auch ökonomisch macht das Insidersystem Sinn, nicht nur, weil die Warschauer Börse zunächst von ihrer Marktkapitalisierung und der Liquidität der dort gehandelten Werte her nur eine sekundäre Rolle spielte, sondern auch, weil die Regionalbanken aufgrund ihrer langfristigen Kreditbeziehungen bereits über viele nichtöffentliche Informationen über ihre Firmenkunden verfügten. Eine institutionalisierte Unternehmenskontrolle durch die Regionalbanken, bspw. über Beteiligungen an den Betrieben, würde daher des weiteren die Informations-, aber auch Kredit- und Transaktionskosten senken.[32] Allerdings erfordert das System der Insiderkontrolle durch die Regionalbanken seinerseits auch eine strenge Kontrolle derselben, um ein Wiederaufflackern der Kreditprobleme für die Zukunft zu vermeiden. Mit der Verschärfung der allgemeinen Bankenregulierung war diese Voraussetzung jedoch erfüllt. Die Implementierung des Systems der Unternehmenskontrolle durch Banken bedeutete für die Betriebe, die in das Sanierungsprogramm einbezogen wurden, zugleich das Ende des in Polen etablierten Systems der Unternehmenskontrolle durch den Faktor Arbeit.

---

[29] Ebenda, S. 16.
[30] Vgl. MONTES-NÉGRET, Fernando und Luca PAPI (1996), S. 84.
[31] Vgl. $A_1$ (23. September 1996), S. 286.
[32] Vgl. FINK, Gerhard und Peter HAISS (1996/II), S. 540.

Die Regionalbanken sollten im Zuge der Kreditbereinigung einen aktiven Beitrag zur Sanierung und Privatisierung der Unternehmen leisten, und sie waren aufgrund ihrer Insiderinformationen in bezug auf die regionalen Industriebetriebe hierzu auch am ehesten in der Lage. Einbezogen werden sollten alle überschuldeten Staatsbetriebe bis auf wenige große und politisch sensible Unternehmen, wie den Traktorenbauer *Ursus* oder die *Danziger Schiffswerft*, Keimzelle der Streikbewegung von 1980, aus der seinerzeit die Gewerkschaft Solidarność entstanden war. Der gewählte dezentrale Ansatz der Banken- und Unternehmenssanierung sollte ganz im Sinne der Reformer von 1989 etwaige bürokratische oder politische Einflußnahme staatlicher Akteure ausschließen.[33] Die Verantwortung für die Kreditbereinigung bedeutete für die Regionalbankenmanager zugleich einen hohen Anreizmechanismus sowie die Induzierung von Lerneffekten.[34] Die bis zum 31. Dezember 1991 identifizierten schlechten Kredite wurden aus den Bankbilanzen ausgesondert und einer speziell aufzubauenden Kreditabteilung in den Regionalbanken zur Bearbeitung übertragen. Das Finanzministerium griff somit auch in die Organisationsebene der Banken ein. Zudem ernannte der Staat die Leiter der Kreditabteilungen und berief sie zugleich in die Vorstände der Regionalbanken.[35]

Das GSBU stellte den Banken insgesamt drei Instrumente zur Kreditbereinigung zur Verfügung. Das wichtigste sollten nach dem Willen der Gesetzgeber *debt-equity swaps* darstellen, denn sie boten den Banken eine direkte Möglichkeit, Anteile an den zu entschuldenden Betrieben zu erwerben und damit einen aktiven Beitrag zur Unternehmensprivatisierung und zur Implementierung des Systems der Insiderkontrolle zu leisten.[36] Ein weiteres Instrument stellte der *Verkauf von Schulden an Dritte* dar. Gedacht war dabei sowohl an strategische Investoren aus dem Ausland als auch an polnische Direktinvestoren. Das dritte Instrument schließlich waren *spezielle Vereinbarungen zwischen Banken und Betrieben*. Diese umfaßten im wesentlichen drei Möglichkeiten, *debt-equity swaps*, einen Schuldenerlaß bzw. eine zeitliche Umstrukturierung der Schuldenrückzahlung sowie drittens die Vergabe neuer Kredite unter jeweils strengen Auflagen.[37] Um jedoch auch bei der Inanspruchname des dritten Instruments der Bankvereinbarungen, und hier speziell einer Umschuldung, die zugleich eine Umgehung der Entstaatlichung über *debt-equity swaps* bzw. den Schuldenverkauf an Dritte bedeutete, trotzdem eine strenge Unternehmenskontrolle zu erreichen, war mit ihr automatisch die Kommerzialisierung des betroffenen Staatsunternehmens verbunden. Dies bedeutete gleichermaßen die Unternehmenskontrolle durch den Alleinaktionär Staat, vertreten durch das Privatisierungsministerium, und auf diese Weise eine entscheidende Schwächung der Gewerkschaftsseite.[38] Den Banken oblag es im Rahmen des GSBU, die von den Unternehmen im Vorfeld ihrer Entschuldung jeweils obligatorisch vorzulegende Geschäftsstrategie und Entwicklungspläne zu evaluieren. Dies erforderte ein relativ hohes Maß an Fachwissen, das zumindest in den Banken, die noch keinen *twinning*-Partner aus dem Ausland gefunden hatten und somit nicht auf fremdes Expertenwissen zurückgreifen konnten, eine recht hohe Hürde darstellte.

---

[33] Vgl. BORISH, Michael S., Wei DING und Michel NOËL (1997), S. 51.
[34] Vgl. MONTES-NÉGRET, Fernando und Luca PAPI (1996), S. 88/89.
[35] Vgl. GRAY, Cheryl W. und Arnold HOLLE (1996), S. 3.
[36] Vgl. CHUDZIK, Robert (1997), S. 4.
[37] Vgl. zu den Entschuldungsinstrumenten MONTES-NÉGRET, Fernando und Luca PAPI (1996), S. 85 sowie $A_8$, S. 306.
[38] Vgl. GRAY, Cheryl W. und Arnold HOLLE (1996), S. 26.

Um die zuvor bereits skizzierte Rückstellungsbildung und ggfs. im Anschluß daran auch Kreditabschreibungen überhaupt vornehmen zu können, war eine Rekapitalisierung der Regionalbanken notwendig. Das Eigenkapital der Regionalbanken wurde daher mit insgesamt PLN 11,1 Mrd. aufgestockt, wobei diese Mittel sieben der insgesamt neun Regionalbanken zuflossen. Für die *Wielkopolski Bank Kredytowy (WBK)* aus Poznań und die *Bank Śląski (BŚK)* aus Katowice wurde auf eine Erhöhung der Eigenmittel verzichtet, da die Volumina schlechter Kredite in ihren Kreditportefeuilles im Vergleich zum Eigenkapital der beiden Kreditinstitute in einem recht günstigen Verhältnis zueinander standen, so daß eine Rekapitalisierung nicht zwingend geboten erschien. Die Höhe der Rekapitalisierung wurde so gewählt, daß die Regionalbanken die vom Finanzministerium gesetzte Anforderung eines Solvabilitätskoeffizienten von 12% erfüllen konnten.[39]

Die Aufstockung der Eigenmittel stand im Konflikt mit dem Defizit des Staatshaushalts. Der Staat stellte sich zwar seiner Verantwortung für die Bankensanierung, wählte aber mit Rücksicht auf die angespannte Finanzlage des Budgets den Weg über festverzinsliche Wertpapiere anstelle einer Aufstockung über liquide Mittel. Diese sogenannten *Restrukturierungsanleihen* besitzen eine Laufzeit von fünfzehn Jahren, nach der die Tilgung erfolgt, und sie implizieren feste Zinszahlungen. Die Bonds können nicht auf den Finanzmärkten gehandelt werden und sind somit wenig liquide.[40] Sie bedeuten damit de facto nur eine buchhalterische Eigenkapitalerhöhung, um so bilanziell Kreditabschreibungen vornehmen zu können. Die Rekapitalisierung versetzte die Regionalbanken nichtsdestotrotz in die Lage, unverzüglich die ihnen durch das GSBU zur Verfügung gestellten Sanierungsmethoden aktiv zu nutzen und damit ihre Kreditbeziehungen zu den Staatsbetrieben auf eine ökonomisch gesunde Grundlage zu stellen. Den Regionalbankenmanagern wurde zugleich deutlich gemacht, daß die Rekapitalisierung nur *einmal* vorgenommen werden würde. Die Banken sahen sich damit ganz reell *harten* Budgetrestriktionen von seiten des staatlichen Eigentümers gegenüber, wie es die Regierungen bereits seit 1992 angestrebt hatten. Dies schuf einen zusätzlichen Anreiz für die Bankenmanager, ihrerseits künftig harte Budgetrestriktionen gegenüber ihren Schuldnern anzuwenden. Die alte Interessenkoalition zwischen Regionalbanken und den regional dominanten Staatsbetrieben war somit endgültig aufgebrochen.

Die harte Linie des Kabinetts Suchocka besaß eine relativ hohe Glaubwürdigkeit: Zum einen war sie eine logische Fortsetzung der Verhängung harter Budgetrestriktionen von seiten der Banken gegenüber überschuldeten Unternehmen, wie sie im Herbst 1991 durch das Verbot neuer Kredite an eben jene Schuldnergruppe noch unter dem damaligen Finanzminister und Parteifreund Suchockas, Leszek Balcerowicz, realisiert worden waren.[41] Zum anderen bestanden v.a. auch die internationalen Politikberater von Weltbank und IWF auf der Einmaligkeit der Bankenrekapitalisierung. Gerade in diesem Punkte machte sich deren Handschrift hinsichtlich der Sanierung der Regionalbanken bemerkbar, die bei der Sanierung der übrigen Bankengruppen, schon unter der neuen SLD/PSL-Koalition, hingegen fehlte.

---

[39] Vgl. ANDERSON, Ronald W. und Chantal KEGELS (1998), S. 162 sowie $A_8$, S. 306.
[40] Vgl. $A_{10}$, S. 309.
[41] Vgl. die Ausführungen in Gliederungspunkt 5.2.2.2.

### 6.1.2.2 Sanierung der Spezialbanken

Die politische Kraft der Suchocka-Regierung reichte für eine über den Kreis der Regionalbanken hinausgehende Sanierung des Bankensystems nicht mehr aus, denn nach dem erfolgreichen Mißtrauensvotum gegen das Suchocka-Kabinett vom Frühjahr 1993 lähmte der Wahlkampf alle weiteren wirtschaftspolitischen Reformvorhaben der Regierung. Die Sanierung der Spezialbanken wurde somit erst unter der neuen SLD/PSL-Koalition in Angriff genommen und auch erst, nachdem G. Kołodko im Frühjahr 1994 zum neuen Finanzminister ernannt worden war. Anders als die Maßnahmen zur Sanierung der Regionalbanken trug die weitere Sanierungspolitik gegenüber den Spezial- und auch gegenüber den Genossenschaftsbanken allein die Handschrift von SLD und PSL sowie der NBP, ohne daß ausländische Experten maßgeblich an der Ausarbeitung der weiteren Sanierungsschritte beteiligt gewesen wären.

Die Sanierung der Spezialbanken konzentrierte sich auf die beiden Sparkassen PKO BP und PeKaO S.A., da sie die weitaus größten, aufgrund ihrer speziellen Geschäftsfelder strategisch bedeutsamsten und vom Problem schlechter Kredite am meisten belasteten Spezialkreditinstitute waren. Der augenfälligste Unterschied zwischen der Politik der früheren Regierung gegenüber den Regionalbanken und der SLD/PSL-Politik gegenüber den Spezialbanken war die Tatsache, daß die angestrebte Sanierung nicht mit der späteren Privatisierung der beiden Sparkassen verknüpft wurde. Dies war ein erster Hinweis darauf, daß die Bankenprivatisierung fortan keine Priorität mehr besaß für die offizielle Regierungspolitik und sie daher im folgenden, wie BALCEROWICZ kritisch konstatiert, auch systematisch verlangsamt wurde.[42] Diese Linie entsprach der bisherigen Politik der PSL, die mit dem neuen Ministerpräsidenten Pawlak zunächst ein großes Gewicht innerhalb der neuen Regierung besaß.

Es ist jedoch auch einzuräumen, daß die Ankündigung einer baldigen Privatisierung von PKO BP und PeKaO S.A. unrealistisch gewesen wäre, denn zum einen reichte das an der Warschauer Börse zur Verfügung stehende polnische Kapital für die Privatisierung von zwei Banken dieser Größenordnung nicht aus, und zum anderen stand v.a. die PSL der Beteiligung *ausländischer* Kreditinstitute an polnischen Banken ausgesprochen kritisch gegenüber. Zum dritten erschien es, zumindest im Falle der PKO BP, jedoch auch zweifelhaft, selbst bei vorhandener politischer Bereitschaft der PSL überhaupt einen strategischen Investor aus dem Ausland zu finden, denn eine finanzanalytische Bewertung der Bank hätte aufgrund der hohen Belastung mit faulen Wohnungsbaukrediten ergeben, daß das Institut ohne die Garantie des Staates für diese Kredite als konkursreif anzusehen wäre.[43] Die PKO BP besitzt jedoch den Status des *too-big-to-fail*, so daß die Rekapitalisierung 1993 mit Restruktrierungsanleihen in Höhe von PLN 5,7 Mrd. als politisch logisch, wenn auch ökonomisch nicht unbedingt rational einzustufen ist.

Mit der Rekapitalisierung der PKO BP, und im Jahr darauf auch der PeKaO S.A., mit Restrukturierungsanleihen in Höhe von PLN 3,7 Mrd. versuchte man zugleich, die Instrumente des GSBU für die Regionalbanken auch auf die Sparkassen zu übertragen.[44] Für die von den beiden Banken nach 1989 vergebenen neuen schlechten Kredite schien dies auch sinnvoll, doch die spezielle Wohnungsbauproblematik der PKO BP

---

[42] Vgl. BALCEROWICZ, Leszek (1995), S. 322.
[43] Vgl. $A_6$ (3. August 1994), S. 301.
[44] Ebenda.

verhinderte eine 1 : 1-Übertragung des Sanierungsgesetzes der Regierung Suchocka zur Bereinigung der alten faulen Kredite im Kreditportfolio dieses Instituts. Der Staat hielt seine Garantie für die alten Wohnungsbaudarlehen aufrecht. Insofern wurde die PKO BP durch staatliche Subventionierung künstlich am Leben erhalten, und das bei der Sanierung der Regionalbanken angewandte Prinzip harter Budgetrestriktionen wurde strenggenommen fallengelassen.[45]

Das Jahr 1995 brachte jedoch für die weitere Entwicklung der Bank einen wichtigen Einschnitt: Nachdem die Subventionierung neuer Wohnungsbaudarlehen in der Amtszeit von Balcerowicz als Finanzminister bereits nach und nach eingeschränkt worden war, wurde nach langer Diskussion innerhalb der Regierungskoalition ein Hypothekenbankgesetz erlassen, das zum einen eine feste Regelung für die Vergabe neuer Wohnungsbaukredite brachte und zum anderen das Hypothekenbankgeschäft grundsätzlich für andere Banken öffnete, um dadurch auch in diesem Marktsegment des Bankensektors Wettbewerb zu schaffen.[46] Fortan wurden beim Abschluß neuer Bausparverträge 30% der jährlich von den privaten Haushalten für den Wohnungsbau anzusparenden Summe vom Staat getragen. Der PKO BP wurde zudem ermöglicht, realistische Zinsen für neue Wohnungsbaukredite zu erheben, um so das Hypothekengeschäft wieder rentabel zu gestalten.[47]

Auf Initiative der vom Finanzministerium zum größten Teil neu eingesetzten Aufsichtsräte der PKO BP und der PeKaO S.A. wurde von den zuständigen Bankvorständen zudem für beide Sparkassen jeweils eine neue Organisationsstruktur erarbeitet, die die passive Kreditvergabe der Vergangenheit verhindern und Anreize für eine strenge Gewinnorienterung der Bankhäuser schaffen sollte. Kern der neuen Struktur war die Implementierung eines *profit-center*-Konzepts, das auch die regionalen und lokalen Einheiten der beiden Sparkassen zu eigenverantwortlichem und gewinnorientiertem Wirtschaften veranlassen sollte.[48] Auf dieser Grundlage sollten beide Häuser ihre Geschäftstätigkeit über ihr bisheriges Kerngeschäft hinaus ausweiten, ohne dabei untragbare Kreditrisiken einzugehen. Der Staat griff damit, anders als bei der Regionalbankensanierung, nicht nur massiv in die Organisationsstruktur der Sparkassen ein, sondern beeinflußte über den Aufsichtsrat auch deren langfristige Entwicklungsstrategie.

### 6.1.2.3 Maßnahmen gegenüber dem Genossenschaftsbankensektor

Eine völlige Neuorganisation des Genossenschaftsbankensektors war das Ergebnis der Sanierungsbemühungen für diesen Teil des Bankensystems. Zwischen der NBP, der Regierung und der Spitze der BGŻ wurde eigens ein Gesetz zur *Sanierung des Genossenschaftsbankensektors* ausgearbeitet, das im folgenden abgekürzt GSG genannt wird. Mit dem im Sommer 1994 vom Sejm verabschiedeten GSG verbanden sich offiziell drei Zielsetzungen: eine stärkere Zentralisierung des Genossenschaftsbankwesens, die Schaffung einer Aufsichts- und Refinanzierungsstruktur, die neue schlechte Kredite verhindert, sowie ein späterer Rückzug des Staates aus dem Genossenschaftsbankensy-

---

[45] Vgl. $A_{10}$, S. 308.
[46] Vgl. FALCK, Jonathan und Peter DINGELDEIN (1997), S. 1.
[47] Vgl. HABIBI, Robert et al. (1996), S. 6 sowie $A_{19}$, S. 325.
[48] Vgl. $A_7$, S. 305 sowie $A_{12}$, S. 314.

stem.[49] Die Politik gegenüber den Genossenschaftsbanken war ein politisch hoch brisantes Sujet, hatten doch die Regierungsparteien SLD und v.a. die PSL die vorangegangenen Wahlen zum Sejm nicht zuletzt wegen massiver Vorwürfe gewonnen, die bisherigen Koalitionsparteien würden in der Agrarpolitik konzeptionslos verfahren.[50] Sieht man von den o.g. offiziellen Zielsetzungen der Genossenschaftsbankensanierung ab und betrachtet die jeweiligen Ziele der drei Verhandlungsparteien, so bilden die beschlossenen Maßnahmen gegenüber den Genossenschaftsbanken einen Kompromiß zwischen diesen Einzelzielen. Zu berücksichtigen gilt es dabei, daß die Spitze der NBP politisch dem Lager der Wahlverlierer von 1993 nahestand, das Finanzministerium bereits von G. Kołodko als Vertreter des SLD geführt wurde, und die Führung der BGŻ stark unter dem Einfluß der PSL stand. Der Genossenschaftsbankensektor behielt seine zweiteilige Struktur mit dem BGŻ-Verbund auf der einen und den BGŻ-unabhängigen Genossenschaftsbanken auf der anderen Seite. Beide Teile wurden aber jeweils gestrafft, wobei der BGŻ-Verbund eine dreiteilige Organisationsstruktur erhielt:

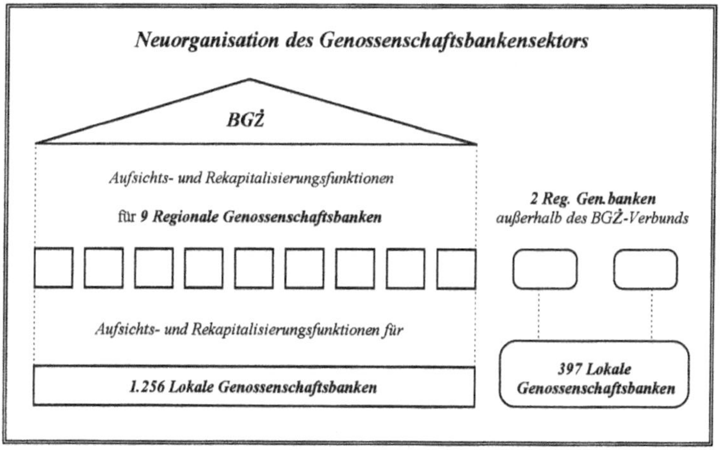


**Abb. 6.1: Neuorganisation des Genossenschaftsbankensektors 1994**

An der Spitze des BGŻ-Verbunds steht weiterhin die BGŻ als nationale Genossenschaftsbank. Sie wurde in eine Aktiengesellschaft umgewandelt mit einem Staatsanteil von 54%. Auf regionaler Ebene wurden, ebenfalls in der Rechtsform als Aktiengesellschaften, neun Genossenschaftsbanken geschaffen (§ 13 GSG), die die restlichen Anteile an der BGŻ von zusammen 44% unter sich aufteilen.[51] Anteilseigner der regionalen Institute wurden die lokalen Genossenschaftsbanken (§ 12 Abs. 1 GSG). Die BGŻ erhielt Aufsichts- und Refinanzierungsfunktionen für die regionalen Einheiten, diese wiederum für die lokalen Genossenschaftsbanken.[52] Damit wurde die mit der Dezen-

[49] Vgl. TUPIN, Ryszard (1994), S. 23.
[50] Vgl. BINGEN, Dieter (1994), S. 10.
[51] Vgl. o.V. (1994a): Act of 24th June 1994 on the Restructuring of Cooperative Banks and the Food Economy Bank.
[52] Vgl. $A_1$ (11. August 1994), S. 285.

tralisierung des Genossenschaftswesens im Jahre 1990 entstandene Aufsichtslücke geschlossen und dem Drängen der NBP nach einer arbeitsteiligen Kontrolle in Zusammenarbeit mit der BGŻ, die weiterhin von der Bankenaufsicht kontrolliert wird, stattgegeben. Die Refinanzierungsfunktionen der BGŻ bzw. der regionalen Einheiten für die jeweils untergeordnete Organisationsebene umfaßt auch einen internen Einlagensicherungsfonds, der die Genossenschaftsmitglieder der lokalen Ebene, die über Depositenkonten bei den BGŻ-Instituten verfügen, bei Liquiditätsproblemen der lokalen Einheiten gegen Verluste absichern soll (§ 30 GSG).[53]

Ebenfalls auf Vorschläge der NBP und der entsprechenden Unterstützung durch das Finanzministerium gehen die verschiedenen Regelungen zurück, die die Vergabe neuer schlechter Kredite durch die mittlere und die untere Organisationsebene des BGŻ-Verbunds vermeiden helfen sollen. So ist die Geschäftstätigkeit der lokalen Einheiten fortan auf das lokale Einzugsgebiet bzw., bei einer entsprechenden Genehmigung durch die zuständige regionale Genossenschaftsbank, auf die jeweilige Heimatregion beschränkt (§ 4 GSG). Abgesehen von einer außerordentlichen Erlaubnis der jeweiligen regionalen Einheit müssen sich die lokalen Institute zudem auf das Einlagen- und Kreditgeschäft beschränken (§ 5 GSG). Hierdurch verloren die lokalen Genossenschaftsbanken den von ihnen zu Beginn der Transformation angestrebten Universalbankcharakter. Kredite dürfen laut § 7 Abs. 1 GSG an Genossenschaftsmitglieder nur noch bis zur Höhe ihres jeweiligen Anteils an der lokalen Bank genehmigt werden, um die in der Vergangenheit aufgetretenen Fälle von Korruption einzudämmen. Zudem müssen die Kredite jeweils von einem pro lokaler Einheit einzurichtenden Kreditkomitee genehmigt werden (§ 10 GSG). Mittel- und langfristige Kredite dürfen von der lokalen Ebene nur noch in Ausnahmefällen gewährt werden (§ 27 Abs. 2 Satz 2 GSG). Das GSG schreibt eine Kreditvergabestruktur für den BGŻ-Verbund vor, nach der rund 55% der Mittel für die Kreditvergabe auf nationaler Ebene durch die BGŻ selbst gewährt werden, 25% auf regionaler Ebene und nur noch 20% auf der lokalen Ebene.[54]

Im Gegensatz zu den recht detaillierten Vorschriften zur Vermeidung neuer schlechter Kredite konnte eine abschließende Lösung für den Altkreditbestand nicht gefunden werden. Eine Übertragung des Regionalbankensanierungsgesetzes auf den Genossenschaftsbankensektor schien ausgeschlossen, denn auf lokaler Ebene waren die Schuldner nicht staatliche Betriebe, sondern bäuerliche Haushalte. Auf nationaler Ebene im Kreditportfolio der BGŻ wiederum waren faule Kredite solche an die Landwirtschaftsgenossenschaften bzw. an staatliche Agrarbetriebe. Daher bedurfte es einer grundlegenden Sanierung des landwirtschaftlichen Sektors unter Einschluß von Subventionsabbau und der Schließung unrentabler Betriebe, wenn es zu einer Kreditbereinigung bei der BGŻ kommen sollte. Dies scheiterte am Widerstand der PSL. Stattdessen erwirkte sie eine mehrmalige Rekapitalisierung des BGŻ-Verbunds und eine Fortsetzung der Vergabe verbilligter und staatlich garantierter Agrarkredite, so wie sie es im 93er Wahlkampf gefordert hatte.[55]

Die Rekapitalisierung der BGŻ umfaßte in den Jahren 1993 bis 95 zusammen PLN 36,9 Mrd. in Form von Restrukturierungsanleihen.[56] Das ist mit Abstand der

[53] Vgl. $A_{11}$ (10. August 1994), S. 311.
[54] Vgl. $A_1$, S. 285.
[55] Vgl. BINGEN, Dieter (1994), S. 16.
[56] Vgl. Tabelle 6.2 unter Gliederungspunkt 6.1.4.1.

höchste Betrag, den eine polnische Bank als direkte Kapitalspritze vom Staat erhielt. Mit der fortgesetzten Subventionierung sah sich die BGŻ ganz unmittelbar - im Gegensatz zu den Regionalbanken - weiterhin weichen Budgetrestriktionen gegenüber und besaß damit kaum Anreize, ihre Kreditvergabepraxis risikoadäquat zu gestalten. Dies brachte den für die Bankensanierung verantwortlichen Politikern innerhalb der Regierung den Vorwurf ein, die BGŻ würde als *'too-big-to-be-liquidated'* behandelt.[57] Im Gegensatz zum Beispiel der Spezialbanken wurden die Spitzenmanager der BGŻ aufgrund der herrschenden Protektion durch die PSL trotz schwerwiegender Managementfehler in der Vergangenheit nicht ausgetauscht.[58] Doch selbst wenn es zu einem solchen personellen Revirement gekommen wäre, hätte auch ein neues BGŻ-Management kaum Chancen gehabt, sich der fortgesetzten Instrumentalisierung durch den Staat zu entziehen. Mit einem Anteil von 70% an den jährlich vergebenen, staatlich garantierten Landwirtschaftskrediten ist die BGŻ zu wichtig für die Subventionierung der polnischen Landwirtschaft, als daß die Regierung ihren Einfluß auf den Genossenschaftsbankensektor aufgeben würde.[59] Daraus erklärt sich auch die Tatsache, daß im Gegensatz zum Hypothekenbankgeschäft im Bereich der Agrarfinanzierung auf die Schaffung von Wettbewerbsstrukturen weitgehend verzichtet wurde. So besitzen die BGŻ und die Genossenschaftsbanken in ihrem angestammten Geschäftsbereich kaum ernsthafte Konkurrenz durch andere Kreditinstitute. Doch selbst bei einer Öffnung des Marktes für Agrarkredite wäre eine rasche Etablierung von Wettbewerb angesichts der ökonomischen Probleme des polnischen Landwirtschaftssektors unwahrscheinlich.

Das GSG sieht bis zum Jahre 1999 einen Rückzug des Staates aus seiner Eigentümerfunktion bei der BGŻ vor: Gemäß § 37 Abs. 1 GSG soll die BGŻ innerhalb eines Zeitraums von fünf Jahren nach ihrer Umwandlung in eine Aktiengesellschaft mit der Veräußerung des staatlichen Mehrheitsanteils an die regionalen Genossenschaftsbanken privatisiert werden. Diese Regelung stellt ein Zugeständnis der PSL an das Finanzministerium dar, da der SLD grundsätzlich eine langfristige Privatisierung des Bankwesens befürwortete. De facto war dieser Zeithorizont für die Entstaatlichung der BGŻ angesichts der Problematik der faulen Altkreditbestände und der fortgesetzten Subventionierung der Agrarkredite jedoch von vornherein unrealistisch. Als zusätzliche Hürde wurde zudem in die Regelung die Bedingung eingebaut, daß die BGŻ bis zur Privatisierung einen Solvabilitätskoeffizienten von 8% erreichen müsse sowie im Gegenzug die regionalen Genossenschaftsbanken einen Koeffizienten in Höhe von 6%. Solange aber keine grundlegende Änderung der Agrarfinanzierung, eine Restrukturierung des polnischen Landwirtschaftssektors und damit auch eine Lösung für die BGŻ-Altkreditbestände erfolgt, dürften solche Rentabilitätskennziffern kaum erreichbar sein.

Die Regelungen des GSG zur Beachtung von Kreditrisiken galten in Teilen auch für die von der BGŻ unabhängigen Genossenschaftsbanken. Sowohl die NBP als auch das vom SLD geführte Finanzministerium sowie die PSL strebten eine Rezentralisierung des Genossenschaftsbankensektors unter dem Dach der BGŻ an. Die NBP und das Finanzministerium erhofften sich davon eine strengere Kontrolle der lokalen Institute, die PSL bessere Einflußmöglichkeiten auf den Genossenschaftsbankensektor. Daher wurde es den unabhängigen Genossenschaftsbanken, die sich inzwischen zwei regio-

---

[57] Vgl. $A_1$ (11. August 1994), S. 288.
[58] Vgl. $A_6$ (3. August 1994), S. 301.
[59] Vgl. $A_{21}$, S. 329.

nalen Instituten in Warschau bzw. in Wrocław angeschlossen hatten, freigestellt, sich bis zum Oktober 1994 wieder der BGŻ-Struktur anzuschließen (§ 31 Abs. 1 GSG). Die unabhängigen Genossenschaftsinstitute machten hiervon jedoch kaum Gebrauch: Im Jahre 1995 lag ihre Zahl mit 490 weiterhin deutlich über der von 86 Instituten kurz nach der Dezentralisierung des Genossenschaftswesens.[60] Die Gründe für die mangelhafte Bereitschaft, dem BGŻ-Verbund erneut beizutreten, waren vielfältig: Ein Grund für den Austritt aus dem BGŻ-Verbund im Jahre 1990 war die Bevormundung durch das nationale Spitzeninstitut gewesen. Angesichts der verschärften Kontrollen innerhalb der BGŻ-Organisation erschien den unabhängigen Instituten daher ein Wiedereintritt recht unattraktiv. Neben den Kontrollmöglichkeiten hinsichtlich der weiteren Kreditvergabe wird die allgemeine Entwicklungsstrategie der lokalen Genossenschaftsinstitute zudem weitgehend von der BGŻ determiniert. Dem wollten sich die meisten unabhängigen Institute ebenfalls nicht beugen. Schließlich war die finanzielle Situation der BGŻ-Banken im Durchschnitt schlechter als die der unabhängigen Banken und der Abschreibungsbedarf an schlechten Krediten größer. Im Zusammenhang damit wäre der Großteil der Genossenschaftsbanken bei einem Wiedereintritt in den BGŻ-Verband zum Nettozahler für die maroden BGŻ-Institute geworden. Auch diese Aussicht wirkte auf die meisten unabhängigen Banken abschreckend.[61]

Auf der anderen Seite stand dem der Anreiz der umfangreichen Rekapitalisierung gegenüber, denn die unabhängigen Banken erhielten keine Finanzspritzen von seiten des Staates. Der BGŻ-Genossenschaftsbankensektor blieb damit insgesamt ein privilegierter Ausnahmebereich des polnischen Bankwesens. Die finanziellen Privilegien erstreckten sich neben der umfangreichen Rekapitalisierung auch auf weitere finanzielle Erleichterungen, wie die vorläufige Aussetzung der 8%-Vorschrift bzgl. des Solvabilitätskoeffizienten und die Befreiung von den Mindestreserveregelungen der NBP.[62]

### 6.1.2.4 Maßnahmen gegenüber den neuen Banken

Das Privileg einer umfangreichen Rekapitalisierung durch das Finanzministerium galt ausschließlich für die staatlichen Banken, nicht jedoch für die Banken mit gemischtem Kapital. Ganz im Gegensatz zu den staatlichen Banken konnten die neuen polnischen Kreditinstitute somit keine grundlegende Aufstockung des Eigenkapitals durch Restrukturierungsanleihen in Anspruch nehmen. Auf diese Weise traf die Verschärfung der Aufsichtsrichtlinien mit der obligatorischen Bildung spezieller Risikoreserven gegen schlechte Kredite die sekundären Bankenakteure besonders hart, denn sie mußten die Rückstellungen in einer Situation bilden, die ohnehin von einer allgemeinen Unterkapitalisierung der neuen Banken gekennzeichnet war. So verwundert es nicht, daß Ende 1993 insgesamt 17 nach der Wende von 1989 gegründete Geschäftsbanken den Solvabilitätskoeffizienten von 8% nicht erreichen konnten.[63]

Vor dem Hintergrund der staatlichen Finanznot ist es verständlich, daß das Finanzministerium keine Rekapitalisierung des privaten Bankensektors vornahm. Diese Haltung

[60] Vgl. Tabelle 6.4 unter Gliederungspunkt 6.2.
[61] Vgl. $A_{21}$, S. 331.
[62] Vgl. $A_3$ (26. September 1996), S. 293.
[63] Vgl. die Ausführungen zu den neuen Banken in Gliederungspunkt 5.2.2.2.

der Regierung war auch eine logische Konsequenz aus der Tatsache, daß der Staat keine Eigentümerfunktion für die neuen Banken innehatte und somit auch nicht direkt für sie in der Verantwortung stand. Angesichts der weiterhin geringen Bedeutung, die die neuen Institute für den Geschäftsbankensektor besaßen, war auch das Systemrisiko, das vom potentiellen Konkurs einer neuen Bank ausging, im Vergleich zur entsprechenden Gefahr bei einer Staatsbank vernachlässigbar. Schließlich reiht sich die Benachteiligung der neuen Banken in der Frage der Rekapitalisierung nahtlos in die Politik der vorangegangenen zwei Jahre ein, in denen sie beim Aufbau der institutionellen Voraussetzungen für das Bankgeschäft, wie dem Zahlungsverkehrssystem oder den Refinanzierungsmöglichkeiten über den Geldmarkt, ebenfalls eine untergeordnete Rolle gespielt hatten.[64] Kritiker der Sanierungspolitik sprechen auch von einer systematischen Diskriminierung der neuen Banken, die sich unter der neuen Linkskoalition noch verschärft habe, sowie vom Fehlen eines adäquaten Sanierungskonzeptes für diesen Teil des Bankensektors.[65]

Tatsächlich gab es aber Sanierungsansätze, die jedoch nicht vom Finanzministerium ausgingen, das ja, wie bereits angeführt, Eigentümer- und damit auch Aufsichts- und Kontrollfunktionen nur für den *staatlichen* Teil des Geschäftsbankensystems ausübte. Der staatliche Akteur bei der Bewältigung der Kreditkrise im Bereich der neuen Banken war vielmehr die NBP, die sich zur Lösung der Problematik des ihr vom Bankengesetz zur Verfügung gestellten Instrumentariums von Interventionsrechten in die Geschäftsführung einer Bank bediente, sollte diese in Liquiditäts- bzw. Solvenzschwierigkeiten geraten sein.[66] Die NBP ging in ihrer Politik gegenüber den neuen polnischen Banken fallweise vor. Um faule Kredite abschreiben zu können, braucht die betroffene Bank genügend Eigenkapital, das in der spezifischen Situation des polnischen Bankwesens ja den Engpaßfaktor bei der Bewältigung der Kreditkrise darstellte. Die NBP nutzte verschiedene Optionen, um das Eigenkapital in Not geratener neuer Banken zu erhöhen, z.B. indem sie die Eigentümer der jeweiligen Bank unter Androhung eines Konkursverfahrens dazu bewegte, die Bank von sich aus zu rekapitalisieren. Eine weitere Möglichkeit war die Bereitstellung von Mitteln aus dem Budget der NBP. So flossen allein im Krisenjahr 1993 auf diese Weise rund PLN 300 Mio. liquider Mittel in die neuen Geschäftsbanken, so daß dadurch die neuen Banken zumindest diskretionär und von Fall zu Fall staatlicherseits eine Erweiterung ihrer finanziellen Basis erfuhren.[67] Eine weitere Möglichkeit, die der NBP zur Verfügung stand, war die kurzfristige Übernahme insolventer Banken, also ein *bailout*, verbunden mit der Übernahme der Aufgaben des jeweiligen Bankenvorstands. Diese Option wurde einem Konkursverfahren im allgemeinen vorgezogen, zumindest dann, wenn doch gewisse Systemrisiken aus einem Bankenkonkurs zu entstehen drohten.[68]

Die Übernahme einer Geschäftsbank stellte für die NBP-Führung unter Frau Gronkiewicz-Waltz aber nur eine temporäre Maßnahme dar. Im Vordergrund stand die Suche nach einem strategischen Investor. Die damit verbundene Politik korrespondierte mit dem wachsenden Druck des Finanzministeriums, aufgrund der Instabilität des polnischen Bankensystems die Zulassung weiterer Auslandsbanken, die angesichts ihrer

---

[64] Vgl die Ausführungen hierzu in den Gliederungspunkten 5.1.2.2 und 5.1.2.3.
[65] Vgl. $A_5$ (3. August 1994), S. 331.
[66] Vgl. zu den Eingriffsrechten der Bankenaufsicht die Ausführungen in Gliederungspunkt 5.1.1.2.
[67] Vgl. $A_2$, S. 289.
[68] Ebenda.

vorsichtigen Kreditpolitik vom Problem fauler Kredite kaum betroffen waren, auszusetzen. Damit wurde bewußt auf positive Effekte für die dynamische Effizienz des Bankensektors durch die von ausländischen Kreditinstituten ausgehenden Innovationen verzichtet. Diese Kehrtwende schlug sich im Zulassungsmoratorium der NBP nieder.[69] Nachdem klar wurde, daß eine temporäre Protektion der polnischen Banken keine negativen Konsequenzen von seiten der westlichen Geberländer Polens nach sich ziehen würde, entschied sich die NBP in Abstimmung mit dem Finanzministerium für die Aufrechterhaltung des Lizenzvergabestopps.[70] Diese Politik lag auch auf der Linie der PSL, die bereits im Vorfeld der 93er Parlamentswahl gegen einen Ausverkauf der polnischen Wirtschaft an Ausländer polemisiert hatte. Die NBP verband ab 1994 die Protektion des heimischen Bankensektors gegen die überlegene Auslandskonkurrenz mit ihren Bemühungen zur Lösung der Kreditkrise der neuen Banken, indem sie die Vergabe von Lizenzen an Auslandsbanken mit der obligatorischen Übernahme schwacher polnischer Institute bzw. mit Kapitalspritzen für diese verknüpfte.[71]

Diese Strategie war Teil der NBP-Politik, die Zahl der neuen Banken zu reduzieren und dabei die Institute, die aufgrund ihrer Kreditprobleme, ihrer geringen Rentabilität bzw. ihrer Unterkapitalisierung allein kaum überlebensfähig erschienen, mit anderen Banken zu fusionieren. Die NBP-initiierte Übernahme durch Auslands- oder größere polnische Banken prägte zunächst den Konsolidierungsbegriff:

> „The main goal of the consolidation policy led by the central bank is to strengthen the banking sector, by liquidation of poorly managed and weak banking institutions. The period of truth that has now arrived, shows which banks may survive, which are to be reorganized or sold out."[72]

Die Konsolidierung der neuen Banken basierte demnach auf rein betriebswirtschaftlichen Argumenten und dem Bemühen, Systemrisiken für den Bankensektor insgesamt abzuwehren.[73] Eine Verringerung der Zahl kleiner neuer Banken erschien sinnvoll, barg jedoch in sich die Gefahr, daß die Bedeutung der neuen Bankakteure als Ergebnis einer solchen Politik noch weiter sinken würde. Gerade wenn sich die *staatlichen* Banken dazu entschließen würden, kleinere Konkurrenten aufzukaufen, erschien die von Kritikern dieser Politik beschriebene Gefahr einer *kalten Reverstaatlichung* des polnischen Bankwesens durchaus realistisch. Diese Kritik wurde geteilt sowohl von Vertretern der liberalen Freiheitsunion von Balcerowicz als auch von Experten innerhalb des Bankensektors bzw. akademischer Kreise.[74] Dennoch blieb die Zahl dieser Kritiker begrenzt - ebenso ihr Einfluß auf die Politik der NBP.

### 6.1.3 Schaffung eines allgemeinen Einlagensicherungssystems

Größeres Gewicht als die Kritik an der Konsolidierungspolitik der NBP gegenüber den neuen Banken hatten die Stimmen, die gleiche Wettbewerbsbedingungen für alle Kate-

---

[69] Vgl. $A_4$, S. 294.
[70] Vgl. HUSEMANN, Frank (1995), S. 219/220.
[71] Vgl. $A_{10}$, S. 308.
[72] Vgl. GRONKIEWICZ-WALTZ, Hanna (1993), S. 9.
[73] Vgl. $A_6$ (3. August 1994), S. 302.
[74] Vgl. $A_{10}$, S. 311.

gorien von Banken forderten. Ein wichtiger Aspekt hierbei war die Abschaffung des Privilegs der Staatsgarantie für die Spareinlagen privater Haushalte bei staatlichen Banken, das die neuen Kreditinstitute zu höheren Depositenzinsen zwang, um überhaupt eine Einlagenbasis aufbauen zu können. Die Schaffung einer allgemeinen Einlagensicherung stand bereits seit langem auf der Agenda der Bankentransformation, mußte aber zunächst wegen der notwendigen Anschubfinanzierung durch den Staat und den begrenzten Mitteln des Staatshaushalts, später dann wegen der Kreditproblematik und mangelnder liquider Mittel der Banken für laufende Zahlungen in das Einlagensicherungssystem verschoben werden.

Betrachtet man die Debatte um die Einlagensicherung, so bildeten die Überlegungen bzgl. gleicher Wettbewerbsbedingungen aber nicht das wichtigste Motiv für die Schaffung einer allgemeinen Depositenversicherung. Angesichts der angespannten Haushaltslage und der Belastung des Staatshaushalts durch die Bankenrekapitalisierung spielte die Entbindung des Staates aus seiner finanziellen Verantwortung bei Liquiditäts- bzw. Solvenzproblemen der staatlichen Banken sowie die Entlastung der NBP in ihrer Rolle als *lender of last resort* eine noch größere Rolle bei den Überlegungen zum Entwurf eines Einlagensicherungsgesetzes, das als Gemeinschaftswerk vom Finanzministerium, der NBP und dem Polnischen Bankenverband ZBP ausgehandelt wurde. Die Beteiligung dieser drei Verhandlungspartner sollte nach dem Willen der Regierung auch ein Muster für die Ausarbeitung künftiger institutioneller Neuerungen darstellen. Die Kreditinstitute sollten also in der Politik der neuen Koalition in Zukunft keineswegs in den sie betreffenden Fragen vor vollendete Tatsachen gestellt, sondern aktiv in die Problemlösung eingebunden werden. Dies entsprach im wesentlichen auch der Politik der Reformregierungen vor dem politischen Machtwechsel von 1993, doch, anders als bei den ersten institutionellen Maßnahmen der NBP, wie dem Aufbau des Zahlungsverkehrs, hatten die Banken inzwischen mit dem ZBP eine eigene Interessenvertretung geschaffen, die die Kreditinstitute in Verhandlungen mit den staatlichen Akteuren wirksam repräsentieren konnte.

Als langfristig orientierte vertrauensbildende Investition in die Sicherheit des polnischen Bankwesens setzte das Einlagensicherungsgesetz, im folgenden ESG abgekürzt, den Schlußpunkt unter die Maßnahmen zur Sanierung des Bankensystems. Das ESG, dessen Entwurf im Mai 1994 vorgelegt und im Dezember desselben Jahres vom Parlament verabschiedet wurde, stellte einen Kompromiß dar zwischen den Zielen der drei beteiligten Verhandlungspartner.[75] Dem Finanzministerium kam es dabei v.a. auf zweierlei an: die Kosten für die Anschubfinanzierung der Einlagensicherung möglichst gering zu halten und zugleich eine gewisse Kontrolle über die Arbeit des einzurichtenden Einlagensicherungsfonds zu behalten. Die NBP wollte ebenfalls Einfluß auf die Arbeit des Fonds ausüben und durch die Übertragung von Kompetenzen bei Hilfsmaßnahmen gegenüber in eine finanzielle Problemlage geratenen Banken an den Fonds entlastet werden, um hierdurch zugleich die Selbstverantwortung der Marktakteure zu stärken. Die Banken selbst schließlich waren an Eigenverantwortung für das Bankensystem unter der Regie eines prinzipiell von staatlichen Institutionen unabhängigen Einlagensicherungsfonds durchaus interessiert, die laufenden Kosten für die Unterhaltung des Fonds sollten dabei jedoch angesichts der finanziell angespannten Lage der Kreditinstitute so niedrig wie möglich gehalten werden, ohne daß dadurch die Fähig-

[75] Vgl. WENZELER, Grischa (1995), S. 57.

keit des Fonds, in Liquiditäts- oder Solvenzprobleme geratene Banken finanziell zu unterstützen, unterminiert würde.

Den verschiedenen genannten Zielsetzungen folgend umfassen die Kompetenzen des Fonds, der in der Rechtsform einer Aktiengesellschaft gegründet wurde, zwei Bereiche: erstens eine Einlagensicherung, die die Spareinlagen natürlicher Personen versichert, sowie zweitens die Beratung und finanzielle Unterstützung von Banken, die illiquide bzw. insolvent zu werden drohen (§ 1 ESG).[76] Beaufsichtigt wird der Fonds vom Finanzministerium und nicht von der Bankenaufsicht (§ 3 Abs. 5 ESG). Dieser Punkt war zwischen dem Finanzministerium und der NBP lange umstritten und sollte den Auftakt bilden zu einer mehrjährigen Diskussion über das Für und Wider der Arbeit der NBP als Zentralbank und Bankenaufsicht in einem. Die zunehmende Rivalität zwischen dem neuen Finanzminister Kołodko und der NBP-Präsidentin Gronkiewicz-Waltz, die in den Streitigkeiten bzgl. der Bankenaufsicht und der geldpolitischen Richtlinienkompetenz noch im Zusammenhang mit der Ausarbeitung eines neuen Banken- und Zentralbankgesetzes eine wichtige Rolle spielen sollte, wurde hier erstmals sichtbar.[77]

Ermöglicht wurde die Kontrollfunktion des Finanzministeriums durch einen Kompromiß in der Frage der Bestellung des Aufsichtsratsvorsitzenden und der übrigen Aufsichtsratsmitglieder: Der Vorsitzende des obersten Beschlußgremiums des Einlagensicherungsfonds wird bestellt vom Ministerpräsidenten in Abstimmung mit dem Finanzministerium *und* der NBP (§ 6 Abs. 2 ESG), während die neun übrigen Aufsichtsratsmitglieder zu je einem Drittel vom Finanzministerium, der NBP und - als Vertreter der Banken - des ZBP berufen werden (§ 6 Abs. 3 ESG).

Die einmalige Anschubfinanzierung der Einlagensicherung erfolgte zu gleichen Teilen durch das Finanzministerium und die NBP. Zusammen belief sich der Betrag auf PLN 1 Mrd.[78] Die jährlichen Beiträge der Banken für die Unterhaltung des Fonds belaufen sich auf 0,4% der versicherten Einlagen je Bank (§ 13 Abs. 1 ESG). Für die PKO BP, die PeKaO S.A. und die BGŻ wurde in Ausnahme hiervon eine Beitragszahlung von 0,2% mit Wirkung bis Ende 1999 festgelegt (§ 14 Abs. 2 ESG). Damit wurde der Belastung dieser drei Kreditinstitute mit schlechten Krediten Rechnung getragen. Zugleich macht die Sonderregelung aber wiederholt die Ausnahmestellung insb. der PKO-Sparkasse und der BGŻ deutlich. Zu 100% sind die Einlagen natürlicher Personen bis zu einem Betrag von ECU 1.000 gesichert, Einlagen zwischen ECU 1.000 und ECU 3.000 zu 90%.[79] Summen, die darüber liegen, werden erst berücksichtigt, wenn alle Einlagen in den beiden genannten Größenordnungen ausgezahlt worden sind. Aufgrund der besonderen Situation der PKO BP, PeKaO S.A. und der BGŻ gilt wiederum für diese drei Institute bis Ende 1999 weiterhin die im Bankengesetz festgeschriebene Einlagengarantie des Staates (§ 47 Abs. 1 ESG). Bei aller Kritik an der Fortsetzung dieses Privilegs für die drei großen Staatsbanken ist in diesem Zusammenhang zu berücksichtigen, daß das Volumen der auszuzahlenden Einlagen im Falle des Konkurses eines der drei genannten Häuser die finanziellen Möglichkeiten der Einlagensicherung

[76] Vgl. zum Einlagensicherungsgesetz o.V. (1995b): The Law of December 14, 1994 on the Bank Guarantee Fund.
[77] Vgl. hierzu Gliederungspunkt 6.2.1.2.
[78] Vgl. HUSEMANN, Frank (1995), S. 187.
[79] Vgl. WENZELER, Grischa (1995), S. 58.

bei weitem sprengen würde. Die Fortsetzung der staatlichen Einlagengarantie ist daher nicht allein unter einem politischen Aspekt zu sehen, sondern sie hat handfeste ökonomische Gründe. Bis zur Jahrtausendwende besteht nach Ansicht der Gesetzgeber durchaus die Chance, soviele Gelder im Einlagensicherungsfonds aufzubauen, daß sie auch in einer finanziellen Schieflage einer der drei großen Staatsbanken ausreichen.

Um ein *moral hazard behaviour* bei zukünftigen Kreditvergaben von seiten der Banken als Folge der Einlagensicherung weitgehend auszuschließen, müssen die Kreditinstitute selbst Rückstellungen als eigene zusätzliche Sicherheit bilden in Höhe von 0,4% bzw. für PKO BP, PeKaO S.A. und BGŻ in Höhe von 0,2% ihrer Einlagen (§ 25 Abs. 2 und 3 ESG). Erst wenn diese Rückstellungen als Folge von Einlagenauszahlungen aufgebraucht sind, kann der Einlagensicherungsfonds in Anspruch genommen werden. Diese Regelung kam v.a. auf Druck der NBP zustande, die damit inhaltlich an ihre Richtlinie zur Bildung spezieller Risikoreserven anknüpfte. Sie sorgte auch dafür, daß alle Maßnahmen, die der Einlagensicherungsfonds im Zusammenhang mit seiner finanziellen und technisch-organisatorischen Unterstützung für gefährdete Banken vornimmt, also z.B. eine aktive Teilnahme an der Sanierungs- und Entwicklungsstrategie betroffener Kreditinstitute, der Erwerb von Anteilen an den betroffenen Banken zur Erhöhung ihrer Eigenkapitalbasis oder die Einrichtung von Gesellschaften, die sich mit der Bereinigung von notleidenden Krediten bei einer Bank befassen, gebunden sind an die Billigung schriftlich niedergelegter Pläne zur Wiederherstellung der finanziellen Stabilität des jeweiligen Kreditinstituts durch die NBP (§ 20 Abs. 1 Satz 2 ESG). Sie sicherte sich damit ein Vetorecht bei gleichzeitiger Entlastung im operativen Bereich der Hilfsmaßnahmen für die Geschäftsbanken.

### 6.1.4 Ergebnisse der Maßnahmen zur Krisenüberwindung

Betrachtet man die Entwicklung fauler Kredite im Zeitraum der aktiven Kreditbereinigung mit Hilfe der Instrumente des GSBU von 1993 bis 1996, so kann man die Bankensanierung als Erfolg werten, denn der Anteil schlechter Kredite sank von 35% auf 16%, aggregiert für das gesamte Bankensystem. Tabelle 6.1 gibt einen Überblick über diesen Rückgang auch für die einzelnen Bankkategorien:

| *Bankkategorie* | *1993* | *1994* | *1995* | *1996* |
|---|---|---|---|---|
| *Regionalbanken* | *37%* | *27%* | *16%* | *13%* |
| *Spezialbanken* | *36%* | *33%* | *27%* | *23%* |
| *Genossenschaftsbanken* | *28%* | *21%* | *12%* | *7%* |
| *Neue polnische Banken* | *33%* | *25%* | *16%* | *12%* |
| *insgesamt:* | *35%* | *28%* | *20%* | *16%* |

*Quelle: NBP*

**Tab. 6.1: Entwicklung schlechter Kredite nach Bankkategorien 1993 bis 1996**

Differenziert man das aggregierte Ergebnis für Polens Bankwesen nach den verschiedenen Kategorien von Kreditinstituten, so war die Sanierung der Genossenschaftsbanken besonders erfolgreich, denn das Volumen fauler Kredite in ihren Portefeuilles lag mit 7% Ende 1996 deutlich unter dem Durchschnitt aller Banken. Allerdings werden die staatlich garantierten Agrarkredite der BGŻ an marode Landwirtschaftsunternehmen nicht von der NBP-Statistik erfaßt, da sie als Konzession an die Bauernbewegung nicht unter die Kategorie schlechter Kredite fallen, sondern nach wie vor ganz offiziell zweckgebundene und staatlich gesteuerte Finanzhilfen an den Agrarsektor darstellen. Deutlich über dem Durchschnitt liegt weiterhin das Volumen schlechter Kredite in den Portefeuilles der Spezialbanken. Der Hauptgrund hierfür liegt in der Mitberücksichtigung schlechter Wohnungsbaukredite der PKO BP in der Statistik, die nicht mit Hilfe der für die Entschuldung von Unternehmen konzipierten Instrumente des GSBU bereinigt werden können. In etwa dem allgemeinen Durchschnittstrend folgend liegen die regionalen Institute und die neuen polnischen Banken mit einem Anteil fauler Kredite in Höhe von 13% bzw. 12% ungefähr gleichauf. Am Ende der Sanierungsphase ist insgesamt festzustellen: Polens Bankwesen hat die akute Kreditkrise überwunden.

Weniger positiv fällt das Ergebnis der Bankensanierung hinsichtlich des Kapitalisierungsgrads der polnischen Banken aus: Die Bildung von Rückstellungen gegen schlechte Kredite hatte 1993 viel Eigenkapital der Banken aufgebraucht, so daß von den Ende 1995 in Polen tätigen 82 Banken - darunter inzwischen auch 15 ausländische Kreditinstitute, jedoch ohne Berücksichtigung der lokalen Genossenschaftsbanken - insgesamt 18 polnische Institute den risikogewichteten Solvabilitätskoeffizienten nicht erfüllen konnten. Hiervon waren, dank der Rekapitalisierung der staatlichen Kreditinstitute, fast ausschließlich die neuen polnischen Banken betroffen, mit Ausnahme der BGŻ, die sogar einen negativen Solvabilitätskoeffizienten auswies. Ergänzt man das Ergebnis des Rückgangs der schlechten Kredite in den einzelnen Bankkategorien um den Kapitalisierungsgrad der polnischen Banken per 1995, so schälen sich die neuen polnischen Institute sowie die BGŻ als besondere Probleminstitute heraus, während Regional- und Spezialbanken vergleichsweise besser abschneiden.

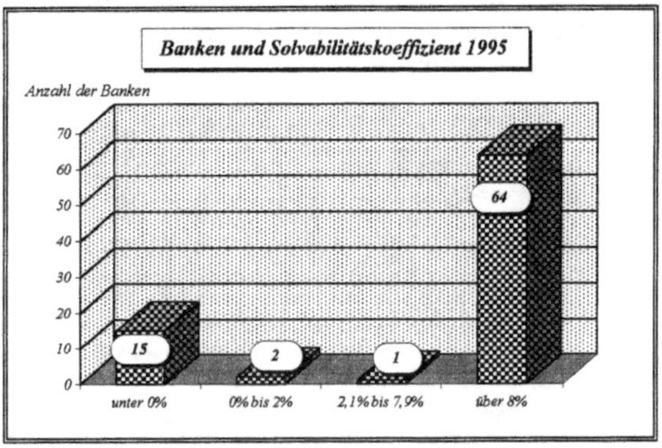


*Quelle:* *WYCZAŃSKI, Paweł und Marta GOŁAJEWSKA (1996), Tabelle 28, S. 115*

**Abb. 6.2: Kapitalisierungsgrad der in Polen tätigen Banken 1995**

Der vom Finanzministerium und der NBP in enger Zusammenarbeit repräsentierte Interventionsstaat erreichte in den Bereichen des Bankensektors, in denen er eine Kombination von einmaliger Rekapitalisierung und der Zurverfügungstellung von Instrumenten zur Kreditbereinigung anwendete, eine Verhaltensänderung der Banken, die mit der liberalen Ausgestaltung der rechtlichen Rahmenbedingungen und dem Rückzug des Staates aus seiner Kontrollfunktion für die meisten staatlichen Banken im Laufe der Liberalisierungsperiode nicht hatte erzielt werden können. Im Unterschied zum *credit crunch* 1992, als die staatlichen Banken infolge der Kreditplafondierung der NBP auf direkten administrativen Druck hin ihre Kreditvergabe drastisch einschränken mußten, gestalteten sie nun aber, nachdem der Staat entsprechende rechtliche Anreiz- und Sanktionsmechanismen implementiert hatte, ihre Kreditvergabe von selbst zunehmend unter Berücksichtigung der Risiken.[80] Eine wichtige Rolle hierbei spielte die Bankenaufsicht, die nach 1993 personell und technisch besser ausgestattet, die Befolgung der rechtlichen Vorschriften wesentlich effizienter nachprüfen konnte als noch zu Beginn ihrer Tätigkeit.[81]

In der Phase der Sanierung suchten die Geschäftsbanken mehr und mehr nach Einnahmequellen jenseits der Gewährung von Krediten und fanden sie in erster Linie in der Investition in Staatsanleihen, den sogenannten *treasury bonds*. Während der Anteil der Zinseinkommen aus Krediten an den aggregierten jährlichen Einkünften der Banken zwischen 1993 und 1995, also der Hochphase der Kreditkrise und der anschließenden Kreditbereinigung, unter 50% fiel, stieg im selben Zeitraum zugleich der Anteil an Einkünften aus Staatsanleihen von 18% auf 30%. Die Kreditvergabe fiel gerade 1991, nicht zuletzt aufgrund der entsprechenden Anweisung der Regierung, besonders drastisch, wohingegen die Einkünfte der Banken aus Staatsanleihen relativ kontinuierlich anwuchsen:

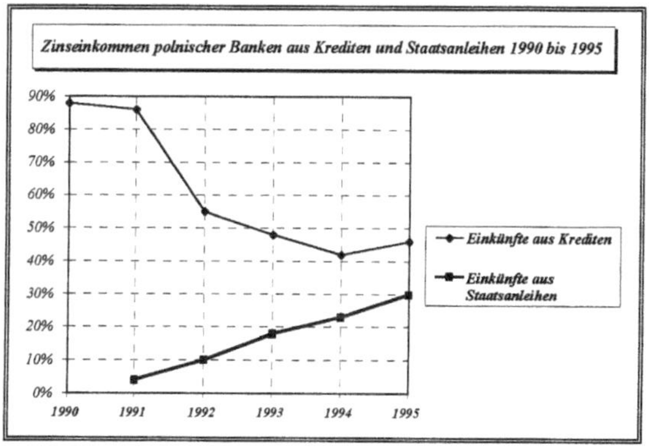


*Quelle: WYCZAŃSKI, Paweł und Marta GOŁAJEWSKA (1996), Tabelle 24, S. 109*

**Abb. 6.3: Nettozinseinkommen aus Krediten und Staatsanleihen 1990 bis 1995**

[80] Vgl. ANDERSON, Ronald W. und Chantal KEGELS (1998), S. 160.
[81] Vgl. $A_{11}$ (26. September 1996), S. 313.

Der Kauf von Staatsanleihen bot sowohl für die Banken als auch für den Staat Vorteile: Die Banken besaßen in einer Phase, in der durch die mangelnde Expansion in neue Geschäftsbereiche, wie das *investment banking*, neue Einkunftsquellen, wie z.B. Provisionserträge, zum Großteil noch unerschlossen waren, eine Möglichkeit, nahezu risikolose Zinserträge zu erwirtschaften. Der Staat seinerseits kann zur Finanzierung des Budgets durch den Verkauf von *treasury bonds* auf das Geschäftsbankensystem zurückgreifen und so gegenüber den ökonomisch riskanteren Möglichkeiten einer hohen Bankenbesteuerung oder der Budgetfinanzierung durch Bankkredite einen alternativen Weg einschlagen.[82] Entsprechend ist das Schema der Risikogewichtung ausgestaltet, denn hier besitzen T-Bonds im Vergleich zu Krediten ein vernachlässigbar geringes Risiko, so daß keine Rückstellungen gebildet werden müssen.[83]

Die Bevorzugung von T-Bonds als Einnahmequelle gegenüber der Vergabe neuer Kredite führte zu einem *crowding out* von Firmenkunden sowohl aus dem staatlichen Bereich als auch solcher aus dem zukunftsträchtigen privaten Unternehmenssektor.[84] Widersprüchlich sind die Aussagen, inwieweit der Staat neben dem Anreizsystem der Risikogewichtung zugunsten von T-Bonds auch direkten Druck zumindest auf die staatlichen Banken ausgeübt hat, prinzipiell für die Finanzierung zur Verfügung stehende Mittel in Staatsanleihen statt in Kredite zu investieren. Während tendenziell eher der Eindruck herrscht, daß die Banken freiwillig und aus rein risikopolitischen Gesichtspunkten heraus ihre Kreditvergabe drastisch zugunsten von *t-bonds* einschränkten, wird zumindest im Fall der PKO BP, deren Aufsichtsrat ja von der SLD/PSL-Koalition personell ausgetauscht wurde, aufgrund der Abhängigkeit der Sparkasse von der Staatsgarantie für die Altdarlehen im Wohnungsbau politischer Druck von seiten des Finanzministeriums in Richtung einer stärkeren Investitionstätigkeit in *treasury bonds* konstatiert.[85]

Neben dem Engagement in Staatsanleihen zeichnen außerdem die hohen Kreditzinsen der Banken für die mangelhafte Inanspruchnahme von Bankkrediten durch die Unternehmen während der Sanierungsperiode verantwortlich: So lagen die Kreditzinsen im Durchschnitt rund 10% bis 20% über dem Refinanzierungssatz der NBP.[86] Das *crowding out* des Unternehmenssektors erfolgte also auf zweierlei Weise, über T-Bonds und teure Kredite.[87] Neben der Geldpolitik der Zentralbank und der risikoaversen Kreditvergabe versuchten die Banken so, einen Teil der Kosten, der ihnen aufgrund der obligatorischen Rückstellungsbildung entstanden war, auf die Kreditnehmer abzuwälzen.[88] Das Ergebnis dieser Politik war eine weitgehende Finanzierung notwendiger Investitionen aus der Gewinnthesaurierung der Betriebe statt über Kredite: Allein 1994 wurden nur 15% aller Investitionen von Unternehmen über Bankkredite finanziert, was für den Strukturwandel eine schwere Hypothek bedeutete.[89]

---

82 Vgl. hierzu die theoretischen Überlegungen in Gliederungspunkt 3.2.2.3.

83 Vgl. ANDERSON, Ronald W. und Chantal KEGELS (1998), S. 148 sowie $A_5$ (24. September 1996), S. 299.

84 Vgl. LIPOWSKI, Adam und Jan KULIG (1995), S. 241 sowie BORISH, Michael S., Wei DING und Michel NOËL (1997), S. 70.

85 Vgl. $A_3$ (26. September 1996), S. 292, $A_{13}$ (11. März 1997), S. 316, $A_{19}$, S. 326 und HABIBI, Robert et al. (1996), S. 8.

86 Vgl. BELKA, Marek, Anna KRAJEWSKA, Stefan KRAJEKWSKI und Anibal SANTOS (1992/93), S. 17.

87 Vgl. SZÉKELY, István (1993), S. 10.

88 Vgl. PAWŁOWICZ, Leszek (1995), S. 147.

89 Vgl. SPAK, Henryk J. (1997) sowie $A_2$, S. 290 und $A_{15}$, S. 321.

Schon in den Jahren zuvor war ein deutliches Hinterherhinken des Anstiegs der aggregierten Investitionssumme polnischer Unternehmen gegenüber dem Wachstum des BIP und der Industrieproduktion zu verzeichnen. Die Änderungsraten der beiden letztgenannten Indikatoren lagen im ersten Jahr der wirtschaftlichen Erholung nach der Transformationskrise 1992 deutlich im positiven Bereich.[90] Der Anstieg der Bruttoinvestitionssumme für die Erweiterung des Kapitalstocks der Unternehmen betrug hingegen im selben Jahr gerade 0,7%, nach Rückgängen von 10,6% bzw. 4,1% in den beiden Jahren zuvor. Im Jahre 1993 stagnierten die Erweiterungsinvestitionen der Betriebe, während sie sich erst 1994 mit einem Plus von rund 6% den Anstiegsraten des BIP und der Industrieproduktion anglichen.[91] Die restriktive Kreditvergabe der Banken, aber auch die Zurückhaltung der Unternehmen angesichts hoher Kreditzinsen haben für das im Vergleich zur Erholung des BIP und der Industrieproduktion verspätete Anspringen der betrieblichen Investitionstätigkeit gesorgt. Erst nach der Verfestigung des zügigen Wirtschaftsaufschwungs und den Erfolgen bei der Kreditbereinigung begannen die Banken damit, die Vergabe von Unternehmens-, aber auch von Konsumentenkrediten zu günstigeren Zinsen stark auszuweiten. So betrug das Wachstum von Firmenkundenkrediten 1996 etwa 35% und von Konsumentenkrediten rund 100%.[92] Dies führte sowohl 1996 als auch im Folgejahr zu einer drohenden konjunkturellen Überhitzung, die die NBP mit höheren Mindestreserven und steigenden Leitzinsen zu vermeiden suchte.[93]

Überhaupt ist die wirtschaftliche Erholung für die Überwindung der Kreditkrise nicht zu unterschätzen, denn mit ihr verbesserte sich die Ergebnisentwicklung sowohl der neuen privaten Unternehmen als auch der anpassungsfähigen staatlichen Betriebe; mithin sank das Kreditrisiko der Banken, so daß auch bei künftig stärkerer Kreditvergabetätigkeit die Gefahr neuer schlechter Kredite begrenzt erscheint. Dabei ist auch zu bedenken, daß im Zuge der zunehmenden Risikoaversion der Geschäftsbanken eine Art 'Auszeit' genommen wurde, während der die Bankmitarbeiter mit Hilfe von Schulungen oder auch ganz praktisch durch die Arbeit in den neu eingerichteten Abteilungen zur Bereinigung schlechter Kredite Fachwissen sammelten, das eine risikoadäquate Kreditvergabe gewährleistet. Ein weiterer wichtiger Erfolgsfaktor für die Bankensanierung insgesamt war schließlich auch die enge Zusammenarbeit zwischen dem Finanzministerium und der NBP. An der Abstimmung zwischen diesen beiden, für das Bankensystem entscheidenden staatlichen Akteuren änderte zunächst auch der Regierungswechsel von 1993 nichts. Auch wenn im Laufe der Bankenkonsolidierung ab 1995 im makroökonomischen Bereich noch Konflikte zwischen Regierung und Zentralbank aufbrechen sollten mit entsprechend negativen Effekten für die weiteren notwendigen, mikroökonomisch orientierten institutionellen Schritte, so traten doch die politischen Gegensätze zwischen der Führung der NBP und der Regierung, zumindest im Bereich der akuten Kreditbereinigung, nicht offen zutage. Beide Seiten konnten ihre jeweiligen Interessen in die gefundenen Problemlösungen einbringen, wie die Schaffung der allgemeinen Einlagensicherung beweist. Für die NBP lassen sich dabei primär ökonomische und sicherheitsorientierte Interessen konstatieren, während die

---

[90] Vgl. Tabelle 4.1 unter Gliederungspunkt 4.2.
[91] Vgl. BOURRIER, Alain (1994), S. 10.
[92] Vgl. BANKGESELLSCHAFT BERLIN AG (Hrsg., 1997): Kapitalmarktreport Osteuropa, Februar 1997, S. 2 sowie $A_{13}$ (11. März 1997), S. 317.
[93] Vgl. VARGA, Werner, Manfred WEIDMANN und Andrzej KNIGAWKA (1997), S. 29.

Politik der neuen Koalition eindeutig auch von politischen Rücksichtnahmen und dem Einfluß von Lobbygruppen gekennzeichnet war, was in der unterschiedlichen Behandlung der verschiedenen Kategorien von Banken und v.a. in der Politik gegenüber dem Genossenschaftsbankensektor zutage trat.

### 6.1.4.1 Die Ergebnisse bei den primären Akteuren

Die in der Politik gegenüber den einzelnen Bankengruppen erkennbare Bevorteilung der staatlichen Banken wird in der Rekapitalisierung derselben am deutlichsten sichtbar. Betrachtet man die Summen, die die einzelnen Kreditinstitute erhielten, sowie die mehrmaligen Zahlungen an die BGŻ, so gelten für die nationale Genossenschaftsbank weiterhin weiche Budgetrestriktionen. Die Tatsache, daß die neuen Banken von der allgemeinen Aufstockung der Eigenmittel bei den staatlichen Kreditinstituten ausgeschlossen waren, unterstreicht die Zwei-Klassen-Struktur im polnischen Bankwesen.

Die Rekapitalisierung von sieben der neun Regionalbanken in Höhe von zusammen PLN 11,1 Mrd. nimmt sich gegenüber den PLN 34 Mrd. für die BGŻ bis Ende 1995 noch relativ bescheiden aus. Umso bemerkenswerter ist die zuvor skizzierte Tatsache, daß im Gegensatz zur BGŻ keine der Regionalbanken Probleme hatte, den geforderten Solvabilitätskoeffizienten von 8% zu erreichen.[94]

| *Bank* | *1993 (in Mrd. PLN)* | *1994 (in Mrd. PLN)* | *1995 (in Mrd. PLN)* |
|---|---|---|---|
| *Bank Depozytowo-Kredytowy - Lublin* | *1,8* | --- | --- |
| *Bank Gdański - Gdańsk* | *1,6* | --- | --- |
| *BPH - Kraków* | *1,6* | --- | --- |
| *Bank Zachodni - Wrocław* | *1,5* | --- | --- |
| *Pomorski Bank Kredytowy - Szczecin* | *1,4* | --- | --- |
| *Powszechny Bank Gospodarczy - Łódź* | *1,3* | --- | --- |
| *Powszechny Bank Kredytowy - Warszawa* | *1,9* | --- | --- |
| *PKO BP* | *5,7* | --- | --- |
| *BGŻ* | *4,3* | *15,3* | *13,0* |
| *PeKaO S.A.* | --- | *3,7* | --- |
| *Σ insgesamt:* | *21,1* | *40,1* | *53,1* |

*Quelle: WYCZAŃSKI, Paweł und Marta GOŁAJEWSKA (1996), Tabelle 31, S. 130 sowie ANDERSON, Ronald W. und Chantal KEGELS (1998), S. 165.*

**Tab. 6.2: Die Rekapitalisierung des staatlichen Bankensektors 1993 bis 1995**

Mit einem Volumen von insgesamt PLN 51,66 Mrd. konnte das Gros der schlechten Kredite - mit Ausnahme der Agrarkredite und der Wohnungsbaualtdarlehen - fristgerecht bis Ende 1996 bereinigt und damit das Sanierungsproblem weitgehend

[94] Vgl. die Ausführungen in Gliederungspunkt 6.1.4 sowie Abbildung 6.2.

gelöst werden. Betrachtet man die einzelnen Instrumente der Kreditbereinigung, so kann man eine deutliche Trennlinie ziehen zwischen den Instrumenten der Regionalbankensanierung und den herkömmlichen Methoden zur Lösung der Kreditproblematik, allen voran gerichtlichen Vergleichen und der Einleitung von Konkursverfahren. Spezielle Vereinbarungen zwischen den Kreditinstituten und den überschuldeten Unternehmen, die sogenannten Bankenverhandlungen, machten rund die Hälfte der unter der Regie der Regionalbanken gefundenen Lösungen aus, während der Anteil dieses Instruments bei den übrigen Banken nur etwa ein Viertel betrug. Insofern ging, zumindest im Bereich der Regionalbanken, für die das GSBU ja ursprünglich auch ausgearbeitet worden war, die Intention der Suchocka-Regierung auf, die Kreditinstitute in die Rolle der Unternehmenssanierer hineinwachsen zu lassen.[95] Die Absicht der damaligen Regierung, mit der Banken- und Unternehmenssanierung zugleich einen wichtigen Schritt in Richtung einer Privatisierung der Staatsbetriebe mit Hilfe von *debt-equity swaps* zu tun und das System der Bankenkontrolle in den Unternehmen zu implementieren, muß jedoch als gescheitert angesehen werden, denn, wie Tabelle 6.3 zu entnehmen ist, spielten *debt-equity swaps* sowohl im Bereich der Regional- wie auch der übrigen Banken keine wichtige Rolle. Auch der Verkauf von Schulden bzw. Unternehmensbeteiligungen an einen strategischen Investor hatte bei den Regionalbanken keine große Bedeutung, während er bei den übrigen Banken mit immerhin 19,2% aller Sanierungslösungen größeren Raum einnahm.

| *Art der Kreditbereinigung* | *Regionalbanken (in Mrd. PLN und %)* | *übrige Banken (in Mrd. PLN und %)* | *insgesamt (in Mrd. PLN und %)* |
|---|---|---|---|
| *Bankenverhandlungen* | *6,19 (50,3%)* | *9,98 (25,3%)* | *16,17 (31,1%)* |
| *Schuldenverkauf* | *0,20 (1,5%)* | *7,58 (19,2%)* | *7,78 (15,0%)* |
| *Debt-Equity-Swaps* | *0,25 (2,0%)* | *0,21 (0,5%)* | *0,46 (0,9%)* |
| *Schuldenrückzahlung* | *0,10 (0,8%)* | *0,27 (0,7%)* | *0,37 (0,7%)* |
| *Insolvenz & Konkursverfahren* | *1,57 (12,7%)* | *10,16 (25,8%)* | *11,73 (22,5%)* |
| *Gerichtsverfahren* | *0,53 (4,2%)* | *2,19 (5,6%)* | *2,72 (5,1%)* |
| *andere Formen der Entschuldung* | *3,52 (28,5%)* | *9,23 (23,4)* | *12,75 (24,7%)* |
| *Gesamtschuld* | *12,25* | *39,41* | *51,66* |

Quelle: NBP

**Tab. 6.3: Die Ergebnisse der Kreditbereinigung**

Während es sich bereits schwierig gestaltete, für die großen regionalen Staatsunternehmen, die ja in erster Linie die Klientel der Regionalbanken bildeten, strategische Investoren zu finden, die bereit waren, die Schulden dieser Betriebe zu tragen, scheiterte die Idee, daß die Banken selbst mit *debt-equity swaps* die Verantwortung der Unternehmenskontrolle übernehmen, aus mehreren Gründen: Zum einen scheuten die Banken, die ja entweder über keine oder nur unzureichende Erfahrung in der *corporate governance* verfügten, die damit verbundenen *monitoring costs*.[96] Zum anderen waren sie bestrebt, ihre Geschäftsbeziehungen zu den Betrieben ihrer Region zu lockern, um

[95] Vgl. GRAY, Cheryl W. und Arnold HOLLE (1996), S. 17.
[96] Ebenda, S. 24/25.

diesen gegenüber nicht wieder in eine Abhängigkeitsposition zu geraten. Eine Lockerung der Geschäftsbeziehungen konnte durch andere Formen der Sanierung erreicht werden, z.B. durch individuell in Bankenverhandlungen auszuarbeitende Modelle einer teilweisen Schuldenreduktion.[97] Erste empirische Auswertungen des Instrumentariums der Regionalbankensanierung haben außerdem ergeben, daß auch die Verhandlungspartner der Banken auf seiten der Unternehmen, also das Unternehmensmanagement, auf die mit *debt-equity swaps* verbundene Möglichkeit, daß die Banken dauerhaft Kontrollfunktionen bzgl. der Unternehmenspolitik ausüben könnten, recht zurückhaltend reagierten und daher Beteiligungen der Banken sowie andere Formen der Beziehung zu den Kreditinstituten, die einem unternehmensseitigen Abhängigkeitsverhältnis nahekommen könnten, wie die gemeinsame Ausarbeitung von langfristigen Entwicklungsplänen, eher vermieden zugunsten zeitlich fixierter Entschuldungspläne oder gar zugunsten von Konkursverfahren.[98] Schließlich traf das Instrument der *debt-equity swaps*, selbst wenn die Bereitschaft von Banken und Unternehmen zu dessen Anwendung größer gewesen wäre, auf das praktische Hindernis der Begrenzung von Beteiligungen der Banken an Nichtbanken auf 25% des Eigenkapitals gemäß § 35 Abs. 2 BG. Um dem mit dem Universalbankensystem i.d.R. einhergehenden System der Insiderkontrolle in Polen Geltung zu verschaffen, schien eine Änderung des Bankengesetzes notwendig, zumal die Regierung Suchocka mit dem Konzept der Sanierung von Banken und Unternehmen die Weichen hin zum kontinentaleuropäischen Bankensystemmodell und weg vom angelsächsischen Vorbild stellte, nachdem die Politik des Staates lange Zeit zwischen beiden Optionen hin- und hergeschwankt war.[99]

Trotz mancher Schwachstellen brachte die Form der *dezentralen* Sanierung gegenüber einer staatlich gelenkten Banken- und Unternehmenssanierung den Vorteil, daß die Banken in einem mehrjährigen Lernprozeß eine risikoadäquate Kreditpolitik adaptieren und durch die Sanierung ihrer Firmenkunden einen genauen Einblick in deren finanzielles und geschäftspolitisches Potential gewinnen können:

> „Indeed, the Financial Restructuring Act of 1993 seems to have stimulated the seven participating regional banks to adopt an active credit policy. The managerial experience these banks have gained in dealing with problem loans will probably contribute to their future performance once they are privatized. This would not have occurred had a centralized solution been adopted, [...]. Furthermore, the law gave the banks the incentive to minimize losses from bad loans, and the banks appear to have responded by managing to get many of their borrowers to return to scheduling servicing."[100]

Mit einer einmaligen Intervention schaffte die Regierung Suchocka die Voraussetzung dafür, künftige Interventionen des Staates in die Politik der Regionalbanken zu vermeiden. Ein weiteres Ziel des GSBU, nämlich die Privatisierung der Banken im Anschluß an ihre Sanierung, konnte im Gegensatz dazu jedoch nicht realisiert werden. Bis Ende 1996 wurde entgegen den Vorgaben der internationalen Geldgeber des Bankenprivatisierungsfonds die Entstaatlichung erst bei vier der neun Regionalbanken erfolgreich durchgeführt: bei der *WBK*, der *Bank Śląski* sowie in Form einer Teilentstaatli-

---

[97] Vgl. CHUDZIK, Robert (1997), S. 29.
[98] Ebenda, S. 27.
[99] Vgl. POLAŃSKI, Zbigniew (1996b), S. 17.
[100] Vgl. ANDERSON, Ronald W. und Chantal KEGELS (1998), S. 165.

chung auch bei der *BPH* und der *Bank Gdański*. Als problematisch erwies sich dabei die Tatsache, daß ex-ante kein einheitliches Verfahren festgelegt worden war, wie die Privatisierung durchzuführen sei.[101] Auch erwies sich der polnische Kapitalmarkt als zu klein, um über ihn die Privatisierung aller neun Regionalbanken vollenden zu können. Eine breite Streuung der Aktien unter die Bevölkerung durch den Gang an die Börse war aber eines der Ergebnisse der Privatisierungsdiskussion Anfang der 90er Jahre gewesen.[102] Diese Maxime galt, erst recht seit Beginn der führenden Rolle der PSL in der polnischen Regierung, auch für die Privatisierung der Regionalbanken. Die Bauernpartei wehrte sich zudem lange Zeit gegen die Mehrheitsbeteiligung der *twinning*-Partner an den zu privatisierenden regionalen Kreditinstituten. So konnten Auslandsbanken, wie die niederländische *ING Bank* im Falle der Bank Śląski, die Anfang 1994 privatisiert wurde, zunächst auch nur Minderheitsbeteiligungen an polnischen Instituten erwerben.[103] Um jedoch per Ende 1996 die Gelder aus dem Bankenprivatisierungsfonds zu erhalten, sah sich die polnische Regierung gezwungen, die Bankenprivatisierung zumindest in Form konkreter Schritte in Aussicht zu stellen. Dies erfolgte im später von Finanzminister Kołodko unterbreiteten Konsolidierungskonzept.[104]

Während die Bemühungen um eine Lösung *neuer* schlechter Kredite bei den Spezial- und den Genossenschaftsbanken ebenfalls Erfolge zeigten, wurde eine Bereinigung der Altkredite in den Portefeuilles der PKO BP und der BGŻ verpaßt. Die PKO BP blieb weiterhin von der Garantie des Staates für die alten Wohnungsbaudarlehen abhängig und stand damit auch in ihrer Geschäftspolitik unter dem Einfluß des Finanzministeriums. Bis zu dem Zeitpunkt, wo die neue Hypothekenbankgesetzgebung für genügend Wettbewerb in diesem Bereich des Bankensektors sorgen kann, dürfte die PKO BP, zumindest was ihr Engagement bei der Erfüllung der Finanzierungshilfen für den Wohnungsbau aus der Zeit vor 1989 angeht, ein Instrument des Staates bleiben. Ähnlich formulieren es auch die international renommierten Wirtschaftsprüfer von *Price Waterhouse* in ihrem Bericht zur Bewertung der PKO BP aus dem Jahre 1996:

> „[...] we draw attention to the necessity of the continued support of the Polish government in order for the Bank to continue as a going concern. Through the Ministry of Finance, the government exercises significant control over the policies of the Bank and uses the Bank to implement specific areas of government economic policy. [...] The government of Poland has chosen to provide assistance to the Bank every year since inception. This financial statement is prepared based on the assumption that such assistance will continue."[105]

Noch deutlicher wird der staatliche Einfluß durch die fortgesetzte offizielle Subventionierung der Landwirtschaft bei der BGŻ. In diesem Punkte konnte sich die PSL gegen den SLD, der dieser Subventionierung eher reserviert gegenüberstand, sichtbar durchsetzen.[106] Trotz der mehrmaligen Rekapitalisierung schrieb die BGŻ bis Ende 1996 weiterhin rote Zahlen; allein 1995 wies sie einen Nettoverlust in Höhe von

---

[101] Vgl. BUCH, Claudia M. (1996), S. 25.
[102] Vgl. WINIECKI, Jan (1991), S. 8.
[103] Vgl. $A_9$, S. 307.
[104] Vgl. hierzu die Ausführungen in Gliederungspunkt 6.2.1.
[105] Zitiert in: HABIBI, Robert et al. (1996), S. 6.
[106] Vgl. JASIEWICZ, Krzysztof (1994), S. 408.

PLN 450 Mio. aus.[107] Zwar hat sich, wie die Daten in Tab. 6.1 belegen, die Qualität der Kreditportefeuilles der lokalen Genossenschaftsbanken im Laufe der Sanierungsperiode deutlich verbessert, nachdem allein im Zeitraum 1994/95 rund 50 Genossenschaftsbanken geschlossen werden mußten, dennoch bleibt die finanzielle Situation der Genossenschaftsinstitute prekär.[108] Dies belegt nicht zuletzt auch die Tatsache, daß der Aufbau der regionalen Genossenschaftsinstitute, deren Eigenkapital ja von den lokalen Banken eingebracht werden soll, nur äußerst schleppend vorangekommen ist. So konnte erst 1997, also knapp drei Jahre, nachdem die hierfür gesetzte Frist bereits abgelaufen war, das letzte der neun regionalen Institute geschaffen werden, und dies auch nur mit Hilfe einer Sondergenehmigung der Bankenaufsicht, da die notwendigen Solvabilitätskennziffern nicht erreicht werden konnten.[109]

Die Sanierung des Genossenschaftsbankensektors trotz der Erfolge der Kreditbereinigung insgesamt als gelungen zu bezeichnen, wäre nicht angemessen, denn hierfür bedürfte es einer umfassenden Restrukturierung des Agrarsektors. Zwar ist im Bankgeschäft mit der privaten Landbevölkerung seit 1996 ein etwas stärkeres Interesse anderer Banken zu beobachten, die im Privatkundengeschäft in Polen angesichts noch unausgeschöpften Nachholpotentials in der Konsumnachfrage allgemein ein Wachstumssegment sehen, doch löst dies nicht das Schuldenproblem der staatlichen Agrarbetriebe und der Landwirtschaftsgenossenschaften.[110] Den notwendigen Druck hierzu dürften wohl erst die Gespräche Polens mit der EU über den Beitritt des Landes zur Union erzeugen, die nach dem formellen Beschluß der Aufnahme von Verhandlungen vom März 1998 nicht vor dem Jahre 2002 erfolgreich beendet sein sollten.

### 6.1.4.2 Die Ergebnisse bei den sekundären Akteuren

Prekär blieb nach wie vor auch die Situation der neuen polnischen Banken. So schrieben 1994 allein 21 neue polnische Kreditinstitute rote Zahlen und sieben Banken mit einem Filialsystem von zusammen immerhin 70 Zweigstellen waren akut gefährdet.[111] Angesichts ihrer Unterkapitalisierung besaßen viele Institute dieser Kategorie keine Marktchancen.[112] Die Vernachlässigung der neuen Banken bei der Rekapitalisierung und die verschärfte Bankenregulierung entzog zudem vielen neuen Kreditinstituten die ökonomische Existenzgrundlage.

Aufgrund der Politik der NBP, die entweder Konkursverfahren einleitete oder insolvente Banken selbst übernahm bzw. die Übernahme durch andere Banken anstrebte, reduzierte sich die Zahl der neuen polnischen Banken von 62 im Jahre 1993 auf 51 Ende 1995. Die bekanntesten Fälle von Insolvenzen, die zur Einleitung von Konkursverfahren führten, waren dabei die der *Agrobank*, der *Bank Posnania* und der *Animex Bank* in den Jahren 1994 und 95, die aufgrund ihrer jeweiligen Größe und ihren landesweiten Filialnetzen durchaus ein gewisses Systemrisiko in sich bargen.[113] Die NBP

---

[107] Vgl. BORISH, Michael S., Wei DING und Michel NOËL (1997), S. 63.
[108] Vgl. ANDERSON, Ronald W. und Chantal KEGELS (1998), S. 165.
[109] Vgl. $A_1$ (23. September 1996), S. 288 sowie $A_{21}$, S. 329.
[110] Vgl. $A_{21}$, S. 329.
[111] Vgl. PAWŁOWICZ, Leszek (1995), S. 146.
[112] Vgl. $A_4$, S. 295.
[113] Vgl. WYCZAŃSKI, Paweł und Marta GOŁAJEWSKA (1996), S. 106.

versuchte, solche spektakulären Konkurse zu vermeiden, indem zunächst sie selbst, später dann der neu gegründete Einlagensicherungsfonds mit Kapitalspritzen akute Krisensituationen zu überwinden half. Reichten solche finanziellen Hilfen nicht aus, übernahm die NBP die Banken in Form eines *bailout*, wenn sich zuvor kein Investor für die betroffenen Kreditinstitute finden ließ. Beispiele hierfür bildeten die *Łódzki Bank Rozwoju* und die *Bydgoski Bank Budownictwa*. Vergleicht man die Ergebnisse der Politik des Finanzministeriums gegenüber den staatlichen Banken, von denen sich keine mit einem Konkursverfahren konfrontiert sah, mit der der NBP gegenüber den neuen polnischen Instituten, so stellt man fest, daß die für Marktwirtschaften grundsätzlich geltende Dynamik von Marktein- und Marktaustritt in Polen - bisher jedenfalls -nur für die neuen Banken zutrifft, während das Überleben der primären Akteure durch die Rekapitalisierungspolitik der Regierung gesichert wurde.[114]

Trotz der Bedingung, eine schwache oder gar konkursgefährdete polnische Bank zu übernehmen, um überhaupt Zutritt zum polnischen Bankenmarkt zu erhalten, zögerten die Auslandsbanken sehr lange, sich auf ein solches Verfahren einzulassen, und widerstanden somit den für ein Engagement in Polen von der NBP oktroyierten Investitionsbedingungen.[115] Erst ab Ende 1994 erwarben Auslandsbanken vereinzelt Minderheitsbeteiligungen an kleineren polnischen Instituten. Größere inländische Institute, darunter die privatisierten Regionalbanken sowie finanzkräftige neue private Kreditinstitute, partizipierten ab 1995 weitaus stärker als die ausländische Konkurrenz an der von der NBP favorisierten Übernahmestrategie für solvenzgefährdete kleine Institute. Dies geschah jedoch zum Großteil erst, nachdem der Konkurrenzdruck von seiten der großen staatlichen Banken infolge der administrativen Konsolidierungspolitik des Finanzministeriums stark zugenommen hatte.[116] Insofern ergibt sich eine inhaltliche Verbindung zwischen der Konsolidierung der neuen Banken und der ab 1995 durch das Finanzministerium forcierten Konsolidierung, die Motivation für die jeweiligen Initiativen von NBP und Finanzministerium war jedoch unterschiedlich, wie an späterer Stelle noch auszuführen ist.

Die zahlenmäßige Reduzierung der neuen Banken auf die Institute, die nach Überwindung ihrer Kreditprobleme die kritische Masse erreichen, um erfolgreich am Bankenmarkt gegenüber der übermächtigen Konkurrenz der alten Kreditinstitute agieren zu können, macht ökonomisch grundsätzlich Sinn. Relativ gute Chancen haben dabei sowohl die Tochterbanken staatlicher bzw. inzwischen privatisierter Unternehmen, die zu Finanzierungszwecken für das eigene Haus gegründet worden waren, wenn sie nach einer Rekapitalisierung von seiten ihres Konzerns durch die Ausweitung ihrer Geschäftstätigkeit neue Kunden gewinnen, um so künftig einseitige Abhängigkeiten vom Mutterunternehmen zu verhindern. Auch die aus ehemaligen staatlichen Fonds gebildeten Banken besitzen als Spezialinstitute Chancen. Da solche Institute jedoch auch in Zukunft nur eine Nebenrolle spielen werden, kam es im Anschluß an die Sanierung darauf an, die Privatisierung der primären Akteure voranzubringen, falls der Staat sich noch glaubwürdig aus dem Geschäftsbankensystem zurückziehen wollte, um so das Langfristziel der Reformer von 1989 eines überwiegend privatwirtschaftlichen Bankwesens in Polen zu verwirklichen.

---

[114] Vgl. ANDERSON, Ronald W. und Chantal KEGELS (1998), S. 134.
[115] Vgl. $A_{10}$, S. 308.
[116] Vgl. hierzu die Ausführungen in Gliederungspunkt 6.2.1.1.2.

## 6.2 Konzentrationsprozesse und Bankenprivatisierung

Rekurriert man auf die im dritten Kapitel dieser Arbeit erarbeitete Methodik lang- und kurzfristiger Zielsetzungen der Bankentransformation, so ergibt sich nach der Überwindung der akuten Kreditkrise für Polens Bankwesen folgendes Bild: Wesentliche Subziele in den Bereichen *rechtliche Rahmenbedingungen, Maßnahmen auf der Ebene des Geschäftsbankensystems* und *Maßnahmen auf einzelwirtschaftlicher Ebene* konnten bisher umgesetzt werden, wobei einzelne Schritte, die sich für die besondere Situation einer Transformationsökonomie als inadäquat erwiesen hatten, wie die allzu liberale Zulassungspolitik, bereits wieder revidiert worden waren. Ein deutliches Defizit in der Realisierung der Langfristziele herrscht jedoch nach wie vor bei der Frage der Bankenprivatisierung, denn staatliche Akteure dominieren weiterhin die Eigentümerstruktur der Banken. Allerdings ist diese Eigentümerstruktur, wie Abbildung 6.4 verdeutlicht, weit heterogener als noch zu Beginn der Transformation. Allein im Bereich des Eigentümers Staat kann man inzwischen drei verschiedene Akteure differenzieren: das Finanzministerium, die NBP und schließlich staatliche Unternehmen.

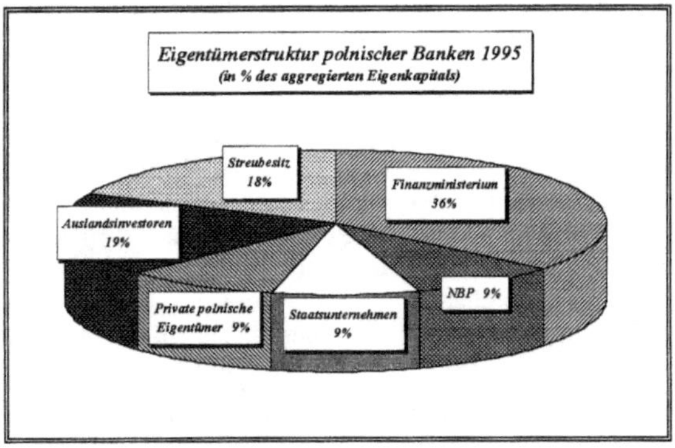


*Quelle:* *NBP*

**Abb. 6.4: Eigentümerstruktur polnischer Banken 1995**

Mit der Privatisierung der staatlichen Banken verband sich auf seiten ihrer Befürworter, neben den Vertretern des SLD in erster Linie den bis zu den 93er Parlamentswahlen an der Regierung beteiligten Reformpolitikern der liberalen Freiheitsunion, auch die Hoffnung auf weitergehende Reformen auf der einzelwirtschaftlichen Ebene: Aktive private Eigentümer könnten demnach weit besser als staatliche Vertreter der jeweiligen Bank neue Technologien und innovative Finanzinstrumente erschließen, um das betroffene Kreditinstitut so auf den spätestens ab 1999 mit der Öffnung des Bankwesens für Kreditinstitute aus dem Ausland sich drastisch verschärfenden Wettbewerb im polnischen Bankensektor vorzubereiten.[117] Zudem böte die Beteiligung strategischer Investoren an polnischen Kreditinstituten in Gestalt von Auslandsbanken die

[117] Vgl. OLECHOWSKA, Krystyna (1996), S. 9.

Möglichkeit, die chronische Unterkapitalisierung des polnischen Geschäftsbankensektors zu überwinden.[118]

Betrachtet man den Katalog der Zwischenziele der Bankentransformation und deren transformationsspezifische Bedingungen, so ist dreierlei zu konstatieren: Zum einen wurde die *Sanierung und Rekapitalisierung* zwar nicht für alle Banken durchgesetzt, doch zumindest für den Großteil des Geschäftsbankensystems konnte die akute Kreditkrise mit Hilfe der Maßnahmen des Staates überwunden werden, so daß dieses Kurzfristziel weitgehend erfüllt scheint. Zum zweiten haben sich die wirtschaftlichen Bedingungen der Bankentransformation stark verbessert, so daß bei einer adäquaten Kreditvergabepolitik der Banken die Risiken für eine erneute Kreditkrise gering erscheinen. Anders sieht es jedoch bei der Zielsetzung *Entmonopolisierung des Bankwesens* aus: Nach wie vor weist Polens Bankensystem der Jahre 1995 und 96 regionale, funktions- und sektorspezifische Monopole auf. Ein Indikator dafür ist die weiter dominierende Stellung der ursprünglich kreditorientierten Regionalbanken - von denen einige ja inzwischen privatisiert sind - und Spezialinstitute.

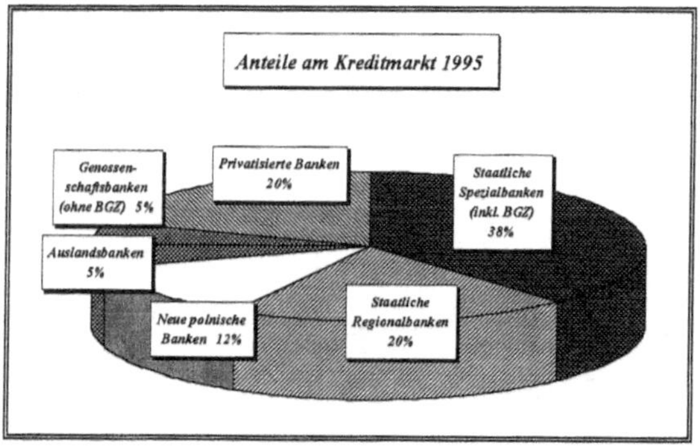


*Quelle: NBP*

**Abb. 6.5: Anteile der verschiedenen Kategorien von Banken am Kreditmarkt 1995**

Die Privatisierung der verbliebenen staatlichen Banken sowie die Beseitigung der herrschenden Monopolstrukturen können somit als zwei Aufgaben identifiziert werden, die es im Laufe der Konsolidierungsphase noch zu bewältigen galt. Um jedoch auch in Zeiten steigenden Konkurrenzdrucks langfristig lebensfähige Strukturen im Bankensektor zu schaffen, galt es im Zuge der Erfüllung der beiden genannten Aufgaben auch, die Fragmentierung des Geschäftsbankensystems zu überwinden. Die Kreditkrise hatte bereits verdeutlicht, daß gerade kleine Institute ohne externe Hilfe kaum dazu in der Lage waren, die Gefahren schlechter Kredite für ihre Solvenz erfolgreich abzuwehren. Hinzu kam die Tatsache, daß sich Mitte der 90er Jahre die Konzentrationstendenzen in den Bankensystemen weltweit, nicht nur auf nationaler Ebene, sondern durchaus auch grenzüberschreitend, merklich zu intensivieren begannen.[119]

[118] Vgl. POLIŃSKI, Romuald (1996), S. 10.
[119] Vgl. hierzu Gliederungspunkt 2.2.3.1.3.

Um die Sicherheit des nationalen Bankensektors zu stärken und frühzeitig Konsequenzen aus den internationalen Konzentrationserscheinungen in der Finanzbranche zu ziehen, entstand 1994/95 in Polen eine Diskussion um eine Konsolidierung des Bankensystems in Form der Zusammenlegung von Einzelbanken entweder zu Konzernen oder zu Gruppen von Teilbanken, die jeweils ihren getrennten Marktauftritt behalten sollten. Die Diskussion umfaßte dabei auch eine Konzentration über die Grenzen der bisherigen Kategorien von Banken hinweg, so daß sich hiermit die Chance auf eine Überwindung der bisherigen Monopolstrukturen verband. Es stellte sich dabei jedoch die Frage, inwiefern die Konsolidierung des Bankensektors die Privatisierung der staatlichen Kreditinstitute beschleunigen könnte, oder ob nicht durch die Zeit, die die Zusammenlegung von Banken in Anspruch nähme, zugleich die Bankenprivatisierung wieder in weite Ferne rücken würde.

| *Bankkategorie* | *1990* | *1995* |
|---|---|---|
| ***Staatliche Banken, davon:*** | *15* | *10* |
| ***Regionalbanken*** | *9* | *6* |
| ***Spezialbanken*** | *6* | *4* |
| ***Privatisierte Banken, davon*** | --- | *5* |
| ***Regionalbanken*** | --- | *3* |
| ***Spezialbanken*** | --- | *2* |
| ***Genossenschaftsbanken, davon*** | *BGŻ* | *BGŻ* |
| ***innerhalb der BGŻ*** | *1.577* | *1.020* |
| ***außerhalb der BGŻ*** | *86* | *490* |
| ***Neue polnische Banken*** | *37* | *51* |
| ***Auslandsbanken*** | --- | *15* |

*Quelle: NBP*

**Tab. 6.4: Anzahl der in Polen tätigen Banken im Vergleich von 1990 zu 1995**

### 6.2.1 Das Konsolidierungskonzept des Finanzministeriums

Ihren Ausgangspunkt fand die Diskussion um die Konsolidierung des polnischen Bankensektors im Strategiepapier des im Frühjahr 1994 in sein Amt berufenen Finanzministers G. Kołodko *Strategie für Polen* (*Strategia dla Polski*) vom Juni desselben Jahres. Schwerpunkt dieses Programms waren finanzpolitische und makroökonomische Zielsetzungen, darunter v.a. der Ausgleich des Staatshaushalts, die Bekämpfung der Inflation und der Abbau der Arbeitslosigkeit.[120] Zugleich enthielt das Programm Aussagen zur künftigen Gestaltung des Bankensektors und stellt somit das erste konsistente, langfristig orientierte Konzept zur Transformation des polnischen Bankwesens

[120] Vgl. HUSEMANN, Frank (1995), S. 42.

überhaupt dar, nachdem die Politik der Vorgängerregierungen doch eher von Einzel- bzw. ad-hoc Entscheidungen geprägt gewesen war.

Kołodko beschreibt als Zielsetzung für die weitere Politik der Regierung gegenüber den Kreditinstituten die Schaffung eines starken und effizienten Bankensystems mittels der folgenden Maßnahmen: Als einen wesentlichen Schritt definiert der SLD-Finanzminister die Entmonopolisierung des Bankensektors und identifiziert damit einen der wesentlichen Schwachpunkte des polnischen Bankensystems, wie es sich nach Überwindung der Kreditkrise präsentierte.[121] Als Mittel hierzu soll die Zusammenlegung der Regional- und Spezialbanken zu Gruppen bzw. die Fusion zu Bankkonzernen dienen. So würden Institute geschaffen, die nicht mehr nur in einzelnen Regionen, sondern landesweit tätig sind und zudem über die nötige Größe verfügen, um in die Regionen der Konkurrenz einzudringen. Die damit verbundene Aufhebung *regionaler Bankmonopole* würde ergänzt durch den Wegfall der bisherigen *sektorspezifischen Monopole*, denn mit der geographischen Ausdehnung ihrer Geschäftstätigkeit könnten die Institute auch den Kreis ihrer Firmenkunden und deren Branchenprovenienz erweitern und so ihre Kreditrisiken diversifizieren. Schließlich wären *funktionsspezifische Monopole* durch die Zusammenlegung von einlagenlastigen Sparkassen und eher kreditorientierten anderen Spezial- und v.a. Regionalbanken aufgehoben.

Zugleich kann mit der Konsolidierung von Instituten mit einer höheren Eigenkapitalbasis, wie z.B. der Bank Handlowy (vgl. Tab. 6.5), und solchen mit einer dünneren Eigenkapitaldecke eine Gesamtaufstockung der durchschnittlichen Eigenkapitalbasis der so neu gebildeten Institute erreicht werden. Damit wäre eine Voraussetzung dafür geschaffen, die Kreditvergabe an Firmenkunden auszubauen, ließen doch die geringen Eigenmittel der Banken bisher jeweils nur geringe Kreditvolumina zu. Zudem könnte eine Novelle des Bankengesetzes die entsprechenden Kreditlimits heraufsetzen. Mit einer solchen Novellierung verbunden werden müßte nach den Vorstellungen Kołodkos die gesetzliche Fixierung der Möglichkeiten zu Bankenfusionen und der Bildung von Bankengruppen.

Eine Reform des Bankengesetzes sollte nach dem Willen des Finanzministers auch die Grundlage schaffen für eine Integration des Banken- und des Versicherungssektors durch gegenseitige Kapitalverflechtungen. Zum einen wäre den Kreditinstituten damit der Weg geebnet für die Bildung von Allfinanzinstituten, um so ihre Geschäftsmöglichkeiten auszuweiten, und zum anderen wäre hierdurch auch ein Schritt getan in Richtung auf eine Reform des Versicherungswesens, das durch eine starke Fragmentierung des Marktes als Folge der Entstehung zahlreicher neuer Versicherungsinstitute, die Dominanz weniger staatlicher Assekuranzen und schließlich auch Liquiditätsschwierigkeiten kleinerer Marktteilnehmer von ähnlichen Problemen betroffen war wie der Bankensektor.[122] Im ersten Entwurf für die weitere Reform des Bankwesens findet sich somit zunächst noch kein Hinweis auf eine Privatisierung der Kreditinstitute, ein weiteres Zeichen dafür, daß die Konsolidierung von seiten der SLD/PSL-Koalition gegenüber der Bankenprivatisierung fortan mit Priorität behandelt wurde.[123]

---

[121] Vgl. zu den Zielsetzungen Kołodkos POLIŃSKI, Romuald (1996), S. 10.

[122] Vgl. BANKGESELLSCHAFT BERLIN AG (Hrsg., 1994): Kapitalmarktreport Osteuropa, Mai 1998, S. 16-18.

[123] Vgl. $A_{15}$, S. 320.

Kennzeichnend für die Bankenkonsolidierung ist die Tatsache, daß der Anstoß hierzu vom Staat ausging. Damit setzt sich ein Leitmotiv fort, das nicht nur für die *Sanierung* der polnischen Banken charakteristisch ist, sondern bereits im Laufe der *Liberalisierungsphase* offenbar geworden war: Die maßgeblichen Reformschritte im Übergang zu einem marktwirtschaftlichen Bankensystem werden von den staatlichen Akteuren Finanzministerium bzw. NBP angeregt, sei es im institutionellen Bereich, sei es auf einzelwirtschaftlicher Ebene. Bemerkenswert für die Konsolidierung ist, daß Kołodko für die weiteren Schritte in Richtung der von ihm verfolgten Stärkung des Bankwesens eine klare Arbeitsteilung anregt: Während dem Staat die gesetzgeberischen Aufgaben im Zusammenhang mit der Konsolidierung zufallen, legt er die Verantwortung für die konkrete Umsetzung seines Konzeptes in die Hände der Marktakteure; die Banken sollten in Verhandlungen selbständig die Möglichkeiten ausloten für die Bildung lockerer Bankengruppen bzw. spätere Fusionen zwischen den Instituten vorbereiten. Der Finanzminister folgt in seiner Konzeption damit dem Grundgedanken des Subsidiaritätsprinzips. Er macht den Erfolg der Konsolidierung zudem in seinem Papier vom Sommer 1994 von der Zustimmung der betroffenen Banken abhängig.[124] Tabelle 6.5 gibt einen Überblick über die maßgeblichen Bankakteure:

| *Name der Bank* | *Kategorie* | *Bilanzsumme (in Mio. PLN)* | *Eigenkapital (in Mio. PLN)* |
|---|---|---|---|
| *PKO BP* | *Sparkasse* | *38.601* | *1.541* |
| *PeKaO S.A.* | *Sparkasse* | *22.696* | *1.074* |
| *Bank Handlowy* | *Spezialbank* | *14.673* | *1.852* |
| *BGŻ* | *Genossenschaftsbank* | *13.953* | *1.502* |
| *Powszechny Bank Gospodarczy* | *Regionalbank* | *11.052* | *281* |
| *Powszechny Bank Kredytowy* | *Regionalbank* | *9.254* | *764* |
| *Bank Śląski* | *privatisierte Regionalbank* | *8.741* | *817* |
| *BPH* | *privatisierte Regionalbank* | *7.591* | *709* |
| *WBK* | *privatisierte Regionalbank* | *5.428* | *383* |
| *Bank Zachodni* | *Regionalbank* | *5.243* | *481* |
| *Bank Gdański* | *Regionalbank* | *4.922* | *843* |
| *Polski Bank Inwestycyjny (PBI)*[125] | *Spezialbank* | *4.562* | *197* |
| *BRE* | *privatisierte Spezialbank* | *4.070* | *395* |
| *Pomorski Bank Kredytowy* | *Regionalbank* | *3.898* | *289* |
| *Bank Depozytowo-Kredytowy* | *Regionalbank* | *3.832* | *381* |
| *BIG* | *Neue polnische Bank* | *3.115* | *353* |
| *Kredyt Bank* | *Neue polnische Bank* | *1.833* | *219* |
| *Polski Bank Rozwoju (PBR)* | *privatisierte Spezialbank* | *1.518* | *294* |
| *Bank Ochrony Środowiska* | *Neue polnische Bank* | *1.496* | *221* |
| *Petrobank* | *Neue polnische Bank* | *518* | *222* |

*Quelle: NBP*

**Tab. 6.5: Die 20 größten polnischen Banken im Jahre 1996**

[124] Vgl. POLIŃSKI, Romuald (1996), S. 10.

[125] Die PBI ist eine Spezialbank zur Vergabe langfristiger Investitionsdarlehen mit Sitz in Warschau. Bis 1993 war sie Teil der Organisationsstruktur der NBP und wurde dann nach dem Vorbild der neun Regionalbanken aus der Zentralbank ausgegründet, gehört als Aktienbank dabei aber zu 100% der NBP. Strenggenommen agierte die Zentralbank also bis 1993 auf einem begrenzten Finanzierungsgebiet als Geschäftsbank.

Adressaten des Konsolidierungskonzepts von Kołodko waren sowohl die Regional- als auch die Spezialbanken. Ihnen räumte der Finanzminister eine Frist von einem Jahr ein, um in Verhandlungen erste Konsolidierungsergebnisse zu erzielen.[126] Die Verhandlungen zwischen den einzelnen Bankakteuren verliefen jedoch weitgehend ohne konkrete Ergebnisse. Einzig die bereits (teil)privatisierten Regionalbanken WBK aus Poznań und BPH aus Kraków konnten mit der ebenfalls teilprivatisierten PBR im Jahre 1994 eine Absichtserklärung über eine verstärkte Zusammenarbeit für die kommenden vier Jahre erreichen, ohne konkrete Angaben über die Art der Zusammenarbeit und ohne Antwort auf die Frage, ob die Kooperation in eine Fusion zwischen den Instituten münden solle.[127] Die übrigen Kontakte zwischen den Instituten brachten keine positiven Resultate. Die Verhandlungen scheiterten an der Furcht der verschiedenen Bankenvorstände, eine Kooperation bzw. die Bildung von Bankengruppen könne für das eigene Institut, aber letztlich auch für die eigene Person mit einem Machtverlust verbunden sein.[128]

Erst nach dem Scheitern der Verhandlungen zwischen den Bankakteuren wurde Kołodko erneut aktiv und legte im Sommer 1995 ein spezielles Konsolidierungsprogramm für die Regionalbanken vor, das die Vorstellungen aus der *Strategie für Polen* vom Vorjahr präzisierte.[129] Diese zweite Konsolidierungsinitiative des Finanzministeriums wurde im Oktober 1995 durch ein neues Programm zur Bankenprivatisierung ergänzt. Darin wurde deutlich, daß die Regierung die Bankenkonsolidierung als Vorstufe zur Privatisierung der Banken betrachtet.[130] Zeitlich wie inhaltlich genoß die Konsolidierung der Banken weiterhin Priorität vor der Privatisierung.

Konsolidierung und Privatisierung wurden vom Finanzministerium in einem einheitlichen Konzept im November 1995 der Öffentlichkeit vorgestellt. Danach sollten die bis dahin noch nicht privatisierten Regionalbanken unter dem Dach der Sparkasse PeKaO S.A. bzw. der Bank Handlowy verschmolzen werden, so daß auf diese Weise zwei neue nationale Spitzeninstitute entstünden. Im Anschluß daran wird die Privatisierung dieser zwei Bankenkonzerne in Aussicht gestellt, wobei rund 50% des Aktienkapitals an neu zu bildende Pensionsfonds übertragen werden sollten. Diese Pensionsfonds sind Kern einer *Reform des Systems der Altersversorgung*, die von Kołodko ebenfalls bereits in der *Strategie für Polen* anvisiert worden war.[131] Das Konzept für die Rentenreform sah zwei Wege der Finanzierung vor: Auf der einen Seite sollte die Anschubfinanzierung für die Bildung der Pensionskassen über den kostenlosen Transfer des Aktienkapitals der beiden Bankenkonzerne erfolgen. Auf der anderen Seite werden durch die Veräußerung der restlichen Anteile an den Banken aber auch Privatisierungserlöse erzielt, die neben der Deckung des Budgetdefizits ebenfalls zur Finanzierung der Rentenreform dienen sollten.[132] Mindestens 20% des Aktienkapitals der beiden Banken

---

[126] Vgl. $A_{16}$, S. 322.
[127] Vgl. $A_5$ (5. August 1994), S. 297.
[128] Vgl. $A_{16}$, S. 322.
[129] Vgl. SCHRÖDER, Klaus (1996), S. 135.
[130] Vgl. POLIŃSKI, Romuald (1996), S. 13.
[131] Vgl. SCHESTAUBER, Karla und Marcus KLUG (1996), S. 25 und zum Konzept allgemein MORGEN, Mario (1998).
[132] Vgl. zu weiteren Einzelheiten der Reform und zu deren Verknüpfung mit der Privatisierung den Aufsatz von GESELL, Rainer, Katharina MÜLLER und Dirck SÜß (1998), insb. S. 12-15.

sollte daraufhin im Zuge der Privatisierung über die Börse unter die Bevölkerung gestreut werden.

Zugleich erklärte die Regierung ihre Absicht, bis zum Jahre 2000 auch die PKO BP und die BGŻ unter der Bedingung zu entstaatlichen, daß bis dahin beide Institute erfolgreich saniert werden.[133] Im Unterschied zur Konzeption des Vorjahres formulierte die Regierung somit zwei konkrete Konsolidierungsmodelle und verknüpfte darüberhinaus die weiteren Reformen im Bankwesen mit anderen Reformvorhaben, die inhaltlich nicht unmittelbar mit der Bankentransformation zusammenhingen.

Eine Analyse der genannten Punkte des Konsolidierungskonzepts der Regierung deckt nicht nur die dahinter stehenden Intentionen der beteiligten Akteure auf, sondern läßt die Konsolidierungsvorstellungen des Finanzministeriums auch als Kompromiß zwischen den unterschiedlichen wirtschaftspolitischen Auffassungen der beiden Regierungsparteien SLD und PSL erscheinen. Zunächst zur Grundüberlegung, die die Konsolidierungsinitiative des Finanzministeriums zu tragen scheint. Einen guten Einblick hierin liefern die Erläuterungen des seinerzeit für die Bankenkonsolidierung verantwortlichen Staatssekretärs im Finanzministerium, Jan Monkiewicz, die dieser in seinem Artikel für das polnische Wirtschaftsmagazin *Gospodarka Narodowa* vom Sommer 1996 formuliert.

Leitfaden der Argumentation ist die *Überlegenheit der Auslandsbanken* am polnischen Bankenmarkt gegenüber den polnischen Instituten, und zwar sowohl von ihrer größeren Eigenkapitalbasis als auch vom Ausbildungsstand der Mitarbeiter, den Managementfähigkeiten der Führungskräfte und dem technologischen Niveau her. All diese Aspekte könnten nach der Argumentation des Finanzministeriums bei der 1999 anstehenden Öffnung des polnischen Bankenmarktes für ausländische Kreditinstitute zu einem Abdrängen polnischer Banken in eher unattraktive Marktsegmente führen, wie z.B. das Firmenkundenkreditgeschäft mit weniger guten Adressen.[134] Die Grundaussage der höheren Effizienz der ausländischen Banken gegenüber den einheimischen Kreditinstituten wird bestätigt durch entsprechende Ranglisten der führenden polnischen Fachzeitschrift für das Bankwesen, *Gazeta Bankowa*.[135] Übereinstimmend benennen auch Experten des polnischen Bankwesens das Argument *Schutz gegen ausländische Konkurrenz* als eines der wichtigsten Motive für die Konsolidierungsinitiative der Regierung.[136]

Angesichts des Drucks der Öffnung des polnischen Bankwesens Anfang 1999 für Auslandsbanken scheint dieses Argument auch stichhaltig. Zum einen steigt der Finanzierungsbedarf der polnischen Volkswirtschaft im Zuge des kontinuierlichen Wirtschaftswachstums eher noch an. Daneben sorgt zum anderen auch die durch die zunächst zögerliche Finanzierung der für nachhaltiges Wirtschaftswachstum wichtigen Investitionstätigkeit der Betriebe von seiten der polnischen Banken in den Jahren 1991 bis 94 entstandene Finanzierungslücke, die z.T. von den Unternehmen über eine *cash-flow*-Finanzierung gefüllt wurde, und die weitgehende Lösung der Problematik schlechter Kredite für genügend Anreize für Auslandsbanken, die Nachfrage nach

133 Vgl. zu den hier aufgeführten Zielen des Regierungskonzepts MONKIEWICZ, Jan (1996), S. 72/73.
134 Ebenda, S. 69/70.
135 Vgl. o.V. (1995a): Najlepsze Banki '95, S. 9.
136 Vgl. $A_3$ (26. September 1996), S. 291, $A_5$ (24. September 1996), S. 298, $A_{16}$, S. 322, $A_{20}$, S. 328 sowie $A_{22}$, S. 332.

Fremdkapitalfinanzierung in Polen durch den Eintritt in Polens Bankenmarkt zu befriedigen. Den Nachholbedarf bei der Frage der Finanzierung der Investitionsnachfrage, aber zunehmend auch der Konsumnachfrage belegt die Tatsache, daß im Jahre 1996 das aggregierte Volumen an Bankkrediten in Polen lediglich 18% des BIP ausmachte. Dies ist gerade auch im Vergleich zu den Transformationsnachbarn Tschechien (80%) und Ungarn (40%) wenig.[137] Diese Relation gibt auch einen Hinweis auf die bereits diskutierte geringe Größe der polnischen Institute, deren Abstand zu den westeuropäischen Banken sich im Laufe der Transformation nahezu dramatisch vergrößerte.[138] So betrug das aggregierte Bilanzvolumen aller polnischen Banken per Ende 1996 rund PLN 215 Mrd., eine Summe, die von einzelnen europäischen Spitzeninstituten, wie der Deutschen Bank, gleich um ein Vielfaches übertroffen wird.[139] Die Angst vor dem Eintritt ausländischer Bankakteure scheint vor diesem Hintergrund durchaus berechtigt.

MONKIEWICZ spitzt seine Argumentationslinie zur Alternative zu, daß ohne vorherige Konsolidierung entweder nur ein langsames Privatisierungstempo oder aber eine zügige Privatisierung nur mit signifikanter Beteiligung ausländischer strategischer Investoren und dem Ergebnis eines hohen Anteils ausländischen Kapitals im polnischen Bankensektor möglich sei.[140] Unter grundsätzlicher Anerkennung des Privatisierungsziels stellt das Finanzministerium damit die Konsolidierung des Bankensektors und die hierdurch ermöglichte Schaffung größerer und in der Interpretation der Regierung somit auch effizienterer Einheiten als Chance dar, die Privatisierung einerseits zu beschleunigen und andererseits den Bankensektor überwiegend in polnischer Hand zu belassen.

Kołodko als eigentlicher Initiator der Bankenkonsolidierung schafft mit dieser Argumentation eine Synthese der Interessen mehrerer, für den weiteren Transformationspfad im polnischen Bankwesen entscheidender Akteure: Auf der einen Seite trägt er dem Privatisierungsdruck der *ausländischen Wirtschaftsberater* Polens Rechnung und dem ebenfalls hiermit zusammenhängenden finanziellen Druck. Kann die SLD/PSL-Regierung glaubhaft darlegen, daß die Konsolidierung staatlicher Banken ihre anschließende Privatisierung vereinfacht und beschleunigt, so kann sie weiterhin auf die *Auszahlung der Gelder aus dem Bankenprivatisierungsfonds* hoffen, auch wenn die Privatisierung der Regionalbanken bis Ende 1996 nicht ganz vollendet werden kann. So bildet zugleich die Auszahlung der USD 400 Mio. aus diesem Fonds ebenfalls eines der Hauptmotive der Regierung für die Erarbeitung ihres Konsolidierungskonzepts.[141]

Grundsätzlich ist der *SLD* der Bankenprivatisierung gegenüber positiv eingestellt. Schwieriger war es für Kołodko, die Zustimmung des Koalitionspartners *PSL* für die Entstaatlichung des Bankensektors zu erhalten. Zwar war Polen 1992 unter der Regierung Suchocka die Verpflichtung gegenüber den Geberländern des Bankenprivatisierungsfonds zur Entstaatlichung der Regionalbanken eingegangen, doch stellt die offizielle Ankündigung, neben den noch verbliebenen staatlichen Regionalbanken auch die

137 Vgl. WHEELHOUSE, Michael (1996), S. 1.
138 Vgl. zu den Größenrelationen polnischer Banken im internationalen Vergleich auch Gliederungspunkt 4.4.2.
139 Vgl. BERGERON, Pierre et al. (1998), S. 19.
140 Vgl. MONKIEWICZ, Jan (1996), S. 69.
141 Vgl. $A_I$ (23. September 1996), S. 286 und $A_{II}$ (26. September 1996), S. 311.

Bank Handlowy und die PeKaO S.A. nach der Konsolidierung zu privatisieren, einen weitergehenden Schritt im Entstaatlichungsprozeß des polnischen Geschäftsbankensystems und damit zugleich auch ein Zugeständnis der Privatisierungsskeptiker der PSL dar. Dieses Zugeständnis erreichte Kołodko durch die Verknüpfung der Bankenprivatisierung mit der Reform der Sozialversicherung. Das teure staatliche Rentenwesen belastete die Sozialversicherung zunehmend, und die angespannte öffentliche Haushaltslage veranlaßte Kołodko in Übereinstimmung mit den Vertretern der Bauernpartei, das im Ansatz bereits skizzierte ergänzende privatwirtschaftliche Pensionskassenmodell zu erarbeiten. Vor diesem Hintergrund erklärt sich auch die neuerliche Privatisierungsoffensive der Regierung für den Nichtbankensektor zur Jahreswende 1995/96, denn auch zu privatisierende Staatsbetriebe sollten für die Anschubfinanzierung der Pensionsfonds sorgen.[142] So nennen die Experten des polnischen Bankwesens übereinstimmend die *Reform des Rentensystems* als ein weiteres wesentliches Motiv für die Kombination von Bankenkonsolidierung und -privatisierung.[143]

Die Verknüpfung der Bankenprivatisierung mit der Reform der Altersversorgung könnte den Privatisierungsdruck im Bankwesen bei entsprechenden Fortschritten in der Erarbeitung eines Reformkonzepts für das Rentensystem tatsächlich verstärken und die Privatisierung beschleunigen. Die Vertreter der Weltbank äußerten sich hinsichtlich der Vorschläge der polnischen Regierung zur Bankenkonsolidierung entsprechend positiv unter der Bedingung, daß die Konsolidierung auf freiwilliger Basis verlaufe.[144] Bis zu diesem Zeitpunkt hatte das Finanzministerium jedoch noch keinen Druck auf die Banken zur Konzernbildung ausgeübt, so daß die Bedingung der Freiwilligkeit genauso wie das der Beschleunigung der Privatisierung erfüllt zu sein schien. Die Zustimmung der PSL zur ungeliebten Bankenprivatisierung wiederum konnte neben dem Anreiz der Finanzierung der Rentenreform, die gerade auch für die Bauernklientel der PSL von großer Bedeutung ist, v.a. durch die Fortsetzung der protektionistischen Politik zugunsten der heimischen Banken erkauft werden, ein Charakteristikum in der Bankenpolitik der SLD/PSL-Koalition, das sich bereits im zwischen der NBP und dem Finanzministerium vereinbarten Lizenzvergabemoratorium seit 1993 gezeigt hatte. Eine Privatisierung über den Verkauf einer Mehrheit des Aktienkapitals an strategische Investoren kam für die Regierung nicht in Frage.[145] Zudem sollte die Notierung von mindestens 20% des jeweiligen Aktienkapitals einer zur Privatisierung anstehenden Bank eine ausreichend hohe Partizipation der polnischen Bevölkerung sicherstellen, ein Anreiz, der die Privatisierungsgegner innerhalb der Regierung ebenfalls zu besänftigen vermochte. Schließlich war die Ankündigung einer Entstaatlichung von PKO BP und BGŻ unter den ausländischen Beobachtern der polnischen Bankentransformation zwar populär, doch entbehrte sie einer realistischen Grundlage, da ein Konzept zur vorhergehenden Sanierung der beiden Banken auch in den folgenden Monaten nicht vorgelegt wurde. Auch dies erleichterte die Zustimmung der PSL.

Betrachtet man die politische Diskussion, die das Konsolidierungskonzept des Finanzministeriums entfachte, so lassen sich unter den kritischen Stimmen folgende vier Argumente gegen das Regierungsprogramm herausfiltern: Die Freiheitsunion verwarf die Konsolidierungspläne damit, daß eine Fusion verschiedener Banken *langwierige*

---

[142] Vgl. LUDWIG, Michael (1997), S. 13.
[143] Vgl. $A_1$ (23. September 1996), S. 286, $A_3$ (26. September 1996), S. 292 sowie $A_{22}$, S. 333.
[144] Vgl. OLECHOWSKA, Krystyna (1996), S. 10.
[145] Vgl. $A_5$ (24. September 1996), S. 298, $A_{15}$, S. 321, $A_{16}$, S. 322 und $A_{21}$, S. 331.

*interne Umstrukturierungsprozesse* in Gang setzen würde. Die Vorbereitung der betroffenen Kreditinstitute auf die Privatisierung würde somit viel Zeit in Anspruch nehmen, so daß die Entstaatlichung de facto verzögert würde. Die Partei der liberalen Reformer konstatierte als Hauptmotiv der Regierung für die Vorstellung ihres Konsolidierungskonzepts vielmehr die *Zurückdrängung von Auslandskapital*, wie es bereits seit mehreren Jahren die Linie der PSL gewesen sei.[146] Der Vorsitzende der Freiheitsunion, Leszek Balcerowicz selbst, kritisierte wiederum die anvisierten neuen Eigentumsstrukturen mit einem Anteil von bis zu 50% für die zukünftigen Pensionsfonds, denn sie würden *keine adäquate Kontrolle der Banken* zulassen. Er bezeichnete die Verquickung von Bankenprivatisierung und Rentenreform als einen schweren Fehler und plädierte für eine Beschleunigung der Entstaatlichung der Kreditinstitute durch die Beteiligung strategischer Investoren aus dem Ausland unter Verzicht auf die Konsolidierung.[147] Führende Bankenmanager selbst, wie das Vorstandsmitglied der Bank Handlowy, Henryk Batkowski, kritisierten, daß das *Konsolidierungskonzept* rationaler ökonomischer Argumente entbehre und stattdessen *rein politisch motiviert* sei.[148]

Hinsichtlich der These, daß die Bankenkonsolidierung die Privatisierung der staatlichen Kreditinstitute wirklich zu beschleunigen vermag, lassen sich Zweifel anmelden. Zwar erschien es auf den ersten Blick leichter, nur zwei Banken, nämlich den noch zu bildenden Bank-Handlowy-Konzern sowie den PeKaO-Konzern zu entstaatlichen anstelle der ursprünglich geplanten Einzelprivatisierung der verbliebenen sechs staatlichen Regionalbanken. Doch war es angesichts der Größe der beiden neuen Konzerne fraglich, ob polnisches Kapital ausreichen würde, um beide Banken an die Warschauer Börse zu bringen, ohne ausländische Investoren an dem *going public* zu beteiligen, selbst wenn es sich jeweils nur um 20 bis 30% des Grundkapitals des jeweiligen Kreditinstituts handeln sollte.

Mißt man die Konsolidierungsvorstellungen der Regierung hinsichtlich der Beteiligung von Pensionskassen am Eigenkapital der neuen Bankenkonzerne nach deren Privatisierung an den in Gliederungspunkt 6.2 dieser Arbeit skizzierten Erwartungen, die die Reformkräfte von 1989 mit der Privatisierung der Banken verbanden, wie eine aktive Bankenkontrolle und die Steigerung der dynamischen Effizienz der privatisierten Institute, so scheint es ausgeschlossen, daß eine Konstruktion über Pensionsfonds und damit eine letztlich disperse Eigentümerstruktur solche Erwartungen erfüllen kann.[149] Auch das Argument, die Verschmelzung heterogener Banken zu einem Konzern brauche Zeit und eine Privatisierung der betroffenen Banken könne sich daher hinauszögern, scheint einleuchtend. Zu bedenken ist dabei, daß die Zusammenlegung der Regionalbanken unter dem Dach der beiden großen Spezialinstitute Bank Handlowy und PeKaO S.A. mit der Ankündigung ihrer späteren Privatisierung zunächst allenfalls eine Pro-Forma-Privatisierung darstellt, um Polen die Gelder des Bankenprivatisierungsfonds zu sichern.[150] Die Kritiker der Bankenkonsolidierung spitzten ihre Ablehnung der Bankenkonzentration zu der Frage zu, ob die Konsolidierung nicht letzten Endes als Substitut für die Privatisierung der Banken diene.[151]

---

[146] Vgl. OLECHOWSKA, Krystyna (1996), S. 11.
[147] Ebenda, S. 12.
[148] Ebenda, S. 13.
[149] Vgl. $A_{22}$, S. 333.
[150] Vgl. $A_{11}$ (26. September 1996), S. 311/312.
[151] Vgl. OLECHOWSKA, Krystyna (1996), S. 9.

Schließlich fällt an der durch das zweite Konsolidierungskonzept Kołodkos entfachten Diskussion auf, daß das ursprünglich vom Finanzministerium vorgebrachte ökonomische Argument der Überwindung von Bankmonopolen sowohl bei den Befürwortern als auch bei den Gegnern der Konsolidierung kaum noch Erwähnung findet. Tatsächlich bietet aber die Zusammenführung gerade der einlagenlastigen Sparkasse PeKaO S.A. mit den kreditlastigen Regionalbanken durchaus die Chance, Funktions- und Sektormonopole zu überwinden: Die Sparkasse fände auf diese Weise eine Möglichkeit, ihre Liquidität in Form von Krediten über die regionalen Filialsysteme der neuen Teilbanken profitabel zu verleihen, und die erweiterte Eigenkapitalbasis würde den Banken die Vergabe neuer Kredite an große überregionale Kunden ermöglichen, um so ihr Kreditportfolio und damit auch ihre Kreditrisiken zu diversifizieren.[152] Ein Bank-Handlowy-Konzern wiederum besäße die Chance, sein Kreditgeschäft landesweit zu betreiben, um damit regionale Monopole zu brechen und zugleich ebenfalls Kreditrisiken zu streuen. Schließlich könnten mit der Bildung größerer Einheiten *economies of scale and scope* realisiert werden, z.B. durch die Senkung von Verwaltungsaufwendungen und die Ermöglichung größerer Geschäftsvolumina. Diese Überlegungen spielen ja auch bei den bereits angesprochenen weltweiten Konzentrationstendenzen im Finanzsektor eine entscheidende Rolle.[153] Indes ist andererseits festzuhalten, daß die Monopole einzelner Banken letztlich durch Oligopole landesweiter Kreditinstitute substituiert werden.

Festzustellen bleibt bei einem Vergleich der bankenpolitischen Leitlinien der Solidarność-Regierungen vor 1993 mit der der SLD/PSL-Koalition, daß die letztgenannte sogenannte *polnische Lösungen* in der weiteren Gestaltung des Bankensektors favorisierte, also die Beteiligung nur von polnischem Kapital an Konsolidierung und Privatisierung unter weitgehendem Ausschluß ausländischer Investoren. Durch die Aussicht auf eine Beschleunigung der Bankenprivatisierung und damit einhergehend einem sinkenden Einfluß politischer statt ökonomischer Überlegungen im Entscheidungsprozeß der privatisierten Bankakteure gelang es der Regierung jedoch, Proteste ausländischer Wirtschaftsberater zunächst zu verhindern. Anhand des konkreten Konsolidierungsprozesses blieb dabei abzuwarten, inwieweit diese Linie durchzuhalten war. Zwei potentielle Gefahren drohten die zunächst abwartende bis positive Haltung der ausländischen Geldgeber ins Negative umzukehren: erstens die einer kalten Reverstaatlichung des Geschäftsbankensystems, sollte sich die Konsolidierung über den Kreis der staatlichen in den Bereich der privatisierten Kreditinstitute erstrecken, und zweitens die Gefahr einer oligopolistischen Wettbewerbsstruktur durch die Schaffung zweier übermächtiger neuer Bankenkonzerne.[154]

#### 6.2.1.1 Die bisherigen Konsolidierungsergebnisse

Bevor im folgenden die bisherigen Ergebnisse der Bankenkonsolidierung erläutert werden, gilt es, den Konsolidierungsprozeß entsprechend den Vorschlägen des zweiten Kołodko-Entwurfs zu differenzieren. Nach dem Scheitern der Konsolidierungsgespräche zwischen den Banken 1994/95 ergriff der Akteur Staat in Gestalt des Finanzmini-

---

[152] Vgl. $A_{11}$ (26. September 1996), S. 312 sowie $A_{22}$, S. 332.

[153] Vgl. $A_3$ (26. September 1996), S. 291 sowie die Ausführungen in Gliederungspunkt 2.2.3.1.3.

[154] Vgl. $A_{11}$ (10. August 1994), S. 311.

steriums die Initiative und nahm fortan eine aktive und führende Rolle im weiteren Konsolidierungsprozeß ein.[155] Er betätigte sich damit als eine Art 'Katalysator' der Konzentrationsprozesse im polnischen Bankwesen.[156] Das Finanzministerium sollte fortan starken Druck auf die Bankakteure hinsichtlich der Bildung der beiden anvisierten Bankenkonzerne ausüben. So sahen die Vertreter des Finanzministeriums die mit der Konsolidierung angestrebte Stärkung des polnischen Bankensystems als *Aufgabe des Staates* an.[157] Die Klärung der Frage, inwieweit dabei von Zwang gesprochen werden kann, bzw. inwiefern die Bankakteure sich dem Druck des Finanzministeriums erfolgreich widersetzen konnten, bleibt den folgenden Ausführungen vorbehalten.

Die Konsolidierung von oben wird unabhängig davon im folgenden als *administrative Konsolidierung* bezeichnet. Diese Art der Konsolidierung wurde von den Vertretern des SLD und der PSL grundsätzlich befürwortet.[158] Sie bedeutete zugleich eine Abkehr vom Subsidiaritätsprinzip: Der Staat überließ die Verhandlungen nicht mehr den Bankakteuren und beschränkte sich nicht mehr nur auf die Formulierung adäquater rechtlicher Rahmenbedingungen, sondern griff weit stärker in die Umstrukturierung der internen Bankorganisation ein, als es z.B. die Regierung Suchocka zuvor mit der Bildung neuer Kreditabteilungen im Zuge der Regionalbankensanierung getan hatte.

Konzentrationsbestrebungen, die von den Banken selbst ausgingen, sollen im weiteren als *marktinduzierte Konsolidierung* bezeichnet werden. Von staatlicher Seite kann in diesem Zusammenhang lediglich die Übernahme von Banken bzw. Fusionen zwischen Kreditinstituten *vorgeschlagen* werden. Die Bankakteure entscheiden dann selbst darüber, ob sie dieses Angebot annehmen oder nicht. Auch die Sanierungspolitik der NBP gegenüber den neuen polnischen Banken muß gemäß dieser Definition als marktinduzierte Konsolidierung bezeichnet werden, denn sie konnte sich lediglich darauf beschränken, ausländischen Kreditinstituten oder polnischen Banken attraktive Angebote für die Übernahme von bzw. für die Beteiligung an schwachen Banken zu machen. Zwang kann die NBP hingegen nicht ausüben. So erklärt sich auch die Tatsache, daß trotz des anderweitigen Lizenzvergabemoratoriums das Angebot zur Übernahme schwacher polnischer Banken im Gegenzug zum Eintritt in den polnischen Bankenmarkt von den ausländischen Bankakteuren kaum angenommen wurde. Die NBP spielte bei der administrativen Konsolidierung durch das Finanzministerium keine aktive Rolle. Die entscheidenden Akteure waren hier vielmehr das Finanzministerium selbst sowie die Akteure bei den betroffenen Banken.[159]

#### 6.2.1.1.1 Administrative Konsolidierung

Zur Jahreswende 1994/95 sah der Konsolidierungsplan des Finanzministeriums die Fusion von insgesamt sieben Banken vor. Von den Regionalbanken wurden die *Bank Gdański*, die zum damaligen Zeitpunkt gerade über eine Emission junger Aktien an den Börsen in London und Warschau privatisiert wurde, sowie die *Powszechny Bank Kredytowy (PBK)* und die *Bank Zachodni*, die im Laufe der folgenden zwei Jahre

---

[155] Vgl. $A_{21}$, S. 331.
[156] Vgl. $A_{23}$, S. 334.
[157] Vgl. MONKIEWICZ, Jan (1996), S. 71.
[158] Vgl. $A_1$ (23. September 1996), S. 287.
[159] Vgl. $A_6$ (23. September 1996), S. 303.

ebenfalls einzeln entstaatlicht werden sollten, von der Konsolidierung ausgenommen. Unter dem Dach der *Bank Handlowy* sollten die beiden regionalen Institute *BPH* und *Pomorski Bank Kredytowy* fusioniert werden. Mit einer konsolidierten Bilanzsumme von PLN 26,16 Mrd. sollte der neue Konzern hinter der PKO BP zum zweitgrößten Kreditinstitut Polens aufsteigen. Die beiden regionalen Banken würden im Zuge dieser Fusion ihren separaten Marktauftritt verlieren und voll in den neuen Konzern aufgehen. Die neue Konzernstruktur skizziert Abbildung 6.6:

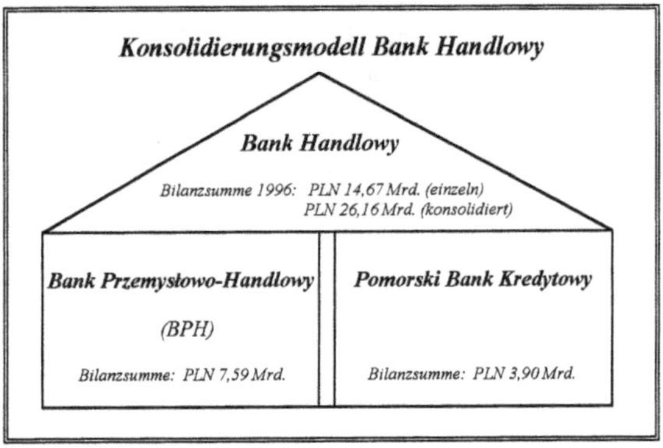


**Abb. 6.6: Das Modell des Bank-Handlowy-Konzerns**

Von den drei betroffenen Banken wurde dieser Plan mit großer Skepsis aufgenommen. Ein besonders umstrittener Punkt war dabei die Vorstellung einer *Vollkonsolidierung* und die damit verbundene Aufgabe der Identität der beiden Regionalbanken. Die Ablehnung der Vollkonsolidierung durch die regionalen Institute wurde von partikularen Interessen gelenkt.[160] Zu nennen ist dabei zum einen der Wunsch der Regionalbankenmanager, ihre Machtbasis und ihre relative Entscheidungsunabhängigkeit zu behalten. Zum anderen machten sich aber auch die alten Beziehungen zwischen den Regionalbanken und der regionalen Wirtschaft bemerkbar: Wenn auch die ehemalige Interessenkoalition hinsichtlich weicher Budgetrestriktionen gegenüber der regionalen Industrie seit der Bankensanierung aufgebrochen war, so gehörten die regionalen Betriebe trotzdem weiterhin zu den wichtigsten Kunden der Regionalbanken. Die Formulierung der Geschäftspolitik eines neuen Bank-Handlowy-Konzerns in der Zentrale in Warschau barg aus der Sicht der regionalen Industrie die Gefahr, daß die Prioritäten künftig anders gesetzt werden könnten, z.B. zugunsten einer landesweiten Geschäftsausdehnung. Die regionalen Geschäftsbeziehungen könnten in einer solchen Konstellation vernachlässigt werden. Diese Befürchtungen schienen insofern berechtigt, als daß die überregionale Ausdehnung der bisherigen Geschäftstätigkeit und die damit einhergehende Diversifikation von Risiken ja durchaus auch zu den ökonomischen Zielen der Bankenkonsolidierung gehörten.

---

[160] Vgl. $A_3$ (26. September 1996), S. 291.

Während die regionalen Institute die Vollkonsolidierung ablehnten, machte die Bank Handlowy sie zur Bedingung dafür, überhaupt an der Konsolidierung teilzunehmen.[161] Dem Management der Bank Handlowy lag viel an der baldigen Privatisierung ihres Instituts, um so ihr Eigenkapital zu erhöhen. Auch die Beteiligung eines strategischen Investors erschien der Bankführung im Gegensatz zur Regierung wünschenswert. Da die Bank Handlowy ohnehin eine Verzögerung der Privatisierung durch die Konzernbildung befürchtete, trat sie für eine schnelle Verschmelzung der drei Institute ein. Im Zweifelsfall, so machten die Manager der Bank klar, würde sich die Bank Handlowy *für* die Privatisierung und *gegen* eine Konsolidierung entscheiden.[162] Hinsichtlich der Haltung des Finanzministeriums ist in diesem Zusammenhang folgendes festzuhalten: Obwohl die Eigentümerrolle des Staates als Alleinaktionär der kommerzialisierten Banken - im Vorfeld der Konsolidierung waren neben den Regionalbanken auch die Spezialinstitute in Aktiengesellschaften mit 100%-igem Staatsanteil umgewandelt worden - das Finanzministerium dazu berechtigt hätte, die Banken in die Konsolidierung zu zwingen, sollte ein solcher Zwang dennoch möglichst vermieden werden, nicht nur, weil dies Proteste der Geberländer des Bankenprivatisierungsfonds hätte hervorrufen können, sondern auch, weil der Erfolg eines neuen Konzerns durch interne Widerstände gefährdet sein könnte.[163] Da die Bank Handlowy als wichtigster Partner bei der Konzernbildung einen Kompromiß bei der Vollkonsolidierung verweigerte, blieb dem Finanzministerium nur übrig, bei der PeKaO S.A. einen anderen Weg einzuschlagen.

Da auch die mit der PeKaO zusammenzulegenden Regional- und Spezialbanken eine Vollkonsolidierung aus denselben Gründen ablehnten wie die mit der Bank Handlowy zu verschmelzenden Institute, einigte sich das Finanzministerium mit den betroffenen Banken auf die Bildung einer *Bankengruppe*: Während die strategische Ausrichtung des so geschaffenen Instituts von der PeKaO in Warschau vorgegeben werden sollte, wurde es den Teilbanken ermöglicht, ihren eigenständigen Marktauftritt zu behalten und sie allein betreffende Fragen auch autonom zu entscheiden.[164] Die PeKaO S.A. selbst war in diesem Punkt kompromißbereiter als die Bank Handlowy, denn sie schien auf die Konsolidierung eher angewiesen als die frühere Außenhandelsbank, wies sie als ehemalige Fremdwährungssparkasse doch gänzlich andere Geschäftsschwerpunkte auf als ihre potentiellen Kooperationspartner mit einem entsprechend hohen Potential an Synergieeffekten. Die Gruppenbildung bot der PeKaO S.A. die Chance, die regionalen Industriebetriebe als Firmenkunden zu gewinnen und damit ihre Einlagenlastigkeit zugunsten eines Ausbaus des Aktivgeschäfts zu verringern.

Aus betriebswirtschaftlicher Sicht jedoch barg die Bildung einer *Grupa PeKaO S.A.* gegenüber einer Vollkonsolidierung organisationsinterne Probleme. Zwar schien durch einen separaten Marktauftritt der Teilbanken potentielle Konkurrenz zwischen den Instituten nicht gegeben, zum einen wegen der unterschiedlichen Geschäftsschwerpunkte zwischen der Sparkasse und den Regionalbanken, zum anderen wegen der regionalen Marktaufteilung. Doch beinhaltete die Autonomie der Einzelbanken die Gefahr von Konflikten in bezug auf die Frage, wo die Verantwortung für die Gesamtstrategie der Bank anfängt und wo die Autonomie der regionalen Teilbanken aufhört. Geschäftspolitische Kernbereiche drohten so zum Gegenstand langwieriger interner Verhandlungs-

[161] Vgl. $A_1$ (23. September 1996), S. 286 sowie $A_{15}$, S. 320.
[162] Vgl. $A_3$ (26. September 1996), S. 291/292.
[163] Vgl. $A_1$ (23. September 1996), S. 287.
[164] Vgl. $A_{22}$, S. 332.

prozesse zwischen den Einzelinstituten zu werden und damit die Handlungsfähigkeit der Gruppe als ganzer zu behindern.[165] Dies galt umso mehr, als daß die drei regionalen Teilbanken ihre jeweiligen regionalen Geschäftsinteressen bei solchen Verhandlungen in den Vordergrund stellen dürften.

Des weiteren stellte sich die Frage, welche Banken neben der PeKaO S.A. an der neuen Gruppe partizipieren sollten. Die Beteiligung der beiden Regionalbanken *Powszechny Bank Gospodarczy* und *Bank Depozytowo-Kredytowy* entsprach den Vorstellungen des Finanzministeriums und war bei den betroffenen Instituten auch wenig umstritten, nachdem die Gruppenlösung mit relativer Autonomie der Teilbanken verbindlich festgelegt worden war. Als dritte Teilbank kamen entweder die *Polski Bank Rozwoju - PBR* oder die *Pomorski Bank Kredytowy* in Frage. Für die PBR sprach die Tatsache, daß sie als eine der führenden Investmentbanken des Landes aufgrund ihrer speziellen Geschäftsausrichtung und ihrer hohen dynamischen Effizienz für die Gruppe eine ideale Ergänzung wäre, denn die Liquidität der PeKaO S.A. wäre mit ihr nicht nur den regionalen staatlichen Industriebetrieben zugute gekommen, sondern auch aufstrebenden privaten Unternehmen, den wichtigsten Firmenkunden der PBR. Nachdem sich abzeichnete, daß die Bildung des Bank-Handlowy-Konzerns wegen der umstrittenen Vollkonsolidierung große Probleme bereiten würde, wurde vom Finanzministerium alternativ die Beteiligung der Pomorski Bank Kredytowy erwogen.

Mit einer Bilanzsumme von PLN 22,70 Mrd. lag die PeKaO S.A. 1996 auf dem zweiten Platz unter Polens Banken. Bei einer erfolgreichen Bildung des Bank-Handlowy-Konzerns würde sie Platz 3 belegen. Eine Konsolidierung der PeKaO unter Einschluß der PBR würde sie mit einer Bilanzsumme von PLN 39,1 Mrd. zum größten polnischen Finanzinstitut machen, während sie alternativ unter Einschluß der Pomorski Bank Kredytowy diese Spitzenstellung sogar mit einer Bilanzsumme von PLN 41,48 Mrd. erreichen würde. Abb. 6.7 skizziert die beiden Optionen:

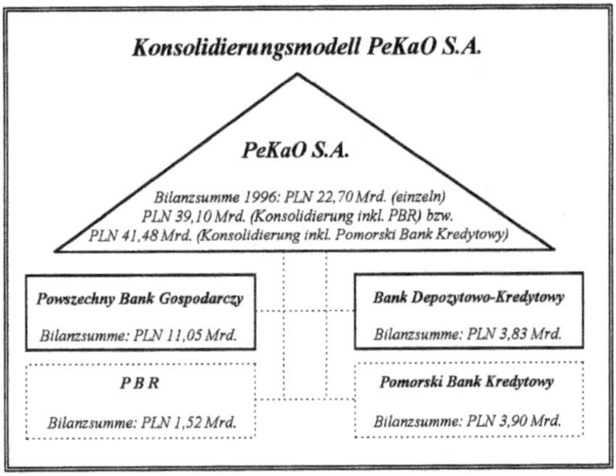


**Abb. 6.7: Das Modell der Grupa PeKaO S.A.**

[165] Vgl. $A_{19}$, S. 326.

Die Einbeziehung der beiden teilprivatisierten Kreditinstitute BPH und PBR in die zwei neu zu bildenden Bankenkonzerne stieß auf heftige Kritik sowohl der privaten Anteilseigner der beiden Banken als auch des Managements des jeweiligen Instituts sowie nicht zuletzt der ausländischen Berater der polnischen Bankentransformation. Infolge dieser Kritik sah sich die polnische Regierung gezwungen, BPH und PBR aus ihren Konsolidierungsplänen wieder herauszunehmen:

> „It was Polish bankers themselves who forced the finance ministry to retreat from its half-baked plan to bundle state-owned banks into two holding companies headed by Banks Handlowy and PeKaO. The inclusion of the partly privatised Bank Przemysłowo-Handlowy (BPH) of Crakow also brought complaints from Holland's ING Bank and the EBRD."[166]

Hauptmotiv für den Protest gegen die Einbeziehung in die Konsolidierung war auf seiten des jeweiligen Bankmanagements die Furcht vor dem Verlust der Unabhängigkeit in der Geschäftspolitik. Wegen der anvisierten Einbeziehung in den neuen, *vollkonsolidierten* Bank-Handlowy-Konzern war der Widerstand der Vorstandsvorsitzenden der BPH, Henryka Pieronkiewicz, besonders groß.[167] Die Anleger von BPH und PBR befürchteten Einbußen an Einfluß. Dies galt insb. für die mit rund 10% an der BPH beteiligte ING-Bank. Unter den kritischen Stimmen hatten die der EBRD und der ausländischen Berater aus den Geberländern des Bankenprivatisierungsfonds jeweils ein besonderes Gewicht. Die Proteste aus diesen Reihen, die Einbeziehung der beiden teilprivatisierten Kreditinstitute führe zur kalten Reverstaatlichung des Geschäftsbankensystems, und die Drohung, bei einer Verwirklichung der Bankenkonsolidierung unter Einschluß der zwei teilprivatisierten Institute die Gelder des Bankenprivatisierungsfonds zu sperren, zwangen das Finanzministerium schließlich zum Nachgeben.[168] Dies geschah, obwohl der Staat mit über 50% am Grundkapital der BPH bzw. sogar über 60% im Fall der PBR die Majorität der Stimmen auf der jeweiligen Aktionärsversammlung der beiden Banken stellte und sich damit de jure über die Bedenken der übrigen Aktionäre hätte hinwegsetzen können.

Dieses Nachgeben verdeutlicht zweierlei: Zum einen wird der Einfluß auf den Transformationspfad in Polens Bankensystem deutlich, den ausländische Politikberater immer noch besaßen, obwohl die Koalition aus SLD und PSL im Unterschied zu den Solidarność-Regierungen sichtlich darum bemüht war, die Präsenz ausländischer Marktakteure zu begrenzen und *polnische Lösungen* für die Problemkomplexe Konsolidierung und Privatisierung zu finden. Die Bedeutung der ausländischen Geldgeber bzw. Gläubiger der externen Verschuldung Polens und insb. die Position der EBRD, die sich auch außerhalb des Bankwesens als Investor in Polen engagierte, für den Erfolg des polnischen Transformationsprozesses insgesamt war zu groß, als daß die Regierung sich einen Affront auf dem Gebiet der Bankentransformation hätte leisten können. Zudem wurde auf seiten des SLD und seiner führenden Vertreter, nicht zuletzt auch von Staatspräsident Kwaśniewski, immer wieder der Wunsch betont, die Integration Polens in den Kreis der westlichen Industrienationen, insb. auch die Aufnahme in die EU, zu beschleunigen. Ein offener Konflikt im Bereich der Bankenkonsolidierung

---

[166] Vgl. SIMPSON, Peggy (1996), S. 54.

[167] Vgl. BANKGESELLSCHAFT BERLIN AG (Hrsg., 1995): Kapitalmarktreport Osteuropa, Dezember 1995 / Januar 1996, S. 8.

[168] Vgl. $A_1$ (23. September 1996), S. 286 und $A_{15}$, S. 320.

hätte nicht nur mit dem drohenden Stopp der Gelder aus dem Bankenprivatisierungsfonds unmittelbar negative Konsequenzen nach sich gezogen, sondern auch die Integrationspolitik des SLD gefährdet. Zum zweiten blieb Finanzminister Kołodko trotz des verschärften Konsolidierungsdrucks der Regierung seinem Grundsatz treu, die Bankakteure nicht gegen ihren Willen in die Konsolidierung zu zwingen, sondern auf dem Weg von Kompromissen die Bildung der beiden großen neuen Bankenkonzerne zu ermöglichen.

Die damit verbundene Gewährung eines gewissen Grades an Autonomie für die Marktakteure führte schließlich auch dazu, daß die Bank Handlowy erfolgreich ihre Linie durchsetzen konnte: Nachdem offensichtlich geworden war, daß ihre Verhandlungspartner BPH und Pomorski Bank Kredytowy die Einbeziehung in die Konsolidierung bzw. die Verschmelzung zu einem einheitlichen Bank-Handlowy-Konzern nicht mittragen würden, brach die Bank Handlowy ihrerseits die Gespräche ab. Der den früheren Solidarność-Regierungen nahestehende Vorstandsvorsitzende der Bank Handlowy, Andrzej Olechowski, machte dabei die von der Politik Kołodkos abweichende Haltung der ehemaligen Außenhandelsbank deutlich, wonach sie ihre Privatisierung unter Beteiligung eines ausländischen strategischen Investors anstrebe.[169] Zudem kritisierte er den Ansatz Kołodkos, die Bankenkonsolidierung auf Druck des Staates zu verfolgen, und befürwortete stattdessen die Konzentration von Banken als Resultat von Marktprozessen, auf Basis der Initiative der Marktakteure selbst, und forderte im Gegenzug von der Regierung eine größere Offenheit gegenüber der Privatisierung der staatlichen Banken.[170] Mit dem Scheitern der Bildung eines Bank-Handlowy-Konzerns wurden die Anstrengungen zur Schaffung der PeKaO-Gruppe von seiten des Finanzministeriums intensiviert. Die Verhandlungen konnten im August 1996 schließlich zu einem erfolgreichen Abschluß gebracht werden.[171]

Im Vorfeld der PeKaO-Konsolidierung hatte das Parlament das sogenannte *Bankenkonsolidierungsgesetz* verabschiedet, welches den Zusammenschluß der PeKaO S.A. und der drei Regionalbanken Powszechny Bank Gospodarczy, Bank Depozytowo-Kredytowy und Pomorski Bank Kredytowy erst ermöglichte.[172] Ein eigenes Konsolidierungsgesetz war ursprünglich von der Regierung gar nicht beabsichtigt gewesen. Vielmehr zielten ihre Bemühungen darauf ab, die Möglichkeit zur Bildung von Bankkonzernen bzw. Bankengruppen zusammen mit der Erlaubnis zur Kapitalverflechtung zwischen Banken und Versicherungen in die Novellierung des Bankengesetzes einfließen zu lassen. Das Bankengesetz sollte wiederum zusammen mit dem Zentralbankgesetz überarbeitet und verabschiedet werden. Gerade die Reform des Zentralbankgesetzes gestaltete sich jedoch äußerst schwierig und geriet zu einem Kompetenzstreit zwischen dem Finanzministerium und der NBP.[173] Um die Konsolidierung rechtlich überhaupt zu ermöglichen, sah sich die Regierung gezwungen, die Verabschiedung der entsprechenden gesetzlichen Rahmenbedingungen der neuen Banken- und Zentralbankgesetzgebung zeitlich vorzuziehen.

---

[169] Vgl. JASSER, Adam (1995).
[170] Ebenda.
[171] Vgl. POLAŃSKI, Zbigniew (1996b), S. 6.
[172] Vgl. POLIŃSKI, Romuald (1996), S. 13.
[173] Vgl. hierzu die Ausführungen in Gliederungspunkt 6.2.1.2.

Das Bankenkonsolidierungsgesetz war zugeschnitten auf die Bildung der PeKaO-Gruppe und reflektierte die vorhergegangene Diskussion um die Einbeziehung nichtstaatlicher Kreditinstitute. So wurde die Möglichkeit des Zusammenschlusses auf Banken in 100%-igem Staatseigentum beschränkt. Insbesondere die NBP, die vor dem zuständigen parlamentarischen Ausschuß zur Ausarbeitung des Konsolidierungsgesetzes gehört wurde, begrüßte die Beschränkung auf staatliche Kreditinstitute. Grundsätzlich befürwortete die NBP die Konsolidierung, grenzte ihre Position aber vom administrativen Ansatz des Finanzministeriums ab:

> „It is difficult to be opposed to consolidation because banks must be stronger. [...] The problem is how to carry out this consolidation process. The initial attempt to merge banks which have already been privatized, especially those in which foreign capital had a stake, was rather unfortunate. This might have made market players uncertain and investors more cautious. It is a good thing that Sejm deputies have decided that only banks which are 100% owned by the State Treasury should be consolidated. [...] It is too bad that this is happening as a result of administrative decisions because banks launched their own consolidation initiatives and this was ignored.“[174]

Die Gefahr einer Reverstaatlichung des polnischen Bankwesens durch die Einbeziehung privatisierter Banken in staatliche Bankkonzerne war mit dem Konsolidierungsgesetz vorbehaltlich einer endgültigen Regelung im neuen Bankengesetz zunächst einmal abgewendet. Die zweite mögliche Gefahr, die die Konsolidierung enthielt, nämlich das Entstehen von Oligopolen, gehörte in der vorangegangenen Diskussion weder auf seiten der nicht in die Konsolidierung einbezogenen Banken, noch der Vertreter der Oppositionsparteien oder ausländischer Experten zu den maßgeblichen, öffentlich vorgetragenen Argumenten gegen die Bankenkonsolidierung. Tatsächlich schien diese Gefahr dadurch abgewendet, daß lediglich *eine* Bankengruppe entstand, die zwar mit einer Bilanzsumme von PLN 41,48 Mrd. zur größten Bank Polens aufstieg und mit 17,5% am Einlagen- und 22% am Kreditmarkt in 1996 auch recht hohe Marktanteile besaß.[175] Von einer marktbeherrschenden Position kann man jedoch zumindest im landesweiten Kontext nicht sprechen, allenfalls von regionalen Dominanzen, die jedoch aus der Zeit vor 1989 tradiert wurden und nicht Resultat der Konsolidierung sind.

Mit der Bildung der PeKaO-Gruppe wurde zugleich eine Absichtserklärung verbunden, nämlich die Gruppe möglichst Ende 1997 / Anfang 1998 zu entstaatlichen. Entsprechend den wiederholten Aussagen der führenden Manager der PeKaO ist am Willen der Gruppe an einer Privatisierung kaum zu zweifeln.[176] Angesichts der mit der Gruppenbildung verbundenen internen Umstrukturierung ist dieser Zeithorizont jedoch fragwürdig.[177] Hinzu kommt die spezifische Problematik der PeKaO, daß die auf dem Weg des Kompromisses gefundene Struktur mit der relativen Autonomie der Teilbanken den Nährboden für interne Konflikte bilden und damit die Privatisierung weiter hinauszögern könnte. Zudem bleiben hinsichtlich der Art der Privatisierung eine Reihe offener Fragen, ob z.B. polnisches Kapital an der Warschauer Börse für die Privatisie-

---

[174] Hanna GRONKIEWICZ-WALTZ in 'Życie Warszawy' vom 14.03.1996, zitiert in: BBC Monitoring Service Central Europe & Balkans vom 21.03.1996.

[175] Vgl. BANKGESELLSCHAFT BERLIN AG (Hrsg., 1998): Kapitalmarktreport Osteuropa, Mai 1998, S. 15.

[176] Vgl. $A_{22}$, S. 332/333.

[177] Ebenda, S. 332.

rung ausreicht, wie die Übertragung von Eigenkapital an ohnehin erst zu bildende Pensionskassen genau aussehen soll, und ob nicht zugunsten einer effizienteren *corporate governance* und einer höheren dynamischen Effizienz auch gegen den Widerstand v.a. der PSL nicht doch ein strategischer Investor an der Grupa PeKaO S.A. zu beteiligen sei. Die relativ komplizierte interne Struktur der Gruppe könnte dabei potentielle Auslandsinvestoren eher abschrecken. Berücksichtigt man diese, mit der PeKaO-Gruppenbildung verbundenen Probleme, scheint die Konsolidierung die Privatisierung de facto zu verzögern und den Konsolidierungskritikern damit Recht zu geben.

Dank der mit der PeKaO-Bildung zumindest als Absichtserklärung verknüpften Privatisierung konnten Teile der Gelder aus dem Bankenprivatisierungsfonds Ende 1996 freigegeben werden. Eine vollständige Auszahlung ist jedoch erst mit dem Abschluß der Regionalbankenprivatisierung möglich. Damit stellen sich nach der Schaffung der PeKaO-Gruppe insgesamt drei Fragen: Erstens ist zu untersuchen, wie die übrigen Banken auf die administrative Konsolidierung und die damit geschaffenen Konkurrenzverhältnisse im Bankwesen reagiert haben. Zweitens stellt sich die Frage, ob und wie die Bankenkonsolidierung rechtlich mit der ausstehenden Reform des Bankengesetzes abgeschlossen wurde. Schließlich ist zu untersuchen, wie sich der Fortgang der Bankenprivatisierung weiter gestaltete, und zwar insb. im Hinblick auf die Privatisierung der Bank Handlowy, der PeKaO-Gruppe und der übrigen, noch nicht entstaatlichten und auch nicht in die Konsolidierung einbezogenen Regionalbanken. Auf diese drei Fragen geben die folgenden Ausführungen Antwort.

#### 6.2.1.1.2 Marktinduzierte Konsolidierung

Zunächst zur Reaktion der Banken, die nicht in die administrative Konsolidierung des Finanzministeriums einbezogen wurden. Sie sahen sich auf mittlere Sicht einer in doppelter Weise verschärften Konkurrenzsituation gegenüber: Auf der einen Seite droht mit der Liberalisierung des Zugangs zum polnischen Bankenmarkt ab 1999 ein von seiten der für die Lizenzvergabe verantwortlichen NBP nahezu ungebremster Zustrom von Kreditinstituten aus der EU, die sich angesichts des wirtschaftlichen Wachstums in Polen, der deutlichen Verminderung der Gefahren schlechter Kredite, der hohen Nachfrage polnischer Unternehmen nach Fremdkapital und nicht zuletzt auch steigender Direktinvestitionen ausländischer Unternehmen an einem Zutritt zum polnischen Bankenmarkt sehr interessiert zeigen. Auf der anderen Seite erwuchs im Sommer 1996 in Gestalt der PeKaO-Gruppe ein großer Marktteilnehmer, der sowohl von der Aktiv- wie auch der Passivseite der Bilanz her über ein großes Geschäftspotential verfügt und durch seine Struktur sowohl den übrigen Regionalbanken als auch den landesweiten Kreditinstituten durchaus Marktanteile abzunehmen in der Lage ist. In dieser Situation entschloß sich eine Reihe größerer Institute, durch die Übernahme zumeist kleinerer Banken ihre Eigenkapitalbasis auszubauen und ihren Geschäftsradius zu erweitern, um so ihre jeweilige Marktposition zu verbessern.

Es ist die Frage, inwieweit die damit entstandene Konzentrationswelle im polnischen Bankensystem auch ohne die administrative Konsolidierung durch das Finanzministerium in Gang gekommen wäre. Immerhin würde es 1999 ohnehin zu einer Liberalisierung des Marktzutritts für Auslandsbanken kommen, auch wenn es keine Initiativen zur Bildung eines Bank-Handlowy-Konzerns bzw. der Schaffung der PeKaO-Gruppe gegeben hätte. Außerdem bewegen sich - wie bereits angerissen - die Konzentrationsprozesse in Polens Geschäftsbankensystem im Kontext weltweiter Konzentrationstendenzen im Finanzsektor. Dennoch spricht die Passivität der polnischen Banken vor der Kołodko-Initiative doch eher dafür, daß die administrative Konsolidierung letztlich den Anstoß zur Übernahmewelle bei den übrigen Kreditinstituten gegeben hat. Im Vorfeld der Planungen bzgl. der Bank Handlowy und der PeKaO waren ja die Gespräche zwischen den Banken über eine engere Kooperation oder gar gegenseitigen Kapitalverflechtung fast durchgehend ergebnislos verlaufen. Vertreter der NBP, die im Zuge der Bankensanierung an internen Umstrukturierungen bei staatlichen Banken beteiligt gewesen waren, sprechen in diesem Zusammenhang auch von Defiziten im strategischen Management in Polens Kreditinstituten, so daß auf der einzelwirtschaftlichen Ebene wesentliche Initiativen vom Staat ausgehen müßten.[178] Konkret bedeutet dies: Polens Bankmanager - auch wenn eine Generalisierung problematisch erscheint - stellen sich von der Tendenz her auf künftige Entwicklungen erst spät oder gar zu spät ein. Auch die NBP-Präsidentin Gronkiewicz-Waltz warf daher den Banken, insb. in bezug auf die zu erwartende Auslandskonkurrenz, eine ungenügende Vorbereitung vor.[179]

Betrachtet man die zeitlichen Abläufe bei der Konsolidierung des polnischen Bankensystems, die belegen, daß das Gros der Übernahmen von Banken durch ihre Konkurrenten erst *nach* der zweiten Konsolidierungsinitiative von Finanzminister Kołodko erfolgte, und zieht man die Meinungen der Experten zu Rate, so ist folgendes festzuhalten: Zusammen mit der Zulassungsliberalisierung in 1999, die ja auch ein wesentliches Motiv für die Kołodko-Initiative zur Schaffung großer und schlagkräftiger polnischer Banken war, erzeugte die administrative Konsolidierung einen so großen Marktdruck, daß die Banken von sich aus Initiativen zur Übernahme anderer Kreditinstitute entwickelten.[180] Da diese Initiativen von den Marktakteuren selbst ausgingen, paßt die Bezeichnung der *marktinduzierten* Konsolidierung als Reaktion und zugleich als Gegenstück zur Kołodko-Initiative. Der Staat betätigte sich im Rahmen der marktinduzierten Konsolidierung zwar nicht mehr als Interventionsstaat, wie zuvor bei der Schaffung der Grupa PeKaO S.A., dennoch zeigte sein Handeln *mittelbare* Wirkung auf der einzelwirtschaftlichen Ebene.

Das Finanzministerium ist an den meisten Übernahmebestrebungen im Rahmen der marktinduzierten Konsolidierung, die im übrigen über den in der vorliegenden Arbeit zugrundegelegten Untersuchungszeitraum bis Ende 1997 hinausgehen, nicht direkt als Akteur beteiligt. Dennoch dient die Konsolidierung der Stärkung der jeweiligen Marktposition der einzelnen Institute und stellt insofern auch einen Beitrag zur Stärkung der polnischen Banken insgesamt dar. Sie fügt sich daher nahtlos in die Konsolidierungspolitik des Finanzministeriums ein. Die marktinduzierte Konsolidierung spielt sich zumeist zwischen den Banken sowie zwischen diesen und der NBP ab und knüpft an die von der NBP verantwortete Sanierung im Bereich der polnischen Banken mit gemischtem Kapital an: Die Initiative der Zentralbank zur Übernahme schwacher polnischer Kreditinstitute durch Auslandsbanken als Gegenleistung für den Zutritt der ausländischen Institute zum polnischen Bankenmarkt hatte, wie bereits skizziert, nicht

---

[178] Vgl. $A_I$ (23. September 1996), S. 28.
[179] Vgl. OLECHOWSKA, Krystyna (1996), S. 10.
[180] Vgl. $A_I$ (23. September 1996), S. 287 und $A_{II}$ (26. September 1996), S. 313.

zu den von der NBP gewünschten Ergebnissen geführt.[181] Mit entsprechenden finanziellen Anreizen, wie z.B. Steuererleichterungen und Teilrekapitalisierungen, versuchte die NBP daraufhin, die Übernahme von Problembanken, die dringend saniert werden mußten, durch polnische Banken anzuregen und strebte insofern innerpolnische Lösungen an.[182] Die Motivation hierfür war aber, anders als bei der Konsolidierungspolitik der Regierungskoalition, keine protektionistische, sondern vielmehr Resultat der mangelnden Bereitschaft der Auslandsbanken, das Risiko einer Kapitalbeteiligung bei schwachen polnischen Kreditinstituten zu übernehmen. Die Zentralbank begründete ihre Konsolidierungspolitik mit rein ökonomischen Argumenten, wie der Sicherheit des polnischen Bankwesens sowie potentiellen Kostensenkungen durch Bankenzusammenschlüsse, und bettete sie in die weltweiten Konsolidierungstendenzen ein.[183] Diese *ökonomische* Argumentationslinie reiht sich ein in die Politik der Solidarność-Regierungen, die ja auch im Jahre 1992 die Leitung der NBP für eine Amtsdauer von sechs Jahren installiert hatten.

Fusionen zwischen gleichberechtigten Partnern oder freiwillige Zusammenschlüsse zwischen gleich großen Banken kamen bei der marktinduzierten Konsolidierung bis Ende 1997 kaum vor. Ebenso kam es bis zum Ende des hier betrachteten Zeitraums auch zu keinen Allfinanzgruppierungen, also Zusammenschlüssen von Banken und Versicherungen, wie die Regierung sie mit dem Konsolidierungsgesetz ja zu ermöglichen suchte. Vorherrschend waren vielmehr Übernahmen finanziell angeschlagener kleiner Banken durch größere Institute. Dabei hielten sich Übernahmen durch private bzw. privatisierte Banken sowie durch staatliche Kreditinstitute in etwa die Waage, so daß sich die diesbezüglich geäußerten Befürchtungen einer kalten Reverstaatlichung letztlich nicht bewahrheiteten.[184]

Nachdem im Jahre 1994 im Rahmen der Sanierung der neuen polnischen Banken zunächst Konkurse der betroffenen Institute bzw. die Übernahme durch die NBP dominiert hatten, begannen im Zeitraum 1995/96 Übernahmewünsche von seiten der relativ gesunden Kreditinstitute zu greifen. Besonders engagiert zeigte sich die Regionalbank Bank Zachodni mit der Übernahme der *Warszawski Bank Zachodni*, der *Głogowski Bank Gospodarczy* sowie der *Bank Rozwoju Rzemiosła*. Nachdem sie von der administrativen Konsolidierung ausgenommen worden war und einzeln entstaatlicht werden sollte, kam es für sie darauf an, gegenüber den übrigen Regionalbanken, die bereits einen strategischen Investor besaßen, wie die WBK und die BŚK, sowie gegenüber den in die PeKaO-Gruppe einbezogenen Instituten eine starke Marktposition aufzubauen.

Ebenfalls engagierte sich die WBK bei der Übernahme von Banken, für die die NBP einen Investor suchte. Nach der Übernahme eines kleinen regionalen Kreditinstituts sowie einer Genossenschaftsbank, die von der NBP wegen ihrer angeschlagenen finanziellen Situation im Vorfeld der Umstrukturierung der BGŻ übernommen worden war, verhandelte die WBK auch über die Übernahme der unter der Leitung der NBP stehenden mittelgroßen *Prosper Bank* sowie der *Polski Bank Inwestycyjny (PBI)*.[185] Im

---

181 Vgl. Gliederungspunkt 6.1.4.2.
182 Vgl. $A_{10}$, S. 308.
183 Vgl. OLECHOWSKA, Krystyna (1996), S. 10.
184 Vgl. die Ausführungen in Gliederungspunkt 6.1.2.4.
185 Vgl. BANKGESELLSCHAFT BERLIN AG (Hrsg., 1996): Kapitalmarktreport Osteuropa, September 1996, S. 6.

Zuge des Verkaufs der PBI an eine private Geschäftsbank wie die WBK sollte die Investitionsbank zugleich entstaatlicht werden, nachdem sie seit ihrer Ausgründung aus der NBP im Jahre 1993 von der Zentralbank geleitet worden war. An diesem Beispiel wird deutlich, daß sich Bankenkonsolidierung und -privatisierung zu mischen begannen. So wurden neben der PBI weitere Privatisierungsprojekte, wie die Entstaatlichung der Warschauer PBK, dazu genutzt, die Konsolidierung voranzubringen.[186]

Die finanziell schwachen Übernahmekandidaten standen ihrerseits einer Kapitalbeteiligung polnischer Banken weit weniger kritisch gegenüber als der von Auslandsbanken, da sie darauf hofften, mit dem Engagement eines polnischen Kreditinstituts eher einen gewissen Grad an Autonomie wahren zu können als bei der Übernahme durch eine Auslandsbank.[187] De facto erfüllten sich solche Hoffnungen jedoch nicht, denn die Teilautonomie der PeKaO-Banken diente nicht als Vorbild für die Konsolidierungstendenzen unter den Banken mit gemischtem Kapital. Die marktinduzierte Konsolidierung gestaltete sich zumeist als eine Art *natürlicher Ausleseprozeß*, bei dem die übernommenen Banken voll in das investierende Kreditinstitut aufgingen.[188] Ein gutes Beispiel hierfür sowie für die rein betriebswirtschaftliche Motivation der investierenden Bank liefert der Fall der BIG, die bereits im Jahre 1994 die *Łódzki Bank Rozwoju (ŁBR)* übernommen hatte: Unter dem Namen *BIG-Bank* ging die ŁBR voll in die BIG auf. Durch ihr breites Filialnetz in der Region um Łódź verschaffte die BIG-Bank dem Mutterinstitut einen besseren Zugang zum Privatkundengeschäft in der Heimatregion sowie eine breitere Einlagenbasis. Die NBP gewährte der BIG-Bank finanzielle Hilfeleistungen, während sich der Sanierungsbeitrag der BIG auf PLN 25 Mio. beschränkte.[189]

Nach dem Modell der BIG verliefen auch die meisten anderen marktinduzierten Konsolidierungsfälle, die sich aus der Sanierung im Bereich der neuen polnischen Banken ergaben. Die Übernahmen bzw. Kapitalverflechtungen im Kontext der anstehenden Privatisierungsprojekte jedoch wichen vom üblichen Sanierungsmuster ab: Wie im Fall der Warschauer PBK noch deutlich werden wird, liefen solche Projekte nicht ausschließlich auf Übernahmen, sondern auch auf gleichberechtigte Partnerschaften zwischen den beteiligten Banken hinaus. Da der Zusammenschluß von Banken im Rahmen der Privatisierung erfolgen sollte, war hier außerdem auch das Finanzministerium ein maßgeblicher Akteur.[190]

### 6.2.1.2 Reform von Banken- und Zentralbankgesetz

Zeitgleich mit den Konsolidierungsvorschlägen von Finanzminister Kołodko begann eine Diskussion um eine Novellierung des Bankengesetzes. Spätestens die Kreditkrise hatte offengelegt, daß die gesetzlichen Grundlagen für Polens Bankwesen reformbedürftig waren. Insbesondere präzisere Zulassungsbestimmungen, neue Regelungen hinsichtlich der Bindung von Aktivgeschäften an das haftende Eigenkapital der Banken

---

[186] Vgl. zu weiteren Beispielen für das Ineinanderübergehen von Konsolidierung und Privatisierung im Bankwesen Gliederungspunkt 6.2.2.

[187] Vgl. $A_{11}$ (26. September 1996), S. 313.

[188] Vgl. $A_6$ (23. September 1996), S. 304.

[189] Vgl. zu den Einzelheiten der ŁBR-Übernahme durch die BIG $A_{20}$, S. 327.

[190] Vgl. hierzu die Ausführungen in Gliederungspunkt 6.2.2.

und genau formulierte Interventionsrechte der NBP bei finanziellen Ungleichgewichten einzelner Kreditinstitute sowie wirksame Sanktionsmechanismen gegenüber denjenigen Banken, die die Vorschriften der Bankenaufsicht nicht erfüllen, waren geboten.[191] Außerdem sollte nach dem Willen der Regierung im Zuge des angestrebten Beitritts Polens zur EU das Bankengesetz an die Bestimmungen in den EU-Mitgliedsländern angepaßt werden. Ein novelliertes Bankengesetz sollte nach den Vorstellungen des Finanzministeriums zugleich Richtlinien zur Bildung von Bankkonzernen und -gruppen enthalten und damit die Konsolidierung des Bankensystems einleiten. Das Finanzministerium strebte zusammen mit der Reform des Banken- auch eine Überarbeitung des Zentralbankgesetzes an. Die Verknüpfung beider Reformvorhaben führte schließlich dazu, daß sich die Verabschiedung des neuen Bankengesetzes, die zunächst für die erste Jahreshälfte 1996 anvisiert wurde, um fast eineinhalb Jahre verzögerte. Nachdem der Sejm im August 1997 zunächst das neue Zentralbankgesetz gebilligt hatte, folgte einen Monat später schließlich die Verabschiedung des Bankengesetzes.[192]

Zwar wurde über die einzelnen Passagen des zu novellierenden Bankengesetzes zwischen den beteiligten Diskussionspartnern, der Regierung in Gestalt des Finanzministeriums, dem zuständigen Bankenausschuß des Parlaments, der NBP und dem Polnischen Bankenverband z.T. kontrovers debattiert, zum eigentlichen Hauptstreitpunkt entwickelte sich jedoch die Reform des Zentralbankgesetzes. Kern der Auseinandersetzungen zwischen den hier beteiligten zwei Hauptakteuren, dem Finanzministerium mit den die Koalition stützenden Parteien SLD und PSL auf der einen und der NBP auf der anderen Seite, waren zwei Punkte: Zum einen ging es um die Frage, ob der NBP künftig die geldpolitische Richtlinienkompetenz entzogen und diese stattdessen auf einen *Rat für Geldpolitik* übertragen werden sollte. Zum anderen gab es innerhalb des Koalitionslagers Überlegungen, die Kompetenzen der Bankenaufsicht von den Aufgaben der Zentralbank zu trennen und eine eigenständige und unabhängige Bankenaufsichtsbehörde zu installieren. Beide Vorhaben stießen auf den erbitterten Widerstand der NBP.

Zwar wurde die Auseinandersetzung von seiten der Regierung mit ökonomischen Argumenten geführt, doch lag dem Streit zwischen Finanzministerium und Zentralbank eine politische Konfrontation zugrunde, die auf seiten der NBP in erster Linie an der Person der Zentralbankpräsidentin Gronkiewicz-Waltz festzumachen ist. Sie war noch vom damaligen Staatspräsidenten Wałęsa im Februar 1992 in ihr Amt eingesetzt worden und stand von daher in Opposition zur SLD/PSL-Koalition. Der Streit um ihre Person entzündete sich v.a. in ihrer parteiunabhängigen Kandidatur für das konservative Lager um das Amt des Staatspräsidenten im Herbst 1995. Obwohl schon zuvor Konflikte zwischen dem Finanzministerium und der NBP über den geeigneten geldpolitischen Kurs offen zutage getreten waren, geriet die NBP doch erst durch die Kandidatur von Frau Gronkiewicz-Waltz in die politische Schußlinie.[193] Die Zentralbankpräsidentin konnte sich in der Auseinandersetzung mit den Koalitionsparteien der Unter-

---

[191] Vgl. zu den entsprechenden Vorschriften des alten Bankengesetzes die Gliederungspunkte 5.1.1.1 und 5.1.1.2.

[192] Im folgenden werden beide Gesetze wie schon zuvor mit BG und GüNBP abgekürzt. Namentlich genannte Artikel beziehen sich dann jeweils auf die im Jahre 1997 novellierten Fassungen der beiden Gesetzeswerke; vgl. hierzu o.V. (1997a): Banking Law Act of 24 September 1997 sowie o.V. (1997c): National Bank of Poland Act of 29 August 1997.

[193] Vgl. $A_5$ (24. September 1996), S. 299.

stützung der ihr nahestehenden, aus der Solidarność hervorgegangenen Gruppierungen nicht sicher sein, denn die politische Opposition zeigte sich mit der Aufstellung mehrerer Kandidaten gespalten. Da Frau Gronkiewicz-Waltz auch gegen den damaligen Amtsinhaber und ihren früheren politischen Mentor Lech Wałęsa antrat, stand sie am Ende des Präsidentschaftswahlkampfes politisch recht isoliert da. Dies schlug sich auch in ihrem Abschneiden nieder: Hatten Meinungsumfragen ihr zu Beginn der Wahlkampagne relativ gute Chancen auf den Einzug in die zweite Wahlrunde, der Stichwahl zwischen den beiden bestplazierten Kandidaten gegeben, so schied sie mit dem mageren Ergebnis von 2,6% der Stimmen in der ersten Runde Anfang November 1995 aus.[194]

Die Zentralbankpräsidentin selbst warf den Befürwortern eines Rats für Geldpolitik und der Implementierung einer eigenständigen Bankenaufsichtsbehörde politisches Taktieren zum eigenen Vorteil vor. In dem Vorschlag einer Expertengruppe der Parlamentsfraktionen von SLD und PSL, den Präsidenten der NBP künftig von Regierung und Parlament und nicht mehr wie bisher vom Staatspräsidenten ernennen zu lassen und zugleich die Richtlinien der Geldpolitik auf ein Expertengremium außerhalb der NBP zu übertragen, erkannte sie eine unbotmäßige Stärkung der Regierung und eine institutionelle Schwächung des Amts des Staatspräsidenten sowie der NBP, während sie die Initiative, die Bankenaufsicht aus der NBP auszulagern, als Bestreben bestimmter Interessengruppen innerhalb der Koalition interpretierte:

> „By removing the involvement of the president from any decisions concerning the NBP, the left-wing coalition wants to insure itself against losing the presidential elections. [...] The move would subject the central bank's monetary policy to politics and the current needs of the government and foreign trade. [...] Economic groups behind coalition deputies find it difficult to get credit under the current banking requirements introduced by the NBP and controlled by the supervision department. Therefore, they expect the six to 12 months of legal havoc that would follow the decision to carve banking supervision away from the NBP, would be an opportunity to plug into credit lines which would otherwise stay closed.“[195]

Zunächst zur Frage der geldpolitischen Kompetenz und in Zusammenhang damit dem Amt des NBP-Präsidenten: Mit dem Amtsantritt von Finanzminister Kołodko stand der Zentralbankpräsidentin in Fragen der Geldpolitik erstmals eine starke politische Persönlichkeit gegenüber, die, ähnlich wie zu Beginn des Transformationsprozesses Leszek Balcerowicz, Kompetenzen für die gesamte Wirtschaftspolitik beanspruchte. Dieses Bestreben Kołodkos hatte sein Reformprogramm *Strategia dla Polski* unterstrichen. Anders als seine unmittelbaren Vorgänger sollte Kołodko zudem sein Amt länger als nur wenige Monate ausüben. Im Gegensatz zu Frau Gronkiewicz-Waltz, deren wirtschaftspolitische Grundsätze eher monetaristisch geprägt sind, verfolgte Kołodko in seiner Amtszeit zudem einen keynesianischen Kurs unter Einschluß staatlicher Eingriffe, wie sich im Rahmen der Bankenkonsolidierung in Form des Interventionsstaats zeigte. In der Geldpolitik verfolgte der Finanzminister dementsprechend eine weniger harte Linie als die NBP: Bereits kurz nach seinem Amtsantritt im Frühjahr 1994 for-

---

[194] Vgl. SIMPSON, Peggy (1995), S. 1.

[195] Hanna GRONKIEWICZ-WALTZ, zitiert in: Reuters News Service vom 21.09.1995.

derte Kołodko eine Senkung der Leitzinsen. Niedrigere Leitzinsen würden die Finanzierung des Haushaltsdefizits erleichtern, da die Regierung geringere Zinszahlungen für Staatsschuldtitel leisten könnte.[196] Zudem wurden, wie bereits skizziert, die infolge des restriktiven geldpolitischen Kurses der NBP hohen Kreditzinsen auch für die mangelnde Kreditnachfrage des Unternehmenssektors verantwortlich gemacht, die nach Ansicht Kołodkos die wirtschaftliche Entwicklung des Landes bremse.[197] Für die NBP hingegen hatte die Bekämpfung der Inflation in Anlehnung an die wirtschaftspolitischen Empfehlungen von Weltbank und IWF nach wie vor oberste Priorität.[198] Da die Geldpolitik gemäß den Bestimmungen des alten GüNBP jedoch in Einklang mit der gesamten Wirtschaftspolitik der Regierung stehen sollte, mußten zwangsläufig Konsultationen zwischen Finanzministerium und Zentralbank stattfinden, die nicht selten in offenem Konflikt zwischen Kołodko und Frau Gronkiewicz-Waltz endeten.[199]

Der Vorschlag der Regierungsfraktionen lief de facto auf einen Entzug der geldpolitischen Richtlinienkompetenz der NBP und speziell auf eine Entmachtung des für die Formulierung der geldpolitischen Ziele maßgeblich mitverantwortlichen NBP-Präsidenten hinaus. Der zehnköpfige Rat für Geldpolitik sollte wie folgt zusammengesetzt sein: Neben dem Zentralbankpräsidenten sollten drei weitere Mitglieder von der NBP entsandt werden und je zwei von der Regierung, dem Parlament und dem Staatspräsidenten.[200] Legt man den Vorschlag der Koalitionsparteien, daß der NBP-Präsident künftig von Regierung und Sejm ohne Mitwirkung des Staatspräsidenten ernannt werden sollte, sowie die Forderung nach einem Rücktritt von Frau Gronkiewicz-Waltz angesichts ihrer Präsidentschaftskandidatur zugrunde, so ergäbe sich nach dem potentiellen Sieg eines konservativen Kandidaten bei der Präsidentschaftswahl im November und einem neu ernannten, der regierenden Koalition genehmen NBP-Präsidenten ein eindeutiges Übergewicht SLD- und PSL-freundlicher Kräfte innerhalb des Rates. Damit sollten Konflikte über die Geldpolitik zwischen Regierung und NBP für die Zukunft vermieden werden.[201]

Der Vorschlag der Koalition wurde auch nach dem Sieg des SLD-Präsidentschaftskandidaten Kwaśniewski im Kern aufrecht erhalten. Nachdem sich die politischen Wogen um die Kandidatur von Frau Gronkiewicz-Waltz gelegt hatten, ging die Koalition jedoch nicht zuletzt auf Betreiben Kwaśniewskis und der Rücksichtnahme auf die stabilitätspolitischen Empfehlungen der internationalen Politikberater zu einem versöhnlicheren Ton über: Fortan wurde der Expertencharakter des anvisierten Rates für Geldpolitik betont, dessen Meinungsbildung auf einem breiten politischen Fundament basieren solle. Die Amtsdauer seiner Mitglieder von jeweils sechs Jahren sollte zudem die Unabhängigkeit des Gremiums von politischen Wahlzyklen garantieren.[202] Es sollte so der Eindruck vermieden werden, daß mit der Änderung der monetären Verantwortlichkeiten automatisch eine Aufweichung der Geldpolitik verbunden sei.

---

[196] Vgl. $A_6$ (23. September 1996), S. 303/304.
[197] Vgl. $A_5$ (24. September 1996), S. 299 sowie die Ausführungen in Gliederungspunkt 6.1.4.
[198] Vgl. $A_5$ (24. September 1996), S. 299.
[199] Vgl. zu den geldpolitischen Bestimmungen des GüNBP Gliederungspunkt 4.4.1.2 sowie $A_{13}$ (11. März 1997), S. 316.
[200] Vgl. $A_{13}$ (11. März 1997), S. 316.
[201] Vgl. $A_5$ (24. September 1996), S. 298.
[202] Vgl. $A_5$ (24. September 1996), S. 298 und $A_{13}$ (11. März 1997), S. 316.

Als weitere Erklärung für die inzwischen konziliantere Haltung der Regierung gegenüber der Rolle von NBP und geldpolitischem Rat ist nicht zuletzt auch im nachhaltigen Wirtschaftsaufschwung Polens zu suchen sowie der Tatsache, daß die Geschäftsbanken dem hohen Finanzierungsbedarf von Unternehmen und privaten Haushalten durch den Ausbau ihrer Kreditvergabe in den Jahren 1996 und 97 durchaus Rechnung trugen.[203] In diesem Zusammenhang ist festzustellen, daß auch die Vertreter der Regierungskoalition gerade im Laufe des Jahres 1997 angesichts der hohen kreditfinanzierten Konsumnachfrage zunehmend die Gefahr einer konjunkturellen Überhitzung sahen und die entsprechenden Gegenmaßnahmen der NBP unterstützten. Die Exponenten unterschiedlicher geldpolitischer Konzepte in Finanzministerium und NBP näherten sich somit zum Ende des Betrachtungszeitraums dieser Arbeit einander wieder an.

Offiziell begründeten die Regierungsparteien ihren zweiten Kernvorschlag bei der Reform des GüNBP, die Auslagerung der Bankenaufsicht aus der NBP, mit einer Überlastung der Zentralbank durch ihre Doppelfunktion und potentiellen Interessenkonflikten zwischen den makroökonomischen Zentralbankfunktionen und den mikroökonomischen Aufgaben der Aufsicht.[204] Betrachtet man die Arbeit der Bankenaufsicht nach der Überwindung der Kreditkrise, stellt man jedoch fest, daß trotz potentieller Interessenkonflikte zwischen den beiden Kernkompetenzen der NBP die Aufsicht ihre Aufgaben effizient erfüllt und sich die Qualität ihrer Arbeit mit wachsenden Bankkontrollen vor Ort deutlich verbessert hat.[205] Die Kritiker der Regierungsvorstellungen wiesen in diesem Zusammenhang auf die Gefahr hin, daß mit einer Ausgründung einer eigenständigen Bankenaufsicht aus der NBP interne Umstrukturierungen verbunden seien, die erneut zu einer Aufsichtslücke führen würden, ähnlich der zu Beginn des Transformationsprozesses, mit entsprechend negativen Auswirkungen auf das Geschäftsbankensystem.[206]

Die Unabhängigkeit einer eigenständigen Bankenaufsichtsbehörde wurde im Laufe der Diskussion zunehmend in Zweifel gezogen. Die Kritiker der Koalitionsvorschläge äußerten den Verdacht, die neue Bankenaufsicht könnte unter dem Einfluß des Finanzministeriums stehen, allein schon wegen der anvisierten Ernennungskompetenzen der Regierung; das maßgebliche Kriterium für die Berufung der leitenden Mitarbeiter der Aufsicht wäre künftig nicht ihre Fachkompetenz, sondern ihre politische Nähe zu den Regierungsparteien.[207] Vor diesem Hintergrund kündigten viele führende Mitarbeiter der Aufsicht ihre Kündigung für den Fall der Auslagerung aus der NBP an.[208] Frau Gronkiewicz-Waltz und andere Vertreter der NBP konstatierten v.a. beim Koalitionspartner PSL den Wunsch nach einer institutionellen Schwächung der NBP, die über den möglichen Entzug der geldpolitischen Richtlinienkompetenz hinausginge. Nach dieser Interpretation wollte die PSL erreichen, daß dem politischen Gegner, den die Bauernpartei in der Leitung der NBP erkannte, jeglicher Einfluß auf die weitere Entwicklung des Genossenschaftsbankensektors entzogen würde.[209] Den Hintergrund für

---

[203] Vgl. Gliederungspunkt 6.1.4.

[204] Vgl. $A_6$ (23. September 1996), S. 303.

[205] Vgl. $A_{11}$ (26. September 1996), S. 313.

[206] Vgl. $A_6$ (23. September 1996), S. 303, $A_{11}$ (26. September 1996), S. 313 sowie $A_{14}$, S. 318.

[207] Vgl. $A_3$ (26. September 1996), S. 293, $A_6$ (23. September 1996), S. 293 sowie $A_{11}$ (26. September 1996), S. 313.

[208] Vgl. $A_{11}$ (26. September 1996), S. 313.

[209] Vgl. $A_{13}$ (11. März 1997), S. 316.

dieses Bestreben bildete die im September 1992 wiedererlangte Aufsichtskompetenz der NBP über das Genossenschaftswesen sowie die Mitwirkung von Vertretern der NBP bei der Sanierung und Umstrukturierung des BGŻ-Verbunds.

Die Diskussion um die Reform des Zentralbankgesetzes zog sich bis in den Spätsommer des Jahres 1997 hinein, wobei die Regierung eine Lösung der anstehenden Fragen bis zur Parlamentswahl im Herbst forcieren wollte. Die rechtlich-institutionelle Reform des Bankwesens sollte, acht Jahre nach dem Beginn der Bankentransformation, endlich ihren Abschluß finden. Die Verhandlungen zwischen den einzelnen Interessenvertretern führten bei den umstrittenen Punkten zu Kompromissen. Der Präsident der NBP wird künftig vom Sejm gewählt. Der Staatspräsident erhält dabei jedoch das Vorschlagsrecht, so daß Exekutive und Legislative künftig in etwa gleichberechtigt bei der Berufung des Zentralbankpräsidenten beteiligt sind (§ 9 Abs. 1 GüNBP). Die Amtszeit des NBP-Präsidenten beträgt sechs Jahre, eine Wiederwahl ist jedoch nur einmal möglich (§ 9 Abs. 1 und 2 GüNBP). Die Person des Zentralbankpräsidenten bleibt damit weiterhin relativ unabhängig von aktuellen politischen Strömungen.

Demgegenüber konnte sich die SLD/PSL-Koalition mit ihrem Vorschlag eines Rates für Geldpolitik durchsetzen. Zwar bedeutet dies eine Schwächung des Amts des NBP-Präsidenten, dennoch betont das Gesetz den Charakter des Rates als *Expertengremium* zur Unterstützung der Geldpolitik der NBP. Der Rat formuliert die jährlichen geldpolitischen Ziele, die dem Sejm durch den Rat, zusammen mit der Vorlage des jährlichen Haushaltsentwurfs durch die Regierung vorgelegt werden (§ 12 Abs. 1 GüNBP). Um die Unabhängigkeit des Rates von der Regierung zu unterstreichen, verzichtete die Koalition auf etwaige Rechte bei der Berufung der Ratsmitglieder. Das zehnköpfige Gremium wird geleitet vom NBP-Präsidenten (§ 13 Abs. 1 Satz 1 GüNBP). Die übrigen neun Mitglieder werden gleichberechtigt ernannt vom Staatspräsidenten, dem Sejm und dem Senat (§ 13 Abs. 1 Satz 2 GüNBP). Zeitgleich mit dem Inkrafttreten des neuen GüNBP nahm der Rat für Geldpolitik seine Arbeit zum 1. Januar 1998 auf.[210]

Nicht durchsetzen konnte sich die Koalition bei der Auslagerung der Bankenaufsicht aus der NBP. Die Zentralbank behält die Kompetenz der Aufsicht, der NBP-Präsident steht zugleich weiterhin an der Spitze der Bankenaufsichtsabteilung. Allerdings stimmte die NBP im Gegenzug der Einrichtung einer *Bankenaufsichtskommission* zu, welche die Arbeit der Aufsicht laufend überprüfen soll. Dieses Gremium wird zu gleichen Teilen mit Experten der NBP, des Finanzministeriums, des Staatspräsidenten, der Wertpapierkommission und des Einlagensicherungsfonds bestückt.[211]

Nachdem das neue GüNBP auf den Weg gebracht war, konnte auch das Bankengesetz verabschiedet und die Bankenkonsolidierung durch ihre Absicherung im BG rechtlich institutionalisiert werden. Die Tatsache, daß die einzelnen Punkte des neuen Bankengesetzes zwar diskutiert wurden, jedoch weit weniger umstritten waren als die Problematik um die Kompetenzen der NBP, zeigt, daß Kontroversen zwischen den beiden staatlichen Akteuren Finanzministerium und NBP selbst nach dem Regierungswechsel von 1993, durch den beide Institutionen fortan zwei verschiedenen politischen Lagern angehörten, weit mehr makroökonomischen Differenzen zuzuschreiben sind als den mikroökonomischen Fragestellungen, die das Geschäftsbankensystem betreffen. Selbst

[210] Vgl. MACKIEWICZ, Anna und Konrad SADURSKI (1998).
[211] Vgl. HÖLTSCHI, René (1997b) sowie RAMOTOWSKI, Jacek (1997).

der Streit um die Bankenaufsicht war, zumindest auf seiten des SLD und des von ihm kontrollierten Finanzministeriums, eher eine Frage der institutionellen Schwächung der NBP, um Finanzminister Kołodko eine bessere Position gegenüber Frau Gronkiewicz-Waltz zu verschaffen, als daß es substantiell um die Qualität der Arbeit der NBP-Aufsichtsbehörde gegangen wäre.[212] Der Konflikt um die Geldpolitik verzögerte letztlich die rechtliche Absicherung der Bankenkonsolidierung, ohne daß beide Themen inhaltlich miteinander verbunden waren.

Den Banken wird im neuen BG grundsätzlich der Zusammenschluß zu Konzernen sowie die Bildung von Bankengruppen gestattet. Außerdem können sich Kreditinstitute für einzelne Finanzierungsprojekte zu Konsortien zusammenschließen, wenn ihr Kreditvergabepotential für die alleinige Übernahme einer Finanzierung nicht ausreicht.[213] Die bisher übliche außerordentliche Zustimmung der NBP entfällt.

Die Zulassung eines neuen Kreditinstituts erfolgt in zwei Stufen: Nach der grundsätzlichen Genehmigung zur Gründung einer Bank bedarf die Aufnahme des eigentlichen Bankgeschäfts einer zweiten Erlaubnis durch die NBP. Damit soll sichergestellt werden, daß das neue Institut bis zur Aufnahme seiner Geschäftstätigkeit über die notwendigen Eigenmittel verfügt.[214] Bei Verstößen gegen die Vorschriften der Bankenaufsicht können gegen die betroffene Bank Strafzahlungen verhängt werden. Interventionen der NBP im Falle der Illiquidität bzw. Insolvenz eines Kreditinstituts folgen künftig einem genauen Maßnahmenkatalog. Die NBP wird bei der Umsetzung und Kontrolle der verhängten Maßnahmen von der Bankenaufsichtskommission unterstützt, die einen Teil der Kontrollfunktionen wahrnimmt.[215]

Einer der meistdiskutierten Punkte war die Frage nach der Bindung der Kreditvergabe an das Eigenkapital der Kreditinstitute. Vor allem die Banken selbst empfanden die Begrenzung der Summe von Krediten an einen einzelnen Kreditnehmer auf 15% des haftenden Eigenkapitals als eine unverhältnismäßig strenge Beschränkung.[216] Nach einem Abwägen der aufgrund der verhältnismäßig geringen Eigenkapitalbasis ohnehin beschränkten Kreditvergabekapazität der meisten polnischen Banken mit den Risiken der Kreditvergabe entschied sich der Gesetzgeber auf Druck des Polnischen Bankenverbandes für eine Ausweitung der Begrenzung auf 25% des haftenden Eigenkapitals.[217] Auch Großkredite an einen einzelnen Schuldner dürfen nach dem neuen BG bei entsprechender Anzeigepflicht die bisher vorgeschriebenen 10% übersteigen und maximal 25% betragen.[218] Mit dieser Lockerung wurde sowohl der Überwindung der Kreditkrise in Polens Bankwesen und der durch die wirtschaftliche Erholung normalisierten Risikosituation bei der Kreditvergabe Rechnung getragen als auch ein Schritt hin auf eine Angleichung an die Bestimmungen in den EU-Ländern getan.

---

[212] Vgl. $A_6$ (23. September 1996), S. 303.
[213] Vgl. LEWANDOWSKA, Izabela (1997).
[214] Ebenda.
[215] Ebenda. Zu den Einzelheiten der Interventionsmöglichkeiten vgl. o.V. (1997a): Banking Law Act of 24 September 1997, §§ 104 ff. BG.
[216] Vgl. $A_{15}$, S. 321 sowie zu den Eigenkapitalbestimmungen des alten Bankengesetzes Gliederungspunkt 5.1.1.1.
[217] Vgl. LEWANDOWSKA, Izabela (1997).
[218] Vgl. HÖLTSCHI, René (1997b).

### 6.2.2 Fortgang der Bankenprivatisierung

Nachdem die administrative Konsolidierung die übrigen Banken zu verstärkten Bemühungen zur Übernahme anderer Kreditinstitute angeregt hatte und die Konzentrationsprozesse in Polens Bankensystem mit der Reform des zum 1. Januar 1998 in Kraft getretenen neuen Bankengesetzes rechtlich abgesichert sind, wird im folgenden abschließend der weitere Verlauf der von Finanzminister Kołodko mit der Einleitung der Konsolidierung proklamierten Privatisierung der staatlichen Banken betrachtet. Da wegen der immer noch schwelenden Kreditproblematik der BGŻ und der PKO BP die Entstaatlichung dieser beiden Institute weiterhin ausgeklammert blieb, konzentrierten sich die Anstrengungen der Regierung auf die Bank Handlowy, die PeKaO-Gruppe und die verbliebenen staatlichen Regionalbanken, während die NBP einen Investor für die von ihr zu veräußernde PBI suchte. Während die Banken selbst von einer baldigen Privatisierung durch eine Erhöhung ihrer Eigenkapitalbasis und dem Wissenstransfer eines strategischen Investors aus dem Ausland zu profitieren hofften, sprachen auch der Druck der Auszahlung der restlichen Gelder aus dem Bankenprivatisierungfonds in Höhe von USD 351 Mio. sowie die notwendige Anschubfinanzierung für die Reform der Altersversorgung für ein schnelles Vorgehen bei der Bankenprivatisierung. Dem standen jedoch der Wunsch der Regierung, ausländisches Kapital dabei möglichst auszuschließen und insb. auch die Privatisierungsskepsis der PSL entgegen. Die bevorstehende Privatisierung stand in Zusammenhang mit dem Widerstand der Bauernpartei unter einem schlechten Vorzeichen, nachdem Mirosław Pietrewicz im Zuge einer Kabinettsreform Anfang 1996 für die Entstaatlichung der Wirtschaft zuständig geworden war: Während das Finanzministerium weiterhin für die Reform des Pensionssystems verantwortlich blieb, gingen die Eigentümerkontrolle für staatliche Banken und Unternehmen sowie die Kompetenz für die Bankenprivatisierung auf das Schatzministerium des PSL-Politikers Pietrewicz über.[219]

Zunächst zur angestrebten Entstaatlichung der PeKaO-Gruppe: Die Manager der PeKaO S.A. zeigten sich an einer schnellen Privatisierung der Bankengruppe interessiert, möglichst unter Einschluß eines strategischen Auslandsinvestors, um die damit erhofften positiven Effekte nutzen zu können.[220] Dennoch konnte die Privatisierung der PeKaO im Jahre 1997 nicht mehr eingeleitet werden. Verantwortlich zu machen sind hierfür einmal die komplizierten internen Umstrukturierungsprozesse, die wegen der Autonomie der beteiligten Teilbanken den Konsens aller betroffenen Gruppenmitglieder erforderte.[221] Zugleich erwiesen sich aber auch die Befürchtungen, eine Entstaatlichung von Banken der Größenordnung der PeKaO oder der Bank Handlowy sei wegen der mangelnden Liquidität der Warschauer Börse und dem ohnehin bereits existierenden Übergewicht des Bankensektors mit einem Anteil von 45% am Börsenindex WIG angesichts fehlenden polnischen Kapitals schwierig, als berechtigt.[222]

In dieser Situation entschloß sich die Regierung, Auslandsbanken eine Beteiligung an der PeKaO-Gruppe zu gestatten. Nach diesen Plänen soll die Bankengruppe Mitte 1998 privatisiert werden, wobei in einer ersten Stufe rund 15% der Gruppe über den Gang an die Warschauer Börse an polnische Kleinanleger veräußert werden sollen,

---

[219] Vgl. LUDWIG, Michael (1997), S. 7.
[220] Vgl. $A_{22}$, S. 333.
[221] Ebenda.
[222] Vgl. $A_5$ (24. September 1996), S. 298.

weitere 15% in Belegschaftsaktien umgewandelt und rund 30% als Staatsanteil für die Finanzierung der anvisierten Rentenreform zurückbehalten werden.[223] Bei einem Staatsanteil von 10% als Reserve zur Wiedergutmachung von Restitutionsansprüchen von Opfern der Verstaatlichungen sollen rund 30% in einer zweiten Privatisierungsstufe an sogenannte *stabile Investoren* veräußert werden. Damit wird die Beteiligung mehrerer ausländischer Investoren mit strategischem Charakter anvisiert.

Diese Lösung stellt einen Kompromiß dar zwischen den Befürwortern einer Beteiligung von Auslandskapital an Polens Banken auf der einen Seite, also v.a. den betroffenen Banken selbst, und den Gegnern der Einbeziehung von strategischen Investoren auf der anderen. Mit der Streuung unter *mehrere* Auslandsinvestoren soll verhindert werden, daß ein großer Partner, wie zuvor im Falle der WBK (ING-Bank), der Bank Śląski (AIB) und der Spezialbank BRE (Commerzbank), die strategische Ausrichtung der Grupa PeKaO S.A. bestimmt. Angesichts des Finanzierungsbedarfs der Rentenreform und dem anhaltenden, wenn auch deutlich verringerten Budgetdefizit, war Schatzminister Pietrewicz dazu bereit, im Zuge der Privatisierung großer Staatsunternehmen eine solche Lösung mitzutragen.[224] Ein Problem bereiten jedoch hinsichtlich der Beteiligung von Auslandsbanken nicht nur die mangelhaften Einflußmöglichkeiten auf die Geschäftspolitik der PeKaO-Gruppe angesichts der Streuung der Anteile unter mehrere Investoren, sondern auch die komplizierte Organisationsstruktur der Bankengruppe. Nach Ansicht ausländischer Beobachter wirken die unsicheren internen Entscheidungsprozesse negativ auf die Rentabilität der Gruppe und damit abschreckend auf potentielle Investoren:

> „The authorities are unwilling to force through the far-reaching organizational changes that are needed in the face of entrenched interests. In a bid to placate powerful politicians in Szczecin, Lublin and Łódź - who relish the prestige of having banks headquartered in their cities - the merging institutions will be allowed to keep their separate identities. They will even retain their own boards. That way their status-conscious directors - few of whom could expect to find places on a new group board - will be happy. PeKaO's structure is bound to be so complex that cutting costs and exploiting synergies will be incredibly difficult."[225]

Angesichts der starken Position der PeKaO-Gruppe sowohl im Aktiv- wie auch im Passivgeschäft bleibt abzuwarten, inwieweit dies einen genügend starken Anreiz für potentielle Investoren aus dem Ausland darstellt, um Zugang zum polnischen Bankenmarkt zu erlangen und dabei die Nachteile einer Minderheitsbeteiligung in Kauf zu nehmen.[226] Festzuhalten bleibt, daß die Konsolidierung der PeKaO S.A. mit den drei

---

[223] Vgl. HÖLTSCHI, René (1997a).

[224] Vgl. BARTYZEŁ, Dorota (1997).

[225] Vgl. BUTLER, Rick (1997).

[226] Die Konsolidierung der PeKaO wurde angesichts der Schwierigkeiten, einen strategischen Investor für die Gruppe zu finden, von der neuen Regierung aus AWS und UW dahingehend abgeändert, daß bis Ende 1998 die vier Teilbanken unter dem Dach der PeKaO S.A. voll konsolidieren sollen. De facto entspricht dies dem Konsolidierungsmodell der Bank Handlowy. Nach entsprechenden Protesten der Vorstände der drei beteiligten Regionalbanken wurden diese vom von der Regierung beherrschten jeweiligen Aufsichtsrat entlassen. Die neue Regierungskoalition machte mit ihrem Schritt ihre Entschlossenheit deutlich, ausländische Banken an den großen Instituten des Landes zu beteiligen, um so positive ökonomische Effekte für die Entwickwicklung der polnischen Banken zu erzielen. Hierin setzte sich zunächst die gegenüber Auslandskapital liberale Haltung der Freiheitsunion Balcerowiczs gegenüber dem AWS durch. Vgl. zur Vollkonsolidierung der PeKaO-Gruppe zum PeKaO-Konzern auch BRZESZCZYŃSKI, Janusz (1998).

Regionalbanken aus Szczecin, Lublin und Łódź tatsächlich zu einer Verzögerung des Privatisierungsprozesses bei den betroffenen Kreditinstituten geführt hat.

Abgeschlossen werden konnte hingegen bereits im Sommer 1997 die Entstaatlichung der Bank Handlowy, nachdem sie zugunsten ihrer Privatisierung auf eine Konsolidierung verzichtet hatte. Für einen genügend hohen Privatisierungsdruck sorgte im Fall der Außenhandelsbank neben dem Wunsch des Vorstands nach schneller Entstaatlichung wiederum der Finanzbedarf für die Reform des Systems der Altersversorgung.[227] Die Regierung gab dabei auch dem Drängen der Bank nach, ausländische Kreditinstitute im Zuge des Entstaatlichungsprozesses an der Bank Handlowy zu beteiligen. Mit der WBK, der Bank Śląski und v.a. auch der BRE konnte die Außenhandelsbank gleich auf mehrere Beispiele für die positiven Effekte von Auslandsbeteiligungen an polnischen Kreditinstituten verweisen und dies gegenüber der Regierung für den eigenen Privatisierungsweg reklamieren.[228]

Wie bei der Grupa PeKaO S.A. entschied sich die Regierung auch im Fall der Bank Handlowy für eine Aufteilung des Auslandsanteils unter mehrere stabile Investoren. Die Bank wurde wegen des mangelnden Kapitalangebots an der Warschauer Börse zudem auch an der *London Stock Exchange* notiert, um institutionellen und privaten Investoren aus dem Ausland jenseits einer strategischen Beteiligung die Möglichkeit zu geben, am Aktienkapital der Bank zu partizipieren. Die Depots dieser Investorengruppe werden von der *Bank of New York* verwaltet.

Die Gruppe der stabilen Investoren bilden die US-Investmentbank *J.P. Morgan*, die schwedische *Swedbank* und die *Züricher Versicherungsgruppe*. Ziel der Beteiligung dieser drei Institute ist die Verbesserung der Position der Bank Handlowy in drei Geschäftsbereichen, die aufgrund der ursprünglichen, aus der planwirtschaftlichen Zeit stammenden Spezialisierung der Bank auf die Außenhandelsfinanzierung nicht zu ihren Stärken gehören, nämlich dem *investment banking*, dem Massengeschäft mit privaten Haushalten sowie Versicherungsprodukten.[229] Die Beteiligung der ausgewählten stabilen Investoren stellt von daher ebenfalls einen Beitrag dar zum Abbau der sektorspezifischen Monopole innerhalb des polnischen Bankwesens.

Der Staat sicherte sich mit sogenannten Wandelanleihen, die sich jederzeit in Aktien umwandeln lassen, in Höhe von 24% des Grundkapitals der Bank Handlowy einen ausreichend hohen Anteil, um aus der Privatisierung des Instituts Gelder für die Rentenreform zu reservieren, nachdem aus der Privatisierung der BPH bereits Erlöse in Höhe von knapp PLN 2 Mrd. in den Staatshaushalt 1997 geflossen waren.[230] Die Beteiligung polnischer Kleinanleger in Höhe von 31% am Aktienkapital der Bank über die Notierung an der Warschauer Börse unterstreicht, wie auch im Falle der PeKaO, den Wunsch der Regierung, die polnische Bevölkerung möglichst stark an der Bankenprivatisierung teilhaben zu lassen.[231] Abbildung 6.8 skizziert die Aktionärsstruktur der Bank Handlowy, wie sie sich unmittelbar nach ihrer Privatisierung darstellt:

---

[227] Vgl. $A_3$ (26. September 1996), S. 291/292.
[228] Vgl. $A_{19}$, S. 327.
[229] Vgl. BANKGESELLSCHAFT BERLIN AG (Hrsg., 1997): Kapitalmarktreport Osteuropa, Juni / Juli 1997, S. 17.
[230] Ebenda, S. 14.
[231] Vgl. BOBINSKI, Christopher (1997).

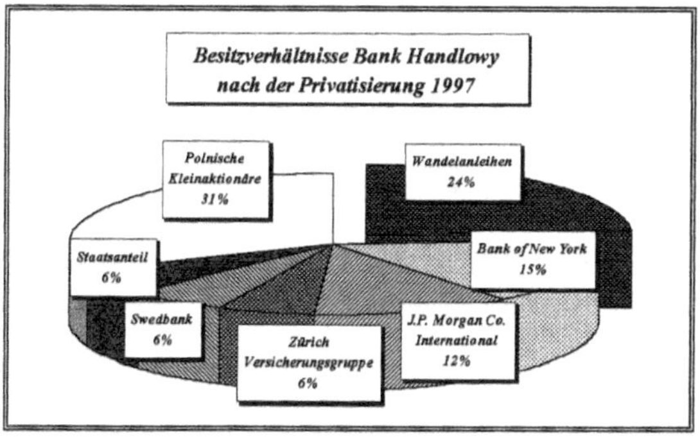


*Quelle: KALIN-CZERSKI, Grzegorz (1998): Company Report Bank Handlowy, S. 7*

**Abb. 6.8: Aktionärsstruktur der Bank Handlowy nach der Privatisierung 1997**

Betrachtet man zusammenfassend die eingeleitete bzw. im Fall der Bank Handlowy bereits abgeschlossene Privatisierung der beiden, von der Idee der administrativen Konsolidierung betroffenen Banken, so lassen sich v.a. aus den zwei sich stark ähnelnden Privatisierungsschemata die folgenden Schlußfolgerungen ziehen, die im Kontext der politischen Konstellation des Jahres 1997 verständlich werden:

Die erneute Inangriffnahme der Bankenprivatisierung nach Abschluß der administrativen Konsolidierung läßt sich einmal erklären mit den Zusagen der Regierung an die Geberländer des Bankenprivatisierungsfonds, die 1991 vereinbarte Entstaatlichung der Regionalbanken auch nach der Konsolidierung fortzusetzen. Für die Koalitionsparteien und die Privatisierungsskeptiker in den eigenen Reihen bot die Privatisierung der Bank Handlowy und der PeKaO-Gruppe im Vorfeld der Parlamentswahlen vom Herbst zudem die Möglichkeit, sich politisch gegenüber der wiedererstarkten Reformopposition aus Freiheitsunion und dem neugegründeten und aus mehreren, der Solidarność nahestehenden Gruppierungen aufgebauten Parteienbündnis AWS zu profilieren. Zum einen konnte der Wahlkampf auf seiten der Regierung nunmehr mit dem Pluspunkt geführt werden, daß die Anschubfinanzierung für die geplante Rentenreform - die bis zum Wahltermin im September im Kern jedoch keine Fortschritte machte - mit Hilfe der Entstaatlichung von Banken und Staatsunternehmen sowie der Reservierung von Staatsanteilen für Pensionskassen zumindest im Grundsatz gesichert sei. Zum anderen konnte die Regierung darauf verweisen, daß mit der breiten Streuung der Aktien der Bank Handlowy und einem ähnlichen Weg bei der anvisierten Entstaatlichung der PeKaO eine starke Partizipation der polnischen Bevölkerung garantiert sei. Damit wurden zugleich Forderungen erfüllt, die bereits während der Privatisierungsdiskussion Anfang der 90er Jahre, insb. von seiten der Gewerkschaften gestellt worden waren. Diese beiden, gewissermaßen sozialpolitischen Komponenten der Bankenprivatisierung führten zu dem Ergebnis, daß die administrative Konsolidierung die Privatisierung zwar verzögerte, die Konsolidierung letztlich aber dennoch nicht die Privatisierung substituierte.

Die sich für die Koalitionsparteien mit der Bankenprivatisierung hinsichtlich ihrer weiteren Reformvorhaben im sozialpolitischen Sektor ergebenden Vorteile im Wahlkampf überwogen die ablehnende Haltung der PSL gegenüber der Beteiligung von Auslandsbanken an den einheimischen Instituten. Deren strategischer Einfluß auf die weitere Entwicklung von Bank Handlowy und PeKaO war durch die Aufteilung der Kapitalanteile an mehrere stabile Investoren ohnehin geschwächt. Hinsichtlich der Privatisierung der übrigen Regionalbanken stellte sich jedoch grundsätzlich die Frage, wie mit einer möglichen Beteiligung von Auslandsinvestoren im weiteren zu verfahren sei. Im Hinblick auf die politische Akteurskonstellation in dieser Frage sind drei Punkte bemerkenswert: Zum einen lassen Aussagen von Finanzminister Kołodko seit 1995 auf eine grundsätzlich liberale Haltung des Finanzministeriums und des SLD zur Rolle strategischer Investoren im polnischen Bankensektor schließen, die im Kontext mit den bereits angeführten Motiven der administrativen Konsolidierung jedoch anzuzweifeln ist, diente diese doch maßgeblich der Stärkung der polnischen Banken gegenüber der ausländischen Konkurrenz:[232]

> „I would like to further liberalise the access of foreign capital to the banking sector and I do not rule out that some of our good banks will be taken over in full by this capital or renowned foreign banks."[233]

Mit der Schaffung des Schatzministeriums als für die Entstaatlichung von Banken und Unternehmen verantwortliches Ressort anstelle des Finanzministers sowie dem Rücktritt von Kołodko von seinem Regierungsamt im Februar 1997 verlor zum anderen die zumindest nach außen hin vertretene liberale Haltung der SLD/PSL-Koalition gegenüber Auslandsinvestoren einen wichtigen Vertreter. Auf die Entstaatlichung der Bank Handlowy und der PeKaO wirkte sich dies jedoch nur bedingt aus. Im Zusammenhang mit dem weiteren Verlauf der Bankenprivatisierung ist im Vorfeld des Wahlkampfs zur Parlamentswahl von 1997 als dritter Punkt zu konstatieren, daß sich auch bei der AWS-Opposition die Stimmen mehrten, die einem Engagement von Auslandskapital bei der Banken- und Unternehmensprivatisierung kritisch gegenüberstanden.[234] Klammert man Teile des SLD sowie die Freiheitsunion aus, so ergab sich in dieser Frage ein politischer Konsens, der mit der Bauernpartei und dem AWS sowohl die Regierung als auch die Opposition einschloß. Die Frage der Beteiligung von Auslandsbanken sollte bei der Entstaatlichung der übrigen Regionalbanken noch eine zentrale Rolle spielen.

Bei den Regionalbanken standen zu Beginn des Jahres 1997 folgende Privatisierungsprojekte zur Debatte: Die strategischen Investoren der WBK und der Bank Śląski meldeten beim Schatzministerium ihren Wunsch an, mit der Übernahme der noch zu veräußernden Staatsanteile die Mehrheit des Aktienkapitals bei den beiden Kreditinstituten zu übernehmen. Ähnliche Bestrebungen kündigte auch die Commerzbank bzgl. ihrer polnischen Partnerbank BRE an. Das Schatzministerium beabsichtigte auch den Verkauf der restlichen Staatsanteile an der nordpolnischen Regionalbank aus Gdańsk. Angesichts der für den Sommer 1997 terminierten Privatisierung der Bank Handlowy entschloß sich die Regierung, die Privatisierung der Bank Zachodni auf 1998 zu verschieben. Zum zweiten großen Privatisierungsprojekt des Jahres 1997 sollte damit ne-

---

[232] Vgl. hierzu die Ausführungen in Gliederungspunkt 6.2.1.
[233] Grzegorz KOŁODKO, zitiert in: JANOWSKI, Tomasz (1995).
[234] Vgl. HÖLTSCHI, René (1996).

ben der Außenhandelsbank die Entstaatlichung der Warschauer PBK-Bank avancieren. Nach der Zusammenlegung dreier weiterer Regionalbanken mit der PeKaO S.A. blieb von den ursprünglich neun aus der NBP ausgelagerten Regionalbanken damit nur noch die Restprivatisierung der BPH übrig, die bereits zuvor an der Warschauer Börse notiert worden war.[235] Als diese sich zusammen mit der ebenfalls erst teilprivatisierten PBR sowie der nach 1989 gegründeten privaten *Kredyt Bank* sowie der Versicherung *Warta* um die Übernahme des Mehrheitsanteils bei der PBK bemühte, bahnte sich eine Gesamtlösung der Privatisierungsfrage bei den betroffenen Instituten in Form der sogenannten *Gruppe der Fünf* an.

Zunächst zu WBK und Bank Śląski: Die an diesen Instituten jeweils beteiligten strategischen Investoren ING-Bank und AIB hatten bereits Mitte 1996 ihre Absicht bekundet, die jeweilige Aktienmehrheit zu erwerben.[236] Die Regierung wurde für ihre positive Haltung gegenüber dem Bestreben der beiden Auslandsbanken in den eigenen Reihen, aber auch von AWS-Parlamentariern heftig kritisiert. Vor allem in bezug auf die Bank Śląski befürchteten die Gegner einer Mehrheitsbeteiligung der niederländischen ING eine Benachteiligung der Firmenkunden der Bank in der Region Schlesien, in erster Linie der großen staatlichen Bergbaubetriebe, bei denen nach wie vor ein hoher Sanierungsbedarf zu konstatieren ist.[237] Die Regierung setzte sich Anfang 1997 jedoch über diese Bedenken hinweg und gestattete den beiden Auslandsbanken die Übernahme von WBK und Bank Śląski. Die strategischen Investoren hatten die zwei Regionalbanken inzwischen nicht nur mit zu den rentabelsten Kreditinstituten Polens gemacht, sondern verfolgten auch Expansionspläne über die jeweilige Heimatregion hinaus, die zur Überwindung regionaler Monopole beitragen können.[238] Zudem schien die Erlaubnis zur Übernahme opportun in Anbetracht der Tatsache, daß die Niederlande zu den Geberländern des Bankenprivatisierungsfonds gehörte.

Ähnlich sah die Situation bei der BRE aus: Nachdem sie bereits im Jahre 1992 unter Beteiligung der Commerzbank teilentstaatlicht worden war, gestattete das Schatzministerium der deutschen Universalbank in der ersten Jahreshälfte 1997 im Zuge der Veräußerung weiterer Staatsanteile eine Ausdehnung ihrer Beteiligung auf über 45%. Die Bank Gdański bietet im Gegensatz dazu ein Beispiel dafür, daß die Regierung bei den Regionalbanken, die noch keinen strategischen Investor als Resultat der *twinning*-Programme aus den Anfängen der Bankentransformation besaßen, die Beteiligung von Auslandskapital vermied.[239] Hatte die Beteiligung der Warschauer BIG an der Bank Gdański Ende 1995 überhaupt erst für den Erfolg der Emission des Bankwerts an der Warschauer Börse gesorgt - die Aktien der Bank sollten ohne strategischen Investor an den Börsen in Warschau sowie in London möglichst breit gestreut werden -, so genehmigte das Schatzministerium Anfang 1997 die Übernahme des Mehrheitsanteils an der Bank Gdański durch die BIG relativ problemlos.[240] Diese Form der Restprivatisierung stellt außerdem ein Beispiel dar für die Vermischung von Privatisierung und

235 Vgl. Gliederungspunkt 6.1.4.1.

236 Vgl. BANKGESELLSCHAFT BERLIN AG (Hrsg., 1996): Kapitalmarktreport Osteuropa, Juni / Juli 1996, S. 6.

237 Vgl. BANKGESELLSCHAFT BERLIN AG (Hrsg., 1996): Kapitalmarktreport Osteuropa, August 1996, S. 6.

238 Vgl. zur finanziellen Situation und zu den Aussichten von Bank Śląski und WBK die beiden Kurzeinschätzungen von CHRISTOFIDES, Anthony und Jonathan FALCK (1997a) und (1997b).

239 Vgl. zu den *twinning*-Programmen für die Regionalbanken die Ausführungen in Gliederungspunkt 5.1.3.

240 Vgl. BANKGESELLSCHAFT BERLIN AG (Hrsg., 1997): Kapitalmarktreport Osteuropa, März 1997, S. 6.

marktinduzierter Konsolidierung: Die BIG verschaffte sich mit ihrer Mehrheitsbeteiligung eine breite Einlagenbasis und den Zugang zum nordpolnischen Markt.[241] Mit dem Übernahmeantrag der BIG erhielt die Regierung ihrerseits die Möglichkeit, den von ihr präferierten Weg der *Bankenprivatisierung ohne ausländische Hilfe* zu gehen.[242]

Ein noch prägnanteres Beispiel für diesen Weg bietet die Entstaatlichung der PBK. Am Ende der Ausschreibungsfrist für eine 65%-ige Beteiligung, für die sich auch ausländische Banken bewerben konnten, blieben im Frühjahr 1997 die koreanische *Samsung-Finance-Gruppe* sowie ein polnisches Konsortium aus BPH, PBR, der Kredyt Bank und der Warta-Versicherung übrig. Letzteres strebte die *Gruppe der Fünf* nach dem Muster der PeKaO-Gruppe an, in der jedes Teilinstitut seinen separaten Marktauftritt und seine spezielle Geschäftsausrichtung behalten sollte. Wie Abbildung 6.9 illustriert, waren die Institute bereits durch diverse gegenseitige Kapitalbeteiligungen miteinander verflochten:

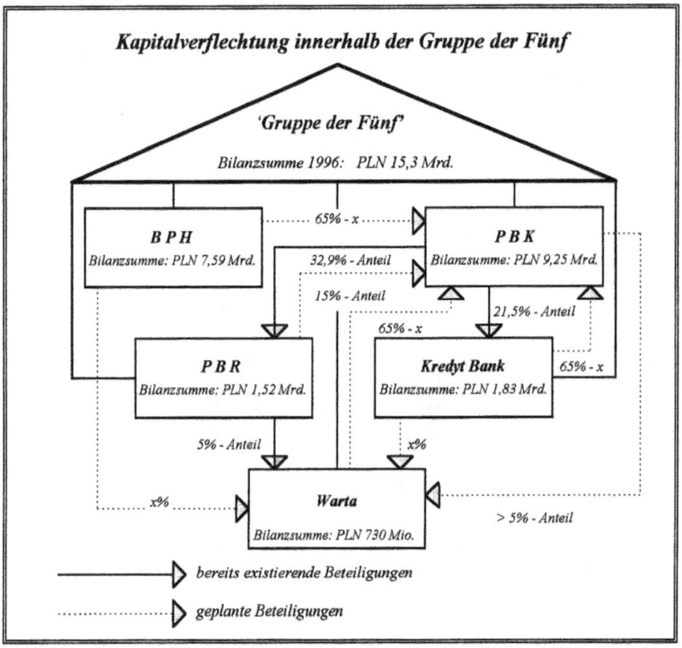


*Quelle: BANKGESELLSCHAFT BERLIN AG (Hrsg.): Kapitalmarktreport Osteuropa, Februar 1997, S. 15*

**Abb. 6.9: Die polnische Lösung für die Privatisierung der PBK - Die 'Gruppe der Fünf'**

Die staatliche PBK verfügte Anfang 1997 über Beteiligungen an der PBR (32,9%) und der Kredyt Bank (21,5%). Die PBR strebte ihrerseits im Zuge der PBK-Entstaatlichung einen Anteil an der Warschauer Regionalbank in Höhe von rund 15% an, wäh-

[241] Vgl. $A_{20}$, S. 328.
[242] Vgl. $A_{12}$, S. 314.

rend sich BPH, Kredyt Bank und Warta-Versicherung den Rest der ausgeschriebenen 65% am Grundkapital der PBK untereinander aufteilen wollten. Innerhalb der Gruppe verfügten die BPH und die PBK über Zweigstellensysteme in ihrer jeweiligen Heimatregion und sollten wie bisher das Privat- und das Firmenkundengeschäft mit staatlichen Adressen fortführen, während die PBR als *investment-banking*-Arm der Gruppe tätig werden sollte. Für die Kredyt Bank würde demnach ihre bisherige Domäne, das Firmenkundengeschäft mit privaten Unternehmen, bleiben, und die Warta würde das Versicherungsgeschäft der Gruppe betreiben.[243] Auf den ersten Blick schien diese Arbeitsteilung Sinn zu machen. Allerdings war bei einer Realisierung der Gruppe der Fünf mit ähnlichen Schwierigkeiten zu rechnen wie bei der PeKaO-Gruppe, nämlich Kompetenz- und Führungsproblemen. Zudem war die anvisierte Arbeitsteilung innerhalb der Fünfergruppe nicht so klar, wie es zunächst den Anschein hatte, da die beteiligten Banken bereits seit Jahren ihre Geschäftstätigkeit auf die gesamte Palette des Universalbankgeschäfts ausgerichtet hatten, so daß es darin zwischen den potentiellen Partnern durchaus Überschneidungen gab, z.B. im *investment banking*, das neben der PBR auch von der PBK forciert wurde. Die Gefahr interner Konkurrenz war damit stärker noch als bei der PeKaO-Gruppe gegeben.[244]

Demgegenüber bot ein Verkauf der Mehrheit des Aktienkapitals an die Samsung Finance den Vorteil einer strengen *corporate governance*, einer klaren strategischen Entwicklungsstrategie für die PBK, eines Transfers von zusätzlichem Kapital sowie der Nutzbarmachung des *know how* des Auslandsinvestors. Die Ausschreibung verzögerte sich um mehrere Monate, ohne daß das Schatzministerium zu den Gründen hierfür klar Stellung bezog. Unter den Beobachtern innerhalb der ausländischen Bankenszene in Polen wuchs jedoch der Verdacht, daß die Regierung den Prozeß bewußt verschleppte, da man trotz eines vermeintlich besseren finanziellen Angebots von Samsung der polnischen Investorengruppe den Zuschlag geben wollte. Dies steht in Einklang mit der Linie der Bauernpartei von Schatzminister Pietrewicz. Zugleich schien jedoch auch das Management der PBK einer polnischen Lösung stärker zugeneigt als einem Verkauf der Aktienmehrheit an Samsung, da man sich innerhalb der Fünfergruppe ein weit größeres eigenes Gestaltungspotential erhoffte. Anders als zuvor bei den Beispielen der WBK, der Bank Śląski, der Bank Handlowy und der PeKaO, vertraten bei der Privatisierung der PBK somit das zuständige Ministerium wie auch der Vorstand der zu entstaatlichenden Bank dieselbe Position:

> „There's little doubt that, quite apart from political determination not to sell the country's banks to foreigners, the ministry bowed to pressure from the bank's management not to sell it to brutally commercial owners - who might well sack them. There's equally little doubt that the ministry is suspicious of foreigners' intentions [...]."[245]

Diese Interessenkoalition von Schatzministerium und PBK bildete den Hintergrund für den Abbruch der Ausschreibung im Juni 1997. Mit dem Abbruch wurde zugleich die Privatisierung der PBK über die Warschauer Börse bekanntgegeben. Auf diesem Wege wurde eine direkte Brüskierung der Samsung-Gruppe vermieden, die ja ihrerseits die Möglichkeit besaß, sich im Zuge des *going public* an der Bank zu beteiligen. Eine

---

[243] Vgl. $A_{19}$, S. 326 sowie KAPOOR, Michael (1997), S. 53.
[244] Vgl. $A_{19}$, S. 326.
[245] Vgl. KAPOOR, Michael (1997), S. 53/54.

Mehrheitsbeteiligung wurde jedoch ausgeschlossen: Ein institutioneller Investor sollte bei der Veräußerung der PBK-Aktien nicht mehr als 13% des Grundkapitals der PBK erhalten.[246] Die auf diesem Wege erreichte Streuung der PBK-Aktien unter mehrere interessierte Investoren entsprach dem Muster der Bank-Handlowy- und der PeKaO-Privatisierung. Samsung nahm unter Protest Abstand von einer Beteiligung an der Börsenprivatisierung der PBK und warf der Regierung eine bewußte Bevorteilung der polnischen Investorengruppe vor, obwohl das eigene Angebot rund 15% über dem der polnischen Konkurrenten gelegen habe.[247]

Mit dem Ausscheiden von Samsung wäre der Weg für die Gruppe der Fünf frei gewesen, doch war die Gemeinschaft der polnischen Investoren über die monatelange Verzögerung der PBK-Privatisierung inzwischen zerbrochen. Das frühe Auseinanderfallen der Investorengruppe belegt die Brüchigkeit dieser Konstruktion, die, anders als im Falle der PeKaO-Gruppe, nicht auf staatlichen Druck hin zustandegekommen war, sondern aus einer augenblicklichen gemeinsamen Interessenlage der vier Investoren heraus. Inzwischen favorisierten BPH und PBR jedoch ihre Restprivatisierung einzeln, während die Kredyt Bank sich um eine Expansion durch den Aufkauf zweier anderer polnischer Kreditinstitute bemühte. Nach dem Erwerb eines 7%-igen Anteils an der PBK veräußerte die Kredyt Bank ihre Beteiligung folglich an die Warta-Versicherung, die damit als einziger Partner der ehemaligen polnischen Investorengruppe als Anteilseigner der PBK nach deren Börsengang im Herbst 1997 übrigblieb.

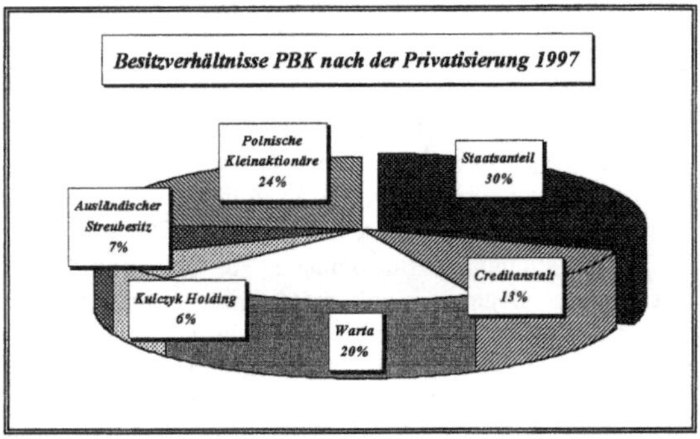


*Quelle: BANKGESELLSCHAFT BERLIN AG (Hrsg.): Kapitalmarktreport Osteuropa, November 1997, S. 16*

**Abb. 6.10: Aktionärsstruktur der PBK nach der Privatisierung 1997**

Betrachtet man die Eigentümerverhältnisse der PBK nach ihrer Privatisierung, so erkennt man ein ähnliches Muster wie bei Bank Handlowy und PeKaO: Polnische Kleinanleger sind mit zusammen 24% des Aktienkapitals relativ stark repräsentiert. Die PBK wurde nach dem Willen der Regierung, wie kurz zuvor schon die Bank Handlowy, damit eine Art 'Volksaktie'. Zeitlich unmittelbar vor der Parlamentswahl

246 Vgl. BANKGESELLSCHAFT BERLIN AG (Hrsg., 1997): Kapitalmarktreport Osteuropa, Oktober 1997, S. 13.

247 Vgl. BANKGESELLSCHAFT BERLIN AG (Hrsg., 1997): Kapitalmarktreport Osteuropa, August 1997, S. 7.

gelegen verfügten die Regierungsparteien auf diese Weise über ein populäres Argument zugunsten der von ihnen betriebenen Privatisierungspolitik, die die breite Bevölkerung an der Vermögensbildung partizipieren ließ. Ähnlich einzuordnen ist auch die wiederholte Reservierung eines Staatsanteils in Höhe von 30% des Grundkapitals der PBK, dessen Gros neben künftigen Belegschaftsaktien und einer Reserve für Restitutionsansprüche für die Reform des Pensionssystems dienen sollte. Ironischerweise erlangte mit der *Creditanstalt* schließlich doch eine ausländische Bank mit 13% ein relativ großes Aktienpaket der PBK, waren Auslandsinvestoren doch vom *going public* nicht ausdrücklich ausgeschlossen worden. Die österreichische Bank, die bereits seit geraumer Zeit ihre Präsenz am polnischen Bankenmarkt mit einer Direktinvestition in ein polnisches Institut zu verstärken suchte, kann maßgeblichen Einfluß auf die strategische Entwicklung der PBK jedoch nur dann ausüben, wenn sie bei den übrigen Aktionären der Bank Partner findet oder über eine Kaufofferte an die PBK-Aktionäre versucht, ihre Beteiligung auszuweiten.

Die Creditanstalt hatte bereits vor ihrem PBK-Engagement zu den Interessenten für die Übernahme der von der NBP zum Verkauf angebotenen PBI gehört. Mit der US-amerikanischen *General Electric Capital Corp.* zeigte sich noch eine weitere ausländische Finanzgruppe am Kauf der PBI interessiert.[248] Die Tatsache, daß am Ende des PBI-Verkaufs die Kredyt Bank von der Zentralbank gegenüber ihren beiden ausländischen Konkurrenten den Verzug erhielt, führte wie die PBK-Privatisierung zu heftiger Kritik ausländischer Beobachter am Fortgang der polnischen Bankenprivatisierung:

> „Opaque, politicised, protectionist and commercially nonsensical. That is the nature of Polish bank privatisation. True, modernising outsiders from Germany, Holland and Ireland have been allowed into four smaller banks. And the summer sale of Bank Handlowy to three foreign strategic investors and on the local stock market should turn Handlowy into a powerful, well-run bank that answers to its shareholders. But beyond that, those running Poland seem intent on retarding the development of the country's banking sector by keeping bank ownership in-house."[249]

Die NBP machte für den Zuschlag zugunsten der Kredyt Bank jedoch die Übernahme der im Zuge der Kreditkrise schwer angeschlagenen und vorübergehend von der NBP geführten Prosper Bank durch den polnischen Investor zur Auflage.[250] Somit stellt auch dieses Privatisierungsprojekt wiederum eine Mischung aus Bankenprivatisierung und marktinduzierter Konsolidierung dar, diesmal infolge der von der NBP betriebenen Sanierung im Bereich der neuen polnischen Kreditinstitute. Der Zuschlag zugunsten der Kredyt Bank überrascht, wenn man die ökonomischen Fakten betrachtet: Mit einer Bilanzsumme von PLN 4,56 Mrd. in 1996 ist die PBI rund zweieinhalb mal so groß wie die übernehmende Kredyt Bank mit PLN 1,83 Mrd.[251] Der Kaufpreis der PBI in Höhe von PLN 205 Mio. sowie die für die Übernahme und Sanierung der Prosper Bank erforderlichen Mittel in Höhe von PLN 161 Mio. überstiegen die Möglichkeiten der Kredyt Bank deutlich.[252] Sie sah sich zur Finanzierung ihrer Expansion neben einer

---

[248] Vgl. BANKGESELLSCHAFT BERLIN AG (Hrsg., 1997): Kapitalmarktreport Osteuropa, Mai 1997, S. 6.
[249] Vgl. COOK, Joe (1997).
[250] Vgl. ZIELEWSKI, Paweł (1997).
[251] Vgl. Tabelle 6.5 unter Gliederungspunkt 6.2.1.
[252] Vgl. BANKGESELLSCHAFT BERLIN AG (Hrsg., 1997): Kapitalmarktreport Osteuropa, Mai 1997, S. 6.

Kapitalerhöhung auch zur Aufnahme mehrerer Kredite gezwungen, darunter eines kurzfristigen Darlehens der PKO BP in Höhe von PLN 60 Mio. sowie eines syndizierten Kredits mehrerer deutscher Kreditinstitute unter Führung der *Hessischen Landesbank* von DEM 20 Mio.[253] Damit wird verständlich, warum sich die Kredyt Bank aus der Investorengruppe der PBK-Privatisierung zurückzog.

Wenn auch die ökonomischen Sachverhalte der NBP-Entscheidung zugunsten des polnischen Investors und der im weiteren Jahresverlauf erfolgenden Fusion zur *Kredyt Bank PBI* entgegenstanden, so paßt der Schritt der NBP doch zu ihrer Haltung, wie sie sich anhand zahlreicher Äußerungen und Entscheidungen der jüngeren Vergangenheit zeigt: Die NBP-Führung unter Frau Gronkiewicz-Waltz befürwortete grundsätzlich die Konsolidierungspolitik der Regierung sowie deren Motiv einer Stärkung des polnischen Bankwesens gegenüber ausländischer Konkurrenz, wenn sich die Zentralbank auch mehr Eigeninitiative der Banken anstelle der administrativen Konsolidierung durch das Finanzministerium gewünscht hätte. Die NBP unterstützte die Bankenkonsolidierung durch den Verkauf schwacher polnischer Institute an stärkere polnische Marktakteure im Zuge der marktinduzierten Konsolidierung, nachdem die Auslandsbanken sich nicht zur Übernahme finanziell angeschlagener Banken hatten entschliessen können.[254] Schließlich zeigte sich auch der Frau Gronkiewicz-Waltz politisch nahestehende AWS zunehmend kritisch gegenüber dem Engagement ausländischen Kapitals im polnischen Bankensystem. Die Bevorzugung eines polnischen Investors gegenüber ausländischen Interessenten im Rahmen der PBI-Privatisierung war vor dem Hintergrund dieser Zusammenhänge eine logische Konsequenz. Durch die ähnlich ausgerichtete Politik von Schatzministerium und Zentralbank bei Konsolidierung und Privatisierung gewann die protektionistische Komponente der Bankenprivatisierung an Bedeutung. Inwiefern sich dieser Aspekt fortsetzen wird, müssen erst die 1998 anstehenden weiteren Privatisierungsprojekte zeigen, die ja bereits von der neuen Regierungskoalition aus AWS und UW durchgeführt werden.

## 6.3 Fazit der Konsolidierung: Politische und ökonomische Entscheidungen

> „Polish politicians are among the most blatant in the region at trying to maintain control over banking. It is a situation which must change if the country is to achieve its undoubted economic potential. At the moment, any progress in reform of the financial system has been achieved despite the government. And it is the backwardness of that financial system which is one of the biggest single obstacles to Polish industrial development."[255]

Das angeführte Zitat enthält die drei wesentlichen Vorwürfe, der sich die Politik hinsichtlich der Transformation des polnischen Bankensystems in der Konsolidierungsphase seit 1993 ausgesetzt sah. Die Kritik wurde geäußert sowohl von ausländischen Beobachtern der Bankentransformation, v.a. Wirtschaftsjournalisten und den Vertre-

253 Ebenda sowie Kapitalmarktreport Osteuropa Juni / Juli 1997, S. 11.
254 Vgl. hierzu die Ausführungen in Gliederungspunkt 6.2.1.1.2.
255 Vgl. SIMPSON, Peggy (1996), S. 56.

tern der in Polen aktiven Auslandsbanken, als auch den Wirtschaftspolitikern der Freiheitsunion, die ja im wesentlichen mit den Reformern zu Beginn des Transformationsprozesses identisch sind. Die Vorwürfe lassen sich zu folgenden drei Thesen verdichten:

- Fortschritte im Bankwesen wurden nicht wegen, sondern trotz der Politik der Regierung erzielt.
- Die Politik hat sich in der Konsolidierungsphase bemüht, die Kontrolle über die Banken zu behalten.
- Die Politik hat die Entwicklung des Bankensystems und damit der gesamten Wirtschaft gehemmt.

Zunächst zur erstgenannten These: Will man sie validieren bzw. falsifizieren, so sind zum einen die beiden Regierungskonstellationen der Reformregierung von Hanna Suchocka sowie die Kabinette der SLD/PSL-Koalition und zum anderen die drei Konsolidierungschwerpunkte, nämlich die Bankensanierung, die Konzentration zu großen Kreditinstituten sowie die Bankenprivatisierung zu differenzieren. Betrachtet man die Sanierung von Banken und Unternehmen im Rahmen der Regionalbankensanierung durch die Regierung Suchocka und ihre Politikberater aus dem westlichen Ausland, so stellt man fest, daß das GSBU wesentliche Grundlagen für eine positive weitere Entwicklung des polnischen Bankwesens gelegt hat: Es wurden nicht nur Lösungen gefunden zur Bereinigung der Altkredite, sondern zugleich Voraussetzungen geschaffen für eine aktive *corporate governance* der verschuldeten Unternehmen durch die Regionalbanken. Die Tatsache, daß diese Möglichkeit sowohl bank- als auch unternehmensseitig nur unzureichend genutzt wurde, ist in erster Linie auf die Interessenlage der Banken und Unternehmen zurückzuführen und weniger auf mangelnden politischen Willen der Suchocka-Regierung. Durch die Verknüpfung der Regionalbankensanierung mit der Privatisierung der regionalen Kreditinstitute bekundete der Staat seinen Willen, sich nach seinen Interventionen auf der einzelwirtschaftlichen Ebene aus dem Geschäftsbankensystem zurückzuziehen. Die Beschlüsse der letzten Solidarność-Regierung in bezug auf die Sanierung der Regionalbanken waren insgesamt ökonomisch fundiert und zielten gerade auf die Vermeidung politischer Einflußnahme zugunsten selbständiger und betriebswirtschaftlich fundierter Entscheidungen der Banken. Die Verschärfung der rechtlichen Vorschriften durch die NBP stellte hierbei eine gute Ergänzung dar, war sie doch darauf angelegt, künftig schlechte Kredite zu vermeiden und zugleich mögliche Interventionen des Staates an bestimmte Tatsachenvoraussetzungen, wie die drohende Illiquidität bzw. Insolvenz eines Kreditinstituts, zu binden.

Anders ist die Sanierungspolitik der SLD/PSL-Regierung einzuschätzen. Auch sie war bemüht, das Problem schlechter Kredite für die Zukunft weitgehend auszuschließen. Zu nennen sind in diesem Zusammenhang z.B. die Umstrukturierung der PKO- und der BGŻ-Organisation. Jedoch konnte die neue Linksregierung die Lösung der Altkreditproblematik nicht oder nur unvollständig bewältigen, da hierfür zugleich die Lösung des Problems der Wohnungsbaufinanzierung und die Sanierung der Landwirtschaft unausweichlich gewesen wäre. Zwar zeigte sich auch die Linksregierung bestrebt, marktwirtschaftliche Kriterien im Bankwesen einzuführen, wie die strenge Gewinnorientierung der *profit centres* bei den Sparkassen oder die Kontrollmechanismen innerhalb der neuen BGŻ-Struktur belegen. Doch andererseits blieben die PKO

BP, v.a. aber die BGŻ, weiterhin Instrumente staatlicher Wirtschaftspolitik. Gerade die fortgesetzte Subventionierung des Genossenschaftsbankensektors und die Privilegien der Sparkassen sowie der BGŻ bzgl. der staatlichen Einlagengarantie und der teilweisen Befreiung von den Mindestreservevorschriften zeigen, daß im Bankwesen auf längere Sicht von seiten des Staates mit zweierlei Maß gemessen wurde. Noch deutlicher wird dies anhand der Tatsache, daß das Finanzministerium auf eine Rekapitalisierung der neuen polnischen Banken im Gegensatz zu den staatlichen Kreditinstituten verzichtete. Ökonomisch ist dies verständlich, mußte der Staat die Bankenrekapitalisierung doch in einer Zeit staatlicher Finanznot vornehmen, indes wurde damit die Zwei-Klassen-Struktur im Bankwesen, die sich bereits in der Phase der Bankenliberalisierung abgezeichnet hatte, für lange Zeit festgeschrieben: Die sekundären Akteure sollten bis zum Ende des Betrachtungszeitraums der vorliegenden Arbeit in ihrer ökonomischen Bedeutung deutlich hinter den staatlichen Bankakteuren zurückbleiben. Die SLD/PSL-Regierung konnte zwar insgesamt die akute Kreditkrise überwinden, doch ließ die Bankensanierung nach dem Regierungswechsel von 1993 gerade in bezug auf die Genossenschaftsbanken und die neuen polnischen Kreditinstitute somit eine Reihe von Fragen offen.

Betrachtet man die ökonomischen Vorteile großer und schlagkräftiger Banken, so macht das nach der Überwindung der Kreditkrise vorgelegte Konsolidierungskonzept des damaligen Finanzministers Kołodko durchaus Sinn: Die Bankenkonsolidierung bot die Chance, die alten regionalen, sektor- und funktionsspezifischen Monopole im Bankwesen zu überwinden. Zudem ergab sich für die Banken die Möglichkeit, die eigene Wettbewerbsposition durch die Realisierung von *economies of scale and scope* und die Erhöhung der Eigenkapitalbasis zu verbessern. In der Argumentation der Befürworter der Bankenkonsolidierung stand jedoch in erster Linie das protektionistische Schutzargument gegen die Konkurrenz der Auslandsbanken im Vordergrund, das den Bruch in der Politik des Finanzministeriums nach dem Regierungswechsel von 1993 verdeutlicht: Waren die Solidarność-Regierungen am Engagement ausländischer Kreditinstitute als strategische Investoren bei den inländischen Bankhäusern durchaus interessiert, zeichnete sich die Politik der SLD/PSL-Koalition hingegen dadurch aus, daß ausländisches Kapital vom polnischen Bankensystem ferngehalten werden sollte. Diese Politik ging zu Lasten der dynamischen Effizienz des Bankensektors und bremste damit letztlich auch seine Weiterentwicklung, fand aber in den Jahren 1995-97 zunehmend Unterstützung auch von seiten der Opposition des AWS. Analysiert man die Situation des Bankensektors in Polen im Jahre 1995 mit Blick auf die Öffnung für Auslandsbanken vier Jahre später jedoch realistisch, so wäre die Wettbewerbsposition der polnischen Institute gegenüber der Auslandskonkurrenz ohne Konsolidierung tatsächlich mehr als gefährdet. Daß die administrative Konsolidierung Sinn macht, belegen nicht zuletzt auch die Konzentrationsprozesse, wie sie von den Bankakteuren nach Bildung der PeKaO-Gruppe von sich aus forciert wurden.

Zusammenfassend läßt sich sagen: Der durch die administrative Konsolidierung induzierte Umbau des Bankensektors war *politisch* opportun, traf auch auf seiten der AWS-Opposition auf Zustimmung und trug zudem noch *ökonomisch* zur Gesundung und Weiterentwicklung des Bankensystems bei. Schließlich setzte die Konsolidierung, was den Bereich der Banken mit gemischtem Kapital angeht, die Sanierungspolitik der NBP fort. Zwar wirkte auch die Vorgehensweise der Zentralbank letztlich protektionistisch, doch war die Sanierung der neuen polnischen Banken nicht von vornherein zwangsläufig darauf angelegt. Die NBP ging erst zu einer *Politik der polnischen Lösungen* über, nachdem die Auslandsbanken in ihrer großen Mehrheit die Beteiligung an polnischen Instituten als Gegenleistung für einen Zutritt zum Bankenmarkt abgelehnt hatten. Die Konsolidierungspolitik von Finanzministerium und Zentralbank ergänzten somit einander, wie sich dies schon zuvor bei der Bekämpfung der Kreditkrise gezeigt hatte. Auf mikroökonomischem Gebiet funktionierte die Zusammenarbeit zwischen den beiden staatlichen Akteuren trotz mancher Nuancenunterschiede, wie bei der Frage der administrativen Vorgehensweise bei der Konsolidierung versus marktinduzierter Konzentrationsprozesse, nahezu reibungslos. Diese gute Zusammenarbeit trug wesentlich zu den Fortschritten in Polens Bankensektor seit 1993 bei. Lediglich auf makroökonomischem Gebiet kamen unterschiedliche Auffassungen zwischen Finanzminister Kołodko und NBP-Präsidentin Gronkiewicz-Waltz zum Tragen. Der hierdurch ausgelöste Kompetenzstreit um die Geldpolitik zwischen den beiden Akteuren verzögerte auch die rechtliche Absicherung der Konsolidierung, verhindert wurde sie dadurch letztlich jedoch nicht.

Das protektionistische Element der Konsolidierungspolitik setzte sich auch bei der Privatisierung der Banken fort, indem der Anteil ausländischer Kreditinstitute an den großen heimischen Banken begrenzt werden sollte. Im Vorfeld der Parlamentswahlen vom Herbst 1997 sollten mit der Bankenprivatisierung zwei populäre Ideen umgesetzt werden, nämlich einen Teil der geplanten Reform der staatlichen Altersversorgung mit der Übertragung von Eigenkapitalanteilen der privatisierten Banken auf noch zu bildende Pensionskassen zu finanzieren und zugleich die Bevölkerung mit der Beteiligung an den Banken über den Gang an die Warschauer Börse an möglichen Kursgewinnen und Dividendenzahlungen teilhaben zu lassen. Diese Ideen, die sich politisch in Wählerstimmen ummünzen ließen, sind ökonomisch nicht unbedenklich: Zum einen schafft ein hoher Anteil an Streubesitz eine disperse Eigentümerstruktur, die gegenüber einem starken strategischen Investor gerade bei der notwendigen Modernisierung der polnischen Banken eher von Nachteil zu sein scheint, zum anderen wurden mit der Bankenprivatisierung und der Reform des Pensionssystems zwei Bereiche verknüpft, die inhaltlich nichts miteinander zu tun haben. Letztlich konnte die Regierung ihre Linie bei der Bankenprivatisierung jedoch nicht konsequent durchsetzen: Wie die Besitzverhältnisse bei den zwei großen Entstaatlichungsprojekten im Bankenbereich des Jahres 1997, der Privatisierung der Bank Handlowy und der PBK, belegen, spielen bei beiden Instituten ausländische Banken als strategische Investoren doch eine bedeutende Rolle. Inwiefern die Rentenreform durch die Bankenprivatisierung tatsächlich vorangebracht werden wird, muß erst noch die Politik der neuen Koalition aus AWS und UW zeigen.

Hinsichtlich der Beurteilung der ersten These ist insgesamt zu konstatieren, daß viele Entscheidungen der SLD/PSL-Regierung politisch gefärbt waren. Jedoch wäre es problematisch, zu behaupten, Fortschritte im Bankwesen wären trotz der Regierung erzielt worden, während eine solche Kritik in bezug auf die Regierung Suchocka, die die Bankenkonsolidierung überhaupt erst einleitete, ohnehin abwegig erscheint. Vergegenwärtigt man sich, daß, ähnlich wie schon bei wesentlichen Reformen im Laufe der Bankenliberalisierung, auch in der Konsolidierungsphase Maßnahmen des Staates neue Entwicklungen im Bankwesen einleiteten und erst danach die Marktakteure nachzogen - wie die im Einklang mit der Regierungspolitik verschärften Kreditrisikovorschriften der NBP und die administrative Konsolidierung durch das Finanzministerium belegen - so ist die pauschalisierende Behauptung von These 1 kaum aufrecht zu erhalten.

Zur zweiten These: Mit dem Beginn der Konsolidierungsphase kann man feststellen, daß der Staat in Polens Bankwesen nicht mehr allein in bezug auf die rechtlichen Rahmenbedingungen, sondern auch beim Umbau auf der Ebene des Geschäftsbankensystems sowie auf der einzelwirtschaftlichen Ebene im Gegensatz zu seiner bisher eher passiven Haltung verstärkt als Interventionsstaat in Erscheinung trat. Ökonomisch war diese Aktivität sowohl im Hinblick auf die Bankensanierung als auch im Hinblick auf die Konzentrationsprozesse im Bankwesen notwendig, nachdem sich die Marktakteure von beiden Aufgaben überfordert gezeigt hatten. Die Aktivität des Finanzministeriums konzentrierte sich auf die staatlichen Kreditinstitute; der Staat nahm hierbei seine Kontroll- und Gestaltungsaufgaben als Bankeigentümer war. Damit ist nahezu automatisch auch eine verschärfte politische Kontrolle im Sinne einer Kontrolle durch politische Entscheidungsträger verbunden. Während sich die Regierung Suchocka dabei an ökonomischen Notwendigkeiten einer schnellen und nachhaltigen Sanierung der Regionalbanken orientierte, ging die Aktivität des Staates nach dem Regierungswechsel von 1993 jedoch darüber hinaus: Die PKO BP, zumindest aber die BGŻ und die ihr angeschlossenen Genossenschaftsbanken, wurden wirtschaftspolitisch weiterhin instrumentalisiert und subventioniert, im Falle der BGŻ kann man gar von einer bewußten politischen Protektion durch die Bauernpartei sprechen. Anders lassen sich die Privilegien der BGŻ mit ihrer mehrmaligen und umfangreichen Rekapitalisierung, der Befreiung von den Mindestreservevorschriften u.ä. kaum erklären. Das Spitzenmanagement der nationalen Genossenschaftsbank ist nach wie vor von Vertretern der PSL durchsetzt. Der BGŻ-Verbund wurde gegenüber den unabhängigen Genossenschaftsbanken zudem systematisch bevorteilt. PKO BP und BGŻ-Verbund bieten die beiden herausragenden Beispiele dafür, daß Teile des Bankensystems nach wie vor politisch kontrolliert werden. Neben der ökonomisch prekären Lage beider Institute und ihrer sozialpolitischen Bedeutung scheint ihre Kontrolle durch die Politik auch ein Grund dafür zu sein, warum die beiden Banken weiterhin von der Privatisierung des Bankensektors ausgespart bleiben. Während die Schließung des Führungsvakuums bei den Regionalbanken am Ende der Liberalisierungsphase durch den Staat zur Überwindung der Kreditkrise notwendig schien, geht die politische Kontrolle gerade des BGŻ-Verbunds ganz offensichtlich über das ökonomisch gebotene Maß hinaus.

Die administrative Konsolidierung liefert ein Beispiel für die politische Kontrolle der staatlichen Banken, wie sie für die Phase der Bankentransformation am Ende der Bankensanierung charakteristisch war. Zugleich zeigt der Verlauf der Konsolidierungsbemühungen des Finanzministeriums aber auch die Grenzen der politischen Bankkontrolle auf: Zwar gehen die Konzentrationsprozesse auf die entsprechenden Vorschläge des Staates zurück, doch war dieser offenbar nicht dazu in der Lage, die Banken gegen ihren Willen in die Konsolidierung zu zwingen. Hierfür bildet der Rückzug der Bank Handlowy aus den Konsolidierungsbemühungen den Beleg. Auch der Kompromiß bei der Schaffung der PeKaO-Gruppe, daß, entgegen betriebswirtschaftlich gebotener Normen, die Teilbanken ihre Unabhängigkeit weitgehend verteidigen konnten, zeigt die Grenzen der Politik bei der Bankenkonsolidierung auf.

Nachdem die vorliegende Arbeit Belege dafür geliefert hat, daß die Bankenkonsolidierung die Privatisierung der Banken verzögert hat, stellt sich die Frage, ob dies von der

Regierung bewußt so angestrebt wurde, um weiterhin die Kontrolle über das Bankwesen zu behalten. Zunächst ist festzuhalten, daß die Entstaatlichung der PeKaO-Gruppe, deren Bildung ja das eigentliche Ergebnis der administrativen Konsolidierung war, sich nicht unbedingt wegen der Konsolidierung an sich, sondern in erster Linie wegen der *Art* des Zusammenschlusses der PeKaO-Teilbanken verzögert hat. Die Bildung einer Gruppe weitgehend autonomer Teilbanken war aber ursprünglich vom Finanzministerium gar nicht beabsichtigt gewesen, sondern Resultat eines Kompromisses zwischen den betroffenen Kreditinstituten, ohne den die Grupa PeKaO S.A. vermutlich zunächst überhaupt nicht entstanden wäre. Insofern ist diese Verzögerung auch nicht unmittelbar der Regierung anzulasten.

Richtig ist, daß die SLD/PSL-Koalition aber ihre Prioritäten, anders als die Vorgängerregierungen der Solidarność, eindeutig auf die Konsolidierung anstelle wie vorher auf die Privatisierung der Banken legte. Eigentliches Motiv hierfür scheinen jedoch, zumindest von seiten des SLD, weniger direkte Kontrollmöglichkeiten durch die Politik gewesen zu sein - die Privatisierung der Regionalbanken war aufgrund der Verpflichtungen gegenüber den Geberländern des Bankenprivatisierungsfonds ohnehin unumgänglich - , sondern der Wunsch, die inländischen Kreditinstitute vor der übermächtigen Konkurrenz von Auslandsbanken nach 1999 zu schützen. Kontrolle könnte vor diesem Hintergrund demnach weniger mit politischer Beeinflussung der Bankenaktivitäten, sondern mit Kontrolle durch polnisches Kapital übersetzt werden.

In diesen Zusammenhang lassen sich auch die angestrebten Besitzverhältnisse nach der Entstaatlichung der Banken rücken: Die großen Kreditinstitute sollten nach ihrem Börsengang einen möglichst hohen Anteil an Streubesitz aufweisen und somit zu *Volksaktien* werden. Durch die Begrenzung von Auslandskapital auf Minderheitsanteile würden die Banken einer Kontrolle durch ausländische Kreditinstitute entzogen. Im Umkehrschluß bedeutet dies jedoch nicht unbedingt eine *politische Kontrolle* durch den polnischen Staat. Die Reservierung eines Staatsanteils von jeweils rund 30% ist vielmehr zu erklären mit dem Finanzierungsbedarf für die Reform des Systems der Altersversorgung. Der Aspekt der Eigentümerkontrolle durch das Schatzministerium als Vertreter des staatlichen Eigentümers spielt dabei doch eher eine untergeordnete Rolle. Zwar konnte die Bauernpartei bis zum Ende der Betrachtungsperiode dieser Arbeit ihr Ziel einer politischen Kontrolle des BGŻ-Verbunds weitgehend verteidigen, doch ist der Vorwurf einer politischen Kontrolle der polnischen Banken darüberhinaus insgesamt zu revidieren: Eine aktive Lenkung der Geschäftsaktivitäten der Banken durch den Staat ist zum Ende des Untersuchungszeitraums kaum zu entdecken. Dafür hat die *Politik der polnischen Lösungen* bei der Konsolidierung und Privatisierung von seiten der SLD/PSL-Koalition zu einer Bankenkontrolle vorwiegend durch polnische Anteilseigner geführt.

Inwieweit dies für die Zukunft durchzuhalten ist, bleibt fraglich, denn die bestehende disperse Eigentümerstruktur der Bank Handlowy und der PBK bietet den vorhandenen ausländischen Anteilseignern die Möglichkeit, über Offerten an die Kleinaktionäre ihre Beteiligungen aufzustocken. Bedenkt man außerdem, wie stark die Bank Handlowy beim Aufbau ihrer bisher unterentwickelten Geschäftsbereiche auf das Wissen ihrer stabilen Investoren zurückgreifen dürfte, scheint ein signifikanter Einfluß dieser Investoren auf die strategische Entwicklung der ehemaligen Außenhandelsbank bereits vorprogrammiert. These 2 ist auf der Grundlage der bisherigen Anmerkungen nur eingeschränkt zu unterstützen. Da die Bankenprivatisierung und damit die Konsolidierungsphase bis zur Entstaatlichung von PKO BP und BGŻ, die für das Jahr 2000 in Aussicht gestellt worden ist, noch nicht abgeschlossen wurde, muß die These angesichts der liberalen Haltung insb. von Balcerowicz zum Ende der Bankenkonsolidierung womöglich gänzlich abgewiesen werden.

Zu These 3: Mißt man die Bedeutung des Bankensektors für die gesamtwirtschaftliche Entwicklung eines Landes am Volumen der Kreditvergabe, so ist für Polens Bankwesen nach der Eskalation der Kreditkrise festzustellen, daß die Vergabe von Krediten insb. für Firmenkunden drastisch zurückging und bis zum Jahre 1996 auch auf einem vergleichsweise niedrigen Niveau verharrte. Erst danach weist die Kreditvergabetätigkeit der Geschäftsbanken deutliche Steigerungsraten von 35% in 1996 und 20% in 1997 auf. Wie bereits skizziert wurde, sahen sich die Unternehmen zur Finanzierung ihrer Investitionsanstrengungen folglich dazu gezwungen, auf den *cash flow* zurückzugreifen. Gerade in den ersten beiden Jahren der wirtschaftlichen Erholung reichten diese Mittel jedoch für die Durchführung der notwendigen Modernisierungs- und Erweiterungsinvestitionen kaum aus; die erst um zwei Jahre nach dem Ende der Rezession zeitversetzt zur Konsumnachfrage anspringende Investitionstätigkeit der Betriebe belegt dies.[256] Die Börse spielte als Möglichkeit der Kapitalbeschaffung nur eine untergeordnete Rolle, denn sie diente in der der Kreditkrise unmittelbar folgenden Zeit in erster Linie als Medium zur Privatisierung und ist aufgrund der strengen Zulassungsvorschriften der Börsenaufsicht für kleinere Unternehmen insgesamt auch keine realistische Alternative zur Aufnahme von Bankkrediten. Eine Revision der vorherigen Kreditvergabepraxis der Banken schien jedoch angesichts der akuten Bankenkrise dringend geboten, da bis dato die Risiken neuer Kredite von den Banken gar nicht oder nur unzureichend reflektiert worden waren. Zwar hat der Gesetzgeber mit neuen Risikovorschriften für die Einschränkung der Kreditvergabe gesorgt, doch ist nicht zu vergessen, daß die Banken selbst ein zunehmend risikoaverses Verhalten zeigten und dies nicht allein auf den Staat zurückzuführen ist. Zwar waren gerade junge und profitabel arbeitende Unternehmen Leidtragende der Risikoaversion der Geschäftsbanken, doch ist dies spätestens seit der Beendigung der Kreditplafondierung den Banken selbst anzulasten.

Auf den Staat zurückzuführen sind aber auf der anderen Seite die hohen Kreditzinsen als Resultat der restriktiven Geldpolitik der NBP. Dies trifft exakt das Feld, das zwischen den beiden staatlichen Hauptakteuren Finanzministerium und Zentralbank umstritten war: Während Finanzminister Kołodko nach den Erfolgen im Kampf gegen die Inflation grundsätzlich eine Lockerung der Geldpolitik befürwortete, vertrat die NBP unter Frau Gronkiewicz-Waltz weiterhin einen restriktiven Kurs. Die Hochzinspolitik der NBP hielt viele Unternehmen ihrerseits davon ab, Bankkredite in Anspruch zu nehmen. Erst nachdem die Banken ab 1996 damit begannen, ihre Kreditzinsen trotz der nach wie vor hohen Leitzinsen zu senken, stieg die Kreditnachfrage der Unternehmen, wie auch von seiten der privaten Haushalte, wieder an. Angesichts der damit verbundenen latenten konjunkturellen Überhitzung näherten sich die Standpunkte von Regierung und NBP in der Frage der Geldpolitik einander wieder an.

Die bis 1996 zu beobachtende starke Nachfrage nach Staatsschuldtiteln wiederum geht in erster Linie auf die Banken selbst zurück. Nach den Erfahrungen der Kreditkrise

---

[256] Vgl. hierzu die Ausführungen in Gliederungspunkt 6.1.4.

erschien es den Banken wesentlich attraktiver, in nahezu risikolose *treasury bonds* zu investieren. Dies geschah zum Nachteil der Firmenkunden und führte letztlich zu deren *crowding out*. Inwieweit das Finanzministerium, das naturgemäß an hohen Investitionen der Banken in T-Bonds zur Deckung des staatlichen Finanzbedarfs interessiert ist, neben indirekten Anreizen, wie attraktiver Zinszahlungen, auch direkten Druck auf die staatlichen Banken zum Kauf von Staatspapieren ausübte, ist schwierig zu beurteilen. Allein die PKO BP schien einem solchen Druck ausgesetzt zu sein, war sie doch auf staatliche Subventionen und auf die staatliche Garantie der Altschulden im Wohnungsbaubereich angewiesen. Zumindest ist festzuhalten, daß der Staat dem *crowding out* der Unternehmen durch T-Bonds nicht aktiv entgegensteuerte. Damit machen sich sowohl im geldpolitischen Bereich als auch auf dem Gebiet der Haushaltsfinanzierung die Zielkonflikte bemerkbar, die bereits im theoretischen Teil dieser Arbeit skizziert wurden.

These 3 ist somit eingeschränkt zu unterstützen: Während die Politik des Staates die Entwicklung des Bankwesens sehr wohl vorantrieb, wurde die Förderung der gesamtwirtschaftlichen Entwicklung im Hinblick auf die Finanzierung notwendiger Investitionen des Unternehmenssektors vernachlässigt. Verantwortlich zu machen sind hierfür aber weniger die Aspekte, die unmittelbar mit dem Verhalten der Bankakteure und dem Stand der Entwicklung des Bankensektors zusammenhängen, sondern vielmehr die makroökonomischen Zielvorgaben der Zentralbank und der Finanzierungsbedarf des Staates zum Abbau des staatlichen Budgetdefizits.

# 7. Fazit: Starker Staat versus ökonomische Selbstorganisation

Zu Beginn dieser Arbeit wurde festgestellt, daß die hier behandelte Thematik an einer Schnittstelle zwischen drei wirtschaftswissenschaftlichen Forschungsgebieten anzusiedeln ist, der *Bankbetriebslehre*, *Ordnungspolitik* und der *politischen Ökonomie*. Aus diesen drei Fachgebieten ergab sich die insgesamt dreiteilige Aufgabenstellung der vorliegenden Untersuchung. Erstens ging es darum, aus den Funktionen von Kreditinstituten in der marktwirtschaftlichen Ordnung, wie sie die Bankbetriebslehre erforscht, Anforderungen an die Transformation eines planwirtschaftlich organisierten Bankensektors in ein marktwirtschaftliches Bankensystem zu formulieren, um hieraus Schlußfolgerungen für den Erfolg bzw. den Mißerfolg der Transformationsbemühungen im Fallbeispiel Polen ziehen zu können. Diese Anforderungen dienten zweitens als Grundlage für die Beurteilung der Rolle, die der Staat im Zusammenspiel mit den Marktakteuren im Verlauf des Transformationspfades bei der Umgestaltung des polnischen Bankensektors gespielt hat. Diese für die Arbeit zentrale Fragestellung nach der Rolle des Staates und nach dem tatsächlichen Verlauf der Bankentransformation in Polen bildete den ordnungspolitischen Aspekt der Aufgabenstellung. Um die Rolle des Staates umfassend beurteilen zu können, erschien es angebracht, neben der ökonomischen auch die politische Sphäre in die Untersuchung einzubeziehen. Um dies zu bewerkstelligen, war eine Differenzierung des Staates dahingehend notwendig, ihn in einzelne Akteure und die dahinterliegenden Interessen und Interessengruppen zu zerlegen. Damit war der Analyserahmen für die vorliegende Arbeit, die politische Ökonomie, und somit auch die Frage nach ökonomischen Sachverhalten, Zwängen und Empfehlungen auf der einen sowie politischer Interessen und Opportunitäten auf der anderen Seite gegeben.[1]

Die Antworten auf diese Fragestellungen, die der theoretische Teil und die darauffolgende empirische Untersuchung geliefert haben, werden im folgenden zusammengefaßt. Im Mittelpunkt dieser Zusammenfassung stehen drei Möglichkeiten der Interpretation von Transformation, wie sie ebenfalls zu Anfang der vorliegenden Arbeit benannt wurden.[2] Diametral einander gegenüber stehen sich dabei auf der einen Seite Transformation als pragmatische Gestaltung durch den sogenannten *starken Staat* und auf der anderen Seite Transformation als *ökonomische Selbstorganisation* durch Marktakteure, quasi als evolutorischer Prozeß. Als dritte, ebenfalls zugelassene Option, wird Transformation als Ergebnis von Verhandlungsprozessen verschiedener Akteure untereinander, sozusagen als mögliche Verbindung zwischen den beiden o.g. Auffassungen interpretiert und in die folgenden Ausführungen einbezogen.

Nach einer einführenden Erklärung der drei unterschiedlichen Facetten des Begriffs des *starken Staats* (Gliederungspunkt 7.1), werden alle drei Auslegungen des Begriffs für das Fallbeispiel Polen abgeprüft. Die Frage, inwiefern die Umgestaltung des polnischen Bankwesens ein Beispiel für staatliche Gestaltung bzw. für staatliche Interventionen liefert, verdeutlicht zugleich die Rolle des Staates im Prozeß der polnischen Bankentransformation und beantwortet somit die o.g. ordnungspolitische Aufgabenstellung (7.2). Punkt 7.3 überprüft die Bedeutung eines konsistenten Transformationskonzepts und fragt danach, inwieweit Polens Bankensystem im Herbst 1997 anhand

[1] Vgl. zur Aufgabenstellung Gliederungspunkt 1.1.

[2] Ebenda.

der Anforderungen an Banken in der Wettbewerbswirtschaft bereits als marktwirtschaftlich bezeichnet werden kann. Damit wird zugleich die der Bankbetriebslehre entlehnte Fragestellung wiederaufgegriffen. Das Verhältnis von Staat und verschiedenen Interessengruppen stellt zum Abschluß dieses Fazits noch einmal den Kontext der politischen Ökonomie in den Mittelpunkt und erhellt die Rolle der relevanten staatlichen und nichtstaatlichen Akteure und deren Verhaltensmotive im Prozeß der Bankentransformation in Polen (7.4).

## 7.1 Der Begriff des 'starken Staats'

Die Agenda der Bankentransformation als Zwischenfazit des theoretischen Teils dieser Arbeit faßte die Anforderungen an die Transformation von einem planwirtschaftlichen Bankensektor in ein marktwirtschaftliches Bankensystem zusammen und kam auf dieser Grundlage zu dem Schluß, daß der Staat als Systemgestalter eine relativ große Rolle spielen dürfte.[3] Dies wurde für die *Verwirklichung der langfristigen Transformationsziele*, wie dem Setzen neuer rechtlicher Rahmenbedingungen oder der Schaffung einer Marktinfrastruktur so formuliert, aber erst recht für die *Umsetzung der Zwischenziele* der Transformation, nämlich der Beseitigung planwirtschaftlicher Altlasten und der Umgestaltung des Bankensektors unter insgesamt erschwerten transformationsspezifischen Bedingungen. Gerade das Bemühen um die Verwirklichung der Zwischenziele der Bankentransformation legte in bezug auf die ökonomische Selbstorganisation des Bankensystems durch die Marktakteure eine pessimistische Antwort nahe, denn aufgrund von Wissensdefiziten in bezug auf die Risiken und Wettbewerbsanforderungen einer Marktwirtschaft sowie Mentalitätsproblemen aufgrund tradierter Verhaltensweisen aus der planwirtschaftlichen Ära dürften die Marktakteure mit den anstehenden Aufgaben überfordert sein. Daher dürfte, so wurde es als These formuliert, der Ruf nach staatlichen Interventionen laut werden, wobei es zunächst eine offene Frage blieb, inwiefern Regierungsbeamte die Banken besser auf die Erfordernisse des Marktes einstellen können als Bankmanager. Die These, institutioneller Wandel vollziehe sich am besten durch die Marktkräfte selbst, schien insb. im Kontext einer Transformationskrise fraglich, da die Marktmechanismen hierdurch z.T. außer Kraft gesetzt werden.[4]

Als erste Definition des *starken Staats* soll dieser im Rahmen der vorliegenden Arbeit in Anlehnung an ALTER als *Interventionsstaat* verstanden werden, wenn Marktkräfte noch versagen und der Staat nicht nur ordnungspolitisch, sondern auch in Form diskretionärer Eingriffe gefordert ist, z.B. zur Schaffung einer Marktinfrastruktur oder zur Überwindung von Krisensituationen.[5]

Die anhand der Anforderungen an die Transformation des Bankensektors abgeleitete These von der herausgehobenen Bedeutung des Staates im Zuge des Transformationsprozesses wird auch von den Vertretern des Ordoliberalismus gestützt, die den Staat als einen entscheidenden Faktor institutionellen Wandels ansehen.[6] Die herausgeho-

---

[3] Vgl. die Thesen des Gliederungspunkts 3.3.
[4] Zum Institutionenwandel durch Marktkräfte vgl. POZNAŃSKI, Kazimierz Z. (1992), S. 59.
[5] Vgl. ALTER, Rolf (1994), S. 123.
[6] Vgl. HERRMANN-PILLATH, Carsten (1991), S. 36.

bene Rolle des Staates im Transformationsprozeß ist jedoch mit einem Problem verbunden, das im Laufe der Arbeit inhaltlich mehrfach thematisiert wurde: Wenn ein zu früher Rückzug des Staates aus dem Bankensystem hinderlich für das Funktionieren des Bankensektors insgesamt ist, so werden staatliche Interventionen notwendig, die womöglich dauerhafter Natur sind und somit ein *retreat from the retreat* nach sich ziehen.[7] Damit wäre jedoch zugleich eines der Kernziele der Transformation, die Begrenzung der Funktionen des Staates auf Ordnungspolitik und regelgebundene Interventionen, gefährdet. Wie eingangs dieser Arbeit bereits formuliert, ist der Staat auf diese Weise vor die Herausforderung gestellt, eine ihrem Wesen nach paradoxe Situation zu meistern, nämlich während des Transformationsprozesses entscheidende Strukturen für ein marktwirtschaftliches Bankensystem zu setzen, die dann zugleich die Rolle des Staates nach dem Ende der Transformation auf die zwei o.g. Bereiche reduzieren.[8] Dies stellt den Staat vor ein Glaubwürdigkeitsproblem, wie es bereits aus der Entwicklungsländerforschung her bekannt ist: Seine herausgehobene Rolle *während* der Transformation muß für die Zeit *nach* ihrem erfolgreichen Abschluß redefiniert und eingegrenzt werden.[9] Die Eingrenzung seiner Funktionen nach der ökonomischen Umgestaltung steht jedoch dem grundsätzlichen Interesse des Staates am eigenen Machterhalt entgegen.[10] Zieht sich der Staat aus dem Geschäftsbankensystem als Eigentümer zurück, so verliert er an Einfluß auf die Geschäftstätigkeit der Banken.

Eine zweite Definition des Begriffs vom *starken Staat* ist die Notwendigkeit eines *konsistenten Transformationskonzepts*, mit dessen Hilfe er die Probleme der Umgestaltung erkennt und die Ergebnisse des Transformationsprozesses sowie die Wege zu ihrer Verwirklichung von Beginn an richtig einschätzt. Die Transformationsstrategie müßte dann bereits die endgültigen Funktionen der Banken in der Marktwirtschaft und die endgültige Struktur des Bankensystems anvisieren. Dies stellt an den Staat die hohe Anforderung, sozusagen über ein allumfassendes Wissen zu verfügen, um auf dieser Basis alle mit dem Transformationsprozeß verbundenen Probleme erfolgreich lösen zu können.

Die These vom Staat als *allwissendem Akteur* ist jedoch unwahrscheinlich, denn er bzw. die ihn repräsentierenden Akteure werden, ähnlich wie die inländischen Marktakteure, erstmalig mit den Anforderungen der Wettbewerbswirtschaft konfrontiert. Zudem können im Laufe der Transformation Ereignisse eintreten, die trotz aller wirtschaftstheoretischen Erkenntnisse nicht unbedingt vorhersehbar waren, da die Transformation vom Plan zum Markt im Gegensatz zum umgekehrten Weg Ende 1989 / Anfang 1990 ein wirtschaftspolitisches Novum darstellte.

Die Wissensdefizite des Staates schaffen Raum für die Hilfe externer Berater bei der Formulierung und Implementierung eines Transformationskonzepts. Solche Politikberater sind z.B. Vertreter von Staaten mit einer marktwirtschaftlichen Ordnung oder solche internationaler Finanzorganisationen. Durch Ereignisse, die auch von diesen Beratern, die zwar über ein umfangreiches ökonomisches Wissen verfügen, für die die Umgestaltung einer Plan- in eine Wettbewerbswirtschaft aber ebenfalls neuartig ist, nicht vorhergesehen werden, liegt die Vermutung nahe, daß die Transformationsergebnisse

---

[7] Vgl. zum Begriff des *retreat from the retreat* BÖNKER, Frank (1998), S. 182 sowie Gliederungspunkt 6.
[8] Vgl. das Zitat von LANE in Gliederungspunkt 1.
[9] Vgl. RAUSSER, Gordon C. (1992), S. 332.
[10] Vgl. BERNHOLZ, Peter (1994), S. 24.

vom ursprünglichen Transformationskonzept abweichen. Die These KLOTENs, Transformation vollziehe sich als ein Prozeß des *learning by doing* bzw. des *trial and error*, findet insofern ihre Berechtigung.[11]

Erschwerend kommt hinzu, daß das Transformationskonzept gegenüber verschiedenen *Interessengruppen* verteidigt werden muß, die Druck auf den Staat zur Durchsetzung ihrer eigenen Interessen ausüben. Der Staat steht somit Akteuren gegenüber, deren Handeln von individuellen Nutzenfunktionen bestimmt wird.[12] Diese Akteure können zu Transformationsgewinnern oder aber auch zu den Transformationsverlierern zählen, indem sie im Laufe des Transformationsprozesses an Macht bzw. Einkommen gewinnen oder einbüßen. Verteilungskonflikte stellen in diesem Zusammenhang für die Transformation, wie für den Institutionenwandel allgemein, einen entscheidenden Faktor dar.[13] Der Begriff des *starken Staats* erhält damit eine dritte Bedeutung, nämlich die Durchsetzung eines Transformationskonzepts gegen z.T. mächtige Interessengruppen, deren *rent-seeking*-Verhalten den Transformationserfolg gefährdet, eine Erfahrung, die ebenfalls im Rahmen von Strukturanpassungsprogrammen in den Ländern der südlichen Hemisphäre bereits gemacht wurde.[14]

Die Verteilungskonflikte im Laufe des Transformationsprozesses lassen die Forderungen nach Abwehr von Partikularinteressen durch den *starken Staat*, wie sie von EUCKEN bereits für den Kontext einer etablierten marktwirtschaftlichen Ordnung aufgestellt wurde, noch dringender erscheinen als im Rahmen einer stabilen Marktwirtschaft.[15] Für die Transformation vom Plan zum Markt legen die Erkenntnisse der Strukturanpassung den Schluß nahe, daß die Transformation umso schneller und erfolgreicher sein wird, je geringer der Einfluß von Partikularinteressen ist.[16]

Damit wird jedoch auch das Feld der politischen Transformation von einer Einparteienherrschaft hin zur Demokratie berührt. Ein autoritäres Regime könnte ein Transformationskonzept schneller umsetzen als eine demokratisch gewählte Regierung, denn diese muß viel eher auf die Interessen gesellschaftlicher Gruppen Rücksicht nehmen als eine Regierung, die nicht dem Druck politischer Wahlzyklen ausgesetzt ist. Markt und Demokratie gehören aber - folgt man der überwiegenden Meinung in der Literatur sowie den praktischen Erfahrungen in Mittel- und Osteuropa - zusammen.[17] Daher muß im Laufe des Transformationsprozesses immer wieder aufs Neue ein sozialer und politischer Konsens zwischen den verschiedenen Interessengruppen gefunden werden, denn Transformation ist ja für einzelne Akteure mit Kosten verbunden. Gerade in einer Transformationskrise wird ein solcher Konsens auf eine harte Probe gestellt, so daß sich auf der Basis der entsprechenden Erfahrungen aus der Strukturanpassung zwei Alternativen für den weiteren Transformationspfad ergeben: Entweder erlahmt durch die Probleme der Transformation der Reformwille der Systemgestalter oder aber Lerneffekte tragen zu einer Optimierung der Wirtschaftspolitik bei, die die Krise bewältigen und die Umgestaltung zügig fortzufahren vermag.[18] Ein *starker Staat* setzt im Kon-

---

[11] Vgl. KLOTEN, Norbert (1993), S. 129.
[12] Vgl. WAGENER, Hans-Jürgen (1993), S. 12/13.
[13] Vgl. HERRMANN-PILLATH, Carsten (1991), S. 37.
[14] Vgl. HAGGARD, Stephan und Steven B. WEBB (1993), S. 144.
[15] Vgl. zu EUCKENs Postulat APOLTE, Thomas (1992), S. 3.
[16] Vgl. HAGGARD, Stephan und Steven B. WEBB (1993), S. 158.
[17] Vgl. APOLTE, Thomas (1992), S. 2.
[18] Vgl. HAGGARD, Stephan und Steven B. WEBB (1993), S. 151-154.

text einer demokratischen Ordnung einen *stabilen Staat* voraus, der in seinem Reformwillen glaubwürdig ist und einen politischen Konsens zu stiften vermag.[19]

## 7.2 Polens Bankwesen als Objekt staatlicher Gestaltung und Interventionen

Zunächst zum *starken Staat* i.S.v. *Interventionsstaat*: Nach der empirischen Analyse kann das Zusammenspiel von Staat und Marktakteuren, das zu Beginn dieser Arbeit in Abbildung 1.1 noch als Black Box dargestellt worden war, bildlich etwa wie folgt wiedergegeben werden:

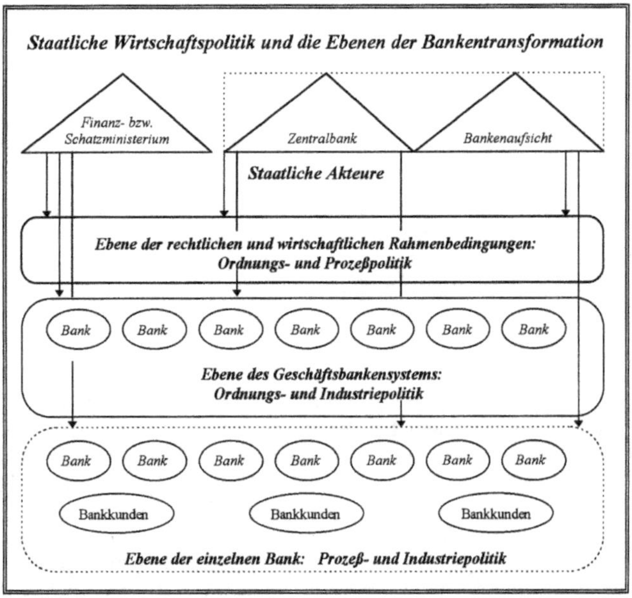


**Abb. 7.1: Bankentransformation als Ergebnis staatlicher Wirtschaftspolitik**

Entsprechend der obigen Abbildung steht der Staat dem Bankensystem in Gestalt von zwei Akteuren gegenüber, dem Finanzministerium bzw. ab 1996 dem Schatzministerium, das die Regierung vertritt und Eigentümerfunktionen hinsichtlich der Staatsbanken ausübt, sowie der NBP, die als Zentralbank und Bankenaufsicht in einem fungiert. Gemäß der systematischen Untergliederung im theoretischen Teil dieser Arbeit können die drei Sphären der *rechtlichen und wirtschaftlichen Rahmenbedingungen*, die *Ebene des Geschäftsbankensystems* und die *Ebene der einzelnen Bank* differenziert werden.[20]

---

[19] Vgl. WAGENER, Hans-Jürgen (1993), S. 17.
[20] Vgl. die entsprechende Gliederung in Kapitel 3 sowie Abbildung 3.1. in Gliederungspunkt 3.1.4.

Inwieweit greift der Staat innerhalb dieser drei Bereiche in die Bankentransformation ein und gestaltet somit den Transformationspfad ?

Wenig überrascht die führende Rolle des Finanzministeriums und der NBP bei der Formulierung der rechtlichen Rahmenbedingungen: Während das Finanzministerium federführend die Ausarbeitung des Banken- und Zentralbankgesetzes mitbestimmte, zeichnet die NBP in ihrer Funktion als Bankenaufsicht verantwortlich für die Auslegung des gesetzlichen Rahmens mit Hilfe bankenaufsichtsrechtlicher Vorschriften. Diese ordnungspolitische Funktion des Staates wird ergänzt durch institutionelle Maßnahmen, wie die Schaffung eines Einlagensicherungsfonds. Die Bildung dieses Sicherungssystems zum Schutze des Einlegers und zur Verhinderung eines sogenannten *Schaltersturms* erfolgte erst 1995 im Zuge der Erfahrungen der Bankenkrise. Zu Beginn der Bankentransformation fehlte das Geld für die Anschubfinanzierung sowohl auf seiten des Staates wie auch auf seiten der Banken. Ein Einlagensicherungssystem stand zudem Anfang der 90er Jahre auch nicht im Fokus der Reformer, die sich in erster Linie auf die Stabilisierung und Liberalisierung des realwirtschaftlichen Teils der polnischen Volkswirtschaft konzentrierten. Die Marktakteure ihrerseits, also die Banken, wären mit der Schaffung der Einlagensicherung nicht nur finanziell überfordert gewesen. Gerade zu Beginn der Transformation kann man weder bei den alten Staatsbanken noch bei den neu entstehenden Kreditinstituten von *Banken* im marktwirtschaftlichen Sinne sprechen: Die alten Banken hatten zunächst vielmehr entsprechend ihrer Funktionen in der Planwirtschaft Behördencharakter und besaßen weder die Denkweise noch das nötige praktische Wissen, um ein so komplexes System wie eine Einlagensicherung zu installieren. Die neuen Banken kämpften wegen ihrer geringen Kapitalbasis zumeist um ihre Existenz und waren somit außerstande, sich um die Schaffung einer Einlagensicherung, deren laufende Finanzierung sie außerdem kaum hätten mittragen können, zu kümmern. Vor allem ausländische Partnerbanken, aber auch Auslandsbanken als *Konkurrenten* der heimischen Marktakteure, sorgten nach und nach für die Verbreitung einer risiko- und wettbewerbsorientierten Denkweise unter den polnischen Banken.

Vor diesem Hintergrund erstaunt es wenig, daß der Staat auch auf der Ebene des Geschäftsbankensystems die maßgeblichen institutionellen Aufgaben wahrnahm, die Schaffung von Finanzmärkten und die Implementierung eines leistungsfähigen Zahlungsverkehrs. Erst nach und nach ging mit wachsender Erfahrung der Marktakteure die Kontrolle der neuen Marktinfrastruktur z.T. auf die Banken über.

Die realwirtschaftlichen Schwierigkeiten beim Übergang von der Plan- zur Marktwirtschaft sorgten für starke prozeßpolitische Eingriffe des Staates über die Geldpolitik. Hohe Leitzinsen und Mindestreserven sowie die Anwendung des Instruments der Kreditplafondierung verdeutlichen die Priorität der makroökonomischen Stabilisierung der Wirtschaft vor mikroökonomischen Überlegungen. So zielte auch die Kreditplafondierung in erster Linie auf die Senkung der Hyperinflation. Sozusagen als Nebeneffekt erreichte sie auch ein Aufbrechen des Kreditautomatismus im Verhältnis zwischen Staatsbanken und Staatsunternehmen und bildete damit eine wichtige Voraussetzung zur Bekämpfung der Kreditkrise und zur Sanierung des Bankensystems von schlechten Krediten.

Zu den langfristigen Zielsetzungen der Reformer auf der Ebene des Geschäftsbankensystems zählten am Anfang der Bankentransformation neben institutionellen Maßnahmen v.a. die Liberalisierung des Marktzutritts neuer Banken sowie die Privatisierung der staatlichen Kreditinstitute. Hiermit wurde der Rückzug des Staates aus der Geschäftsbankensystemebene anvisiert. Dieses Ziel schnell zu erreichen, erwies sich vor dem Hintergrund der Transformationskrise, der Eskalation der schlechten Kredite und der damit notwendigen Bankensanierung bald als unrealistisch. Die Liberalisierung des Marktzutritts hatte, anders als im realwirtschaftlichen Sektor, im Bankwesen zur Bildung zumeist ineffizienter Kleinstbanken geführt, die nicht zuletzt durch eine aggressive Kreditpolitik von der Kreditkrise arg betroffen waren. Die transformationsspezifischen Bedingungen der Rezession und die Beseitigung planwirtschaftlicher Altlasten - neben der Bankensanierung die Entmonopolisierung des Bankensektors - führten letztlich dazu, daß der Staat langfristig der im Geschäftsbankensystem dominante Akteur bleiben sollte, ganz im Gegensatz zu den Absichten der Reformkräfte des Jahres 1989.[21]

Der Staat agierte auf der Ebene des Geschäftsbankensystems nicht allein im Rahmen von Ordnungspolitik, sondern griff auch industriepolitisch in das Geschäftsbankensystem ein. Im Hinblick auf die Staatsbanken tolerierte er als Bankeigentümer zunächst die Vergabe neuer schlechter Kredite an überschuldete staatliche Industriebetriebe und hielt sie somit am Leben. Erst nach dem knappen Ausgang der Sejmwahl vom Herbst 1991 verhängte das Finanzministerium ein ausdrückliches Verbot neuer Kredite an 2.000 ausgewählte staatliche Unternehmen und sorgte somit für ein Versiegen der bisher großzügig fließenden Finanzquellen aus dem Kreditportefeuille der Banken. Andere Beispiele belegen, daß der Staat Banken in Staatseigentum als wirtschaftspolitische Instrumente nutzte, um die Probleme von von der Transformationskrise arg betroffener und politisch sensibler Wirtschaftssektoren zumindest temporär zu lindern, ohne jedoch abschließende Lösungsmodelle zu erarbeiten. Die PKO BP blieb weiterhin für die Finanzierung des Wohnungsbaus verantwortlich, und ihre schlechten Kredite wurden durch eine staatliche Garantie gedeckt. Die BGŻ vergab ganz offiziell weiterhin Kredite an die staatliche Landwirtschaft, ohne daß eine Rückzahlung dieser Darlehen gesichert gewesen wäre, um so den Zusammenbruch der großen Agrarbetriebe zu verhindern.

Auch auf der einzelwirtschaftlichen Ebene wurde der Staat prozeß- und industriepolitisch aktiv. Zum einen griff er mit den administrativen Mitteln der Geldpolitik direkt in die Kreditvergabemöglichkeiten der Banken ein. Zum anderen tolerierte er zunächst die engen, vom Kreditautomatismus der Planwirtschaft geprägten Beziehungen der Regionalbanken und ihrer Manager mit der regionalen Industrie, um diese Verbindungen zunächst mit Hilfe der Kreditplafondierung zu kappen und später mit dem Programm zur Sanierung von Banken und Unternehmen i.S.v. marktwirtschaftlich adäquaten und risikopolitisch determinierten Geschäftsbeziehungen grundsätzlich neu zu gestalten.

Auch im Anschluß an die Bankensanierung blieb der Staat, v.a. in Gestalt des Schatzministeriums, aber auch der NBP, industriepolitisch aktiv, indem er die Organisationsstruktur der Banken im Zuge der Konsolidierungspolitik maßgeblich mitgestaltete. Durch die Gründung des PeKaO-Konzerns erzeugte die Regierung einen genügend großen Marktdruck, um auch andere Staatsbanken zu Konzentrationsbestrebun-

---

[21] Vgl. zu den hier angesprochenen Zwischenzielen und den transformationsspezifischen Bedingungen Abbildung 3.2 in Gliederungspunkt 3.2.3.

gen zu bewegen. Mit der damit einhergehenden Auflösung regionaler, funktions- und sektorspezifischer Monopole wird die Struktur des Bankensystems völlig neu geordnet. Durch die eng mit der Konsolidierung verknüpfte Bankenprivatisierung, die bis zum Ende der Betrachtungsperiode dieser Arbeit im Herbst 1997 noch nicht beendet ist, steht dem Staat eine weitere Möglichkeit offen, die Gestalt des Bankensektors und seine Geschäftsverbindungen mit dem Unternehmens- und auch dem Haushaltssektor neu zu ordnen: Durch die lange Zeit umstrittene Mehrheitsbeteiligung von Auslandsbanken an polnischen Kreditinstituten ist der Weg frei für Bankgeschäfte nach streng risiko- und wettbewerbsorientierten Kriterien, während die von der SLD/PSL-Koalition präferierten *polnischen Lösungen* weiterhin Interventionen des Staates über informelle Beziehungen mit den vom Finanzministerium ernannten Bankmanagern zugunsten bestimmter Industrien, Regionen und Kundengrupppen ermöglichen. Das Bild, das sich Ende 1997 als vorläufiges Ergebnis der Bankensanierung und -privatisierung ergibt, zeigt wenige große Bankenkonzerne bzw. -gruppen, quasi die Ablösung der alten Monopole durch eine oligopolistische Struktur. Diese bietet Wettbewerb nur unter den großen Marktakteuren, während die meisten der neu entstandenen kleinen Banken wohl auch künftig keine entscheidende Rolle im polnischen Bankwesen spielen werden. Die Konsolidierungspolitik der NBP sorgt weiterhin für eine Reduzierung der Zahl dieser kleinen Banken, die meist von größeren polnischen Instituten übernommen werden.

Für alle drei genannten Ebenen der Bankentransformation bestätigt sich Rolf ALTERs These vom *starken Interventionsstaat*. Der Staat gestaltete den Transformationspfad maßgeblich in den Bereichen mit, wo die Marktkräfte versagten, neben dem ordnungspolitischen Feld und der klassischen Prozeßpolitik auch bei der Gestaltung des Geschäftsbankensystems sowie mit Interventionen auf der einzelwirtschaftlichen Ebene. Auffallend ist, daß zu Beginn der Umgestaltung die Reformer gerade die Entwicklung der einzelwirtschaftlichen Ebene und damit letztlich auch die Neustrukturierung der Systemebene tendenziell den Marktakteuren überließen, mit dem Ergebnis, daß die große Zahl kaum überlebensfähiger neuer Kleinstbanken und die Folgen des Kreditautomatismus später in der Konsolidierungsphase gerade verstärkte Eingriffe des Staates in den Transformationspfad des Bankwesens erforderlich machten. Die im theoretischen Teil dieser Arbeit formulierte These, daß die Umsetzung der Zwischenziele der Bankentransformation die besondere Aktivität des Staates erfordert, findet im empirischen Beispiel Polens somit ihre Bestätigung.

Um diese Beobachtung mit den drei verschiedenen Interpretationen institutionellen Wandels zu erfassen, kann man folgendes konstatieren: Der Staat setzte zunächst im Bereich der Rahmenbedingungen für die Bankentätigkeit neue Ordnungsmerkmale und auf der Ebene des Geschäftsbankensystems pragmatisch neue Systemstrukturen. In der Phase der Bankenliberalisierung läßt sich daraufhin in weiten Bereichen ein evolutorischer Wandel feststellen: Es entstehen zahlreiche neue Banken, Auslandsbanken erhalten Zutritt zum polnischen Markt, es werden neue Geschäftsverbindungen zwischen den neuen Banken und neuen privaten Betrieben geknüpft, während die vom Staat zunächst nahezu unbehelligte Fortsetzung der alten Kreditbeziehungen zwischen Staatsbanken und Staatsbetrieben zur Krise um schlechte Kredite führt. Auf der anderen Seite setzt der Staat bestimmte Banken pragmatisch für wirtschafts- und sozialpolitische Zwecke ein, allen voran die PKO BP und die BGŻ. Die negativen Folgen der Bankenentwicklung in der Liberalisierungsphase, also die Tatsache, daß es zu Beginn der Umgestaltung 1989/90 versäumt wurde, einen klaren Schnitt bei den Altlasten aus der Planwirtschaft zu ziehen, und sich damit die im Kern bereits angelegten Fehlentwicklungen durch das Agieren der Marktakteure noch verschärften, führten in der Konsolidierungsphase zur herausgehobenen Rolle des Staates als Interventionsstaat. Damit bestätigt sich auch die These des *retreat from the retreat*: Der Staat sieht sich gezwungen, Fehlentwicklungen, die im Zuge seines Rückzuges aus dem Marktprozeß entstanden sind, durch eigene Eingriffe zu beheben.

Es stellt sich die Frage, inwiefern auf das polnische Beispiel die im theoretischen Teil dieser Arbeit geäußerte Befürchtung zutrifft, daß durch das wachsende Engagement des Staates Strukturen dauerhafter Natur gesetzt wurden, die zu Beginn des Transformationsprozesses gar nicht beabsichtigt gewesen waren.[22] Zunächst ist in bezug auf die im Zuge der Bankensanierung verschärften rechtlichen Rahmenbedingungen festzustellen, daß diese angesichts der Kreditkrise durch die erhöhten Anforderungen an die Sicherheitsstandards der Banken durchaus angebracht erscheinen und zudem auch in Einklang stehen mit den Anforderungen innerhalb der EU. Die neuen rechtlichen Vorschriften hinsichtlich der Kriterien zur Kreditvergabe haben die Banken tatsächlich zu risikoadäquatem Verhalten gezwungen, auch wenn die damit einhergehende Risikoaversion der Kreditinstitute vorübergehend zu einem *credit crunch* führte, der eine Fremdfinanzierungslücke für die Investitionen der Unternehmen entstehen ließ. Die starke Orientierung an den Risiken des Bankgeschäfts hebt sich ab von der mangelhaften dynamischen Effzienz der meisten polnischen Banken. Daraus zu folgern, die neuen Rechtsvorschriften der Konsolidierungsphase hätten die Wettbewerbsorientierung der Banken unterminiert, scheint jedoch eine Fehl-, bestenfalls eine Überinterpretation der Entwicklung im polnischen Bankensektor seit Mitte der 90er Jahre zu sein. Die mangelnde Innovationsfähigkeit vieler polnischer Kreditinstitute ist doch vielmehr das Ergebnis tradierter Verhaltensweisen aus der planwirtschaftlichen Ära, die am ehesten bei denjenigen Banken ausgemerzt werden konnten, die über einen strategischen Partner aus dem Ausland verfügen. Die Banken mit Auslandsbeteiligung gehören zu den effizientesten Kreditinstituten Polens.

Vor diesem Hintergrund scheint die Politik der SLD/PSL-Regierung im Hinblick auf die Bankenprivatisierung, nämlich die Präferenz für *polnische Lösungen* unter Vernachlässigung von Auslandsbanken als strategische Investoren bedenklich, aber angesichts der Diskussion um einen 'Ausverkauf Polens' an das Ausland und dem Wunsch vieler politischer Kräfte nach einer Begrenzung des Einflusses von Auslandskapital im polnischen Bankensektor verständlich. Diese Bestrebungen bereiten jedoch die Grundlage für neue Systemstrukturen, wie sie von den Reformern um Balcerowicz Anfang der 90er Jahre nicht gewollt waren.

In bezug auf die Stellung des Staates bei der Beantwortung der Frage, ob sein Engagement als Interventionsstaat zu unbeabsichtigten, aber dauerhaften Systemstrukturen geführt hat, können unterstützend von SCHUBERTs drei konstitutive Ordnungskriterien herangezogen werden, die bereits in Kapitel 2 dieser Arbeit angeführt worden waren, nämlich der *Zentralisationsgrad des Geschäftsbankensystems* als Maß für den Einfluß des Staates auf die Geschäftspolitik des Bankensektors, die *Form des Eigenkapitals* und der *Geschäftsradius der Banken*.[23] Zunächst zum Geschäftsradius der

[22] Vgl. hierzu Abbildung 3.2 in Gliederungspunkt 3.2.3.
[23] Vgl. zu diesen drei Ordnungskriterien Gliederungspunkt 2.1.2.1.

Banken: Hier ist festzustellen, daß sich auch während der Konsolidierungsphase des polnischen Bankwesens sein Charakter als Universalbankensystem, so wie es auch die Intention der Reformer zu Beginn der Umgestaltung gewesen war, bewahrt hat. Zwar wurden für einige Kategorien von Banken Beschränkungen eingeführt, wie bei den lokalen Genossenschaftsbanken, die ihnen die Tätigkeit in bestimmten Geschäftsbereichen, wie dem Wertpapiergeschäft, untersagen. Auf der anderen Seite jedoch verwischt sich die funktionsspezifische, vom staatlichen Planer vorgegebene Struktur des Geschäftsbankensystems aus der planwirtschaftlichen Zeit, hier die Sparkassen, dort kreditvergebende Spezialbanken, gerade mit dem Zusammenlegen von Instituten dieser beiden Funktionsbereiche im Zuge der Konzentration des Bankwesens mehr und mehr. Der Geschäftsradius der Banken wird insgesamt, geht man von der Bedeutung der Universalbanken gemessen an der aggregierten Bilanzsumme des polnischen Bankensektors aus, tendenziell größer. Die Banken haben die Möglichkeit, für sich neue Geschäfts- und Funktionsbereiche zu erschließen, ohne daß der Staat hierbei unmittelbar interveniert.

Dementsprechend bietet das Bild des polnischen Bankensektors gegenwärtig auch ein vielgestaltiges Bild: Funktionsmonopole sind zum Großteil verschwunden oder zumindest abgeschwächt, mit Ausnahme der Agrarbanken rund um die BGŻ. Nachdem das Bankensystem zu Anfang seiner Umgestaltung bereits mit der Trennung von Zentral- und Geschäftsbankensystem dezentralisiert worden war, nahm somit der Zentralisationsgrad des Bankwesens weiter ab. Inwiefern damit auch der unmittelbare Einfluß des Staates auf die Entscheidungen des jeweiligen Bankmanagements verschwunden ist, ist schwieriger zu beurteilen: Die tägliche Geschäftspolitik der staatlichen Banken scheint von der unmittelbaren Einflußnahme des Schatzministeriums als Vertreter des staatlichen Eigentümers inzwischen weitgehend frei zu sein. Strategische Entscheidungen, wie das Zusammengehen mit anderen Staatsbanken oder der Weg der Privatisierung, scheinen hingegen nach wie vor stark von staatlichen Entscheidungen beeinflußt. Generelle Aussagen sollten in dieser Frage zugunsten von Einzelfallentscheidungen vermieden werden. So konnte die Bank Handlowy ihren Weg der Privatisierung ohne vorherige Konzernbildung durchsetzen, während die Bildung der Grupa PeKaO als Kompromiß widerstreitender Banken- und Regierungsinteressen anzusehen ist. Die Geschäftspolitik der PKO BP scheint durch ihre Abhängigkeit von der Staatsgarantie für ihre problematischen Wohnungsbaudarlehen stärker von den Interessen des Staates bestimmt zu sein als die der meisten Regionalbanken, während die BGŻ weiterhin ein Instrument staatlicher Wirtschaftspolitik ist. Trotz abnehmenden Zentralisationsgrads im Laufe der Bankentransformation bieten die informellen Beziehungen zwischen den vom Finanzminister ernannten Bankenvorständen und dem Staat einen schwer zu fassenden Raum staatlicher Einflußmöglichkeiten.

Die beiden größten Banken, die Bank Handlowy und die Grupa PeKaO, sind Ende 1997 teilweise bzw. noch ganz in staatlichem Eigentum. Mit der Reservierung von Teilen des Eigenkapitals für die Finanzierung der Rentenreform hält der Staat noch einen bedeutenden Anteil an den Geschäftsbanken. Hinzu kommt, daß die Privatisierung der Regionalbanken mit der anstehenden Entstaatlichung der Bank Zachodni und der Restprivatisierung der BPH noch nicht abgeschlossen werden konnte. Schließlich ist auch noch kein abschließender und verbindlicher Termin für die Privatisierung von PKO BP und BGŻ festgelegt worden. Somit hält der Staat auch Ende 1997 noch einen erheblichen Anteil des aggregierten Eigenkapitals aller polnischen Banken von deutlich über 50%. Auch dies war von den Reformern 1989 nicht gewollt. Zunächst jedoch fiel die Bankenprivatisierung der allgemeinen Privatisierungsskepsis und der Diskussion über den geeignetsten Privatisierungsweg zum Opfer, später dann verzögerte die Kreditkrise die Entstaatlichung der polnischen Banken. Die Regierung aus SLD und PSL legte ihre Prioritäten eindeutig auf die Konsolidierung zu Lasten der Bankenprivatisierung. Schließlich bietet die Tatsache, daß sich die größten Banken weiterhin in Staatseigentum befinden, umfangreiche Möglichkeiten zu staatlicher Einflußnahme, gerade weil sein Ausmaß sich aufgrund informeller Beziehungen einer genauen Analyse entzieht. Solange die Bankenprivatisierung noch nicht abgeschlossen ist, bleibt der Staat also weiterhin ein wichtiger, wenn nicht *der* dominante Akteur in Polens Bankwesen.

Diese Dominanz rechtfertigt die These, Polens Bankentransformation sei überwiegend ein *Objekt staatlicher Gestaltung und Interventionen* gewesen, wenn nicht in der Phase der Bankenliberalisierung, so doch zumindest in der Phase der Konsolidierung, deren Ergebnisse das heutige Bild des Bankwesens in Polen prägen. Insofern scheint der Begriff des *starken Staates* in diesem Sinne angemessen.

## 7.3 Die Bedeutung eines konsistenten Transformationskonzepts

Wenn sich der Staat als ein dominanter Akteur innerhalb der polnischen Bankentransformation erwiesen hat, so schließen sich an diese Erkenntnis - wie bereits ausgeführt - zwei weitere Fragen an, die unmittelbar an die beiden übrigen Konnotationen des Begriffs des *starken Staats* anknüpfen, nämlich die Frage, ob es sich beim Staat auch um einen quasi allwissenden Akteur handelt, der ein konsistentes Transformationskonzept verfolgt, und ob sich dieser dominante Akteur auch gegenüber diversen Interessengruppen durchzusetzen vermag. Als Grundlage für die Beantwortung der Frage nach einem Konzept für die Bankentransformation bietet es sich an, zunächst zu prüfen, inwiefern die polnischen Banken inzwischen ihre von etablierten marktwirtschaftlichen Ordnungen her bekannten Funktionen erfüllen. In Kapitel 2 dieser Arbeit wurden derer drei identifiziert: Finanzintermediation, Unternehmenskontrolle und die Abwicklung des Zahlungsverkehrs. Zu diesen mikroökonomischen Bankfunktionen kommt noch der makroökonomische Zusammenhang hinzu: Die Banken spielen in der Geldpolitik des Staates eine entscheidende Rolle, deren Ausprägung sich unmittelbar in der Kreditvergabe der Banken widerspiegelt.

Zunächst zur Frage des *Zahlungsverkehrs*: Mit der Gründung der nationalen Verrechnungsstelle KIR, der Einrichtung des bankeigenen Transport- und Fernmeldewesens SYBIR sowie des elektronischen Zahlungsverkehrssystems ELIXIR verfügt Polen heute über ein modernes Zahlungsverkehrssystem.[24] Die Initiative zur Schaffung dieses Zahlungsverkehrssystems ging, in Abstimmung mit ausländischen Experten, vom Staat aus und bietet ein weiteres Beispiel für die pragmatische Gestaltung des Bankwesens durch den Staat. Trotz einiger Verzögerung konnte das Projekt bereits im Laufe der Liberalisierungsphase, also relativ frühzeitig abgeschlossen und die Verantwortung für

---

[24] Vgl. die Ausführungen in Gliederungspunkt 5.1.2.3.

die Funktionsfähigkeit des Systems z.T. in die Hände der Banken gelegt werden. Somit ist am Ende des Betrachtungszeitraums die Anforderung an die Funktion der Banken als Mittler im Zahlungsverkehr dank der konzeptionell durchdachten und zügig umgesetzten Implementierung durch den Staat voll erfüllt.

Einen weit weniger konsequenten Weg beschritt der Staat hinsichtlich der Funktion der Banken in punkto *Unternehmenskontrolle*. Hier schwankte die Politik der verschiedenen Regierungen zwischen der *corporate governance* durch die Banken auf der einen und der Unternehmenskontrolle durch den Kapitalmarkt auf der anderen Seite hin und her. Im Ansatz schien die Richtung mit der Definition des polnischen Bankensektors im Bankengesetz als Universalbankensystem zugunsten der Unternehmenskontrolle durch die Banken klar vorgezeichnet. Der Einfluß der ausländischen Politikberater unterschiedlicher Provenienz, wie auch die hinsichtlich der sich anbahnenden Kreditkrise verhängnisvollen engen Beziehungen von Banken und Staatsbetrieben ließen das Pendel hingegen eher zugunsten der Kontrolle über die Börse ausschlagen, obwohl die Bedingungen hierfür im Rahmen einer Transformationsökonomie und der damit einhergehenden Probleme, wie Informationsdefiziten auf dem Kapitalmarkt sowie Kapitalmangel, vergleichsweise ungünstig waren.

Trotz einiger Privatisierungen großer Staatsunternehmen über die Warschauer Börse bahnte sich im Zuge des Sanierungsprogramms für Banken und Unternehmen eine erneute Wende in der Frage der *corporate governance* an. *Debt-equity swaps* sollten nach der Intention der ausländischen Regierungsberater, wie auch der Suchocka-Administration selbst, die zentralen Entschuldungsinstrumente innerhalb des Sanierungsprogramms werden, so daß die Banken in die Funktion der Unternehmenskontrolle qua *equity* hineinwachsen können. Dieser Wunsch erfüllte sich jedoch nicht: Die Banken scheuten die sich aus der *corporate governance* ergebende Verantwortung und tendierten eher zu einer Lockerung ihrer Beziehungen zu den Unternehmen. Während die Unternehmenskontrolle über Anteile der Banken an den Betrieben sich gar nicht oder bestenfalls nur im Ansatz entwickelte, nahm zugleich auch die Bedeutung der *corporate governance* qua *debt* durch die hohe Risikoaversion, die die Banken als Ergebnis der Kreditkrise aufwiesen, ab. Am Ende dieser Entwicklung sind beide Formen der Unternehmenskontrolle durch Banken in Polen vergleichsweise unterentwickelt, auch wenn die Kreditvergabe der Banken an den Unternehmenssektor seit 1996 deutlich gestiegen ist. Seit 1997 ist mit der Privatisierungsoffensive der Regierung angesichts der notwendigen Finanzierung des Systems der Altersversorgung zudem die Börse als Medium zur Entstaatlichung großer Staatsunternehmen erneut in den Mittelpunkt gerückt. Davon zeugt u.a. die Entstaatlichung des Kupferkonzerns *KGHM Polska Miedź* über die Warschauer Börse im Sommer 1997, wie auch die für den Herbst 1998 in Aussicht gestellte Privatisierung des Telekommunikationsmonopolisten *Telekomunikacja Polska*, ebenfalls über den Kapitalmarkt.[25]

Die angeführten Beispiele für die Politik des Staates in unterschiedlichen Stadien der polnischen Bankentransformation belegen, daß im Bereich der Bankenfunktion *Unternehmenskontrolle* ein konsistentes Transformationskonzept von seiten der staatlichen Akteure fehlte. Die Banken nehmen daher gegenwärtig ihre Kontrollaufgabe gegenüber den Unternehmen - zumindest hinsichtlich der *corporate governance* über eine

---

[25] Vgl. BANKGESELLSCHAFT BERLIN AG (Hrsg.): Kapitalmarktreport Osteuropa August 1997, S. 11-13 bzw. April 1998, S. 16-18.

direkte Beteiligung am Eigenkapital von Nichtbanken - nur unzureichend wahr, mißt man sie an dem im Bankengesetz festgeschriebenen Anspruch eines Universalbankensystems.

Zur Funktion der *Finanzintermediation*: Diese Aufgabe entwickelte sich, ähnlich wie in den übrigen Transformationsökonomien Ost- und Mitteleuropas, zu einem der Kernprobleme der polnischen Bankentransformation. Die Ursache hierfür lag in der Fortsetzung des Kreditautomatismus der planwirtschaftlichen Zeit durch die Banken, ein Verhalten, das vom Staat zunächst toleriert wurde und neben der aggressiven Kreditvergabe von seiten neugegründeter Banken zur Anhäufung neuer schlechter Kredite führte. Das Übergewicht der problematischen Kreditbeziehungen zwischen Banken und Staatsbetrieben auf dem Kreditmarkt ließ nicht nur die Krise um schlechte Kredite eskalieren, es führte auch zu einer Benachteiligung potentieller neuer Kreditnehmer. Der Kreditbereinigung der entsprechenden Bankenportefeuilles schloß sich nicht unmittelbar eine Normalisierung der Finanzintermediation an, die Risikoaversion der Banken führte vielmehr zunächst zu einer Lücke im Bereich der Fremdfinanzierung, von der neben rentablen Staatsbetrieben wiederum neue private Betriebe betroffen waren. Diese Lücke konnte erst ab 1996 verkleinert werden. Das Bild des polnischen Bankwesens hinsichtlich der Funktion der Finanzintermediation hat sich zum Ende der Betrachtungsperiode dieser Arbeit im Vergleich zur Situation unmittelbar nach der Überwindung der Kreditkrise damit zwar verbessert, der Abstand Polens bzgl. des aggregierten Kreditvolumens im Verhältnis zum BIP bleibt jedoch im Vergleich zu den Transformationsnachbarländern groß.[26] Das aggregierte Kreditvolumen dürfte sich künftig erhöhen, auch wenn die NBP einer drohenden konjunkturellen Überhitzung entgegensteuert, weil Polens Banken inzwischen auch Konsumentenkredite im Privatkundengeschäft als Wachstumsmarkt entdeckt haben.

Die Funktion der Finanzintermediation stellt *den* zentralen Bereich dar, in dem der Staat es zunächst versäumte, neue bindende Standards durchzusetzen. Da zugleich auch die Banken aufgrund tradierter Verhaltensweisen die Kreditvergabe nicht oder nur mangelhaft auf risikoorientierte Kriterien umstellten, blieb es dem Akteur Staat vorbehalten, im nachhinein pragmatisch solche Kriterien rechtlich vorzugeben und durch die Implementierung des Sanierungsprogramms für Banken und Unternehmen auch Lernprozesse bei den Marktakteuren zu induzieren, die eine Voraussetzung für eine sichere und effiziente Finanzintermediation bilden. Zwar wäre eine Sanierung der Staatsbanken ohnehin notwendig gewesen, um den Bestand schlechter Altkredite abbauen zu können, doch das Zögern des Staates, harte Budgetrestriktionen durchzusetzen und die Banken unter Auflage der Kreditbereinigung zu rekapitalisieren, trug entscheidend mit zur Eskalation der Kreditkrise bei. Die Motive für das Verhalten des Akteurs Staat sind neben dem Zeitbedarf für den Aufbau wirksamer Aufsichtsstrukturen, mangelnden Budgetmitteln zur Bankenrekapitalisierung und dem Fehlen eines in sich geschlossenen Sanierungskonzepts in der ökonomischen und politischen Konstellation der Jahre 1990 bis 1992 zu suchen.[27]

Insbesondere für die Regionalbanken und deren Firmenkunden wurde das staatliche Sanierungsprogramm ein Erfolg, während die BGŻ ein Werkzeug für die Vergabe von Präferenzkrediten an die Landwirtschaft blieb. Die vom Staat angeregte Bankenkonso-

---

[26] Vgl. die Zahlen hierzu unter Gliederungspunkt 6.2.1, S. 231/232.

[27] Vgl. die Ausführungen in Gliederungspunkt 7.4.

lidierung schließlich kann zu einer weiteren Normalisierung der Finanzintermediation im polnischen Bankwesen beitragen: Die Zusammenlegung der PeKaO-Sparkasse mit regionalen Kreditinstituten sollte für eine bzgl. Einlagen und Krediten ausgeglichene Bilanz der neuen Bankengruppe sorgen, so daß den beteiligten Regionalbanken der Gang an den Geldmarkt zur Finanzierung ihrer Ausleihungen künftig erspart bleibt. Die Schaffung landesweiter Banken und die Aufweichung der bisherigen regionalen Monopole dürfte zudem mehr Wettbewerb in den einzelnen Landesteilen induzieren und somit auch Einlagen- und Kreditkonditionen schaffen helfen, die den Bankkunden zugute kommen.

Die drei hier genannten zentralen mikroökonomischen Funktionen der Banken standen jedoch zunächst nicht im Fokus der Bemühungen der Reformer im Anschluß an die politisch-ökonomische Wende in Polen. Dies erklärt z.T. auch die Verzögerung bei der Implementierung eines modernen Zahlungsverkehrssystems, den Zickzackkurs in der Frage der Unternehmenskontrolle und den Beginn der Bankensanierung erst drei Jahre nach der Wende. Im Zentrum der staatlichen Wirtschaftspolitik stand mit dem Amtsantritt der Regierung Mazowiecki/Balcerowicz neben der Liberalisierung primär die Stabilisierung der Wirtschaft, gerade nach der schnell einsetzenden Rezession, die von einer Hyperinflation begleitet wurde. Der *geldpolitischen* und damit *makroökonomischen Funktion* der Banken im Zuge ihrer Kreditvergabetätigkeit kam somit eine entscheidende Bedeutung zu.

Die Reformregierung Mazowiecki und die Zentralbank verfolgten zur Inflationsbekämpfung einen zunehmend restriktiven Kurs, der Ende 1990 in der Anwendung des Instruments der Kreditplafondierung gipfelte. Die geldpolitischen Eingriffe des Staates machten sich so nicht nur in hohen Mindestreserven und Kreditzinsen, sondern - bei den Staatsbanken - auch in einer unmittelbaren und einzelfallorientierten Begrenzung der Kreditvergabe an die Staatsbetriebe massiv bemerkbar. Die konsequente Kreditplafondierung trug maßgeblich zum Abbau der Inflationsrate bei. Dadurch wurde ab 1992 eine Lockerung der Geldpolitik möglich, die von Gewerkschaftsseite bereits zuvor mehrfach angemahnt worden war. Regierung und Zentralbank waren sich auch nach dem Ende der Transformationskrise über die Grundzüge der Geldpolitik einig. Erst mit dem Regierungswechsel vom Herbst 1993 kamen zwischen dem neuen Finanzminister Kołodko und NBP-Präsidentin Gronkiewicz-Waltz ernste Meinungsunterschiede über den geldpolitischen Kurs auf. Mit der deutlichen Verstärkung der Kreditvergabe von seiten der Geschäftsbanken und nach dem Ende des Streits über Frau Gronkiewiczs Präsidentschaftskandidatur waren sich jedoch Regierung und Zentralbank über eine an der Dämpfung der wegen der drohenden konjunkturellen Überhitzung latenten Inflationsgefahr orientierte Geldpolitik weitgehend einig.

Resümiert man die Erkenntnisse, die sich aus der Betrachtung der Bankfunktionen für die Frage eines konsistenten Transformationskonzepts des Staates gewinnen lassen, so stellt man v.a. in den Bereichen Unternehmenskontrolle und Finanzintermediation Brüche fest. Gerade in bezug auf die Finanzintermediation spiegelt sich dies im Verlauf der polnischen Bankentransformation wider: Die Versäumnisse bzw. Fehler, die man in der Phase der Bankenliberalisierung im Bereich der Kreditvergabe feststellen mußte, sollten in der Phase der Bankenkonsolidierung revidiert werden. In weiten Bereichen des Bankensektors ist dies auch geglückt. Im Falle der PKO BP und des Genossenschaftsbankensektors hingegen fielen Lösungen für die Überwindung der Kreditproblematik schwer, denn beide Banken versorgen (sozial)politisch sensible Bereiche der polnischen Volkswirtschaft.

Bevor jedoch in diesem Zusammenhang abschließend die Fragestellung der politischen Ökonomie zum Zuge kommt, sei an dieser Stelle noch einmal darauf hingewiesen, daß der Bankensektor in der konkreten Wirtschaftspolitik der Reformer um Balcerowicz gegenüber dem realwirtschaftlichen Sektor zunächst nur eine Nebenrolle spielte. Leitlinien des Wirtschaftsprogramms von Balcerowicz finden sich zwar auch im Bankwesen wieder, ohne daß es einen konkreten Entwurf für die Zukunft des Bankensystems gegeben hätte. So wurde das Prinzip der Liberalisierung auch im Bankensektor angewandt, indem neue Banken zugelassen und die bisherige Funktions- und Sektorspezifizierung der Banken aufgehoben wurde. Zugleich spielte das Bankensystem als Transmissionsriemen der Geldpolitik eine zentrale Rolle. Dennoch wurden wichtige Initiativen, wie die institutionellen Maßnahmen, erst nach und nach umgesetzt, und v.a. mußten bestimmte Liberalisierungsschritte im nachhinein revidiert werden. Dies bedeutete zugleich mehr staatliche Verantwortung. Mit der Rolle des Staates als dominantem Akteur verband sich nicht zuletzt das Konsolidierungsprogramm Kołodkos, das erstmals konsequent die Transformation des Bankwesens mit anderen wirtschaftspolitischen Reformen, namentlich der Reform des Rentensystems, verknüpfte. Damit entwarf der Staat erstmals ein in sich geschlossenes Konzept für die weitere Gestaltung des Bankensystems, mit dem die Beseitigung der planwirtschaftlichen Altlasten durch die Auflösung der bisherigen Bankenmonopole fortgesetzt und das Langfristziel der Bankenprivatisierung ernsthaft realisiert werden sollte.

Das Fehlen eines die Bankentransformation durchgängig begleitenden Transformationskonzepts bestätigt KLOTENs Auffassung von Transformation als Prozeß des *learning by doing* und des *trial and error*. Der Staat ist zwar über weite Strecken hinweg der *dominante Akteur* der polnischen Bankentransformation, ein *allwissender Akteur* ist er hingegen nicht. Daran ändert auch die Tatsache nichts, daß Polens Regierungen von ausländischen Wirtschaftsexperten beraten wurden. Auch diese konnten den Transformationspfad des polnischen Bankwesens nicht durchgängig planen, sondern ihre Maßnahmen immer jeweils nur auf ausgewählte Bereiche konzentrieren, wie den Umbau der polnischen Zentralbank, die Beratung bei der Implementierung der institutionellen Maßnahmen oder der Ausarbeitung des Sanierungsprogramms für die Regionalbanken. Dennoch sind dem Wirken und gerade auch dem finanziellen Druck der Auslandsberater wichtige Fortschritte der Bankentransformation zu verdanken.

KLOTENs Interpretation des Transformationsprozesses läßt sich durchaus mit der zuvor aufgestellten These vereinbaren, Polens Bankentransformation sei in weiten Teilen ein Beispiel für staatliche Gestaltung und Interventionen. Zu Beginn der Umgestaltung setzte der Staat neue Ordnungselemente (Bankengesetz, Bankenaufsicht, aufsichtsrechtliche Richtlinien etc.) und stattete die Marktakteure nach und nach mit der notwendigen Marktinfrastruktur aus. Aus der weiteren Entwicklung des Bankwesens, die maßgeblich von den Aktionen der Marktakteure bestimmt wurde, und ersten Erfahrungen mit der neuen Marktordnung zog der Staat in einem Lernprozeß seine Konsequenzen und suchte das System nachzubessern. Zuvor begangene Fehler erforderten das Aktivwerden des Interventionsstaats, und auf diese Weise erhielt der Transformationspfad eine andere Richtung, wie sie 1989/90 nicht unbedingt vorhersehbar war. Während der Begriff des *starken Staats* i.S.v. *Interventionsstaat* seine Berechtigung findet, ist er jedoch bzgl. der Frage eines *konsistenten Transformationskonzepts* nicht angebracht. Das Fehlen dieses Konzeptes in wichtigen Funktionsbereichen der Banken läßt sich dabei auch auf politische Umstände zurückführen und erweiterte wiederum den Spielraum für bestimmte Interessengruppen.

## 7.4 Staat und Interessengruppen

Der empirische Teil dieser Arbeit hat gezeigt, daß sich die wesentlichen Merkmale der ökonomischen und politischen Konstellation nach der Wende in Polen auch im Bankwesen niederschlugen. In der ökonomischen und der politischen Entwicklung lassen sich dabei drei Phasen unterscheiden und eine Parallelität erkennen, die deutlich macht, in welch hohem Maße sich die wirtschaftlichen Probleme und die jeweilige politische Situation gegenseitig beeinflußt haben. Unmittelbar nach der Implementierung des Balcerowicz-Programms schien sich die Wirtschaft zu erholen und erste Früchte der Liberalisierung zu tragen (Phase 1), glitt dann aber bereits in der zweiten Jahreshälfte 1990 in eine schwere Rezession ab (Phase 2). Die Transformationskrise konnte jedoch nach knapp zwei Jahren überwunden werden, und seit der wirtschaftlichen Erholung des Landes im Jahre 1992 befindet sich Polens Volkswirtschaft auf einem stabilen Wachstumspfad (Phase 3).

Auf der politischen Ebene wurde die Wende vom Einparteienstaat zu einer parlamentarischen Demokratie mit einer marktwirtschaftlichen Ordnung zunächst von einem breiten politischen Konsens getragen (Phase 1). So band auch die Regierung Mazowiecki bei ihrem Amtsantritt im August 1989 sowohl die neuen gesellschaftlichen Gruppen rund um die Gewerkschaft Solidarność als auch die alten kommunistischen Kräfte der Polnischen Vereinigten Arbeiterpartei in einer Koalition zusammen. Mit dem Hereinbrechen der wirtschaftlichen Schwierigkeiten und den mit der Transformationskrise verbundenen sozialen Kosten des Übergangs löste sich der Reformkonsens jedoch mehr und mehr auf (Phase 2). Zwar waren sich die verschiedenen politischen Kräfte im Grundsatz darüber einig, daß es kein Zurück zu den Verhältnissen von Planwirtschaft und Sozialismus gab. Auch war man sich im Prinzip einig über die Einbindung Polens in die internationale Gemeinschaft der westlichen Industrieländer und insb. über eine Integration des Landes in die EU. Der genaue Weg hin zu einer marktwirtschaftlichen Ordnung, namentlich das Tempo der Reformen, der 'richtige' Weg der Privatisierung und die soziale Abfederung der Härten des Transformationsprozesses waren jedoch umstritten. Dies spiegelte sich in häufig wechselnden Regierungen wider, v.a. nach den Parlamentswahlen vom Herbst 1991, die weder für die Gruppierungen um die Solidarność noch für die ehemaligen Blockparteien der Vor-Wende-Ära eine klare Mehrheit ergaben. Die parteipolitische Zersplitterung brachte politisch relativ schwache Koalitionsregierungen hervor, bis die zweite freie Wahl zum Sejm mit einer deutlichen Mehrheit von SLD und Bauernpartei PSL endete. Die neue Linkskoalition leitete die dritte Phase in der politischen Entwicklung Polens ein. Sie konnte die Früchte des Wirtschaftsaufschwungs, der den beiden Stadien der wirtschaftlichen Stabilisierung und der anschließend schnell einsetzenden Rezession folgte, ernten.

Der Reformkonsens von 1989/90 war die tragende Säule für die schnelle Verabschiedung und Umsetzung des Balcerowicz-Programms. Mit dem Bestreben um eine Liberalisierung der Wirtschaft waren auch die Weichen für die Liberalisierung des Bankwesens gestellt, die sich an den im theoretischen Teil dieser Arbeit aufgeführten *Langfristzielen der Bankentransformation* orientierte. Einer der Kernpunkte dieses Zielkatalogs, die *Bankenprivatisierung*, geriet jedoch recht bald ins Stocken. Neben der Problematik der schlechten Kredite ist hierfür als Grund die mit dem Abbröckeln des Reformkonsenses aufkommende Privatisierungsdiskussion zu nennen. Ebenso wie die Frage der sozialen Kosten der Transformation machte die Diskussion über die Art und das Tempo der Privatisierung die politischen Fronten deutlich: Während die Reformer um Leszek Balcerowicz in Einklang mit den ausländischen Politikberatern der Regierung grundsätzlich für eine zügige Privatisierung auch unter Einschluß ausländischen Kapitals eintraten, forderten die Gewerkschaften, und zwar sowohl die alte Gewerkschaft aus der planwirtschaftlichen Ära als auch die Reformbewegung Solidarność, ein langsameres Privatisierungstempo und die Beteiligung der Angestellten und Arbeiter in den jeweiligen zur Disposition stehenden Betrieben sowie eine breite Partizipation der Bevölkerung. Insbesondere die Bauernpartei sprach sich gegen das Engagement von Auslandskapital im polnischen Privatisierungsprozeß aus.

Der Streit um die Privatisierung wirkte sich unmittelbar auch auf die Bankfunktion der *Unternehmenskontrolle* aus: Eine - zeitweise präferierte - Entstaatlichung vorrangig über die Börse hätte der Unternehmenskontrolle durch den Kapitalmarkt eindeutig den Vorzug gegeben, während der bei der Sanierung von Banken und Unternehmen eingeschlagene Weg einer Kontrolle der Betriebe durch die Banken qua *debt* wie qua *equity* die Unternehmenskontrolle den Banken zuschrieb. Bis zur Verschärfung der Kontrolle der staatlichen Betriebe durch den Staat im unmittelbaren Vorfeld der Kreditbereinigung lag die faktische Macht in den Betrieben bei den Arbeiterräten. Diese spezifisch polnische Konstruktion schuf neben dem politischen Erfolg der Solidarność mit der Wende von 1989 das Fundament, auf dem sich der Einfluß der Gewerkschaft als eine der beiden wichtigsten sozio-ökonomischen Interessengruppen bei der Umgestaltung des Bankwesens entwickelte.

Die Solidarność-Regierungen befanden sich in dem Dilemma, auf der einen Seite die Reformen zügig vorantreiben zu wollen, auf der anderen Seite aber Rücksicht nehmen zu müssen auf die Forderungen der Gewerkschaftsbewegung, die die Wirtschaftspolitik der Regierung zunehmend durch Streiks blockierte. Die insb. nach den Wahlen von 1991 gefährdete parlamentarische Mehrheit der verschiedenen Koalitionskabinette sicherte nicht nur der Solidarność-Gewerkschaft, sondern auch der Bauernpartei Einfluß auf die weitere Gestaltung des gesamtwirtschaftlichen Transformationspfads. Beider Einfluß läßt sich auch im Bankwesen identifizieren. Das gilt neben der Frage der Bankenprivatisierung und der Unternehmenskontrolle auch für die zentrale Funktion der Banken als *Finanzintermediäre*. Nicht zuletzt die Sorge vor einer Beschleunigung der ohnehin wachsenden Arbeitslosigkeit erklärt das Zögern der Regierungen Mazowiecki und Bielecki, harte Budgetrestriktionen der Banken gegenüber überschuldeten Staatsbetrieben durchzusetzen, um so das Problem neuer fauler Kredite zu bekämpfen. Insbesondere die Funktionen der Sparkasse PKO BP sowie der ländlichen Genossenschaftsbank BGŻ und der ihr angeschlossenen Institute für die Aufrechterhaltung des Systems der Wohnungsbaufinanzierung und die Versorgung der von der Transformation arg getroffenen Landwirtschaft erschwerten einen klaren Schnitt in der Frage der Kreditpolitik dieser beiden Institute angesichts des Einflusses von Gewerkschaft und Bauern. Vor dem Hintergrund unsicherer politischer Mehrheitsverhältnisse sind die schwachen Regierungen als Ursache dafür zu identifizieren, daß das *Zwischenziel der Kreditbereinigung* erst mit knapp drei Jahren Verzögerung durch die Regierung Suchocka angegangen wurde.

Die Rekapitalisierung und Kreditbereinigung bei den Banken trägt, betrachtet man sie als ganzes, ebenfalls klar eine politische Handschrift und verdeutlicht zudem die Unterschiede in der Herangehensweise der Suchocka-Regierung auf der einen und der ihr nachfolgenden Linkskoalition von SLD und PSL auf der anderen Seite. Die Verschärfung der rechtlichen Rahmenbedingungen, die weit stärker als die ursprüngliche Bankengesetzgebung die Risikoaspekte des Bankgeschäfts berücksichtigte, sowie die Sanierung der Regionalbanken orientierte sich an ökonomischen Effizienzgedanken und sorgten dafür, daß die Regionalbanken mit den verschiedenen, ihnen im Sanierungsprogramm zur Verfügung gestellten Instrumenten die Bereinigung ihrer Kreditportefeuilles vornahmen und für die Zukunft strenge Kreditprüfungen durchzuführen begannen. Eine Lösung der Kreditproblematik bildete für die Regionalbanken eine conditio sine qua non dafür, innerhalb eines Zeithorizonts bis Ende 1996 entstaatlicht zu werden, ein Junktim, das nicht zuletzt auf Druck der ausländischen Regierungsberater formuliert worden war und dem Programm eine relativ hohe Glaubwürdigkeit verlieh, denn die Banken zeigten sich an einer Privatisierung vorzugsweise mit Hilfe eines strategischen Auslandsinvestors angesichts des damit erhofften Kapital- und Wissenstransfers i.d.R. stark interessiert.

Die Sanierungspolitik der Linkskoalition hingegen war weit mehr als der Ansatz der Suchocka-Regierung von politischen denn ökonomischen Momenten durchsetzt: Die Sanierung der Sparkassen und des BGŻ-Verbunds wurde nicht an deren sich anschließende Privatisierung gekoppelt, die Problematik der schlechten Altkredite konnte nicht abschließend gelöst werden und beide Banken blieben Instrumente des Staates, um so mit der Wohnungsbaufinanzierung und der Finanzierung des Agrarsektors zwei politisch sensible Bereiche zu unterstützen. Vor allem die BGŻ stand unter der politischen Protektion der Bauernpartei, was sich an deren mehrmaliger Rekapitalisierung - und damit de facto Subventionierung - und den fortgesetzt weichen Budgetrestriktionen gegenüber den großen Betrieben der Landwirtschaft dokumentiert. Die mit der Regionalbankensanierung verbundenen ökonomischen Ziele der alten Regierung wurden mithin verwässert. Die Interessen der Bauern und der Klientel des SLD, die die Partei v.a. auch wegen deren Forderung im 93er Wahlkampf nach einer besseren sozialen Abfederung der Transformation gewählt hatte, flossen auf der Basis der relativ deutlichen Mehrheit der Linksregierung im Sejm insgesamt noch mehr in die Politik gegenüber den Banken ein, als dies im Vorfeld der Bankensanierung der Fall gewesen war. Die fehlende Verknüpfung der Sanierungsansätze für PKO BP und BGŻ mit ihrer Entstaatlichung und das Verschwinden vieler schwacher neuer Banken durch die Politik der NBP schien dem Staat langfristig einen recht deutlichen Einfluß auf der Geschäftsbankensystemebene zu garantieren. Dies lief auf eine fortgesetzte Vermischung ökonomischer und politischer Interessen hinaus.

Eine solche Vermischung setzte sich auch in den von Finanzminister Kołodko eingeleiteten Konzentrationsprozessen des polnischen Bankwesens fort. Zwar stellte Kołodko die von ihm angestrebte Konsolidierung der staatlichen Banken zu großen und schlagkräftigen Kreditinstituten als Vorstufe zu deren Privatisierung dar, doch sollte die Entstaatlichung der Banken durch ihre vorherige Konsolidierung tatsächlich eher verzögert werden. Vergleicht man die Größenordnung polnischer Banken mit ausländischen Instituten, so ist die Angst vor dem ab Januar 1999 im Zuge des freien Zugangs ausländischer Institute zum polnischen Bankenmarkt anstehenden Konkurrenzkampf zwischen den großen Auslandsbanken und den inländischen Kreditinstituten berechtigt. Politisch wiederum paßt die protektionistische Komponente der Bankenkonsolidierung zur Linie der PSL, die seit jeher vor einem 'Ausverkauf Polens' gewarnt hatte.

Der Verlauf der Bankenkonsolidierung bis zum Herbst 1997 trägt die Züge eines Kompromisses zwischen den verschiedenen Interessengruppen: Kołodko und der ihn unterstützende SLD konnte den Zusammenschluß zur Grupa PeKaO S.A. durchsetzen und mit seiner Konsolidierungsinitiative eine allgemeine Konzentrationstendenz im polnischen Bankwesen anregen. Die in der ursprünglichen Konzeption Kołodkos zur Bankenkonsolidierung eingeschlossenen Institute Bank Handlowy, PeKaO S.A. und die ebenfalls betroffenen Regionalbanken konnten unter seiner Ägide ihre jeweiligen Konsolidierungsvorstellungen einbringen bzw. im Falle der Bank Handlowy eine Konsolidierung gegen ihren Willen verhindern. Die PSL stimmte der Verknüpfung von Konsolidierung und Privatisierung zu, weil zum einen die Entstaatlichung der von ihr protegierten BGŻ ohnehin nicht unmittelbar bevorstand und weil zum anderen die von Kołodko konzipierte Finanzierung der Rentenreform über die Bankenprivatisierung einen Lösungsansatz für eine der wichtigsten sozialpolitischen Fragen der laufenden Legislaturperiode bot, wie ihn auch die PSL akzeptieren konnte. Für die ausländischen Geldgeber des Bankenprivatisierungsfonds schließlich wurde mit der angestrebten Privatisierung der verbliebenen staatlichen Regionalbanken das Signal für die Bewilligung der im Fonds verankerten Gelder für die Transformation des polnischen Bankwesens gegeben.

Betrachtet man den Verlauf der Konsolidierung und den sie tragenden Kompromißcharakter, so erkennt man darin die dritte, eingangs dieser Arbeit vorgestellte Interpretation von Transformationsprozessen, nämlich Transformation als *Verhandlungsprozeß* zwischen verschiedenen Akteuren. Während die Phase der Bankenliberalisierung eher als das pragmatische Setzen bestimmter - wie sich herausstellte z.T. unzulänglicher - rechtlicher Ordnungsmerkmale durch den Staat ganz zu Anfang der Umgestaltung zu interpretieren ist, die eine ökonomische Selbstorganisation der Marktakteure hinsichtlich ihrer Funktion der Finanzintermediation und damit einen eher evolutorischen Transformationsverlauf induzierte, ist die Bankensanierung ein Beispiel für das pragmatische Handeln durch den *Interventionsstaat*. Die Überwindung der akuten Krisensituation um die faulen Kredite ließ wieder Raum für eine stärkere Gestaltung des weiteren Transformationsprozesses durch die Marktakteure, sprich die Banken selbst zu. Zwar intervenierte der Staat weiterhin massiv in die Ebene des Geschäftsbankensystems, zugleich konnten die Banken jedoch ihre weitere Entwicklung mitbestimmen. Diese Mitbestimmung wie der politische Einfluß der Regierungsparteien und ihrer jeweiligen Klientel lassen die Interpretation der Transformation als *Verhandlungsprozeß* als geeignetsten theoretischen Analyserahmen erscheinen. Bestätigt wird diese Interpretation auch durch den Streit zwischen Finanzministerium und NBP hinsichtlich der zukünftigen Kompetenzen der Zentralbank in der Geldpolitik und im Bereich der Aufsicht über die Geschäftsbanken, denn diese Auseinandersetzung endete ebenfalls in einem Kompromiß, der die Bankenaufsicht im wesentlichen bei der NBP beließ, in geldpolitischen Fragen jedoch einen Rat für Geldpolitik ins Leben rief.

Zur Frage des *starken Staats* bzgl. seines Durchsetzungsvermögens gegenüber Interessengruppen: Für die Liberalisierungsphase kann man relativ eindeutig konstatieren, daß Versäumnisse und Verzögerungen in der Bankentransformation auf einen *schwachen Staat* im Sinne schwacher Regierungen zurückzuführen sind, die um ihrer parlamentarischen Mehrheit willen sich gezwungen sahen, auf bestimmte Interessengruppen Rücksicht zu nehmen. Indessen wurde bereits festgestellt, daß die verschiedenen Solidarność-Regierungen auch gar nicht über ein in sich geschlossenes Transformationskonzept zur Umgestaltung des Bankwesens verfügten. Konzeptionelle Ansätze, wie die Bankenprivatisierung, waren jedoch bereits in einem frühen Stadium der Kritik von Interessengruppen ausgesetzt, die eine zügige Umsetzung verhinderten. Das Abbröckeln des Reformkonsenses im Zuge der Rezession führte zu einem Schwund stabiler politischer Mehrheiten. Hierin bestätigt sich die These von der Notwendigkeit eines *stabilen Staats*, der in der Lage ist, einen gesellschaftlich-politischen Konsens herzustellen. Die polnischen Regierungen waren in der Phase der Bankenliberalisierung eben nicht in der Lage, einen solchen Konsens aufrechtzuerhalten und richteten sich stattdessen in ihrer Wirtschafts- und damit auch in der Bankenpolitik nach politischen Wahlzyklen. Gerade das Handeln der Regierung Bielecki wurde im Jahresverlauf 1991 bspw. zunehmend von der anstehenden Sejmwahl geprägt.

Nach dem Regierungswechsel von 1993 stellte sich die Lage anders dar: Mit dem Antritt der SLD/PSL-Koalition gilt der Begriff des *schwachen Staates* so nicht mehr, denn die neue Linksregierung setzte mit ihrer breiten politischen Mehrheit recht zügig ihre Maßnahmen zur Bankensanierung durch. Wie bereits festgestellt wurde, geschah dies im Unterschied zur Regierung Suchocka aber gerade mit Rücksicht auf Partikularinteressen, hatte doch namentlich die Bauernpartei in ihrer Rolle als gleichberechtigter Partner in einer Zweiparteienregierung eine viel bessere Möglichkeit als vorher, ihre Interessen durchzusetzen, wie die Sanierung des Genossenschaftsbankensektors belegt. Während der von der Linksregierung realisierte Teil der Bankensanierung ein Beispiel dafür bildet, wie Partikularinteressen über eine politisch starke Regierung relativ bequem durchgesetzt werden können, sieht die Situation bei der Umsetzung des Konsolidierungsprogramms von Kołodko - wie bereits ausgeführt - wiederum anders aus: Die Regierung suchte fortan einen Weg der Kompromisse. Die Gründe hierfür liegen zum einen darin, daß die Differenzen der beiden Regierungsparteien im Bereich der Bankenpolitik deutlicher in Erscheinung traten. Zum anderen sprachen die ökonomischen Notwendigkeiten für eine Fusion polnischer Banken zu größeren Instituten, um gegen die Auslandskonkurrenz künftig eine realistische Wettbewerbschance zu besitzen. Diese ökonomische Notwendigkeit führte in der Frage der Bankenkonsolidierung zum Ende der Betrachtungsperiode dieser Arbeit auch zur Zustimmung der größten Oppositionspartei AWS, nachdem bereits die NBP sich dem Konsolidierungsgedanken geöffnet hatte. Umstritten blieb die Art und Weise der Konsolidierung, ob hierauf unmittelbar die Privatisierung der Banken folgen und dies auch die Rentenreform finanzieren helfen sollte, und ob die Bankenprivatisierung mit oder ohne Beteiligung von Auslandskapital erfolgen müsse.

Die Bankenkonsolidierung und v.a. die Privatisierung der Kreditinstitute ist auch nach dem Regierungswechsel vom Herbst 1997 noch nicht abgeschlossen. Der weitere Verlauf der Privatisierung wird zeigen, inwieweit sich die neue Regierung aus AWS und UW von politischen Opportunitäten bzw. ökonomischen Gesichtspunkten wird leiten lassen. Die entscheidende Frage wird dabei die Rolle von Auslandskapital spielen. Die Stimmen, die vor dem Beispiel Ungarns warnen, wo sich aufgrund der frühzeitigen Liberalisierung des Verkaufs staatlicher Kreditinstitute an ausländische Häuser rund zwei Drittel der großen Banken in den Händen von Auslandsbanken befinden, sind auch im AWS als dem Seniorpartner innerhalb der neuen Koalition zu vernehmen. Demgegenüber hatte der erneut zum Finanzminister und stellvertretenden Ministerpräsidenten ernannte Leszek Balcerowicz von der Freiheitsunion bereits in der Amtszeit Kołodkos eine größere Rolle ausländischen Kapitals angemahnt, um die polnischen Banken zu effizienten Instituten umzubauen. Nachdem im Fall der BPH die Politik der Linkskoalition die polnischen Investoren bevorteilt hatte, andererseits aber Auslandsbanken als sogenannte stabile Investoren bei der Entstaatlichung der Bank Handlowy zugelassen worden waren, wird die Privatisierung der PeKaO einen wichtigen Hinweis geben für die weitere Politik der AWS/UW-Regierung.

Die zunehmende Kritik an der Ineffizienz der Grupa PeKaO hatte bereits zu der Entscheidung der neuen Regierung geführt, die beteiligten Banken voll zu konsolidieren und damit den separaten Marktauftritt der drei Regionalbanken unter dem Dach der PeKaO-Gruppe zu beenden.[28] Die Regierung steht nach dieser Entscheidung vor der Alternative, entweder die Bank Handlowy, die sich um einen Anteil von 35% am Aktienkapital der PeKaO beworben hat, als strategischen Investor am neuen PeKaO-Konzern zu beteiligen oder aber einer Auslandsbank den Zuschlag zu erteilen.[29] Sollte sich Balcerowicz mit seiner gegenüber Auslandskapital liberalen Haltung gegen die Mehrheit des AWS durchsetzen, so gäbe dies dem weiteren Verlauf der Bankentransformation eine neue Richtung. Das belegt folgendes: Solange der Staat sich nicht gänzlich aus der Ebene des Geschäftsbankensystems zurückzieht, wird sein Handlungsspielraum für grundsätzliche pragmatische Entscheidungen groß sein. Damit behalten aber politische Interessen im Spannungsfeld mit ökonomischen Notwendigkeiten eine herausgehobene Bedeutung, wie es für den gesamten Verlauf der Bankentransformation in Polen kennzeichnend ist.

---

[28] Vgl. Gliederungspunkt 6.2.2.

[29] Vgl. KAPOOR, Michael (1998).

# 8. Anhang: Protokolle der Expertengespräche $A_1$ bis $A_{23}$

*$A_1$: Dr. Jan K. Solarz, Berater des Präsidiums der NBP und Koordinator für die Sanierung und Reorganisation des Genossenschaftsbankensektors, Abteilung Analiz i Badań, Warschau, den 20. Juli 1994, 11. August 1994 und 23. September 1996:*

*20. Juli 1994*

Die Privatisierung der polnischen Banken in Staatseigentum muß eher als evolutorischer denn als revolutionärer Prozeß verstanden werden, denn die Privatisierung braucht angesichts der Probleme um die schlechten Kredite Zeit. Die Privatisierung der sieben in Staatshand verbliebenen Regionalbanken, die 1989 aus der NBP ausgegründet worden waren, ist notwendig, denn die westlichen Berater Polens bzgl. des Transformationsprozesses, aber auch die westlichen Geschäftspartner der polnischen Banken vertrauen Banken in privater Hand mehr als staatlichen Kreditinstituten. Im Zuge des Prozesses der Bankenprivatisierung müssen die betroffenen Institute ihre Privilegien ablegen, die sie als Staatsbanken besitzen. Dies betrifft in erster Linie die Garantie ihrer Einlagenseite durch den Staat. Hierdurch sind sie in der Lage, Kundeneinlagen niedriger zu verzinsen als ihre neu gegründete private Konkurrenz, was einen deutlichen Wettbewerbsvorteil für sie bedeutet. Dieser Wettbewerbsvorteil existiert zur Zeit konkret für die Bank Śląski und die WBK, zwei inzwischen privatisierte ehemalige Staatsbanken.

Zu Beginn des Transformationsprozesses gab der IWF Polen den Rat, im neuen Bankengesetz möglichst niedrige Zulassungsvoraussetzungen für neue Banken zu formulieren, um durch den Markteintritt neugegründeter privater Banken möglichst schnell ein wettbewerbsorientiertes Geschäftsbankensystem zu erreichen. Gegenwärtig sagen dieselben Berater jedoch, es gäbe in Polens Bankensektor zu viele unterkapitalisierte Banken, so daß die Zahl der Banken drastisch reduziert werden müsse. Man könnte meinen, diese Ansicht sei falsch eingedenk der Tatsache, daß das Verhältnis von Bankfilialen zur Bevölkerungsdichte deutlich geringer ist als z.B. in Tschechien und Ungarn. Zudem nimmt gegenwärtig nur etwa die Hälfte der erwachsenen polnischen Bevölkerung Bankdienstleistungen in Anspruch. Wettbewerb heißt jedoch nicht allein quantitativer sondern gerade auch qualitativer Wettbewerb. Um die Qualität des Angebots der Banken zu verbessern, wird zur Zeit daran gedacht, zwei bis drei große staatliche Bankenholdings zu gründen, bei denen z.B. die noch nicht privatisierten Regionalbanken als Tochterbanken fungieren könnten. Die Holdings könnten insgesamt als Universalbanken agieren, die Tochterbanken sich jedoch auf bestimmte Geschäftsbereiche konzentrieren und dort Kompetenzen aufbauen, um dem Kunden hierdurch ein möglichst tiefes Angebot offerieren zu können. Wissensdefizite, die im Laufe der Transformation des Bankensektors bei vielen Banken zu Verlusten geführt haben, könnten mit der Spezialisierung künftig vermieden werden.

Ein weiterer Vorteil der Bildung von großen Bankenholdings wären Kosteneinsparungen: Die einzelnen Banken wären nicht mehr dazu gezwungen, teure Filialnetze zu errichten und die für eine selbständige Bank unverzichtbare technische Infrastruktur zu implementieren, um gegenüber anderen Banken wettbewerbsfähig zu sein. Die notwendigen Investitionen in die Modernisierung der Tochterbanken würden auf die gesamte Holding verteilt, und die Investitionen auf die Spezialisierung der Holdingtöchter hin abgestimmt. Die Bildung von Bankenholdings widerspricht gerade nicht marktwirtschaftlichem Wettbewerb: Die Konzentration von Kapital ist ein typisches Charakteristikum reifer marktwirtschaftlicher Systeme und entspricht der Theorie der *economies of scale and scope*. Die Umsetzung der Aussagen dieses theoretischen Ansatzes ist ein Weg, Polens Bankwesen für die Zukunft stabiler zu gestalten.

Viele der neugegründeten privaten Banken werden zwar als 'Banken' bezeichnet, in Wahrheit verdienen sie aber diese Bezeichnung nicht, denn sie gingen gerade in den ersten zwei bis drei Jahren der Bankentransformation bei der Anknüpfung neuer Kundenbeziehungen sehr große Risiken ein, die eine Bank nicht eingehen sollte. Eine treffendere Bezeichnung für solche Institute wäre daher der Ausdruck *'venture-capital fonds'*. Die Bezeichnung 'private' Bank wird per Gesetz für solche Kreditinstitute verwendet, deren Kapitalbasis mehrheitlich nicht dem Staat gehört. Doch die Eigentumsstruktur der privaten Banken muß genauer differenziert werden. Wenn z.B. der Anteil von Auslandsaktionären an einer

Bank mehr als 50% ausmacht, gilt dieses Institut als Auslandsbank. Viele Banken haben sich auch aus ehemals staatlichen Fonds heraus entwickelt, die in der planwirtschaftlichen Zeit zum Staatsbudget zählten. Die Bank für Tourismus bspw. ist aus dem Tourismusfonds heraus entstanden. Solche Fonds bilden nunmehr den Großteil der Eigenkapitalbasis solcher Banken. Mit der Aussonderung der Fonds aus dem Staatsbudget zu Beginn der Transformation wurden sie - zumindest formell - vom Finanzministerium als Vertreter des staatlichen Eigentümers unabhängig.

Die Vorstufe zur Privatisierung staatlicher Banken ist deren Umwandlung in Aktiengesellschaften in 100%-igem Staatsbesitz (Kommerzialisierung). Die sieben Regionalbanken, die noch eine solche Rechts- und Eigentumsstruktur aufweisen, sollen bis Ende 1996 privatisiert werden. Davor jedoch steht noch ihre Sanierung, denn dies macht die Suche nach einem strategischen Investor einfacher. Allerdings sollte man bedenken, daß sich potentielle strategische Investoren nicht immer auf den ersten Blick hin rational verhalten: Sie könnten eine Regionalbank bspw. auch dann kaufen bzw. eine Kapitalmehrheit an ihr erwerben, wenn sie vorher nicht saniert wurde, um mit Hilfe der Bank eine strategisch wichtige Position in Polens Bankensektor einnehmen zu können, auch wenn dies mit hohen Abschreibungen schlechter Kredite verbunden ist. Zudem könnten solche Abschreibungen zu Steuererleichterungen im Rahmen der Steuerbilanz der Mutterbank in deren Heimatland führen.

Gemäß dem Gesetz über die Sanierung von Banken und Unternehmen sollte das Problem der alten schlechten Kredite bei den Regionalbanken im Vorfeld der Privatisierung bis zum April 1994 und bei den Spezialbanken bis zum August desselben Jahres gelöst worden sein. Sogenannte neue schlechte Kredite sollten danach bis Ende 1996 bereinigt worden sein. Dieses im Zuge der angestrebten Bankenprivatisierung festgelegte Zeitlimit ist gefährlich, denn es setzt die Banken unter erheblichen Druck, ihre Bilanzen rechtzeitig zu bereinigen. Wie der Fall der Bank Komercyjny Poznania S.A. zeigt, birgt dies gewisse Systemrisiken in sich: Mit dem Ziel der rechtzeitigen Bereinigung ihrer Kreditportefeuilles verkauften einige der Regionalbanken faule Kredite an die Bank Poznania mit der Folge, daß mit der hohen Ausfallquote dieser Kredite die Bank in akute Solvenzprobleme geriet und auf Druck der NBP ein Konkursverfahren gegen sie eingeleitet wurde. Da viele Banken Einlagen bei der Bank Poznania besitzen, dürften sie mit hohen Forderungsausfällen konfrontiert werden. Dieses Beispiel zeigt, daß Polens Ansatz der Bankensanierung keinesfalls perfekt ist und auch nicht alle Konsequenzen berücksichtigt. Trotz der dezentralen Vorgehensweise ist der Ansatz doch relativ bürokratisch und geht nicht auf die individuellen Probleme der einzelnen betroffenen Banken ein. Was den Privatisierungsdruck im Bankensektor angeht, der die schnelle Umsetzung der Sanierung notwendig macht, ist folgendes festzuhalten: Private Banken müssen nicht zwingenderweise die besseren Banken im Vergleich zu Kreditinstituten in Staatseigentum sein. Daher sollten die staatlichen Banken zunächst fusioniert werden, um große und solide Bankenkonzerne zu schaffen, bevor diese dann privatisiert werden.

### *11. August 1994*

Polens Landwirtschaftssektor, und damit der Wirtschaftsbereich, in dem die Genossenschaftsbanken aktiv sind, ist in großen wirtschaftlichen Schwierigkeiten. Die ausländische Konkurrenz, v.a. in Form subventionierter Nahrungsmittelimporte aus den EU-Staaten, ist so stark, daß die staatlichen polnischen Landwirtschaftsbetriebe wie auch die kleinen privaten Bauern kaum existieren können, denn sie haben im Vergleich zu den Importeuren zu hohe Kosten. Die großen staatlichen Landwirtschaftsbetriebe sind nun in der Hand der Landwirtschaftsagentur, die versucht, sie in Form von kleineren Einheiten zu privatisieren, bisher jedoch ohne großen Erfolg.

Es gibt zwei Bereiche von Genossenschaftsbanken in Polen, diejenigen innerhalb des BGŻ-Verbandes und diejenigen außerhalb der BGŻ. Letztere sind ein loser Verbund, der angeführt wird von drei regionalen Einheiten, denen lokale Genossenschaftsbanken angeschlossen sind. Darüberhinaus gibt es noch wenige kleine Genossenschaftsbanken, die völlig unabhängig sind von den beiden Verbänden. Sie müssen die Zulassungsanforderungen der Bankenaufsichtsbehörde für einzelne Banken erfüllen, Auflagen, denen die Genossenschaftsbanken innerhalb der beiden Verbände nicht genügen müssen.

Im Bankengesetz von 1989 gab es eine Lücke bzgl. der Frage, welche Institution für die Beaufsichtigung der lokalen Genossenschaftsbanken verantwortlich zeichnet. Weder die BGŻ noch die regionalen Genossenschaftsbanken außerhalb der BGŻ bzw. die Bankenaufsichtsbehörde waren direkt hierfür zuständig. Erst nachdem die finanziellen Schwierigkeiten der kleinen Genossenschaftsbanken offenkundig geworden waren, begann die NBP-Bankenaufsicht damit, sie zu überwachen. Der Aufbau einer wirksamen Aufsicht über ein Netz von über 1.500 lokalen Genossenschaftsbanken brauchte jedoch Zeit und machte die Einstellung und Schulung neuer Bankeninspektoren erforderlich. Die so implementierte Aufsicht über die Genossenschaftsbanken begann ihre Tätigkeit 1992. Die Phase der Aufsichtslücke vor dieser Zeit trug erheblich zu den Solvenz- und Liquiditätsproblemen dieses Teils des Bankensektors bei.

Die Probleme der lokalen Genossenschaftsbanken ist von anderer Qualität als die der BGŻ selbst, denn die Kundenstruktur ist anders: Zu den Kunden der BGŻ zählen in erster Linie die großen staatlichen Landwirtschaftsbetriebe, von denen viele geschlossen werden mußten. Die Kunden der lokalen Genossenschaftsbanken hingegen sind v.a. die privaten Bauern und die Bevölkerung auf dem Lande insgesamt. Die Arbeitslosenquote unter der Landbevölkerung ist besonders hoch und viele der kleinen Bauernhöfe arbeiten nicht rentabel. Beides hat zu einer hohen Rate schlechter Kredite beigetragen. Ein anderer wichtiger Grund für die Probleme der Genossenschaftsbanken ist aber auch Korruption: Viele Mitglieder der Genossenschaftsbanken sind zugleich Angestellte der jeweiligen Bank. Damit ging oftmals die Vergabe von Krediten z.B. an Verwandte und Freunde ohne eine ausreichende Prüfung des Kreditantrages und der Voraussetzungen für dessen Gewährung einher. Die Überprüfung der Kreditwürdigkeit eines potentiellen Kreditnehmers und damit die Risikoorientierung der Bankmitarbeiter war völlig unterentwickelt, die Grenze zu Korruption fließend.

Die BGŻ hat auch während der ersten fünf Jahre des Transformationsprozesses als typische sozialistische Bank gewirkt mit ihrem Auftrag aus planwirtschaftlicher Zeit, mit der Vergabe von Krediten für sogenannte zentrale Investitionen die Entwicklung des Landwirtschaftssektors zu fördern. Die BGŻ war seit den 70er und 80er Jahren in der Ära der Planwirtschaft ein von der Bauernpartei beherrschtes politisches Konstrukt zur Förderung des Landwirtschaftssektors und änderte diese Rolle trotz der politisch-ökonomischen Wende auch nach 1989 zunächst nicht. Daher wurden auch auf regionaler und nationaler Ebene von seiten der Genossenschaftsbanken weiterhin Kredite vergeben, ohne die Rückzahlungsfähigkeit der Schuldner mit in Betracht zu ziehen. Dies erwies sich als großer Fehler. Zudem wurde auch die Verwendung der Kreditmitttel durch die Kreditnehmer von seiten der Genossenschaftsbanken nicht ausreichend geprüft. Ein Großteil gerade der durch die BGŻ vergebenen Kredite ist verloren, da viele staatliche Landwirtschaftsbetriebe inzwischen aufgelöst worden sind und die Landwirtschaftsagentur ihrerseits kein Geld hat, die Kredite zurückzuzahlen.

Nach dem neuen Gesetz über die Restrukturierung des Genossenschaftsbankensektors wird die BGŻ eine dreistufige Organisationsstruktur erhalten. Die BGŻ selbst wird an der Spitze der ihr angeschlossenen Genossenschaftsbanken stehen, und zwar wie bisher sowohl der lokalen als auch der neu zu bildenden regionalen Genossenschaftsbanken innerhalb des BGŻ-Verbundes. Die BGŻ wird für die regionalen Einheiten Aufsichts- und Refinanzierungsfunktionen besitzen, für letztere gilt dasselbe in bezug auf die lokalen Genossenschaftsbanken. Diese doppelte Kontrolle soll für Finanzdisziplin innerhalb des BGŻ-Verbunds als ganzem sorgen. Die BGŻ selbst schließlich wird von der Bankenaufsicht überwacht werden. Zu den neuen Statuten der BGŻ-Organisation werden auch strengere Vorschriften für die Kreditvergabe gehören. Die Kreditvergabe wird nach strengen Regeln erfolgen. Bis zu 55% der für die Kreditvergabe zur Verfügung stehenden Mittel soll auf nationaler Ebene durch die BGŻ selbst vergeben werden können, bis zu 25% auf der regionalen Ebene und bis zu 20% schließlich auf der lokalen Ebene. Der gesamte BGŻ-Verbund ist eine rechtlich-organisatorische Einheit, eine Art Finanzholding. Die Bildung dieser Holding ist Teil der Konsolidierungspolitik der Regierung und der NBP. Die Spitze des Verbandes, also die BGŻ selbst, wird in eine Aktiengesellschaft umgewandelt, wobei der Staat Mehrheitsaktionär wird und die übrigen Anteile von den regionalen Genossenschaftsbanken gehalten werden. Der Staat soll per Gesetz bis zum Jahre 1999 seine Anteile veräußern und damit die BGŻ privatisieren.h

Um den Bestand an schlechten Krediten abschreiben bzw. andere Regelungen mit den betroffenen Schuldnern vornehmen zu können, wird die BGŻ analog dem Gesetz zur Sanierung der Regionalbanken und Unternehmen mit Restrukturierungsanleihen des Finanzministeriums ausgestattet. Allerdings sind die Probleme des Landwirtschaftssektors und damit auch die der Genossenschaftsbanken ungleich größer als die der Regionalbanken, so daß die weitere Entwicklung bei den schlechten Krediten in diesem Bereich völlig offen ist. Und da der Landwirtschaftssektor in Polen sehr groß ist, und die darin vertretenen Wählergruppen daher recht wichtig sind, ist das Ganze v.a. eine politische Frage.

*23. September 1996*

Das Hauptinteresse an der Konsolidierung und anschließenden Privatisierung der großen staatlichen Banken hat z. Zt. der Fiskus. Den Hintergrund hierfür bildet die Reform des sozialen Netzes. Um die von der Regierung geplanten Pensionskassen ins Leben zu rufen, braucht man Kapital, und dies soll in Form des Eigenkapitals der neu zu gründenden Bankenholding unter Führung der PeKaO S.A. zur Verfügung gestellt werden. Die Pensionskassen hätten nach dem derzeitigen Stand der Diskussion gegenüber der neuen PeKaO-Holding Eigentümerfunktion.

Ein zweites, wenn auch in seiner Bedeutung sekundäres Motiv dafür, die PeKaO-Holding gerade jetzt ins Leben zu rufen, liegt im sogenannten Stabilisierungsfonds begründet, der von westlichen Regierungen und internationalen Finanzorganisationen zur Verfügung gestellte Mittel in Höhe von USD 400 Mio. für die Privatisierung der neun staatlichen Regionalbanken enthält. Bedingung für die nachträgliche Freigabe dieser Gelder ist die Privatisierung der 'Gruppe der Neun' bis Ende 1996. Zwar ist dieser Termin allein aus technischen Gründen heraus nicht mehr einzuhalten, doch nach Meinung der polnischen Regierung würde die Gründung einer PeKaO-Holding noch vor Ende dieses Jahres mit einer Festschreibung des Privatisierungsdatums 1998 den festen Willen zur Bankenprivatisierung deutlich machen. Allerdings ist dieses Argument eher populärer Natur. Es wird vorgeschoben als Möglichkeit, schlechte Kredite ohne Belastung des polnischen Steuerzahlers abzuschreiben. In der Realität jedoch trägt tatsächlich der Steuerzahler selbst die Kosten für die Kreditbereinigung, denn die Mittel des Stabilisierungsfonds werden ja ohnehin erst nach Abschluß der Bankenprivatisierung ausgezahlt werden. Bis dahin werden die schlechten Kredite aber voraussichtlich längst abgeschrieben sein. Allerdings ist es unwahrscheinlich, daß Polen die Gelder mit dem Argument verweigert werden würden, die Bankenprivatisierung nicht rechtzeitig durchgeführt zu haben. Der Zeitplan für die Bankenprivatisierung bis Ende 1996 war schlicht zu ehrgeizig und technisch wie finanziell nicht durchführbar. Es fehlt dennoch nicht am politischen Willen, die Regionalbanken zu privatisieren.

Die NBP verhält sich bzgl. der Frage der Bankenprivatisierung neutral. Allerdings dürfte es in den Reihen der Bankenaufsicht einige Probleme geben, die neue PeKaO-Holding zu beaufsichtigen, denn konsolidierte Bankbilanzen sind ein Novum in Polen und bei Neuerungen dieser Art verhält sich die Bankenaufsicht erfahrungsgemäß bürokratisch; sie folgt den Entwicklungen nur mit Mühe.

Die jetzigen Überlegungen zur Bankenkonsolidierung, die vom Finanzministerium angestellt werden, umfassen allein Banken in Staatsbesitz. Allerdings sahen die ursprünglichen Pläne zur Bildung von Bankenholdings die Einbeziehung der BPH und der PBR vor, um die Eigenkapitalbasis für die anvisierten Pensionskassen zu erweitern. Nach Protesten der privaten Anteilseigner dieser (teil)privatisierten Institute und Drohungen der Geberländer, im Falle einer kalten Reverstaatlichung von BPH und PBR die Gelder des Stabilisierungsfonds zu sperren, wurden die Pläne der Einbeziehung der beiden Banken schnell wieder fallengelassen. Im übrigen hätte die Bildung einer Bankenholding, die aus Einzelbanken mit völlig heterogener Eigentümerstruktur besteht, rechtliche Probleme aufgeworfen, da eine solche Mischung keine rechtliche Grundlage besäße und darüberhinaus die Zusammenarbeit zwischen den beteiligten Kreditinstituten - vorausgesetzt die Eigentümer hätten einer Holdingbildung überhaupt zugestimmt - erschwert hätte.

Die staatlichen Regionalbanken, die in die PeKaO-Holding einbezogen werden sollen, haben sich lange Zeit dagegen gewehrt, da sie befürchten, ihre Unabhängigkeit zu verlieren. Die jetzige vorläufige Vereinbarung sieht vor, daß die beteiligten Banken jeweils ihren Namen und einen getrennten Marktauftritt in vielen Geschäftsbereichen werden behalten können. Allerdings ist diese Übereinkunft sehr allgemein und wenig konkret gehalten und daher nach vielen Seiten hin interpretierbar. Inwieweit die beteiligten Regionalbanken tatsächlich ihre Unabhängigkeit werden bewahren und wo sie sich einer einheitlichen Geschäftslinie werden unterwerfen müssen, ist noch unklar. So ist z.B. noch nicht festgehalten worden, wieviel Macht der Gesamtvorstand der Holding gegenüber den Einzelbanken haben wird. Die bisherigen Verhandlungsrunden zwischen den Banken haben durch die allgemein gehaltenen Regelungen möglichen Konfliktstoff ausgeklammert. Theoretisch hätte der Staat zwar als Eigentümer der betroffenen Banken die Möglichkeit, Bankmanager, die gegen eine zentralisierte Bankenholding opponieren, gegen willige Manager auszutauschen. Die informellen Beziehungen zwischen dem Finanzministerium und den staatlichen Banken haben sich aber dahingehend entwickelt, daß die Banken inzwischen ein Eigenleben führen, also relativ losgelöst vom Eigentümer sind, was ein Absetzen der Verantwortlichen auf der Managementebene durch den Staat de facto nahezu unmöglich macht. Der Staat kann in den Verhandlungen zur Bildung der PeKaO-Holding zwar Druck ausüben, dennoch herrscht ein Zwang zu Kompromissen.

Zwar werden die Vorstandsmitglieder staatlicher Banken vom Finanzministerium als Vertreter des staatlichen Eigentümers ernannt, aber es wäre falsch, sie weiterhin als staatlich-bürokratische Verwalter zu bezeichnen. Abgesehen davon, daß bis auf den Vorstandsvorsitzenden der Bank Zachodni ohnehin keiner der Repräsentanten aus der Zeit vor 1989 bei den Banken als Vorstandsvorsitzender mehr im Amt ist, handelt es sich bei den Spitzenleuten zumindest der Regionalbanken um fähige Manager, die die Aufgabe der Umgestaltung dieser Banken in marktwirtschaftlich orientierte Unternehmen gut bewältigt haben. Für die Ernennung zum Vorstandsmitglied einer Geschäftsbank ist es per Bankengesetz vorgeschrieben, daß die Anwärter mindestens fünf Jahre praktische Erfahrung als leitende Führungskraft einer Geschäftsbank nachweisen müssen. Im übrigen muß beachtet werden, daß man bei den zu konsolidierenden Banken nicht unbedingt von 'Staatsbanken' sprechen kann. Es handelt sich vielmehr um Aktienbanken, die zu 100% dem Finanzministerium gehören. Unter die rechtliche Kategorie 'staatliche Bank' als Eigentumsform fallen ohnehin nur noch zwei Institute, die voraussichtlich nicht in die Konsolidierung miteinbezogen werden, nämlich die PKO BP und die BGK. Diese unterstehen direkt dem Ministerpräsidenten.

Was die zweite anvisierte Bankholding angeht, die unter Führung der Bank Handlowy etabliert werden sollte, so hat sich die Bank Handlowy dazu entschlossen, die laufenden Verhandlungen abzubrechen. Ihr Ziel war die Fusion mit den an den Verhandlungen beteiligten Banken unter eigener Führung; die beteiligten Banken hätten nach diesen Vorstellungen ihre Unabhängigkeit aufgeben müssen, dazu waren sie jedoch nicht bereit. In Maßnahmen, die betroffenen Banken in eine vollkonsolidierte Holding zu zwingen, sah die Bank Handlowy aber keinen Sinn, da sie unter solchen Umständen einen Erfolg des Bankenkonzerns für unwahrscheinlich hielt. Also verzichtete sie auf die Holdingbildung zunächst lieber ganz. Ob dies angesichts der aktuellen Konzentrationstendenzen im polnischen Bankwesen jedoch eine Entscheidung von Dauer sein wird, bleibt noch abzuwarten. Solange die gegenwärtigen Vorstände der betroffenen Banken aber nicht an einen Erfolg der zu bildenden Bank-Handlowy-Holding glauben, nutzt auch Druck von seiten des Bankeigentümers Staat zur Bildung der Holding wenig. Auf absehbare Zeit wird es also nur eine vom Staat angeregte Bankengruppe geben, die der PeKaO S.A.

Hinter der von der Regierung gesetzlich in Gang gebrachten 'Konsolidierung von oben' stehen die linken Regierungsparteien SLD und PSL. Die gegenwärtige rechte Opposition sieht zwar ebenfalls eine stärkere Konzentration von Bankkapital als notwendig an, spricht sich aber gegen die Konsolidierung von oben aus und für eine freiwillige Konsolidierung der Banken, gesteuert durch den Markt. Im marktwirtschaftlichen Kontext ist diese Auffassung zwar legitim und verständlich, doch das Geld zur Finanzierung der Pensionskassen wird jetzt benötigt. Daher ist eine zügige und vom Staat vorangetriebene Bankenkonsolidierung und -privatisierung notwendig. Im übrigen gibt es in Polen z. Zt. eine Kombination von marktorientierter und administrativer Konsolidierung, denn die Banken, die nicht in die administrative Konsolidierung miteinbezogen werden, wie z.B. die WBK, spüren den steigenden Wettbewerbsdruck durch potentielle neue inländische Bankenholdings sowie durch Auslandsbanken und suchen ihrerseits nach Möglichkeiten zur Bildung strategischer Allianzen mit In- und Auslandsbanken bzw. zum Aufbau eigener Holdingstrukturen durch die Übernahme kleinerer Banken.

Das Problem des *too-big-to-fail* ist auch in Polen relevant und könnte durch die Bezeichnung *too-big-to-be-liquidated* ergänzt werden. Dies gilt vor allem für die BGŻ. Trotz mehrmaliger Rekapitalisierung bleibt diese Bank weiterhin in ihrer Solvenz gefährdet. Sie wird schlecht geführt und sollte vom wettbewerblichen Standpunkt her gesehen geschlossen werden. Die Frage ist aber, wer für die Kosten der Liquidierung der BGŻ aufkommen soll. Das Gesetz zur Restrukturierung des Genossenschaftsbankensektors war bisher lediglich ein Teilerfolg. Grundsätzlich ist der Ansatz der Dreiteilung der Organisationsstruktur des Sektors in eine nationale, eine regionale und eine lokale Ebene zwar richtig, doch werden die Probleme dadurch allein nicht gelöst. Die Geschäftsbereiche der BGŻ bleiben weiterhin zu stark diversifiziert, die hierfür notwendigen Kenntnisse reichen nicht aus, es fehlt zudem die entsprechende technische Infrastruktur.

Weiterhin ist die BGŻ-Gruppe privilegiert gegenüber den anderen Kreditinstituten. Sie ist z.B. von den Mindestreserveanforderungen der NBP vollkommen befreit und wird Jahr für Jahr von seiten des Staates mit zusätzlichen Finanzmitteln ausgestattet. Eine fortgesetzte Subventionierung der BGŻ ist zwar im BGŻ-Restrukturierungsgesetz nicht vorgesehen, doch die Lobby dieser Bankengruppe innerhalb der Regierung in Gestalt der Bauernpartei ermöglicht dies. In bezug auf die Reorganisierung der BGŻ-Gruppe, also die Etablierung regionaler Strukturen, hat es Verzögerungen gegeben, die der Intention des entsprechenden Gesetzes zuwiderlaufen. Von den vorgesehenen neun regionalen Genossenschaftsbanken wurden aus Mangel an Kapital und Personal bisher erst sechs gegründet. Möglicherweise wird die Lücke der fehlenden drei Banken bis Ende 1997 gefüllt werden.

Zu behaupten, die Probleme der BGŻ-Gruppe rührten allein aus den Problemen des Landwirtschaftssektors her, wäre kurzsichtig, denn ein Großteil der Kunden sind private Haushalte in ländlichen Regionen, die der BGŻ eine solide Einlagenbasis bieten. Auf dieser Grundlage hat die BGŻ-Gruppe als *niche-player* auch für die Zukunft weiterhin ihre Chancen, sollte sich aber auf das Einlagen- und Kreditgeschäft konzentrieren, möglicherweise gepaart mit Versicherungsangeboten, um weitere private Haushalte als Kunden an sich binden zu können.

Strategische Entscheidungen, wie polnische Banken langfristig rentabel arbeiten könnten, kommen zumeist nicht aus dem Bankensystem selbst, sondern werden auf Regierungsebene gefällt, wie im Falle der Konsolidierung von oben. Strategisches Management ist auf der Ebene der einzelnen Bank noch unterentwickelt. Polnische Bankmanager sind zu kurzfristig orientiert, denken zu wenig an künftige strategische Positionen ihres jeweiligen Instituts. Doch auch hinter der vermeintlich strategischen Entscheidung für eine Konsolidierung von oben steht kein ausgereiftes staatliches Konzept. Es ist vielmehr aus der Not heraus geboren: Für die mit einer Modernisierung staatlicher Banken notwendigerweise verbundenen Investitionen fehlen dem Staat die Mittel, daher will er die Verantwortung für die Banken, die ihm durch seine Rolle als Eigentümer zufällt, durch die Bankenkonsolidierung und -privatisierung möglichst schnell ablegen. Insgesamt fehlt es der Bankenpolitik der Regierung an Visionen für das Ziel, das Modell, wie das Bankensystem am Ende des Transformationsprozesses aussehen soll.

***$A_2$: Piotr Bednarski, Bankeninspektor, Bankenaufsichtsabteilung der NBP, Warschau, den 26. Juli 1994:***

Die Bankenaufsicht führt sowohl *on-site* als auch *off-site investigations* der in Polen tätigen Geschäftsbanken durch. Die Bankeninspektoren konzentrieren sich auf die Untersuchung des Bestandes der Kreditportefeuilles, der Sicherheit der neu vergebenen Kredite sowie der Bilanz und GuV. Gegenwärtig verfügt die Bankenaufsicht noch nicht über die personellen Ressourcen, um in großen Banken umfangreiche *on-site investigations* durchführen zu können. Die Prüfungen vor Ort konzentrieren sich auf Stichproben. Zur Zeit wird an einem Plan für regelmäßige vor-Ort-Unteruchungen gearbeitet. Um die Bankenaufsicht künftig noch effektiver zu machen, wird die Abteilung kontinuierlich mit neuem ausgebildetem Personal aufgestockt. Dies ist v.a. notwendig, nachdem die Kompetenzen der Bankenaufsicht auch über die Genossenschaftsbanken ausgeweitet worden sind.

Einige Banken versuchen, ihre finanzielle Situation positiver darzustellen als sie wirklich ist. Die Bankenaufsicht verfügt z. Zt. noch nicht über rechtliche Instrumente, um gegen Personen, die an solchen Manipulationen beteiligt sind, rechtlich vorzugehen. Mögliche Ergänzungen des Bankengesetzes könnten jedoch in naher Zukunft die Bankenaufsicht in die Lage versetzen, Bilanzfälschungen nicht nur nachzuweisen, sondern hieraus auch rechtliche Konsequenzen zu ziehen.

Aufgrund ihrer Insolvenzprobleme wird eine wachsende Zahl von Banken zum Objekt von Hilfsmaßnahmen einer speziellen Einheit der Bankenaufsichtsabteilung, die sich mit Banken in Liquiditäts- oder Solvenzschwierigkeiten befaßt. Ende 1993 lag der Solvabilitätskoeffizient von insgesamt 18 neuen Geschäftsbanken unter der gesetzlich vorgeschriebenen Mindestgrenze von 8%. Solche Problembanken werden von der Bankenaufsicht fallweise behandelt. So erarbeitet die Bankenaufsicht z.B. individuelle Sanierungsprogramme. Wird eine Bank insolvent, gibt es mehrere Möglichkeiten für die weitere Zukunft der betroffenen Bank. Eine Möglichkeit ist die Einsetzung einer Kommission durch die Bankenaufsicht, die kommissarisch die Aufgaben des Bankenvorstandes übernimmt und Maßnahmen zur Sanierung der Bank durchführt. Eine weitere Option ist die Beteiligung einer kapitalstarken Bank. Als dritte Möglichkeit können auch die Anteilseigner der Bank unter Androhung der Schließung des Kreditinstituts dazu bewegt werden, mehr Mittel in die Bank fließen zu lassen, d.h. die Eigenkapitalbasis des Kreditinstituts zu stärken. Fruchten die bisher genannten Maßnahmen jedoch nicht, oder ist die Aussicht auf deren Erfolg zu gering, so kann die Bankenaufsicht auch die Bank schließen und potentiellen Investoren zum Verkauf anbieten. Grundsätzlich versucht die Bankenaufsicht, gefährdete Banken nicht zu schließen, zum einen, um die wettbewerbliche Struktur des Geschäftsbankensystems zu stärken, zum anderen, weil Polen ohnehin nach wie vor *underbanked* ist. Daher liegt der Schwerpunkt der Bemühungen der Bankenaufsicht in bezug auf Problembanken nicht auf deren Liquidation, sondern auf Fusionen mit stärkeren Kreditinstituten.

Eine letzte Option der Bankenaufsicht schließlich ist die Übernahme einer Problembank durch die NBP selbst, also ein *bailout*. Dies geschieht in Fällen, in denen der Konkurs einer bestimmten Bank ein Systemrisiko in sich birgt. Bevor die NBP jedoch einen solchen Schritt tut, gibt es noch eine Reihe von Möglichkeiten, betroffene Banken zu rekapitalisieren, ohne daß dies direkt einer Übernahme gleichkäme, indem die NBP z.B. Anleihen bzw. Schuldverschreibungen der jeweiligen Bank aufkauft u.ä. Im vergangenen Jahr investierte die NBP allein PLN 300 Mio., um Banken mit Liquiditäts- bzw. Solvenzproblemen zu helfen. Selbst bei einem *bailout* bemüht sich die NBP weiter, langfristig einen strategischen Investor für die übernommene Bank zu finden, denn die Leitung einer Geschäftsbank gehört nicht zu den dauerhaften Aufgaben der Zentralbank / Bankenaufsicht und birgt eine Reihe potentieller Interessenkonflikte.

Im ersten Halbjahr 1994 mußten 14 lokale Genossenschaftsbanken Konkurs anmelden. Da erst bei zwei Banken die Ansprüche der Einleger befriedigt werden konnten, ist die Gefahr, daß das Vertrauen in die Stabilität des Bankensystems bei der Bevölkerung schwindet, durchaus gegeben. Andere Genossenschaftsbanken sind ebenfalls in der Krise. In acht Fällen wurde ein kommissarischer Vorstand eingesetzt und drei Genossenschaftsbanken wurden direkt durch die NBP übernommen. Neben den genannten Beispielen befinden sich weitere 30 Genossenschaftsbanken in akuten Liquiditätsschwierigkeiten.

Was die Zahl gefährdeter Institute angeht, so sieht die Situation bei den privaten Banken etwas besser aus. Im ersten Halbjahr 1994 wurden fünf Banken entweder geschlossen bzw. von der NBP übernommen, bei zwei weiteren wurde ein kommissarischer Vorstand eingesetzt und weitere zwei erhielten Kapitalspritzen durch die NBP. Bei zwei anderen Banken konnten zusätzliche private Investoren zur Stärkung der Eigenkapitalbasis gefunden werden. Unter den Problembanken ist keine einzige Auslandsbank. Im Gegenteil, diese erreichten im vergangenen Jahr die besten Rentabilitäts- und Liquiditätskennziffern.

Die polnischen Banken orientieren sich sehr stark am traditionellen Einlagen- und Kreditgeschäft. Nach den Erfahrungen mit schlechten Krediten und den neuen NBP-Richtlinien, die die Bildung von speziellen Risikoreserven vorsehen, sind die Banken bei der Vergabe neuer Kredite sehr vorsichtig geworden. Einen großen Teil ihrer Mittel investieren sie aus Vorsichtsgründen statt in Kredite in Staatsanleihen, die ja praktisch kein Risiko in sich bergen. Vom Standpunkt der Bankenaufsicht her ist dieses Verhalten zu begrüßen, denn es senkt das Risikoprofil der Banken. Vom mikroökonomischen Standpunkt aus gesehen ist diese Situation aber unbefriedigend, denn es schneidet den Unternehmen wichtige Geldquellen ab, dies umso mehr, als daß der polnische Kapitalmarkt, wo die Unternehmen alternativ Kapital aufnehmen könnten, noch unterentwickelt ist. Für die weitere Wirtschaftsentwicklung Polens und den Strukturwandel ist die zögerliche Kreditvergabe der Banken damit hinderlich. Außerdem sind *treasury bonds* gegenüber Krediten für die Banken selbst - vom Sicherheitsaspekt abgesehen - weniger rentabel und trägt langfristig nicht zum Wachstum ihres Kapitalstocks bei. Dies ist bedenklich, wenn man die allgemeine Unterkapitalisierung der polnischen Banken in Betracht zieht.

Ende 1993 belief sich das Volumen fehlender spezieller Risikoreserven auf PLN 1,1 Mrd. Dem standen zum selben Zeitpunkt aggregierte Eigenmittel in Höhe von PLN 6,3 Mrd. im gesamten Bankensystem gegenüber. Auch heute noch erfüllen nicht alle Kreditinstitute die Richtlinie zur Bildung spezieller Risikoreserven, obwohl die zeitliche Grenze, bis zu der diese Anforderung erfüllt werden muß, nach hinten verschoben wurde. Auch erfüllen viele Banken nicht die Vorschriften bzgl. Beteiligungen und Kredite: Ende 1993 gab es 72 Banken (inkl. der Genossenschaftsbanken), bei denen Einzelkredite die im Bankengesetz vorgeschriebenen 15% der Eigenmittel überstiegen. Bei 15 Banken machten solche Großkredite sogar mehr als 70% des gesamten Kreditportefeuilles aus.

### *$A_3$: Wojciech Orliński, stellvertretender Direktor der Volkswirtschaftlichen Abteilung der Bank Handlowy S.A., Warschau, den 27. Juli 1994 und 26. September 1996:*

*27. Juli 1994*

In der sozialistischen Zeit übernahm die Bank Handlowy alle Finanzkontakte Polens zum Ausland. Aus ihrer speziellen Funktion heraus erklärt sich, warum sie heute nur wenige alte schlechte Kredite aufweist und über ein relativ gutes Eigenkapitalpolster verfügt. Der Staat stattete die Bank nämlich mit einer verbesserten Eigenkapitalbasis aus, um sie gegenüber den Banken im Ausland wettbewerbsfähig zu machen. Andere staatliche Banken, wie die später aus der NBP hervorgegangenen neun Regionalbanken, versah er nicht mit solch hohen Eigenmitteln, v.a. deshalb, weil die Möglichkeiten des Staatsbudgets Ende der 80er Jahre nur sehr begrenzt waren. Man sah auch nicht die Notwendigkeit für hohe Eigenmittel, weil man am Beginn der Bankenreform noch nicht genügend die Rolle von Eigenkapital als Haftungskapital berücksichtigte, denn diese Funktion war in der Planwirtschaft unbekannt gewesen.

Die Bank Handlowy ist von ihrer Konzeption her eine Universalbank. Eigentümer ist zwar zu 100% der polnische Staat, er besitzt jedoch keine direkten Befugnisse mehr in bezug auf die Geschäftspolitik der Bank. Sie ist demnach kein staatliches Instrument mehr wie zu Zeiten der Planwirtschaft. Es gibt inzwischen auch Überlegungen, die Bank Handlowy zu privatisieren. Die Bank ist jedoch z. Zt. noch sehr wichtig beim Abbau der polnischen Auslandsschulden und war einer der Vertreter Polens in den Verhandlungen mit dem Londoner und dem Pariser Club. Mit ihrer baldigen Privatisierung ist daher nicht zu rechnen. Hinzu kommt noch, daß der polnische Kapitalmarkt noch nicht groß genug ist, um für die Privatisierung der Bank genügend Kapital aufzubringen.

Von den z. Zt. 87 Geschäftsbanken in Polen haben - ohne die Auslandsbanken - nur 14 Banken Eigenmittel von mehr als PLN 100 Mio. Zudem liegen viele Banken bei einem Solvabilitätskoeffizienten von unter 8%. Es gibt in Polens Bankensystem zu viele zu kleine Kreditinstitute. Sie werden mit der sich verstärkenden Konkurrenz von Auslandsbanken nicht mithalten können. Es sollten deshalb kleinere Kreditinstitute mit großen fusionieren, um leistungsfähige Banken mit genügend Eigenkapital zu bilden.

Nach wie vor gibt es im polnischen Bankensystem große Banken, die auf bestimmte Geschäftsbereiche spezialisiert sind. Dies gilt v.a. für die PKO BP, die PeKaO S.A. und die BGŻ. Auch viele sogenannte private Banken sind spezialisiert, z.B. solche, die von Unternehmen zur eigenen Finanzierung gegründet wurden. Auslandsbanken beteiligen sich in erster Linie an Geschäften im Außenhandel mit großen Firmen oder sind im *investment banking* aktiv.

Eine große Schwäche des Bankengesetzes ist, daß nicht alle Bereiche des Bankwesens hiervon abgedeckt werden. Es ist an vielen Stellen zu allgemein und unklar formuliert. Zudem sind viele Bestimmungen einfach von Ländern der EU übernommen worden, ohne genügend den polnischen Realitäten Rechnung zu tragen. Zudem bieten die rechtlichen Rahmenbedingungen für die Bankentätigkeit nicht gleiche Bedingungen für alle Banken, wie z.B. im Falle des Art. 49 BG (Einlagensicherung) oder bei Ausnahmebedingungen für bestimmte Kreditinstitute im Rahmen der NBP-Richtlinien.

*26. September 1996*

Die Konsolidierung im polnischen Bankwesen folgt dem weltweiten Trend zur Konzentration im Finanzsektor. Sie dient der Realisierung von *economies of scale and scope*. Es macht ökonomisch wenig Sinn, Spezial- und Regionalbanken in Polen getrennt voneinander weiterzuführen. Diese Institute können gegen die Konkurrenz der Auslandsbanken, die mit der Öffnung des Finanzsektors ab 1999 voll spürbar sein wird, nur dann bestehen, wenn sie sich zu landesweiten Universalbanken zusammenschließen. Das Zusammengehen zu wenigen großen Bankkonzernen ermöglicht aufgrund der damit wachsenden Eigenkapitalbasis größere Geschäftsvolumina, z.B. bei der Kreditvergabe. Außerdem würden Fusionen gerade unter den Regionalbanken eine landesweite Präsenz der neu entstehenden Bankenholdings bedeuten. Schließlich würden durch Fusionen die hohen Verwaltungskosten, die mit dem Betrieb von Bankzentralen für die einzelnen Institute statt einer Zentrale für mehrere Teilbanken zusammen verbunden sind, reduziert werden.

Trotz solcher stichhaltiger ökonomischer Argumente für die Konsolidierung erfolgt diese zumindest im Falle der Banken in Staatseigentum nicht ganz freiwillig, sondern kommt eher auf Druck des Finanzministeriums zustande. Vor allem die Regionalbanken, die sich besonders gegen die Konsolidierung sträuben, verfolgen dabei partikulare Interessen. Sie sind mit dem wirtschaftlichen *establishment* und der Politik ihrer jeweiligen Heimatregion verbunden und konnten bisher relativ unabhängig vom Bankeigentümer, dem Finanzministerium, arbeiten. Wenn die Bankzentrale, wie im Falle der neuen PeKaO-Holding, nach Warschau verlegt wird, wird den Vorständen der davon betroffenen Regionalbanken ein wichtiger Teil ihrer Machtbasis entzogen. Genau dagegen sträuben sie sich. Innerhalb der betroffenen Banken kann man zwei Gruppen von leitenden Mitarbeitern unterscheiden: eine Gruppe, die an der weiteren Entwicklung ihrer Bank interessiert ist, und die genau weiß, welche finanziellen Vorteile eine Konsolidierung ihrer Bank bringt. Solche Mitarbeiter finden sich v.a. in den Stabsabteilungen und im Rechnungswesen / Controlling. Die andere Gruppe besteht vornehmlich aus Managern und leitenden Mitarbeitern, die das laufende Geschäft betreiben und auf den Wettbewerb ihres Instituts mit Konkurrenzbanken fixiert sind. Eine Zusammenarbeit mit den jetzigen Marktkonkurrenten können sich diese sieben Jahre nach Einführung wettbewerblicher Verhältnisse im Geschäftsbankensystem nicht mehr vorstellen. Die erstgenannte Gruppe von Bankern wird vom Finanzministerium unterstützt, das die Konsolidierung wünscht. Die zweite Gruppe repräsentiert die Konsolidierungsgegner und tritt für die Unabhängigkeit des eigenen Hauses ein. Auch wenn diese Differenzierung nicht für alle Banken gilt, die mit einer möglichen Konsolidierung konfrontiert sind, trifft die Grobunterscheidung tendenziell dennoch zu. Die erstgenannte Gruppe der Konsolidierungsbefürworter ist v.a. innerhalb der PeKaO S.A. stark; daher waren die Bemühungen zur Bildung einer PeKaO-Holding schließlich auch erfolgreich. Allerdings muß man in diesem Zusammenhang auch feststellen, daß es von vornherein klar war, daß die PeKaO als weitaus größte Bank der künftigen Holding die zentrale Funktion übernehmen würde, was letztlich so ja auch ausgehandelt wurde.

Die Bank Handlowy sah sich vor die Wahl gestellt, entweder möglichst bald ihre Privatisierung einzuleiten oder aber zunächst mit anderen Banken einen Konzern aufzubauen. Eine Konsolidierung ist aber mit langwierigen internen Umstrukturierungsprozessen verbunden, die die Privatisierung verzögern. Außerdem ist der Anteil der Banken als Aktiengesellschaften an der Gesamtmarktkapitalisierung der Warschauer Börse ohnehin bereits sehr hoch, so daß es schwerfallen dürfte, eine so große Bank wie eine potentielle Bank-Handlowy-Holding mit Hilfe polnischen Kapitals über die Börse in Warschau zu privatisieren; zumindest dürfte dies deutlich schwieriger sein als eine Privatisierung der Bank Handlowy als Einzelinstitut. Aus diesen Gründen hat der Vorstand der Bank Handlowy die Priorität für die weitere

Entwicklung der Bank in Richtung Privatisierung gesetzt. Damit ist aber eine Konsolidierung zu einem späteren Zeitpunkt von etwa ein bis zwei Jahren nach der Privatisierung nicht ausgeschlossen.

Auch wenn der Staat nicht direkt in die tägliche Geschäftspolitik der staatlichen Banken eingreift, so bringt Staatseigentum für die betroffenen Banken doch eine Reihe von Beschränkungen. So sind - dies ist allerdings nicht bankspezifisch - die Löhne bei staatlichen Banken nach oben begrenzt. Eine weitere Beschränkung liegt in der Kapitalbeschaffung: Die Bank Handlowy wird aufgrund ihrer stabilen finanziellen Position nicht vom Staat subventioniert. Sie kann sich aber auch anders als private Banken kein Kapital durch einen Börsengang beschaffen. Die Haltung der gegenwärtigen Regierung zu der Frage, ob strategisch wichtige Banken, wie die Bank Handlowy, überhaupt privatisiert werden sollen, ist nicht ganz klar. Politiker v.a. aus den Reihen der Bauernpartei sind der Marktwirtschaft gegenüber reserviert eingestellt und haben auch gegen Privatisierungen in anderen Wirtschaftsbereichen als dem Bankensektor opponiert. Diese Politiker haben folglich auch gegenüber der Bankenprivatisierung eine kritische Haltung. Es ist ohnehin zweifelhaft, ob der Staat seine gesamten Anteile bei künftigen Bankenprivatisierungen verkaufen wird. Wahrscheinlicher ist es, daß er Minderheitsanteile, wie im Falle der teilprivatisierten BPH, behalten wird. Wenn er seinen Anteil am Gesamtkapital einer Bank z.B. bei einem Drittel hält, kann er in beträchtlichem Umfang von den Dividendenausschüttungen der jeweiligen Bank profitieren und auf der Hauptversammlung der Bankenaktionäre Einfluß nehmen auf etwaige strategische Entscheidungen der Bank. Argumentiert man parteipolitisch, so stellt man fest, daß der sozialistische Koalitionspartner in der Regierung auf den Bankensektor durch die Besetzung von Schlüsselpositionen im Finanzministerium und in den Vorständen der staatlichen Banken einen größeren Einfluß ausübt als die Bauernpartei. Die Sozialisten haben von ihren an der Marktwirtschaft orientierten ökonomischen Zielen her gesehen, wie auch die vergangenen Jahre gelehrt haben, weniger Probleme mit der Bankenprivatisierung als die Vertreter der Bauernpartei, so daß für die nächste Zeit wohl mit einer Beschleunigung des Privatisierungstempos innerhalb des Bankensektors zu rechnen ist.

Die Transformation des Bankensektors ist seit der Formulierung der *Strategia dla Polski* durch Finanzminister Kołodko in einen größeren ökonomischen Zusammenhang eingebettet worden. So spielt bspw. für die Privatisierung der noch verbliebenen staatlichen Banken die Reform des Sozialsystems eine wichtige Rolle, v.a. die Bildung von Pensionskassen. Diese sollen einen Kollaps des Systems der Altersversogung vermeiden helfen. Das Kapital z.B. der neuen PeKaO-Holding soll als Startkapital für die Pensionskassen verwendet werden, wie auch das Kapital von noch zu privatisierenden Staatsunternehmen. Damit wird der Bankensektor zu anderen Zwecken benutzt, und die Bankenprivatisierung hat noch weitere Gründe außer dem Erreichen einer effizienteren Arbeitsweise der Banken. Allerdings dürfte der Zusammenhang von Bankenprivatisierung und Pensionssystem die Entstaatlichung des Bankensektors gehörig beschleunigen. Nach dem gegenwärtigen Stand der Diskussion ist es denkbar, daß etwa 30 bis 40% des Bankenkapitals der PeKaO-Gruppe den Pensionskassen übertragen wird. Dann blieben noch genug Anteile für die Beteiligung eines strategischen Investors an der Gruppe übrig.

Bis vor etwa einem Jahr war für die Banken das Geschäft mit Staatsanleihen recht lukrativ. Die mit Staatsanleihen zu erzielenden Renditen lagen z.T. um vier bis fünf Prozentpunkte über denen, die mit Krediten zu erzielen waren. Inzwischen hat sich die Situation jedoch grundlegend geändert: Das Angebot an Geld nimmt zu, und mit fortschreitender Entwicklung des Geldmarktes kann nunmehr ein objektiver Preis für Geld ermittelt werden. Dies hat zu einer Senkung der Zinsen für Staatsanleihen geführt. Zugleich ging jedoch auch die Nachfrage des Unternehmenssektors nach Krediten zurück. Durch die hohen Kreditzinsen haben die Unternehmen sich frühzeitig Möglichkeiten zur Selbstfinanzierung eröffnet, z.B. über den Gang an die Börse oder die Partizipation am Geldmarkt durch die Emission von geldmarktfähigen Unternehmensanleihen. Mit der Erholung der Wirtschaft und finanziellen Erfolgen der Unternehmen hat der Wettbewerb zwischen den Banken bei der Suche nach guten Kreditnehmern erheblich an Schärfe zugenommen. Entsprechend ist der Druck auf die Zinsmargen stärker geworden. Für die Banken besteht für die nächsten Jahre durchaus die Gefahr, daß angesichts des zunehmend hart umkämpften Kreditmarktes die Zinseinnahmen nicht mehr die Betriebskosten decken werden.

In bezug auf die Geldpolitik der NBP ist beobachten, daß die geldpolitische Feinsteuerung durch Offenmarktpolitik gegenüber der Leitzinspolitik erheblich an Einfluß gewinnt. Die Zinssätze der Geschäftsbanken orientieren sich immer weniger an den Leitzinsen der Zentralbank. Die Kreditzinsen liegen z.B. vielfach bereits unterhalb des Diskontsatzes der NBP. Die Besteuerung der polnischen Unternehmen ist mit einer Einkommensteuer von 40% sehr hoch. Banken sind aber zusätzlich dadurch benachteiligt, daß die obligatorische Risikovorsorge angesichts der Krise um schlechte Kredite Anfang der 90er Jahre inzwischen sehr streng ist und notwendige Reserven sowie Wertberichtigungen steuerlich nicht als Kosten anerkannt werden. Die Belastung für die Bankenrentabilität ist dadurch enorm. Der Staat stellt seine Einnahmeninteressen als Fiskus über die Gewinninteressen der Banken und letztlich auch über die Sicherheitsinteressen des Bankensektors.

Hauptziel der Reformbestrebungen hinsichtlich eines neuen Zentralbankgesetzes ist es, die Aufsicht aus der NBP auszugliedern. Die Wahrscheinlichkeit ist groß, daß eine formell unabhängige neue Bankenaufsichtsbehörde dem Einfluß der Regierung unterstehen würde. Dies würde der Regierung in Gestalt des Finanzministeriums eine sehr starke Position verleihen. Solange jedoch der Staat über das Finanzministerium noch Bankeneigentümer ist, sind mit einer solchen Konstruktion Interessenkonflikte vorprogrammiert. Der zweite wichtige Diskussionspunkt bei der Novellierung des Zentralbankgesetzes ist die mögliche Beschneidung der geldpolitischen Kompetenzen der NBP. Dieser Vorschlag ist z.T. auch auf persönliche Konflikte zwischen Finanzminister Kołodko und der Zentralbankpräsidentin Gronkiewicz-Waltz zurückzuführen. Diese Konflikte haben sich nach der Kandidatur von Frau Gronkiewicz für das Amt des Staatspräsidenten noch verschärft. Die NBP ist dadurch unnötig politisiert worden. Allerdings ist die Diskussion um die geldpolitischen Kompetenzen der NBP auch Ausdruck der weitverbreiteten Ansicht, daß Wirtschaftspolitik möglichst aus einer Hand heraus gestaltet werden sollte, also durch eine zentrale Institution, wie dem Finanzministerium. Dies ist eine recht administrative Denkweise, die an die Zeit der Planwirtschaft erinnert.

Eine Politik, die weitere Privatisierungen im Banken- und Unternehmenssektor versucht einzudämmen, ist in der Bevölkerung z.Zt. durchaus populär. So besitzen die staatlichen Banken bspw. ein recht großes Vertrauen bei der breiten Masse, weil staatliche Banken mit sicheren Einlagen gleichgesetzt werden, eine nicht unbegründete Einschätzung, bedenkt man, daß bis zum Jahre 1995 die Depositen von privaten Haushalten bei den staatlichen Banken vom Staat garantiert wurden. Die staatliche Einlagengarantie gilt im übrigen bis heute trotz der Einführung eines Einlagensicherungsfonds für wenige große staatliche Banken weiter, die PKO BP, die PeKaO S.A. und die BGŻ.

Nicht alle staatlichen Banken werden mit den Gesetzen des Marktes konfrontiert. Es gibt staatliche Bevorteilung, die die Härte des Marktes lindern soll. Das beste Beispiel hierfür ist die BGŻ. Sie wird vom Staat direkt bzw. indirekt subventioniert und besitzt bestimmte Privilegien, wie niedrigere Mindestreserveanforderungen. Ein großer Fehler des Staates lag darin, keine zweite große Landwirtschaftsbank neben der BGŻ ins Leben gerufen zu haben, um auch in diesem Teil des Bankensektors Wettbewerb zu ermöglichen. Eine Schließung der BGŻ wäre letztlich viel kostengünstiger als ihre fortgesetzte Subventionierung, wenn es für den Landwirtschaftssektor eine alternative Finanzierungsquelle gäbe. Ein Hindernis für die Schließung der BGŻ ist nicht nur die Regierungsbeteiligung der Bauernpartei. Das Problem liegt auch darin, daß keine andere Bank in der Vergangenheit ein Interesse daran hatte, die Kunden der BGŻ zu übernehmen. Dies könnte sich allerdings ändern, denn das Privatkundengeschäft wird von immer mehr Banken als lukrativ eingeschätzt. Dies schließt auch die Bevölkerung auf dem Lande ein. Die Genossenschaftsbanken außerhalb des BGŻ-Verbunds entwickeln sich z.B. immer mehr zu einer ernsthaften Konkurrenz für die BGŻ und die ihr angeschlossenen Institute.

***$A_4$: Witold Zieliński, Vorstandsmitglied der Citibank Polska S.A., Direktor der Abteilung Financial Institutions, Warschau, den 2. August 1994:***

Einer der wesentlichen Wettbewerbsvorteile der Auslandsbanken gegenüber den polnischen Kreditinstituten liegt in der Einführung innovativer Finanzinstrumente, die bisher am polnischen Markt unbekannt waren, z.B. im Bereich *cash management* das *electronic banking*. Das Hauptproblem für die Auslandsbanken ist die quantitative Begrenzung bei der Kreditvergabe. Da die Banken Großkredite nur bis zu 10% ihres Eigenkapitals vergeben können, sind die Kundengruppen der Banken eng begrenzt, v.a. wenn man bedenkt, daß gerade die Auslandsbanken große internationale Unternehmen zu ihren Firmenkunden zählen, bei denen das Volumen einzelner Kredite durchaus oberhalb des 10%-Limits liegen kann. Auf der anderen Seite ist dies eine verständliche Sicherheitsvorschrift, denn die polnischen Banken, deren Kreditportefeuilles aus der Zeit der Planwirtschaft einseitig zugunsten weniger Branchen und Großkunden verzerrt sind, sollen ja gerade ihre Kreditrisiken diversifizieren.

Die Tatsache, daß es bisher nur relativ wenige ausländische Banken am polnischen Markt gibt, muß in erster Linie auf die restriktive Lizenzierungspolitik der NBP zurückgeführt werden. Seit Juni 1993 wurde keine neue Lizenz mehr an eine Auslandsbank erteilt. Gegenwärtig verlangt die NBP von einer Auslandsbank, die auf den polnischen Markt drängt, die Übernahme bzw. Sanierung einer in eine Insolvenzsituation geratenen polnischen Bank, v.a. aus der Gruppe der kleinen privaten Banken. Vom wettbewerblichen Standpunkt aus gesehen spielen die Auslandsbanken, gemessen am aggregierten Einlagen- und Kreditvolumen, bisher keine große Rolle als Konkurrenten der polnischen Institute. Die Konkurrenz findet vielmehr unter den polnischen Banken selbst statt.

Gerade der private Bereich des Bankensektors ist in großen Schwierigkeiten. Eine Reihe privater Banken steht kurz vor dem Konkurs, und daher fördert die NBP Fusionen solcher Problembanken mit stärkeren polnischen Kreditinstituten bzw. Auslandsbanken. Viele der Banken, die jetzt in Schwierigkeiten sind, hatten infolge der ausgesprochen liberalen Bankengesetzgebung von 1989 mit einer recht geringen Eigenkapitaldecke und mit geringer oder gar keiner Erfahrung mit einem von Risiken geprägten Umfeld ihre Geschäftstätigkeit aufgenommen. Um Marktanteile zu gewinnen, betrieben sie eine aggressive Geschäftspolitik und zahlten zur Akquirierung von Einlagen hohe Depositenzinsen. Auf der Aktivseite vergaben sie zum Großteil hochverzinste Kredite an Kunden, die bei staatlichen Banken aufgrund fehlender Reputation oder zu hoher Risiken keine Kredite bekommen konnten. Besonders häufig zeigte sich dieses Verhalten in der Phase, in der die Kreditvergabe staatlicher Banken durch die Kreditplafondierung der NBP eng begrenzt war. Teure, weil hochverzinste Kredite sind jedoch risikoreiche Kredite, von denen sich ein Großteil Monate später bereits als nicht rückzahlbar herausstellte. Die schlechten Kredite bei den neuen privaten Banken entstanden also zum größten Teil durch das Eingehen zu hoher Risiken.

Die schlechten Kredite in den Portfolios der staatlichen Banken entstanden dagegen auf andere Weise. Die ersten schlechten Kredite bei den Regionalbanken entstammen aus der Zeit der Planwirtschaft, denn die Regionalbanken übernahmen bei ihrer Gründung die regionalen Kreditportfolios der NBP. Berücksichtigt man die Tatsache, daß vor 1989 gegenüber den staatlichen Unternehmen keine harten Budgetbeschränkungen von seiten der NBP durchgesetzt worden waren, und zieht man dazu noch die Rezession der Jahre 1990/91 in Betracht, während der viele Unternehmen illiquide wurden, so wird verständlich, daß die alten Kredite an die Staatsunternehmen sich als faule Kredite erwiesen. Auch ab dem Zeitpunkt, wo dieses klar wurde, setzten die staatlichen Banken z.T. die Kreditvergabe an die staatlichen Unternehmen fort. Das Volumen schlechter Kredite in den Portfolios der betroffenen Banken wuchs damit nicht nur weiter, die Konzentration der Kredite auf bestimmte Problembranchen der Transformation, wie z.B. die Kohlebergbauminen Schlesiens, war auch recht hoch. Es gibt viele Beispiele enger Gläubiger-Schuldner-Verflechtungen zwischen den Regionalbanken und der jeweiligen regionalen Unternehmenslandschaft, wie z.B. im Falle der Powszechny Bank in Łódź und der dortigen Textilwirtschaft sowie der Bank Gdański und der Werftenindustrie.

Private Banken hatten demgegenüber andere Kundenzielgruppen: Sie konzentrierten sich von Beginn ihrer Tätigkeit an auf die entstehende mittelständische Wirtschaft, also private Unternehmen ohne jegliche Erfahrung mit einem wettbewerblichen Umfeld. Vor der Kreditplafondierung gegenüber den staatlichen Banken hatten die privaten Kreditinstitute aufgrund ihrer geringen Eigenkapitalbasis, die größere Kreditengagements gar nicht zuließ, und wegen der engen Geschäftsbeziehungen zwischen staatlichen Banken und Staatsunternehmen kaum Chancen, große staatliche Firmenkunden zu gewinnen. Doch anstelle eines vorsichtigen Herantastens an die neuen privaten Firmenkunden, die noch über kein Kreditstanding verfügten, nahmen die privaten Banken hohe Kreditrisiken in Kauf.

Das Problem schlechter Kredite lastet noch als schwere Hypothek auf Polens Bankensystem. Offenbar hatte die ungenaue Bankenbilanzierung vor 1991 das Ausmaß der schlechten Kredite noch nicht aufzudecken vermocht. Die Regierung hat inzwischen aber die Situation im Vergleich zum Anfangsstadium der Kreditkrise mit dem Gesetz zur Sanierung von Banken und Unternehmen um einiges verbessern können. Die Kreditprobleme der Staatsbanken entstanden v.a. als Folge der wirtschaftlichen und politischen Umwälzungen seit 1989. Wegen der in der Planwirtschaft üblichen weichen Budgetrestriktionen trägt der Staat eine Mitverantwortung für das Ausmaß schlechter Kredite in den Portefeuilles der Staatsbanken. Daher erscheint es folgerichtig, daß der Staat auch bei der Lösung der Kreditproblematik unterstützend eingreift. Das Problem schlechter Kredite bei den privaten Banken, also neue schlechte Kredite, sind anderer Natur, nämlich Resultat des Verhaltens der Banken selbst. Von daher ist es verständlich, daß die Banken für ihre Fehler selbst haften müssen und - anders als die Staatsbanken - keine finanzielle Unterstützung von seiten des Staates erhalten. Dennoch gibt es eine Reihe von Beispielen, wo die NBP in besonders schweren und systemgefährdenden Fällen der Insolvenz privater Banken, letzteren Kapitalhilfen gewährt. Daneben arrangiert die NBP auch Verhandlungen mit dem Ziel der Fusion von Problembanken mit gesunden Kreditinstituten bzw. eine Übernahme durch diese. Die NBP bemüht sich, die Probleme sowohl der Staatsbanken als auch der privaten Kreditinstitute gleichberechtigt zu lösen.

Die ganz kleinen privaten Banken haben mittelfristig keine Überlebenschancen, weil der Markt für Bankleistungen in Polen noch nicht differenziert genug ist, um dort eine Nische finden zu können. Eines Tages könnten solche Banken vielleicht *niche-players* werden, wie z.B. die lokalen Banken in den USA, doch bis dahin ist es noch ein weiter Weg. Zunächst muß sich die polnische Volkswirtschaft noch in Richtung einer ausdifferenzierten Marktwirtschaft hin entwickeln, und dies dürfte noch viele Jahre in Anspruch nehmen. Es gibt nur wenige Auslandsbanken, die dazu bereit sind, solche kleinen privaten Kreditinstitute zu übernehmen, und auch nur dann, wenn die NBP ihnen keine andere Möglichkeit läßt, am polnischen Markt aktiv zu werden.

Konsolidierung i.S.v. Fusion von Banken bzw. der Übernahme kleiner durch größere Kreditinstitute wird der Trend im polnischen Bankwesen auch in den nächsten Jahren bleiben. Gegenwärtig ist die Bank Handlowy die einzige polnische Universalbank, die von ihrer Eigenkapitalbasis her in Konkurrenz mit den Auslandsbanken bestehen kann. Konsolidierung bedeutet für den Wettbewerb keine Gefahr. Mono- bzw. Oligopole haben mittelfristig keine Existenzchance, denn die Bankkunden haben die freie Wahl, mit welcher Bank sie Geschäfte tätigen wollen. So fällt z.B. der Anteil der Bank Handlowy am Außenhandelsfinanzierungsgeschäft in Polen von Jahr zu Jahr. 1990 hatte sie hier noch einen Anteil von ca. 80%, jetzt nur noch zwischen 50 und 60%. Etwas länger könnten allerdings die regionalen Mono- bzw. Oligopole der Regionalbanken bestehen bleiben, denn die Bankkunden verspüren nur wenig Anreize, Geschäftsbeziehungen mit anderen Banken aufzunehmen, denn diese unterscheiden sich durch das breite Universalbankangebot der Regionalbanken zum jetzigen Zeitpunkt nur wenig voneinander. Einige der Regionalbanken konzentrieren sich daher auch weiterhin auf ihre angestammten Heimatregionen, anstatt landesweit aktiv zu werden.

Die Probleme der PKO BP und der BGŻ hängen eng zusammen mit schlechten Krediten und Defiziten in ihrer Organisationsstruktur. Ihr Hauptproblem ist die Spezialisierung auf bestimmte Wirtschaftssektoren. Die Kunden der BGŻ z.B. sind v.a. die großen staatlichen Landwirtschaftsbetriebe, die z.T. bereits aufgelöst worden sind, denn der Landwirtschaftssektor gehört zu den Problembereichen der Transformation. Die Gewinne, die die Banken in diesem Wirtschaftssektor erzielen können, sind mager. Die PKO BP ist stark im Immobiliengeschäft tätig, ein früher hoch subventionierter Bereich der polnischen Volkswirtschaft. Der Staatshaushalt kann eine weitere Finanzierung dieses Sektors nicht mehr leisten, so daß viele von der PKO BP vergebene Kredite an die Wohnungsbaugenossenschaften nicht zurückgezahlt werden.

Das Bankengesetz sollte novelliert werden, denn es entstand am Anfang der Transformation, als die heutigen Probleme des Bankensektors noch nicht evident waren. Ein Beispiel für eine mögliche Novelle ist die Begrenzung von Anteilen der Banken an Nichtbanken auf 25% des Eigenkapitals. Diese Begrenzung ist zu streng und steht in Widerspruch zu den Bestimmungen des Sanierungsgesetzes: *debt-equity swaps* werden durch die enge Begrenzung von Unternehmensanteilen nur schwer durchführbar.

*A₅:* ***Dr. Władysław Jaworski, ehem. Vize-Präsident der NBP, Professor für Bankwirtschaft an der Szkoła Główna Handlowa, Warschau, den 3. August 1994 und 24. September 1996:***

***3. August 1994***

Das polnische Bankwesen weist einige Grundmängel auf, die mit zur Geschäftsbankenkrise beigetragen haben. Erstens ist das die Allmacht des NBP-Präsidenten. Faktisch ist die NBP zwar unabhängig von der Regierung, aber durch die Vormachtstellung ihres Präsidenten und der Tatsache, daß er von politischen Institutionen ernannt wird, beeinflußt die Politik der Regierung die Tätigkeit der NBP indirekt. Ein zweiter Schwachpunkt besteht darin, daß die Bankenaufsicht nicht getrennt ist von der Zentralbanktätigkeit. Damit reicht die Macht des Zentralbankpräsidenten bis in die Aufsicht hinein. Diese Machtkonzentration ist gefährlich, denn sie fördert subjektive Entscheidungen einer einzelnen bzw. weniger Personen. Eine Politik zu Lasten der kleinen privaten Banken, wie sie derzeit von der NBP betrieben wird, wird mit Hilfe der Bankenaufsicht in Form der Liquidierung vieler kleiner privater Kreditinstitute in die Tat umgesetzt. In Deutschland mit einem stabilen marktwirtschaftlichen Bankensystem sind die Bundesbank und das Bundesaufsichtsamt für das Kreditwesen zwei getrennte Institutionen, die zwar in Fragen der Aufsicht und bei der Überwachung der Stabilität des Bankensystems zusammenarbeiten, wo die Geschäftsbanken sich aber durchaus hilfesuchend an die Bundesbank wenden können, sollten sie z.B. wegen Liquiditätsproblemen mit der Bankenaufsicht in Konflikt geraten sein. Die Bundesbank kann dann z.B. mit Lombardkrediten helfen. In Polen ist das nicht möglich, da NBP und Bankenaufsicht quasi eine Einheit bilden. Zum dritten verfolgt die NBP keine eindeutige und ausgereifte Strategie zur Entwicklung des Bankensystems. Ihre Politik besteht z.Zt. hauptsächlich in der möglichst schnellen Liquidierung kleiner privater Banken bzw. in deren Übernahme durch größere Institute.

Die Politik der NBP unter der Ägide ihrer Präsidentin Gronkiewicz-Waltz hat wesentlich zur Krise der privaten Banken beigetragen. Diese Banken sind gegenüber den staatlichen Kreditinstituten in mehrfacher Hinsicht benachteiligt. So sind z.B. ihre Spareinlagen im Gegensatz zu denen bei vielen staatlichen Banken nicht vom Staat garantiert. Als eine Art Risikoprämie zahlen die privaten Banken dafür höhere Depositenzinsen an ihre Kunden, um Einlagen zu attrahieren, was die Kosten für die Banken erhöht und ihre Zinsmarge verringert. Auch bei der Refinanzierung über die NBP werden die privaten Banken benachteiligt. So erfolgt z.B. die Vergabe von Lombardkrediten an solche Banken viel restriktiver als an staatliche Kreditinstitute. Betrachtet man die Problematik der notleidenden Kredite, so werden auch hier die staatlichen Banken bevorzugt. So sind nur sie in das Gesetz zur Sanierung von Banken und Unternehmen miteinbezogen. Neben den Regionalbanken haben auch die staatlichen Spezialbanken Mittel der NBP zur Stärkung ihrer Liquidität erhalten. Es gibt jedoch keine Art Restrukturierungsfonds für private Banken.

Benachteiligt die NBP-Politik private Banken in besonderem Maße, so ist deren gesamte Politik gegenüber dem Geschäftsbankensektor insgesamt ebenfalls kritisch zu betrachten. So müssen seit 1993 Risikoreserven für notleidende Kredite gebildet werden. Die hierdurch für die Banken entstehenden Kosten werden jedoch noch dadurch erhöht, daß diese Risikoreserven steuerlich nicht als Kosten anerkannt werden, also steuerlich nicht absetzbar sind. Die NBP hat bis heute nicht auf eine entsprechende Änderung der Steuergesetze zur Verbesserung der Ertragslage der Banken hingewirkt. Im Gegenteil: Mindestreserven von bis zu 30% bilden quasi eine zusätzliche Steuer für die Banken, die noch dazu - anders als bspw. in Deutschland - über den gesamten Monat hindurch gehalten werden müssen. Auch sind die Banken viel zu sehr in die Finanzierung des Staatshaushalts einbezogen. Dies geschieht einmal durch die Versteuerung der Risikoreserven, v.a. jedoch durch den Kauf von Staatsanleihen. Die Banken finanzierten so das Budgetdefizit 1993 mit PLN 1,3 Mrd., während der aggregierte Nettogewinn desselben Jahres für alle polnischen Banken zusammengerechnet nur bei PLN 0,9 Mrd. lag. Dabei böten sich den Banken profitablere Investitionen als solche in *treasury bonds* an.

Auch wenn einige private Banken in Konkurs gehen müssen, so könnten doch viele von ihnen überleben, wenn die NBP ihre Politik ändern würde. In diesem Zusammenhang ist insb. ihre Hochzinspolitik problematisch. Die hiermit ursächlich verbundenen sehr hohen Kreditzinsen schrecken viele potentielle Kreditnehmer ab. Die NBP geht hierbei von dem falschen Dogma aus, daß die Leitzinsen mindestens so hoch sein sollten wie die Inflationsrate. Faktisch waren die Kreditzinsen über das Jahr 1993 hindurch höher als die Inflationsrate. Die Kreditzinsen werden für die Kreditnehmer immer weniger bezahlbar. Diese, wie auch die zuvor genannten gewinnbeschneidenden Maßnahmen der NBP, führen zu einer schleichenden Dekapitalisierung der Banken, denn ihr Eigenkapital wächst infolge der ungünstigen NBP-Politik langsamer als die Inflationsrate. Für die privaten Banken, die sowieso über eine relativ dünne Eigenkapitaldecke verfügen, wirkt sich dies noch negativer aus als für die staatlichen Banken.

Um die Stabilität des Bankensektors zu erhöhen, sollte die NBP in den genannten Problemfeldern ihre Politik ändern. Dazu gehört es, die kleinen privaten Banken z.B. mit einem Restrukturierungsfonds finanziell zu unterstützen, anstatt weiterhin eine Politik der Liquidierung zu betreiben. Zugleich sollten die staatlichen Kreditinstitute zu insgesamt etwa vier großen Bankkonzernen fusioniert werden, um so der steigenden Konkurrenz ausländischer Kreditinstitute mit guter Kapitalausstattung gewachsen zu sein. Dies ist gerade wichtig in bezug auf einen späteren Eintritt in die EU. Da die kleinen Banken andere Kundengruppen haben als die großen, könnten sie trotz der Konkurrenz von Auslandsbanken und großer staatlicher Bankkonzerne aus Polen weiter bestehen bleiben. Eine solche Struktur des Geschäftsbankensystems mit entsprechender Arbeitsteilung findet sich auch in marktwirtschaftlichen Bankensystemen wie in Deutschland.

Eine Konsolidierung des polnischen Bankensektors sollte nicht gleichbedeutuend sein mit dem Niedergang der kleinen Banken. Ändert sich die Politik der NBP nicht, so werden in der nächsten Zeit die meisten der kleinen privaten Banken verschwinden. Konkurrenz im Bankwesen ist für die NBP offenbar sekundär. Auf seiten v.a. der staatlichen Banken ist bereits jetzt eine Konzentrationstendenz spürbar. Dies zeigt bspw. der Fall der WBK, PBR und BPH, drei große (teil)staatliche Banken, die in Zukunft verstärkt zusammenarbeiten wollen. Wenn gleichzeitig die privaten Banken als Konkurrenten wegfielen, würde dies zu einer Oligopolisierung des polnischen Bankwesens führen. Die sogenannten privaten Banken, die jedoch auch über staatliches Anteilskapital verfügen, könnten jedoch überleben, denn die NBP zeigt hier ein größeres Interesse an Rettungsaktionen. Wenn sich diese Tendenz jedoch fortsetzt, dürften sich die meisten polnischen Banken eines Tages in z.T. staatlicher Hand befinden. So kommt zu der Gefahr der Oligopolisierung noch die der Reverstaatlichung hinzu. Schon heute besitzt die NBP einige Geschäftsbanken als Folge von Übernahmen insolventer Kreditinstitute; auf Dauer ist ihr dies laut Banken- und Zentralbankgesetz wegen der dort festgeschriebenen Trennung in ein Zentral- und ein Geschäftsbankensystem jedoch nicht gestattet.

In bezug auf die Politik gegenüber den Genossenschaftsbanken wurde der große Fehler begangen, es den lokalen landwirtschaftlichen Genossenschaftsbanken zu gestatten, die Geschäfte von Universalbanken durchzuführen. Für die mit der breiten Angebotspalette von Universalbanken verbundenen Geschäfte reicht das Eigenkapital der Genossenschaftsbanken aber gar nicht aus, und zudem sind die leitenden Mitarbeiter dieser Banken zu unerfahren, um Geschäfte, die normalerweise außerhalb des Kreises ihrer Bauernklientel liegen, risikoadäquat durchzuführen. Wenn die lokalen Genossenschaftsbanken bei ihrem ursprünglichen Kundenstamm, nämlich den privaten Landwirten und der Bevölkerung auf dem Lande insgesamt, und dem damit verbundenen Einlagen- und Kreditgeschäft geblieben wären, wären sie nicht in die jetzige Finanzkrise geraten. Zum Teil andere Ursachen haben die Probleme der BGŻ, denn deren Kunden, die großen staatlichen Landwirtschaftsbetriebe, sind weggebrochen bzw. ganz aufgelöst worden. Somit können die an diese Kunden vergebenen Kredite nicht zurückgezahlt und müssen daher abgeschrieben werden.

Die Kreditprobleme der PKO BP resultieren hauptsächlich aus den Krediten für den Wohnungsbau. Diese sind langfristiger Natur, ihre Bedienung wurde teilweise vom Staat übernommen, die Wohnungsbaugenossenschaften also indirekt subventioniert. Der Wohnungsbau ist jedoch eines der Hauptprobleme der Transformation, denn der Staat kann eine weitere Subventionierung dieses Sektors aufgrund der Defizite des Staatshaushalts nicht mehr leisten. Es kommen somit aus dem Bereich Wohnungsbau vorerst keine neuen Kunden für die PKO BP mehr hinzu. Auf der anderen Seite sind aber viele Mittel der Sparkasse für die Altkredite gebunden und können daher auch nicht für neue potentielle Kreditnehmer aus anderen Wirtschaftsbereichen verwendet werden.

*24. September 1996*

Das Hauptmotiv für die gegenwärtig laufende Konsolidierung des Bankwesens ist die Angst davor, daß es nach einigen Jahren ausländischer Konkurrenz keine polnischen Banken mehr geben wird, weil diese aufgrund ihres jetzigen geringen Eigenkapitalumfangs nicht in der Lage sind, im Wettbewerb mit den großen Auslandsbanken zu bestehen. Die Konsolidierung ist der einzige Weg, die Eigenkapitalbasis der polnischen Banken zu stärken und letztere so langfristig wettbewerbsfähig zu machen. Die polnischen Banken wurden bis heute durch die offizielle Politik geschwächt. Dazu gehören v.a. die nachteiligen Steuerregelungen und die Politik der NBP, die gegen die Banken gerichtet ist. Das Bankensystem ist sozusagen die 'Milchkuh des Staates'. So zahlen die Banken in Staatseigentum nach dem Willen des Eigentümers hohe Dividenden in die Staatskasse. Hohe Mindestreserven, die unverzinst bleiben, schwächen die Rentabilität der Kreditinstitute zusätzlich. Diese Politik hat zu einer fortschreitenden Dekapitalisierung der Banken geführt. Demgegenüber verfügen die in Polen operierenden Auslandsbanken über hohe Mittelzuflüsse von ihren Mutterinstituten im Ausland. Vor diesem Hintergrund ist die neuerlich wieder liberalisierte Lizenzierungspolitik der NBP ein schwerer Fehler.

Gegenwärtig ist es das Ziel der Regierung, möglichst viele der noch in Staatsbesitz befindlichen Banken zu privatisieren. Dazu fehlt es jedoch an polnischem Kapital. Ein Verkauf staatlicher Banken an ausländische Interessenten wäre relativ einfach, wird jedoch politisch nicht gewollt. Eine Privatisierung über die Warschauer Börse wäre problematisch, da die Marktkapitalisierung der Bankenbranche dort ohnehin schon recht hoch ist und gegenwärtig etwa 45% des Marktindex ausmacht.

Abgesehen vom Problem der Auslandsbanken ist die Politik der staatlichen Institutionen gegen das Bankensystem gerichtet. Dem Aspekt der Sicherheit wird eine viel höhere Bedeutung zugemessen als dem der Wettbewerbsfähigkeit; dies zeigt sich z.B. in den seit 1993 verschärften eigenkapital- und liquiditätsorientierten Richtlinien der NBP. In den Bankensystemen der EU sind Sicherheitsnormen für die Banken gesetzlich festgeschrieben und etwaige Änderungen unterliegen einem langwierigen Gesetzgebungsverfahren. In Polen hingegen liegt die Formulierung von Sicherheitsnormen viel stärker im Ermessensspielraum der NBP und insb. ihres Präsidenten. Die damit verbundene leichte Änderbarkeit und auch Willkür der Sicherheitsnormen ist problematisch und kann sich leicht zu Lasten der Geschäftsbanken auswirken. Die Rentabilität der Geschäftsbanken hängt darüberhinaus nicht nur davon ab, wie effizient sie arbeiten, sondern auch davon, inwiefern sie von der NBP Privilegien eingeräumt bekommen. So ist z.B. die BGŻ teilweise von der Haltung von Mindestreserven befreit, ein Privileg, das politisch und nicht ökonomisch motiviert ist. Der Mangel an gesetzlich fixierten Normen schafft Raum für informelle Kontakte zwischen den Geschäftsbanken und der NBP, die eine Ungleichbehandlung der verschiedenen Banken zur Folge haben. Ein weiteres Beispiel in diesem Zusammenhang sind die Kreditkonzentrationsnormen: Diese sind zwar im Bankengesetz festgeschrieben, Ausnahmeregelungen durch die NBP sind aber möglich. Das Bankengesetz ist recht vage formuliert, die endgültige Ausgestaltung der Normen für die Geschäftsbanken obliegt der NBP. Dies verschafft ihr eine sehr starke Stellung. Besser wäre es, die Aufsichts- und die Zentralbankfunktionen voneinander zu trennen, wie es gegenwärtig auch diskutiert wird. Die NBP wehrt sich gegen eine solche Trennung, denn es ist klar, daß ihre Macht in hohem Maße von den diskretionären Eingriffsmöglichkeiten der Bankenaufsicht abhängt.

Die Pläne der Regierung in bezug auf die Unabhängigkeit der NBP gehen z.Zt. dahin, die Zuständigkeit der Zentralbank für die Geldpolitik so zu ergänzen, daß sie künftig auch Mitverantwortung für die gesamte Wirtschaftspolitik trägt. Damit sollen künftig Gegensätze zwischen Geldpolitik und allgemeiner Wirtschaftspolitik der Regierung, die in der Vergangenheit häufig auftraten, verhindert werden. Außerdem soll die Macht des NBP-Präsidenten beschnitten und auf den gesamten NBP-Vorstand übertragen werden. Der NBP-Präsident wäre damit nur noch *primus inter pares*. Die Gründung eines geldpolitischen Rates, der paritätisch aus Mitgliedern der Regierung, des Parlaments und der NBP besetzt werden und dem ausschließlich Experten angehören sollen, soll die Verzahnung der Geldpolitik mit der allgemeinen wirtschaftspolitischen Linie sicherstellen. Dies heißt aber nicht, daß die NBP ihre Unabhängigkeit verlieret. Die Mitglieder des neuen geldpolitischen Rates sollen alle sechs Jahre gewählt werden, um Entscheidungen zu verhindern, die sich zu sehr nach politischen Wahlzyklen richten.

Die Präsidentschaftskandidatur von Frau Gronkiewicz-Waltz belegt, daß die NBP-Präsidentin eine politische Figur ist, die aktiv am politischen Leben teilnimmt. Die NBP wird damit als ökonomische Institution in einer Weise politisiert, wie es in marktwirtschaftlichen Bankensystemen, wie z.B. in Deutschland, wohl kaum möglich wäre. Die politische Opposition der jetzigen NBP-Präsidentin gegen die Regierung bremst die Effizienz der Geld- und Wirtschaftspolitik. Die Geldpolitik der NBP ist im Grunde gegen die wirtschaftliche Entwicklung Polens, gegen wirtschaftliches Wachstum und einseitig darauf gerichtet, die Inflation zu senken. Dies hat u.a. dazu geführt, daß der Zuwachs an Krediten seit Anfang der 90er Jahre real kontinuierlich zurückgegangen ist. Dies liegt nicht nur an der zurückhaltenden Kreditvergabe der Banken, die den Risikoaspekt des Kreditgeschäfts sehr stark in den Vordergrund stellen, sondern auch daran, daß die Unternehmen die aufgrund der Leitzinspolitik der Zentralbank sehr hohen Kreditzinsen nicht mehr bezahlen können. Dies hat die Kreditnachfrage der Unternehmen zu Lasten der wirtschaftlichen Entwicklung gebremst. Die Finanzierung über den *cash flow* ist für polnische Betriebe heute von weit größerer Bedeutung als die Inanspruchnahme von Bankkrediten.

Die polnische Volkswirtschaft ist nicht ausreichend monetarisiert. Allerdings hat sich die Situation seit etwa Mitte 1995 geändert. Bis dahin lagen die Kreditzinsen deutlich über dem Diskontsatz, seither orientieren sich die Geschäftsbanken jedoch zunehmend weniger an den Leitzinsen der NBP und senken ihre Kreditzinsen deutlich unter das Niveau der Leitzinsen herab. Dies ist ein Ergebnis der sich verschärfenden Konkurrenz zwischen den Banken um die besten Firmenkunden. Trotz der sinkenden Zinsen für Bankkredite bleibt das Niveau der Leitzinsen der NBP aber unverständlich hoch: Obwohl die NBP für Ende 1996 eine relativ günstige Inflationsrate von 17 bis 19% vorhersagt, liegt der Diskontsatz bei über 22%. Die restriktive Geldpolitik der NBP ist sehr stark von den Empfehlungen der internationalen Finanzinstitutionen, wie des Weltwährungsfonds geprägt, deren oberste Priorität die Bekämpfung der Inflation ist.

Die Tatsache, daß die Banken weiterhin sehr stark in Staatsanleihen statt in Unternehmenskredite investieren, liegt darin begründet, daß Staatspapiere nahezu risikolos sind. Dies wiederum hängt zusammen mit der Definition und Risikoklassifikation von Aktiva in den entsprechenden Richtlinien der Bankenaufsicht. Diese zwingen die Banken dazu, Risikoaspekte bei ihren Investitionsentscheidungen überzugewichten. Trotz des niedrigen Risikos werden *treasury bonds* relativ gut verzinst, demnach sind sie auch unter Rentabilitätsgesichtspunkten für die Banken interessant, wenn auch nicht so profitabel wie Kredite.

***$A_6$*: Dr. Paweł Wyczański, Berater des Präsidiums der NBP, Abteilung Analiz i Badań, Warschau, den 3. August 1994 und 23. September 1996:**

***3. August 1994***

Das hohe Volumen schlechter Kredite in den Bilanzen der neun Regionalbanken hat zwei Ursachen: Zum einen haben die Regionalbanken die Kredite der NBP geerbt, nachdem diese sich aus dem Geschäftsbankensystem zurückgezogen hatte. Diese Kredite waren in sozialistischer Zeit an große Staatsunternehmen vergeben worden. Die Unternehmen gerieten vielfach in wirtschaftliche Schwierigkeiten, insb. dadurch, daß ihre Absatzmärkte im ehemaligen Ostblock im Zuge der Transformation wegbrachen. Hinzu kam, daß die Vorstände der Staatsunternehmen so gut wie keine Erfahrung besaßen, wie man eine Firma in einem wettbewerblichen Umfeld leitet. Die Gewinne der Staatsunternehmen sanken erheblich und viele Betriebe machten Verluste, so daß die Kredite in den Portefeuilles der Regionalbanken nicht mehr rückzahlbar waren. Zum zweiten vergaben die Regionalbanken auch nach ihrer Ausgründung aus der NBP weiterhin Kredite an Staatsunternehmen, ohne deren Kreditwürdigkeit ausreichend in ihre Kreditvergabeentscheidung miteinzubeziehen. Die Verantwortlichen in den Banken kannten bis dahin nicht das Problem, daß ein Kreditnehmer insolvent werden könnte, und es herrschten infolgedessen Wissensdefizite in der Beurteilung der Risikoposition eines Kreditnehmers vor.

Da die NBP für den Altkreditbestand in den Portefeuilles der Regionalbanken mitverantwortlich war, wurde gemeinsam von der Zentralbank und dem Finanzministerium als Vertreter des Eigentümers der Regionalbanken, dem polnischen Staat, ein Sanierungsprogramm ausgearbeitet. Das Programm wurde entworfen, nachdem Bilanzprüfungen westlicher Wirtschaftsprüfungsgesellschaften das Ausmaß der schlechten Kredite verdeutlicht hatte. Die Dringlichkeit einer Lösung des Problems wurde daran sichtbar. Ein weiterer Grund, warum sich die NBP mitverantwortlich fühlte für die schlechten Kredite in den Bankenportfolios, ist neben dem Altkreditbestand in der restriktiven Geldpolitik der Zentralbank, insb. in ihrer Hochzinspolitik im Kampf gegen die Inflation zu suchen. Diese Politik führte zu hohen Kreditzinsen, wodurch die ohnehin schon vorhandenen Probleme vieler Staatsunternehmen bei Zinszahlungen und Tilgung der Kredite noch verschärft wurden. Die Banken übergingen dieses Problem zunächst dadurch, daß immer neue Kredite vergeben wurden, um alte Zinszahlungen auf Unternehmensseite zu begleichen. Das Volumen schlechter Kredite wuchs so weiter an.

Das Sanierungsprogramm zielt darauf ab, sowohl die Banken finanziell bei der Abschreibung schlechter Kredite zu unterstützen als auch Anreize dafür zu schaffen, daß die Kreditinstitute ihre Schuldnern aktiv bei der Entschuldung unterstützen, um so einen Teil der Kredite zu retten und die Unternehmen für die Zukunft auf eine gesicherte finanzielle Basis zu stellen. Die Banken wurden durch die Ausgabe langfristiger Restrukturierungsanleihen des Finanzministeriums rekapitalisiert. Zugleich zwingt die Bankenaufsichtsrichtlinie Nr. 19/92 die Banken dazu, sich bei künftigen Kreditvergaben stärker an den damit verbundenen Risiken zu orientieren, indem spezielle Risikoreserven gegen Kreditausfälle gebildet werden müssen. Leider berücksichtigt die Steuergesetzgebung z. Zt. nicht den Kostenaspekt dieser Reserven, die bis auf Rücklagen gegen 100%-ige Ausfälle versteuert werden müssen. Zum Verständnis dieser Inkonsistenz zwischen Reservenbildung und Steuergesetzgebung muß man berücksichtigen, daß das Finanzministerium, in dem beide Gesetze ausgearbeitet wurden, in mehrere voneinander separierte Abteilungen unterteilt ist, die jeweils unterschiedliche Interessen vertreten. Die Priorität der für die Besteuerung zuständigen Abteilungen liegt darin, Steuerquellen zur Finanzierung des Staatshaushaltes voll auszuschöpfen - und diese Abteilungen haben innerhalb des Finanzministeriums die größere Macht.

Die Bilanzen der Regionalbanken wurden bisher noch nicht vollständig von schlechten Krediten bereinigt, obwohl das hierfür gesetzte Zeitlimit April 1994 inzwischen bereits überschritten ist. Betrachtet man die schlechten Kredite, die bis zur Bilanzprüfung Ende 1991 vergeben worden waren, so stellt man fest, daß immerhin diese Kredite inzwischen bereinigt bzw. abgeschrieben sind. Daher wurden auch keine Strafmaßnahmen von seiten der Aufsichtsbehörden gegen die betroffenen Banken erlassen. Da die Banken kontinuierlich die Bereinigung auch der nach 1991 vergebenen schlechten Kredite in Angriff nehmen, ist für die Zukunft ebenfalls nicht mit disziplinierenden Maßnahmen der Bankenaufsicht zu rechnen. Die Kreditprobleme könnten innerhalb der kommenden drei Jahre gelöst werden. Die Banken selbst sind an der Bereinigung ihrer Problemkredite stark interessiert, denn dies ist eine wichtige Vorbedingung für ihre Privatisierung. Die Privatisierung der Regionalbanken soll bis Ende 1996 abgeschlossen sein.

Einige der Instrumente des Sanierungsprogramms für die Regionalbanken wurden auch auf die Spezialbanken angewandt, die ebenfalls mit dem Problem schlechter Kredite konfrontiert sind. Dazu zählt bspw. die Rekapitalisierung mit Restrukturierungsanleihen. Generell unterscheidet sich aber die Behandlung der Spezialbanken durch den Staat von der der Regionalbanken, da die Ursachen für die Probleme der Spezialbanken sich von denen der regionalen Kreditinstitute aufgrund ihrer ehemals spezifischen Aufgaben in der Planwirtschaft unterscheiden. Die Spezialbanken PeKaO S.A., PKO BP und BGŻ sind alle drei in einer schwierigen finanziellen Situation. So ist z.B. die Bilanzstruktur der PeKaO S.A. für sie recht nachteilig. Es gibt z.B. auf der Aktivseite viele langfristige Ausleihungen der Bank, deren Verzinsung vom Finanzministerium noch in der Zeit der Planwirtschaft administrativ festgelegt wurde. Auf der anderen Seite jedoch ist die Verzinsung der Einlagenseite vergleichsweise hoch, und dies ebenfalls auf langfristiger Basis. Die zeitliche Struktur der Bankbilanz ist ein Resultat der planwirtschaftlichen Ära. Die PeKaO S.A. war als Fremdwährungssparkasse auch für Fremdwährungskredite an staatliche Außenhandelsunternehmen zuständig. Ein Großteil solcher Kredite erwies sich mit dem Zusammenbruch der Auslandsmärkte dieser Unternehmen als problematisch. Durch die Verluste aus schlechten Krediten und die Langfristigkeit vieler Ausleihungen hatte die PeKaO S.A. jedoch bisher nur wenig

Chancen zur Diversifikation ihrer Geschäftstätigkeit und ihrer Risiken. Bis Mitte der 90er Jahre endet aber die Laufzeit vieler dieser Ausleihungen, so daß dann wieder Mittel frei werden, um neue Geschäftsbeziehungen einzugehen, ohne die Bürde eines speziellen staatlichen Auftrags als Fremdwährungssparkasse zur Versorgung der Planwirtschaft mit Devisen. Trotz ihrer Kreditprobleme wurde die PeKaO S.A. bisher nicht mit Restrukturierungsanleihen des Finanzministeriums ausgestattet.

Die Situation der PKO BP ist dagegen schwieriger. Bei ihrer Gründung in den 80er Jahren erbte die Sparkasse die Wohnungsbaukredite der NBP und hatte den speziellen Auftrag, den privaten Wohnungsbau mit z.T. staatlich garantierten Krediten weiterhin finanziell zu fördern. Mit dem Zusammenbruch des staatlich subventionierten Wohnungsbaus entstand daraus eine schwere Hypothek bei der Gestaltung der künftigen Geschäftstätigkeit der PKO BP. Allerdings hat die Sparkasse auch ihre Chancen, denn sie besitzt aufgrund ihres landesweit verzweigten Filialnetzes und ihrer breiten Einlagenbasis durchaus Wettbewerbsvorteile gegenüber den anderen Banken. Die organisatorische Infrastruktur der PKO BP ist jedoch noch unterentwickelt: Sie besitzt keine moderne Informationstechnologie und das Bankpersonal ist im Durchschnitt schlecht ausgebildet.

Der Wohnungsbau Polens steckt in der Krise, da staatliche Investitionen in diesen Bereich durch die öffentliche Finanznot auf mittlere Sicht hin ausgeschlossen scheinen. Zwar deckt der Staat einen Teil der Zinsschuld der Kreditnehmer der PKO BP im Bereich Wohnungsbau weiterhin ab, dies gilt jedoch nur für den Altkreditbestand. Neue Kreditnehmer werden dagegen nicht mehr unterstützt. Die PKO BP versucht derzeit, ihre Kreditvergabetätigkeit zu streuen in Richtung Konsumentenkredite und Kredite für kleine private Unternehmen. Doch die Situation wird - ähnlich wie im Fall der PeKaO S.A. - durch die lange Laufzeit der bisherigen speziellen Kreditbeziehungen erschwert. Die Zinseinnahmen aus dem Kreditgeschäft decken daher die Zinszahlungen im Einlagengeschäft kaum. Im Kreditgeschäft steigt der Wettbewerb um gute Kreditnehmer z. Zt. ohnehin stark an, so daß die PKO BP aufgrund der Blockierung ihrer liquiden Mittel kaum in der Lage ist, mit den anderen Banken mitzuhalten.

Eine weitere Schwachstelle der PKO BP ist ihre traditionelle Kundenstruktur, nämlich v.a. die Kleinsparer. Dieses Geschäft ist von den Gewinnmargen her weniger lukrativ als das Firmenkundengeschäft mit erfolgreichen polnischen Unternehmen oder gar ausländischen Firmenkunden. Die PKO BP besitzt aufgrund ihres ehemaligen speziellen Geschäftsbereiches kein *standing* bei den in Frage kommenden Firmenkunden, und es ist von daher schwierig, mit flexibleren polnischen Konkurrenten bzw. den Auslandsbanken im Kampf um solche Kunden mitzuhalten. Um künftig wettbewerbsorientierter und flexibler arbeiten zu können, gibt es Pläne, die Organisationsstruktur der Sparkasse zu dezentralisieren. Eine Privatisierung der PKO BP wird derzeit nicht ernsthaft erwogen, denn berücksichtigt man die Strukturprobleme der Bank, ist es durchaus möglich, bei einer Unternehmensbewertung zu einem negativen Ergebnis zu gelangen. Vor diesem Hintergrund dürfte es schwerfallen, einen strategischen Investor für die Sparkasse zu finden.

Die Probleme der BGŻ sind v.a. mit der eng begrenzten Kundenstruktur der Genossenschaftsbank verknüpft: In der Planwirtschaft diente sie als Finanzierungsquelle für die großen staatlichen Landwirtschaftsbetriebe. Viele von ihnen wurden im bisherigen Verlauf des Transformationsprozesses geschlossen. Die BGŻ hatte den Betrieb dieser Landwirtschaftskonglomerate in der Planwirtschaft und auch in den ersten Jahren nach deren Ende mit Krediten, insb. mit sogenannten Investitionskrediten, finanziert. Diese Kredite wurden mit den erheblichen Problemen der Landwirtschaftsbetriebe bzw. nach deren Übernahme durch die Landwirtschaftsagentur zu nicht rückzahlbaren Ausleihungen. Da es im Grunde unmöglich ist, die Landwirtschaftsunternehmen zu sanieren bzw. zu verkaufen, ist auch die Sanierung der BGŻ äußerst kompliziert. Die BGŻ mußte mehrfach rekapitalisiert werden. Doch dies reicht für eine künftig erfolgreiche Geschäftstätigkeit nicht aus, denn die BGŻ ist von ihrem Management her schlecht geführt. Das Management ist politisch eng mit dem Koalitionspartner Bauernpartei verbunden, so daß ein Auswechseln der Manager bei der gegenwärtigen Regierungskonstellation schwierig sein dürfte.

Eine der generellen Erblasten der Planwirtschaft in Polen sind hochzentralisierte große Organisationsstrukturen. Dies gilt für viele Staatsunternehmen ebenso wie für die BGŻ. Die lokalen Genossenschaftsbanken waren in der planwirtschaftlichen Ära nicht wirklich frei in ihren Geschäftsentscheidungen, sondern abhängig von den Vorgaben der BGŻ. Sie wurden von letzterer streng beaufsichtigt. Ein populärer Ansatz mit Beginn der Transformation war das Aufbrechen zentralisierter Organisationsstrukturen. Doch die Dezentralisierung birgt auch Gefahren in sich. Was die Dezentralisierung der BGŻ angeht, so konnten sich die lokalen Genossenschaftsbanken Anfang der 90er Jahre entscheiden, ob sie weiterhin mit der BGŻ verbunden bleiben oder den BGŻ-Verbund verlassen wollten. Auch im Falle ihres Verbleibs unter dem Dach der BGŻ wurden sie in ihrer Geschäftspolitik wesentlich freier. Dies hatte jedoch den negativen Effekt, daß nun viele lokale Genossenschaftsbanken die gesamte Palette des Universalbankgeschäfts abdecken wollten, darunter auch Bereiche, in denen sie völlig ohne Erfahrung waren. Um neue Kundengruppen zu gewinnen, vergaben sie Kredite an Kunden, die aufgrund ihrer zweifelhaften Kreditwürdigkeit von anderen Banken bereits abgelehnt worden waren. Die Fähigkeiten der örtlichen Genossenschaftsbanken waren im Durchschnitt gering, ihre Ambition in Richtung Universalbankgeschäft groß. Daneben gab es auch Fälle von Korruption: Angestellte der Genossenschaftsbanken wurden von Genossenschaftsmitgliedern dazu bestochen, Verwandten Kredite ohne ausreichende Kreditprüfung zu besonders günstigen Konditionen zu verschaffen.

Bis Mitte 1992 fühlte sich keine Institution für die Beaufsichtigung der lokalen Genossenschaftsbanken verantwortlich. Ab Juli 1992 übernahm die Bankenaufsicht der NBP diese Aufgabe. Es gibt gegenwärtig ein Gesetzgebungsverfahren, nach dem der Genossenschaftsbankensektor rezentralisiert werden soll. Danach werden die Geschäftsaktivitäten der lokalen Genossenschaftsbanken wieder stärker eingeschränkt werden. Daneben sollen regionale Einheiten gebildet werden, die die lokalen Banken direkt beaufsichtigen. Die BGŻ selbst soll die nationale Spitze dieser dreistufigen Organisationsstruktur werden. Viele lokale Genossenschaftsbanken sind mit dieser Lösung jedoch nicht glücklich, denn sie wollen ihre Eigenständigkeit weitgehend bewahren. Die insgesamt 394 Genossenschaftsbanken außerhalb der BGŻ befinden sich in einer ähnlich schwierigen finanziellen Situation wie die Genossenschaftsbanken unter dem BGŻ-Dach. Sie werden zwar im Durchschnitt besser geführt, sind aber mit den gleichen problematischen Rahmenbedingungen im Landwirtschaftssektor konfrontiert wie ihre BGŻ-Konkurrenz. Diese Banken haben die Möglichkeit, Teil der neuen dreistufigen BGŻ-Struktur zu werden.

Schließlich zu den kleinen privaten Banken: Von ihnen werden nicht viele übrigbleiben, denn das Bankgeschäft ist gerade am Anfang der Geschäftstätigkeit mit hohen Kosten verbunden, die die neuen Banken vielfach nicht tragen können, weil ihre Geschäftsvolumina einfach zu gering sind. Kleinkredite z.B. - denn für größere Ausleihungen reicht die Eigenkapitalbasis dieser Banken ohnehin nicht aus - sind zudem von den Fixkosten her teurer als größere Ausleihungen. Eine breitere Geschäftsbasis und eine bessere Risikostreuung ist durch die geringe Größe vieler privater Banken unmöglich. Ihre einzige Chance ist das Zusammengehen mit größeren und eigenkapitalstarken Kreditinstituten. Die Leitung vieler privater Banken hat sich zudem als unfähig zur Führung eines Bankbetriebs erwiesen. Bei der Lizenzvergabe durch die NBP lasen sich die vorgelegten Geschäftspläne der neuen Banken zwar recht vielversprechend, denn sie waren z.T. von westlichen Unternehmensberatungsgesellschaften ausgearbeitet worden. In der Realität jedoch erwiesen sich die Vorhaben als unrealistisch. Bei der Zulassung neuer Banken - z.Zt. gibt es ja ein Lizenzmoratorium - werden vorgelegte Geschäftspläne von der Bankenaufsicht künftig genauer analysiert werden müssen als es in der Vergangenheit der Fall war.

*23. September 1996*

Im Laufe dieses Jahres wurde immer wieder die Möglichkeit erörtert, zwei Bankenkonzerne zu formen, zum einen unter der Führung der PeKaO S.A., zum anderen unter der Führung der Bank Handlowy. Auch wenn die Pläne zur Bildung des Bank-Handlowy-Konzerns jetzt zunächst einmal gescheitert sind, wird die Bank nicht umhinkommen, mittelfristig doch eine Konsolidierung anzustreben, um auf diese Weise ihre Wettbewerbsposition zu stärken. Würde sie z.B. einen Konzern zusammen mit mehreren Regionalbanken formen, so erhielte sie Zugang zu der breiten Einlagenbasis der regionalen Universalbanken, ein wichtiger strategischer Schritt, denn aufgrund ihrer speziellen Rolle als Außenhandelsbank in Zeiten der Planwirtschaft verfügt sie über keine ausreichende Einlagenbasis. Bisher ist die Bank Handlowy relativ schwach im Einlagen- und Kreditgeschäft mit der privaten Massenkundschaft aktiv.

Nach den Vorstellungen der Regierung sollten in die Konsolidierung der polnischen Banken eine ganze Reihe weiterer Banken einbezogen werden, wie z.B. die PBK, die gegenwärtig als staatliche Bank von sich aus eine Kapitalverflechtung mit der privaten Kredyt Bank anstrebt. Solche eigenständigen Bestrebungen auf Bankenseite - die PBK und die Kredyt Bank sind hier keine Einzelfälle - entsprechen einer Art 'Konsolidierung von unten' im Gegensatz zu der vom Staat forcierten Konsolidierung des Bankwesens. Die freiwillige Konsolidierung wird getragen von dem Bestreben, dem eigenen Institut vor dem Hintergrund steigender Wettbewerbsintensität eine gute strategische Position im Bankensektor zu verschaffen und eine drohende Übernahme durch große polnische Kreditinstitute oder Auslandsbanken abzuwenden. Allerdings machen die Konsolidierungsbemühungen ökonomisch nur dann Sinn, wenn hierdurch Kosten- und Synergieeffekte realisiert werden können.

Im Zusammenhang mit der Konkurrenz von Auslandsbanken macht die derzeit erfolgende Gründung der PeKaO-Holding insofern Sinn, als daß ein solcher Konzern größere Geschäftsvolumina eingehen kann als die beteiligten Banken jede für sich, z.B. bei der Kreditvergabe an große, international operierende Unternehmen, die bisher v.a. die Kundenzielgruppe von Auslandsbanken waren. Man muß dabei bedenken, daß die Eigenkapitalanforderungen des Bankengesetzes in bezug auf Kredite und Beteiligungen an Nichtbanken vergleichsweise restriktiv sind. Die NBP spielt bei der Bankenkonsolidierung keine entscheidende Rolle. Die Konsolidierung ist in erster Linie eine Angelegenheit der betroffenen Banken selbst sowie des Finanzministeriums, sofern es als Eigentümer staatlicher Banken über Entscheidungsrechte verfügt.

Die aktuellen Bestrebungen einer Novellierung des derzeit gültigen Zentralbankgesetzes sind v.a. politisch motiviert. Eine Auslagerung der Bankenaufsicht aus der NBP, wie von der Regierung angestrebt, würde die NBP institutionell schwächen, indem ihr Teile ihrer jetzigen Kompetenzen weggenommen würden. Ökonomisch begründet die Regierung und insb. das Finanzministerium, das in der Frage eines neuen Zentralbankgestzes federführend wirkt, eine Trennung von Zentralbank und Bankenaufsicht damit, daß die Ausübung beider Funktionen durch eine einzige Institution Interessenkonflikte impliziert, z.B. zwischen den Anforderungen einer restriktiven Geldpolitik einerseits und der Sicherheit des Bankensystems andererseits - denn eine restriktive Geldpolitik schwächt die Rentabilität der Banken und macht durch hohe Leitzinsen die Rückzahlung von Krediten schwierig. Eine Trennung von Bankenaufsicht und Zentralbank kann jedoch nicht mit der Begründung verlangt werden, wie dies gegenwärtig geschieht, daß sie eine notwendige Bedingung für die Entwicklung eines marktwirtschaftlichen Bankensektors sei, denn in vielen westlich-marktwirtschaftlichen Bankensystemen sind die beiden Institutionen nicht klar voneinander getrennt. Eine Herauslösung der Bankenaufsicht aus der NBP könnte gerade jetzt, wo das Problem der schlechten Kredite halbwegs gelöst scheint, und die Aufsicht gut funktioniert, kontraproduktiv wirken: Die laufende Aufsicht würde im Zuge des Umstrukturierungsbedarfs der Aufsichtsbehörde wohl für einige Zeit weniger effizient arbeiten. Die jetzige Situation der Unsicherheit über die Zukunft der Bankenaufsicht könnte dazu führen, daß fähige Mitarbeiter das Aufsichtsamt verlassen, um in die freie Wirtschaft zu gehen. Zudem muß man davon ausgehen, daß eine formal eigenständige und dem Finanzministerium nahestehende Bankenaufsicht, wie sie der Regierung vorschwebt, wohl politisch beeinflußbarer wäre als bisher, indem z.B. neue leitende Mitarbeiter weniger aus Leistungs-, als aus politischen Gesichtspunkten heraus berufen werden.

Neben der Herauslösung der Bankenaufsicht aus der Struktur der NBP wird im Parlament gegenwärtig auch die Einsetzung eines geldpolitischen Rates diskutiert. Solange ein solches Gremium, das sich aus den Mitgliedern des NBP-Vorstands, der Regierung und des Parlaments zusammensetzen soll, nur beratende Funktion hat, bleibt die geldpolitische Autonomie der Zentralbank unangetastet. Wenn - und dies ist die Intention der Regierungsfraktionen - ein solcher Rat die Durchführung der Geldpolitik übernimmt, so wäre die Unabhängigkeit der NBP damit faktisch aufgehoben. Das Thema stellt eine politische Machtfrage dar, denn bisher wird dem Parlament lediglich ein jährlicher Rechenschaftsbericht über die Aktivitäten des NBP-Vorstands vorgelegt; eine formelle Genehmigung der Geldpolitik der Zentralbank durch den Sejm ist nicht vorgesehen, Kritik an der geldpolitischen Linie der NBP ist für diese nicht bindend. Eine Beschneidung der geldpolitischen Unabhängigkeit der NBP liegt im Interesse des Finanzministeriums, dessen Ziel es ist, die Lücken im Staatshaushalt zu füllen, auch um den Preis einer steigenden Inflationsrate. Dazu gehört z.B. auch die Senkung der hohen Leitzinsen, die die Kosten der

Finanzierung des Budgets erhöhen. Das Finanzministerium übt konstanten Druck auf die Zentralbank zur Senkung der Leitzinsen aus. Mit der Beschneidung der geldpolitischen Unabhängigkeit der NBP dürfte letztere diesem Druck künftig nicht mehr standhalten können. Der Druck der z.Zt. amtierenden Linkskoalition ist dabei besonders stark, wobei die treibende Kraft die Bauernpartei ist. Gegenwärtig wird das Staatsdefizit zu fast 90% über das Geschäftsbankensystem finanziert. Die übrige Finanzierung erfolgt über den Kauf von Staatsanleihen durch private Haushalte und Unternehmen. Mit der Emission von Eurobonds an den internationalen Finanzmärkten beteiligen sich seit Mitte 1995 auch ausländische Investoren an der Sanierung des Staatshaushalts. Die NBP selbst hat sich aus der Finanzierung des Staatsbudgets weitgehend zurückgezogen.

Man kann heute die Banken in Staatseigentum nicht mehr als bürokratische Institutionen mit bestimmtem politischem Auftrag bezeichnen. Sie unterstehen anders als in der sozialistischen Ära nicht mehr der unmittelbaren Kontrolle des Staates. Nichtsdestotrotz behindern die spezifischen Geschäftsbereiche der planwirtschaftlichen Ära auch gegenwärtig noch die Funktionsfähigkeit mancher Banken. Die besten Beispiele hierfür bieten die PKO BP und die BGŻ. Es ist allerdings zu beobachten, daß die Banken mit ehemals speziellem Auftrag heute in vielerlei Hinsicht privilegiert werden. Die BGŻ z.B. wird direkt und indirekt subventioniert, sie verfügt ebenso wie die PKO BP über eine Staatsgarantie für die Einlagenseite ihrer Bilanz. Zudem ist sie vom Zwang zur Mindestreservehaltung befreit. Die tägliche Geschäftspolitik solcher Banken ist jedoch der direkten Kontrolle des staatlichen Eigentümers entzogen. Die Priorität bei der Durchführung der Geschäftspolitik liegt anders als in der Planwirtschaft nicht mehr in einem politisch-ideologischen Auftrag, sondern darin, möglichst rentabel zu arbeiten. Dennoch sollte man nicht die Tatsache vergessen, daß die Vorstandsmitglieder der staatlichen Banken über politische Institutionen in ihre Ämter gelangen; politische Bindungen zu bestimmten Parteien oder politischen Interessengruppen dürften also auch in der generellen Orientierung der Geschäftstätigkeit staatlicher Banken eine gewisse Rolle spielen.

Die bisher noch nicht privatisierten Banken werden auch künftig schwer zu privatisieren sein. Dies liegt zum einen daran, daß die noch nicht privatisierten Regionalbanken finanziell relativ schwach sind. Dies gilt auch für die BGŻ. Die Bank Handlowy und die PeKaO-Holding sind zum anderen wahrscheinlich zu groß, um sie über die Warschauer Börse privatisieren zu können. Ein Verkauf an ausländische Investoren scheint jedoch aus politischen Motiven heraus kein gangbarer Weg. Eine Beschleunigung der Bankenprivatisierung ist demnach nicht in Sicht. Man könnte jedoch bei einigen Banken einen Trick anwenden, eine Art formale Privatisierung. So ist im Gesetz über die Sanierung des Genossenschaftsbankensektors die Privatisierung der BGŻ vorgesehen. Dies könnte formal dadurch geschehen, daß der jetzige Staatsanteil ersetzt wird durch Anteile der Regionalbanken innerhalb des BGŻ-Sektors.

Die Konsolidierung der privaten Banken ist so gut wie abgeschlossen. Viele kleine private Banken sind inzwischen von größeren Banken übernommen worden oder befinden sich aufgrund von *bailouts* z.Zt. in den Händen der NBP. Auch wenn die Initiative zur Konsolidierung im Bereich der privaten Banken im Jahre 1994 von der NBP ausging, so handelt es sich dabei doch um eine von Marktkräften getragene Konsolidierung, denn die Übernahme kleiner Kreditinstitute durch eigenkapitalstarke große Banken entspricht einem natürlichen Ausleseprozeß. Ein solcher Ausleseprozeß fand bisher unter den staatlichen Banken durch die großzügige Rekapitalisierung bzw. Subventionierung von seiten des Staates nicht statt. Nichtsdestotrotz nähert sich auch dieser Bereich des polnischen Bankensektors immer mehr marktwirtschaftlichen Verhältnissen, denn der Wettbewerb zwischen den Banken verschärft sich in nahezu allen Geschäftsbereichen.

### *$A_7$: Krzysztof Markowski, Vorstandsmitglied der PKO BP, Warschau, den 4. August 1994:*

Auf der Bilanzpassivseite besteht das Hauptgeschäft der PKO BP in der Spareinlagensammlung von privaten Haushalten. Das Hauptgeschäft auf der Aktivseite besteht nach wie vor in der Vergabe von Wohnungsbaukrediten. Ein weiterer großer Teil der liquiden Mittel wird in *treasury bonds* investiert. Der Grund für das hohe Volumen an *treasury bonds* ist in den Schwierigkeiten zu suchen, das Kreditgeschäft über das traditionelle Kerngeschäft hinaus auszudehnen. Erstens ist das Kreditgeschäft in Polen wegen der vorhandenen Informationsdefizite und der bis vor etwa einem Jahr unsicheren ökonomischen Situation des Landes mit hohen Risiken behaftet. Zum zweiten herrscht im Bankwesen ein scharfer Wettbewerb um gute Kreditkunden. Die Chancen der PKO BP in diesem Konkurrenzumfeld sind nicht nicht sehr gut, denn die Sparkasse verfügt bei den guten potentiellen Kreditnehmern über kein gutes *standing*, da sie auf keinerlei Tradition im Firmenkundenkreditgeschäft zurückblicken kann. Die Nachfrage nach Wohnungsbaukrediten wiederum hängt von den wirtschaftlichen Möglichkeiten und Perspektiven der privaten Haushalte ab. Da der durchschnittliche Lebensstandard in Polen noch recht niedrig ist, ist die entsprechende Nachfrage ebenfalls nicht sehr hoch.

Der Wohnungsbausektor ist ein sehr schwieriger Markt. Die Bautätigkeit im Bereich des privaten Wohnungsbaus nimmt deutlich ab. Im ersten Halbjahr 1994 bspw. ging die Bautätigkeit in diesem Segment zum Vergleichszeitraum des Vorjahres um 50% zurück. Das Problem liegt in der Finanzierung. In der sozialistischen Ära war der Wohnungsbau genossenschaftlich organisiert. Die Wohnungsbaugenossenschaften erhielten Kredite von der NBP, nach deren Gründung später von der PKO BP. Die Kreditkonditionen wurden nicht zwischen Bank und Genossenschaften ausgehandelt, sondern von der Regierung festgelegt. 10% der Baukosten mußten demnach von den Genossenschaften getragen werden, 30% wurden vom Staat gezahlt und der Rest als Langfristkredite mit einer Laufzeit von 50 Jahren zu einem äußerst niedrigen Zinssatz zwischen einem und 3% angelegt. Mit Beginn der Transformation wurden auch im Wohnungsbaubereich marktwirtschaftliche Kriterien eingeführt. Im Einklang mit dem steigenden Zinsniveau wurden die Zinsen für Kredite drastisch heraufgesetzt, so daß kaum noch neue Kredite abgeschlossen werden konnten. Im Jahre 1992 wurde das System dahingehend modifiziert, daß die Wohnungsbaugenossenschaften fortan Kredite erhalten konnten, die wiederum durch Hypotheken der privaten Haushalte, die in die neugebauten Häuser und Wohnungen einziehen, getragen werden. Die Hypothekenzinsen betragen etwa 25% des monatlichen Haushaltseinkommens, ein Volumen, daß nur noch der dünnen Bevölkerungsschicht, die im Laufe des wirtschaftlichen Umbruchs reich geworden ist, die Aufnahme solcher Hypotheken erlaubte. Die Nachfrage nach Wohnungsbaukrediten konnte so nicht gesteigert werden. Das Hauptproblem im Wohnungsbau ist die inkonsistente Politik der Regierung. Sie verfügt über kein Konzept für eine Ankurbelung des Wohnungsbaus. Dies wird aber angesichts des akuten Wohnraummangels in Polen dringend benötigt.

Die PKO BP trägt die Bürde eines Altbestands an Wohnungsbaukrediten in Höhe von PLN 5 Mrd. Es ist nicht ohne weiteres zu entscheiden, ob es sich dabei um schlechte Kredite handelt oder nicht. Da die Regierung einen Teil der Zinsen für diese Kredite zahlt, könnten sie als gute Kredite betrachtet werden. Doch es handelt sich dabei um langfristige Kredite, während die Zusage der Regierung zur Zahlung der Kreditzinsen jeweils auf ein Jahr beschränkt ist und immer wieder erneuert werden muß. Wenn im Zuge eines hohen Budgetdefizits der Staat eines Tages die Zinszahlungen einstellen würde, würden aus den guten Krediten sehr schnell schlechte Kredite werden.

Das gut ausgebaute Filialnetz der PKO BP ist ein Vorteil, da die Massenkundschaft der Sparkasse somit schnell erreicht werden kann. Auf der anderen Seite ist es jedoch auch nachteilig, denn es erhöht die Aufwendungen für die dringend notwendige Implementierung von Computersystemen. Dies ist der entscheidende Grund dafür, daß ein großer Teil der Filialen noch nicht mit modernen Computern arbeitet. Es gibt gegenwärtig in Polen eine Diskussion, das Sparkassenfilialsystem der PKO BP umzuwandeln in ein lokal organisiertes Sparkassenwesen wie in Deutschland. Dieser Vorschlag zur Dezentralisierung ist jedoch kein Patentrezept, wie die Dezentralisierung des Genossenschaftsbankensektors zu Anfang der 90er Jahre gezeigt hat. Nichtsdestotrotz hat eine gewisse Dezentralisierung der PKO BP bereits begonnen: Im Januar 1994 wurden 13 regionale Einheiten der PKO BP gebildet und als regionale Spitzeninstitute für die lokalen Sparkassen konzipiert. Die regionalen Sparkassenzentralen genießen ein gewisses Maß an Unabhängigkeit vom nationalen Spitzeninstitut in der Durchführung der täglichen Geschäftspolitik, um regionalen Besonderheiten genügend Rechnung tragen zu können. Sie sind als *profit centers* konzipiert, um eine stärkere Orientierung am Gewinn durchzusetzen. Bisher wurde die Verantwortung für Verluste v.a. der PKO-Zentrale in Warschau zugeschoben und von dieser auch entsprechende Verlustkompensationen erwartet. Die Verantwortung für die Gewinnentwicklung wird dagegen künftig stärker bei den regionalen Einheiten liegen.

*$A_8$: Adam Parfiniewicz, Finanzministerium, Departament Banków i Instytutach Finansowych, Warschau, den 4. August 1994:*

Das Finanzministerium vertritt den Staat als Eigentümer der staatlichen Banken. Es hat in bezug auf das Geschäftsbankensystem jedoch keine weiteren Aufsichtskompetenzen, die über den Kreis der staatlichen Kreditinstitute hinausgehen. Das Ministerium legt zwar die langfristigen Ziele der Geschäftspolitik der staatlichen Banken in Abstimmung mit den jeweiligen Bankenvorständen fest, ernennt den jeweiligen Aufsichtsrat und überwacht die Geschäftsentwicklung der Banken, mischt sich aber nicht in die tägliche Geschäftspolitik ein.

Das Sanierungsgesetz für Banken und Unternehmen muß von zwei Seiten her betrachtet werden: Die eine Seite ist die Rekapitalisierung der Banken, die andere ist die operationale Seite. Die Rekapitalisierung zielt auf die Stärkung des Eigenkapitals der Banken, um den für die staatlichen Kreditinstitute vorgeschriebenen Solvabilitätskoeffizienten von 12% erreichen, ggfs. schlechte Kredite abschreiben und die obligatorischen speziellen Risikoreserven bilden zu können. Bisher wurden neun staatliche Banken rekapitalisiert: sieben der neun Regionalbanken sowie die PKO BP und die BGŻ. Erhielten die genannten Banken bisher jeweils nur einmal eine Kapitalspritze, so dürfte die BGŻ im laufenden Jahr wohl erneut Mittel von seiten des Staates erhalten.

Die operative Seite des Sanierungsprogramms besteht im wesentlichen aus drei Instrumenten, um das Problem der schlechten Kredite zu lösen, nämlich individuelle Schuldenreduktionen bzw. eine Verlängerung der Rückzahlungsfristen für die Schuldner, Schuldenverkauf und *debt-equity swaps*. Was die Entwicklung der schlechten Kredite nach Anwendung dieser drei Instrumente angeht, so müssen zwei Bankenportefeuilles unterschieden werden. Ein separiertes Kreditportfolio in den Bilanzen der staatlichen Banken enthält die schlechten Altkredite, die bis zum 31. Dezember 1991 entstanden waren. Die Unterscheidung von Schulden vor und nach diesem Datum hängt mit der relativ späten Prüfung der Bankbilanzen durch westliche Wirtschaftsprüfer zusammen. Sie erfolgte erst im Laufe des Jahres 1991. Bis auf einen geringen Prozentsatz wurde das Problem dieser Altkredite bis zum April 1994 weitgehend gelöst. Der verbliebene Anteil schlechter Kredite muß als Verlust angesehen und entsprechend abgeschrieben werden. Was die Bereinigung der schlechten Kredite in den herkömmlichen Kreditportefeuilles der Banken angeht, so kann zwar noch kein abschließendes Urteil gefällt werden, denn die Bereinigung ist noch im Gange. Doch kann festgestellt werden, daß der Anteil schlechter Kredite am aggregierten Kreditportefeuille der polnischen Banken kontinuierlich schrumpft.

Sinnvoll ist die Unterscheidung der schlechten Kredite im separierten Portfolio als schlechte Altkredite und derjenigen innerhalb der normalen Kreditportefeuilles als neue schlechte Kredite. Für die Bereinigung der neuen schlechten Kredite, die nach 1991 vergeben wurden, wurde keine feste zeitliche Grenze gesetzt. Der Großteil der schlechten Altkredite stammt noch aus der Zeit der Planwirtschaft und tritt gehäuft in den Portefeuilles der Regionalbanken auf, die 1989 die regionalen Teilbilanzen der NBP übernommen hatten. Schuldner sind in diesem Falle staatliche Unternehmen. Ebenfalls staatliche Unternehmen sind die Hauptschuldner bei den durch die staatlichen Banken gewährten neuen schlechten Krediten. Der entsprechende Kundenkreis der privaten Banken, deren faule Kredite ausschließlich neue Kredite sind, denn diese Banken hatte es ja in der Planwirtschaft noch gar nicht gegeben, rekrutiert sich größtenteils aus privaten Unternehmen, die im Zuge der Wirtschaftsrezession Anfang der 90er Jahre und aufgrund des hohen Zinsniveaus infolge der restriktiven Geldpolitik der NBP Zinszahlungen und Tilgung nicht mehr leisten konnten.

Die staatlichen Banken erhielten bei der Rekapitalisierung langfristige Restrukturierungsanleihen, da sich der Staat Bargeldauszahlungen angesichts der eigenen Finanznot nicht leisten konnte. Die Sanierung der Banken ist wichtig im Hinblick auf ihre spätere Privatisierung. Ob Sanierung jedoch eine notwendige Bedingung für Privatisierung ist, ist schwer zu abzuschätzen. Zwar scheint es einfacher, einen strategischen Investor zu finden, wenn die Bilanz der betroffenen staatlichen Bank von schlechten Krediten bereinigt ist, ob aber strategische Investoren bei den künftigen Privatisierungen staatlicher Banken überhaupt noch eine so große Rolle spielen werden wie im Falle der WBK und der Bank Śląski, ist schwer vorherzusagen. Dies liegt v.a. daran, daß die Regierung im Zuge der Vereinbarungen mit den

Geberländern des Stabilisierungsfonds, dessen Mittel für die Sanierung des Bankensektors umbestimmt wurden, als zeitliches Ziel für die Privatisierung der Regionalbanken Ende 1996 festgelegt hat. Da es bereits einige technisch bedingte Verzögerungen bei der Bankenprivatisierung gegeben hat, ist es zweifelhaft, ob die verbleibende Zeit ausreicht, um etwaige Verhandlungen mit potentiellen strategischen Investoren aus dem Ausland erfolgreich abzuschließen. Andere Formen der Privatisierung, wie z.B. eine Emission an der Börse mit dem Ziel eines privaten Streubesitzes an dann teilstaatlichen Banken von über 50%, wäre womöglich eine zeitsparende Alternative.

Was die Privatisierung der Spezialbanken angeht, so steht ihrer Entstaatlichung in der nahen Zukunft eine Reihe von Problemen im Wege. Dies hängt mit der speziellen Geschäftsausrichtung dieser Institute in der Zeit der Planwirtschaft zusammen. Die PKO BP und die BGŻ z.B. haben enorme Probleme aufgrund ihres Engagements im Wohnungsbau und in der Landwirtschaft, zwei Sektoren, die arg unter der ökonomischen Transformation Polens gelitten haben. Für diese beiden Banken gibt es im Moment gar keine potentiellen Käufer. Die Bank Handlowy und die PeKaO S.A. sind dagegen bessere Kandidaten, doch hat gerade die Bank Handlowy für die internationalen Handelsbeziehungen Polens z.Zt. noch eine zu große Bedeutung, als daß der Staat die Beteiligung ausländischer Investoren an dieser Bank zulassen würde. Sowohl die Bank Handlowy als auch die PeKaO S.A. sind andererseits zu groß, als daß man sie ausschließlich über den heimischen Kapitalmarkt privatisieren könnte.

***$A_9$: Dr. Jacek Bartkiewicz, Direktor der Niederlassung Warschau der Bank Śląski S.A., Warschau, den 5. August 1994:***

Die Bank Śląski ist eine Universalbank, die sowohl Unternehmen als auch private Haushalte zu ihren Kunden zählt. In Zukunft wird die Bezeichnung als Regionalbank wohl immer weniger passend für die Bank Śląski werden, denn sie ist dabei, ein landesweites Filialnetz aufzubauen. Dazu könnte auch die Übernahme kleinerer Banken beitragen. Der Wettbewerb im polnischen Bankensektor ist sehr intensiv, v.a. die Konkurrenz um große Firmenkunden mit guter Bonität. Nur eigenkapitalstarke Banken werden sich im Konkurrenzkampf um diese Firmenkunden als überlebensfähig erweisen können. So ist auch die Bank Handlowy der größte Konkurrent der Bank Śląski, denn diese Bank verfügt über ein solides Eigenkapitalpolster und eine gute Reputation aufgrund ihrer internationalen Finanzbeziehungen. Die Bank Handlowy ist Polens größte Geschäftsbank und daher von den polnischen Banken am ehesten in der Lage, große Firmenkunden an sich zu binden. Außerdem ist sie kaum von schlechten Krediten betroffen. Die Auslandsbanken sind für die Bank Śląski keine direkten Konkurrenten, denn sie haben andere Kundenzielgruppen, v.a. ausländische Unternehmen, und diese stammen meist aus den Herkunftsländern der jeweiligen Banken.

Das Problem der schlechten Kredite ist für die Bank Śląski nicht so bedeutend wie für andere Regionalbanken, denn die Bank Śląski hat sich von vornherein bemüht, Kreditbeziehungen mit solchen Unternehmen aufzulösen oder zumindest einzufrieren, die im marktwirtschaftlichen Umfeld nach Einschätzung der Bank keine Chancen besitzen. Die Bilanz der Bank Śląski belegt, daß das Kreditengagement mit Problemunternehmen stark zurückgegangen ist. 1989 z.B. hatte das Kreditgeschäft mit den Problemsektoren Kohle und Stahl insgesamt einen Anteil von 30% an den Kreditaktivitäten der Bank. 1993 betrug dieser Anteil aber nur noch rund 10%. Die anderen acht Regionalbanken haben nach 1989 zumeist eine risikoreichere Kreditpolitik betrieben, d.h. in bezug auf die alten Staatsunternehmen deren Kredite fortgeschrieben, auch wenn es immer zweifelhafter wurde, ob die enormen Kreditvolumina jemals zurückgezahlt werden könnten. Aufgrund der recht zurückhaltenden Kreditpolitik der Bank Śląski mußte diese nicht mit Restrukturierungsanleihen des Finanzministeriums ausgestattet werden.

Die Privatisierung Anfang 1994 bietet der Bank Śląski einige Vorteile. Ein Vorteil ist die Vergrößerung der Kapitalbasis, einmal durch die Emission von Aktien an der Warschauer Börse, zum anderen durch die Beteiligung des strategischen Investors, der niederländischen ING Bank. Ein weiterer Vorteil liegt im Transfer von *know how* durch die ING. Dies umfaßt sowohl die Implementierung einer modernen technischen Infrastruktur als auch die Schulung des Bankpersonals. Mit der Hilfe von ING kann die Bank

Śląski künftig Produkte am polnischen Markt anbieten, die es dort bisher noch nicht gab. Ein Beispiel hierfür sind Lebensversicherungen, die bis dato nur mit Versicherungsunternehmen abgeschlossen werden konnten und seit 1995 auch über die Bank Śląski abgeschlossen werden können. Solche Innovationen sind mit die einzige Möglichkeit, neue Kundengruppen auch außerhalb der bisherigen Heimatregion der Bank zu gewinnen.

Mit zur Krise der Banken haben neben schlechten Krediten auch ungünstige rechtliche Rahmenbedingungen beigetragen. Ein Beispiel hierfür ist die Steuerpolitik. Die Besteuerung der Banken ist eine zusätzliche finanzielle Bürde, insb. für die Kreditinstitute, die ohnehin von Liquiditätsproblemen bedroht sind und ein hohes Volumen schlechter Kredite in ihren Kreditportefeuilles aufweisen. Die Steuergesetze erkennen z.B. die obligatorischen speziellen Risikoreserven nicht als Kosten an, es sei denn, es müssen Reserven für 100%-ige Ausfälle gebildet werden. Die Risikoreserven sind damit zum größten Teil also nicht steuerabzugsfähig. Auch die hohen Mindestreserven können als eine Art Zusatzsteuer betrachtet werden. Die Zinsen, die hierauf gezahlt werden, fließen ungerechterweise nicht ins Bankensystem zurück - sie könnten z.B. zur Finanzierung einer Einlagensicherung verwendet werden - , sondern kommen dem Fonds für die Sanierung der Landwirtschaft zugute. Die Finanzierung einer Einlagensicherung durch die Zinsen auf die Mindestreservehaltung würde insgesamt das Vertrauen in das Bankensystem erhöhen. Insbesondere die neuen Banken würden hieraus Vorteile ziehen, sind doch die Kundeneinlagen bei ihnen bisher nicht gesichert, während die Spareinlagen bei staatlichen Banken einer Staatshaftung unterliegen. Die neuen Banken sehen sich daher gezwungen, ihren Kunden als eine Art Risikoprämie höhere Einlagenzinsen zu zahlen. Dies schmälert ihre Zinsmargen und trägt so zu einer Verschärfung ihrer ohnehin angespannten finanziellen Situation bei.

### *$A_{10}$: Christoph Gießing und Beata Mitukiewicz, Repräsentanz Deutsche Bank AG, Warschau, den 8. August 1994:*

Die Kunden der in Polen tätigen Auslandsbanken sind zu ca. 50% *joint ventures* polnischer und ausländischer Unternehmen und zu ebenfalls 50% große polnische Betriebe. Die Auslandsbanken sind sehr stark in der Außenhandelsfinanzierung tätig, weniger im Kreditgeschäft. Nur zwei ausländische Banken sind auch im Privatkundengeschäft engagiert. Viele Auslandsbanken weiten jedoch inzwischen ihre Geschäftstätigkeit aus, z.B. in Richtung *investment banking*. Obwohl sie bisher eher *niche-players* sind, werden sie doch immer mehr zu einer ernsthaften Konkurrenz für die polnischen Banken. Die einzig ernstzunehmende Konkurrenz auf polnischer Seite ist aufgrund ihrer Größe und ihrer Tradition die Bank Handlowy. Man beobachtet, daß die Auslandsbanken den polnischen Kreditinstituten gute und große Kunden wegnehmen, daß sie recht flexibel auf Marktentwicklungen reagieren und über *know-how*-Vorteile und eine größere Kapitalbasis im Vergleich zur polnischen Konkurrenz verfügen.

Die Strategie der NBP, Auslandsbanken möglichst nur dann am polnischen Bankenmarkt zuzulassen, wenn diese schwache polnische Kreditinstitute übernehmen, ist bisher nicht aufgegangen. Es gibt bislang noch kein Beispiel für eine erfolgreiche Übernahme einer notleidenden polnischen Bank durch eine Auslandsbank. Der Grundfehler dieses Ansatzes der NBP ist die Ansicht, freies Kapital solle nicht in Bankenneugründungen fließen, sondern in bereits bestehende Banken, um diese im Sinne der Konsolidierungsstrategie der NBP zu stärken. Bei solch oktroyierten Investitionsbedingungen wird jedoch freies Kapital - das es ja in Polen selbst gar nicht in dem Maße gibt wie es notwendig wäre - in andere osteuropäische Länder fließt, wo es entsprechende Auflagen nicht gibt. Die Politik der NBP bringt für die Effizienz des Bankensystems somit ungeheure Nachteile mit sich.

Das Bild des polnischen Bankwesens ist zweigeteilt: Wenige Banken, die finanziell sehr gut dastehen, auf der einen Seite und eine Vielzahl zumeist kleiner Banken, deren finanzielle Situation schwierig ist sowie große Banken, die durch Subventionen des Staates am Leben erhalten werden, auf der anderen. Beispiele für letztere bilden die PKO BP und die BGŻ. Unter den vielen kleinen Banken, die in Liquiditätsschwierigkeiten geraten sind, gibt es nur wenige, die aus eigener Kraft die inzwischen verschärften Eigenkapital- und Risikonormen der NBP werden erfüllen können. Die NBP verfolgt das Ziel, die Eigenkapitalbasis aller Banken auf mindestens ECU 5 Mio. zu bringen und diejenigen Kreditinstitute, die dies nicht schaffen, zu Fusionen mit stärkeren Banken zu bewegen.

Die Probleme der kleinen privaten Banken hängen eng zusammen mit der liberalen Lizenzierungspolitik der NBP in den Jahren 1990 und 1991. Die zu jener Zeit geforderte Eigenkapitalbasis erwies sich im nachhinein als zu gering, die Prüfungen der Eröffnungsbilanzen und Geschäftspläne wurde von seiten der Bankenaufsicht häufig zu lax durchgeführt. So kam es zu Fällen, wo Banken lediglich zu dem Zweck gegründet wurden, bestimmten Firmen günstig Kredite zu verschaffen. Häufig waren auch Teile des Aktionärskapitals der neuen Banken als Kredit aufgenommen. Entscheidend beigetragen zu den Problemen der neuen Banken haben schlechte Kredite, die als Folge einer Inkaufnahme überhöhter Risiken entstanden. Zum einen ist dies auf Unerfahrenheit der neuen Banken zurückzuführen. Zum anderen bestand in vielen Fällen jedoch auch durch eine Verflechtung von Kreditnehmern und Aktionären ein enormer Druck, in unsicheren Fällen positive Kreditentscheidungen zu treffen. Hinzu kam, daß eine Reihe von Banken nur von ganz wenigen Kreditnehmern abhingen. Schon bei Ausfall nur eines oder zweier großer Schuldner geriet die betroffene Bank dann oft in große Gefahr. Die Probleme unter den privaten Banken haben zu einer Reihe von Übernahmen durch die NBP geführt. Dies ist zwar ein Verstoß gegen das Zentralbankgesetz, das ja eine strikte Trennung von Zentralbank- und Geschäftsbankensystem vorsieht, doch die NBP verteidigt ihr Engagement mit der Erhaltung der Systemstabilität und der zeitlichen Begrenzung ihrer Bankenbeteiligungen.

Durch die Konstruktion, daß Zentralbank und Bankenaufsicht letztlich in der Hand des institutionell sehr starken NBP-Präsidenten liegen, findet das Ausgleichsprinzip zwischen Institutionen keine Anwendung. Wenn sich die gegenwärtige NBP-Präsidentin nun auf eine bestimmte Linie der Bankenkonsolidierung eingestellt hat, so gibt es keine Instanz, die sie unmittelbar von diesem Kurs wieder abbringen kann. Diese Konstruktion hat jedoch den Vorteil, daß eine einmal eingeschlagene Strategie schnell und effizient durchgesetzt werden kann.

Es ist durchaus möglich, daß kleine Banken, die erfolgreich arbeiten und deren Existenz durchaus Sinn macht, dem starken Konkurrenzdruck, der durch die Bildung großer Bankenholdings, wie sie die NBP anstrebt, entsteht, zum Opfer fallen. Die NBP achtet z.Zt. zu sehr auf die Bildung großer und starker polnischer Banken, die sich gegenüber den Auslandsbanken als konkurrenzfähig erweisen sollen, ohne zu bedenken, daß kleine Privatbanken auch ihren Platz im Bankensystem haben sollten, wie es in westlichen marktwirtschaftlichen Systemen der Fall ist.

Die Steuergesetze sind bis jetzt für die Banken äußerst ungünstig. Sie müssen bspw. ihre Reservenbildung weitgehend aus dem Gewinn nach Steuern vornehmen. Handelsrechtlich als notwendig anerkannte Wertberichtigungen werden also steuerrechtlich nicht anerkannt. Ein weiteres Beispiel für den *trade-off* zwischen dem Interesse an finanziell stabilen Banken und den Interessen des Staatsbudgets sind die Restrukturierungsanleihen zur Bereinigung der schlechten Kredite bei den staatlichen Banken. Diese Restrukturierungsanleihen erhöhen das Eigenkapital nur scheinbar, da sie mit ihrer Laufzeit von 15 Jahren nur wenig liquide sind. Der Staat holt sich zudem durch seine Dividendenansprüche gegenüber den staatlichen Banken das zurück, was er ihnen durch die Zinszahlungen für die Anleihen gibt, und dies sogar mehrfach, denn während die Zinszahlungen festgelegt sind, entscheidet der Eigentümer Staat jedes Jahr über die Höhe der Dividendenzahlungen aufs Neue. Der Druck des Staatshaushaltsdefizits impliziert die Gefahr, daß die Banken nicht, wie es angesichts der angespannten Eigenkapitaldecke der Kreditinstitute eigentlich notwendig wäre, jährlich mit dem Eigenkapital wachsen. Im Gegenteil, Dividendenzahlungen und hohe Besteuerung bewirken eine latente Dekapitalisierung der Banken.

Die künftige Struktur des Bankensystems in Polen dürfte einer Art 'Zwei-Klassen-Gesellschaft' ähneln: Auf der einen Seite große und finanziell relativ gesunde Banken, zum Großteil noch in staatlicher Hand bzw. dann vom Staat subventioniert, wenn Gefahr für ihre finanzielle Stabilität droht, und auf der anderen Seite viele kleine stagnierende Kreditinstitute. Die künftige Struktur des Bankensektors wird auch davon abhängen, ob man für die kleinen Banken Möglichkeiten schafft, eine Art Mittelklasse unter den Kreditinstituten zu bilden. Ob das gelingt, ist jedoch fraglich. Eine Sonderrolle werden die sehr effizient arbeitenden Auslandsbanken spielen, die sich auf wenige Geschäftsbereiche beschränken dürften.

***$A_{11}$: Mariusz Zygierewicz, Geschäftsleitung des Polnischen Bankenverbands (Związek Banków Polskich - ZBP), Warschau, den 10. August 1994 und 26. September 1996:***

*10. August 1994*

Eines der größten Probleme der polnischen Banken ist die zu hohe Besteuerung. Das beste Beispiel hierfür liefert die Besteuerung spezieller Risikoreserven, welche handels- aber nicht steuerrechtlich als Kosten anerkannt werden. Zwar ist inzwischen die Besteuerung von Reserven gegen Totalausfälle von Krediten abgeschafft worden, dennoch bleibt die Besteuerung der übrigen Sicherheitsreserven gegen Teilausfälle unfair. Ein weiteres Beispiel für ungerechtfertigt hohe Kosten für die Banken sind die von der Zentralbank auferlegten hohen Mindestreserven. Die Zinsen, die auf die Mindestreserveeinlagen bei der NBP gezahlt werden, fließen nicht etwa wieder dem Bankensystem zu, sondern dem Fonds für die Sanierung der Landwirtschaft. Die somit de facto zinslosen Mindestreserven stellen eine Art Zusatzsteuer dar, die die Gewinne der Banken unverhältnismäßig stark beschneidet, denn die Mindestreserven blockieren Gelder, die ansonsten gewinnbringend investiert werden könnten. Mindestreserven von bis zu 23% korrespondieren mit hohen Leitzinsen. Dadurch sind die Kreditzinsen in Polen derart gestiegen, daß es schwierig ist, Kreditnehmer zu finden, die Zinszahlung und Kredittilgung überhaupt leisten können. Auf der anderen Seite herrscht ein scharfer Konkurrenzkampf unter den Banken um Kundeneinlagen, denn eine Refinanzierung über den Geldmarkt ist recht teuer. Der Wettbewerb auf der Passivseite der Bankbilanz führt zu relativ hohen Depositenzinsen, die die Zinsmargen der Kreditinstitute verringern und damit deren Rentabilität schmälern.

All diese Faktoren schwächen die polnischen Banken, die ohnehin mit der Belastung zahlreicher schlechter Kredite konfrontiert sind. Ein möglicher Weg, hier Abhilfe zu schaffen, wäre eine Senkung der Leitzinsen, jetzt, da die Inflation einigermaßen beherrschbar erscheint. Auch gesamtwirtschaftlich hätte dies günstige Auswirkungen, denn Unternehmen könnten für notwendige Investitionen stärker auf Kreditfinanzierung zurückgreifen. Dies könnte zu einem höheren gesamtwirtschaftlichen Produktionsniveau beitragen und den wirtschaftlichen Strukturwandel fördern.

In bezug auf das Problem der schlechten Kredite läßt sich festhalten, daß sich die Situation der Regionalbanken seit der Einführung des Sanierungsprogramms für Banken und Unternehmen durch die Regierung deutlich verbessert hat. Auch im Bereich der neugegründeten privaten Banken sieht die Lage inzwischen günstiger aus als noch vor zwei bis drei Jahren. Der Anteil schlechter Kredite am aggregierten Kreditportefeuille der Banken liegt derzeit bei etwa 30%. Die meisten dieser Kredite stammen aus den Jahren 1990 bis 1992. Im Gegensatz zu den Altkrediten, die eine Erblast des planwirtschaftlichen Systems darstellen, sind diese neuen schlechten Kredite in erster Linie auf eine ungenügende Risikokontrolle bei der Kreditvergabe zurückzuführen, und zwar sowohl unwissentlich wegen der mangelnden Erfahrung der betroffenen Banken als auch wissentlich, um Unternehmen vor dem Konkurs zu retten und die eigene Bank vor den damit verbundenen Problemen zu bewahren. Die Wirtschaftsrezession der Jahre 1990 und 1991 trug ebenfalls in erheblichem Maße zur schlechten finanziellen Situation vieler Unternehmen und damit Kreditnehmer der Banken bei.

Die Lage bei den staatlichen Banken gestaltet sich positiver als bei den privaten Kreditinstituten, denn die staatlichen Banken wurden im Gegensatz zu ihrer privaten Konkurrenz mit Restrukturierungsanleihen des Finanzministeriums rekapitalisiert. Die ganz großen Institute, wie die PKO BP und die BGŻ, sind trotz ihrer Probleme ohnehin *too-big-to-fail* und unter diesem Gesichtspunkt her gesehen relativ stabil. Für die privaten Banken hat es keine pauschale Rekapitalisierung durch den Staat gegeben. Eine Möglichkeit, die Situation dieser Kreditinstitute zu verbessern, wäre eine Modifizierung der Rahmenbedingungen, wie eine Änderung der Steuergesetzgebung und eine Senkung der Mindestreserven. Eine besondere Bedeutung hätte die Einführung einer allgemeinen Einlagensicherung. Bisher sind allein die Spareinlagen bei staatlichen Banken per Staatshaftung gesichert. Dies wirkt sich nachteilig auf die privaten Banken aus, die sich gezwungen sehen, ihren Einlegern als Risikoprämie höhere Zinsen zu zahlen. Nicht zuletzt könnte auch das Vertrauen in die Stabilität des Bankensystems insgesamt durch eine allgemeine Einlagensicherung gestärkt werden.

Bisher gab es keine klar definierte Strategie der NBP in bezug auf die weitere Entwicklung des Bankensektors. Zur Zeit scheint sich die Politik der Zentralbank und der Regierung hin auf eine Konsolidierung des Bankensystems zu entwickeln. Leider bedeutet dies auch die Schließung bzw. Übernahme vieler privater Kreditinstitute durch große staatliche Banken. Wenn am Ende dieses Prozesses das Bankensystem von wenigen staatlichen Kreditinstituten beherrscht werden sollte, würde sich dies nachteilig auf den Wettbewerb auswirken, denn man hätte eine oligopolähnliche Wettbewerbsstruktur. Der Prozeß könnte zu einer Renaissance der staatlichen Banken führen mit speziellen Geschäftsbereichen oder Regionen, einer Art kalter Reverstaatlichung und Konservierung der alten Strukturen aus planwirtschaftlicher Zeit. Es ist nicht genau absehbar, inwiefern solche Banken von der Regierung beeinflußt wären. Dies ist eine politische Frage.

Auch die Frage, ob Polen reif ist für ein Bankensystem mit totaler Konkurrenz, das gekennzeichnet ist durch viele kleine Wettbewerber, ist nicht klar beantwortbar. Man muß feststellen, daß es z.Zt. zu viele zu kleine Banken gibt. Ihre Eigenkapitalbasis ist zu niedrig, als daß gute Firmenkunden durch ausreichend große Kredite attrahiert werden könnten. Auch reicht das Eigenkapital nicht aus, um die obligatorischen Risikoreserven zu bilden. Fusionen zwischen privaten Banken untereinander könnten eine Lösungsmöglichkeit darstellen. Doch die meisten Banken zögern, da sie ihre Eigenständigkeit bewahren wollen.

Die Probleme der BGŻ und der lokalen Genossenschaftsbanken sind eng verknüpft mit den Schwierigkeiten der polnischen Landwirtschaft. Die meisten Kredite der BGŻ an die staatlichen Landwirtschaftsbetriebe sind verloren. Die finanziellen Probleme der Genossenschaftsbanken sind z.T. auch das Ergebnis der Bemühungen dieser Institute, sich in Universalbanken zu wandeln, ohne die dafür nötige Eigenkapitalbasis und die notwendigen Kenntnisse zu besitzen. Die Regierung versucht, die Probleme in diesem Bereich des Bankwesens durch die Implementierung einer neuen Organisationsstruktur des Genossenschaftsbankenwesens in den Griff zu bekommen. Die lokalen Genossenschaftsbanken sollen nach dem im Juli verabschiedeten Genossenschaftsbankengesetz Anteilseigner an regionalen Genossenschaftsbanken werden, die wiederum Eigner der BGŻ als nationales Spitzeninstitut werden sollen. Sowohl die BGŻ als auch die regionalen Strukturen sollen Aufsichts- und Refinanzierungsfunktionen für die jeweils nachgelagerte Stufe erhalten. Der BGŻ-Verband wird dabei auch einen eigenen internen Einlagensicherungsfonds erhalten. Unabhängig davon wird der Verband aber weiterhin von staatlichen Subventionen abhängen, um das Problem der schlechten Kredite dauerhaft lösen zu können.

Die Genossenschaftsbanken außerhalb des BGŻ-Sektors können als unabhängige Banken weiter existieren, sofern sie die Zulassungsanforderungen der Bankenaufsicht erfüllen. Da dies nur bei wenigen dieser Institute der Fall sein wird, dürften die meisten wieder Teil der BGŻ-Struktur werden. Daneben wird es auch künftig, wie schon seit einigen Jahren, einen unabhängigen Genossenschaftsbankenverband mit zwei bis drei regionalen Einheiten und etwa 300 bis 400 lokalen Genossenschaftsbanken geben.

*26. September 1996*

Die beiden Hauptmotive des Finanzministeriums für die Konsolidierung der staatlichen Banken sind zum einen sicherzustellen, daß die Gelder aus dem Stabilisierungsfonds westlicher Geberländer in Höhe von USD 400 Mio. tatsächlich ausgezahlt werden und zum zweiten, daß der Großteil der noch zu privatisierenden Banken in polnischer Hand verbleibt. Mit der Zusammenlegung zu ein bis zwei großen Bankkonzernen als Vorstufe zu deren Privatisierung will der Staat den ausländischen Geberländern die Bereitschaft signalisieren, die Bankenprivatisierung zügig fortzusetzen. Außerdem erscheint es den Verantwortlichen einfacher, nur wenige große Banken anstelle mehrerer kleiner in einem angestrebten Zeitraum bis Ende 1998 zu privatisieren. Allerdings dürfte es sich bei diesen Privatisierungen nur um Teilprivatisierungen handeln. So könnten z.B. polnische Privatanleger über eine Kapitalerhöhung über die Börse an der PeKaO-Holding beteiligt werden. Der Anteil des Staates würde dadurch zwar sinken, aber anders als in den bisherigen Fällen der Regionalbankensanierung würde kein strategischer Investor aus dem Ausland mehr beteiligt werden. Für die Regierung sind mit dem Verkauf des 100%-igen Staatsanteils an den drei Regionalbanken, die Teil der PeKaO-Holding werden, an die PeKaO S.A. die regionalen Institute entstaatlicht. Dies ist die Voraussetzung für die Auszahlung der Mittel aus dem Stabilisierungsfonds. Doch kann man diese formale Privatisierung kaum eine echte Privatisierung nennen, denn die PeKaO S.A. selbst bleibt ja zunächst noch eine staatliche Bank.

Ökonomisch macht die Konsolidierung der PeKaO S.A. mit drei Regionalbanken durchaus Sinn, denn es werden dadurch Synergieeffekte realisiert. Die PeKaO S.A. diente in der sozialistischen Zeit als Einlagensammelstelle des Staates für Fremdwährungen und weist daher bis heute eine breite Einlagenbasis auf, während die Kreditseite unterentwickelt ist. Statt in Kredite hat die Bank ihre Mittel v.a. in Staatsanleihen und Aktien an der Warschauer Börse investiert. Eine sinnvolle Ergänzung dieser Struktur stellen daher die umfangreichen Kreditportefeuilles der Regionalbanken dar. Zudem wird die PeKaO S.A. mit der geplanten Konsolidierung im Gegensatz zu bisher auch über starke regionale Stützpunkte verfügen. Allerdings muß man einschränken, daß ein nicht unerheblicher Teil der Kredite in den Portfolios der Regionalbanken Problemkredite sind und für die künftige PeKaO-Holding somit ein recht hoher Abschreibungsbedarf nach Konsolidierung herrschen dürfte.

Die Gründe der PeKaO S.A., der Konsolidierung mit den Regionalbanken zuzustimmen, sind ökonomischer Natur und weniger in politischem Druck von seiten des Finanzministeriums zu suchen, der allerdings zweifellos vorhanden ist. Die Ablehnung der Konsolidierung durch die Bank Handlowy zeigt, daß sich Banken in Staatsbesitz nicht unbedingt dem Druck des staatlichen Eigentümers beugen müssen, sondern relativ autonom handeln. Dies gilt zumindest für die großen Banken mit strategischer Bedeutung für den Bankensektor, wie eben für die PeKaO S.A. und die Bank Handlowy. Die Bank Handlowy ist nicht an einer Konsolidierung mit anderen Banken interessiert, die auch in einer Bankengruppe ihre Autonomie weitgehend behalten würden, wie bei der PeKaO-Gruppe der Fall. In einer solchen lockeren Konstruktion sieht die Bank Handlowy kaum Vorteile für sich selbst. Sie mißt dem Ausbau eines eigenen Filialnetzes - angesichts des wachsenden Konkurrenzdrucks im polnischen Bankwesen eine notwendige Maßnahme - eine größere Bedeutung und eine geringere Kostenintensität zu als einer Fusion mit Regionalbanken, deren technische und personelle Infrastruktur verbessert und deren Kreditportefeuilles bereinigt werden müßten. Kurz: Die Bank Handlowy ist eine modernere Bank als die PeKaO S.A. und sieht sich auch ohne Konsolidierung in einer guten Wettbewerbsposition innerhalb des polnischen Bankensystems.

Man kann zwei Hauptgründe ausmachen für den Prioritätenwechsel von der Bankenprivatisierung hin zur Bankenkonsolidierung der jetzigen Regierung im Vergleich zu ihrer Vorgängerin. Zum einen verfügt das Finanzministerium jetzt, da die weitere Bankenprivatisierung zunächst einmal aufgeschoben wurde, noch über gewisse Eingriffsmöglichkeiten in die Geschäftspolitik der staatlichen Banken, denn immerhin spielt das Finanzministerium als Vertreter des Eigentümers Staat bei der Bestellung von Vorstand und Aufsichtsrat staatlicher Banken eine große Rolle. Zum zweiten sollen die restlichen staatlichen Banken auch nach ihrer Privatisierung möglichst in polnischer Hand verbleiben. Gegenwärtig ist jedoch ausreichend viel polnisches Kapital für die weitere Bankenprivatisierung kaum in Sicht, so daß mit einem Aufschub der weiteren Bankenprivatisierung erst einmal Zeit gewonnen wird.

Nachdem die auf Druck des Finanzministeriums angelaufene Konsolidierung der staatlichen Banken numehr greifbare Ergebnisse zeitigt, ist ein ausreichend großer Marktdruck vorhanden, der andere private bzw. privatisierte Banken dazu veranlaßt, ihrerseits Konsolidierungsgespräche zu führen. Fanden Gespräche zwischen den Banken nach der Verabschiedung des Konsolidierungsgesetzes vor zwei Jahren nur formal statt, ohne greifbare Ergebnisse zu bringen, werden die Gespräche nun aus Furcht vor der Konkurrenz großer Bankenkonzerne ernsthaft und intensiv geführt. So hat die WBK inzwischen mehrere kleine Banken übernommen, teilweise jedoch auch auf Anregung der NBP, die mit der Sanierung dieser kleinen Kreditinstitute befaßt war. Auch die Bank Inicjatyw Gospodarczych (BIG) hält nach Gesprächen mit der Bank Gdański einen kontinuierlich wachsenden Anteil an der nordpolnischen Regionalbank. Interessant ist auch zu beobachten, daß im Zuge der Verhandlungen der Bank Handlowy und der PeKaO S.A. mit den Regionalbanken die Regionalbank aus Wrocław, die Bank Zachodni, versucht hat, eine eigene Gruppe mit den anderen staatlichen regionalen Kreditinstituten aufzubauen. Die Verhandlungsmacht der Bank Handlowy und der PeKaO S.A. war jedoch wegen der Unterstützung durch das Finanzministerium stärker, so daß die Bank Zachodni ihre Pläne inzwischen wieder aufgeben mußte.

Die kleinen privaten Banken, die ohne externe Hilfen nicht dauerhaft konkurrenzfähig sind, ziehen eine Konsolidierung mit großen polnischen Banken einer Übernahme durch Auslandsbanken vor, denn sie sehen bei einer Konsolidierung mit polnischen Kreditinstituten größere Chancen, einen gewissen Grad an Autonomie und den eigenen Marktauftritt zu bewahren. Ihr Interesse liegt v.a. darin, Kapitalhilfen zu erhalten, um damit schlechte Kredite abschreiben und danach weitgehend autonom weiterarbeiten zu können. Die NBP unterstützt diese Haltung insofern, als daß Auslandsbanken als Gegenleistung für die Lizenzerteilung auferlegt wird, solche Banken zu sanieren, die seit Jahren mit Verlusten arbeiten und ohne umfangreiche Rekapitalisierung Konkurs anmelden müßten. Für solche Banken interessiert sich kaum ein polnischer Investor. Diejenigen Banken jedoch, die trotz einiger struktureller Schwächen und kurzfristiger Liquiditätsprobleme eine Zukunft haben, werden bevorzugt polnischen Banken zur Übernahme angeboten. Auslandsbanken erfahren insofern eine diskriminierende Behandlung durch die NBP.

Die aktuelle Diskussion über ein neues Zentralbankgesetz ist eher politisch als ökonomisch motiviert. Zwar birgt die Vereinigung von Bankenaufsicht und Zentralbank potentielle Interessenkonflikte, doch muß man feststellen, daß die Bankenaufsicht inzwischen recht effizient arbeitet. Vor drei Jahren war dies noch anders: Die Bankenaufsicht war zu jener Zeit personell und technisch schlecht ausgestattet. Dadurch entstehende Aufsichtslücken trugen zu den Problemen um schlechte Kredite im Bankensystem bei. Eine Loslösung der Bankenaufsicht aus der NBP zum jetzigen Zeitpunkt würde aber die effiziente Arbeit der Aufsicht gefährden, denn die Loslösung wäre mit organisatorischen Umstrukturierungen verbunden, die viel Zeit in Anspruch nehmen dürften, etwa ein bis zwei Jahre. Erschwerend kommt hinzu, daß als Ausdruck des alten Gegeneinanders von Finanzministerium und NBP viele Mitarbeiter der Bankenaufsicht bereits ihre Kündigung angedroht haben, sollte es zu einer Trennung von Aufsicht und NBP kommen, denn man geht davon aus, daß eine formal eigenständige Bankenaufsicht de facto dem Finanzministerium nahestehen dürfte, z.B. durch Mitspracherechte bei der Ernennung des Aufsichtspräsidenten. Auch eine solche Konstruktion birgt potentielle Interessenkonflikte, denn das Finanzministerium wäre Bankeigentümer, Fiskus und zu einem gewissen Grad auch Bankenaufsicht.

***$A_{12}$: Małgorzata Kroker-Jachiewicz, Direktorin der Abteilung Firmenkunden der PeKaO S.A., Warschau, den 17. August 1994:***

Während der sozialistischen Phase diente die Bank als Sammelstelle für Fremdwährungseinlagen, v.a. gehalten von privaten Haushalten. Wenn polnische Bürger Importgüter in speziellen Geschäften kaufen wollten, erhielten sie nach Maßgabe ihres Kontostands Gutscheine der PeKaO S.A., die sie in diesen Geschäften wie Bargeld ausgeben konnten. Die PeKaO S.A. akzeptierte gegenüber den Importgütershops dann die Gutscheine im Tausch gegen Fremdwährung. Aufgrund ihrer traditionellen Rolle sind zum großen Teil die Kunden der PeKaO S.A. auch heute noch private Haushalte. Nichtsdestotrotz versucht die PeKaO seit Beginn des Übergangs zur Marktwirtschaft, ihren Kundenkreis stetig zu erweitern. Sie versteht sich inzwischen eher als Universalbank denn als Sparkasse.

Die Tatsache, daß in der Planwirtschaft private Haushalte und nicht staatliche Unternehmen die wichtigsten Kunden der PeKaO S.A. waren, birgt den Vorteil, daß die Bank heute weniger stark mit schlechten Krediten in ihrem Portefeuille konfrontiert ist als die meisten anderen staatlichen Banken. Der Anteil schlechter Kredite beträgt dennoch nicht Null, denn die Bank hat sich frühzeitig nach Beginn des Transformationsprozesses in der Kreditvergabe an staatliche Unternehmen engagiert. Die Bemühungen der PeKaO S.A. nach Erweiterung ihres Kundenkreises in Richtung Firmenkunden, die Unerfahrenheit der Bank in risikoadäquater Kreditvergabe, mangelnde Anpassung staatlicher Unternehmen auf marktwirtschaftliche Verhältnisse sowie die Rezession der Jahre 1990 und 1991 sind die wichtigsten Gründe für das Entstehen schlechter Kredite im Kreditportfolio der PeKaO S.A.

Obwohl die PeKaO S.A. schlechte Kredite aufweist und sie daher auch die Instrumente zur Kreditbereinigung aus dem Sanierungsgesetz für Banken und Unternehmen anwenden kann, ist sie bisher nicht vom Staat rekapitalisiert worden. Die PeKaO S.A. wartet auf Restrukturierungsanleihen, doch offenbar betrachtet die Regierung die Kreditprobleme der Bank als nicht so gravierend, teilweise wahrscheinlich auch deshalb, weil man sie noch zu sehr als Sparkasse für private Haushalte betrachtet, der von daher das Problem nicht rückzahlbarer Unternehmenskredite nahezu unbekannt sein müßte. Die Frage der Rekapitalisierung ist ohnehin eine hoch politische Frage. Die BGŻ bspw. verfügt in Gestalt der Bauernpartei über eine einflußreiche Lobby in Parlament und Regierung. Dies ist sicher einer der Hauptgründe dafür, warum die Genossenschaftsbank so großzügig mit staatlichen Mitteln ausgestattet wird, gerade auch in diesem Jahr.

Eine Rekapitalisierung der PeKaO S.A. wäre nicht nur wichtig zur Lösung des Problems schlechter Kredite, sondern auch für eine Expansion der Bank in das Firmenkundengeschäft. Die Reputation der Bank als Sparksse für private Haushalte ist für eine solche Expansion hinderlich. Noch schwerer wiegt aber die dünne Eigenkapitaldecke der Bank, die durch eine Rekapitalisierung aufgestockt werden könnte. Da Banken nur bis zu 15% ihres Eigenkapitals als Großkredite an einzelne Kreditnehmer vergeben dürfen, sind Großkredite durch die PeKaO S.A. nicht in dem erforderlichen Umfang möglich, der notwendig wäre, um wirklich gute und große Firmenkunden an sich zu binden. Die einzige Möglichkeit für die PeKaO S.A., solche Kunden zu gewinnen, ist die Beteiligung an Konsortialkrediten. Eine andere Option, ihr Eigenkapital aufzustocken, ohne den Weg der Rekapitalisierung zu gehen, wäre die Privatisierung der Bank, möglichst unter Beteiligung eines strategischen Investors. Bisher gibt es von seiten des Finanzministeriums hierfür aber noch keine konkreten Pläne. Dabei spielt sowohl die Tatsache eine Rolle, daß der Staat über die Dividendenzahlungen der Bank weiterhin Mittel zur Deckung seines Staatshaushalts erhalten möchte, als auch die Möglichkeit, über Personalentscheidungen in Vorstand und Aufsichtsrat der PeKaO S.A. Einfluß nehmen zu können auf die Geschäftspolitik der Bank. Schließlich zieht die Regierung angesichts der starken Konkurrenz ausländischer Banken eine Privatisierung vor, die sich auf polnische Investoren beschränkt. Die PeKaO S.A. dürfte aber zu groß sein, um sie allein über polnische Investoren, z.B. an der Warschauer Börse, zu privatisieren.

Um ihre Wettbewerbsfähigkeit zu steigern, hat die PeKaO S.A. ein Umstrukturierungsprogramm gestartet. Demnach wird ihr landesweites Filialnetz von z.Zt. mehr als 100 Filialen dezentralisiert, um den Entscheidungsprozeß bei den einzelnen geschäftspolitischen Schritten zu flexibilisieren und zu beschleunigen. Die unteren Stufen der PeKaO-Organisation müssen dann z.B. bei der Vergabe von Krediten nicht mehr die Zentrale in geschäftspolitischen Fragen um Erlaubnis bitten, sondern können selbständig entscheiden. Ab Januar 1995 werden die Filialen und regionalen Niederlassungen der PeKaO S.A. nach einem *profit-centre*-Konzept gestaltet werden. Allerdings hat die Bank bzgl. ihrer technischen Infrastruktur noch einigen Nachholbedarf: So müssen die Niederlassungen und Filialen untereinander computervernetzt werden, und um in neue Geschäftsbereiche vordringen zu könnnen, z.B. in das *investment banking*, sind Investitionen in Personalschulung wie auch in EDV-Software notwendig.

***$A_{13}$: Dr. Zbigniew Polański, Berater des Präsidiums der NBP, Abteilung Analiz i Badań, Warschau, den 17. August 1994 und 11. März 1997:***

***17. August 1994***

Wirtschafts- und Bankensektorreformen in Polen begannen bereits unter den kommunistischen Regierungen in den Jahren zwischen 1982 und 1989. Obwohl diese Reformen letztendlich halbherzig waren, müssen sie in die Betrachtung einbezogen werden, denn sie bereiteten den Boden für die ökonomische Transformation, die im Jahre 1989 begann. Diese Basis wurde z.B. durch den Erlaß gesetzlicher Rahmenbedingungen geschaffen, im Bankensektor v.a. durch das Bankengesetz von 1982, dem 1989 das heute gültige Bankengesetz folgte. Die ökonomischen Reformen der 80er Jahre berücksichtigten insgesamt zu wenig die inflationären Konsequenzen, die die Implementierung des Balcerowicz-Programms 1989/90 notwendig machten. Auch nahmen sie ein wesentliches Element auf dem Weg hin zu einer marktwirtschaftlichen Ordnung nicht in Angriff, nämlich die Privatisierung staatlicher Banken und Unternehmen.

Die schlechten makroökonomischen Daten 1990/91 verschlimmerten noch die damals bereits existierenden Probleme um schlechte Kredite im Bankwesen. Obwohl sich die wirtschaftliche Lage seit 1992 von Jahr zu Jahr mehr stabilisiert hat, ist das Volumen schlechter Kredite im aggregierten Kreditportfolio der polnischen Banken noch recht hoch. Der Anteil schlechter Kredite am gesamten Kreditvolumen betrug Mitte 1994 noch 34%. Die Gründe hierfür sind nicht ganz klar, denn die Kreditvergabe durch die Banken vollzieht sich seit der Einführung des Sanierungsprogramms für Banken und Unternehmen und der Verschärfung der gesetzlichen Rahmenbedingungen für die Kreditvergabe unter viel stärkerer Berücksichtigung von Risikoaspekten. Außerdem sind die Resultate der Kreditbereinigung bei den in besonders starkem Maße vom Altbestand schlechter Kredite betroffenen Regionalbanken recht gut. Das immer noch hohe Volumen an Problemkrediten scheint eher das Ergebnis der Kreditvergabe der letzten zwei Jahre zu sein, v.a. der Kreditvergabe durch private Kreditinstitute und Genossenschaftsbanken. Auch muß berücksichtigt werden, daß wirtschaftliche Schwerpunktsektoren bestimmter Banken, wie die Landwirtschaft, weiterhin zu den Problembereichen der ökonomischen Transformation zählen.

Die geldpolitischen Maßnahmen der Zentralbank beeinflussen die finanzielle Situation der Geschäftsbanken. Eine schwere Belastung für die Rentabilität der Banken stellt z.B. die Hochzinspolitik der NBP dar, die die Kreditvergabe an Firmenkunden mit guter Bonität erschwert. Auch die hohen Mindestreserven stellen eine finanzielle Belastung der Geschäftsbanken dar; sie wirken wie eine zusätzliche Pauschsteuer. Die Entschlossenheit der Zentralbank, die jährliche Inflation in absehbarer Zeit auf einstellige Raten zu drücken, dürfte noch für einige Zeit ein *trade-off* zwischen Geldpolitik mit Hilfe administrativer Instrumente und dem Gewinnstreben der Banken bewirken. In diesem Zusammenhang muß auch berücksichtigt werden, daß marktkonforme geldpolitische Instrumente, wie die Offenmarktpolitik, solange wenig wirksam sein werden, wie der Geldmarkt in Polen unterentwickelt ist, sei es durch die geringe Zahl an Marktteilnehmern, sei es durch die niedrigen Volumina an gehandelten Geldern.

Auch die Finanzpolitik der Regierung wirkt konterkarierend auf das Gewinnstreben der Banken. So trägt der Geschäftsbankensektor in erheblichem Maße zur Finanzierung des Staatsbudgets bei. Unter Risikoaspekten ist der Kauf von Staatsanleihen zur Budgetfinanzierung durch die Banken zwar für letztere vorteilhaft, aber weniger profitabel als die Vergabe von Bankkrediten. Außerdem wirkt der Kauf von Staatsanleihen inflationär, zumindest dann, wenn hierdurch eine expansive Fiskalpolitik finanziert wird, deren inflationäre Folgen dann etwa mit hohen Leitzinsen bekämpft werden muß. Die Banken handeln mit einem übermäßigen Engagement in *treasury bonds* also in zweifacher Hinsicht gegen ihre eigenen Interessen, einmal dadurch, daß sie profitablere Geschäfte nicht wahrnehmen und zum anderen dadurch, daß sie selbst die Zinsschraube andrehen helfen. Davon abgesehen hat die Verdrängung potentieller Kreditnehmer durch die Investition in Staatsanleihen auch negative Effekte für den wirtschaftlichen Strukturwandel, denn gerade neue private Unternehmen sind auf Fremdfinanzierung angewiesen, wollen sie durch Investitionen die Basis für ihren Markterfolg legen.

*11. März 1997*

Zur Zeit werden im Sejm Entwürfe für ein neues Banken- und Zentralbankgesetz diskutiert. Der Entwurf für das neue GüNBP sieht vor, daß die Bankenaufsicht aus der NBP herausgelöst und in eine eigenständige Institution umgewandelt wird. Die NBP könnte sich dann auf ihre Zentralbankaufgaben, v.a. die Sicherung der Geldwertstabilität konzentrieren, die ja z.T. den eher mikroökonomisch orientierten Zielen der Bankenaufsicht entgegenstehen. Eine eigenständige Bankenaufsicht würde zudem in Einklang stehen mit den Prinzipien der meisten EU-Mitgliedsländer, ein wichtiges Argument in der gegenwärtigen Diskussion in Polen, da sich das Land ja intensiv um einen EU-Beitritt bemüht. Die NBP würde mit der Herauslösung der Aufsicht insgesamt geschwächt werden und stellt sich daher gegen entsprechende Regierungspläne. Allerdings ist die politische Rückendeckung für die NBP angesichts der aktuellen Mehrheitsverhältnisse im Sejm sehr eingeschränkt: Die institutionell relativ starke Stellung der NBP hat seit dem Regierungswechsel zugunsten der Linken vom September 1993 immer wieder zu Konflikten zwischen Finanzministerium und NBP geführt, und die linke Parlamentsmehrheit ist daher sehr an einer Schwächung der NBP interessiert.

Eine Herauslösung der Bankenaufsicht aus der NBP-Struktur und ihre Etablierung als eigenständige Institution würde den Konstruktionen in anderen Bereichen des Banken- und Finanzsektors entsprechen, wie z.B. dem organisierten Kapitalmarkt, wo die Börsenaufsicht ebenfalls ein eigenständiges Aufsichtsorgan ist. Um die laufende Diskussion jedoch besser einordnen zu können, muß man verstärkt parteipolitische Gesichtspunkte berücksichtigen. Die Bauernpartei bspw. gehört zu den vehementesten Befürwortern einer Trennung von Zentralbank- und Bankenaufsichtsfunktionen. Der Hintergrund hierfür ist jedoch der, daß die NBP nach dem Willen der BGŻ künftig keine Befugnisse mehr haben sollte in bezug auf die Aufsicht über den Genossenschaftsbankensektor. Dabei muß man auch bedenken, daß die Bauernpartei, der ja die BGŻ nahesteht, die NBP zum Lager des politischen Gegners rechnet, denn die gegenwärtige NBP-Präsidentin Hanna Gronkiewicz-Waltz wurde 1992 vom damaligen bürgerlichen Staatspräsidenten Lech Wałęsa ernannt.

Einen weiteren wichtigen Punkt im Entwurf für ein neues GüNBP bildet die Geldpolitik. Hier soll die Autonomie der NBP durch die Schaffung eines sogenannten Geldpolitischen Rates eingeschränkt werden. Bisher war die NBP de facto in der Formulierung ihrer geldpolitischen Ziele völlig frei, obwohl qua lege die Geldpolitik in Einklang stehen muß mit der allgemeinen Wirtschaftspolitik der Regierung. Die dadurch notwendigen Konsultationen zwischen Zentralbank und Regierung führten regelmäßig zu Konflikten und einer gegenseitigen Blockierung der Institutionen, wobei sich die NBP in der tatsächlichen Geldpolitik zumeist durchsetzte. Der neu zu schaffende Geldpolitische Rat soll nach dem gegenwärtigen Stand der Diskussion wie folgt besetzt sein: drei der neun Mitglieder des Gremiums sollen von der Zentralbank gestellt werden, zwei vom Sejm, zwei von der Regierung und zwei weitere schließlich vom Staatspräsidenten. Die Amtszeit der Ratsmitglieder soll sechs Jahre betragen, also zwei Jahre länger als eine Wahlperiode des Parlaments, damit der Rat von Wahlkämpfen relativ frei bleibt. Er soll als eine Art Expertengremium dienen, das objektive Entscheidungen über die Geldpolitik auf der Basis eines durch die Zusammensetzung des Rates sichergestellten breiten politischen Konsensus treffen soll. Dies könnte die Konflikte der Vergangenheit, die zu Verzögerungen bei der Umsetzung der Geldpolitik geführt haben, innerhalb des Gremiums lösen. Eine intern geführte Diskussion könnte in diesem Zusammenhang schneller zu greifbaren Ergebnissen führen als eine öffentliche.

Ein weiteres Element des GüNBP-Entwurfes bildet die Fiskalpolitik. Künftig soll jegliche Defizitfinanzierung durch die Zentralbank verboten sein. Bisher war sie auf 2% der Gesamtfinanzierung des Budgets begrenzt, eine Vorschrift, die in der Vergangenheit immer wieder gebrochen wurde. Das Verbot der Defizitfinanzierung durch die Zentralbank deckt sich mit den entsprechenden EU-Vorschriften und belegt wiederum die Bemühungen Polens, sich bei der Formulierung der rechtlichen Rahmenbedingungen den EU-Standards immer mehr anzugleichen. Die Regierung bemüht sich schließlich auch, die Entwürfe für ein neues Zentralbank- und Bankengesetz möglichst vor den im September anstehenden Parlamentswahlen durchzusetzen, da die Wahlen eine Änderung der Mehrheitsverhältnisse bringen könnten und alle noch schwebenden Gesetzgebungsverfahren nach polnischem Recht von einem neugewählten Parlament rundweg wieder von vorn aufgerollt werden müßten.

Bis heute haben Offenmarktoperationen der NBP nicht die Wirkung gehabt und nicht die Bedeutung erlangt, die ihnen ursprünglich zugedacht worden war. Bis 1996 gab es im Bankensystem eine starke Überliquidität, die damit zusammenhing, daß sich die Banken aufgrund ihrer Erfahrungen mit schlechten Krediten bei der Vergabe neuer Kredite stark zurückhielten. Nicht etwa die Zinssätze bei Offenmarktoperationen förderten entscheidend die restriktive Kreditvergabe der Banken; diese lag vielmehr im risikoaversen Verhalten der Banken selbst begründet. Dieses Verhalten begründet auch die hohen Investitionen in Staatsanleihen. Der Kauf von *treasury bonds* erfolgt nicht etwa auf Druck des Staates, sondern aus dem risikoaversen Verhalten der Banken heraus, und dies, obwohl Staatsanleihen weniger rentabel sind als Kredite. Offenmarktpolitik beschränkte sich daher bis heute weitgehend auf die Verminderung der Geldmenge durch die Emission von kurzfristigen Staatspapieren. Der umgekehrte Weg des Rückkaufs von Staatsanleihen schloß sich aufgrund der hohen Nachfrage seitens der Banken nahezu aus. Offenmarktpolitik ist von daher bis heute weitgehend einseitig geblieben und deshalb als flexibel einsetzbares geldpolitisches Instrument wenig effektiv.

Im vergangenen Jahr war allerdings ein Trendwechsel dergestalt zu beobachten, daß die Banken ihre Kreditvergabetätigkeit drastisch ausdehnten, im Bereich der Konsumentenkredite um 100%, im Bereich der Unternehmenskredite immerhin um knapp 35%. Dies ist mit einer kontinuierlichen Abnahme von Informationsdefiziten auf dem Kreditmarkt im Verlauf der Zeitachse erklärbar und einer damit einhergehenden abnehmenden Risikoaversion der Banken im Zuge des gesamtwirtschaftlichen Aufschwungs. Die Kreditvergabetätigkeit der Banken hatte aber nichts mit den Offenmarktaktivitäten der NBP zu tun; diese scheiden als Determinante für die Kreditvergabe der Banken aus. Dennoch: Mit einem Anteil von 22% am BIP ist das Kreditvolumen in Polen immer noch sehr niedrig, vergleicht man es z.B. mit den Niveaus in den EU-Ländern.

Bezüglich harter Budgetrestriktionen gegenüber dem Unternehmenssektor ist folgendes festzuhalten: Die Budgetbeschränkungen sind seit dem Ende der Planwirtschaft ungleich härter geworden. Dennoch gibt es noch einige Enklaven weicher Budgetrestriktionen gegenüber wichtigen Unternehmen, z.B. Kohleminen und Schiffswerften. Hohe Subventionen der Regierung an ausgewählte staatliche Banken in den Jahren 1993 und 1994 haben sicherlich zu einem *moral-hazard*-Verhalten derselben beigetragen, infolgedessen die Budgetrestriktionen gegenüber den Kunden jener Banken weich wurden. Solches *moral-hazard*-Verhalten war von der Regierung allerdings nicht einkalkuliert worden, ganz sicher auch nicht beabsichtigt gewesen. Die Regierung hat die Banken nach 1990 vielmehr immer wieder dazu aufgerufen, keine neuen unsicheren Kredite mehr zu vergeben.

Die Banken in Staatseigentum sind grundsätzlich an ihrer Privatisierung interessiert. Sie erhoffen sich von der Privatisierung unter Beteiligung eines strategischen Investors aus dem Ausland positive *know-how*-Effekte und einen Kapitaltransfer, z.B. zur Finanzierung moderner Informationstechnologie. Mit der Privatisierung wäre zudem jegliche Einflußnahme des Staates auf die Geschäftspolitik, besonders auf grundsätzliche strategische Entscheidungen der Bank ein für allemal ausgeschlossen. Eine solche staatliche Einmischung ist zwar nicht unbedingt in der täglichen Geschäftspolitik spürbar, aber es gibt immer wieder Beispiele, bei denen staatlicher Einfluß auf strategische Entscheidungen von Banken deutlich wird. Ein solches Beispiel ist die Schaffung der Bankengruppe um die PeKaO S.A. Die Präsidentin der Regionalbank von Szczecin, der Pomorski Bank Kredytowy S.A. (PBKS), z.B. war von Beginn an gegen die Bildung der PeKaO-Holding unter Einbeziehung der PBKS. Daraufhin wurde ihr Arbeitsvertrag nach dessen Ablauf vom staatlichen Eigentümer nicht wieder verlängert, sondern an ihre Stelle ein williger neuer Vorstandsvorsitzender eingesetzt.

Allerdings kann bei der Frage staatlicher Einflußnahme auf staatliche Banken nicht dahingehend generalisiert werden, daß staatlicher Einfluß besonders dann deutlich spürbar wird, wenn wichtige Bankmanager bereits in den 80er Jahren ihre jetzige Position bekleideten. Vielmehr muß in bezug auf staatliche Einflußnahme immer von Fall zu Fall unterschieden werden. Für die gegenwärtige Phase des Transformationsprozesses im Bankensektor läßt sich konstatieren, daß der Staat an effizienten, starken polnischen Kreditinstituten interessiert ist, welche die Sicherheit des Bankensystems insgesamt stärken und gegenüber der Konkurrenz der Auslandsbanken bestehen können.

Der Geld- und der Interbankenmarkt sind in Polen noch nicht so funktionstüchtig wie in etablierten Marktwirtschaften, denn diese Märkte sind noch wenig liquide und nur wenige große Banken - zumeist diejenigen, die es bereits in der Zeit der Planwirtschaft gab - sind auf den genannten Märkten aktiv. Die Aktivitäten auf dem Geld- und Interbankenmarkt führen immer wieder zu Konflikten zwischen der NBP und dem Finanzministerium: Die NBP nutzt Staatspapiere für ihre Offenmarktoperationen, während das Finanzministerium dieselben Instrumente zur Finanzierung des Staatshaushalts nutzt. Eigentlich wäre es angemessen, bei der Budgetfinanzierung auf langfristige Finanzinstrumente des Kapitalmarktes zurückzugreifen. Dieser ist im Bereich festverzinslicher Wertpapiere aber wenig liquide und dient in erster Linie als Medium zur Unternehmensprivatisierung, ist also stark aktienlastig in einem Verhältnis von 70 zu 30 zugunsten von Aktien. Eine Arbeitsteilung derart, daß die NBP Kurzfristinstrumente zur Steuerung der Geldmenge per Offenmarkttransaktionen nutzt und das Finanzministerium langfristige Instrumente des Kapitalmarktes, ist somit kaum möglich. Die Emission von Staatspapieren und deren Erwerb durch die Geschäftsbanken wirkt aber inflationstreibend und läuft somit den Interessen der Zentralbank zuwider. Außerdem ist das Finanzministerium an niedrigen Zinszahlungen für Staatsanleihen interessiert, während die NBP tendenziell die Zinsen derselben zur Dämpfung der Inflation eher hochhalten will. In diesem Kontext ist festzustellen, daß die Mindestreservepolitik das gegenwärtig effizienteste geldpolitische Instrument darstellt. Doch auch hohe Mindestreserven konnten bisher nur wenig dazu beitragen, die immer noch im Bankensystem herrschende Überliquidität entscheidend abzubauen.

*$A_{14}$:* ***Dariusz Lewandowski, Direktor der Gruppe Bankenregulierung, Bankenaufsichtsabteilung der NBP, Warschau, den 23. September 1996:***

Grundsätzlich muß die Arbeit der Bankenaufsicht differenziert werden in Aufsicht vor Ort und Aufsicht per Buch, also mit Hilfe von Bankbilanz und GuV. Aufgrund von Personalmangel zu Beginn der Tätigkeit der Bankenaufsicht im Jahre 1990 wurden Prüfungen vor Ort zunächst kaum durchgeführt. Die Bankenaufsicht vertraute in diesem Zusammenhang zu lange den Auskünften der Banken. Falsche Angaben und fehlende einheitliche Bilanzierungsrichtlinien trugen dazu bei, daß das Problem schlechter Kredite von seiten der Bankenaufsicht nicht rechtzeitig genug erkannt wurde. Die Liberalisierung des Bankensektors wurde zeitlich nicht genügend mit dem Aufbau von Aufsichtsstrukturen koordiniert.

Die Rekapitalisierung staatlicher Banken im Zuge der Bereinigung schlechter Kredite stellt einen klaren Wettbewerbsnachteil für die nichtstaatlichen Kreditinstitute dar. Die Bankenaufsicht kann jedoch aufgrund ihrer Kompetenzen nicht die Vorgehensweise bei der Rekapitalisierung als wirtschaftspolitischen Akt, sondern nur ihr Ergebnis beurteilen, indem sie darauf achtet, daß wichtige Kennzahlen, wie der Solvabilitätskoeffizient, eingehalten werden. Sie ist darum bemüht, alle Banken unabhängig von deren Eigentumsstruktur streng objektiv und nach gleichen Kriterien zu beurteilen.

Die Bankenaufsicht bemüht sich in ihrer täglichen praktischen Arbeit darum, den gesetzlichen Anforderungen an die Adresse der Banken in vollem Umfang Geltung zu verschaffen. Allerdings wurden die strengeren Regulierungsvorschriften der Bankenaufsicht erst eingeführt, nachdem das Problem der schlechten Kredite bereits akut geworden war. Dasselbe gilt für einheitliche und objektivierbare Bilanzierungsrichtlinien. Im übrigen fehlt der Bankenaufsicht weiterhin die nötige Autorität und die gesetzliche Basis, in Banken, die wenig effizient arbeiten und daher schlechte Bilanzen ausweisen, notwendige Änderungen durchzusetzen, wie z.B. personeller Art. Die gesetzlichen Grundlagen von BG und GüNBP bieten hierfür keine geeignete Basis und sollten dahingehend überarbeitet werden. Davon abgesehen ist die Bankenaufsicht weiterhin auch personell noch unzureichend ausgestattet. So hängt die Aufsicht weiterhin von der Zusammenarbeit mit Wirtschaftsprüfern ab, die die Aufsichtsbehörde über Vorgänge innerhalb der Banken bzw. über absehbare Entwicklungen in den Bankbilanzen informieren, die zu Liquiditäts- oder gar Solvenzproblemen führen könnten.

Die Bankenaufsicht ist allein schon durch die Beaufsichtigung von über 1.500 Genossenschaftsbanken überfordert. Zwar sollen diese durch die regionalen Genossenschaftsbanken innerhalb der BGŻ-Struktur kontrolliert werden, doch wurde diese Regelung des Gesetzes über die Reorganisation und Sanierung des Genossenschaftsbankensektors noch nicht in die Tat umgesetzt. Zum einen sind noch nicht alle neun regionalen BGŻ-Banken geschaffen worden, zum anderen scheinen innerhalb der BGŻ aber auch das Personal und das Fachwissen zu fehlen, die für die Aufsicht über die ländlichen Genossenschaftsbanken notwendig sind.

Gegenwärtig wird in Polen die Trennung von Zentralbank und Bankenaufsicht in zwei Institutionen diskutiert. Als Begründung für eine solche Trennung wird angeführt, daß die Aufsicht als eigenständige Institution stärker wäre als bisher, wo sie lediglich eine von vielen Abteilungen innerhalb der NBP ist. So sind z.B. auch die Börsenaufsicht und die Aufsicht für das Versicherungswesen eigenständige Institutionen. Eine Trennung der Bankenaufsicht von der NBP würde eine längerfristige Umstrukturierung des Aufsichtsamtes implizieren, die die tägliche Arbeit der Aufsicht beeinträchtigen würde, ebenso wie die Sicherheit des Bankensystems. Eine solche Umstrukturierung ist z.Zt. nicht empfehlenswert, jetzt wo sich der polnische Bankensektor nach der Krise um schlechte Kredite gerade wieder stabilisiert und konsolidiert. Selbständigkeit der Aufsicht bedeutet ohnehin nicht automatisch einen Autoritätszuwachs.

In Polen gibt es häufig das Phänomen, daß Tatsachen geschaffen werden, ohne hierfür ausreichende Vorkehrungen zu treffen. So ist z.B. noch nicht klar, welche Konsequenzen bilanzieller Art aus der Bildung der PeKaO-Holding gezogen werden müssen. Es handelt sich dabei zwar um einen Bankkonzern, die einzelnen Banken sollen aber ihre Unabhängigkeit weitgehend behalten. Ob damit die Bilanzzahlen konsolidiert werden sollen oder nicht, und welche Kennzahlen die für die Beurteilung durch die Bankenaufsicht entscheidenden sind, steht mithin noch nicht fest. Die Übereinkunft zwischen den betroffenen Banken ist in dieser Frage recht schwammig. Da konsolidierte Zahlen für die PeKaO-Gruppe bis Ende 1997 nicht erhältlich sein werden, sind bis dahin Aussagen über die finanzielle Situation dieser Gruppe schwerlich möglich.

Viele der im Zuge der Liberalisierung des Bankensektors Anfang der 90er Jahre gegründeten privaten Banken haben keine Chance, als unabhängige Kreditinstitute fortzubestehen. Die Gründe für die instabile Lage dieser Banken sind zum einen intern zu suchen: Viele private Banken haben angesichts der Dominanz staatlicher Kreditinstitute eine aggressive Kreditpolitik verfolgt, um neue Firmenkunden zu gewinnen. Dabei wurden Kreditprüfung und -besicherung vernachlässigt, und das Kreditportfolio wies infolgedessen ein hohes Volumen schlechter Kredite auf. Außerdem war die Eigenkapitalbasis wegen der zunächst sehr liberalen Eigenkapitalanforderungen der Bankenaufsicht zu gering, um hohe Geschäftsvolumina zu erreichen. Zum anderen bekamen die privaten Banken extern neben der Konkurrenz staatlicher Kreditinstitute auch die ausländischer Banken zu spüren. Hinzu kam auch, daß die privaten Kreditinstitute staatlicherseits in mehrfacher Hinsicht gegenüber den alten Staatsbanken benachteiligt wurden. Während die Staatsbanken - und auch die später privatisierten Kreditinstitute - staatliche Garantien für ihre Kundeneinlagen genossen, wurde eine allgemeine Einlagensicherung erst Anfang 1995 geschaffen. Bis dahin mußten die privaten Banken im Vergleich zur staatlichen Konkurrenz ihren Einlegern eine Risikoprämie in Form höherer Einlagenzinsen zahlen, die auf die Zinsmargen der privaten Kreditinstitute negativ wirkten und ihre Rentabilität untergruben. Doch sind dies gesetzliche Schwächen, die zwar wettbewerbsverzerrend wirkten, aber nicht von der Bankenaufsicht zu vertreten sind. Die Aufsicht wendet strikt den Grundsatz der Gleichbehandlung staatlicher und privater Banken an, die skizzierte Ungleichbehandlung durch die gesetzlichen Rahmenbedingungen haben andere Institutionen, v.a. der Gesetzgeber, zu vertreten.

Was die Frage der privaten Banken angeht, die von der NBP übernommen worden sind, weil sie sonst hätten Konkurs anmelden müssen, so ist die NBP an deren möglichst schnellem Verkauf an potentielle strategische Investoren interessiert. Doch die Suche nach solchen Investoren gestaltet sich schwierig. Entweder stellt man ausländischen Banken als Gegenleistung für die Lizenzvergabe die Bedingung, eine sich in finanziellen Schwierigkeiten befindende Bank zu übernehmen, oder sie sind mögliche Übernahmekandidaten für polnische Banken im Zuge der Konsolidierung. Im übrigen ist die Übernahme von Geschäftsbankaktivitäten für einen begrenzten Zeitraum durch die Zentralbank im Zuge der Übernahme kleiner insolventer Banken auch in westlichen Bankensystemen kein unbekanntes Phänomen.

Eine der größten Gefahren für die polnischen Kreditinstitute liegt in der Konkurrenz durch ausländische Banken. Dies wird sich mit der vollständigen Liberalisierung der Zulassung von Auslandsbanken im Jahre 1999 noch verschärfen. Bisher mußte eine Auslandsbank für die Eröffnung einer jeden einzelnen Filiale eine spezielle Lizenz bei der NBP beantragen. Diese Restriktion wird im Jahre 1999 entfallen. Der Vorbereitung auf dieses Datum dient die gegenwärtig laufende Bankenkonsolidierung. Die Liberalisierung der Zulassung von Auslandskonkurrenz auf dem Bankenmarkt ist eine Vorbedingung für die Aufnahme Polens in die EU, die von polnischer Seite für so bald wie möglich angestrebt wird.

***$A_{15}$: Dr. Piotr Cyburt, stellvertretender Vorstandsvorsitzender der Polski Bank Rozwoju S.A. (PBR), Warschau, den 24. September 1996:***

Mit dem Wechsel der Regierung von einer bürgerlichen zu einer Linkskoalition von SLD und PSL gab es auch eine Wende in der Politik gegenüber dem Bankensystem. Es galt fortan nicht mehr der Grundsatz der Bankenprivatisierung um jeden Preis. Stattdessen sollen nun Banken zunächst konsolidiert und zu einem späteren Zeitpunkt privatisiert werden. Nach dem Regierungswechsel folgte eine Periode von etwa einem Jahr, während der die Banken Konsolidierungsvorschläge erarbeiten konnten. Es kam zu einer Reihe von Gesprächen zwischen den Banken, die jedoch ohne greifbare Ergebnisse blieben. Dafür gibt es zwei Gründe: Zum einen wollte keine der Banken ihre Macht und ihre Unabhängigkeit aufgeben. Zum anderen gab es keine Übereinkunft darüber, wo die jeweilige Zentrale eines zu bildenden Bankkonzerns liegen sollte. Bis auf die Privatisierung der BPH und der Vorbereitung der Privatisierung der Bank Gdański passierte im ersten Jahr nach dem Regierungswechsel im Bankwesen wenig Konkretes.

Nach jenem Jahr ohne konkrete Konsolidierungspläne von seiten der Banken selbst schlug das Finanzministerium die Bildung zweier Bankenkonzerne unter Führung der PeKaO S.A. und der Bank Handlowy vor. Die Einbeziehung auch der inzwischen privatisierten BPH sorgte unter den Investoren dieser Bank für erhebliche Unruhe. Auch die internationale Kritik, die Bankenkonsolidierung laufe auf eine Art Reverstaatlichung des Bankensystems hinaus, führte dazu, daß die BPH aus dem Konsolidierungsprogramm wieder herausgenommen wurde. Während in der Zwischenzeit zwischen den betroffenen Banken eine Übereinkunft zur Bildung der PeKaO-Gruppe erzielt wurde, hat die Bank Handlowy beschlossen, vorerst keine Konsolidierung vorzunehmen. Der Grund hierfür liegt darin, daß die Bank Handlowy die übrigen, an einem Konzern zu beteiligenden Banken in ihre eigene Struktur integrieren wollte. Die betroffenen Banken wären damit faktisch nicht mehr existent gewesen. Eine Gruppe von weitgehend selbständigen Teilbanken wie im Fall der PeKaO-Gruppe kam für die Bank Handlowy nicht in Frage. Eine Privatisierung sowohl der neuen PeKaO-Gruppe als auch der Bank Handlowy wird wohl noch einige Zeit auf sich warten lassen. Der Staat dürfte nicht daran interessiert sein, die Kontrolle über die größten polnischen Kreditinstitute durch deren Privatisierung vollständig zu verlieren. Eher vorstellbar ist eine Teilprivatisierung bzw. die Übertragung eines Teils des Eigenkapitals der Banken auf noch zu bildende Pensionskassen.

Neben der Konsolidierung im staatlichen Bankenbereich gibt es gleichartige Tendenzen auch im Bereich der privaten bzw. privatisierten Banken. Beispiele hierfür sind die Kapitalverflechtung zwischen der BIG S.A. und der Bank Gdański sowie die Expansionspolitik der WBK. Umstritten ist z.Zt. noch die Art und Weise, wie die Warschauer Regionalbank PBK zu privatisieren sei. Gegenwärtig bemüht sich die PBR mit einer anvisierten Kapitalverflechtung zwischen beiden Banken ebenfalls, eine Gruppe, allerdings von völlig gleichberechtigten Partnern aufzubauen. An einer solchen Bankengruppe könnten weitere Kreditinstitute beteiligt werden. Ziel dabei ist es, daß jede der beiden Banken spezielle Geschäftsbereiche abdeckt - die PBR z.B. das *investment banking* - , um so Synergieeffekte zu realisieren.

Die Vorgängerregierung der jetzigen legte die Priorität auf die Privatisierung der Banken - zum Beginn des Übergangs vom Plan zum Markt ein verständliches Anliegen. Angesichts der steigenden Konkurrenz der Auslandsbanken und der Perspektive des Eintritts Polens in die EU will die jetzige Koalition v.a. die polnischen Banken stärken. Der Eigenkapitalumfang der meisten polnischen Kreditinstitute ist momentan zu niedrig, um mit den viel größeren Auslandsbanken zu konkurrieren. Ein Verkauf wichtiger polnischer Banken mit strategischer Bedeutung an ausländische Investoren soll - wenn möglich - verhindert werden. Auch will der Staat nicht die Kontrolle über das Bankensystem vollständig aufgeben. Kontrolle umschreibt dabei die Rechte des Eigentümers von Banken, der zwar nicht die tägliche Geschäftspolitik unmittelbar beeinflußt, wohl aber bei wichtigen Fragen interveniert, z.B. bei der Ernennung des Top-Managements. Es ist die erklärte Politik des Finanzministeriums, nicht in die täglichen Geschäftsentscheidungen einer Staatsbank einzugreifen. Dieser Grundsatz wird seit der Umwandlung der meisten staatlichen Banken in Aktiengesellschaften auch größtenteils angewandt.

Die PBR hat strategische Bedeutung für die Entwicklung eines modernen Banken- und Finanzsystems. Dies gilt v.a. für die Finanzmärkte. So war die PBR die erste Geschäftsbank, die auf dem Geldmarkt mit Staatsanleihen handelte. Auch für die Entwicklung des Interbankenmarktes leistete die PBR einiges an Vorarbeit. Sie hat z.B. das Konzept des WIBOR erarbeitet. Die PBR ist die erste klassische Investmentbank unter Polens Finanzinstituten nach dem Ende der sozialistischen Ära. Sie führte z.B. Unternehmensanleihen als kurzfristige Finanzierungsinstrumente in den polnischen Kapitalmarkt ein und organisierte die ersten Aktienemissionen an der Warschauer Börse. Die Aktivitäten der PBR waren v.a. in den Jahren 1992 bis 1994 für die Entwicklung des Bankensystems sehr wichtig, da der Zustrom von innovativen Auslandsbanken nach Polen durch die restriktive Lizenzvergabe der NBP stark gebremst wurde, und die Fortentwicklung der Dienstleistungen und Finanzinstrumente des Bankensektors zu stocken drohte. Inzwischen wird der Wettbewerb mit den Auslandsbanken, die verstärkt auf den polnischen Markt drängen, wieder schärfer. Die Innovationsfähigkeit der PBR wird durch ausländische strategische Partnerschaften, wie z.B. mit der Dresdner Kleinwort Benson und der Citibank, gefördert.

Zwar erfüllt der Bankensektor seine Aufgaben mit einem breiten Angebot von Produkten und Dienstleistungen inzwischen recht zufriedenstellend, es gibt aber nach wie vor bestimmte Defizite, wie z.B. kein genügend großes Angebot an Investmentfonds. Das größte Problem ist derzeit jedoch die Bereitstellung langfristiger Kredite für Investitionen von Unternehmen. Die Banken sind in diesem Bereich wegen der vermeintlich hohen Kreditrisiken sehr zurückhaltend. Viele Banken verfügen zudem auch nicht über ausreichende langfristige Einlagen. Es ist ferner festzustellen, daß die Banken zu hohen Investitionen in Staatsanleihen neigen. Diese Investitionen sind risikoarm, aber weniger rentabel als Kredite. Sie fördern das Wachstum der Banken weniger als Kredite es täten, und außerdem tragen sie nichts zum wirtschaftlichen Strukturwandel bei. Sie nutzen einseitig dem Staat dadurch, daß sie das Budgetdefizit finanzieren helfen. Die Frage der Staatsanleihen ist jedoch weniger eine der Konkurrenz zwischen dem Staat als Bankkunden und Unternehmen als potentiellen Kreditnehmern, sondern eine Frage des zukunftsgerichteten Managements auf der Aktivseite der Bankbilanzen.

Zwar ist Polens Bankensystem mehr und mehr marktwirtschaftlich orientiert, dennoch ist politische Einflußnahme weiterhin sichtbar. Dies zeigt sich am besten am Beispiel der BGŻ, die unter Rentabilitätsgesichtspunkten her gesehen wohl ein hoffnungsloser Fall ist. Im Gegensatz zum Genossenschaftsbankensektor arbeiten andere Banken inzwischen jedoch durchaus unter Wettbewerbsbedingungen.

Das Bankengesetz weist Schwachpunkte auf, die zu Problemen in der Entwicklung des Bankensystems geführt haben. Eine Schwäche ist bspw. die Begrenzung des Bankenengagements in Krediten und Aktien. Mit einer Begrenzung der Kreditvergabe an einzelne Kunden auf 15% des Eigenkapitals lassen sich Kreditgeschäfte mit großen Unternehmen durch eine einzelne Bank kaum bewerkstelligen. Die Begrenzung der Investitionen in Aktien hatte einen negativen Einfluß auf die Entwicklung des Kapitalmarktes, der Warschauer Börse. Die Diskussion über eine Novellierung des Zentralbankgesetzes, bei der Bankenaufsicht und Zentralbankfunktionen voneinander in zwei verschiedenen Institutionen getrennt werden sollen, und die NBP darüberhinaus Kompetenzen in der Geldpolitik verlieren soll, ist v.a. entstanden durch die Kandidatur der NBP-Präsidentin Gronkiewicz-Waltz für das Amt des Staatspräsidenten. Dieser Schritt war ein Fehler, denn er hat die NBP unnötig politisiert und in Gegensatz zur Regierung gebracht. Es ist jedoch zweifelhaft, ob eine Reform des GüNBP noch in der laufenden Legislaturperiode bis September 1997 zuwege gebracht werden wird. Wahrscheinlicher ist eine Beruhigung der Situation, wenn die Amtszeit von Frau Gronkiewicz im Februar 1998 endet und ein neuer NBP-Präsident ernannt werden wird.

*$A_{16}$: Wojciech Rojowski, Finanzministerium, Departament Banków i Instytutach Finansowych, Warschau, den 25. September 1996:*

Die Konsolidierung der polnischen Banken begann nach dem Regierungswechsel von einer bürgerlichen Koalition zur jetzigen Linksregierung bei den Parlamentswahlen 1993. Vorher hatte die Privatisierung der Banken noch erste Priorität gehabt. In erster Linie sollten die Regionalbanken privatisiert werden, und zwar in der Reihenfolge ihrer Profitabilität. Diese ist in hohem Maße abhängig von der Struktur der Wirtschaft der jeweiligen Region. Hier hatten die in den westlichen Landesteilen Polens gelegenen Banken, allen voran die WBK in der Wachstumsregion um Poznań, bessere Chancen als die Banken im Osten des Landes. Von vornherein war es unsicher, ob die schwächeren Regionalbanken wirklich einzeln privatisiert werden könnten, und ob sie als Einzelinstitute überhaupt überlebensfähig wären. Ökonomisch lag eine Zusammenlegung mehrerer Regionalbanken bzw. eine Fusion mit landesweiten Kreditinstituten von Beginn an nahe, ohne daß dies offizielle Regierungspolitik gewesen wäre. Offizielle Politik wurde die Konsolidierung der Banken erst im Entwicklungsprogramm *Strategia dla Polski* von Finanzminister Kołodko im Jahre 1994. Hier wurde die Transformation des Bankwesens im Grunde zum ersten Mal in einen gesamtwirtschaftlichen Zusammenhang eingebettet. Die Bankenkonsolidierung und die dahinter liegende Idee, nämlich große und finanziell starke Kreditinstitute zu schaffen, ist auch in der Bevölkerung populär. Nur große polnische Banken werden dauerhaft erfolgreich im Wettbewerb mit Auslandsbanken bestehen können.

Es gibt noch eine Reihe politischer Verbindungen zwischen den staatlichen Banken und der Regierung. Die Mitglieder des Aufsichtsrats und des Vorstandes von Staatsbanken werden bspw. vom Finanzministerium bestimmt. Dabei werden im allgemeinen politisch bequeme Personen, die den jeweiligen Regierungsparteien nahestehen, berufen. Vor allem bei den Regionalbanken sind Verflechtungen mit der regionalen Politik und den örtlichen Unternehmen festzustellen. Dabei fühlen sich die Vorstände der Regionalbanken ihrer jeweiligen Region mehr verpflichtet als den zentralen staatlichen Institutionen in Warschau. Dies hat in der Anfangsphase der Transformation auch zu weichen Budgetrestriktionen gegenüber der regionalen Industrie geführt, trotz der Vorgabe der Regierung, neue Kredite nur noch nach eingehender Risikoprüfung zu vergeben.

Neben dem Prioritätenwechsel von Privatisierung zu Konsolidierung gab es noch einen zweiten Wechsel der Schwerpunkte: In der Anfangsphase der Bankentransformation ging es der Regierung v.a. darum, Wettbewerb im Bankensektor zu schaffen. Daher wurde ein sehr liberales Bankengesetz erlassen, das durch niedrige Zulassungsanforderungen die Gründung vieler neuer Banken ermöglichte. Hinzu kam die Zulassung einer Reihe von Auslandsbanken. Der jetzigen Regierung geht es dagegen in erster Linie um eine Stärkung der polnischen Banken gegenüber Auslandsbanken, und nach der Erfahrung mit schlechten Krediten v.a. um die Sicherheit und Stabilität des Bankensektors. In bezug auf die Frage der Konkurrenz von Auslandsbanken mit polnischen Kreditinstituten muß diese jedoch eingeschränkt werden auf den Bereich des Firmenkundengeschäfts. Im Massengeschäft mit Privatkunden sind die Auslandsbanken bisher kaum aktiv. Wenn man also von Wettbewerb zwischen Auslandsbanken und polnischen Kreditinstituten spricht, so geht es v.a. um Konkurrenz in wenigen Marktnischen, allerdings um solche mit sehr guten Wachstumsaussichten.

Bei der Beantwortung der Frage, ob der Staat überhaupt ein Interesse hat an einem Geschäftsbankensystem in überwiegend privater Hand, muß man einen Blick zurück werfen auf die Zeit von 1918 bis 1939, als es in Polen schon einmal ein marktwirtschaftliches Bankensystem gab. Auch damals befand sich ein Großteil der polnischen Kreditinstitute in staatlicher Hand. Staatliche Banken besitzen also eine lange Tradition, und sie genießen das Vertrauen der Bevölkerung. Sie gelten als besonders sicher und stabil. In der Zeit der zweiten Republik wurden polnische Banken fast völlig mit dem staatlichen Bankensektor gleichgesetzt, denn die privaten Banken jener Zeit waren überwiegend in ausländischer Hand. Über staatliche Kreditinstitute hatte auch die Politik damals einen starken Arm im Bankensektor.

Zu Beginn des Transformationsprozesses meinten die damaligen politischen Entscheidungsträger, bei der Umgestaltung des Bankwesens auf Wissen und Kapital aus dem Ausland angewiesen zu sein. Daraus erklären sich auch die sogenannten *Twinning*-Programme zwischen ausländischen und polnischen Banken sowie die Privatisierung der ersten drei Regionalbanken mit Hilfe ausländischer strategischer Investoren. Inzwischen herrscht eher die Meinung vor, die weitere Umgestaltung des Bankensektors möglichst ohne ausländisches Kapital durchzuführen; dies ist angesichts des Kapitalmangels im Inland allerdings ein schwieriges Unterfangen.

Nach der Verkündung des Zieles, Polens Bankenlandschaft auf wenige große Kreditinstitute zu konzentrieren, wurde den Banken durch die Regierung eine Frist von ca. einem Jahr gesetzt, um aus den eigenen Reihen heraus miteinander Konsolidierungsprogramme zu erarbeiten. Die Verhandlungen zwischen den Banken verliefen jedoch wenig erfolgreich, denn man konnte sich nicht auf konkrete Fusionspläne einigen. Ein besonderes Hindernis war dabei die Frage der Machtverteilung zwischen den zu konsolidierenden Banken, symbolisiert durch den Standort der künftigen Zentrale eines Bankenkonzerns. Auch persönliche Differenzen zwischen den Vorständen der einzelnen Banken trugen zum Scheitern der Verhandlungen bei. Den beteiligten Personen ging es v.a. darum, die eigene Machtbasis zu verteidigen und wenn möglich auszubauen. Zukunftskonzepte und Geschäftsstrategien für die neuen Bankenkonzerne fehlten weitgehend.

Nachdem die Verhandlungen zwischen den Banken zu keinem Ergebnis geführt hatten, wurde das Finanzministerium als Bankeigentümer aktiv. Es schlug die Bildung zweier Bankkonzerne vor, deren Zentren und Mutterbanken die beiden größten und besten polnischen Kreditinstitute sein sollten, nämlich die Bank Handlowy und die PeKaO S.A. Dies ist eine intelligente Lösung, denn zwischen den Mutterbanken und den regionalen Kreditinstituten lassen sich Synergieeffekte realisieren. Bevor jedoch die Lösung mit der Bank Handlowy und der PeKaO S.A. vorgeschlagen wurde, war staatlicherseits zunächst an eine Konsolidierung unter den Regionalbanken allein gedacht worden, mit der Bank Gdański und der Warschauer PBK an der Spitze. Zwar gehören beide Institute zu den besseren Regionalbanken, dennoch ist ihr Abstand zu den übrigen Regionalbanken nicht so groß, als daß sie automatisch als Spitzeninstitute für Bankkonzerne fungieren könnten. Die Auswahl dieser zwei Banken erfolgte vielmehr nach bürokratisch-politischen Kriterien mit Danzig und Warschau als den beiden größten Städten Polens. Die Lösung mit der Bank Handlowy und der PeKaO S.A. erscheint aus Marktsicht vernünftiger.

Die Bank Handlowy hat von vornherein einen Konsolidierungsweg präferiert, bei dem die mit ihr zu fusionierenden Banken ihre Unabhängigkeit aufgeben müßten. Das Hauptinteresse der Bank Handlowy ist eine landesweite Präsenz unter Ausnutzung des in den einzelnen Provinzen Polens gut ausgebauten Filialnetzes der Regionalbanken. So hat die Bank Handlowy bereits 1993 mit mehreren Briefen an die NBP ihr Interesse bekundet, die aus der Zentralbank ausgegründete Polski Bank Inwestycyjny (PBI) zu übernehmen. Ohne klare Begründung wurde ihr dies jedoch vom Eigentümer der PBI, der NBP, verweigert. Heute verfügt die Bank Handlowy über ein weit besser ausgebautes Filialnetz als noch vor drei Jahren. Daher konnte sie es sich leisten, die Verhandlungen mit den Banken, die mit ihr konsolidiert werden sollten, abzubrechen, nachdem klar war, daß die Banken nicht dazu bereit wären, ihre Unabhängigkeit aufzugeben. Eine vollständige Privatisierung der Bank Handlowy, ob als Holding oder als Einzelinstitut, wird sich schwierig gestalten: Zum einen ist polnisches Kapital zur Privatisierung einer solch großen Bank kaum vorhanden, zum anderen dürfte der Staat ein Interesse daran haben, die Bank Handlowy auch langfristig in gewissem Umfang als Eigentümer zu kontrollieren.

***$A_{17}$: Jan Laskowski, Mitglied des Vorstands der AmerBank S.A., Warschau, den 26. September 1996:***

Die AmerBank wurde im Jahre 1991 als Auslandsbank in US-amerikanischem Mehrheitsbesitz gegründet, betrachtet sich nach der Notierung an der Warschauer Börse und damit einhergehend einer wachsenden Zahl inländischer Anteilseigner heute jedoch eher als polnisches Kreditinstitut denn als Auslandsbank. Dennoch ist AmerBank stark vom ursprünglichen US-Einfluß geprägt: Die technische Infrastruktur ist modern und stammt zum Großteil aus dem Ausland, das Personal ist mehrsprachig. Die Geschäftsbereiche der AmerBank sind die für eine Auslandsbank typischen, nämlich Dienstleistungs- und insb. Finanzierungsangebote für Auslandsunternehmen und polnisch-ausländische *joint ventures*. Allerdings ist AmerBank inzwischen darum bemüht, ihre Geschäftsbeziehungen zu mittelständischen polnischen Unternehmen auszubauen. Insgesamt ist AmerBank jedoch, wie andere Auslandsbanken auch, ein *niche-player*. Solche Nischen sind zwischen den Auslandsbanken heftig umkämpft, die Konkurrenz zu den polnischen Banken ist hingegen noch begrenzt. Der Grund hierfür liegt darin, daß polnische Unternehmen und private Haushalte ohnehin traditionelle Kunden der polnischen Banken sind, ausländische Kunden aber ein weitaus größeres Vertrauen in die Auslandsbanken haben, speziell in die Institute ihrer Heimatländer. Wenige Auslandsbanken zählen jedoch auch polnische Unternehmen zu ihren Kunden, wie z.B. die Citibank. Dabei handelt es sich v.a. um diejenigen ausländischen Kreditinstitute, die als Pioniere zu den ersten Auslandsbanken in Polen gehörten und hier bereits vor dem vorübergehenden Stopp der Lizenzvergabe durch die NBP im Jahre 1993 aktiv waren.

Die staatlichen Banken brauchen die Konsolidierung, um nach der vollständigen Öffnung des polnischen Bankensektors im Jahre 1999 gegenüber den Auslandsbanken wettbewerbsfähig zu bleiben. Bisher profitierten sie noch von Privilegien, die sie vom Staat eingeräumt bekamen, wie von Subventionen und lange Zeit auch von einer staatlichen Garantie für Spareinlagen. Diese Privilegien, die nach und nach abgebaut werden, wie z.B. durch die Schaffung einer allgemeinen Einlagensicherung für die Einlagen bei allen Banken, werden nicht ausreichen, um die Wettbewerbsfähigkeit der Staatsbanken langfristig zu sichern. Staatliche Banken sind zumeist nach wie vor bürokratisch agierende Institute, die sich nur schwer den sich verändernden Marktverhältnissen anpassen.

Generell ist die Steuergesetzgebung für die Banken sehr nachteilig. Dies betrifft z.B. die obligatorischen Mindestreserven als indirekte Steuer, deren Zinsen nicht in das Bankensystem zurückfließen, sondern dem Fonds für die Sanierung der Landwirtschaft zugute kommen. Ein weiteres Beispiel für die ungerecht hohe Besteuerung ist die Nichtanerkenung obligatorischer Risikoreserven gegen schlechte Kredite als Kostenfaktor. Sie zählen steuerrechtlich zum Gewinn und werden daher besteuert. Die dadurch entstehende finanzielle Belastung für die Banken ist nicht zu unterschätzen. Ungerecht ist in diesem Zusammenhang auch die Tatsache, daß bestimmte staatliche Banken, v.a. die BGŻ, Steuerprivilegien genießen und von der Haltung von Mindestreserven befreit sind. Zudem wird realiter ein Teil der Steuern, die aus dem Bankensystem gezogen werden, als Subventionen schwachen Staatsbanken wie der BGŻ zugeleitet. Es findet in diesem Sinne eine Umverteilung innerhalb des Bankensystems statt, die vom marktwirtschaftlichen Standpunkt aus gesehen nicht gerechtfertigt erscheint.

***$A_{18}$: Krzysztof Senderowicz, stellvertretender Direktor des Departament Rachunków Banków (Settlement-Abteilung) der NBP, Warschau, den 11. März 1997:***

Vor 1993, als ein Nationales Clearinghouse (Krajowa Izba Rozliczeniowa S.A. - KIR, Landesverrechnungskammer) implementiert wurde, unterhielt jede einzelne Filiale einer Geschäftsbank ein Verrechnungskonto bei der NBP. Über solche Konten fand die Verrechnung sowohl zwischen den verschiedenen Banken als auch zwischen den verschiedenen Filialen innerhalb einer Bank statt. Das System lag also völlig zentralisiert in den Händen der NBP und war recht kompliziert, so daß die Verrechnungen zwischen sieben und 14 Tagen dauerten. Diese lange Zeitdauer kam u.a. auch dadurch zustande, daß die Bankfilialen nicht Konten bei der NBP-Zentrale in Warschau unterhielten, sondern bei der jeweils für sie zuständigen regionalen NBP-Niederlassung. Die Ergebnisse der Transaktionen auf jeweils einem regionalen NBP-Konto mußten dann noch in einem zweiten Schritt an die NBP-Zentrale in Warschau weitergegeben werden, was wiederum Zeit in Anspruch nahm. Ein zweistufiges Verrechnungssystem ohne elektronische Basis, das auf langwierige postalische Informations- und Datenweiterleitung basiert, ist in einem marktwirtschaftlichen Kontext ineffizient und damit undenkbar. Der Geldumlauf ist in einem solchen Zahlungsverkehrssystem zu hoch, und die Kreditierung von Bankkonten über mehrere Tage hinweg bis zur tatsächlichen Verrechnung birgt in sich ein zu hohes Systemrisiko.

Im Jahre 1992 wurde von seiten des Gesetzgebers entschieden, die Verrechnungskonten der Geschäftsbanken bei der NBP so zusammenzulegen, daß jede Geschäftsbank fortan nur noch ein einziges Konto bei der Zentralbank unterhält. Zunächst wurden die Verrechnungskonten der Banken bei der KIR zusammengefaßt, die im April 1993 von der NBP geschaffen wurde. Die KIR hat die Rechtsform einer Aktiengesellschaft; an ihr sind neben der NBP z.Zt. noch 18 Geschäftsbanken sowie der Polnische Bankenverband als Interessenvertreter aller Geschäftsbanken beteiligt. Zeitgleich mit der Schaffung der KIR traten Vorschriften für die Zulassung der Banken zum Zahlungsverkehrssystem in Kraft. Die Banken, die nicht unmittelbar Konten bei der KIR unterhalten, nutzen Banken des KIR-Systems als Korrespondenzbanken, um so indirekt am Zahlungsverkehr teilzunehmen. Abgesehen von den lokalen Genossenschaftsbanken besitzen jedoch inzwischen mehr als 90% aller Banken Konten bei der KIR. Die Genossenschaftsbanken nutzen die BGŻ als Korrespondenzbank zur Teilnahme an der KIR.

Das polnische Zahlungsverkehrssystem läßt sich seit der Gründung der KIR in zwei Bereiche differenzieren: Das *clearing* erfolgt über die KIR, während das *settlement* über die Zahlungsverkehrsabteilung der NBP vorgenommen wird. Die Informationen der KIR laufen dort dreimal täglich zusammen und enthalten auch Informationen über die Aktivitäten der Banken am Geld- und Interbankenmarkt. Dreimal täglich erfolgt dann das *settlement*. Dabei übernimmt die NBP jedoch keine Kreditrisiken und fungiert auch nicht als *lender of last resort*. Überziehungskredite existieren nicht. Um die Risiken auf seiten der am Zahlungsverkehr teilnehmenden Geschäftsbanken möglichst gering zu halten, sind die Liquiditätsvorschriften für die Banken sehr streng. Bis heute wurden insgesamt fünf Banken vom Zahlungsverkehrssystem ausgeschlossen. Im Jahre 1994 wurde durch die NBP die Erlaubnis erteilt, die Mindestreservekonten mit in den Zahlungsverkehr einzubeziehen. Dies gibt den Geschäftsbanken ein gewisses finanzielles Polster, denn anders als zuvor müssen die Mindestreserven nicht täglich, sondern nur im Monatsdurchschnitt erfüllt werden. Bei eventuellen Liquiditätsengpässen können die Mindestreserven für Zahlungen im System miteinbezogen werden. Die Gewährung von Lombardkrediten durch die Zentralbank stellt eine weitere Möglichkeit dar, Liquiditätsengpässe im Zahlungsverkehr zu überbrücken. Ähnliches gilt für Offenmarktoperationen: Durch den Verkauf von kurzfristigen Staatsanleihen ergibt sich für die Geschäftsbanken eine weitere Möglichkeit, kurzfristige Liquiditätsengpässe zu überbrücken.

Gegenwärtig ist das polnische Zahlungsverkehrssystem in ein voll elektronisches System, ELIXIR, und ein teilelektronisches System, SYBIR, unterteilt. Auf absehbare Zeit wird diese Zweiteilung bestehen bleiben, denn gerade die kleineren Banken, aber auch diejenigen mit einem umfangreichen Filialnetz, haben kaum die finanziellen Mittel, um ein voll elektronisches System bei sich zu implementieren. Immerhin ist jedoch der Anteil der Banken, die an ELIXIR angeschlossen sind, von knapp 3% auf über 20% gestiegen, mit weiter ansteigender Tendenz. Die Auslandsbanken sind rundweg an ELIXIR angeschlossen. KIR wird nicht genutzt für Transaktionen auf den Finanzmärkten. Die dort stattfindenden Transaktionen erfolgen über Konten bei der NBP, denn die Verrechnungsmechanismen arbeiten hier wesentlich schneller als bei der KIR.

*$A_{19}$: Małgorzata Kąkol, stellvertretende Direktorin des Departament Polityki Finansowej der PKO BP, Warschau, den 12. März 1997:*

Das Problem der schlechten Kredite im Portfolio der PKO BP konnte bis heute zum größten Teil gelöst werden: Der Anteil schlechter Kredite betrug Ende 1996 nur noch 6%, gemessen am Volumen aller vergebenen Kredite. Dies ist ein großer Fortschritt, vergleicht man diesen Anteil mit den 22% von vor zwei Jahren. Hier zeigt sich der Erfolg des Sanierungsgesetzes, das zunächst für die Regionalbanken ausgearbeitet, später aber auch auf die PKO BP angewandt wurde. Die schlechten Kredite im Portfolio der PKO BP waren sowohl eine Erbschaft des sozialistischen Systems, als auch das Ergebnis unzureichender Kreditprüfungen durch die Bank zu Beginn der 90er Jahre. Der überwiegende Teil der schlechten Kredite steht in direktem Zusammenhang mit dem Wohnungsbausektor, der durch die Streichung staatlicher Subventionen für diesen Bereich im Laufe der Transformation in arge Finanzierungsschwierigkeiten geriet. Hauptschuldner der PKO BP waren und sind die Wohnungsbaugenossenschaften. Der Wohnungsbau über diese Genossenschaften trägt sich allerdings inzwischen wieder, nicht zuletzt dank der Sanierungsbemühungen im Rahmen der Kreditbereinigung des PKO-Portfolios, so daß von dieser Seite her vorläufig nicht mehr mit neuen schlechten Krediten zu rechnen ist.

Die PKO BP befindet sich trotz weiterer Fokussierung auf den Wohnungsbausektor und das Retailgeschäft in einem Entwicklungsprozeß hin zu einer Universalbank. Gerade das Geschäft mit Privatkunden verspricht hohe Gewinnmargen und wird in der Zukunft wettbewerbsintensiver werden; dies zeigt sich z.B. in der Verdopplung von Konsumentenkrediten im vergangenen Jahr. Dennoch ist der Retailbereich in Polen weiterhin *underbanked*; so beträgt der Anteil von Bankeinlagen am BIP nur 34%, während er in Ungarn bereits 39% beträgt und in entwickelten marktwirtschaftlichen Bankensystemen, wie in Deutschland, bei 66% liegt. Ein ähnliches Bild ergibt sich bei der Dichte des Filialnetzes der Banken: In Polen kommt man auf eine Zahl von 106 pro 1.000.000 Einwohner, in Ungarn auf 113, in Tschechien auf 314 und in Deutschland auf 819. Noch krasser werden die Unterschiede bei Betrachtung der Dichte von Geldautomaten zur selben Bezugsbasis: In Polen kommt man dabei auf eine Zahl von 9, in Ungarn auf 95, in Tschechien auf 92 und in Deutschland auf 344. Allerdings benötigt die PKO BP für Investitionen in die Expansion des Retailgeschäfts hohe Finanzmittel, v.a. für den Ausbau des Filialnetzes bzw. die Implementierung von EDV. Die PKO BP ist in der Lage, diese Investitionen auch ohne Finanzhilfe eines ausländischen strategischen Investors aus dem *cash flow* zu finanzieren. Kleinere Kreditinstitute aber, wie die Regionalbanken, sind dazu ohne einen starken Partner kaum in der Lage. Nichtsdestotrotz ist das Eigenkapitalpolster auch der PKO BP dünn und wird, wenn es nicht zu Kapitalerhöhungen kommt, die Wettbewerbsposition der Sparkasse gerade gegenüber den Auslandsbanken, die ab 1999 vermutlich massiv in den polnischen Markt drängen werden, verschlechtern.

Gegenwärtig baut die PKO BP ihre Organisationsstruktur um. Inzwischen sind aus der ehemals zentralisierten Struktur 19 regionale Einheiten geschaffen worden, die als *profit centres* Eigenverantwortung tragen, und die die in ihrer jeweiligen Region tätigen lokalen Filialen der PKO BP beaufsichtigen. Die neue gewinnorientierte Struktur soll ein Anreizsystem darstellen, profitabel zu arbeiten und gleichzeitig die Geschäftsrisiken ausreichend zu berücksichtigen.

Nach wie vor ist die PKO BP sozusagen überliquide. Dies ist typisch für einlagenstarke Banken in Polens Finanzsektor. Dies geht jedoch zu Lasten der Effizienz des Systems insgesamt, denn die kreditlastigen Banken würden die Einlagenbasis der PKO BP gut gebrauchen können. Der Interbankenmarkt funktioniert jedoch noch nicht so gut, daß er dies ohne weiteres gestatten würde: Die PKO BP zieht es vor, in kurzfristige Staatsanleihen zu investieren, anstatt Bankeinlagen anderen Kreditinstituten über den Interbankenmarkt zukommen zu lassen. Bei relativ guter Verzinsung bergen Investitionen in staatliche Wertpapiere kein Risiko, während durchaus Risiken bei Krediten an andere polnische Banken vorhanden sind. Eine Lösung der mit verzerrten Bilanzstrukturen verbundenen Probleme könnte in einer freiwilligen Zusammenarbeit passiv- und aktivlastiger Banken liegen, z.B. in gemeinsamer Kooperation bei Kreditgeschäften, indem krediterfahrene Banken gegen Provision die Kreditprüfung übernehmen und einlagenstarke Banken, wie die PKO BP, die für Kreditvergaben notwendigen Mittel bereitstellen. In diesem Kontext macht auch eine Konsolidierung der verschieden strukturierten Banken Sinn.

Auf den ersten Blick erscheint auch die neue Bankengruppe um die PeKaO S.A. sinnvoll. Allerdings ist dies eine vom Staat und nicht vom Markt initiierte Zusammenführung verschiedener Banken. Die an der neuen Gruppe beteiligten Regionalbanken wollten zunächst nicht in die Gruppe integriert werden, weil sie um ihre Eigenständigkeit bangten. Zwar sollen sie diese künftig weitgehend behalten, doch ob dies in der Realität wirklich funktionieren wird, ist zweifelhaft, denn Entscheidungen werden so zu Ergebnissen schwieriger Verhandlungsprozesse, die notwendiges Handeln verzögern könnten. Allerdings muß man der neuen PeKaO-Konstruktion zugestehen, daß Synergie- und Kosteneinsparungseffekte zu erwarten sind. Interne Konkurrenz hingegen ist eher unwahrscheinlich, denn die PeKaO S.A. und die Regionalbanken decken unterschiedliche Geschäftsbereiche ab. Die sich in ihrer Struktur und ihren Geschäften ähnlichen Regionalbanken haben sich wiederum ihre Märkte geographisch untereinander aufgeteilt.

Anders ist die Situation bei der angestrebten Gruppe der PBK, PBR, BPH, Kredyt Bank und der Versicherung Warta. Diese mögliche Konsolidierung geht zwar vom Markt aus, denn treibende Kraft hinter den Konsolidierungsbemühungen sind die Institute selbst und nicht der Staat. Dennoch sind Kosteneinsparungs- und Synergieeffekte eher zweifelhaft, interne Konkurrenz zwischen den beteiligten Banken aber wahrscheinlich. Die PBR z.B., eine Bank mit großer Erfahrung im Kreditbereich, leidet an Kapitalmangel und erhofft sich durch die neue Bankengruppe Finanzmittel der anderen Kreditinstitute für die Kreditvergabe. Diese anderen Banken verfügen jedoch selbst über große Kreditabteilungen und werden flüssige Mittel eher im Hause behalten anstatt sie der PBR zu überlassen. Diese Banken verfügen im Gegensatz zur PBR außerdem über recht gut ausgebaute Filialnetze und haben so leichteren Zugang zu potentiellen Kreditnehmern. So könnte die PBR, obwohl sie vom *know-how* her die beste Bank der angestrebten 'Gruppe der Fünf' ist, zur Verliererin der Gruppenbildung werden. Selbst wenn die PBR versuchen sollte, als *investment-banking*-Arm der Gruppe zu fungieren, weil sie auch in diesem Bereich über große Erfahrung verfügt, dürfte dies auf den Widerstand der anderen beteiligten Banken treffen, denn auch die PBK z.B. verfügt seit geraumer Zeit über einen eigenen Broker und bietet eine steigende Zahl an *investment-banking*-Produkten und -Dienstleistungen an. Die Machtverteilung innerhalb der Gruppe dürfte aufgrund der besseren Einlagenbasis, der größeren Eigenkapitalausstattung sowie aufgrund des umfangreicheren Filialnetzes zu Gunsten der BPH sowie der PBK und zu Lasten der PBR ausfallen.

Die PKO BP nimmt nicht aktiv am Konsolidierungsprozeß teil, denn sie ist bereits groß genug. Größe und mangelnde Einlagenbasis sind nicht das Problem der PKO BP, vielmehr sind dies die unterentwickelte IT-Infrastruktur sowie das bisher kaum entwickelte Kreditgeschäft. Die Strategie der PKO BP zielt auf die Entwicklung zu einer Universalbank aus eigener Kraft heraus. Daraus erklärt sich auch die Aufnahme bisher nicht getätigter Geschäfte, wie das *investment banking* mit der Eröffnung eines eigenen Brokerhauses. Auch wenn solche Aktivitäten in der Anfangsphase nicht profitabel sind, da in den entsprechenden Marktsegmenten bereits ein harter Wettbewerb herrscht, sind sie doch notwendig, um dem Kunden ein breites Paket an Produkten und Dienstleistungen anbieten zu können und ihn damit längerfristig an die PKO BP zu binden.

Obwohl sich die PKO BP noch in Staatsbesitz befindet, und der Staat über den Verkauf von Staatsanleihen an die PKO BP auch der größte Kunde der Bank ist, ist ein Einfluß des Staates auf die tägliche Geschäftspolitik der PKO BP im Grunde nicht spürbar bzw. gar nicht vorhanden. Dennoch wäre die Privatisierung der PKO BP ein wichtiger Schritt für die Bank. Dies nicht so sehr, um vermeintlichen staatlichen Einfluß abzubauen, als vielmehr um die Eigenkapitalbasis der Bank zu erhöhen und ihre Effizienz z.B. durch die Beteiligung eines strategischen Investors aus dem Ausland zu steigern. Allerdings ist über eine Privatisierung der PKO BP bisher noch nicht entschieden worden. Die Entstaatlichung allein über die Börse dürfte schwierig werden, da hier das nötige Kapital fehlt. Auch die Beteiligung eines ausländischen Investors ist völlig offen. Wenn es zu einer Privatisierung kommen sollte, dann dürfte es sich dabei wohl nur um eine Teilprivatisierung handeln, bei der der Staat jedoch weiterhin Mehrheitsanteilseigner bleibt. Vergleicht man Polen mit den Ländern der EU, so wäre eine private Sparkasse ohnehin die Ausnahme. Auch wenn es nicht zur Privatisierung kommen sollte, kann die PKO BP trotzdem künftig effizient arbeiten. Staatliche Banken bieten hierfür genügend Beispiele. Effizienz ist nicht zuletzt eine Frage des Managements, und hier gibt es eine Reihe von Fällen, wo Bankmanager, die bereits in sozialistischer Zeit ihre Position bekleideten, ihre Banken erfolgreich modernisiert haben, wie z.B. im Fall des Vorstandsvorsitzenden der BRE, Herrn Szwarc. Allerdings hat bei der BRE auch die strategische Beteiligung der Commerzbank eine große Rolle gespielt, denn sie hat entscheidend zur Modernisierung der BRE beigetragen.

***$A_{20}$: Adam Berent, Direktor der Abteilung Correspondent Banking der Bank Inicjatyw Gospodarczych S.A. (BIG), Warschau, den 12. März 1997:***

Die Teilnahme der BIG am Konsolidierungsprozeß im polnischen Bankwesen begann recht früh mit der Übernahme der Łódzki Bank Rozwoju (ŁBR), einer kleinen privaten Bank in Südpolen, die aufgrund drohender Insolvenz im Jahre 1994 von der Bankenaufsicht übernommen worden war. Die Übernahme der ŁBR eröffnete der BIG eine Reihe von neuen Chancen, z.B. erstmalig mit einem umfangreichen Filialnetz in Südpolen am Markt präsent zu sein und die breite Einlagenbasis der ŁBR übernehmen zu können, um so eine günstige Finanzierungsbasis für das Kreditgeschäft zu erhalten. Bisher mußte sich die BIG, deren Einlagenseite noch unterentwickelt ist, auf dem Interbankenmarkt refinanzieren, der im Vergleich zur Refinanzierung über Kundeneinlagen recht teuer ist. Außerdem konnte die BIG die guten Kundenbeziehungen der ŁBR im Privatkunden- und im Retailbereich übernehmen, eine wertvolle Expansion über das bisherige Firmenkundengeschäft der BIG hinaus. Schließlich vollzog sich die Übernahme auch recht kostengünstig, denn die Sanierung der ŁBR erfolgte mit massiver finanzieller Hilfe der NBP. Allerdings muß die BIG insgesamt PLN 25 Mio. zur Sanierung der ŁBR beisteuern, was jedoch gemessen am Nutzenzuwachs durch die Übernahme gerechtfertigt erscheint. Die Restrukturierungsanleihen, die die NBP zur Sanierung der ŁBR an diese ausgab, müssen allerdings von der neuen BIG-Gruppe zurückgezahlt werden, dies jedoch innerhalb eines langfristigen Zeithorizonts von zwölf Jahren. Diese vergleichsweise geringe finanzielle Bürde wird noch dadurch erträglicher, daß die ŁBR mittelfristig von der Haltung von Mindestreserven befreit wurde. Das verleiht der BIG-Gruppe einen größeren finanziellen Spielraum.

Noch wichtiger ist jedoch die Übernahme der Bank Gdański im Februar dieses Jahres, denn diese Bank ist weitaus größer als die ŁBR, in solider finanzieller Verfassung, und sie ist zudem die dominierende

Bank im Nordosten Polens. Die Übernahme des staatlichen Mehrheitsanteils an dieser Bank hat der BIG-Gruppe einen wichtigen Konsolidierungsschub gegeben. Allerdings muß noch eine genaue Strategie ausgearbeitet werden, wie die Struktur und die Geschäftspolitik der neuen Gruppe aussehen soll. Es wurde bis zum jetzigen Zeitpunkt noch nicht abschließend darüber entschieden, ob die Bank Gdański nach dem Modell der PeKaO-Gruppe ihre Selbständigkeit wird behalten können, oder ob nicht eine volle Konsolidierung unter dem Dach der Bank Gdański angemessener wäre. In jedem Falle werden alle an der BIG-Gruppe beteiligten Banken von den Synergieeffekten der Konsolidierung profitieren, denn die BIG erhält nun Zugang zur breiten Depositenbasis der Bank Gdański, und jene wiederum kann am *know how* der BIG im Bereich des Firmenkundengeschäfts mit privaten Unternehmen partizipieren, hatte sie doch bisher v.a. staatliche Unternehmen mit schlechter Bonität als Firmenkunden. Eine weitere Expansion über den bisherigen Konsolidierungskreis hinaus wird vom Vorstand der BIG nicht ausgeschlossen. Der Plan einer 20%-igen Beteiligung an der westpolnischen Regionalbank WBK ist allerdings vorerst gescheitert, denn deren strategischer Investor, die Allied Irish Bank, war schneller.

Eine der wichtigsten Maßnahmen bzgl. der Modernisierung der Bank Gdański wird eine Kostenreduktion, v.a. im Personalbereich sein. Für staatliche Banken ist Personalabbau ein schwieriges Problem, denn Entlassungen werden mit dem Staat als Eigentümer automatisch zu einem Politikum zu Lasten der jeweiligen Regierung. In einem Wahljahr wie diesem ist daher in staatlichen Kreditinstituten kaum mit einer Senkung des Personalbestandes zu rechnen. Jetzt wo die Bank Gdański voll privatisiert ist, dürfte dies allerdings nicht mehr so schwierig sein. Ein weiteres Problem ist die Harmonisierung der EDV-Infrastruktur von Bank Gdański und BIG. Dies wird viel Zeit und Geld in Anspruch nehmen.

Die gegenwärtige Konsolidierung in Polens Bankwesen ist absolut notwendig, um die polnischen Banken gegenüber den Auslandsbanken, die ab dem Jahre 1999 völlig frei Filialen auf polnischem Territorium werden eröffnen können, wettbewerbsfähig zu machen. In diesem Sinne sind auch die Konsolidierungsbemühungen der BIG wichtig, um deren Konkurrenzfähigkeit langfristig zu sichern. Auslandsbanken stellen gegenwärtig in mehreren Bereichen eine schwierige und zunehmend gefährliche Konkurrenz für die polnischen Kreditinstitute dar. Dies gilt in erster Linie für das Geschäft mit ausländischen Unternehmen. Dieses Marktsegment ist nahezu vollständig von Auslandsbanken besetzt. Ähnliches gilt für das *investment banking*, wo die Auslandsbanken über weit mehr Erfahrung verfügen, wie auch über Vorteile aufgrund ihrer internationalen Verbindungen, die z.B. die Kapitalbeschaffung aus dem Ausland für polnische Firmen vereinfachen. Ein Marktsegment, wo die polnischen Kreditinstitute noch *know-how*-Vorteile besitzen, ist das Retailgeschäft. Dies belegen die hohen Wachstumsraten polnischer Banken im Bereich der Konsumentenkredite.

Das Problem der schlechten Kredite war für die BIG weniger schwerwiegend als für viele andere Kreditinstitute. Ein Grund hierfür ist darin zu suchen, daß die BIG erst nach Ende des planwirtschaftlichen Systems gegründet wurde, und sie daher keinen Altbestand schlechter Kredite in ihrem Portfolio führt. Zum anderen hat sich die BIG seit Beginn ihrer Tätigkeit um eine konservative Kreditvergabe bemüht und versucht, den Fehler vieler anderer neuer Banken, die recht aggressiv am Kreditmarkt agierten, zu vermeiden. Hinzu kommt, daß die BIG nur wenige staatliche Unternehmen zu ihren Kunden zählt und daher die Probleme der Staatsbetriebe im Zuge der Wirtschaftsrezession nicht zu Problemen der BIG wurden.

Bis heute ist der Wettbewerb im polnischen Bankwesen nicht ganz fair, denn die staatlichen Banken sind in mehrerlei Hinsicht im Vorteil. So wurde z.B. das Sanierungsprogramm zur Bereinigung der Bankenportefeuilles von schlechten Krediten nur auf staatliche Banken angewendet. Bis heute genießen zudem die PeKaO S.A., PKO BP und die BGŻ eine exklusive Haftungsgarantie des Staates für Spareinlagen ihrer Kunden, die es diesen Banken erlaubt, relativ niedrige Einlagenzinsen zu zahlen und damit ihre Zinsmargen zu erhöhen. Hinzu kommt noch, daß die PKO BP und die BGŻ niedrigere Mindestreserven halten müssen als die übrigen Banken. Stark kritisiert wurde in den vergangenen Jahren auch, daß Zinszahlungen der NBP auf die Mindestreserven der Banken nicht denselben zugute kommen, sondern an einen Fonds für die Sanierung der Landwirtschaft abgeführt werden müssen. Letztlich ist dies eine Bevorteilung gerade der BGŻ, deren Kunden ja v.a. im landwirtschaftlichen Sektor zu finden sind, denn die übrigen Banken subventionieren durch ihre Zinszahlungen die Sanierung der BGŻ-Schuldner.

*A₂₁:* ***Robert Włodarski, stellvertretender Direktor der Abteilung Commercial and Correspondent Banking der BGŻ S.A., Warschau, den 13. März 1997:***

Die BGŻ macht seit etwa vier Jahren einen Wandlungsprozeß hin zu einer Universalbank durch. Sie soll sich zu einer großen Finanzholding entwickeln, die neben dem herkömmlichen Einlagen- und Kreditgeschäft auch Produkte und Dienstleistungen aus dem Bereich des *investment banking* sowie aus dem Versicherungssektor anbietet. Zu Beginn dieses Jahres hat die BGŻ bspw. ein *joint-venture*-Abkommen mit der deutschen Allianz-Versicherung über das Angebot von Versicherungsleistungen geschlossen. Zusätzlich hierzu soll in naher Zukunft noch eine Lebensversicherungstochter gegründet werden.

Trotz dieser Veränderungen liegt die Hauptzielgruppe der BGŻ-Geschäftsaktivitäten weiterhin im Landwirtschaftsbereich. So sind die zahlreichen lokalen Genossenschaftsbanken auch v.a. in ländlichen Gebieten und kleinen Städten vertreten. Zu ihren Kundengruppen zählen in erster Linie bäuerliche Familien und Handwerker. Die Idee der mit dem BGŻ-Gesetz von 1994 angeregten dreistufigen BGŻ-Struktur ist es, daß die lokalen Genossenschaftsbanken im Massengeschäft mit den genannten Kundengruppen tätig sind und größere Kunden, wie mittelständische Unternehmen des Landwirtschaftssektors, von den Regionalbanken, also der mittleren Ebene des BGŻ-Verbands, betreut werden. Die BGŻ selbst schließlich übernimmt nach diesen Vorstellungen das Großkunden- sowie das internationale Geschäft. Diese Arbeitsteilung erscheint notwendig, um die Fehler der Anfangsphase der Transformation im Bankwesen zu vermeiden, als die lokalen Genossenschaftsbanken versuchten, alle Finanzdienstleistungen anzubieten und dabei schnell auf *know-how*-Grenzen stießen. Die angestrebte Arbeitsteilung ist das Ergebnis eines mehrjährigen Lernprozesses.

Der Aufbau der Drei-Stufen-Struktur der BGŻ ist noch nicht abgeschlossen. Zur Zeit wird noch die neunte und damit letzte der im BGŻ-Gesetz von 1994 vorgesehenen regionalen Genossenschaftsbanken geschaffen. Dabei handelt es sich um die Bank in Rzeszów in Südostpolen, einer recht armen Region. Der mit der wirtschaftlichen Schwäche dieser Region zusammenhängende Kapitalmagel der dortigen lokalen Genossenschaftsbanken hat zu Verzögerungen bei der Gründung der regionalen BGŻ-Einheit geführt. Die lokalen Genossenschaftsbanken sind ja die Anteilseigner der regionalen Strukturen und haben in der Region um Rzeszów bisher nicht das nötige Anteilskapital aufbringen können. Mit einer Sondergenehmigung der NBP wird das Eigenkapital der Bank in Rzeszów zunächst unterhalb der geforderten Mindestsumme von ECU 8 Mio. liegen, etwa zwischen ECU 3 und 5 Mio.

Der Wettbewerb zwischen den Banken wird auch in bezug auf die Kundengruppen des landwirtschaftlichen Bereichs schärfer. Die Landwirtschaft ist ein sehr wichtiger Wirtschaftssektor in Polen, etwa 35% der polnischen Bevölkerung lebt außerhalb der Städte. Damit ist ein recht großer Kundenkreis definiert, um den mehr und mehr polnische Banken konkurrieren. Für die Zukunft nicht zu unterschätzen ist auch eine zweite Konkurrenzquelle, nämlich Auslandsbanken, wie die niederländische Rabobank, die allerdings bisher ausschließlich um Großkunden des Landwirtschaftssektors werben und damit weniger mit den lokalen und regionalen Genossenschaftsbanken, als vielmehr mit der BGŻ konkurrieren. Die regionalen und v.a. die lokalen Genossenschaftsbanken des BGŻ-Verbands jedoch sind z.Zt. noch ein wenig vor Konkurrenz geschützt, denn nach wie vor gibt es staatlich garantierte Kredite an den Landwirtschaftssektor, die zu etwa 70% über die BGŻ und die ihr angeschlossenen Banken gewährt werden. Der Rest wird vom Landwirtschaftsministerium direkt vergeben. Dieser Teil des Geschäfts der BGŻ unterliegt damit nicht den Gesetzen des Wettbewerbs.

Das Gesetz zur Restrukturierung und Neuorganisation des BGŻ-Verbunds wurde als Verhandlungsergebnis vom Finanzministerium als Miteigentümer der BGŻ, der NBP als Aufsichtsorgan und den Vertretern der BGŻ selbst erarbeitet. Will man die Gründe dafür finden, warum zur Sanierung der BGŻ ein eigenes Gesetz verabschiedet wurde, muß man einige Jahre zurückgehen, etwa in die Zeit Ende der 80er Jahre vor der Wende 1989, denn der Großteil der schlechten Kredite des BGŻ-Verbandes stammt aus jener Periode. Damals vergab die BGŻ auf Anweisung der Regierung zahlreiche Kredite an die Landwirtschaft ohne Berücksichtigung der dortigen Bonitätsverhältnisse. Obwohl bereits in den 80er Jahren ökonomische Kriterien für die Kreditvergabe im Bankwesen eingeführt worden waren, funktionierte doch die Kreditierung der Landwirtschaft noch nach den alten planwirtschaftlichen Gepflogenheiten ohne Berücksichtigung von Risiken, die es ja letztlich im planwirtschaftlichen System auch nicht gab. Der Gesetzgeber hat sich mit der Verabschiedung des BGŻ-Gesetzes 1994 zu der Verantwortung des Staates für die Kredite aus jener Zeit bekannt, denn im Zuge der Rezession Polens von 1989 bis 1991, der schweren Krise der Landwirtschaft und den hohen Kreditzinsen wurden die allzu sorglos vergebenen Altkredite der 80er Jahre notleidend. Allerdings muß auch gesagt werden, daß die Genossenschaftsbanken nach 1989 selbst Fehler begingen, indem sie zu arglos neue Kredite vergaben, ohne die damit verbundenen Risiken ausreichend zu berücksichtigen. Risikomanagement war - wie bei vielen polnischen Banken - eine gravierende Schwäche. Daraus läßt sich auch die neue strikte Arbeitsteilung der BGŻ-Struktur erklären: Die lokalen Genossenschaftsbanken sollen nur noch die Geschäfte betreiben, die sie wirklich beherrschen, und risikoreichere Geschäfte mit größeren Volumina den regionalen Einheiten und der BGŻ selbst überlassen.

Ähnlich wie die übrigen polnischen Banken verhielt sich die BGŻ nach Offenlegung der hohen Volumina schlechter Kredite in der Folgezeit risikoavers und schränkte ihre Kreditvergabe ein. Man muß jedoch hinzufügen, daß es aufgrund der hohen Kreditzinsen auch kaum Kunden für neue Kredite gab. Es wurden wenig Kredite nachgefragt, v.a. im Bereich langfristiger Ausleihungen. Diese Situation hat sich allerdings seit Ende 1995 geändert, nachdem die NBP ihre Hochzinspolitik mit dem Sinken der Inflationsrate etwas gelockert hat. Seit Ende 1995 ist eine Expansion v.a. im Bereich der Konsumentenkredite festzustellen.

Die BGŻ-Banken haben aber auch in jener Zeit Kredite gewährt, in der andere Banken fast ausschließlich in Staatsanleihen investierten. Dabei handelte es sich um spezielle Landwirtschaftskredite, z.B. zum Kauf von Saatgut und von landwirtschaftlichen Maschinen. Die Finanzierung erfolgt auch heute noch über den Fonds zur Entwicklung der Landwirtschaft, einem staatlichen Fonds, der u.a. auch durch die Zinszahlungen auf Mindestreserven der Banken auf NBP-Konten finanziert wird. Solche speziellen Kredite für die Landwirtschaft, die auch bereits vor 1989 gebräuchlich waren, genießen eine staatliche Garantie. Die BGŻ ist hier nur ausführendes Organ der Regierung, die mit Hilfe solcher Kredite die Landwirtschaft subventioniert. Die BGŻ und die ihr angeschlossenen Genossenschaftsbanken haben zugegebenermaßen die größte finanzielle Unterstützung des Staates von allen polnischen Banken erhalten, alles in allem rund USD 750 Mio. Andere staatliche Kreditinstitute, wie die Regionalbanken, erhielten eine geringere finanzielle Unterstützung, doch waren ihre Probleme auch kleiner. Am ehesten lassen sich die Probleme der BGŻ mit denen der PKO BP vergleichen. Beide Banken hatten während der planwirtschaftlichen Ära einen speziellen Arbeitsbereich, die BGŻ die Versorgung der Landwirtschaft mit Krediten und die PKO BP die Sammlung von Spareinlagen der privaten Haushalte sowie die Vergabe von Wohnungsbaukrediten. Landwirtschaft und Wohnungsbau gehörten aber zu den von der Rezession Anfang der 90er Jahre am schwersten betroffenen Wirtschaftsbereichen. Daraus erklärt sich auch das hohe Volumen schlechter Kredite in beiden Banken und die hohen Finanzhilfen des Staates zu deren Bereinigung.

Zu Beginn der Transformation 1989/90 wurde von seiten der Regierung der Fehler begangen, das Bankensystem zu schnell und zu stark zu liberalisieren. Die Banken - besonders folgenschwer war dies bei den lokalen Genossenschaftsbanken - versuchten, die gesamte Palette des Universalbankgeschäfts abzudecken und machten dabei verlustreiche Fehler. Die Politik trug mit ihrer offiziellen Linie von Wettbewerb und Entmonopolisierung des Bankensektors mit zu diesem Verhalten der Banken bei. Gerade die Entmonopolisierung wurde aber andererseits in manchen Bereichen nur halbherzig betrieben. So entbehrte die Ausgliederung von neun Geschäftsbanken aus der NBP nach regionalen Aspekten einer klaren ökonomischen Grundlage und beruhte vielmehr auf politischen Überlegungen: Jede größere Stadt mit dem dazugehörigen Hinterland wollte eine eigene regionale Geschäftsbank erhalten. Die Ausgründung der 'Gruppe der Neun' war ein politischer Interessenausgleich zwischen den Regionen, der letzlich zu regionalen Bankmonopolen geführt hat. Es entstand infolgedessen außerdem ein Übergewicht bestimmter regional dominanter Wirtschaftssektoren im Kreditportfolio der einzelnen Regionalbanken. Sie waren somit abhängig von den regional dominierenden Firmenkunden und der Anreiz, potentiell schlechte Kredite nicht einzufordern sondern zu verlängern, war entsprechend groß.

Hauptmotiv für die gegenwärtige Konsolidierungswelle ist die anstehende Wettbewerbsverschärfung durch die vollständige Liberalisierung des Marktzugangs für Auslandsbanken ab dem Jahre 1999. Der Staat spielt bei der Konsolidierung eine aktive Rolle, indem er die Banken in seinem Besitz dazu anhält, gemeinsame Konzernstrukturen oder zumindest lockere Allianzen zu bilden. Er sah sich vor die Alternative gestellt, entweder die Konsolidierung zu forcieren, um auf diese Weise starke Kreditinstitute zu schaffen, die der Konkurrenz der großen Auslandsbanken gewachsen sind, oder aber letztlich den Verkauf polnischer Banken an ausländisches Kapital hinzunehmen. In Polen spielt der Staat eine große Rolle beim *corporate governance* der Banken, indem er deren strategische Entscheidungen, wie eben auch die Frage eines Zusammengehens mit anderen Banken, zu beeinflussen sucht. In der täglichen Geschäftspolitik ist der Staat hingegen in Gestalt des Finanzministeriums kaum spürbar. Die Zentralbank bzw. die Bankenaufsicht sind es dagegen sehr, indem die Banken deren Vorschriften und Standards entsprechen müssen. Das ist jedoch auch in westlichen Bankensystemen nicht anders.

Die lokalen Genossenschaftsbanken werden seit 1994 doppelt und daher besonders genau kontrolliert: Einmal müssen sie, wie andere Banken auch, den Vorschriften der Bankenaufsicht genügen und regelmäßig Bilanzen und Zwischenberichte über die Geschäftsentwicklung an die NBP senden. Zum anderen wird die Geschäftsentwicklung aber zusätzlich auch von den regionalen Strukturen des BGŻ-Verbundes kontrolliert. Die regionalen Genossenschaftsbanken unterstützen die lokalen Einheiten zudem mit technischer Infrastruktur, Personalschulungen und nicht zuletzt mit Finanzhilfen bei Liquiditätsengpässen. Obwohl die Eigentumsstrukturen von der lokalen zur regionalen und schließlich zur nationalen Ebene nach oben gehen, verlaufen die Kontrollstrukturen in umgekehrter Richtung von der BGŻ zu den regionalen Strukturen und von diesen schließlich zu den lokalen Einheiten nach unten.

Innerhalb des Genossenschaftsbankensektors herrscht Konkurrenz zwischen den Instituten des BGŻ-Verbandes sowie den regionalen und lokalen Genossenschaftsbanken, die sich 1994 nicht der neuen BGŻ-Struktur anschlossen. Heutzutage gibt es zwei regionale Genossenschaftsbanken, in Warschau und in Wrocław, sowie etwa 250 ihnen angeschlossene lokale Genossenschaftsinstitute, die außerhalb des BGŻ-Verbunds stehen. Den Genossenschaftsbanken wurde 1994 die Wahl gegeben, entweder unabhängig zu werden oder sich der BGŻ-Struktur anzuschließen. Die lokalen Genossenschaftsbanken außerhalb der BGŻ gehören nun entweder den regionalen Zentren in Warschau oder in Wrocław an. Die Banken, die sich der BGŻ-Struktur angeschlossen haben, partizipieren an den Finanzhilfen des Staates für die BGŻ. Die Genossenschaftsbanken außerhalb der BGŻ kamen nicht in den Genuß dieser Mittel, was 1994 zu heftigen Diskussionen über eine Bevorteilung der BGŻ führte. Dennoch arbeiten die Genossenschaftsbanken in Warschau und in Wrocław heute profitabel und haben es aus eigener Kraft geschafft, ihre schlechten Kredite zu bereinigen. Allerdings war das Volumen schlechter Kredite dort auch nicht so hoch wie bei den BGŻ-Banken. Dies war mit ein Grund dafür, warum sich die Banken in Warschau und Wrocław nicht der BGŻ angeschlossen haben, denn sie wollten nicht zum Nettozahler zugunsten von in Not geratenen BGŻ-Banken werden. Von den rund 150 lokalen Genossenschaftsbanken in Wrocław z.B. schrieben im Jahre 1994 nur etwa 20 rote Zahlen, während dieser Anteil bei den BGŻ-Instituten zur selben Zeit bei rund einem Drittel lag. Ein Grund dafür, warum die Genossenschaftsbanken in Warschau und Wrocław weniger Probleme haben als die BGŻ-Banken ist der, daß von diesen Instituten viele erst nach 1989 im Zuge des 89er Bankengesetzes gegründet worden waren und somit gar keine problematischen Altkredite in ihrem Portfolio führen konnten.

Im Jahre 1999 soll nach dem Genossenschaftsbankengesetz die BGŻ privatisiert werden. Darüber zu spekulieren ist heute jedoch noch zu früh. Die Bank Handlowy mit Hilfe eines strategischen Investors aus dem Ausland zu privatisieren, dürfte kein allzu großes Problem sein, denn die Bank ist sehr profitabel. Schwieriger ist dies schon bei der PeKaO-Gruppe, denn dieser Konzern muß erst noch eine sinnvolle Organisations- und Geschäftsstruktur finden. Die BGŻ-Banken müssen vor der Prvatisierung ihres nationalen Spitzeninstituts zunächst noch ihre Kreditprobleme lösen. Der Anteil schlechter Kredite innerhalb des BGŻ-Verbundes beträgt immerhin noch 23%. Auf welche Weise die BGŻ privatisiert werden soll, ist noch unklar. Sie ist bereits zu 44% teilprivatisiert, da dieser Anteil ja von den regionalen Genossenschaftsbanken gehalten wird. Ob sich bis 1999 ein strategischer Investor aus dem Ausland finden läßt, mit dessen Hilfe die Bank schließlich entstaatlicht werden kann, oder ob das BGŻ-Kapital Teil eines Pensionsfonds wird, wie ja bereits bei der PeKaO-Gruppe angedacht, bleibt abzuwarten.

$A_{22}$: ***Alojzy Bartoszek, Direktor der Abteilung Öffentlichkeitsarbeit der PeKaO S.A., Warschau, den 13. März 1997:***

Die Konsolidierung des polnischen Bankensektors ist unerläßlich, damit die polnischen Banken im Wettbewerb mit den Auslandsbanken ab 1999 bestehen können. Die Konsolidierung der PeKaO S.A. mit zwei Regionalbanken basiert auf diesem Bestreben. Von den beiden Grundmodellen der Konsolidierung, nämlich der vollständigen Übernahme abhängiger Banken durch eine dominierende Einheit bzw. dem Zusammengehen unter dem Dach der größten beteiligten Bank bei Wahrung der Unabhängigkeit der übrigen Banken, hat die PeKaO S.A. für die eigene Konsolidierung das letztgenannte Modell gewählt. Die beteiligten Regionalbanken hatten mit ihrer Zustimmung zum Zusammengehen mit der PeKaO S.A. zunächst gezögert, da sie den Verlust der eigenen Identität, den Verlust von Arbeitsplätzen u.ä. befürchteten. Solche Befürchtungen konnten aber inzwischen ausgeräumt werden. Die Regionalbanken werden ihren eigenen Marktauftritt behalten und eigene strategische Entscheidungen treffen können. Dies ist auch sinnvoll, denn die Banken verfügen in ihrem jeweiligen regionalen Heimatmarkt über eine dominante Stellung, besitzen ein hohes Niveau an Markt-*know-how* und sind damit für eigenständige Geschäftsentscheidungen mit strategischem Charakter bestens gerüstet. Es wird natürlich einen gemeinsamen Vorstand für die gesamte PeKaO-Gruppe geben sowie gemeinsame Abteilungen, dennoch sollen die vier beteiligten Banken so viel Freiheit wie möglich erhalten.

Ökonomisch macht die Konsolidierung Sinn, denn die PeKaO S.A. verfügt aufgrund ihrer Funktion in der Zeit der Planwirtschaft über eine breite Einlagenbasis, während die Regionalbanken einen großen Kreditkundenkreis versorgen. Beide Geschäftsschwerpunkte ergänzen sich gut und setzen somit Synergieeffekte frei. Mit der durch die Konsolidierung gewachsenen Eigenkapitalbasis können fortan größere Kredite gewährt und höhere Beteiligungen an Nichtbanken erworben werden. Dies ist im Wettbewerb mit den großen Auslandsbanken von entscheidender Bedeutung. Die Regionalbanken treten untereinander nicht als Konkurrenten auf, da sie weitgehend auf ihre jeweilige Heimatregion beschränkt sind.

Bei größtmöglicher Unabhängigkeit der beteiligten Banken wird es jedoch auch eine Vereinheitlichung und Zusammenlegung innerhalb der Gruppe geben müssen, um Kosteneinsparungen zu erzielen. Dabei geht es z.B. um die Vereinheitlichung von Produkten, v.a. aber um die Konzentration von Geschäftsbereichen. So soll z.B. das internationale Geschäft der PeKaO S.A. vorbehalten bleiben, denn sie ist mit Abstand die größte Bank der Gruppe und verfügt durch ihre frühere Funktion als Fremdwährungsinstitut über die längste Erfahrung im Auslandsgeschäft. Auch soll das *investment banking* von der PeKaO S.A. aus gesteuert werden, denn dort bestehen bereits die erforderlichen Strukturen, wie bspw. eine große Brokertochter. Probleme wird es noch bei der Vereinheitlichung und Integration der technischen Infrastruktur geben, um gemeinsam operativ tätig sein zu können, sowie bei der Schaffung eines einheitlichen internen Rechnungswesens.

Die Initiative zur Bildung der PeKaO-Gruppe ging vom Staat aus und stellt insofern eine administrative Entscheidung dar. Dennoch sind die ihr zugrundeliegenden Überlegungen marktorientiert, denn es gilt, die Angebotsseite des Bankenmarktes, was deren polnischen Teil betrifft, gegenüber den Auslandskonkurrenten zu stärken. Die Entscheidung zur Bildung der PeKaO-Gruppe ist keine willkürliche, denn sie macht mit der komplementären Struktur der beteiligten Banken ökonomisch Sinn. Die Überlegungen zur Konsolidierung der polnischen Banken laufen ohnehin schon lange, erhielten aber den entscheidenden Anstoß erst durch den Staat, nachdem die Gespräche zwischen den Banken untereinander nach zwei Jahren immer noch keine konkreten Ergebnisse hervorgebracht hatten. Die Bildung der PeKaO-Gruppe wird sicherlich einen zusätzlichen Marktdruck hin zur Konsolidierung der polnischen Banken erzeugen, dessen Ergebnis schon jetzt in Fusionsgesprächen verschiedener Banken sichtbar wird. Die PeKaO-Gruppe selbst ist offen für die Beteiligung weiterer Kreditinstitute. So will sich womöglich die Budbank als Hypothekenbank in naher Zukunft der PeKaO-Gruppe anschließen. Dies wäre eine willkommene Erweiterung der Geschäftsaktivitäten der PeKaO und würde vom Konzern daher begrüßt werden.

Bei der Übereinkunft zwischen den beteiligten Banken, dem Finanzministerium als deren Eigentümer und der NBP über die Bildung der PeKaO-Gruppe wurde eine Absichtserklärung abgegeben, Ende 1997 mit der Privatisierung der Gruppe zu beginnen. Allerdings dürfte der praktische Aufbau der Gruppe doch einige Zeit in Anspruch nehmen, so daß mit einem späteren Zeitpunkt für die Privatisierung gerechnet werden muß, vielleicht im Jahre 1998. Über die Methode der Privatisierung ist bislang noch keine abschließende Entscheidung getroffen worden. Die Privatisierung könnte mit Hilfe eines strategischen Investors, also einer Auslandsbank durchgeführt werden, oder aber auch durch die Einbeziehung der Gruppe in die Bildung von Pensionsfonds. Unabhängig von der Methode ist der Bankenkonzern an einer möglichst schnellen Privatisierung interessiert, die ja auch zunächst eine Teilprivatisierung sein kann. Die PeKaO-Gruppe verspricht sich von der Privatisierung eine Kapitalspritze, mit deren Hilfe notwendige Investitionen finanziert werden können. Bei Beteiligung einer Auslandsbank ist darüberhinaus auch noch mit positiven *know-how*-Effekten zu rechnen. Eine Privatisierung mit Hilfe von Pensionsfonds hätte den Nachteil, daß hiervon weder *know-how*-Effekte noch eine strenge *corporate governance* mit positiven Effizienzeffekten zu erwarten wären. Über Methode und Zeitpunkt der PeKaO-Privatisierung läßt sich z.Zt. auch deshalb so wenig sagen, weil dies, wie die Bankenprivatisierung insgesamt, eine politische Frage ist, über die wohl erst nach der Parlamentswahl im September dieses Jahres entschieden werden dürfte.

*$A_{23}$:* ***Dr. Jan Szambelańczyk, Mitglied des Vorstands der polnischen Einlagensicherung, Bankowy Fundusz Gwarancyjny, sowie Professor für Bankwirtschaft an der Akademia Ekonomiczna und der Wyższa Szkoła Bankowa w Poznaniu, Posen, den 14. März 1997:***

Man kann nicht unbedingt von staatlichem Einfluß auf die staatlichen Banken sprechen, sondern von staatlicher Unterstützung, will man die Nähe einzelner Banken zur Politik messen. Das beste Beispiel hierfür ist die BGŻ, die der Bauernpartei nahesteht. Diese Bank wäre, wenn es nach dem Ratschlag der Weltbank-Experten Anfang der 90er Jahre gegangen wäre, geschlossen worden, doch nach Ansicht der polnischen Regierung ist die BGŻ *too-big-to-fail*. Dies hängt auch damit zusammen, daß die BGŻ bis heute eine dominante Position im polnischen Agrarsektor innehat, und dieser Sektor wäre bei Schließung der BGŻ mit Bankdienstleistungen deutlich unterversorgt. Dennoch: Das hohe Volumen schlechter Kredite, die staatliche Finanzhilfen in Höhe von insgesamt USD 750 Mio. notwendig gemacht haben, hätte eine Schließung der BGŻ gerechtfertigt. Die schlechten Kredite waren zum Großteil das Ergebnis der starken Kreditsubventionierung des Agrarsektors Ende der 80er Jahre, doch wurden auch danach gerade von seiten der lokalen Genossenschaftsbanken bei der Kreditvergabe krasse Fehlentscheidungen getroffen, die zu einer wachsenden Zahl neuer schlechter Kredite geführt haben.

Maßgeblich zur Krise der neuen privaten Banken zwischen 1991 und 1993 beigetragen hat die liberale Zulassungsgesetzgebung, die zu einer Unterkapitalisierung dieser Banken sowie zu einer Unterqualifizierung der Bankmanager geführt hat. Es ging zu jener Zeit unter Experten das Sprichwort um, in Polen gebe es mehr Banken als Banker. Schlechte Führung der Banken und als Folge davon eine zu laxe Kreditvergabe hat die Krise der neuen Banken, die auch in der damaligen Wirtschaftskrise begründet lag, während der viele private Unternehmen Konkurs anmelden mußten, noch beschleunigt. Die liberale Zulassungsgesetzgebung und -praxis der NBP paßt in die damalige Transformationsphase, in der die Liberalisierung der Wirtschaft und die Entfaltung der Marktkräfte bei einem Rückzug des Staates neben der Makrostabilisierung oberste Priorität eingeräumt wurde. Aus heutiger Sicht hätte die Liberalisierung des Bankensektors damals kontrollierter vorgenommen werden müssen unter strenger Aufsicht der Banken durch die NBP.

Die Regierung hat keinen unmittelbaren Einfluß auf die tägliche Geschäftspolitik der Banken. Kontrolliert werden die Banken von der NBP-Aufsicht, die politisch der gegenwärtigen Linksregierung eher ablehnend gegenübersteht. Allerdings mag es weiterhin Verbindungen informeller Art zwischen Regierungsmitgliedern und den Vorständen der staatlichen Banken geben. Einige von denen, die heute noch im Amt sind, waren dies ja auch schon vor 1989. Man darf darüberhinaus nicht vergessen, daß die Vorstände staatlicher Banken ohnehin vom Finanzministerium ernannt werden, was Spielraum für politische Entscheidungen offenläßt, wie zuletzt im Fall der Regionalbank in Szczecin, wo der Vorstandsvorsitzende wegen seines Widerstandes gegen die Fusion mit der PeKaO S.A. nach Ablauf seines Mandates von einem der Konsolidierung gegenüber positiv eingestellten neuen Vorstandsvorsitzenden ersetzt wurde. Betrachtet man heute die Bankenvorstände der staatlichen Kreditinstitute kann man feststellen, daß sich darunter viele Parteigänger der Sozialdemokraten, der früheren kommunistischen Arbeiterpartei befinden, entweder weil sie schon vor 1989 im Amt waren oder nach dem Regierungswechsel im Herbst 1993 in ihre Ämter gelangt sind. Dies muß jedoch nicht bedeuten, daß diese Manager unbedingt den Willen der Regierung durchsetzen wollen oder schlechte Bankmanager sind. Man beobachtet im Gegenteil, daß die meisten ehemaligen Staatsmanager gut mit der Managergeneration der Nachwendezeit zusammenarbeiten.

Gegenwärtig werden ein neues Banken- und ein neues Zentralbankgesetz erarbeitet. Beratung und Diskussion der beiden Entwürfe dauern nun schon fast zwei Jahre an, obwohl eine schnelle Verabschiedung v.a. des Bankengesetzes dringend notwendig wäre. Das Bankengesetz in seiner jetzigen Form ist an manchen Stellen zu restriktiv. Dies ist aus der Erfahrung der schlechten Kredite heraus zu erklären. So müßten z.B. die Bestimmungen über Beteiligungen der Banken an Nichtbanken und auch die prozentuale Begrenzung von Krediten auf die Eigenkapitalbasis der Kreditinstitute liberalisiert werden. Doch das Reformprojekt ist als Ganzes zwischen dem Finanzministerium, der NBP, Regierung und Opposition umstritten. Dazu gehört auch die Frage, ob die Bankenaufsicht, wie nach dem Willen des Finanzministeriums, aus der NBP herausgelöst und verselbständigt werden sollte. Es stellt sich die Frage, ob eine neue Bankenaufsicht außerhalb der NBP wirklich unabhängig wäre oder nicht doch in den Einflußbereich des Finanzministeriums geraten könnte. Außerdem wurde das jetzige *know-how* einer effizienten Aufsicht in mehreren Jahren mühsam erworben, und man muß bedenken, daß eine Umstrukturierung der Aufsicht und der mögliche Weggang vieler Mitarbeiter die Qualität der Bankenaufsicht für einige Zeit deutlich verschlechtern würde.

Verabschiedet wurde inzwischen eine ebenfalls lange Zeit diskutierte Novelle des Gesetzes über den Einlagensicherungsfonds. Die Funktion der Einlagengarantie bleibt davon unangetastet, die Unterstützungsfunktion wurde aber deutlich gestärkt. Bisher mußten Präferenzkredite des Fonds an in Not geratene Banken vom NBP-Präsidenten erst genehmigt werden, während jetzt nur noch das Sanierungsprogramm einer notleidenden Bank von der Bankenaufsicht gebilligt weren muß. Eine Zustimmung zu den Unterstützungskrediten des Fonds an die Bank ist nicht mehr notwendig.

Die Konsolidierung des Bankensektors ist absolut notwendig, um das Überleben der polnischen Banken langfristig zu sichern. Auf Anregung der Regierung gab es zwischen den Banken seit 1994 regelmäßig Gespräche über Möglichkeiten der Zusammenarbeit oder gar Fusion. Erst nachdem zwei Jahre der Diskussion keine konkreten Ergebnisse hervorgebracht hatten, wurde der staatliche Eigentümer aktiv und intervenierte zugunsten der Bildung großer Bankkonzerne. Erstes Ergebnis dieser Intervention ist die Schaffung der PeKaO-Gruppe. Waren die Gespräche zwischen den Banken zuvor v.a. an persönlichen Rivalitäten zwischen den Bankmanagern und der Frage gescheitert, wo die Machtzentrale der jeweiligen Bankengruppe liegen sollte, fand man im Fall der PeKaO-Gruppe die Lösung einer gleichberechtigten Zusammenarbeit. Wie dies in der Praxis funktionieren wird bleibt abzuwarten, denn es ist bei strategischen Entscheidungen mit langwierigen Gesprächen innerhalb der Bankengruppe zu rechnen, die die Effizienz der Holding einschränken könnten. Man kann heute feststellen, daß die Intervention des Staates in der Frage der Konsolidierung als Katalysator gewirkt hat. Sicherlich hat zu dieser Intervention auch die Frage der internationalen Geldzuschüsse aus dem sogenannten Stabilisierungsfonds beigetragen, die nur bei Privatisierung der Regionalbanken bis Ende 1996 gezahlt werden. Mit der Konsolidierung werden diese Gelder nun fließen, denn der polnische Staat hat zumindest seinen guten Willen gezeigt, schnell zu konsolidieren und mit der Zusammenlegung von drei Regionalbanken innerhalb der PeKaO-Gruppe auch deren Privatisierung zu vereinfachen. Die Bildung der PeKaO-Gruppe wird aller Wahrscheinlichkeit nach dazu beitragen, wenigstens einen Teil des Bankensektors in polnischer Hand zu belassen und zudem einen Marktdruck zu erzeugen, der auch andere Banken dazu veranlassen wird, sich zusammenzuschließen.

# 9. Literaturverzeichnis


ADRIAN, Reinhold und Thomas HEIDORN (1996): Der Bankbetrieb, 14. Auflage, Wiesbaden.

AKERLOF, George A. (1970): The Market for „Lemons“: Quality Uncertainty and the Market Mechanism. In: Quarterly Journal of Economics, Band 84, S. 488-500.

ALTER, Rolf (1994): The Economic Role of Government. In: Government and Markets, Band 32 der International Studies in Economics and Econometrics, hrsg. von Hendrikus J. Blommestein und Bernard Steunenberg, Dordrecht / Boston, Massachussetts / London, S. 115-128.

ANDERSON, Ronald W. und Chantal KEGELS (1998): Transition Banking, Oxford / New York.

APOLTE, Thomas (1992): Zur Interdependenz von wirtschaftlicher und politischer Ordnung. Diskussionsbeitrag Nr. 169 des Fachbereichs Wirtschaftswissenschaft der Universität Duisburg.

APOLTE, Thomas und Dieter CASSEL (1994): Timing und Sequencing im Transformationsprozeß: Gibt es eine optimale Transformationsstrategie ? In: Bedingungen ökonomischer Entwicklung in Zentralosteuropa, Band 2: Wirtschaftliche Entwicklung und institutioneller Wandel, hrsg. von Jens Hölscher, Anke Jacobsen, Horst Tomann und Hans Weisfeld, Marburg, S. 11-36.

APOLTE, Thomas und Feliks GRADALSKI (1992): Systemic Change to a Market Economy: General Issues and First Experiences in Poland. In: Transforming Economic Systems: The Case of Poland, hrsg. von Manfred Kremer und Marion Weber, 1. Auflage, Heidelberg, S. 3-22.

BAER, Herbert L. und Larry R. MOTE (1992): The United States Financial System. In: Banking Structures in Major Countries, hrsg. von George G. Kaufman, Boston, Massachussetts / Dordrecht / London, S. 469-553.

BALCEROWICZ, Leszek (1994): Poland. In: The Political Economy of Policy Reform, hrsg. von John Williamson, Washington, D.C., S. 153-177.

Derselbe (1995): Socialism, Capitalism, Transformation, 1. Auflage, Budapest, London, New York.

BALTENSPERGER, Ernst (1988): Die Regulierung des Bankensektors. In: WiSt, Band 17, S. 53-57.

BANKGESELLSCHAFT BERLIN AG (Hrsg., 1994): Poland - Country Survey, Berlin.

Derselbe: Kapitalmarktreport Osteuropa, November 1994 bis Juni/Juli 1998.

BARTYZEŁ, Dorota (1997): Poland unveils plans for major state asset sales through 2000. In: Central European Business Weekly vom 13.06.1997, S. 8.

BAUC, Jarosław, Bogusław GRABOWSKI und Andrzej RACZKO (1995): The Transition Program of the Polish Banking System. In: Financial Reform in Central and Eastern Europe, hrsg. von Andy Mullineux, Commack, New York, S. 163-172.

BAUMANN, Bernd (1993): Offene Gesellschaft, Marktprozeß und Staatsaufgaben; Diss. Bochum.

BBC Monitoring Service Central Europe & Balkans vom 21.03.1996.

BEGG, David und Richard PORTES (1992): Enterprise Debt and Economic Transformation: Financial Restructuring of the State Sector in Central and Eastern Europe, Diskussionspapier Nr. 695 des Centre for Economic Policy Research, London.

BELKA, Marek, S. ESTRIN, Mark E. SCHAFFER und I. J. SINGH (1995): Enterprise Adjustment in Poland: Evidence from a Survey of 200 Private, Privatized, and State-Owned Firms. Diskussionspapier Nr. 233 des Centre for Economic Performance, London 1995.

BELKA, Marek, Anna KRAJEWSKA, Stefan KRAJEKWSKI und Anibal SANTOS (1992/93): Country Overview Study Poland. In: Eastern European Economics, Band 31, Nr. 5, S. 19-62.

BELKA, Marek, Jerzy PRUSKI und Andrzej RACZKO (1995): The Evolution of the Banking System in Poland and EC Regulatory Standards. In: Financial Reform in Central and Eastern Europe, hrsg. von Andy Mullineux, Commack, New York, S. 229-254.

BERGERON, Pierre et al. (1998): Focus on Poland, hrsg. von Citicorp, New York.

BERGH, Paul van den (1994): Operational and Financial Structure of the Payment System. In: The Payment System - Design, Management, and Supervision, hrsg. von Bruce J. Summers, Washington, D.C., S. 29-40.

BERGH, Paul van den und John M. VEALE (1994): Payment System Risk and Risk Management. In: The Payment System - Design, Management, and Supervision, hrsg. von Bruce J. Summers, Washington, D.C., S. 89-105.

BERNHOLZ, Peter (1994): Zur politischen Ökonomie der Transformation politischer und ökonomischer Regime. In: Soziale Marktwirtschaft und Demokratie, Band 66 der Reihe Grundsatzfragen der Akademie für Politik und Zeitgeschehen der Hanns-Seidel-Stiftung e.V., hrsg. von Gerhard Hirscher und Burkhard Leben, München, S. 11-35.

BIELECKI, Jan Krzysztof (1992): Problems of the Polish Transformation. In: Communist Economies and Economic Transformation, Band 4, S. 321-332.

BINGEN, Dieter (1994): Bilanz nach zwölf Monaten Regierung Pawlak: Polen zwischen Reform und Restauration. Bericht Nr. 63 des Bundesinstituts für ostwissenschaftliche und internationale Studien, Köln.

BIRD, Graham und Heather BIRD (1992): Economic Reforms in Eastern Europe: Central Issues in the Move to Market Economies. In: Economic Reform in Eastern Europe, hrsg. von Graham Bird, Aldershot, S. 1-20.

BISIGNANO, Joseph (1992): Banking in the European Economic Community: Structure, Competition, and Public Policy. In: Banking Structures in Major Countries, hrsg. von George G. Kaufman, Dordrecht / Norwell, Massachussetts, S. 155-244.

BLASS, Bronisław (1968): Bankwesen, Geldumlauf und Kreditversorgung in der Volksrepublik Polen. In: Kredit und Kapital, Band 1, S. 175-192.

BLAZYCA, George (1995): Monitoring Economic Transformation. In: Monitoring Economic Transformation, hrsg. von George Blazyca und Janusz M. Dąbrowski, 1. Auflage, Aldershot / Brookfield, Vermont, S. 6-38.

BLOMMESTEIN, Hans J. und Michael G. SPENCER (1994): The Role of Financial Institutions in the Transition to a Market Economy. In: Building Sound Finance in Emerging Market Economies, hrsg. von Gérard Caprio Jr., David Folkerts-Landau und Timothy D. Lane, Washington, D.C., S. 139-189.

BOBINSKI, Christopher (1997): Bank Handlowy's Privatization. In: Financial Times vom 26.05.1997, S. 23.

BÖNKER, Frank (1997): The Political Economy of Fiscal Adjustment in Eastern Europe: A Comparative Analysis of Hungary, Poland, and the Czech Republic. Manuskript eines Vortrages, gehalten auf dem European Public Choice Society Meeting in Prag vom 2. bis 5. April 1997.

Derselbe (1998): Building Capitalism in Eastern Europe. In: Institutional Design in Post-communist Societies, hrsg. von Jon Elster, Claus Offe und Ulrich K. Preuß, Cambridge, S. 156-202.

BOHNET, Armin und Claudia OHLY (1992): Zum gegenwärtigen Stand der Transformationstheorie - Eine Literaturstudie. In: Zeitschrift für Wirtschaftspolitik, Band 41, S. 27-50.

BONIN, Konrad von (1978): Zentralbanken zwischen funktioneller Unabhängigkeit und politischer Autonomie; Diss. Berlin.

BORISH, Michael S., Wei DING und Michel NOËL (1997): Restructuring the State-Owned Banking Sector: A Comparative Assessment of Approaches in Central Europe. In: Most, Band 7, S. 49-77.

BORISH, Michael S., Millard F. LONG und Michel NOËL (1995): Restructuring Banks and Enterprises, Diskussionspapier der Weltbank Nr. 279, Washington, D.C.

BOURRIER, Alain (1994): Poland - Country Survey, hrsg. von der Bankgesellschaft Berlin AG, Berlin.

BRAHM, Heinz (1993): Die neue Parteienlandschaft in Osteuropa. Bericht Nr. 35 des Bundesinstituts für ostwissenschaftliche Studien, Köln.

BRÜMMERHOFF, Dieter (1992): Finanzwissenschaft, 6. Auflage, München.

BRUNNER, Karl und Allan H. MELTZER (1971): The Uses of Money - Money in a Theory of an Exchange Economy. In: American Economic Review, Band 61, S. 784-805.

BRUS, Włodzimierz (1971): Funktionsprobleme der sozialistischen Wirtschaft, 1. Auflage, Warschau.

BRZESZCZYŃSKI, Janusz (1998); Reuters News Service vom 09.04.1998.

BUCH, Claudia M. (1996): Creating Efficient Banking Systems; Diss. Kiel.

BURMEISTER, Holger (1994): Politische Partizipation als Element der Transformationsprozesse in Polen (1989-91); Diss. Berlin.

BURY, Andrzej et al. (1995): The Financial System in Poland 1995/1996, hrsg. vom polnischen Finanzministerium, der Zeitschrift BANK und der Polski Bank Rozwoju S.A., Warschau.

BUTLER, Rick (1997): Poland's PeKaO Group. In: Institutional Investor vom 31.03.1997, S. 26.

CAMPBELL, Robert W. (1994): Money, Debt, and Equity in the Transition from Socialism. In: The Postcommunist Economic Transformation, hrsg. von demselben, 1. Auflage, Oxford, S. 105-132.

CAPRIO Jr., Gérard (1994): Banking, Finance, and Reform in Transitional Economies, Washington, D.C.

Derselbe (1995): The role of financial intermediaries in transitional economies. In: Carnegie-Rochester Conference Series on Public Policy Nr. 42, S. 257-302.

CAPRIO Jr., Gérard und Ross LEVINE (1994): Reforming Finance in Transitional Socialist Economies. In: The World Bank Research Observer, Band 9, S. 1-24.

CARGILL, Thomas F. und Shoichi ROYAMA (1992): The Evolution of Japanese Banking and Finance. In: Banking Structures in Major Countries, hrsg. von George G. Kaufman, Dordrecht / Norwell, Massachussetts, S. 333-388.

CHRISTOFIDES, Anthony und Jonathan FALCK (1997a): Bank Śląski Capital Intelligence Rating Report, Larnaca, Zypern, veröffentlicht in Reuters Business Briefing.

Dieselben (1997b): Wielkopolski Bank Kredytowy Capital Intelligence Rating Report, Larnaca, Zypern, veröffentlicht in Reuters Business Briefing.

CHUDZIK, Robert (1995): Das polnische Bankwesen. In: Österreichisches Bank-Archiv, Nr. 3, S. 204-211.

Derselbe (1997): The Bank Conciliation Procedure as a Restructuring Approach for Bad Debtors in Poland. Diskussionspapier Nr. 90 der Europa-Universität Viadrina, Frankfurt (Oder).

COOK, Joe (1997): Kredyt risk. In: Business Central Europe, 5. Jg., Nr. 9, S. 53.

CORBETT, Jenny und Colin P. MAYER (1991): Financial Reform in Eastern Europe: Progress with the Wrong Model, Diskussionspapier Nr. 603 des Centre for Economic Policy Research, London.

CZERKAS, Krzysztof und Robert OPPENHEIM (1995): Rozwiązań instytucjonalnych i specyfiki polskiej bankowości a rozwoju rynku finansowego i bankowości inwestycyjnej. In: Banki Raport 1994, hrsg. vom Związek Banków Polskich, Warschau, S. 18-28.

DĄBROWSKI, Janusz M. (1995): State-owned enterprises under pressure. In: Monitoring Economic Transition, hrsg. von George Blazyca und Janusz M. Dąbrowski, 1. Auflage, Aldershot / Brookfield, Vermont, S. 53-74.

DEMBINSKI, Paweł H. (1991): The Logic of The Planned Economy, 1. Auflage, Oxford.

DEWATRIPONT, Mathias und Jean TIROLE (1994): The Prudential Regulation of Banks, 1. Auflage, Cambridge, Massachussetts / London.

DIAMOND, Douglas W. (1984): Financial Intermediation and Delegated Monitoring. In: Review of Economic Studies, Band 51, S. 393-414.

DICKE, Hugo und Jósef MISALA (1993): Polish Agriculture and Food Processing Industry - Facts and Prospects. Kieler Arbeitspapier Nr. 554 des Instituts für Weltwirtschaft an der Universität Kiel.

DICKINSON, David G. (1995): Some Aspects of Banking Risk During Economic Transformation. In: Financial Reform in Central and Eastern Europe, hrsg. von Andy Mullineux, Commack, New York, S. 209-227.

DIEDERICH, Susanne und Robert FRIES (1995): Das tschechische Bankensystem. In: Bankensysteme in Ostmitteleuropa, hrsg. von Manfred Hein, Berlin, S. 147-176.

DOBIAS, Peter (1983): Sozialismus. In: WiSt, Band 12, S. 242-248 sowie S. 297-303.

DÜRR, Ernst (1975): Prozeßpolitik. In: Kompendium der Volkswirtschaftslehre, Band 2, hrsg. von Werner Ehrlicher et al., 4. Auflage, Göttingen, S. 95-177.

EHLERT, Willi (1980): Die aktive Rolle von Geld und Finanzen bei der Gestaltung und Vervollkommnung der entwickelten sozialistischen Gesellschaft. In: Wirtschaftswissenschaft, Band 28/I, S. 1062-1074.

EHM, Michaela (1983): Die polnischen Genossenschaften zwischen Privat- und Zentralplanwirtschaft; Diss. Münster.

ERTL, Angelika (1996): Der Einfluß internationaler Finanzorganisationen auf die Wirtschaftspolitik Polens. Band 8 der Reihe Transformationsökonomie, hrsg. von Werner Gumpel, München.

ESCHENBURG, Theodor (1971): Demokratisierung und politische Praxis. In: Perspektiven für das letzte Drittel des 20. Jahrhunderts, Band 2, hrsg. von Werner Boeck, Stuttgart, S. 112-129.

EUCKEN, Walter (1990): Grundsätze der Wirtschaftspolitik, 6. Auflage, Tübingen.

FALCK, Jonathan und Peter DINGELDEIN (1997): PKO BP Capital Intelligence Rating Report, Larnaca, Zypern, veröffentlicht in Reuters Business Briefing.

FELDERER, Bernhard und Stefan HOMBURG (1991): Makroökonomik und neue Makroökonomik, 5. Auflage, Berlin u.a.

FINK, Gerhard und Peter HAISS (1996/I): Finanzmarktreform in Osteuropa, Teil 1: Erbschaft und organisatorischer Aufbau. In: Österreichisches Bank-Archiv, Nr. 6, S. 429-440.

Dieselben (1996/II): Finanzmarktreform in Osteuropa, Teil 2: Transformationsprobleme und Lösungsansätze. In: Österreichisches Bank-Archiv, Nr. 7, S. 535-543.

FISCHER, Stanley und Alan GELB (1991): The Process of Socialist Economic Transformation. In: Journal of Economic Perspectives, Band 5, S. 91-105.

FOLKERTS-LANDAU, David, Peter GARBER und Timothy D. LANE (1994): Payment System Reform in Formerly Centrally Planned Economies. In: Building Sound Finance in Emerging Market Economies, hrsg. von Gérard Caprio Jr., David Folkerts-Landau und Timothy D. Lane, Washington, D.C., S. 91-112.

FOX, Ursula (1967): Das Bankwesen der europäischen Volksdemokratien; Diss. Münster.

FRIEDMAN, Milton (1970): Die Quantitätstheorie: Eine Neuformulierung. In: Die optimale Geldmenge und andere Essays, hrsg. von demselben, München, S. 77-100.

FRIES, Steven M. und Timothy D. LANE (1994): Financial and Enterprise Restructuring in Emerging Market Economies. In: Building Sound Finance in Emerging Market Economies, hrsg. von Gérard Caprio Jr., David Folkerts-Landau und Timothy D. Lane, Washington, D.C., S. 21-46.

FUNKE, Norbert (1993): Timing and Sequencing of Reforms: Competing Views and the Role of Credibility. In: Kyklos, Band 46, S. 337-362.

GARVY, George (1966): Money, Banking, and Credit in Eastern Europe, 1. Auflage, New York.

GEBETHNER, Stanisław und Krzysztof JASIEWICZ (1994): Poland. In: European Journal of Political Research, Band 24, S. 519-535.

GESELL, Rainer, Katharina MÜLLER und Dirck SÜß (1998): Social Security Reform and Privatisation in Poland: Parallel Projects or Integrated Agenda. Arbeitsbericht Nr. 8/98 des Frankfurter Institut für Transformationsstudien, Frankfurt (Oder).

GOŁAJEWSKA, Marta und Paweł WYCZAŃSKI (1994): Zarys analizy wyników działalności banków depozytowo-kredytowych w latach 1990-1993. Heft 41 der Reihe Materiały i Studia, hrsg. von der NBP, Warschau.

GOMUŁKA, Stanisław (1991): Polish Economic Reform: Principles, Policies and Surprises. Diskussionspapier Nr. 51 des Centre for Economic Performance, London.

GORDON, Roger H. (1994): Fiscal Policy during the Transition in Eastern Europe. In: The Transition in Eastern Europe, Band 2, hrsg. von Olivier Jean Blanchard, Kenneth A. Froot und Jeffrey D. Sachs, Chicago, S. 37-66.

GRAY, Cheryl W. und Arnold HOLLE (1996): Bank-led Restructuring in Poland, Policy Research Working Paper Nr. 1650, hrsg. von der Weltbank, Washington, D.C.

GRONKIEWICZ-WALTZ, Hanna (1993): Policy Environment for Banking. Mauskript eines Vortrages, gehalten auf dem Europäischen Bankenkongreß am 19. November 1993 in Frankfurt am Main.

GROS, Daniel und Alfred STEINHERR (1995): Winds of Change - Economic Transition in Central and Eastern Europe, 1. Auflage, Longman, New York.

GROSFELD, Irena (1994): The Paradox of Transformation: An Evolutionary Case for Rapid Privatization. In: The Political Economy of Transformation, hrsg. von Hans-Jürgen Wagener, Heidelberg / New York, S. 145-160.

GŁÓWNY URZĄD STATYSTYCZNY - GUS (Hrsg.): Mały Rocznik Statystyczny 1994, Warschau.

HABIBI, Robert et al. (1996): Company Report on Powszechna Kasa Oszczędności - Bank Państwowy, hrsg. von Thomson Bankwatch, London.

HAFFNER, Friedrich (1977): Die Einflüsse der zentralen Geldumlaufplanung auf Planerfüllung und monetäre Stabilität. In: Kredit und Kapital, Band 10, S. 490-515.

HAGGARD, Stephan und Steven B. WEBB (1993): What Do We Know About the Political Economy of Economic Policy Reform ? In: The World Bank Research Observer, Band 8, S. 143-168.

HARTWIG, Karl-Hans (1995): Geldpolitik im Transformationsprozeß - Verlauf und Restriktionen. In: Schriften des Vereins für Socialpolitik, Band 236, S. 13-35.

HEIN, Manfred (1993): Einführung in die Bankbetriebslehre, 2. Auflage, München.

HERMAN-IZYCKA, Ewa (1994a): Liquidity. In: Prudential Regulations for the Banking Sector - Czech Republic, Hungary and Poland. Arbeitspapiere des gleichnamigen Workshop vom Dezember 1993 in Warschau, S. 15-17.

Dieselbe (1994b): Prudential Supervisory Regulations and Debt Restructuring in Commercial Banks. In: Prudential Regulations for the Banking Sector - Czech Republic, Hungary and Poland. Arbeitspapiere des gleichnamigen Workshop vom Dezember 1993 in Warschau, S. 2-5.

HERRMANN-PILLATH, Carsten (1991): Macht und Ökonomie: Zur explikatorischen Unvollständigkeit des institutionenökonomischen Forschungsansatzes. In: ORDO, Band 42, S. 32-47.

HÖLTSCHI, René (1996): Investoren für eine Versicherung und drei Banken gesucht. In: Neue Zürcher Zeitung vom 05.12.1996, S. 7.

Derselbe (1997a): Beschluß der polnischen Regierung. In: Neue Zürcher Zeitung vom 09.05.1997, S. 7.

Derselbe (1997b): Banken- und Zentralbankgesetz verabschiedet. In: Neue Zürcher Zeitung vom 04.08.1997, S. 5.

HUMPHREY, David B. (1995): Payment Systems - Principles, Practice, and Improvements, World Bank Technical Paper Number 260, Washington, D.C.

HUSEMANN, Frank (1995): Bankenaufsicht in Osteuropa; Diss. Zürich.

JANOWSKI, Tomasz (1995); Reuters News Service vom 11.07.1995.

JARCHOW, Hans-Joachim (1988): Theorie und Politik des Geldes, Band 2: Geldmarkt und geldpolitische Instrumente, 5. Auflage, Göttingen.

JASIEWICZ, Krzysztof (1994): Poland. In: European Journal of Political Research, Band 26, S. 397-408.

JASSER, Adam (1995): Polish leading bank needs privatisation; Reuters News Service vom 04.10.1995.

JENSEN, Michael C. und William H. MECKLING (1976): Theory of the Firm: Managerial Behaviour, Agency Costs and Ownership Structure. In: Journal of Financial Economics, Band 3, S. 305-360.

JOHNSON, Simon und Marzena KOWALSKA (1994): Poland: The Political Economy of Shock Therapy. In: Voting For Reform - Democracy, Political Liberalization, and Economic Adjustment, hrsg. von Stephan Haggard und Steven B. Webb, Washington, D.C., S. 185-241.

JOHNSON, Simon und Gary LOVEMAN (1995): Starting Over in Eastern Europe: Entrepreneurship and Economic Renewal, Cambridge, Massachussetts, 1995.

KALIN-CZERSKI, Grzegorz (1998): Company Report Bank Handlowy, hrsg. von der Creditanstalt - Investmentbank Austria, Warschau.

KAPOOR, Michael (1997): Recipe for fudge. In: Business Central Europe, 5. Jg., Nr. 3, S. 53/54.

Derselbe (1998): Chaos for its own sake. In: Business Central Europe, 6. Jg., Nr. 7, S. 43/44.

KAPOOR, Michael, Sean KEATING und Delia METH-COHN (1995): Banking Survey - Eyeing up the risk. In: Business Central Europe, 3. Jg., Nr. 10, S. 41-55.

KATH, Dietmar (1988): Geld und Kredit. In: Kompendium der Wirtschaftstheorie und Wirtschaftspolitik, Band 1, 3. Auflage, München, S. 173-214.

KAUFMAN, George G. (1989): The U.S. Financial System, 4. Auflage, Englewood Cliffs, New Jersey.

KEMME, David M. (1994): Banking in Central Europe during the Protomarket Period: Developments and Emerging Issues. In: The Development and Reform of Financial Systems in Central and Eastern Europe, hrsg. von John P. Bonin und István P. Székely, Aldershot / Brookfield, Vermont, S. 41-60.

KLOTEN, Norbert (1991): Die Transformation von Wirtschaftsordnungen, Band 132 der Reihe Vorträge und Aufsätze des Walter Eucken Institut, Tübingen.

Derselbe (1993): The Time Dimension of the Transition of Economic Systems. In: On the Theory and Policy of Systemic Change, hrsg. von Hans-Jürgen Wagener, Heidelberg / New York, S. 121-133.

KOKOSZCZYŃSKI, Ryszard (1994): Money and Capital Market Reforms in Poland. In: The Development and Reform of Financial Systems in Central and Eastern Europe, hrsg. von John P. Bonin und István P. Székely, Aldershot / Brookfield, Vermont, S. 257-267.

KOŁODKO, Grzegorz W. (1993): Stabilisierung und Transformation in Polen: Zur Notwendigkeit eines wirtschaftspolitischen Strategiewechsels. In: Transformation in Mittel- und Osteuropa, hrsg. von Hansjörg Herr und Andreas Westphal, Frankfurt am Main / New York, S. 172-200.

KOOP, Michael J. (1994): Privatisierung und Effizienz. In: Bedingungen ökonomischer Entwicklung in Zentralosteuropa, Band 2: Wirtschaftliche Entwicklung und institutioneller Wandel, hrsg. von Jens Hölscher, Anke Jacobsen, Horst Tomann und Hans Weisfeld, Marburg, S. 287-321.

KOPITS, George (1994): Monetary and Fiscal Management During the Transformation. In: Government and Markets, Band 32 der International Studies in Economics and Econometrics, hrsg. von Hans J. Blommestein und Bernard Steunenberg, Dordrecht / Boston, Massachussetts / London, S. 231-246.

KORNAI, János (1980): Economics of Shortage, 1. Auflage, Amsterdam.

Derselbe (1993): The Evolution of Financial Discipline under the Postsocialist System. In: Kyklos, Band 46, S. 315-336.

KOVÁCS, János Mátyás (1994): Which Institutionalism ? Searching for Paradigms of Transformation in Eastern European Economic Thought. In: The Political Economy of Transformation, hrsg. von Hans-Jürgen Wagener, Heidelberg / New York, S. 85-94.

KULCZYCKI, Władysław (1994a): Capital Adequacy. In: Prudential Regulations for the Banking Sector - Czech Republic, Hungary and Poland. Arbeitspapiere des gleichnamigen Workshop vom Dezember 1993 in Warschau, S. 11-15.

Derselbe (1994b): Specific Reserves. In: Prudential Regulations for the Banking Sector - Czech Republic, Hungary and Poland. Arbeitspapiere des gleichnamigen Workshop vom Dezember 1993 in Warschau, S. 8-10.

KWIECIŃSKI, Andrzej (1994): Prospects for Poland's Agriculture Integration with the European Union, Arbeitsbericht Nr. 31 der Polish Policy Research Group, Warsaw University.

LANE, Timothy D. (1994): Financial Sector Reforms: Banking, Securities, and Payments. In: Government and Markets, Band 32 der International Studies in Economics and Econometrics, hrsg. von Hans J. Blommestein und Bernard Steunenberg, Dordrecht / Boston, Massachussetts / London, S. 247-267.

LEIBHOLZ, Gerhard (1985): Gesellschaftsordnung, Verbände, Staatsordnung (1964/1967; 1974). In: Staat und Verbände, hrsg. von Rudolf Steinberg, Darmstadt, S. 97-117.

LEMNITZER, Karl-Heinz und Hans-Christian DONNERSTAG (1996): Das polnische Bankwesen. In: Die Bank, 36. Jg., Nr. 7, S. 413-418.

LEWANDOWSKA, Izabela (1997): Nowe Prawo Bankowe. In: Rzeczpospolita vom 03.06.1997, S. 15.

LIEBAU, Gerhard (1981): Marktorientierte Organisation in Kreditinstituten; Diss. Göttingen.

LIPOWSKI, Adam und Jan KULIG (1995): Structural change and its motivation in Polish industry. In: Marketization, Restructuring and Competition in Transition Industries of Central and Eastern Europe, hrsg. von Marvin Jackson und Wouter Biesbrouck, 1. Auflage, Aldershot / Brookfield, Vermont, S. 195-252.

LONG, Millard F. (1993): Financial aspects of enterprise restructuring. In: The New Europe: Evolving Economic and Financial Systems in East and West, hrsg. von Donald E. Fair und Robert J. Raymond, 1. Auflage, Dordrecht / Norwell, Massachussetts, S. 131-144.

LUDWIG, Michael (1997): Politischer Hintergrund. In: Wirtschaftshandbuch Polen, Band 1, hrsg. von der Deutsch-Polnischen Wirtschaftsförderungsgesellschaft AG, 2. Auflage, Berlin, S. 5-15.

MACKIEWICZ, Anna und Konrad SADURSKI (1998): Rada Polityki Pieniężnej - Po Pierwsze Złoty. In: Gazeta Wyborcza vom 18.02.1998, S. 18.

MARQUARDT, Jeffrey C. (1994): Payment System Policy Issues and Analysis. In: The Payment System - Design, Management, and Supervision, hrsg. von Bruce J. Summers, Washington, D.C., S. 116-144.

McKINNON, Ronald I. (1993): Money and Capital in Economic Development, 1. Auflage, Washington, D.C.

MEYER-KÖSTER, Jürgen (1979): Die Sonderstellung der Sparkassen im Wettbewerb; Diss. Marburg.

MICKIEWICZ, Tomasz (1996): The State Sector during Economic Transformation: Employment, Wages and Investment. In: Communist Economies und Economic Transformation, Band 8, S. 393-410.

MIKDASHI, Zuhayr (1990): Bankers' and Regulators' Management of Risks. In: Bankers' and Public Authorities' Management of Risks, hrsg. von demselben, New York, S. 242-259.

MONKIEWICZ, Jan (1996): Jaka przyszłość polskiego sektora bankowego ? In: Gospodarka Narodowa Nr. 8-9, S. 67-75.

MONTES-NÉGRET, Fernando und Luca PAPI (1996): The Polish Experience in Bank and Enterprise Restructuring. In: Most, Band 7, S. 79-104.

MORGEN, Mario (1998): Polens Rentensystem steht künftig auf drei Säulen. In: Der Tagesspiegel vom 04.08.1998, S. 2.

MULLINEUX, Andy (1995): Banks, Privatisation and Restructuring in Poland. In: Financial Reform in Central and Eastern Europe, hrsg. von demselben, Commack, New York, S. 173-186.

NEAVE, Edwin H. (1991): The Economic Organization of a Financial System, 1. Auflage, London / New York.

NUTI, Domenico Mario (1993): Die Rolle des Bankensektors im Privatisierungsprozeß. In: Transformation in Mittel- und Osteuropa, hrsg. von Hansjörg Herr und Andreas Westphal, Frankfurt am Main / New York, S. 172-200.

OECD (Hrsg., 1995): Review of Agricultural Policies: Poland.

OLECHOWSKA, Krystyna (1996): Jak Najmniej Państwa w Konsolidacji i Prywatyzacji. In: Bank, Nr. 3, S. 8-13.

OSIŃSKI, Jacek und Andrzej SŁAWIŃSKI (1994): National Bank of Poland and the Emerging Money Market. Unveröffentlichtes Manuskript der NBP, Warschau.

o.V. (1992): Information Bulletin der NBP 1991, Warschau.

o.V. (1994a): Act of 24th June 1994 on the Restructuring of Cooperative Banks and the Food Economy Bank. In: Journal of Laws of the Republic of Poland Nr. 80, Warschau.

o.V. (1994b): Act on Narodowy Bank Polski of 24th June 1994. Interne Ausgabe der Abteilung Analiz i Badań der NBP, Warschau.

o.V. (1994c): Tabelle - Struktura polskiej bankowości w 1993r. Internes Arbeitspapier der Bankenaufsichtsabteilung der NBP, Warschau.

o.V. (1994d): The Banking Law of 31st January 1989 as amended on 19th December 1992. Interne Ausgabe der Abteilung Analiz i Badań der NBP, Warschau.

o.V. (1995a): Najlepsze Banki '95. Sonderbeilage der Gazeta Bankowa, Nr. 26.

o.V. (1995b): The Law of December 14, 1994 on the Bank Guarantee Fund, Warschau.

o.V. (1996): Situation of the Banking Sector Improves. In: Business News from Poland, 3. Jg., Nr. 9, S. 16-21.

o.V. (1997a): Banking Law Act of 24 September 1997.

o.V. (1997b): Gesetz über das Kreditwesen in der Fassung vom 22. Januar 1996. In: Bankrecht - Beck-Texte im dtv, 25. Auflage, München.

o.V. (1997c): National Bank of Poland Act of 29 August 1997.

PARFINIEWICZ, Adam et al. (1993): The Banking System in Poland 1992-1993, hrsg. vom polnischen Finanzministerium und der Mediabank S.A., Warschau.

PAWŁOWICZ, Leszek (1995): Transformation of the Banking System in Poland. In: Monitoring Economic Transition, hrsg. von George Blazyca und Janusz M. Dąbrowski, 1. Auflage, Aldershot / Brookfield, Vermont, S. 137-158.

PAZIO, Piotr und Paweł ROMAN (1994): The Banking System - Growing Pains / A Time of Crisis. In: The Financial Voice, Nr. 3, S. F1-F2.

PINTO, Brian und Sweder van WIJNBERGEN (1995): Ownership and Corporate Control in Poland: Why State Firms Defied the Odds. Diskussionspapier Nr. 1273 des Centre for Economic Policy Research, London.

PODOLSKI, Tadeusz M. (1972): Socialist banking and monetary control, 1. Auflage, Cambridge.

POLAŃSKI, Zbigniew (1992): The Financial System in Post-Communist Countries: The Polish Lessons. In: Intereconomics, Nr. 6, S. 261-268.

Derselbe (1995): Building a Monetary Economy in Poland. In: Bedingungen ökonomischer Entwicklung in Zentralosteuropa, Band 3: Field Studies on Transition, hrsg. von Jens Hölscher, Anke Jacobsen, Horst Tomann und Hans Weisfeld, Marburg, S. 109-153.

Derselbe (1996a): Polish Monetary Policy in the 1990s: A Bird's Eye View. Manuskript eines Vortrages, gehalten im Rahmen der Konferenz Monetary Policy in the Transition Period in Borovets, Bulgarien, 25.-27.04.1996.

Derselbe (1996b): Polish Financial System in the 1990s. Manuskript eines Vortrages, gehalten im Rahmen der International Conference on Economic Transition in Peking, Volksrepublik China, 12.-14.10.1996.

POLIŃSKI, Romuald (1996): Zasady Konsolidacji Sektora Bankowego w Polsce. In: Bank, Nr. 8, S. 10-13.

POZNAŃSKI, Kazimierz Z. (1992): Market Alternative to State Activism in Restoring the Capitalist Economy. In: Economics of Planning, Band 25, S. 55-77.

PRIEWASSER, Erich (1996): Bankbetriebslehre, 5. Auflage, München.

PRZEWORSKI, Adam (1993): Economic reforms, public opinion, and political institutions: Poland in the Eastern European Perspective. In: Economic Reforms in New Democracies - A Social Democratic Approach, hrsg. von Luiz Carlos Bresser Pereira, José María Maravall und Adam Przeworski, Cambridge, S. 132-198.

RAISER, Martin (1993): Searching for the Hole in the Public Pocket: The Institutional Legacy of Soft Budget Constraints and the Polish Transformation Process. In: Economic Systems, Band 17, S. 251-278.

RAMOTOWSKI, Jacek (1997): Polish government approves draft banking law. In: Reuters News Service vom 22.04.1997.

RAUSSER, Gordon C. (1992): Lessons for Emerging Market Economies in Eastern Europe. In: The Emergence of Market Economies in Eastern Europe, hrsg. von Christopher Clague und Gordon C. Rausser, Cambridge, Massachussetts, S. 311-345.

Reuters News Service vom 21.09.1995.

REVELL, Jack R. S. (1981): The Complementary Nature of Competition and Regulation in the Financial Sector. In: Competition and Regulation in Financial Markets, hrsg. von Albert Verheirstraeten, Hongkong, S. 16-31.

RIESE, Hajo (1990): Geldverfassung und Formen des Sozialismus. In: Die Zukunft der DDR-Wirtschaft, hrsg. von M. Heine, 1. Auflage, Berlin, S. 106-123.

ROLFES, Bernd (1985): Ansätze zur Steuerung von Zinsänderungsrisiken. In: Kredit und Kapital, Band 18, S. 529-552.

RUDKA, Andrzej (1992): Reform of the Banking System in Poland. In: Monetary and Banking Reform in Postcommunist Economies, hrsg. von David M. Kemme und Andrzej Rudka, New York, S. 72-98.

RYBCZYNSKI, Tad M. (1992): The role of finance in the restructuring of Eastern Europe. In: The New European Financial Marketplace, hrsg. von Alfred Steinherr, London / New York, S. 253-262.

SABRY, M. Ashraf (1991): Bankentscheidungen im Spannungsfeld zwischen Bundesbankpolitik und staatlicher Regulierung; Diss. Bayreuth.

SACH, Volker (1997): Polen. In: Osteuropa-Perspektiven, Jahrbuch 1997/98, Band 1: Politischer Hintergrund und Wirtschaftsentwicklung, hrsg. von der Berliner Bank AG et al., Frankfurt am Main, S. 153-168.

SATO, Setsuya und David B. HUMPHREY (1995): Transforming Payment Systems, World Bank Discussion Paper Number 291, Washington, D.C.

SAUNDERS, Anthony (1994): Banking and Commerce: An Overview of the Public Policy Issues. In: Journal of Banking and Finance, Band 18, S. 231-254.

SAUNDERS, Anthony und Ingo WALTER (1992): The Reconfiguration of Banking and Capital Markets in Eastern Europe. In: The Transformation of Socialist Economies, hrsg. von H. Siebert, Tübingen, S. 101-130.

SCHAFFER, Mark E. (1992): The Economy of Poland, Diskussionspapier Nr. 67 des Centre for Economic Performance, London.

Derselbe (1995): Government Subsidies to Enterprises in Central and Eastern Europe: Budgetary Subsidies and Tax Arrears. Diskussionspapier Nr. 1144 des Centre for Economic Policy Research, London.

SCHESTAUBER, Karla und Marcus KLUG (1996): Polen. In: Wirtschaftsinformationen aus Mittel- und Osteuropa Nr. 2, hrsg. von der Creditanstalt-Bankverein, Wien, S. 22-27.

SCHRÖDER, Klaus (1996): Bankenreformen in Mittelosteuropa. In: Osteuropa-Wirtschaft, Band 41, S. 129-140.

SCHUBERT, Bernhard von (1982): Bankensysteme in unterschiedlichen Wirtschaftsordnungen - Ein Beitrag zur Diskussion des Wirtschaftsordnungsmodells von Ota Šik; Diss. St. Gallen.

SCHÜTTE, Clemens (1995): An Efficient-Governance Approach to Privatization and Financial Intermediation. In: Privatization in Poland and East Germany: A Comparison, Band 2, hrsg. von Wolfgang Quaisser, Richard Woodward und Barbara Błaszczyk, Arbeitspapier Nr. 183 des Osteuropa-Institut München, S. 471-502.

SCHWARZ, Bernard (1971): Entwicklungstendenzen des Finanz- und Kreditsystems der europäischen sozialistischen Staaten. In: Kredit und Kapital, Band 4, S. 138-170.

SENDEROWICZ, Krzysztof (1993): Payment System in Poland. In: Payment Systems in Western, Central and Eastern Europe, Band 5, S. 113-120.

SIMPSON, Peggy (1995): Campaign weakens NBP future. In: Warsaw Business Journal vom 10.11.1995, S. 1 und 7.

Dieselbe (1996): Polish banking - Self-destruction. In: Business Central Europe, 4. Jg., Nr. 7, S. 54-56.

SLAY, Ben (1994): The Polish Economy - Crisis, Reform, and Transformation, 1. Auflage, Princeton, New Jersey.

SMITH, Paul F. (1982): Comparative Financial Systems, 1. Auflage, New York.

SMITH, Roy C. und Ingo WALTER (1993): Bank-industry linkages: Models for Eastern European economic restructuring. In: The New Europe: Evolving Economic and Financial Systems in East and West, hrsg. von Donald E. Fair und Robert J. Raymond, Dordrecht, S. 41-60.

SPAK, Henryk J. (1997): Erfolgreiche Transformationsökonomie, 1. Auflage, Berlin.

SPINDLER, J. Andrew und Bruce J. SUMMERS (1994): The Central Bank and the Payment System. In: The Payment System - Design, Management, and Supervision, hrsg. von Bruce J. Summers, Washington, D.C., S. 164-177.

STEINHERR, Alfred (1993): An innovatory package for financial sector reforms in Eastern European countries. In: Journal of Banking and Finance, Band 17, S. 1033-1057.

STIGLITZ, Joseph E. (1993): Financial Systems for Eastern Europe's Emerging Democracies, Occasional Paper Nr. 38 des International Center for Economic Growth, San Francisco.

STROBEL, Georg W. (1990): Politisches System und Pluralismus in Polen. In: Aus Politik und Zeitgeschichte, Band 40/I, S. 3-16.

SÜCHTING, Joachim (1992): Bankmanagement, 3. Auflage, Stuttgart.

SUMMERS, Bruce J. (1994): The Payment System in a Market Economy. In: The Payment System - Design, Management, and Supervision, hrsg. von demselben, Washington, D.C., S. 1-14.

SZÉKELY, István (1993): Economic Transformation and the Reform of the Financial System in Central and Eastern Europe, Diskussionspapier Nr. 816 des Centre for Economic Policy Research, London.

TANZI, Vito (1993): Financial Markets and Public Finance in the Transformation Process. In: Transition to Market, hrsg. von demselben, Washington, D.C., S. 1-28.

THE ECONOMIST INTELLIGENCE UNIT (Hrsg., 1994): Country Report - Poland, 1st quarter, London.

THIEME, H. Jörg (1991): Reformen des monetären Sektors in sozialistischen Ländern: Ursachen, Transformationsbedingungen und institutionelle Voraussetzungen. In: Kredit und Kapital, Band 24, S. 15-33.

Derselbe (1992): Wirtschaftssysteme. In: Vahlens Kompendium der Wirtschaftstheorie, Band 1, 5. Auflage, München, S. 2-48.

THORNE, Alfredo (1993): Eastern Europe's experience with banking reform: Is there a role for banks in the transition ? In: Journal of Banking and Finance, Band 17, S. 959-1000.

TIROLE, Jean (1994): On banking and intermediation. In: European Economic Review, Band 38, S. 469-487.

TODARO, Michael P. (1989): Economic Development in the Third World, 4. Auflage, London / New York.

TOPIŃSKI, Andrzej und Artur STRUŻYŃSKI (1994): Payment System Reform in Poland, hrsg. vom Departament Rachunków Banków der NBP, Warschau.

TUPIN, Ryszard (1994): Zdaniem BGŻ - Największa grupa bankowa w Europie Centralnej ? In: Rzeczpospolita vom 8. Juni 1994, S. 23.

UGOLINI, Piero (1996): National Bank of Poland - The Road to Indirect Instruments. Occasional Paper Nr. 144, hrsg. vom International Monetary Fund, Washington, D.C.

VARGA, Stefan (1957): Das Geld im Sozialismus. In: Weltwirtschaftliches Archiv, Band 78/I, S. 223-290.

VARGA, Werner, Manfred WEIDMANN und Andrzej KNIGAWKA (1997): Polen. In: Wirtschaftsinformationen aus Mittel- und Osteuropa Nr.4, hrsg. von der Creditanstalt-Bankverein, Wien, S. 26-32.

VOSZKA, Éva (1993): Escaping from the State - Escaping to the State. In: The Political Economy of the Transition Process in Eastern Europe, hrsg. von Laszlo Somogyi, Aldershot / Brookfield, Vermont, S. 227-239.

WAGENER, Hans-Jürgen (1985): Allmacht oder Ohnmacht: Die Rolle des Staates im sozialistischen Wirtschaftssystem. In: Ökonomie und Gesellschaft, Band 3, S. 108-140.

Derselbe (1990): The Market and the State under Perestroika. In: Kyklos, Band 43, S. 359-383.

Derselbe (1992): Pragmatic and organic change of socio-economic institutions. In: Convergence and System Change, hrsg. von Bruno Dallago, Horst Brzeziński und Wladimir Andreff, Aldershot 1992, S. 17-37.

Derselbe (1993): Some Theory of Systemic Change and Transformation. In: On the Theory and Policy of Systemic Change, hrsg. von Hans-Jürgen Wagener, Heidelberg / New York, S. 1-20.

Derselbe (1994a): Transformation as a Political-Economic Process. In: The Political Economy of Transformation, hrsg. von Hans-Jürgen Wagener, Heidelberg / New York 1994, S. 3-22.

Derselbe (1994b): Zur politischen Ökonomie der Transformation. In: Grundtexte zur Sozialen Marktwirtschaft, Band 3: Marktwirtschaft als Aufgabe, hrsg. von der Ludwig-Erhard-Stiftung e.V., Stuttgart / New York, S. 643-656.

Derselbe (1996): What Type of Capitalism is Produced by Privatization ? In: Economic Institutions, Markets and Competition, hrsg. von Bruno Dallago und Luigi Mittone, Cheltenham, S. 90-110.

WALTER, Ingo (1993): High Performance Financial Systems, hrsg. vom Institute of Southeast Asian Studies, Singapur.

WEINGAST, Barry R. (1993): Constitutions as Governance Structures: The Political Foundations of Secure Markets. In: Journal of Institutional and Theoretical Economics, Band 149, S. 286-311.

WELFENS, Paul J.J. (1993): Problems of Systemic Transformation in Eastern Europe: Instability, Inefficiency and Restricted Options. In: On the Theory and Policy of Systemic Change, hrsg. von Hans-Jürgen Wagener, Heidelberg, S. 173-206.

WENZELER, Grischa (1995): Das polnische Bankensystem. In: Bankensysteme in Ostmitteleuropa, hrsg. von Manfred Hein, Berlin, S. 43-81.

Derselbe (1997): Das polnische Bankwesen im Übergang von der Plan- zur Marktwirtschaft. In: Zeitschrift für das gesamte Kreditwesen, Band 50, S. 222-229.

WERNIK, Andrzej (1994): Podstawowe Kierunki Zmiań w Sektorze Bankowym w latach 1989-1993. In: Banki Raport 1993, hrsg. vom Związek Banków Polskich, Warschau, S. 6-9.

WHEELHOUSE, Michael (1996): Polish banking sector, hrsg. von Nomura Equity Research, London.

WIJNBERGEN, Sweder van (1993): Enterprise reform in Eastern Europe. In: Economics of Transition, Band 1, S. 21-38.

WILCZYŃSKI, Ryszard (1994): The Role of International Financial Institutions in Poland's Transition to a Market Economy. In: Eastern European Economics, Band 32, S. 36-50.

WINIECKI, Jan (1991): Privatisation Debates in Poland Before and After Communist Demise: A Comparative Persepctive. Kieler Arbeitspapier Nr. 472 des Institut für Weltwirtschaft an der Universität Kiel, 1991.

Derselbe (1992): The Polish Transition Programme: Stabilisation Under Threat. In: Communist Economies and Economic Transformation, Band 4, S. 191-213.

Derselbe (1993): The transition of post-Soviet-type economies: expected and unexpected developments. In: The Macroeconomics of Transition, hrsg. von Jan Winiecki und Andrzej Kondratowicz, London, S. 121-140.

WYCZAŃSKI, Paweł (1993): Polish Banking System 1990-92. Heft 32 der Reihe Economic and Social Policy Series der Friedrich-Ebert-Stiftung in Polen, Warschau.

WYCZAŃSKI, Paweł und Marta GOŁAJEWSKA (1995): Sytuacja finansowa banków w 1994r. In: Banki Raport 1994, hrsg. vom Związek Banków Polskich, Warschau, S. 6-15.

Dieselben (1996): Polski System Bankowy 1990-1995, hrsg. von der Friedrich-Ebert-Stiftung in Polen, Warschau.

ZANK, Neal S. et al. (1991): Reforming Financial Systems - Policy Change and Privatization, 1. Auflage, Westport, Connecticut.

ZEPPERNICK, Ralf (1987): Zur Rolle des Staates in der Sozialen Marktwirtschaft, Band 113 der Reihe Vorträge und Aufsätze, hrsg. vom Walter Eucken Institut, Tübingen.

ZIELEWSKI, Paweł (1997): Polski Bank Inwestycyjny w polskie ręce. In: Gazeta Wyborcza vom 05.04.1997, S. 11.

ZIÓŁKOWSKI, Andrzej (1996): Konversion: Polen, Ukraine, 1. Auflage, Frankfurt (Main).

ZWASS, Adam (1972): Das Geld- und Kreditwesen in Osteuropa im Lichte der Wirtschaftsreformen, Forschungsbericht Nr. 3 des Österreichischen Institut für Wirtschaftsforschung, Wien.

Peter Lang · Europäischer Verlag der Wissenschaften

Michael Steiner (Hrsg.)

# Wirtschaftspolitische Beratung heute

**Mit Beiträgen von Wolfgang Franz, Helmut Kramer, Herbert Paierl, Gerhard Rosegger, Kurt Rothschild, Michael Steiner, Erich Streißler, Gunther Tichy**

Frankfurt/M., Berlin, Bern, New York, Paris, Wien, 1998. 83 S.
ISBN 3-631-32969-5 · br. DM 28.–*

Wirtschaftspolitische Beratung bewegt sich seit jeher im Spannungsfeld vielfältiger Interessen, oft widersprüchlicher ökonomischer Erkenntnisse und unterschiedlicher Verantwortungsbereiche der Beratenen und Beratenden. Angesichts der Debatten um Globalisierung und Internationalisierung, des Konfliktes von Staatsinterventionismus versus Neoliberalismus sowie der Situation auf dem Arbeitsmarkt bleibt sie auch heute eine heikle Aufgabe. Die Beiträge dieses Bandes – von international renommierten Wirtschaftsforschern verfaßt – geben einen Einblick in die Schwierigkeiten der wirtschaftspolitischen Beratung; sie zeigen aber auch, daß man alten und neuen Problemen nicht hilflos ausgeliefert ist und ökonomischer common sense korrigierend einzugreifen vermag.

*Aus dem Inhalt*: Wider das Technokratentum in der Ökonomie · Wirtschaftliche Beratung als selbstreflexive Aufklärung · Beratung als kontinuierlicher Diskurs · Beratung als diktatorisches Unterfangen · Über die Liebe zwischen Politikern und Beratern und andere kontroverse Fragen der Politikberatung · Gegen wirtschaftliche und denkerische Krisen

Frankfurt/M · Berlin · Bern · New York · Paris · Wien
Auslieferung: Verlag Peter Lang AG
Jupiterstr. 15, CH-3000 Bern 15
Telefax (004131) 9402131
*inklusive Mehrwertsteuer
Preisänderungen vorbehalten

FSC
www.fsc.org
MIX
Papier | Fördert
gute Waldnutzung
FSC® C083411

Kolibri 360 GmbH
Ferdinand-Jühlke-Straße 7
99095 Erfurt, Deutschland
produktsicherheit@kolibri360.de

Druck:
CPI Druckdienstleistungen GmbH
im Auftrag der
Kolibri 360 GmbH
Ferdinand-Jühlke-Str. 7
99095 Erfurt